U0934116

国际关系与国际法学刊
Journal of International Relations
and International Law

厦门大学法学院国际关系与国际法跨学科研究中心 主办

Journal of International Relations and International Law

Volume 9, 2020

国际关系与国际法学刊

第9卷（2020）

刘志云 主编

厦门大学出版社 XIAMEN UNIVERSITY PRESS
国家一级出版社
全国百佳图书出版单位

图书在版编目(CIP)数据

国际关系与国际法学刊.第9卷/刘志云主编.—厦门:厦门大学出版社,2021.7
ISBN 978-7-5615-8225-1

Ⅰ.①国… Ⅱ.①刘… Ⅲ.①国际关系—研究—丛刊②国际法—研究—丛刊
Ⅳ.①D81-55②D99-55

中国版本图书馆 CIP 数据核字(2021)第 102361 号

出 版 人 郑文礼
责任编辑 李 宁
美术编辑 蒋卓群
技术编辑 许克华

出版发行 厦门大学出版社
社　　址 厦门市软件园二期望海路 39 号
邮政编码 361008
总　　机 0592-2181111 0592-2181406(传真)
营销中心 0592-2184458 0592-2181365
网　　址 http://www.xmupress.com
邮　　箱 xmup@xmupress.com
印　　刷 厦门市青友数字印刷科技有限公司

开本 720 mm×1 000 mm 1/16
印张 29.5
插页 2
字数 496 千字
版次 2021 年 7 月第 1 版
印次 2021 年 7 月第 1 次印刷
定价 95.00 元

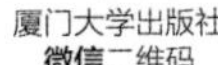

卷首语

国际关系与国际法联系紧密，国际关系学与国际法学相辅相成，在学术发展史上两个学科有着千丝万缕的联系。自20世纪90年代以来，在两个学科的联结被割裂近半个世纪后，国际关系学与国际法学的跨学科研究再度兴起，并迅速成为这两个学科最新发展的闪亮之处。目前，跨学科研究趋势正从国际关系学与国际法学的表层联系深入彼此关联的基础性问题，从知识点的互通深入方法论上的互借等。为了进一步推动国际关系与国际法跨学科研究的发展，构建跨学科的科研平台势在必行，《国际关系与国际法学刊》(以下简称《学刊》)正由此而创立。

《学刊》由厦门大学法学院国际关系与国际法跨学科研究中心创办，旨在瞄准国际关系学与国际法学的学科前沿，积极开展国内外同行学术交流，荟萃国内外跨学科研究的优秀成果，推动国内外国际关系与国际法跨学科研究的进步。

《学刊》暂定为一年一卷，必要时根据实际情况调整。本卷为2020年卷(总第9卷)。本卷共设"专论"与"经典外文文献选译"两个部分。

"专论"部分共收录了12篇论文，主要内容与观点介绍如下：

建构主义是与理性主义相抗衡的一大主流国际关系理论学派。新现实主义和制度主义等主流国际关系理论从理性主义本体论出发，主张权力、利益、制度等物质因素对国家行为起到了决定性作用；建构主义则坚持理念主义本体论，强调观念、文化等非物质因素在国际关系中的特殊意义。在《建构主义国际关系理论与国际法原理》一文中，徐崇利教授认为，建构主义认定国际法是国际社会(文化)结构的基础性构成部分，为国际法在国际关系中的性质、地位、产生和作用等提供了一种独特的解释。

中国与国际法全面接触的170多年，并不是某一方单向影响对方的进程，而是一个相互建构的过程。在《中国与国际法的相互建构》一文中，何志鹏教授、孙璐副研究员指出，二者的接触改变了中国社会的格局与心态，也改变了国际法的体系与结构。中国最初与国际法的相遇深化和印证了国际法的西方主导状态和实质不公正的品性,而中国对于国际法的应用也为国际法的平等实施注入了新元素。自1949年中华人民共和国成立以来,中国领导人、政府和人民始终高度注意将自身的发展与全世界的发展进程相融合;与此同时,也将世界发展的道路与方向同中国自身的政治、经济与社会建设相融合。在这种共生共融的体系和进程中,中国始终将法律规范作为一个关键的方面。无论是对于国家作为国际法主体地位的关注、将规则主导作为国际秩序的重要指针,还是在面对意识形态的态度,以及对于良好社会秩序的认知和维护方面,中国都获取了崇尚规则、注重理性、保持平和、克制谨慎的教益。在新中国治国理政及参与全球治理的共生共融过程中,国际法起到了关键的作用。中国对于国际法制定与实施过程的参与,是中国走向国际社会的重要步伐;在这一过程中,中国也提出了一些新问题,使国际法不断面临并应对新的挑战,为国际法自身的健全和完善提供了很多新力量。中国从经济自足、文化封闭的状态起步,在国际法的压力和促动之下,发展工业,变革思想践行法制,开启了步入现代性的历程。与此同时,中国对国际法日渐熟悉,并参与一系列国际立法活动,成为国际舞台上越来越受到重视的行为体。认真对待和有效利用国际法的规范与价值来统筹国内、国际两个大局的治理,不仅是总结历史得到的基本经验,也是未来建设的良好指针。

联合国安理会是联合国唯一的执行机关,承担着维护世界和平的主要责任,因此安理会作出的决议对国际社会将产生约束力。但是安理会决议的国际法性质和地位始终存在较大的争议,对于安理会决议是否具有造法性质,学界尚未达成统一的意见。在《联合国安理会决议的定性》一文中,凌冰尧博士认为,为厘清安理会决议的性质,应当从国际法渊源的角度确定决议的效力来源和安理会决议与国际法渊源的关系,并结合其具体内容分析安理会决议的性质和地位。安理会决议的权力来源于《联合国宪章》与主权国家的授权。作为执行机构,安理会决议应被认定为执行的办法而非法律,其对于国际法体系而言只是确定习惯国际法规则存在的证据而非创设规则的文件。

在《"二元决定论"作用的历史考察——以美国主导建立国联与联合国为例》一文中,赵健舟博士认为,理想主义与现实主义两种思潮对美国国家行为与外交决策的影响交替存在,托克维尔将这种现象总结为美国参与国际政治的"二元决定论"。二元决定论在两次世界大战后美国筹建国际联盟与联合国、设计战后世界秩序的过程中体现尤为明显。其中,威尔逊政府的外交实践在两种思潮之间摇摆的趋势更为突出，而罗斯福政府则倾向于“调和的理想主义”。实践证明，二元决定论并非两种思潮的势均力敌或并驾齐驱，而是在不同的内、外部环境因素下，两种思潮经由外交决策者的信念内化，在变动与消长态势下，针对涉及国家利益程度不同的议题施加不同影响。在此过程中，是否能有效地平衡两种思潮，成为影响外交得失的一大因素。

在《政府承认与继承典型案例分析》一文中，罗国强教授与李治军博士认为，苏俄政府与西班牙佛朗哥政府的承认与继承实践说明，有效统治的成立乃是获得政府承认的根本保障。叙利亚与利比亚政府的特殊政府承认与继承实践，证明了此种特殊情况在国际范围内的存在。中国新旧政府之间的特殊承认与继承问题容易引发时际法律冲突。“两航公司案”判决受到了过于严重的政治因素的影响。“光华寮案”中，日本地方法院和高等法院未考虑实际控制原则，日本最高法院则错误地理解和适用了“承认溯及既往”的原则。联合国大会第 2758 号决议达到了由新中国政府继承旧中国政府在联合国的所有地位及权利的目的，但提案措辞没有充分考虑中国政府承认与继承的特殊性，从而产生了法律漏洞。

在《非殖民化进程中的民族自决权——基于对查戈斯群岛咨询意见案的分析》一文中，夏菡博士认为，查戈斯群岛咨询意见案涉及非自治领土在非殖民化进程中的领土主权完整和民族自决权。国际法院对毛里求斯的领土主权给予了充分的支持，并强调英国从毛里求斯分裂查戈斯群岛的行为损害了毛里求斯的民族自决权。由于国际法院对岛民权益的分析基本延续了西撒哈拉案中对伊弗尼族群的处理方法，咨询意见在推进安置岛民的问题上能发挥的作用有限，但它对于敦促英国尽快结束对查戈斯群岛的非法占有，最终归还属于毛里求斯的领土无疑意义重大。

在《中国模式与国际经济法律秩序变迁》一文中，王彦志教授认为，中国崛起引起的权力转移对于国际经济法律秩序变迁具有重大影响。中国崛起和中国模式将继续在领导者地位、秩序形态、原则和规范、决策程序四个方面对国际经济法律秩序变迁产生重要影响。迄今为止，在国际经济法律秩序的各个维度上，中国既不是单纯的保守现状者，也不是激进的修正主义者，而是渐进的改革主义者。在国际经济法律秩序的领导者方面，中国目前并不寻求挑战美国的领导者地位，但中国会寻求参与领导国际经济法律秩序。在国际经济法律秩序的基本形态方面，中国会继续采纳国际经济法律秩序的规则导向，但中国会兼采国际经济法律秩序的非正式、政策、软法、关系导向的治理模式。

在国际经济法律秩序的原则和规范方面，中国会继续采纳自由主义国际经济法律秩序的市场导向，但不会接受市场至上的秩序理念，而会继续坚持和推行政府和市场并重的以发展为导向的理念。在国际经济法律秩序的决策程序方面，中国会推动改革国际经济法律秩序决策程序的美国和西方大国主导地位，推动国际经济法律秩序决策程序的民主化及提高其包容性。不过，无论就中国自身而言，还是就国际环境而言，中国模式对于国际经济法律秩序变迁的影响都存在不确定性。

在《全球金融治理：国际趋势与中国立场》一文中，廖凡研究员、刘文娟硕士认为，作为全球治理在国际金融领域的体现和运用，全球金融治理大体是指在国际金融体系中，通过多元行为体平等对话、协商合作，共同应对全球金融变革和世界经济问题挑战的一系列规则、机制、方法和活动。全球金融治理呈现三方面的特点：主体方面，以区别于传统政府间国际组织的非正式国家集团和跨政府网络最为显著和积极；规则方面，以不具有严格法律约束力的国际金融软法为主导；代表性和正当性方面，"民主赤字"问题相较于其他国际经济领域尤为凸显。后危机时代全球金融治理的变革及趋势相应体现在三方面：一是提高全球金融治理机构和机制的代表性和正当性，二是强化全球金融治理规则的实效性和约束力，三是挖掘传统政府间国际组织的治理潜力。作为因应，中国应当一方面推动改革完善既有多边金融治理体系，积极发挥与新兴大国地位相称的建设性作用；另一方面探索建立健全新的国际金融治理机构和机制，向全球金融治理贡献更多的中国智慧、中国方案和中国主张。

公众参与环评作为多边开发银行开展国际项目融资的先决条件，不仅有助于增进公众对项目的认同，而且能有效地消弭或减缓项目潜在的环境和社会风险，是多边开发银行践行可持续发展、绿色金融和环境正义运营原则的应有之义。在《论亚投行投资项目的公众参与环评制度及其完善》一文中，陈斌彬教授、胡斯斯硕士认为，作为第一家由我国倡导建立的多边开发银行，亚投行虽在成立伊始就严格要求自我，将"绿色"奉为其三大运营理念之一，且其晚近出台的《环境与社会框架政策》亦对公众参与项目环境影响评价作出了相应的规定，但这些规定仍存在着主体范围模糊，信息披露不健全，公众参与范围、方式、程序不完整和申诉机制不周延等缺陷。无论是基于自身贷款对象的特殊性和提升私人资本开发性投资战略定位之考量，还是适应日常联合融资，抑或单独融资业务扩容之所需，新生的亚投行都有必要完善和细化现有的公众参与环评规定，从而更好地发挥引领和确保亚投行绿色投资之功效。

美国外资委员会(CFIUS)对外资并购的国家安全审查既是美国外资准入政策的重要组成部分,又是实现国家安全战略的重要手段。在《美国外资并购国家安全审查的制度演变、实施特征与应对策略研究》一文中,陈妙硕士、刘勇教授认为,从美国外资并购国家安全审查制度的历史演变来看,CFIUS的执法权日益增强、审查范围不断扩大是普遍的趋势,而审查标准过于宽泛、审查程序不够透明、审查决定享有一定的司法豁免权则是制度实施过程中长期存在的基本特征。为了尽可能通过美国外资并购的国家安全审查,中国企业在面临交易可能被否决的风险时应努力与CFIUS达成缓解协议。一旦交易被否决,中国企业还可寻求美国国内法院或国际仲裁的法律救济。

在《国际惯例的理论定位和实践阐微》一文中,朱玥博士认为,学界对"国际惯例"一词的泛化使用,导致国际惯例的内涵和外延难以把握,理论争议较大。应当指出,国际惯例与国际习惯有着本质的区别。国际惯例是指在国际交往中行为主体之间持久而统一的实践,尚未被各国确认为法律,也不能成为法律渊源。虽然国际惯例不是法律,但其外延包含通例、国际商事惯例等,在国际法领域有着重要地位和作用,科学地定义国际惯例,对国际法理论和实践的发展具有重要意义。在国际公法领域,国际惯例是具有一般性的国家惯例,是构成国际习惯的物质要素和首要条件;在国际私法和国际经济法领域,国际惯例是为参与国际交往的民商事主体广泛了解和经常遵守的行为模式,为国际民商事交往带来巨大便利。

在数字经济浪潮下,数据成为国家不可或缺的隐形资产,网络空间中管辖权的国际博弈逐渐升级。欧盟GDPR(General Data Protection Regulation,《通用数据保护条例》)第3条第2款的"靶向标准"反映了属地管辖权和效果原则扩张运用的趋势。在《网络治理中的管辖权扩张及对策——以GDPR域外适用为视角》一文中,杜沁怡硕士认为,互联网的虚拟性使传统管辖权难以在其中直接适用,而目前的网络国际法规则中又尚无管辖权方面的规定,导致网络治理中管辖权的行使处于无序状态。合理运用管辖权是网络活动正常进行的重要条件,因此网络语境下属地管辖权的管辖依据亟待厘清,效果原则的行使前提也应得到明确,限制管辖权扩张方可消弭网络治理中的管辖权冲突,维持良好的网络空间秩序。

在"经典外文文献选译"部分,本卷推出埃里克·恩格尔(Eric Engle)撰写的《特朗普的外交政策:现实主义性质的经济国家主义》与杰弗里·邓诺夫(Jeffrey L. Dunoff)、马克·波拉克(Mark A. Pollack)撰写的《国际法庭的司法三难困局》两文的编译本，以飨读者。

《特朗普的外交政策：现实主义性质的经济国家主义》一文由李春林教授编译。在该文中，埃里克·恩格尔认为，美国总统特朗普推出的外交政策在很大程度上是对共和党人和民主党人一再犯下的新保守主义错误作出的有效反应。不过，与小布什总统一样，特朗普在国际关系领域也奉行单边主义。而且，特朗普采取的单边主义还有可能重复小布什所犯的单边主义错误。不仅如此，特朗普还出台了限制移民、提高工资、征收关税和推行保护主义的政策。这些政策若是真正得到执行，将会带来一场经济灾难，因而无法为美国民众带来特朗普所承诺的繁荣。

《国际法庭的司法三难困局》一文由孙鑫伟硕士、吴金玲硕士编译，范冰仪博士、王彦志教授校对。在该文中，杰弗里·邓诺夫教授、马克·波拉克教授认为，国际法庭存在"司法三难困局"，包括：创设国际法庭的国家和为国际法庭工作的法官必须在司法独立——法官依据事实和法律裁判案件的自由、司法责任制——尤为突出的是在重新任命和改选法官的过程中对国际法庭审判权的结构性制衡，以及司法透明度——识别法官个人立场的机制（例如通过个人意见和异议意见）。国际法庭要在这三个核心价值之间做一系列相互关联的权衡取舍，即这三个价值中至多只有两个能够同时最大化。他们通过对主要国际法庭现任和前任法官的采访，揭示了司法三难困局的内在逻辑，并追溯了这种逻辑在国际法院、欧洲人权法院、欧洲联盟法院和世界贸易组织上诉机构的设计和运作中的不同呈现方式。司法三难困局并不试图规定一种"理想的"法院设计，而是提供一个框架以供国际行为体理解国际法庭面临的不可避免的权衡，从而确保在审慎且充分理解其意涵的基础上有所取舍。

本刊的创办与连续出版，得到了许多单位与同仁的无私帮助。在此，我们要对各位作者、译者、编辑以及厦门大学出版社和资助本刊连续出版的厦门大学法学院表示诚挚的谢意。

最后，需要特别说明的是，在本刊发表的论文，其所论证的各种观点未必是本刊编辑部所持的立场和见解。秉承"兼容并包，百家争鸣"的学术精神，我们欢迎持有不同见解的学界同仁惠赐佳作，以本刊为平台，针对相关问题，各抒己见、深入探讨，从而达到互相补益、共同提高的目的。

《国际关系与国际法学刊》编辑部

2020年6月10日

目　录

专　论

经典外文文献选译

附　　录

专论

建构主义国际关系理论与国际法原理

徐崇利*

内容摘要：建构主义是与理性主义相抗衡的一大主流国际关系理论学派。新现实主义和制度主义等主流国际关系理论从理性主义本体论出发，主张权力、利益、制度等物质因素对国家行为起决定性作用；建构主义则坚持理念主义本体论，强调观念、文化等非物质因素在国际关系中的特殊意义。建构主义认定国际法是国际社会(文化)结构的基础性构成部分，为国际法在国际关系中的性质、地位、产生和作用等提供了一种独特的解释。

关键词：建构主义；认知主义；国际关系与国际法；国际法原理

目录

---

* 徐崇利，厦门大学法学院国际法学教授，博士生导师，法学博士。

一、引言

20世纪80年代中期之后，苏联积极推动缓和美苏关系，最终促成80年代末90年代初冷战的结束。对这一“无声的巨变”，当时主流的国际关系学说未能给出一个满意的解释。例如，新现实主义学派关于利益、权力等概念的理论都无法说明为何冷战能够以和平的方式结束，因为按照新现实主义理论，国际体系的变化总是伴随着战争。又如，制度主义学派也无法说明在苏联及东欧国家没有融入西方主导的国际制度情形下，冷战为何突发性地终结。由此，认知主义特别是其中持“观念变迁(如戈尔巴乔夫的新思维)导致冷战终结”之建构主义学派应运而生，并很快发展成为另一大主流的国际关系理论，且与以新现实主义和制度主义为代表的理性主义学说形成了国际关系理论史上的第四次论战。建构主义重视国际法在国际关系中的作用，有的学者甚至认为，“虽然被认为实质上是国际关系理论中的‘批判’学派，建构主义也许是给主流国际法学者提供最多东西的理论”①。

① J. C. Barker, *International Law and International Relations*, Continuum, 2000, p.82.

二、认知主义国际关系理论与国际法原理概述

以往，新现实主义和制度主义等主流国际关系理论坚持的是“理性主义”（物质主义）的本体论，与之相对立的是采取“理念主义”本体论的认知主义国际关系理论。认知主义认为，理性主义存在的一个重大缺陷是假设国家在国际关系中的利益和身份是外生和给定的，从而仅将注意力集中在国家所面对的物质性制约条件之解释变量上。而认知主义着眼于国家在国际关系中是如何解释其自身和世界（所处的环境）以及如何与其他国家共享此等解释，并将影响国家如何作为；亦即，观念和知识是国家行为的一种解释变量，国家的利益和身份是由观念和知识建构或塑型的；相应地，认知主义对国际制度和国际法提供了与理性主义不同的解释。认知主义认为，国际制度和国际法反映了国家间的认知结构，从而支撑起国际社会，并赋予国家在国际社会中的行为以意义；而理性主义从功能主义角度出发，最多只是把国际制度和国际法视为可用以消除自利的国家之间开展合作之障碍（欺诈、信息不完全以及环境不确定性等）的有用工具。

（一）认知主义之解释变量与国际法原理

在国际关系中，对于国家行为的解释，认知主义有三个基本假设①：第一，当国家选择自己的行为时，其利益不是直接给定的，观念和知识必然在国家评估决策的环境和理解自己的利益时起作用。第二，国际关系越来越复杂，越来越具有不确定性；相应地，国家在作出决策时，也越来越需要高质量的信息。制度主义也主张信息可以消除国家之间合作的不确定性，但所指的主要是一个国家缺乏有关对方国家行为和意图的可靠信息，以致可能被对方欺诈等；而认知主义关注的不确定性是指一个国家在作出决策时自身缺乏足够的能力评估决策结果或决策环境，需要这方面科学的知识。第三，国际制度的形成和运作需要国家之间的主体间共识，即对国际制度所涉问题的集体之理解。以下以认知主义理论分析国际制度与国际法，都是建立在这三个基本假设之上的。

观念是认知主义的核心概念。认知主义认为，观念可以影响国家的对外

---

① A. Hasenclever, P. Mayer, V. Rittberger, *Theories of International Regimes*, Cambridge University Press, 1997, pp.140-142.

政策。观念可区分为三种信念。一是世界观(world views),根植于一种文化符号当中,并深深地影响着思维和教化的模式。世界观是与人们的自我认同交织在一起的,它能激发人们深深的情感和忠诚信念。世界观影响着人们行动最根本的层面,可以说,当观念采取世界观的形式时,对人类行为具有最广泛的影响。二是原则化信念(principled beliefs),主要是指人们的价值观,包括作为区分对与错、是与非标准的规范性概念。原则化信念对人类行为的指导比世界观更为具体。三是因果信念(causal beliefs),是指人们对原因与结果之间关系的看法,为人们寻求手段、达到目的提供指导。

从影响的角度来看,因果信念对人们行动的影响最为直接;在因果信念不确定时,原则化信念可以促使人们行动;而在因果信念和原则化信念都不确定时,世界观对人们行动的影响就会得到凸显。当然,因果信念往往也反映了相应的原则化信念。但值得注意的是,原则化信念常常根据更大的世界观为自己辩护,但这些世界观又常常宽泛到足以包容反对原则化信念之程度。例如,虽然很多反对奴隶制的人(持奴隶制是错的之原则化信念者)援用基督教教义(世界观)支持自己的观点,但基督教容忍奴隶制长达几乎两千年。另从变化的角度来看,因果信念变化最快,原则化信念变化不易,而世界观的变化则非常困难。在现实生活中,三种观念对人类行为的影响往往不是单一的,而是混合和交织在一起的。① 在国际关系中,由世界观、原则化信念和因果信念构成的观念对国家行为的影响途径有三。

1.观念作为路线图而发挥作用

在国家面临多种可以选择的行动时,可能会最终选择最符合自己因果信念、原则化信念或世界观的那一个或那一些行动。其中,世界观和原则化信念可能会促进国家偏好(目标)的形成,而因果信念可能会强烈地影响国家达至目标所选择的手段。在相同的物质环境下,各国有不同的行为选择,恰恰说明了观念对国家决策的影响。观念的这种路线图作用也可以在国家创制国际制度和国际法的过程中得到验证。

例如,据美国学者伊肯伯里的研究,二战之后,在创建布雷顿森林体系(由《国际货币基金协定》和《国际复兴开发银行协定》等构成)的过程中,因果信念

① [美]朱迪斯·戈尔茨坦、罗伯特·基欧汉:《观念与外交政策:分析框架》,载[美]朱迪斯·戈尔茨坦、罗伯特·基欧汉主编:《观念与外交政策——信念、制度与政治变迁》,刘东国、于军译,北京大学出版社2005年版,第811页。

就起到了一种路线图的作用。①

对于战后建立怎么样的国际货币金融秩序，在美、英两国内部有不同的主张。在美国，这些主张可大致分为两类：一是支持相当放任的经济自由主义，主张经济自由化；二是关注国家经济自主，感兴趣的是政府在促进充分就业和社会福利方面的经济管理职能。在英国，也有类似的两类主张：一是青睐经济自由的立场；二是强调促进国内充分就业和社会福利，并维护英联邦国家的特权体系（差别待遇）。战后建立的布雷顿森林体系最终没有采纳放任的经济自由主义主张，而是采纳了"内嵌式自由主义"（embedded liberalism）——既允许相对开放的贸易与货币金融体系之自由运转，又保有支持国内充分就业和社会福利的多种安排。

毋庸置疑，当时英美两国具有的权力优势和经济利益决定了战后国际货币金融秩序框架的总体设定，但这种理性主义的解释无法说明英美两国政府为何偏向前述的这种主张，而不是那种主张。首先，仅从维护国家利益的角度无法解释英美两国所作的选择，因为在英美两国，持各种主张者都声称，如果按照它们的方案建立战后国际货币金融秩序，那么必将增进本国的利益。其次，英美两国的权力对比状况也无法解释它们偏好哪一种主张，只能说明具体安排更有利于作为战后霸权国的美国。实际上，在战后布雷顿森林体系的产生过程中，受凯恩斯主义影响的英美经济学家和政策专家所持的观念（赞成一个开放性的全球经济体系，但仍主张其是一个有管理的世界经济体系）起到了至关重要的作用。这样的共同观念界定和重塑了两国的国家利益之概念，并促进了两国政策共识的形成，从而为两国政府最终立基于"内嵌式自由主义"达成协议铺平了道路。

2.观念充当焦点而发挥作用

在不存在单一均衡、各国的集体行动需要在多套结局之间进行选择时（如"情侣之争"博弈模式），如果没有"客观"标准作为选择的基础，那么共同的观念能够聚焦各国的预期和战略，从而确定合作的最终方案。如果没有共同观念的这种聚焦作用，许多国际制度和国际法律制度的创制可能就会失败。

例如，加勒特和魏因格斯特选择 20 世纪 80 年代后期（1986 年《单一欧洲

---

① 这项研究详见[美]约翰·伊肯伯里：《创造昨天的世界新秩序——凯恩斯的"新思维"与英美战后安排》，载[美]朱迪斯·戈尔茨坦、罗伯特·基欧汉主编：《观念与外交政策——信念、制度与政治变迁》，刘东国、于军译，北京大学出版社 2005 年版，第 59～86 页。

法》签署)至90年代初(1993年《马斯特里赫特条约》生效前)欧共体市场一体化法律制度作为研究对象,分析了因果信念和原则化信念对欧共体各成员国行动的聚焦作用。① 当时,欧共体各成员国都认识到实现市场一体化将会进一步促进其共同利益的实现,然而,各成员国由于各自偏好的不同,无法找到一条唯一的和天然的合作途径;亦即,在经济自由化的原则下,各成员国认为有许多方法可以支持欧共体市场一体化进程。但为何由《单一欧洲法》以及相应的欧共体指南构成的法律体系最终选中了"相互承认原则"作为构建的核心基础呢?②

按照这两位学者的观点,此前,欧洲法院已于1979年在对Cassis de Dijon案的判决中确立了"相互承认原则",而对"相互承认原则"的因果信念后来成为汇集各成员国行为的焦点,即各成员国围绕该焦点展开了《单一欧洲法》的谈判。进一步来看,各成员国之所以愿意接受欧洲法院确定的"相互承认原则",是基于对欧洲法院权威性的原则化信念,更为重要的是,"相互承认原则"符合欧共体1958年《罗马条约》确立的实现区域经济自由化之宗旨的原则化信念。当然,观念的这种聚焦力量并不是自发产生的,也不是单独起作用的,而是行为体有意构建的,且必须能够帮助行为体在现有制约条件下实现其所追求的目标。就《单一欧洲法》的创制而言,"相互承认原则"的信念之所以能够充当焦点,是因为该原则与当时欧共体中的德国、英国和法国"三巨头",尤其是与其中最有实力的德国的利益明显一致。

除了《罗马条约》及《单一欧洲法》之外,无论欧共体部长理事会通过多数决议制订多少指南,都不可能穷尽市场一体化的所有规定,而且这些指南规定本身不可能不带有一定程度的模糊性。这样的"合同不完全问题"及"合同模糊性问题"得不到解决,势必会阻碍欧共体市场一体化进程。《单一欧洲法》规定,在欧共体指南有规定的情况下,欧洲法院有权就各成员国的国内法是否违反这些指南的规定作出判决;而在欧共体指南没有规定的情况下,欧洲法院也有权就各成员国的国内法是否违反《罗马条约》及《单一欧洲法》作出判决。这

---

① 这项研究详见[美]杰弗里·加勒特、[美]巴里·R.魏因格斯特:《观念、利益与制度:构建欧洲共同体内部市场》,载[美]朱迪斯·戈尔茨坦、罗伯特·基欧汉主编:《观念与外交政策——信念、制度与政治变迁》,刘东国、于军译,第169～199页。

② 所谓"相互承认原则"是指,为了共同开放市场,欧共体成员国约定,在符合最低统一标准的前提下,相互承认对方国家的法律和监管规则,即在一成员国国内可以合法出售的商品和服务也应该可以不受限制地进入其他成员国的市场。

在相当程度上意味着欧共体各成员国将对本国国内立法的司法审查权授予了欧洲法院。如果没有欧共体各成员国确信欧洲法院将按它们总的意愿行事这样的信念,以及没有它们对《罗马条约》及《单一欧洲法》之协议精神的共同信念,要让欧共体各成员国放弃自己的权威,将之授权给欧洲法院,是不可想象的。从中可以再次看到各成员国之信念在建立欧共体法律体系中的聚焦作用。当然,欧洲法院获得如此重要的授权,不仅仅是各成员国信念作用的结果,欧共体更广泛的体制结构客观上对欧洲法院也起到了有力的制衡作用,使之不敢冒大多数成员国之不韪而盲动。

3.观念通过嵌入制度而发挥作用

观念一旦被嵌入规则和规范之中,也就是一旦被制度化,就能产生长远的影响,甚至延及初创者的权力和利益。"促进某一法律的利益也会随着实践的推移而消失,而嵌入到该法律中的观念却继续影响政治。"①

例如,主权概念代表着一种世界观,其在 1648 年《威斯特伐利亚和约》签订之前就已存在,但通过该和约被确立为国际制度之后,对国际关系产生了深远的影响,普遍认为开创了一个"威斯特伐利亚体系"。在当代,主权概念不断受到冲击。例如,许多西方学者主张,随着全球化的深入,国家的权力开始不断流向非国家行为体,主权正处于消解过程之中;欧盟的诞生,使得在区域范围内出现了具有一定程度超主权性质的组织形式;基于人道主义的考虑,可以穿透主权,对一个国家的内部事务进行干涉;以及《联合国海洋法公约》确立的专属经济区、大陆架制度和《南极条约》有关南极法律地位的规定,均非传统主权概念所能涵盖。虽然遭受了种种的挑战,但不可否认的是,主权作为已经植入国际法的一种观念,具有持久的影响力,想要取而代之,在当今的国际社会显然难成现实。当然,强调制度化的主权概念所具有的观念力量,不是主张国家权力和利益在国际制度的形成和运作中不起作用,也不是主张主权概念本身可以独立于国家权力和在权力之外形成和运作。美国著名国际关系理论学者克拉斯纳曾指出:"主权权力的实际含义,即国家对内政和外交控制的范围从来就没有获得过广泛一致的看法。……拥有更多物质实力的行为者把它们

---

① [美]朱迪斯·戈尔茨坦、罗伯特·基欧汉:《观念与外交政策:分析框架》,载[美]朱迪斯·戈尔茨坦、罗伯特·基欧汉主编:《观念与外交政策——信念、制度与政治变迁》,刘东国、于军译,北京大学出版社 2005 年版,第 21 页。

的看法强加于那些物质力量较弱的行为者。”①

(二)认知主义之基本种类与国际法原理

认知主义可有不同种类,不同种类的认知主义对国际制度和国际法的解释存在着差异。

1. 不同强度的认知主义

在认知主义学派中,弱认知主义理论主张,对国际制度的需求取决于各国的利益和偏好,而各国的利益和偏好不仅有客观的物质内容,而且部分地反映了国家的观念和知识。但是,观念和知识只有同物质利益和权力关系的变化相联系时,才能在国际政治中产生影响;而且在存在多种影响决策的观念时,国家对其中特定观念的选择可能只是简单地反映了自己的利益。因此,弱认知主义并没有否认国家是追求物质效用的最大化者,而只是认为这样的理性主义假设并不完全,需要认知主义加以补充。“虽然我们不认为观念理论能单独存在,也不认为我们不理解利益和实力就能理解政治,但我们提出,只有将利益和实力与对人类信念的丰富理解结合到一起,政治结果才能得到解释。”②

强认知主义,即建构主义,则走得更远,主张认知主义对理性主义很大程度上是取代而不是补充的关系。具体而言,观念和知识不仅仅影响国家的利益和偏好,而且从根本上改变了国家的利益,乃至建构了国家的身份,并使之能够从事权力博弈和合作活动,反映观念的国际制度是国家理性选择的前提而不是结果。

从理性主义、弱认知主义和强认知主义三者之间的关系来看,理性主义与强认知主义位居对立理论的两端,尽管弱认知主义也是一种认知主义理论,但只是处于理性主义与强认知主义之间的一种理论,构成理性主义走向强认知主义(建构主义)的桥梁。③

---

① [美]斯蒂芬·D.克拉斯纳:《维斯特伐利亚及诸如此类》,载[美]朱迪斯·戈尔茨坦、罗伯特·基欧汉主编:《观念与外交政策——信念、制度与政治变迁》,刘东国、于军译,北京大学出版社2005年版,第249~250页。

② [美]朱迪斯·戈尔茨坦、罗伯特·基欧汉:《观念与外交政策:分析框架》,载[美]朱迪斯·戈尔茨坦、罗伯特·基欧汉主编:《观念与外交政策——信念、制度与政治变迁》,刘东国、于军译,北京大学出版社2005年版,第14页。

③ [美]朱迪斯·戈尔茨坦、罗伯特·基欧汉主编:《观念与外交政策——信念、制度与政治变迁》,刘东国、于军译,北京大学出版社2005年版,译者序。

2. 不同层次的认知主义

认知主义可分为体系层次的认知主义和单位层次的认知主义。就其中的强认知主义而言，主流的建构主义属于体系层次的强认知主义，因为该说强调国家间“共有知识”或“国际社会(文化)结构”对国家身份和利益起到构建的作用，从而主导国家在国际关系中的行为。然而，有的学者认为，实际上，国家的身份和利益不完全是由国际层次的观念结构决定的，还应从国家的地缘—文化基本特征去解释，这是一种单位层次的建构主义。① 单位层次的建构主义主张，只有在“文化配适”(culture match)的基础上，国际规范才能有效地影响国家的身份和利益；或国际规范只有反映一国的价值、观念、传统、信仰等，该国才会本能地认同这些规范。如果国际规范反映的是文化霸权主义，就会受到具有其他文化传统国家的抵制。例如，过分体现西方个体主义价值观的国际人权法常常遭到不少亚洲国家的反对，因为其与强调集体主义的“亚洲价值”相悖。然而，在一国对特定的国际规范不存在特殊文化抵触的情况下，国际规范通过教化，可以培养该国的身份和利益。有的西方学者认为，乌克兰脱离苏联之后，其国家身份出现了真空状态，这就为反映欧洲理念的国际规范在乌克兰的扩散留下了空间。②

例如，美国学者卡赞斯坦运用“战略文化学”所进行的研究表明，德国和日本均属二战的战败国，战后均实行了民主制度，而且发展成为经济强国，但它们的外交政策并不相同——这是体系理论所无法解释的，只能从两国国内文化的角度加以解读。详言之，德国倾向于把国际体系看成是“格劳秀斯式社会”，由此积极参与与此类国际社会相适应的立法活动，如国际人权法等. 从文化的角度来看，这样的选择根植于德国解决冲突的“社会伙伴”观念，而这样的“社会伙伴”观念又是德国在解决其国内商界、工会以及其他利益集团之间冲突中培养起来的。相反，日本则更多地把国际体系看成是“霍布斯式社会”，认为将国际社会中国家结合在一起的因素不可能是抽象的国际规范，而是各国的自我利益。因此，日本对向他国推行国际人权法等做法不是非常感兴趣。

---

① 秦亚青、[美]亚历山大·温特：《建构主义的发展空间》，载《世界政治经济》2005年第1期；S. Burchill, A. Linklater, R. Devetak, et al., *Theories of International Relations*, 3rd, ed., Palgrave Macmillan, 2005, pp.199-200.

② A. P. Cortell, J. W. Davis, Jr., Understanding the Domestic Impact of International Norms: Research Agenda, *International Studies Review*, 2000, Vol.2.

从根本上说，日本对国际社会"霍布斯式"的看法，源于其国内轻义重利的"商业伙伴"文化①。

又如，美国学者勒格罗运用"组织文化学"，对二战期间美国、英国、苏联和德国等交战国遵守有关禁止潜艇攻击商船、禁止使用化学武器以及战略轰炸等战争法的程度，进行了实证研究。就此，勒氏得出的基本结论是：从总体上看，如果这些国家军队的组织文化倾向于使用其中的某种战法，哪怕违反有关战争法，它们也在所不惜；反之，如果这些国家军队的组织文化不倾向于使用其中的某种战法，它们就不会违反有关战争法。要言之，是军队的组织文化建构了这些交战国对待战争法的行为。以德国为例，尽管1936年《关于潜艇作战规则的伦敦议定书》对于禁止潜艇攻击商船的规范力度很大，但德国军队的组织文化热衷于潜艇的攻击力，因此不惜违反该议定书，不加限制地攻击所有敌国的船只；而1925年《关于禁用毒气或者类似毒品及细菌方法作战的日内瓦议定书》对禁止使用化学武器的力度虽不及《关于潜艇作战规则的伦敦议定书》禁止潜艇攻击商船的力度，但德国予以遵守，乃是受到了德国军队不好使用化学武器之组织文化的影响，而且德国军队如此选择与其与交战国在这些武器方面的战略优势对比状况等客观因素无关。②

三、建构主义国际关系理论与国际法的性质

（一）建构主义国际关系理论与国际法的定性

新现实主义学派及制度主义学派均认为国际体系是一种"物质结构"，而建构主义学派主张国际体系主要属于"社会结构"，本质上为"观念的分配"。这反映了建构主义学派与其他两大主流学派在本体论上"理念主义"和"物质主义"的对立。

1. 国际法律规则属于国际社会结构

新现实主义学派和制度主义学派均强调权力、利益和制度在国际关系中

---

① P. J. Katzenstein, *Cultural Norms and National Security: Police and Military in Postwar Japan*, Cornell University Press, 1996, pp.153-154, 173-180.

② J. W. Legro, Which Norms Matter? Revising the "Failure" of Internationalism, *International Organization*, 1997, Vol.51.

的重要性，两派的分歧主要是国际制度作用的大小。从本体论上看，两派均坚持"物质主义"。新现实主义和制度主义理论都建立在国家作为理性的"经济人"之假设基础之上，追求的是物质性的权力和利益。其中，新现实主义学派认为，权力结构决定利益，而衡量权力的标准均为物质因素，如军事力量、经济实力和自然资源等，这就使得利益也具有物质的内容；制度主义学派主张，国际制度是各国为了克服合作的障碍实现自己的物质利益而产生的，国际制度作用的大小也取决于物质力量回报的高低。相应地，新现实主义学派和制度主义学派必然强调国际法存在的物质条件。

建构主义学派并不否认权力、利益和制度等概念，但其更注重的是国际关系中的第四因素——观念，认为国际体系主要是一种由观念建构的"社会（文化）结构"。这里的"观念"主要是指社会的共有知识，即所谓的"文化"，具体表现为规范、制度、意识形态、组织等。众所周知，不同的文化对法律包括国际法有不同的理解，那么，国际法是不是一种共享的观念，即反映"主体间性"呢？应该说，各国对国际法中的概念和规则之解释，可能存有不同，但对这些概念和规则本身的存在并无争议。例如，对于国际法，各国尽管对其中的一些具体内容存有争议，但并没有否定国际法本身。又如，对具体案件，应由哪个国家行使管辖权，各国可能存有争议，但没有否认国家本身享有管辖权。应该说，大多数国际法律规则反映了"主体间的意义"，构成国际社会结构的一部分。①

建构主义学派从本体论上的"理念主义"出发，主张权力和利益主要不是由物质条件决定的，而是由观念构建的；换言之，权力的意义和利益的内容在很大程度上是由观念赋予的。物质因素本身意义有限，只有内嵌入共有知识的结构，才对国际关系产生实质的影响。在国际关系中，离开了各国的共有知识和预期，物质资源也就失去了目的和效用。例如，美国著名建构主义学者温特曾形象地比喻，朝鲜拥有 5 件核武器比英国拥有 500 件核武器对美国的威胁更大，因为美国与英国之间相互看作是朋友，美国与朝鲜之间则互相视为敌人关系。在这里，友好和敌对就是一种共有的认识，建构了核武器（物质因素）

① A. C. Arend, *Legal Rules and International Society*, Oxford University Press, 1999, pp.133-136, 138.

的意义和效用。[①] 又如，加拿大和古巴都是中等国家，为何前者是美国的盟友，后者却被美国视作敌人，这是纯粹的新现实主义"权力结构说"所不能解释的；而建构主义可指出其原因是美国与加拿大的权力对比和美国与古巴的权力对比具有不同的意义。就国际法而言，也是如此。例如，一旦"不得使用武力解决国际争端"这样的观念得到认同，那么至少在国际经济争端的解决过程中，小国不会视大国的军事优势为实质性威胁。

既然建构主义学派认为国际体系是一种"社会结构"，其得出的逻辑结论之一必然是，国际法乃该国际社会结构的一部分，而且各国的实践也确证了这一结论。因为现行的国际体系不仅仅表现为由"各自为政"的国家组成的一个集合体，这些国家之间还存在着彼此认同的国际法律规则。与此同时，国际法律规则本身又是国际社会构建的，它们并非"生就在那儿"(out there)等待发现的事物，而是因各国认同其为法律并自愿接受其约束的结果。[②] 建构主义学派的这一理论最能说明国际习惯法的性质和构成，因为国际习惯法的形成不但要有各国反复实践的一致行为(物质要件)，而且要求各国得有"法律确念"(opinio juris)，即认为这样做是出于遵守国际法义务的信念(心理要件)。[③] 过犹不及，也正因如此，一些激进的建构主义学者往往过分夸大对法律规则和概念建构的主观性，否认国际习惯法的物质要素和国际条约"语境"的客观性，认为对规范的理解是随其历史和政治的背景变化而捉摸不定的[④]，从而陷入不可知论的泥潭。

从历史上看，不少国际法学者也在不同程度上承认国际法的社会属性。近代国际法鼻祖格劳秀斯从自然法的观点出发，认为："维持社会秩序……可

---

① 有关对权力、利益与观念建构关系的详细论述，详见[美]亚历山大·温特：《国际政治的社会理论》，秦亚青译，上海人民出版社2000年版，第119～237页。该书是目前建构主义学派主流学说中最具影响力的代表性著作。

② 建构主义认为，世界中的"原始事实"(独立于人类活动)与"社会事实"(其存在依赖于业已形成的习俗)之间存在根本的区别。珠穆朗玛峰顶上的积雪不管有没有人在那里观察都会存在着，而一张印有爱德华·埃尔加头像的白紫相间的纸张，只是因为英国人的认可才使它成为一张20英镑的纸币。参见[英]克里斯·布朗、克里斯腾·安利：《理解国际关系》(第3版)，吴志成、刘丰、刘佳译，中央编译出版社2010年版，第59页。

③ M. Finnemore, *National Interests in International Society*, Cornell University Press, 1996, p.140.

④ H. Charlesworth, Feminist Methods in International Law, *The American Journal of International Law*, 1999, Vol.93.

被适当地称为法律之源。"而著名的实证主义国际法学者威斯特莱克也主张："国际法律规则存在的原因在于人类的社会属性及其物质的和道德的环境。"继这些早期的国际法学家之后，现代许多不同学派的国际法学者也都有关于国际法社会性的论述。①

2. 国际法律规则构建国际体系结构

按照建构主义理论，规则可以分为"规制性规则"(regulative rule)和"构成性规则"(constitutive rule)两类。规制性规则调整一种先前存在的活动，用以约束行为，规定了适当行为的标准。例如，在国际关系中，使用武力早已存在。《联合国宪章》第2条第4款规定禁止使用武力，就属于规制性规则。构成性规则不但规定了而且创造了新的行为体、利益和行为的类型。从逻辑上讲，行为体、利益和行为依赖于此类规则的存在而存在。例如，象棋规则就属于构成性规则，双方按象棋规则走棋，才是象棋比赛；而离开了象棋规则，象棋活动就不存在了。② 新现实主义和制度主义一般只对针对规制性规则在已经构建的国际体系中所起到的协调作用进行有限的分析，而对于构成性规则，则未予涉及。构成性规则是建构主义关注的对象。

美国学者阿伦德是支持以建构主义国际关系理论分析国际法的代表性人物之一。在《法律规则与国际社会》一书中，阿氏认为，主权原则、国际法的创制必须经过国家同意以及约定必须信守等原则，是真正的构成性法律原则。在国际法中，除了主要表现为国际法原则的构成性规则之外，大量的国际法具体原则属于规制性规则。诸如，海洋法中的领海宽度为12海里、外交关系法中的外交官享有豁免权、国际贸易法中的一般禁止数量限制等。尽管这些国际法律规则不建构国际体系的基本结构，但构成国际体系的一部分。③

阿伦德认为，国际法律规则部分构建了国际体系的结构，构建的方式包

① J. C. Barker, *International Law and International Relations*, Continuum, 2000, pp.82-83.

② F. V. Kratochwil, *Rules, Norms, and Decisions: On the Conditions of Practical and Legal Reasoning in International Relations and Domestic Affairs*, Cambridge University Press, 1989, p.26.

③ A. C. Arend, *Legal Rules and International Society*, Oxford University Press, 1999, pp.130-131.

括[①]:第一,国际法引入了现代国际关系的基石——国家主权原则。毫无疑问,现行的威斯特伐利亚体系就是建立在各国主权独立、平等,不应有凌驾于各国主权之上的权威这样的基础之上的。第二,国际法为各种行为体确立了其在国际体系中的成员资格标准。国际法规定了国家承认的条件、政府间组织的权力范围,以及非政府组织的权力和义务等。第三,国际法规定了决定其法律效力的规则,亦即国际法中包含"关于国际法性质的一般原则"。诸如,国际法律规则的制定必须经过国家的同意,国际法律规则的实施有"约定必须信守原则"作为保证等。第四,国际法规定了外交语言。"在大多数基本层面,主权国家似乎将进入国际法律语境理所当然地认为是妥当的。"[②]每个国家和非国家行为体及其决策者,都会以国际法的名义主张权力。例如,一个国家不管以何种理由对他国使用武力,都会援用国际法作为自己辩解的理由。又如,对于其他国家的恶劣行为,都会指责其违反国际法律义务。第五,国际法可以在程序和实体上为每个国家和非国家行为体的行动和诉求提供道义的裁判。例如,美国在没有可靠的证据证明伊拉克拥有大规模杀伤性武器的情况下,擅自对其动武,于国际法无据,就会被国际社会认为是"错误"的;不管美国国民的真实意愿如何,在对伊拉克动武前,美国总会争取得到联合国安理会的授权,以使其行动具有当然的国际正当性。

如果说阿伦德认为国际法只是"某种意义上"或"部分地"构建国际体系的话[③],那么,另一位美国学者考克斯则主张,国际法构成国际体系的基础,即国际法中的"根变性规范建构着国际领域",应将"国际结构视为实质性地反映了国家对其合法性行为的信念"[④]。

考克斯赞同新现实主义学派的理论前提,即国际体系处于无政府状态,国际关系的主要行为体是国家,但考氏反对新现实主义学派所主张的国际体系

---

① A. C. Arend, *Legal Rules and International Society*, Oxford University Press, 1999, pp.138-140.

② N. Purvis, Critical Legal Studies in Public International Law, *Harvard Journal of International Law*, 1991, Vol.32.

③ A. C. Arend, *Legal Rules and International Society*, Oxford University Press, 1999, pp.131, 138.

④ 以下有关考克斯学说的概述,均见 S. A. Kocs, Explaining the Strategic Behavior of States: International Law as System Structure, *International Studies Quarterly*, 1994, Vol.38.

结构就是权力分配关系的观点，认为国家对国家的行为首先是由基本国际法原则施加的一系列规范性义务构建的，国际法基本规范构成了国际体系的结构，权力分配对国家行为的结构性影响从属于法律规范的结构性影响。

考克斯认为，国家明示同意的国际条约虽属构成性规范，但其并未从根本上构建国际法律体系。这些构成性的基本国际法规范是一套隐含的、默示的规则（主要表现为国际习惯），为赋予国际条约意义和效力创制了框架。例如，对于两国签订一个削减关税的双边贸易协定，只有签署国默示地接受一些非书面的规范性法律义务才有意义。首先，签署该协定的行为本身表明，每个签署国承认对方具有主权，是其领土内人民的合法代表。而承认对方为一个主权国家，又意味着对方有生存的权利；而这换言之又意味着该国接受这样一种限制，不剥夺他国生存的基本要素，如领土和政治独立。缺乏这样的默示义务，就不可能产生有拘束力的国际条约。此外，签署协定还意味着存在其他的隐含原则，如约定必须信守。除非签署国默认约定必须信守的原则，否则，国际条约只能是一堆废纸。

考克斯认同的这些基本国际法规范包括主权平等原则、不干涉他国内部事务原则和约定必须信守原则。这三项原则体现了“已经长期存在的威斯特伐利亚法律秩序的中心特点”，对其争议较少；而人民自决原则、禁止使用武力和以武力相威胁原则、和平解决争端原则、尊重人权原则和国际合作原则则是比较晚出现的几项原则。对这些原则本身，各国没有异议，有争议的只是其具体内容。这些国际社会的基本法律规范被各国认为具有合法性，并普遍依之行事。

新现实主义只承认国家的行为受到外在的约束（其他国家的权力），考克斯认为，国家的政治动力既来自外在的约束，也来自内在的约束。国家接受国际法律规则的合法性和拘束力，并自行加以遵守。因为在无政府状态的环境中，权力广泛地分散于各独立的国家，规范性的义务只能靠自我限制和自愿遵守；而且这种内在的约束是主要的，外在的约束只有支持性的功能。如将国际体系类比为一国的国内市场，则国家犹如企业。企业可以在市场上展开激烈的竞争，但国内法要求竞争必须是正当的，不能采取诸如烧掉对方工厂、暗杀对方雇员以及威胁对方客户等非法手段。同样，在国际体系中，国家可以为争取权力而斗争，但不能罔顾国际法律规范的制约。国际社会虽无中央执法机构，但从整体上看，各国自动遵守国际法是与其自身的合法性理念和自我根本利益相一致的。因为如果各国都不遵守自己承诺的国际法规则，那么整个世界就会陷入混乱和不安全状态，任何国家都难以幸免。

美国学者阿伦德尽管不同意考克斯认为的“一些国际法原则为国际社会的构成性规则，如不使用武力原则”，但阿氏认为，“考克斯的有关存在此类性质原则的根本观点像是清楚地反映了将建构主义适用于法律规则”①。

(二)建构主义国际关系理论与国际法的地位

无政府状态是新现实主义和制度主义国际关系理论的核心假设和研究起点，但建构主义对“无政府状态”有不同的理解。这种不同的理解关系到国际法的地位问题。

1. 温特的学说

美国学者温特是当代建构主义最著名的代表人物。他提出了著名的“无政府状态是国家塑造的”论断。温氏并不否认现行国际体系的无政府状态特征，但与新现实主义和制度主义两学派主张这种无政府结构是先验的和给定的观点不同，认为其意义是由各国构建的，是可以改变的。无政府状态的特性并非一如新现实主义强调的自助，也可能存在助他。无政府状态是一种空的容器，其性质如何，取决于国际体系中的角色认同结构，是国家在互动实践中通过文化选择建立起来的“主体间意义”。如果国家之间的角色认同是“敌人”，那么依靠自己的实力维护自身的生存和安全将成为国家的最基本目标，自助将成为无政府状态的逻辑特性；反之，如果国家之间的角色认同是“朋友”，那么一国就不会担心他国威胁其生存和安全，各国之间就会形成一个安全共同体。在这样的一个安全共同体中，助他将成为无政府状态的必有特性。

根据国家之间的角色认同结构，温特认为，无政府状态下可形成三种文化结构，即霍布斯式文化、洛克式文化和康德式文化，与之相对应的是以下三种国际体系以及其间国际法治的有无和深浅样态。

第一，霍布斯式国际体系。在这一国际体系中，国家之间互相视为“敌人”，为了本国的生存、安全和权力而发动摧毁、吞并他国的战争成为一种常态，处于一种“国国为战，弱肉强食”的自然状态。在这种实行“丛林法则”或“鱼类法则”的状态下，只有战争权，而没有国家的独立权，国家只能通过增强自身的实力以求自保。于是，自助便成为霍布斯式国际体系中无政府状态的特性。这种国际文化结构实际存在于民族国家体系形成之前。

---

① A. C. Arend, *Legal Rules and International Society*, Oxford University Press, 1999, p.131.

第二,洛克式国际体系。在该国际体系中,国家之间不再是“你死我活”的关系,而是实行“我活也允许你活”的原则,互相间被视为竞争“对手”。各国间形成了最低限度的互信和共识;各国不再以生存和安全作为第一目标,战争权受到限制,成为一种为了自卫而不得已为之的选择,福利和发展成为国家的要务。主权制度的建立是各国竞争的基底。主权制度建立之后,将实现自我实现复制的预言。在各国之间相互承认生存和独立的权利,不干涉他国内部事务的原则下,主权体系内的互动实践,会使各国形成这样的共识,遵守主权制度符合本国的最大利益,从而使得主权制度得以再生产。威斯特伐利亚体系就是洛克式国际体系,已有近 400 年的历史,在当前国际政治中仍居主导地位。

第三,康德式国际体系。在该国际体系中,国家之间互相视为“朋友”,遵循“我为大家,大家为我”的逻辑,霍布斯式的国际自助体系已彻底被多元的世界共同体或集体安全体系取代,战争被认为是非法的,国家之间不再以武力解决争端,决定结果的重要因素将由军事力量让位于话语、制度、经济等其他形式的因素,各国对“永久和平”能够产生可依赖的预期。这种模式目前只是初现于欧美国家之间,代表着国际社会未来的发展方向。

国际体系的演进历程是从霍布斯式文化结构到洛克式文化结构,再到康德式文化结构。由此可见,建构主义的“国际观念论”也不是价值完全中立的学说,其世界观的基础是理想主义。① 当然,文化都有自我复制和自我强化的功能,国际文化结构的变迁并非轻而易举,而将是一个漫长的历史过程,是向着进步的方向发展的,不会倒退。

不同的国际体系具有不同的文化结构。国际法作为国际文化结构的一部分,在不同的国际体系中,其地位当然是不同的。温特进而认为,在上述三种文化中,“霍布斯式文化的暴力和异化本质注定它不大可能在体系层次上得以规范化”。易言之,霍布斯式文化不可能产生真正意义上的国际法。

洛克式文化和康德式文化都包含国际法在内,但国际法的地位不同。温特认为,建构洛克式文化和康德式文化的共有知识在很大程度上通过国际法和国际机制得以制度化。具体而言,在洛克式文化结构中,国际法绝不仅仅是物质力量的附带现象,实际上,国际法是现代国际政治的深层结构的基本组成

① 秦亚青、[美]亚历山大·温特:《建构主义的发展空间》,载《世界政治经济》2005年第1期。

部分。虽然没有集中的执法机构，现在几乎所有国家在所有时候都遵守国际法。国家越来越承认国际法具有约束力(国际法因之可以得到执行)，即使是不同意其规定的国家也是如此。换言之，现代国家间的竞争受到国际法承认主权结构的限制，所以这种竞争的基础是法治。但是，在这种限制范畴内，竞争并不排除以暴力解决争端。正因为如此，洛克文化不是一种完全的法治体系。而康德无政府体系的一个显著特征就是至少在实际上它是一个法治体系，这就限定了国家可以合法谋取自我利益的范围。由于没有中央权力机关来执行这样的限定规则，所以确定无疑地、迅速地惩治违规者这一点会被削弱。但是，只要国家内化了这些限定规则，规则就会被视为对国家的合法约束，并可以集体的方式加以执行。①

可见，按照温特的观点，国际法存在于目前仍然占主导地位的洛克式国际社会，但现行国际结构仍不是完整的法治体系，只有到将来康德式文化成为主流国际结构时，国际社会才会形成一个完整的法治体系。

2. 奥努弗的学说

奥努弗长期从事国际关系理论与国际法的研究。1967年，他在约翰·霍普金斯大学完成了博士学位论文《国际法的有意识发展》，该论文带有以建构主义元素研究国际法的特征。②

奥努弗于1989年最早将建构主义引入国际关系理论研究，其理论以“规则”为基础。奥氏认为，规则取决于“言语行为”，其可以分为断言性言语行为(例如，一个人断言捕猎季节已经开始，可以这样表达：“捕猎季节已经开始了!”)、指令性言语行为(例如，一个人要求大家一起去捕猎，可以这样表达：“让我们去捕猎吧!”)和承诺性言语行为(例如，一个人允诺会将捕到的鸭子烤好当晚餐，可以这样表达：“我会做饭的!”)，如表1所示。从上述三种“言语行为”中，可以相应地演绎出指示性规则、指令性规则、承诺性规则。其中的指示性规则告诉行为者何为世界(世界是怎样的以及世界是如何运作的)，并让行为者知道忽视这些信息会带来的后果。如果此类规则可以用高度概括性的术

① 秦亚青、[美]亚历山大·温特：《建构主义的发展空间》，载《世界政治经济》2005年第1期。

② 奥努弗关于国际关系理论与国际法研究的代表性论文，收录于 N. Onuf, *International Legal Theory: Essays and Engagements* 1966-2007, Routledge-Cavendish, 2008.

语表述人们普遍接受的信息，可以称之为“原则”，主权原则就是明显的一例。指令性规则具有显著的规范效应，不容置疑地告诉行为体必须做什么以及不遵守规则带来的后果。行为体相互允诺，用具有规范性的术语表达出来，就是承诺性规则。此类规则告诉行为体相互间的权利义务关系。以上三类规则是相互支持的。例如，作为高度正式化的指示性规则的主权原则，就得到了属于承诺性规则的国家承认规则的支持，只有经过承认，一国才能成为国际社会的新国家，才能享有主权。

奥努弗进而认为，规则具有高度的政治性，因为依规则进行的利益分配是不均等的，有些人会获得另一些人所没有的特权，由此将产生社会关系的不对称性，即统治。国际体系虽然缺乏一个最高的权威，但作为主要行为体的国家受到规则的制约，与国际社会一样，仍然是一个规则统治下的政治社会。因此，奥氏否认国际关系处于无政府状态的假设。然而，不同功能的规则导致不同形式的统治：一是霸权统治，以指示性规则为主导，行为者处在规则和相关实践编织成的网络中，“地位”(status)起决定作用，具有地位优势的行为体通过促使其他行为体接受其观念和信念实行统治，具有“文化霸权”的含义；二是等级统治，以指令性规则为主导，“职位”(office)起决定作用，实行自下而上的逐级服从，居于各职位最高位者决定组织的功能；三是他治统治，以承诺性规则为主导。“角色”(role)起决定作用，行为者之间是平等的伙伴关系，行为者具有相同的角色。但每个行为体在享受权利的同时，又受到对其他行为体义务的约束，从而构成“他治”。

表1　言语行为分类、规则类别与统治形式①

	断言性言语行为	指令性言语行为	承诺性言语行为
言语行为	说者表达一个希望听者接受的信条	说者告知听者希望其完成一些行为的意图	说者允诺采取行动，承担诺言，进行出价：如听者接受，说者即受约束
	将X定为Y(如Y为一项价值，则其为原则)	X主体必须做Y	X主体声称将做Y

① 本表摘编自V. Kubálková ed., *Foreign Policy in a Constructed World*, M.E. Sharpe, 2001, pp.67-68.

续表

规则	指示性规则	指令性规则	承诺性规则
·常用表达	我声称、肯定、报告、定性、坚持、不同意等	我要求、命令、警告、允许等	我答应、出价等
·规范性强度	规范性弱(需要内心意识的支持)	规范性强(外在作用)	规范性弱(需要内在的支持或其他规则的支持)
·标示	地位	职位	角色
统治	霸权统治	等级统治	他治统治
·要素	观念和信念	命令	伙伴
·组织形式	非正式网络	组织(如公司)	协会(会员之间平等)

在国际关系中,尽管每个国家都享有主权,但并非完全自主,而是被各种类型的规则统治着,所谓的无政府状态不过是他治统治和霸权统治的混合,并偶有一些等级统治的掺入。

首先,国家是在主权平等原则和一系列赋予其相互间权利义务之承诺性规则制约下行使独立权的。一个国家的独立是对所有其他国家的制约,同时所有国家行为体都接受由其大量个体选择所导致的意料之外的后果。因此,国际社会的统治方式以他治统治为主。支持国际社会他治统治的那些正式的承诺性规则就是国际法。在实证主义国际法理念下,国际法律规则必须经过各国的同意才能产生,其中最为典型的是国际条约,各缔约国间通过相互允诺,确立了权利与义务关系。

其次,在当今国际社会中,不能说没有文化霸权,因此,国际社会也有霸权统治的成分。然而,在国际法中,如前所述,既有属于作为支持他治统治之指示性规则的国际法原则,如主权原则,也有一些作为支持霸权统治之指示性规则的国际法原则。应该说,国际法作为西方文明产物的历史痕迹并未褪尽,如一些保护人权的原则,被西方国家遵奉为自然法,可非经国家同意而产生。

最后,二战之后,一度出现"美国治下的和平",美国取得了"自由世界"领袖的最高职位。在西方世界,一定程度上形成了非正式的等级统治,一些指令性原则支持着这些统治。然而,在主权平等的当今国家社会,已几无等级统治存在的空间;相应地,在国际法中,也难有超国家的指令性规则。需要指出的是,国内社会以等级统治为主,国内法多表现为指令性规则。①

奥努弗认为,在当今国际社会,美国虽为霸权国,但几乎不可能像国内社会那样形成对他国的"等级统治"。其没有至上的"职位",不可在指令性规则下以命令的形式制定超国家的世界法。显然,这样的结论是符合当今国际社会现实的。奥努弗主张,当今国际社会主要是他治统治和霸权统治的混合,这一基本判断也是确当的。然而,奥努弗没有进一步论证二者"谁主谁从"的关系,这是其理论的一大缺失。应该说,在当今国际社会,国家之间从形式上看是平等的,但实际上并非平等。各国之间在平等的"角色"下,以"伙伴"关系形成的他治统治,只是表象;西方国家凭借其"观念和信念"(文化)上的优势"地位"形成的霸权统治,为当今国际社会的实质;相应地,国际法表面上乃是在承诺性规则下以平等为基础,因各国共同同意而产生,但难脱西方基于文化霸权在指示性规则下主导国际法生成之本质。

四、建构主义国际关系理论与国际法的生成

国际规范是建构主义的核心概念之一。建构主义有关规范的理论也可适用于国际法。美国著名建构主义国际关系理论学者芬尼莫尔认为:"规范、理解和话语塑造国家行为对政治学之外的许多人来说,几乎不是什么新的东西。国际法学者经常已经知道这点:规范是它们的面包和黄油。在国际层面,规范是法律。"②

(一)国际规范生成的基本理论

建构主义除了在本体论上,从反物质主义的原则上,将国际规范界定为社会结构的一部分之外,还以反理性主义的原则分析国际规范。对于国际规范的研究,新现实主义和制度主义采取的都是理性主义方法。对于国际规范的创制和实施,两种理论都认为必须立基于国家都是自利的个体,追求的是自身

① N. G. Onuf, *World of Our Making: Rules and Rule in Social Theory and International Relations*, University of South Carolina Press, 1989, pp.211-212.

② M. Finnemore, *National Interests in International Society*, Cornell University Press, 1996, p.139.

利益最大化的事实。只不过新现实主义表现为追求权力的最大化,以维护自身安全;而制度主义通过国际合作追求本国福利的最大化,规范的生成和创制是理性选择的结果。建构主义并不否认权力和利益对国际规范创制和实施的重要性,但认为规范是行为体在社会互动中生成和演变的,是内生于社会进程的。

1. 基本理论之概述

建构主义国际关系理论包括以"规则"为基础的理论和以"身份"为基础的理论。①

以"规则"为基础的建构主义理论代表人物为美国学者奥努弗和德国学者克拉托奇维尔等,他们同时也是研究国际法的学者,二者的建构主义理论均围绕"规则或规范"展开,并与"话语实践"(speech act)密切相关。

奥努弗的建构主义理论主张人是社会存在现象,社会关系使我们成为人;同时,通过"行动"(deeds)和"言语"(speaking),人类运用自然物质将世界构建如此。这就是说,人和社会存在着双向的互构关系。"行动"[包括"言语行为"(speaking acts)和"物理行为"(physical actions)]制造了世界。由于"行动"能构建现实,它们必须有意义。而人类社会关系的意义又有赖于规则的存在。由此,奥氏的建构主义理论强调规则对社会现实具有根本性的意义。规则取决于"言语行为"。具有总体上相同效果的"言语行为"不断重复,将形成惯例。

奥努弗认为,规则及其相关实践活动都会形成与行为体目标相符合的稳定模式,即制度。国际法渊源乃一种法律制度,法律规则出自这种法律制度,无人能够怀疑其存在。条约就是这样一种法律制度,因为条约对缔约国具有法律拘束力。②

克拉托奇维尔反对国际关系理论中的工具理性主义,认为其过于狭义地理解政治和人类行为,造成了"认识论的贫困";国际关系理论具有规范性,如果仅采用实证主义的研究方法,国际关系理论就不能称为"科学"。克氏认为,理性具有社会条件性,应置于主体间的共识理解中,才能定义。由此,对理性

---

① 对于建构主义的详细分类,参见莫大华:《建构主义国际关系理论与安全研究》,时英出版社2003年版,第107~134页。

② 以上有关奥努弗建构主义学说的概述,详见M. Zehfuss, *Constructivism in International Relations: The Politics of Reality*, Cambridge University Press, 2002, pp.19-22.

的适当理解之理论模式应是哈贝马斯的沟通行为理论，而不是实证主义。不能把构成性规则简化为规制性规则，在社会生活中规范的角色不能以规制性规则的实用主义加以理解。规则是有赖于连续沟通的"话语实践"。各方对现实有不同解释之冲突，以获取信任和相互理解为取向，应通过"话语(说服性争论)"，而不是"强制"，促成各方有新的认知和共同的解释，这些解释又成为建立和维持体现汇聚预期的一套规则的基础。

当代，各国之间的相互依赖越来越强，国际问题越来越复杂，各国决策者对国家利益的评估和如何促进国家利益的判断，变得更加困难。尤其是在有关国际条约的谈判中，对具体选择怎样的制度，非常难以确定，对于多种不同的解释或相互冲突的各种建议，决策者往往难以抉择。在这种情况下，就非常需要通过沟通行为，展开论辩，发展一种共同的解释，找到最有说服力的一种协议。当然，论辩要承认各方具有平等地位的原则、接受互不侵害的原则以及坚持有约必守的原则等，否则，说服就变成了强制或贿赂。①

显然，奥努弗和克拉托奇维尔的建构主义理论带有浓厚的语言哲学的色彩，相当晦涩。从总体上看，他们的理论影响有限。而且，该抽象的理论适用于对任何社会规范和规则的解释，当然其研究重点在于国际规范和规则。

相反，以温特为代表的以"身份"为基础的理论是主流的建构主义理论。温氏主张，在国家之间的互动过程中，通过模仿和社会习得等途径，国家会造就和再造其身份和利益，推动国际社会结构的变化，包括国际法的产生和发展。然而，温氏理论侧重于体系对国家之建构(包括国际规范对国家身份和利益的建构)，而对建构体系之国家间互动研究很少，变成了"自上而下"的单向理论阐述。② 因此，温氏有关国际规范生成和发展的理论相当缺失。

2.基本理论之实证

有的学者运用建构主义理论，探讨国际法律规范产生的机理。加拿大学者布鲁尼和图普提出的"互动国际法说"就是典型一例，这一学说实际上综合了以"规范和规则"为基础的建构主义理论和以"身份"为基础的建构主义理论。该学说认为，传统分析实证主义对法律概念的界定根植于国内法，法律构

---

① A. Hasenclever, P. Mayer, V. Rittberger, *Theories of International Regimes*, Cambridge University Press, 1997, pp.176-178, 180.

② 秦亚青、[美]亚历山大・温特:《建构主义的发展空间》，载《世界政治经济》2005年第1期。

成一种等级秩序(如主权者的命令),而国际法不是一种等级的控制形式,不能套用国内法概念;它是一种水平的结构,是国家之间在平行的互动中产生和塑型的。这种互动的国际法观可以在美国著名法学家富勒的理论中挖掘。富氏认为,法律为一种持续的社会实践。通过社会互动,形成了有关适当行为的相对稳定的预期结构,使得规范适用于特定的情形。最终,当法律规则普遍与社会实践和共有理解相合时,规则便具有说明力,法律制度被认为具有正当性。①

布鲁尼和图普后通过对尼罗河流域水法制度发展的实证研究支持了其"互动国际法说"。② 尼罗河流域有坦桑尼亚、肯尼亚、乌干达、布隆迪、卢旺达、刚果(金)、埃塞俄比亚、厄立特里亚、苏丹和埃及等10个从该河流取水的国家。历史上的殖民统治,给这些国家的水资源分配埋下了祸根。随着沿岸国家发展经济和解决民生的需要,对水资源的需求大量增加,尼罗河水资源的供应与对水资源的需要出现了严重的矛盾,对水资源的过度和不当利用还可能引发生态、环境、健康和防洪等问题。由此,各国围绕水资源的分配存在着严重的争议,甚至有诉诸战争的威胁。

时至20世纪80年代,尼罗河流域各取水国开始从对立走向合作,新制度从这些国家之间的互动中产生。

从20世纪80年代初开始,在联合国开发计划署和世界气象组织的支持下,埃及、苏丹、肯尼亚、坦桑尼亚、乌干达等国联合进行水文气象研究,以弄清楚尼罗河的供水量和对水源的需求量。然而,各方缺乏这方面的知识,成为无法开展合作的一个重要原因。1983年,在埃及的提议下,一个更为广泛的名为"UNDUGU"("兄弟会")的小组成立,以促进尼罗河流域国家经济、社会、文化和技术联系。这些努力最终因一些国家的内战和相互间缺乏信任,尤其是对埃及控制进程的疑虑等而未获成功,但毕竟提供了分享信息的平台,并把尼罗河的开发和利用作为一个整体来考虑。

为了进一步扩大技术领域的合作和尼罗河流域各取水国更平等的参与,1992年成立了"促进尼罗河流域发展和保护技术合作委员会"。经过该组织

---

① J. Brunnée, S. J. Toope, International Law and Constructivism: Elements of an International Theory of International Law, *Columbia Journal of Transnational Law*, 2000, Vol.39.

② J. Brunnée, S. J. Toope, The Changing Nile Basin Regime: Does Law Matter?, *Harvard International Law Journal*, 2002, Vol.43.

1993—1995 年的工作，创立了“尼罗河流域行动计划”，1999 年发展为“尼罗河流域战略行动计划”。

从 1993 年开始，启动了“2002 年尼罗河会议”，旨在促进尼罗河流域国家水资源的合作。该会议每年召开一次。此类会议的政治色彩较淡，属于技术性论坛，但后来的会议也涉猎法律性问题。例如，讨论殖民时代宗主国控制下签订之条约的法律效力和关于水资源分配的国际法律规则等。但是，此类会议关注的是次区域而不是全流域的合作问题，没有联合管理委员会，也无具体的行动计划。

尼罗河流域国家从对立走向合作的实质性突破是 1999 年开始成立的“尼罗河流域组织”(Nile Basin Initiative)，取代了“促进尼罗河流域发展和保护技术合作委员会”。该组织的一个重要发展是，历来拒绝合作的埃塞俄比亚开始参与，同时获得了世界银行、联合国开发计划署、非洲发展基金、加拿大国际开发署等组织的支持。该组织的最终目标是“达成一个广泛的尼罗河条约，建立永久的合作框架”；具体职能是为各取水国之间的合作和建立工作关系提供一个平台；为从讨论上升到行动提供安排；实施“战略行动计划”。该计划包括两大项目：一是“共有远景项目”，旨在提供全流域范围的行动框架，包括以下议题——合作框架；建立互信和利益攸关关系；社会、经济、环境和部门发展；发展和投资项目以及实施培训。二是“下属行动项目”，主要是促进次流域共同发展，有两个下属子机构——东尼罗河组织和尼罗河泛赤道组织。尼罗河流域组织成立后，对促进尼罗河流域国家水资源合理开发和利用的合作起到了积极的推动作用，取得了令人鼓舞的成绩。在尼罗河流域组织 2006 年论坛开幕之际，作为该论坛负责人的埃塞俄比亚水利部长亚斯法·丁嘉莫谈道：“尼罗河流域多年来一直被认为是经常发生冲突的地区，但是今天，在尼罗河水资源利用的问题上，通过各成员国之间的协作，已经产生了一些令人鼓舞的结果。”①

对于“2002 年尼罗河会议”、促进尼罗河流域发展和保护技术合作委员会和尼罗河流域组织之非正式互动，传统观点认为，法律在这一阶段没有发挥作用；只有等到谈判成功，其结果才会以法律的形式固定下来。然而，从建构主义的观点来看，并非如此。法律实际上已经蕴藏在这些非正式的互动之中。

① 邢锐明、孙磊：《尼罗河是合作的催化剂》，http://www.hwcc.com.cn/newsdisplay/newsdisplay.asp? Id=166196，下载日期：2020 年 3 月 20 日。

通过此类互动,逐步重构了尼罗河流域国家的身份,从分离的和对立的个体身份,到合作的集体身份,并改变了论辩的决定性因素,特别是强化了法律规范赖以出现的强烈正当性。

非正式互动过程本身不是法律制度,但其促成的合作框架有助于法律的产生。非正式过程促进互动、信任的建立和相互学习,对共有理解的出现至关重要,从而有效地支持了规范性质的演进。例如,“2002 年尼罗河会议”虽不是正式的谈判程序,但把各尼罗河取水国负责这方面事务的官员、专家、观察家以及支持尼罗河流域合作的政府间组织、非政府组织等召集在一起,可以促成“观念共同体”,形成共同的立场,从而对各国政府的决策者产生影响。这些会议为创建促进尼罗河流域发展和保护技术合作委员会和尼罗河流域组织等创造了条件,以及为在进一步互动中建立正式的法律制度树立了信心。

尼罗河流域组织是一个合作的突破,表明有助于形成集体身份的共有理解和规范始现。例如,全流域合作的理念将促进集体身份的确立;另外,集体身份和共有理解将制约国家完全基于自利的论辩。国际水法中公平使用原则和不造成重大损害原则的互融、可持续发展的概念,利益互享、环境保护等概念,为消除对立、促进合作提供了重要的规范性指导。这些规范的出现,有利于各国抛弃纯粹的对抗性论辩,促进互动。

包容性和透明性是尼罗河流域组织的重要特点,全流域国家以及非政府组织和国际组织等均参与讨论。特别重要的是各方的平等参与,共享信息、观念和看法,从而形成共识。在共识的基础上,才可能讨论可持续发展等这样的概念。讨论的过程充满着正当性,从而强化了讨论结构的说服力。这些讨论虽然是技术层面的,但产生于技术层面的正当性将漫射入政治领域,从而更坚定了政治领导人对开展合作必要性的信心,并强化了他们的承诺。

总之,不能将尼罗河流域的非正式讨论看成是一种纯粹的战略性讨价还价,而应将之视为已经开始的真正论辩,并趋向于共有的理解。这是一种造法性的互动过程,同时也有助于国家集体身份的形成和正当性的建立。尼罗河流域国家的合作必将促使相应国际法律制度的产生,但必须根植于构架说服性论辩的互动程序,以构建集体身份和正当性。而法律只可能出现在这样的背景中,行为体对互动的重要因素取得了共识,并对它们希望取得的成果具有基本的理解。

(二)国际规范周期理论之框架

如上所述,在主流的建构主义理论中,具有影响力的国际规范生成基本理论还不发达。然而，有些学者提出了这方面比较具体的理论框架。芬尼莫尔和辛金克对国际规范始现、扩散和内化之周期的析论，就有相当强的代表性。① 这种国际规范的"生命周期"理论框架也受到了中国研究建构主义国际关系理论学者的关注。②

1. 国际规范的始现阶段

国际规范的始现阶段是规范倡导者试图广为说服国家接受新规范的过程，涉及国际规范的创制要素和说服机制两方面内容。

(1)国际规范的创制要素

国际规范的创制包括规范倡导者和组织平台两个要素。

规范倡导者通常是对某种适当的和理想的行为具有强烈信念的活动者。这些规范倡导者往往是通过挑战现存的不合理规范，阐发一种新的理念，并在公众中建构对新规范的认知框架。例如，《日内瓦公约》中关于医疗人员和伤员作为中立人员和非武装人员对待的人道主义规范的确立，最初就是由瑞士银行家杜南特积极推动的结果。又如，关于妇女拥有选举权的国际人权规范的确定，则发端于女权主义运动先驱——美国人斯坦顿、安东尼及英国人福西特和潘克赫斯特等人的活动。

因西方文化乃强势文化，西方规范倡导者阐发的与之相配适的新理念，更具演变成国际规范的潜在可能性；而不同地区发展中国家的文化多为弱势文化，即使一些新理念由来自发展中国家的规范活动者发起，事实上也很难输出。这就是说，萌芽于弱势文化的新理念，在孕育成为国际规范的过程中，往往自始就难逃"胎死腹中"的命运。

规范倡导者发起新规范的动机主要有三：一是移情，是指规范倡导者对其他人的感觉和信念感同身受，即使这样做无关自己的福祉和安危；二是利他，是指规范倡导者基于人类的道义和良知，不惜牺牲自己的福利和安危，为他人谋利益；三是信念，是指规范倡导者笃信规范所代表的理性和价值，即使推动此等规范的形成无关自己的福祉。当然，许多规范倡导者并非逆自身利益而

① 以下关于国际规范始现、扩散和内化之"生命周期"的论述，除另有注解和有关评论外，详见 M. Finnemore, K. Sikkink, International Norm Dynamics and Political Change, *International Organization*, 1998, Vol.52.

② 关于这种分析框架的中文阐释和拓展，参见袁正清：《国际政治理论的社会学转向：建构主义研究》，上海人民出版社 2005 年版，第 111～123、245～257 页；方长平：《国家利益分析的建构主义视角》，载《教学与研究》2006 年第 6 期。

动。例如,女权主义活动家必须使妇女理解,争取妇女选举权与维护妇女的政治利益是一致的;又如,红十字会发起人员必须说服交战双方的军事首脑,保护伤员是与其进行战争的目的相符的。

规范倡导者往往需要借助一些组织平台来推行国际规范。一些组织平台是专门为促进国际规范而建立的,如国际红十字会、绿色和平组织、禁止地雷国际运动等非政府组织。在人权和环保等领域,还包括比非政府组织范围更广的"跨国倡议网络"①。规范倡导者还经常依托政府间组织,这些政府间组织具有中立性,其具有的宗旨、结构、资源和职能等使之成为培育国际规范的温床,尤其是在这些政府间组织内的专家形成了一个认知共同体,通过他们的专业知识和技能可以有效地传播国际规范。例如,世界银行的组织机构、专家资源以及与成员国和私人金融业者的联系,对促进发展性国际规范的形成,起到了重大的作用;又如,联合国的组织特征有力地倡导了非殖民化、主权和人权等领域的国际规范;再如,国际劳工组织中由成员国、劳资双方代表组成的三方代表结构,极大地推动着国际劳工标准的产生。

最终,规范倡导者及其所在的组织需要说服国家接受国际规范,不同的组织平台可为它们提供不同的工具。例如,像世界银行这样的政府间组织,可以利用其资源和平衡杠杆,推动发展中国家接受有关环保和人权的国际规范。在实践中,世界银行就把符合有关环保和人权的要求设置为发展中国家的项目获得贷款的前提条件;而非政府组织网络和其他政府间组织在与国家打交道时,不可能使用强迫的手段,但可以提供信息和通过接受这些信息的重要听众(尤其是媒体和决策者),从情感、道义方面影响国家,使之认同新的国际规范。

作为可借助推广国际规范的平台,政府间组织的资源多来自西方国家,更有可能助力传播反映西方理念的国际规范;而国际规范推广所依托的更广泛的平台——跨国倡议网络,由全球和区域性政府间组织和非政府组织、私人基金会、媒体、教会、商会、知识分子等组成。这些主体多来自西方国家,而西方国家有着发达的非政府组织,在跨国倡议网络中起到关键性的作用;同时,也只有这些来自西方国家的主体,才具有相应的人力、物力和财力,组织和运作跨国倡议网络。更为重要的是,各种主体结合组成跨国倡议网络的动因,并非

① 参见[美]玛格丽特·E.凯克、[美]凯瑟琳·辛金克:《超越国界的活动家:国际政治中的倡议网络》,韩召颖译,北京大学出版社2005年版。

出于物质利益的考虑，其核心凝聚力是拥有共同的价值观和话语。由此可见，所谓的跨国倡议网络多属西方的“观念共同体”，很难想象发展中国家具备如此原生的动力，且广泛组成各式跨国倡议网络。毫无疑问，借助以西方价值观和话语为中心的跨国倡议网络所传输的必然是西方的国际规范。

(2)国际规范的说服机制

在国际规范的始现阶段，规范倡导者通过组织平台促使国家接受国际规范的主要机制是说服，即以国际规范对国家进行社会“教化”的过程，从国家的角度来看，乃是通过社会“习得”，重新界定自己的利益和身份。说服作用与被说服者认知和社会特性有关。例如，被说服者亲历所形成的态度比通过道听途说等间接获得的经验而形成的态度更难改变；说服者的社会魅力越大，越容易说服被说服者；说服的效果与信息的质量有关，新的信息更易于产生新的认知。通过信息增强说服力，有如下两种实质性手段①：

一是运用“框架效应”(frame effect)，通过重新解释或重新定名将问题放入已有的范畴，将会产生不同的反响。规范倡导者运用该说服手段最为成功的范例之一就是，有关非政府组织使用地雷的杀伤“是不分战斗人员和平民”这一解释，将之与国际人权问题以及大规模杀伤性武器挂钩，引起公众的共鸣，最后成功推动《渥太华反地雷公约》的制定，并为许多国家所接受。

二是运用“诱发效应”(cue effect)，就是激发针对者更为认真地对待某一情势。通常情况下，披露有关新的信息，可能会产生该效应。例如，公开20世纪七八十年代拉美发生的军政府大规模侵犯人权事件的全面记录，引发许多国家重新对国际人权法的范围和性质进行思考，最终促成了国家对修改和重释有关国际人权法的接受。

国际规范说服国家的过程，多存在于强势文化对弱势文化进行“教化”的语境之中，很难发生弱势文化“教化”强势文化的情形；也就是说，国际规范说服国家的过程，实乃西方文化通过国际规范得到扩张的过程。既然国际规范说服的效果与信息的质量有关，西方国家凭借其软实力优势，可对相关的信息实行质量控制。具体而言，在文化霸权的既成背景下，运用框架效应，国际规范说服国家所借用的原有范畴多为西方的范畴；而西方国家控制着世界主流的传播渠道，在诱发效应下所释放的信息实际上多是经其选择过滤的信息。

---

① R. Goodman, D. Jinks, How to Influence States: Socialization and International Human Rights Law, *Duke Law Journal*, 2004, Vol.54.

2. 国际规范的扩散阶段

当规范倡导者通过组织平台说服,使接受乃至引领国际规范的国家在数量上和质量上达到一个临界点时,国际规范就会出现扩散的现象,即接受国际规范的国家迅速增加①。

一方面是国家的数量。实证研究表明,在接受国际规范的国家数量超过世界上全部国家的1/3时,国际规范就会很快扩散。例如,1997年5月,《渥太华反地雷公约》的签署国达到了60个,约占全球国家数的1/3。临界点到达后,规范的扩散现象开始出现,同年12月,该公约的签署国猛增到124个。

另一方面是国家的质量。有些国家对规则的推广有着关键的影响,有些国家则无。因为在说服机制下,说服者的社会魅力很关键。何为关键国家随着问题的不同而不同,但有一个标准是相同的,就是缺少这样的国家,规范的实质目标无法达到。例如,对于《渥太华反地雷公约》而言,一个不生产地雷的国家不能成为关键国家;而像英国和法国这样的地雷生产国在1997年年中接受该公约,就对规范的扩散起到了重要的作用。同样,130多年前,英国和法国两个国家批准《日内瓦第一公约》,也极大地推动了当时欧洲国家一致接受该公约。此外,一个国家所具有的道义力量可使之成为关键国家。例如,曼德拉领导下的南非支持《渥太华反地雷公约》,对非洲其他国家乃至全球其他国家都有着非常重要的影响。当然,规范的扩散不一定要获得关键国家的一致支持。例如,美国没有参加《渥太华反地雷公约》,并没有妨碍规范的扩散进程。

当临界点到来时,国际规范就会出现扩散现象;同时,其政治动力也发生了变化。在到达该临界点之前,国家接受国际规范的压力多来自国内,即政党、社会集团和精英阶层;在这之后,即使没有国内的压力,许多国家也会接受国际规范。此时,可能会在区域乃至国际范围内产生示范效应。

国际规范进入扩散阶段的主要特征是,规范的倡导者试图将国家社会化为国际规范的遵守者。社会化的方式除了规范倡导者对国家继续进行说服之

① 在社会政治现象中,存在着一种"阈值效应",即一些社会过程的变迁达到某一阈值之后,就会产生戏剧性的效果。参见陈振明主编:《政治的经济分析》,中国人民大学出版社2003年版,第167页。

外，还包括“模仿”和“社会影响”两种方式①：

一是模仿，即一国仿效所谓“典范国家”接受国际规范的社会化过程，从另一角度来看，就是“典范国家”接受国际规范的行为对其他国家产生了“示范效应”。在“示范效应”的发生过程中，成为“典范国家”的往往是具有软实力优势的西方国家，因为软实力的本意就是具有能够吸引其他国家模仿自己行为的能力。据此，源于西方理念的国际规范被西方国家接受之后，西方国家运用自身的软实力，可以达成其他国家模仿自己广泛接受国际规范之效果。

二是社会影响，包括奖赏（对接受国际规范的国家给予正面的社会评价）和惩罚（对不遵守国际规范的国家给予负面的社会评价）。值得注意的是，新现实主义和制度主义等理性主义国际关系理论也认为在国际合作过程中应当有奖赏和惩罚，但其主张采用的是物质激励手段，在成本和收益分析的基础上影响行为体的“物质偏好”；而建构主义语境下的奖赏和惩罚表现为以社会评价为手段，从价值、信念的认知上影响行为体的“社会偏好”。在当今国际社会，对国际规范遵守与非遵守的社会评价手段往往掌握在具有强势文化的西方国家手中，文化弱势的非西方国家对文化强势的西方国家之臧否，其所产生的社会影响必然有限。

然而，国家并非社会化的唯一行为体，规范倡导者网络和国际组织等也可充当行为体，以向目标国家施压，促使其采取相应的政策和制定相应的国内立法来批准条约，并监督其遵守国际规范。例如，《日内瓦第一公约》签署后，国际红十字会并没有消失，而是成为这方面主要的社会行动者，帮助各国将该公约规则传授给他们的士兵，收集违反该公约规则的信息，并公之于众，以促使违反的国家遵守该公约规则。

既然社会化是国际规范扩散的主要机制，那么，是何种东西使得该机制起作用，是何种动因促使一个国家从反对规范转变为遵守规范呢？建构主义主张，国家的身份塑造国家行为。国家作为国际社会的一个成员，希望获得国际社会的认同。至于国家和国家精英作为国际社会成员之身份的建构到达何种程度，才会导致国际规范扩散现象的出现。社会化理论研究表明，一旦使得接受国际规范的国家达到相当的数量，就会对其他不遵守之国家产生“同侪压力”(peer pressure)。在“同侪压力”下，一个国家从不遵守国际规范转化为遵

① 对说服、模仿和社会影响之社会化方式的解释，详见[美]江忆恩：《简论国际机制对国家行为的影响》，李韬译，载《世界经济与政治》2002年第12期。

守国际规范的社会动机主要有正当性(legitimation)、遵从(conformity)和尊重(esteem)等。在国际社会,西方国家运用其软实力,往往以"同侪"代表自居,所造成的社会压力,恰恰可以影响到其他国家转向遵守国际规范的这些社会动机。

首先,国际正当性对塑造国家行为,包括接受和遵守国际规范,具有重要的意义。国家对国际正当性的关心可从两个方面来理解:一方面,缺乏国际正当性,将对国家在国际社会的互动产生重大不利影响。例如,一些国家被西方国家冠以不遵守国际规范的"流氓国家"恶名之后,其声望和信誉将会严重受损,由此将在国际社会中付出巨大的代价;另一方面,国际正当性有助于促进国家统治的国内正当性。一国民众不但从国内的因素考虑现行统治是否属于最优选择,而且越来越多地与其他国家的统治进行比较,并关心其他国家及其人民对本国的看法,来对本国统治的正当性进行判断。例如,前南非白人种族主义统治政权的倒台,就与其缺乏国际正当性密切相关。

其次,遵从涉及国家遵守国际规范以证明其已经适应了国际社会环境,即归属于国际社会的一员,从而不会造成自己被他国视为异类的心理压力。例如,一些国家担心被西方国家贴上"失败国家"的标签,可能不得不改从反映西方理念的国际规范。

最后,尊重与遵从和正当性两者密切相关,但更加深入。国家领导人遵守国际规范有时是因为他们需要获得他人更高的评价,也需要一个更好的自我的内心安慰。社会规范之所以得以维持,部分原因是行为体在违反社会规范时,内心会感到焦虑、内疚和羞耻。如果国家领导人遵守国际规范,其行为具有国际正当性,那么,就不可能形成此等社会惩罚的压力,这些国家领导人就不会有个体与社会之间的紧张感。反之,国家领导人会因自己的正当性之守规行为而赢得他者的尊重和获得自豪感。例如,在人权领域。实证研究表明,一些国家领导人非常在意其被视为人权破坏者的负面国际形象,为了改变这种形象,他们会对政策作出实质性的调整;而在当今国际社会,充当"人权教师爷"的通常正是西方国家。

在许多场合,国际规范的"法律化",尤其是制定成国际条约,对其扩散至关重要。因为"法律化"的过程明确了规范的内容,界定了违反的情形,设定了各国协调的程序,并规定了惩罚的措施。如果国家对这些方面没有明确的预期,通常就不会接受该国际规范。

3. 国际规范的内化阶段

国际规范扩散的最终结果就是国家对规范的内化，即遵守国际规范被视为理所当然之事，变成一种自觉自愿的行为。

理性主义国际关系理论认为国家遵守国际规范乃是基于外力的强制或利己的考量，而建构主义学派针对的是国家基于承认国际规范的正当性而予以遵守之意。这就意味着国家对国际规范的遵守并非基于工具理性的考虑，而是一种价值理性主导下的选择。

从广义上说，国际规范被国家内化的情形有三个等级：第一个等级是国家被迫遵守国际规范（强制），亦即外部力量迫使国家遵守国际规范。此乃内化最浅，也是最不稳定的等级，是新现实主义学派对国家为何遵守国际规范的解释。第二个等级是国家因利益驱使而遵守国际规范（利己），亦即国家通过对自我利益的理性计算而遵守国际规范。这是一种"结果性逻辑"，其仍然是表层的内化，还是具有不稳定性，如果成本和收益分析的结果对自己不利，国家就不会遵守国际规范，与之相对应的是制度主义学派的理论。第三个等级是基于承认国际规范的正当性而予以遵守（正当性），这是程度最深和最稳定的内化等级，系国家基于对国际规范合法性之信念而加以遵守，是一种"适当性逻辑"。该等级的内化是建构主义学派对国家遵守国际规范现象的解释。

在上述在第一、二个内化等级上，国际规范仅仅外在地影响国家的行为；只有在第三个等级上，国际规范才真正被国家认同，将会产生强有力的后果，使得国家对规范的遵守不再有怀疑和异议。例如，今天不再有人讨论妇女是否享有选举权、是否禁止使用武力以及是否保护战地救护人员等问题。

在当今国际社会，西方国家自诩占据"道德"的高地，就体现其价值观之国际规范的适用，惯于对其他国家遵守的正当性和不遵守的非正当性反复不断地作出评判，日积月累的结果，可能会导致其他国家将遵守此等国际规范内化为习惯成自然的一种行为模式，最终使得对此等国际规范的遵守不再有怀疑和异议。例如，时至今日，对于西方话语下有关人权保护的诸多国际规范，已很难质疑其是否应当予以遵守的问题，剩下可讨论的往往是如何遵守的问题。

就国际法中规范的内化而言，也可能同样存在一个由浅入深的过程。温特指出："开始的时候，我们或是被迫或是出于利己动机才遵守法律的。有些人永远不会超越这个阶段，但是对于我们中的大部分人来说不是这样。我们遵守法律，是因为我们认为法律对我们的约束是合理的。在这种合理性之中包括了遵守法律的公民身份，这种身份使我们根据法律的'利益'界定我们自己的利益。外在规范成为我们心目中的声音,告诉我们遵守法律是我们自己的意愿。'利己'和'自我'利益之间的区别在这里是很重要的:我们的行为仍然是受'利益'驱动的,但是,这里利益的含义是促使我们遵守法律,不是说我们仅仅把法律作为一种用来获取自身好处的客体。我们在作出行为选择的时候根本不会考虑违反法律的好处和代价,因为我们的选择之中根本不存在这种考虑。……大部分国家遵守洛克文化的规范,因为国家认为这些规范是合理的,因为国家认同这些规范并希望遵守规范。"①

在国际规范的内化中起着重要作用的机制可能是重复的行为和习惯。在频繁的互动过程中,国家与国家之间可以建立信任的关系,并使这种信任内化为习惯,而内化为习惯的信任就有效地起到了维持国际规范的作用。

韩裔美国学者高洪柱继承传统国际法之"国际法律过程学派"(又称"哈佛学派")的分析框架②,主要借鉴建构主义理论,提出了"跨国法律过程说"。高氏称,该说为关于"跨国法律规则制定、解释、实施和最终内化"的理论。③ 具言之,各种公共的和私人的行为体,包括民族国家、政府间组织、非政府组织、跨国公司以及个人等之间的"交往活动产生某项法律规则,其将指导未来当事方之间的跨国互动;未来的交往活动将进一步内化这些规范;而反复参加该法律过程的结果,终将重构该进程参与者的利益乃至身份"④。

从其研究内容来看,高洪柱"跨国法律过程说"主要阐发的是关于国际法遵守的理论,即"国家和非国家行为体在国内的和国际的各种场合互动,其目的是鼓励违反规范者接纳规范进入其内在的价值观,以使其服从这些规范,而不是仅仅将它们作为国内法之事情加以遵守";"此项路径的关键因素是互动、解释和内化。那些力图将规范嵌入国家的行为者力图发起互动,互动将产生法律解释,而法律解释接着将内化入甚至原来持抵制态度的民族国家的国内

---

① 秦亚青、[美]亚历山大·温特:《建构主义的发展空间》,载《世界政治经济》2005 年第 1 期。

② 徐崇利:《决策理论与国际法学派——美国"政策定向"和"国际法律过程"学派之评述》,载《国际关系与国际法学刊》2011 年第 1 卷。

③ H. H. Koh, Transnational Legal Process, *Nebraska Law Review*, 1996, Vol.75.

④ H. H. Koh, Why Do Nations Obey International Law?, *Yale Law Review*, 1997, Vol.106.

法”。① 具体而言，“一个或更多的跨国行为体发起与其他行为体的一项互动(或一系列互动)，从而将促使产生一项解释或释明全球规范适用于某情形。由此，该推动方不是简单地强迫其他方，而是将对该此国际规范的新解释内化入该其他方的主观规范体系。其目的是‘约束’该其他方作为其内在价值观的一部分而服从此解释”②。高氏以美国如何内化1972年美苏《反弹道导弹条约》为例，验证了其“跨国法律过程说”。

高洪柱认为，“跨国法律过程”最后一个阶段，即国际规范的内化可分为社会性内化、政治性内化和法律性内化三种。当国际规范需要获得非常广泛和普遍的支持以明示其具有公共正当性时，发生的是社会性内化；当政治精英接受国际规范，并倡议将之采纳为政府政策时，发生的是政治性内化；当国际规范通过行政、立法和司法途径被纳入国内法律体系时，发生的是法律性内化。

以上三种国际规范内化之间的关系因案而异。有时，一个国际规范早已得到了社会性的内化，但政治性内化或法律性内化却姗姗来迟。例如，美国是1948年《防止及惩治灭绝种族罪公约》的推动者和最早签署国之一，虽然禁止种族屠杀国际规范的正当性早已为美国国内社会所普遍认同，但直到1988年美国国会才正式批准该公约，并制定相应的国内法加以实施。在另一些情形下，国际规范的法律性内化对政治性内化和社会性内化起到了推动作用。通过法律程序，可使国际规范被政治精英和社会公众广泛接受。例如，在1980年的 Filartiga v. Pena-Irala 案中，美国人权组织通过国内诉讼，推动当时的布什政府批准1984年《联合国反酷刑公约》以及美国国会1991年制定《酷刑受害者保护法》。此外，对国际规范的法律性内化失败，政治性内化和社会性内化照样可以发生。例如，在1993年的 Sale v. Haitian Ctrs 案中，美国人权组织试图通过司法诉讼将1951年《关于难民地位的公约》内化，未获成功。然而，随后美国社会化民众对海地难民遭受的待遇越来越不满，最终促使此类国际规范的政治性内化，并使得当时的克林顿政府最终改变了对海地难民的政策。③

---

① H. H. Koh, Jafferson Memorial Lecture: Transnational Legal Process After September 11th, *Berkeley Journal of International Law*, 2004, Vol.22.

② H. H. Koh, Why Do Nations Obey International Law?, *Yale Law Review*, 1997, Vol.106.

③ H. H. Koh, How Is International Human Rights Law Enforced?, Addison C. Harris Lecture January 21, *Indiana Law Journal*, 1999, Vol.74.

最后,需要指出的是,在现代社会中,国际组织和国家科层组织越来越专业化,专家不但传播知识和技术,而且将促使人们在社会化的过程中接受有关价值。实证研究表明,负责决策的专家在深度内化国际规范方面扮演着重要的角色。

4.国际规范完成"生命周期"的条件

在实践中,并非所有的国际规范都能完成上述"生命周期",其中,有的国际规范始终未能到达扩散的临界点,影响各国接受国际规范的因素主要有:

其一,国际规范的正当性。如上所述,当一国的政治精英面临国内的压力时,有可能会借助接受国际规范提高其在国内统治的正当性。此外,当一个国家希望在国际上获得声誉或尊重时,也可能会接受国际规范。例如,从总体上看,日本相比德国对接受国际规范持更为开放的态度,是因为日本更在乎其力图扮演的国际政治领导者之角色。

义务性应该是国际法区别于非国际法律规范的一个重要特征,而行为体对国际法的义务感很大程度上来自国际法的正当性。正当性作为国际法的一个重要特征,其判别标准可有:其产生的规则可以普遍适用,具有清晰性和确定性,与其他规则相协调,公开颁布以使人们知其内容,不具有溯及既往的效力,具有相当长的延续性,具有实行的可能性,以及适合于官方行动等。这些标准越明显,国际法的正当性程度就越高,就越容易得到遵守和推广。国际法的正当性也来自行为体理解规则为何是必须和合理的。此外,国际法的正当性还有赖于对具体法律理性的遵从,法律诉求如果根植于这样的实践推理,即与以往的实践相类似,与现存的整个法律逻辑相适应,关注当代社会的道德价值等,那么,就具有更高的法律正当性。

国际法的正当性要强于非国际法律规范的正当性,这是因为一国的政治精英更需要借助法律证明其统治的合法性,从而使得国际法规范更有可能被接受。①

其二,国家的声望。如果国际规范在支持的国家中运作成功和满意,那么,其就容易扩散。例如,妇女享有选举权的规范首先在一些西方国家被成功采用,由此很快得到其他国家的跟从。一个国际规范得到强势国家的支持,就更容易国际化。这里的强势不仅包括军事、经济的强势,还包括文化的强势。

---

① M. Finnemore, S. J. Toope, Alternatives to "Legalization" Richer Views of Law and Polities, *International Organization*, 2001, Vol.55.

近代中国,积贫积弱,但蕴含在中华文化中的规范仍然表现了强劲的生命力。

其三,国际规范的内在性质。这种内在的性质包括国际规范的形式和实体两方面。在形式方面,如清晰、具体的规范较之模糊、复杂的规范,更容易得到推广。在实体方面,如超越特定文化和政治背景的国际规范,更容易扩散,诸如法律面前人人平等和保护弱势群体免受伤害等,就得到了各国普遍的认同。

法律化的国际规范往往更加明确,但是,这只能部分解释对国际规范的接受。实证研究表明,在人权领域,酷刑为一系列国际法律文件所明令禁止。联合国《公民权利和政治权利国际公约》明确规定其为不可减损的权利。此外,还有《禁止酷刑和其他残忍、不人道或有辱人格的待遇或处罚公约》和《美洲地区预防和惩治酷刑公约》。与此同时,酷刑还为国际习惯法所禁止,构成国际强行法规则。在反失踪方面,有联合国《保护所有人不遭受强迫失踪宣言》和《美洲被迫失踪人士公约》;在民主治理方面,包括言论自由、结社自由、集会自由和选举自由等。《美洲国家组织宪章》的《华盛顿议定书》包括促进和巩固民主的内容。从义务性、确定性和授权性来判断,反酷刑国际规范的法律化程度高于反失踪和民主治理的法律化程度,但拉美国家对反酷刑国际法律规范的遵守程度反而小于反失踪和民主治理的国际法律规范。①

其四,移花接木的方法。把一国际规范连接到已有的有效国际规范,会产生更大的影响力。前述“框架效应”就属此类。把国际规范与国际法中的规范相联系,就可以利用该国际法所具有的更高规范性力量,促进其推广。例如,因为有毒物资的使用早已为国际法所禁止,如把化学武器与有毒物质联系起来,可能更容易被禁止。又如,用反对“女性割礼”(female circumcision)冠名的运动进展甚微,因为“割礼”一词中含有积极的价值成分,而改用“女阴切割”(female mutilation)一词,在“消除对妇女暴力”的旗帜下,就获得了广泛的认同。

其五,背景与时机。大的世界历史事件(如战争和经济衰退)发生后,将促使人们选择新的国际规范。冷战之后,国际规范数量增长,似乎印证了这一点。此外,在全球化时代,随着各国交往的日益频繁、扩大和深入,导致大量的同质性国际规范的出现。20 世纪后半叶以来,国际规范的创制和推广速度明

---

① E. L. Lutz, K. Sikkink, International Human Rights and the Practice in Latin America, *International Organization*, 2000, Vol.54.

显加快。其间,国际组织尤其是联合国发挥了重要作用。例如,历史上,妇女享有选举权规范的出现,历经了80年,其扩散又经历了40年;而消除针对妇女暴力之国际规范从出现到扩散,只花了不到20年的时间。1975年墨西哥城第一次世界妇女大会开始触及妇女尊严、平等和家庭内部冲突等问题,1993年联合国大会出台了《消除对妇女的暴力行为宣言》,1995年北京第四次世界妇女大会又以协商一致的方式通过了《行动纲领》。

五、建构主义国际关系理论与国际法的作用

建构主义学派认为,在国际关系中,国际社会结构与行为体之间存在着互构的关系:一方面,行为体在互动中建构国际社会结构,并赋予非物质因素以意义;另一方面,国际社会结构又建构行为体。因为行为体是在既定的国际社会结构中互动的,结构因素会影响行为体如何看待自己。本文第三部分主要涉及这种互构关系的第一方面,即行为体如何在互动中建构作为国际社会结构一部分的国际规范(包括国际法);而本部分主要探讨互构关系的第二方面,国际规范如何建构行为体,从国际法的角度来看,就是国际法在国际社会中是如何发挥作用的问题。

(一)以"规则"为基础的建构主义理论与国际法的作用

一些学者以"规则或规范"为基础的建构主义理论,直接研究规则和规范对行为体行为的指导作用,以及对行为体利益的影响;而不是凸显规则和规范对行为体身份的构建,然后阐明行为体身份对其利益和行为的建构作用。例如,奥努弗曾指出:"的确,人要想成为行为体,并不一定需要刻意将自己视为行为体。不过,另一方面,虽然要成为一个行为体并不要求我们与某种身份相关联的自我意识,但行为体为了推动这些身份的形成,通常对自己的身份(无论是单独的,还是集体的)还是有足够认识的。"①

1. 代表性基本理论

奥努弗和克拉托奇维尔以"规则或规范"为基础的建构主义理论涉及国际法的作用问题。

---

① N. Onuf, Constructivism: A User's Manual, in *International Relations in a Constructed World*, V. Kubálková, N. Onuf, P. Kowert ed., Sharpe, pp.58-78.

(1)奥努弗的理论

奥努弗认为,规则对构建社会现实具有实质性的意义,分析社会生活必须从规则开始。规则同时具有规制性和构成性的特征:一方面,规则为人类行为提供指导,并由此构建共享的意义。规则之所以能规制行为体的行为,是因为其具有规范性,告诉行为体应该做什么。限制性规则从表面上看,仅对行为体起到约束的作用,但行为体对规则是否遵守本身就是一种构成性行为,即遵守是对规则的强化;相反,不遵守是对规则的弱化。规则的制度化能使其规范性特征更加清晰,从而强化规则的效力。由此可见,作为制度化规则的国际法应与规范性模糊的规则区别开来。

不仅如此,规则还为构建社会中的行为体(如国际关系中的国家)提供了可能性;申言之,不管行为体是否刻意如此,对行为的规制也构建了此类行为发生的情境;亦即,行为体是在一系列的情境中作出选择的。规则从行为体的角度帮助界定了所有的这些情境。在许多情境下,规则直接给行为体提供了选择。行为体构建和认可这些规则是因为相信遵循这些规则一般有助于实现其目标。规则和制度所导致的可辨别模式将构建行为体的利益。总的来说,比起那些更为复杂也更为难以辨认的制度,简洁的制度与行为体的关系要直接得多。同样,国家只有通过规则,才能构建成为国际社会中的行为体。

然而,行为体的能动作用是有限的。它们所受的限制一方面来自物质层面,另一方面,规则制约了行为体的自由空间。行为体总是受给予其他行为体以行动机会的规则的制约;而共同行动之行为体也受到赋予其集体行动机会规则的限制。

奥努弗认为,对于国际法而言,既是过程,也是结构。如果说凯尔森的"规范法学派"只强调国际法作为国际结构的一面,那么麦克杜格尔的"政策定向学说"则只重视社会过程,即行为体的行为对国际法创制和存在的意义,而忽视了国际法作为国际结构起作用的另一面;亦即,国际社会是由行为体构建的,但这种构建取决于规则,离开了规则,行为体的行为就失去了社会意义,而那些正式的规则就是国际法。①

(2)克拉托奇维尔的理论

克拉托奇维尔认为,规范不仅仅是工具,其具有自身的逻辑,即为行为体

① N. Onuf, The Constitution of International Society, *European Journal of International Law*, 1994, Vol.5.

作出选择提供的是"适当性逻辑"，而非"结果性逻辑"。[①] 对于自己的建构主义理论，克拉托奇维尔提出了以下三个基础性的假设：

首先，从公共选择所定义的抽象的初始情形出发，研究规范在塑造决定中的作用，是有用的。即在资源稀缺而又相互依赖的世界中，规则和规范可以减少选择情境的复杂性，并赋予行为体某种理性，以此作为作出决定的基础。

其次，人的行为是由规则支配的。行为只有基于主体间共享的语境进行理解，才有意义。而语境又是以规则和规范为基础和媒介的。其结果是，规范是讨论行为的关键。它们塑造决策，并为人们提供交流的中介。规则和规范并非简单的个人效用考量的馏出物，而是理性战略和标准确定的先决条件。规范不但确立特定的博弈，并使博弈者在其中追求它们的目标，而且确立主体间的意义。由此，行为者可以引导相互间的行动，进行相互间的沟通，评估他们行动的质量，对诉求提出批判，并为选择提供正当性。

再次，虽然规范和规则实质性地影响着人们的行为，但并非决定之，商谈和解释过程是重要的，应当受到关注。规范和规则是经由实践推理（作出决定前的推理过程）塑造决定，进而影响人们的行为；而推理过程必然涉及合理性、公正性和适当性的价值判断，理性选择模式的解释鲜有用武之地，需要的是沟通理论意义上的说服性论辩，以取得共识。

克拉托奇维尔提出了规则和规范在实践推理中使用的三种不同情形：一是第一方模式。在这种模式中，只考虑单个行为体的利益，其他行为体的利益、反对和诉请被压缩至最小限度；所发出的是单方的命令或指令，规范引导的行动是否成功在很大程度上受到有效的"言语行为"（如威胁、警告等）之条件的制约；规范具有强制特性，双方不能在平等基础上论辩。二是第二方模式。关乎规范在讨价还价过程中的作用，其以各方的"战略"行为为特征，如承认决策的相互依赖，乃至了解共同利益的存在等。虽然规范的引导作用可以是重要的，但不能排除强行作为，由此可能造成违反另一方利益的意愿。三是第三方模式。其以引入道德视角为特征，如维护对立双方诉求和利益的公正与平等，而且禁止违背其他方意愿的原则被普遍接受。这种模式反映了传统的法律概念，是指第三方对发生的争议适用既存的规则，目的是以权威的方式调解或解决出现的问题。显然，规则和规范的价值按照从第一模式到第二模

① F. V. Kratochwil, How do Norms Matter, in *The Role of Law in International Politics*, M. Byers ed., Oxford University Press, 2000, p.57.

式，再到第三模式之顺位呈上升趋势；具体而言，规则和规范在第一模式中的作用余地最小，在第三模式中最大，在第二模式中居中。

值得注意的是，上述三种模式是根据规则和规范在法律推理过程中的指导方式，而不是按照行为体的数目来区分的。例如，即使是双边讨价还价的情形，只要双方同意在获得承认的规范指导下作出它们的决定，那么，就属于第三方模式，而不是第二方模式。又如，当双方发生争议，第三方不是扮演中立的角色，而是站在其中一方的一边。这种情形虽有三方当事人，却属于第二方模式。

克拉托奇维尔提出的以上三种模式借鉴了美国学者托马斯·弗兰克关于第一方法律模式、第二方法律模式和第三方法律模式的区分理论，但克氏指出，不能把所有规则和规范作用的情形均归入“法律”模式，就此区分法律规范和非法律规范具有理论和实践意义。从理论上看，对法律规范和非法律规范影响决定的评估可以有所不同；从实践来看，对于法律规范的效力和非法律规范的“互惠”或“道德”之祈使作用，行为体通常是加以区别的。[①]

那么，法律与法律规范的作用到底有何区别呢？法律推理不是逻辑上闭合的三段论式的“公理推理”，而是一种特殊类型的实践推理，可采取“论题学”的方法。[②] 由此，法律规范的适用具有特定性，即由专业人员将法律规范适用于特定情形，这在法律秩序的证据规则中表现得最为清楚。在法律程序中寻找“真相”，必须以何为“证据”的确定为基础。同时，法律是一种受到限制的话语形式，法律体系内部有规范创制、改变和废除的程序。相反，道德和宗教规范追求终极意义，其具有普适性，在实践中不受语境的限制，即道德话语具有无限开放的性质。当然，虽然法律论辩未必符合逻辑推理的必然性，但运用规则和规范的这种推理仍具有一定程度的严密性，法律实践者即使对具体的决定有歧见，然则，对什么代表着“好”的法律推理，通常存有共见。

以实践推理界定法律，意味着如果行为者通过在作出选择时带有价值判断地使用这些规则，或依规则提出解决纠纷的要求和建议，或援用规则证明其行为的正当性，从而接受规则具有义务性时，那么就存在法律的秩序。由此，

---

① F. V. Kratochwil, How do Norms Matter, in *The Role of Law in International Politics*, M. Byers ed., Oxford University Press, 2000, p.57.

② 关于论题学法学的阐述，详见舒国滢：《寻访法学的问题立场——兼谈“论题学法学”的思考方式》，载《法学研究》2005年第3期。

也确立了国际法是“法律”的地位。否定国际法为法律的,一种主张是把法律视为主权者的命令(如奥斯丁)。然而,国际社会没有可以发号施令的超国家组织。按照这种传统分析实证主义的定义,国际法就不是法律。另一种主张是法律必须由第三者以惩罚作为手段实施,因为国际社会缺乏这样行政和司法机构,所以,国际法不是法。而对法律定义的重心放在实践推理过程,意味着即使没有这些超国家组织权威的存在,国际法照样可以成为法。

以实践推理界定法律意味着法律秩序可被视为一种特殊的沟通行为体制,法律规则通过组织和保持和谐,促进社会互动。对于国际法而言,其作用就是扮演界定国际关系博弈之角色。国际法告诉各个决策者有关互动的性质,以及决定谁是行为者;设置行为者追求的可允许的目标范围;确定保证其官方行为有效的必要步骤,并排定不同诉求的重要性和优先性顺位。

当然,在当今国际社会中,缺乏超国家组织的权威,限制了国际法更有效地发挥效用。尽管有沟通,世界政治程序仍然具有偶发性,其特征经常是讨价还价和强行作为,而不是说服和诉求共同标准、共享价值和接受解决的结果。由此,不但法律程序无法与政治程序相分离,而且因缺乏对法律规范适用和范围的权威性决定,使得法律推理的公正性严重受损。①

2.典型性实证研究

芬尼莫尔认为,国家嵌入稠密的跨国和国际社会网络中,它们塑造了国家对世界的认识及在世界上的地位。不认识国际社会结构,就不知道国家需要什么。国家利益是根据国际社会结构来定义的,是由共享的规范和价值塑造的。国际规范可以为国家创造新的利益和价值,通过改变其偏好而改变国家的行为。更注重国家偏好的形成来自“教化”,而非“习得”(包括模仿)。“习得”的动力来自自身内部,而“教化”是由其他行为体充当教师,为国家设定议程、任务和塑造利益。国际规范影响国家行为的逻辑是“适当性逻辑”,而非“结果性逻辑”。依前者可以预测非类似行为体将采取类似行为,因为规则和规范对不同行为体适当性行为的要求是一致的,如果被锁定,对行为体而言,可以形成“自我实现的预言”;而依后者可以预测非类似行为体将采取非类似行为,因为具有不同效用功能和能力的行为体之行为会存在差异。

---

① F. V. Kratochwil, On the Relevance of Norms and the Study of Law for International Relations, in *International Relations: Understanding Global Issues*, P. A. Toma, R. Gorman eds., Brooks-Cole Publishers, 1990, Chapter 10.

在杜南特发起的国际红十字会的推动下，1864 年《日内瓦公约》达成，以保护非战斗人员，尤其是伤员、医疗人员和平民。也许有人会提出，可以用理性主义的“结果性逻辑”来解释各国违反和接受《日内瓦公约》的行为，但这些理由都是不能成立的：

首先，有人可能会认为，一个国家接受《日内瓦公约》是基于互惠的考虑，也就是说，一国对敌国的非战斗人员实行人道主义待遇，是希望敌国也如此对待该国非战斗人员。然而，《日内瓦公约》适用于战争的第一例就表明，国家对该公约的适用可以是单方面的。1866 年，普鲁士与奥地利之间发生战争。普鲁士是《日内瓦公约》的缔约国，尽管国际红十字会让法国大使敦请奥地利接受该公约，但遭到拒绝。在此情形下，普鲁士还是单方面适用《日内瓦公约》，尽管奥地利拒绝遣返被俘虏的普鲁士医生。后来，作为《日内瓦公约》签署国的意大利也加入了对奥地利的战争，同样单方面适用该公约。1970 年爆发的普法战争是两个《日内瓦公约》缔约国之间战争的第一例。在这次战争中，普鲁士遵守《日内瓦公约》的情况好于法国，法国遣返的战俘比较少，组织工作混乱，没有事先在士兵和平民中实行有关人道主义规则等。可见，两国适用《日内瓦公约》存在着实质上不对等的情形。

其次，有的人可能会认为，一个国家接受《日内瓦公约》，从医疗等方面善待伤员是希望他们伤情恢复后，可以重新投入战斗，这样比招募和训练新兵容易。实情也并非如此，按照 19 世纪 60 年代的军事技术和医疗水平，一个伤员不可能恢复投入战斗。

最后，有的人可能会认为，在国际红十字的推动下，欧洲民众对待非战斗人员的人道主义意识普遍提高，民主国家领导人把遵守《日内瓦公约》作为巩固自己统治正当性的有力政治工具。事实也非如此。承上例，单方面适用《日内瓦公约》的普鲁士恰恰是欧洲最不民主的国家之一；而英国也许是最民主的国家，却迟迟不愿接受《日内瓦公约》。

此外，当时有人认为《日内瓦公约》是“基督教原则”，是宗教因素决定各国遵守该公约。然而，1895—1878 年黑塞哥维纳、波斯尼亚和保加利亚反叛土耳其的巴尔干战争，首次证明非基督教国家也适用《日内瓦公约》。

可见，遵守《日内瓦公约》与国家利益无关，国家并非通常都知道自己需要什么，国际红十字会通过国际规范教会它们接受了新的价值，并知道什么是它们的利益和适当性行为。国际红十字会教会国家承担遵守《日内瓦公约》的

“职责”和“责任”,接受对国家使用暴力之根本权力的限制。①

我国台湾地区学者袁易教授运用建构主义理论,通过对中国在包括有关国际条约在内的导弹管制制度学习过程的实证研究,详细释解了中国为何以及如何遵守国际导弹管制制度的问题。② 另外,袁易教授还探讨了在外空制度的三个舞台(联合国大会及委员会、和平利用外空委员会和裁军谈判会议)上,不断地通过学习,中国的角色已从有关国际规范的遵守者慢慢转变为有关国际规范的倡导者。就此,以理念主义为基础的建构主义理论之解释可以弥补理性主义或物质主义理论的不足。③

美国学者江忆恩概括道,国际制度可教会国家新的利益,尤其在以下两种情况下,更是如此:国家是新手,尚未确定在特定领域中的利益;或在新的和高技术领域,因国际制度的组织机构垄断了有关议题的信息和解决问题的能力。与此同时,国际制度还可为行为体的互动提供社会环境,在互动中,行为体可逐步认识到它们的利益是相互冲突,还是互相协调;在这样的社会环境中,逐渐适应的过程可使行为体的利益和偏好发生变化。质言之,行为体的利益可能会因其加入国际制度这一新的环境而发生改变。④

那么,国际法律规范与非国家法律规范的运作又有何不同呢?例如,投票权、禁止使用奴隶和反种族隔离等都是以道德规范的形式出现的,后转化为国际法律原则,并订入了相应的国际公约。对国际法律规范与非国际法律规范加以比较,可以证明国际法律规范对行为体的“教化”作用会更大。

国际法律规范可区别于非国际法律规范最普遍的解释是,法律规范的作用有国家强制力作为后盾,但这需要证明国家更愿意使用强制力推行国际法律规范。然而,事实上,小国并没有权力使大国遵守国际法;同时,各国也使用军事、经济和外交等手段推行非国际法律规范。

国际法律规范为何能够区别于非国际法律规范,从建构主义出发可能有

---

① M. Finnemore, *National Interests in International Society*, Cornell University Press, 1996, Chapters 1, 3, 5.

② 袁易:《中国遵循国际导弹建制的解析:一个社会建构论的观点》,台湾五南图书出版公司2004年版。

③ 袁易:《重新思考外空安全:一个中国建构安全规范之分析》,载《中国大陆研究》2009年第52卷第2期。

④ [美]江忆恩:《简论国际机制对国家行为的影响》,李韬译,载《世界经济与政治》2002年第12期。

两种解释：一是依靠知识能形成"观念共同体"，产生于此类共同体的相应专业性规范可以塑造组织性行为。以往，从事外交事务的很多是贵族和有各种教育背景的人。然而，二战之后，外交人员趋向专业化，许多人员受过法律训练，法律人可能会认为国际法律规范比非国际法律规范更具说服力，并特别倚重之。二是更为宽泛的文化因素使然。韦伯认为"理性—法律权威"是一种权力。以往世界凸显的是这样一种文化，权威被更多地投入非个人性的规则、程序和法制化，而不是以前的血缘关系和领袖的超凡魅力。这样的文化氛围支持法律被看作是具有特有的"拘束力"，蕴含"应该"之意。如果说建构主义的这两项解释不能完全说明国际法律规范区别于非国际法律规范，但至少可以部分支持对二者存在区别的证明。①

法律规范区别于非法律社会规范并非来自第三者的强制执行力。就此，要区别法律的内在拘束力和外在执行力。法律的内在拘束力(义务性)来自其具有正当性，法律具有说服力是因为其具有正当性，因为其具有内在的程序价值：来自基本的社会理解，这种社会理解有赖于推理性的论辩，以使其过程和广泛的实质目的具有正义性，从而创造共有知识。法律之所以成为法律是因为它具有规范性精神。由此，需要理解这些精神如何被行为体深入接受，推理过程和规范性阐述的过程有助于行为体直接感受到是它们追求的自我管理，而不是纯粹聚焦有关规范谈判和解释的直接结果。此外，应关注规范的内在性质，把正当性看成内在性质的组成部分，而不是从工具性的角度去理解；不能把"过程"(手段)和"实质"(结果)截然分开和对立起来。②

应将法律更多地理解为一种法律关系和程序，而不是其形式和产品即法律规则本身。法律规范与非法律规范的区别很大程度上在于法律的程序。有了法律程序，法律才得以创制和适用，行为体才获得了参与的能力并感受到法律的影响力，以及法律推理形式才得以适用。将法律置于广泛的社会文本之中，为从文化上解释行为体的行为和身份的构建提供了空间，从而为国际法与建构主义国际关系理论在这方面的联系搭建了桥梁。③

---

① M. Finnemore, Are Legal Norms Distinctive?, *Journal of International and Politics*, 2000, Vol.32.

② J. Brunnée, S. J. Toope, Interactional International Law, *International Law FORUM du droit international*, 2001, Vol.3.

③ M. Finnemore, S. J. Toope, Alternatives to "Legalization" Richer Views of Law and Polities, *International Organization*, 2001, Vol.55.

(二)以“身份”为基础的建构主义理论与国际法的作用

对于结构对行为体的建构作用,温特的建构主义理论强调结构可塑造和改变行为体的身份,行为体的身份进而决定行为体的利益和行为。需要指出的是,奥努弗、克拉托奇维尔等人的建构主义理论既适用于国家,也适用于各种非国家行为体,而温氏的建构主义理论强调国家仍是国际关系中起决定作用的行为体。因此,其主要探讨的是国家之间的国际体系(包括国际法)对国家身份的建构作用。

1. 国际结构对建构国家身份和利益的作用

新现实主义、制度主义均奉行理性主义,认为国家的身份和利益是先验假定或外生的常数,如果有变化,也是发生在互动之前。只把社会作为实现其战略的一种场所,行为体一同进入社会的目的只是为了实现其给定的利益,行为体并非社会环境的产物。国家外生于国际结构,国际结构(包括国际法)只是从因果意义上约束和限制了国家的行为,而没有改变国家的身份。温特的建构主义虽然也是一种结构主义理论,但认为行为体是内生于社会进程,作为国际社会结构一部分的国际法不但对国家的行为产生影响,而且还建构国家的身份和利益,从而决定国家的行为;换言之,国家的身份和利益不是“生就在那里”,等待我们去发现,而是在国际社会结构的框定下经由国家之间的互动产生的。

国家身份的形成一般是按照“适者生存”即“自然选择”的逻辑解释——这是对国际结构进化的一种“物质主义”解释。在无政府状态下,自然选择形成的是自助而非他助的文化。然而,这种解释对威斯特伐利亚体系却缺乏说服力。公元1000年时,世界上估计有60万个独立的政治实体,到了今天,世界上只有200多个国家及地区。当今世界,虽然仍有战争和强权,但国家的死亡率已经很低。相反,建构主义学派则主张,主导国家身份形成的是另一种逻辑——“文化选择”,这主要是模仿、社会习得和其他类似的进化过程。在此社会化过程中,国家会造就和再造其利益和身份。

建构主义学派又认为,国家利益是由其身份构建的。身份属于信念的范畴,而利益属于意愿的范畴。根据行动意向理论,意愿和信念具有构成性关系;相应地,身份和利益也存在构成性关系。一个行为体不知道自己是谁,也就不知道自己想要什么。信念加意愿构成行为,换言之,就是身份加利益构成行为。身份从动机的设定上有助于解释行为。国家身份可以分为实体身份、类属身份、角色身份和集体身份。这些身份都有可能建构国家利益。例如,美国的实体身份是一个现代国家，于是，其就拥有了垄断有组织暴力的利益；美国的一个类属身份是资本主义国家，于是，其便具有维护私有财产制的利益；美国的一个角色身份是霸权国，于是，美国需要与盟国一道合作执行霸权规则和维护霸权秩序；美国的一个集体身份是西方国家一员，于是，美国需要维护与盟国的团结，反对对西方世界的挑战。[①]

任何行为体不可能脱离社会而存在，国家之间的互动造就和再造其身份和利益是在国际社会结构进行的，国际社会结构主要通过以下三种机制建构国家的身份和利益：第一是"意像"(image)。国际社会结构影响行为体对客观世界可能性的看法：它们考虑应该如何行为，它们所认识的对其行动的限制是什么，它们能够想象的单独实现目标的策略又是什么等等。因此，制度化的规范和观念为行为体行为在实践和道德上的可能和必要预设了条件。第二是"沟通"(communication)。国际社会结构可能会通过沟通发挥其影响力。当一个国家要为其行为寻找正当性基础时，通常会求诸已确立的国际规范。例如，一国发生人权事件，发生国会援用主权原则，反对外国干涉；而其他国家会以国际人权规则主张干预。由此，对于该两项原则的适用，就会发生是"人权高于主权"，还是"主权高于人权"的价值层面之争议。第三是"制约"(constraint)。即便国际社会结构不能通过框定行为体的意象，也不能通过为行为体的论辩提供道德价值上的判别依据，从而影响行为体的行为，国际社会结构仍然能制约行为体的行为。在有的情形下，尽管制度化的规范和观念是作为理性的工具起作用，但是实际上这是建立在它们符合道德价值的基础之上的。[②]

2. 国际法对建构国家身份和利益的作用

国际法是国际文化结构的构成部分，参加国际法律制度，可能会改变一个国家的身份与利益。例如，尽管瑞典 1945 年就建立了核武器开发计划，但经过激辩，瑞典认为这样的计划并不符合国家利益，最终选择签署《不扩散核武器条约》，并在加入该条约之后的这么多年里，逐渐被塑造成"非核国家"。现在，瑞典哪怕具有开发核武器的能力，也不会这么做，因为这么做，与其"非核国家"的身份相悖。然而，建构主义认为，结构与行为体存在着互构的关系。

---

① 郭树勇：《建构主义与国际政治》，长征出版社 2001 年版，第 110 页。

② S. Burchill, A. Linklater, R. Devetak, et al., *Theories of International Relations*, 3rd ed., Palgrave Macmillan, 2005, pp.198-199.

这就带来了一个难题，如何准确判断“哪一方到底对哪一方做了什么”的问题。对于新现实主义者来说，国家的身份和利益是给定的，学者只要研究国际权力结构对国家行为的作用即可。按照建构主义的观点，国际社会结构在改变着行为体，而行为体又在改变着国际社会结构的情况下，二者是否存在着循环论的困境呢？

美国学者阿伦德认为，上述困境在国际法对国家身份和利益的影响过程中也不可能完全摆脱，但判断的困难要小，即这种影响更容易得到实证检验。在国际社会结构中，国际法是容易得到识别的部分：首先，如前所述，国家和非国家行为体都承认一种“国际法”的东西存在。其次，《国际法院规约》第38条明确规定了国际法的渊源，使得对国际法规则的形成过程有了共识。由此，比之其他非法律国际规范，国际法律规范的存在更容易判断。其中，谈判形成的明示国际条约自不待言；即便通过各国行为默示形成的国际习惯，虽然判断没有条约那么容易，但毕竟有大量的解释可循，识别起来比非法律国际规范还是要容易些。人们对国际习惯法何时形成可能有争议，但对规则存在本身不会有争议。例如，海洋法中的军舰无害通过权不知准确地起源于哪一天，但大家都承认该国际习惯法的存在。再次，正因为国际法的形成容易识别，因国际法影响而促使国家身份和利益改变也容易弄清。最后，国际法的变化容易确定，从而为判断国际社会结构对国家身份和利益的再造提供了极好的检验标尺。例如，在国际环境领域，按照条约的签署日、批准日和生效日，一个国际法学者很容易知道禁止破坏臭氧层气体排放的条约对一个国家何时具有拘束力。从此点开始，国际法学者就可以通过观察该国的政府声明、国内政策和法律的制定以及执行等来探讨该国的身份和利益是否发生了变化。

(1)《联合国海洋法公约》与有关国家身份和利益的变化

阿伦德的该项实证研究旨在说明，在没有正式的国际组织执行国际条约的情形下，国际条约能够以及如何影响国家的身份和利益。这可从以下几个方面加以说明：

第一个方面是，在1976年第三次联合国海洋法会议上，海洋法公约草案中改变了作为谈判一支很重要力量的“77国集团”国家的身份。这些国家以发展中国家的团体身份参加《联合国海洋法公约》制定进程。它们认为，《联合国海洋法公约》的制定被发达国家所控制，发展中国家被边缘化，实际上被排除在该公约制定程序之外。于是，在这次会议上，“77国集团”不断发出建立国际经济新秩序的声音，尤其是要求在国际海底开发制度的建立过程中，该集团认为发展中国家应扮演真正的角色，保证对深海资源开发收入的公平分配。最终，1982 年签订的《联合国海洋法公约》建立了“平行开发制度”。“77 国集团”获得了在国际海底管理局决策中的参与权，并得到了来自国际海底开发收入有一部分应作为发展援助的承诺，从而保障了发展中国家应有的利益。

上述进程实质性地改变了“77 国集团”国家的身份。在这次会议中，这些国家变得有了权势。它们虽然没有达到全部的目的，但许多目标得到了实现，《联合国海洋法公约》中加入了不少对它们有利的条款。此类条款促进了这些国家身份的变化，它们获得了应有的当家做主的权力，在国际海底资源开发的法律制度中获得了自己的一份利益。整个进程从第三次联合国海洋法会议开始，到《联合国海洋法公约》的签署、生效和实施，在与发达国家的互动中，它们对自己身份的看法更加稳固，其身份因为参加《联合国海洋法公约》已经得到改变。在国际海底资源开发的管理方面，“77 国集团”成员已不再视自己为被边缘化的国家，而是一个具有自主权力的“玩家”。

第二个方面是，《联合国海洋法公约》改变了群岛国的身份。在第三次联合国海洋法会议之前，已存在“群岛国”的概念，但没有得到普遍承认。然而，斐济和印度尼西亚等国因有这样的概念先行享受了特殊的待遇。因为这些国家的人口散布在许多岛屿中，其在社会和政治方面将人民整合在一起，以及在实施渔业、卫生以及财政等方面的管理上均有困难，走私却成为一个重要的问题。群岛国的许多人民生活依赖于海洋。因此，它们主张，应该以连接群岛最外缘各岛的最外缘各点的直线划定群岛基线，并将基线内的海域视为群岛水域。最后，它们的要求得到了《联合国海洋法公约》的确认，即群岛国的主权及于群岛水域的上空、海床和底土，以及其所包含的资源；其他国家的船舶和飞机可以通过群岛水域，但群岛国有权为之划定适当的海道和其上的空中航道。同时，《联合国海洋法公约》也为其他国家合理利用群岛水域对群岛国设定了义务。

显然，“群岛国”成为这些国家的身份，如斐济。虽然在《联合国海洋法公约》制定之前已经有了这种身份，但该公约在国际法上确认并厘清了“群岛国”的身份，明确了对“群岛国”的界定。尤其是确认了“群岛国”对岛屿间大片海域享有主权。有了该公约，国际社会认同了这些国家作为“群岛国”的特殊身份。此类国家获得了具体的权利，也承担了具体的义务。

第三个方面是，如果说“群岛国”身份在《联合国海洋法公约》之前已经存在，只不过该公约使之发生了重要的改变，那么，“地理不利国”则完全是《联合国海洋法公约》为一些国家新构建出来的一个特殊身份。《联合国海洋法公约》第70条第2款规定："地理不利国是指其地理条件使其依赖于发展同一分区域或区域的其他国家专属经济区内的生物资源，以供应足够的鱼类来满足其人民或部分人民的营养需要的沿海国，包括闭海或半闭海沿岸国在内，以及不能主张有自己的专属经济区的沿海国。""地理不利国"是无法正常享有200海里专属经济区权益的国家。对于这些国家，《联合国海洋法公约》规定它们应有权在公平的基础上参与开发同一分区域或区域沿海国专属经济区的生物资源的适当剩余部分。显然，在《联合国海洋法公约》确立200海里专属经济区制度之前，根本没有"地理不利国"的概念，正是《联合国海洋法公约》确定了专属经济区制度，才使它们感到处于地理上的不利地位。由此可见，《联合国海洋法公约》为这些国家建构了"地理不利国"的身份。该身份表明这些国家具有特别的权利和义务。

(2)欧洲一体化法律进程与有关国家身份和利益的变化

阿伦德的该项实证分析意在表明，依国际法律文件建立的国际组织可以推动国家身份和利益的变化。欧洲一体化已经走过了半个多世纪的历程。1951年，法国、西德、意大利、比利时、荷兰以及卢森堡通过订立《巴黎条约》成立了欧洲煤钢共同体。1957年，这六个国家在罗马签订了建立欧洲经济共同体条约和欧洲原子能共同体条约，统称《罗马条约》。1965年，六国签订的《布鲁塞尔条约》决定将三个共同体的机构统一合并为欧洲经济共同体(以下简称"欧共体")。1991年，欧共体首脑会议通过了以建立欧洲经济货币联盟和欧洲政治联盟为目标的《欧洲联盟条约》，亦称《马斯特里赫特条约》。1993年，《马斯特里赫特条约》正式生效，欧共体更名为欧盟。这标志着欧共体从经济实体向经济政治实体的过渡。2002年元旦，欧元现钞开始流通，欧洲一体化进程进入了历史上的一个决定性阶段。2004年，欧盟25国领导人共同签署了《欧盟宪法条约》，对于推进欧洲政治一体化进程具有十分重要的意义，期待其成为欧洲"立国"的关键性里程碑，但该条约遭遇了挫折。2005年，法国、荷兰以全民公决的形式相继否决了《欧盟宪法条约》。2007年欧盟50周年庆典的重头戏——《柏林宣言》几经修订终于出炉。该宣言强调："我们欧盟公民团结一致，共同走向幸福。"尽管该宣言中没有出现"宪法"的字样，但欧盟27国领导人承诺，在2009年欧洲议会选举前结束欧盟的制宪危机，"不断以合乎时代的要求变革欧洲政治架构"，到2009年6月，使之"处于一个新的共同基础之上"。《柏林宣言》为欧盟走出制宪危机迈出了第一步，为欧盟政治一体化发出了积极信号。正如当时德国《法兰克福汇报》所言,"有一点毫无疑问:一个人只要看到了欧盟 50 年的成就和未来任务,就很难低估欧洲一体化或者认为欧盟已经走到了尽头"。[①]

诸多实证研究表明,在欧盟 50 多年的发展历程中,欧洲国家的身份已经发生了根本的转变。在欧洲一体化的初期,即 20 世纪 50 年代,欧洲一体化仍有不少的反对力量,他们的主要理由是一体化与国家的身份——主权相悖。尤其是在法国和西德,不少人特别关注本国的国家身份。法国反对者认为,国家主权的绝对独立是阻止德国侵略势力崛起的必要手段;德国反对者则认为,一体化将加强法国在欧洲的霸权地位。当时的法国领导人舒曼和西德领导人阿登纳对本国的国会议员做了大量的说服工作,使他们相信各方均能从建立欧洲煤钢联营中获益。法德两国在参加欧洲一体化进程的 40 年之后,即 20 世纪 90 年代初批准《马斯特里赫特条约》之时,这样的反对声音已不再出现,即使是激进的戴高乐主义者,也只是反对法国将主权进一步转移给欧盟,而不是主张废除已经存在已久的一体化组织。

可见,在上述历史进程中,法国和德国都经历了"国家身份欧洲化"。法国和德国的主导政治力量已经日益趋向将它们的国家锚定于一体化组织内,并视欧盟为合法的政治框架。在推动法国和德国国家身份的这种变迁中,建立在有关国际条约基础上的欧洲一体化组织扮演着关键的角色。[②] 2004 年签署的《欧盟宪法条约》的正式目标之一,是要建立一个"更接近公民"的欧洲,将使得成员国作为"欧盟国家"的身份在民众中更为深入。

需要指出的是,英国参与欧洲一体化的进程较晚。1960 年,英国首次申请加入欧共体,但遭法国总统戴高乐否决;1973 年,英国首相希斯重启加入欧共体谈判,终成为其成员国。但其后,英国对欧共体和欧盟的认同一直不足。1975 年,英国首相哈罗德·威尔逊举行公投,决定英国继续留在欧共体;1984 年,英国首相撒切尔夫人成功令欧共体同意英国预算贡献获得部分退款;1997 年,英国首相布莱尔计划在 1997 年后加入使用欧洲单一货币欧元,遭到当时财政大臣戈登布朗的阻止;等等。可见,英国"国家身份欧洲化"的程度远不及

① 刘向、潘革平:《〈柏林宣言〉迈出挽救欧宪条约艰难第一步》,http://news.xinhuanet.com/world/2007-03/25/content_5893326.htm,下载日期:2020 年 3 月 30 日。

② 除另有注释外,以上研究均见 A. C. Arend, *Legal Rules and International Society*, Oxford University Press, 1999, pp.133, 136-137, 140-147.

德法两国，直至 2018 年全球金融危机爆发后，英国与欧盟其他成员之间的矛盾日益凸显。2013 年 1 月 23 日，英国首相卡梅伦正式就英国与欧盟关系的前景发表讲话。卡梅伦承诺，如果他赢得预定于 2015 年举行的大选，将在一年内批准所需法律，制定与欧盟关系的新原则，然后就“脱欧”问题举行全民公投，让人民有机会选择继续留在或退出欧盟。卡梅伦称，如果欧盟不采取措施解决核心问题，英国将有可能退出该组织。2016 年 6 月 23 日，英国启动全民公投程序，最终以 48％民众反对、52％民众支持的结果决定“脱欧”。在此后的 3 年多时间里，英国的“脱欧派”和“留欧派”又上演了是否“脱欧”和如何“脱欧”的大戏。2020 年 1 月 31 日，英国正式“脱欧”，终止了其 47 年的欧盟成员国身份。

(三)以“互动”为基础的建构主义理论与国际法的作用

如前所述，加拿大学者布鲁尼和图普提出了“互动”的国际法说，实际上综合了以“规范和规则”为基础的建构主义理论和以“身份”为基础的建构主义理论。这两位学者认为，国际法为互动和话语建立了框架，并影响行为体的行为。具体而言，规范和规则不是行为的直接原因，而是提供结构以制约选择与论辩，并使之成为可能；法律通过影响行为体的身份进而影响其利益，由此影响行为体的行为。从以下三个因素可以考察国际法律制度在尼罗河流域水资源利用合作中的作用：第一，国际法可以影响国家个体和集体身份的塑造；第二，通过认定什么是有说服力的论辩以使国际话语成为可能，同时加以制约；第三，国际法内在的和特殊的正当性特点强化了法律结论的说服力。

1. 历史上条约的影响

在殖民时代，作为宗主国的英国为了保证其当时在埃及拥有的棉花种植园灌溉用水，伙同其他宗主国(如比利时、意大利和法国)，签订条约和协议，禁止刚果、埃塞俄比亚和苏丹等尼罗河上游国家修建水利工程，以免下游埃及的水量减少。其中主要是 9 个尼罗河流域国家(除埃塞俄比亚之外)达成的 1929 年《尼罗河条约》。然而，在上游国家独立后，要求重新谈判，取消殖民时代强加给它们的不公正水资源分配条约和协议。诸如，1957 年，埃塞俄比亚不顾 1902 年《安阿拉-埃塞俄比亚条约》，宣称有权利和义务为其国民的现在和未来开发水资源；1958 年，苏丹抛开《尼罗河条约》的规定，开始在境内筑坝。1959 年埃及与苏丹对《尼罗河条约》进行了部分修改。按照《尼罗河条约》及 1959 年附带协议的规定，埃及和苏丹可以利用 89％的尼罗河河水，没有顾及上游其他国家尤其是埃塞俄比亚的利益。随着人口的增长和经济的发展，对水资源的需求量增加，各国开始兴建水利工程，从而不断引发争议，乃至有发生“水战争”的严重威胁。

第一，从建构主义出发，历史上的条约维持乃至强化了尼罗河流域国家新的具有分离性和对立性的个体角色认同，条约中的规范和规则对集体身份的形成起到了阻碍作用。温特指出：“冲突也是主体间的现象，部分是因为各方共享的规则……但尤其是因为对问题和威胁共有的看法……系统中冲突程度越高，国家相互间越会感到恐惧，越会通过顾及相对收益并抵制可能有损于此的因素，来捍卫自我身份。”[①]首先，以往的条约都是双边条约，妨碍了全流域共有理解和所有取水国集体身份的形成，不利于全流域国家的互动和信任。其次，每个双边条约都强调缔约国对水资源分配的份额，而不考虑其他方的利益。这种将行为体“类别化”的做法，形成了相对立的利益，容易强化分离的和自利的身份。最后，这些双边条约没有相应的条款，用以保证当环境发生变化时，能使相对立的利益转化为共有利益。其中，缺乏可以促进相互学习和理解的技术性合作程序。

第二，以往的条约无助于产生有说服力的论辩。双边条约允许采取完全是自利的，促进对立而不是合作的法律辩解。每个国家都主张自己对尼罗河水资源的利用享有历史性权利，并可采取相应的行动。既成事实之后，便以业已形成“沉淀资本”为由，获得对水资源的财产权利。例如，1959 年《尼罗河条约》附带协议的主要条款甚至规定，埃及和苏丹将采取共同立场来对付其他国家的挑战。

第三，以往的条约缺乏法律特有的正当性。法律的正当性取决于是否与基本的社会实践相合，是否与正当程序的内在特点相符。首先，这些条约都是殖民时代由宗主国操纵签订的，当时缔约国均未独立，并非其自由意志的表达；其次，所有条约都是双边的，不可能和谐地适用于全流域水资源分配；最后，使用双边条约，没有多边的信息分享机制，缺乏应有的透明度等。

2. 国际水法的影响

有关水资源的分配，国际水法有两个原则，即“公平使用原则”和“不造成重大危害原则”，但水法并没有解决这两个原则之间的关系问题。由此，将强化尼罗河流域国家分离的、对立的个体身份。因为不同的自利者可以援用不

---

① A. Wendt, Collective Identity Formation and the International State, *American Political Science Review*, 1994, Vol.88, p.389.

同的原则。为了改变水资源的分配现状，水资源分配少的尼罗河上游国家通常主张采用“公平使用原则”，即有权公平、合理地使用在本国境内的水道。例如，埃塞俄比亚认为，强调“不造成重大损害原则”将使“公平利用原则”失去意义；相反，历史上对尼罗河流域水资源分配占据优势地位的下游国家支持“不造成重大损害原则”，认为上游国家建立水利工程不能给下游国家的生态、环境和水流造成实质损害。例如，埃及认为，即使公平使用水资源，也应以不造成跨国实质损害为前提，亦即“不造成重大损害原则”应成为国际水法的基石。

然而，1997年《联合国国际水道非航行使用法公约》在第5条、第6条规定了“公平使用原则”，同时在第7条规定了“不造成重大损害原则”，反映了该公约起草者试图求得该两项原则之间的精心平衡。然而，这样的“精心平衡”没有阐明这两项原则之间的关系，将产生哪一项原则具有优先适用地位的争议。由此，就没有办法构建可适用于尼罗河全流域法律制度的内部协调之框架，实际上是鼓励各国矛盾的存在和滥用权利的主张，以致无法从实质上解决尼罗河流域水资源的分配问题。

但从建构主义的观点来看，一个国家即使是在本国领土上合理利用国际水道，也应当采取一切适当措施防止对其他水道国造成严重损害；否则，致害国应当与受害国进行协商，以消除或减轻该损害，并在必要时讨论赔偿问题。这样的做法对尼罗河流域国家在水资源方面的合作具有重要的意义。以往的国际水法没有阐明这两个原则的关系。1997年《联合国国际水道非航行使用法公约》则融合了“公平使用原则”和“不造成重大损害原则”，有助于平衡两方的论辩；申言之，哪一方都不可能从该公约中找到证明自己主张优先的依据，并对原来的正当性进行挑战，这将有利于通过实践产生国际水法中具有合作性质的原则，如可持续发展原则、审慎原则和代际平等原则等。例如，尼罗河流域组织就综合了该两项原则，表明其共有远景项目的宗旨是，“通过公平地使用共同的尼罗河水资源，并从中受益，促进社会经济的可持续发展”；其下属行动项目也强调应“建立在公平使用，不造成严重损害和合作的原则之上”。

如前所述，尼罗河流域国家的非正式互动有助于协议的产生，以及相互遵守得到建构的规范之理念，并成为这些规范具有说服力的基础。现在，各国可能距达成新的条约只有一步之遥。一旦新的协议达成，有望形成尼罗河全流域国家的共有理解，不是抑制而是影响今后的合作。或可预计，新协议将会进一步塑造尼罗河流域国家的集体身份，更加明确什么是有说服力的论辩来指导国际话语；基于法律更大正当性之特有的内在特点及其与共有理解和实践的相合性，说服尼罗河流域国家自我遵守协议。“如果法律能继续扮演已有的塑造互动的促进性角色，那么精心构造一个广泛的尼罗河管理制度的前景将是美好的。”①

六、结论

新现实主义和制度主义等主流国际关系理论坚持的是物质主义（理性主义）的本体论，是建立在国家乃“经济人”之假设基础之上的，认为权力和利益等物质因素决定国家的行为；相反，认知主义国际关系理论立基的是理念主义的本体论，假设国家乃“社会人”，文化、观念、价值等因素可通过路线图、焦点与制度化等途径影响国家的行为。在认知主义国际关系理论中，弱认知主义只是主张各国的利益和偏好部分地反映了国家的观念和知识，其仍然具有客观的物质内容；而晚近兴起的建构主义国际关系理论，属于强认知主义，主张认知主义对理性主义很大程度上是取代而不仅仅是补充关系，观念和知识从根本上塑造了国家的利益，主导国家在国际关系中的行为。在建构主义者看来，盟友手里持有一把枪与敌人手里持有一把枪的意义显然不同，因为敌意是一种社会关系，而不是表现在物质层面的东西。

典型一例是，在对国家为何遵守国际法的解释上，现实主义认为国家是因受到其他国家权力的威压而遵守国际法（外力强制），而制度主义主张国家是因收益大于成本而遵守国际法（利益驱动）。总之，这两种国际关系理论对国家为何遵守国际法提供的都是物质主义因果意义上的解释；而建构主义强调国家乃基于认同国际法的正当性而予以遵守（信念使然），即国家遵守国际法乃出于理念主义的“适当性逻辑”，而非理主义的“结果性逻辑”。就国家对国际法之内化程度而言，在现实主义的第一等级上（外力强制），国际法只是外在地影响到国家的行为；哪怕进入制度主义的第二等级（利益驱动），虽然国家守法的程度比现实主义的第一等级得到了提高，但国家遵守国际法仍然是浅层的；只有到了建构主义的第三等级，国际法才内在地影响国家的行为，使得国家遵守国际法进入最深入和最稳定的状态。

---

① J. Brunnée, S. J. Toope, The Changing Nile Basin Regime: Does Law Matter?, *Harvard International Law Journal*, 2002, Vol.43.

建构主义学派强调由各国共享观念建构的"国际社会(文化)结构",显然,国际法构成国际社会结构的一部分,甚至是基础部分。因为建构主义侧重的国际社会之构成性规则多表现为主权平等、不干涉他国内政、不使用武力以及约定必须信守等国际法基本原则,而正是这些国际法基本原则建构了当今世界威斯特伐利亚体系的基本样式。按照建构主义理论,在国际关系中,国际社会结构与国家之间存在着双向互构的关系,作为国际社会结构的一部分,国际法与国家之间的关系也是如此,具体体现在以下两个方面:

一方面,国家在互动中建构国际社会结构,并赋予非物质因素以意义。在无政府状态下,国家在互动中可能形成三种国际社会结构,从而决定国际法的产生与演进。一是以往的霍布斯式社会,国家之间的共有观念是"敌人",在以这种以暴制暴求生存的文化中,国际法无法产生。二是当今的洛克式社会,国家之间形成了互为"对手"的共有观念,相互尊重主权的理念得以确立。在主权这一基石上,国际法得到了不断产生和发展。但在洛克式社会中,暴力(战争)文化并未根除。由此,不可能实现完整的国际法治。三是将来的康德式社会,"朋友"乃国家间共有的观念,"永久和平"成为人们的共同价值观,于是,国际法发达至极,国际社会最终将形成一个完整的法治体系。建构主义学派不但从国家间在互动中推进国际社会发展之整体角度概定国际法,而且以理论或实证的方法论证了国家间互动产生国际法的具体过程。例如,这方面的国际规范"生命周期"框架理论,就阐述了包括国际法在内的国际规范始现、扩散和内化之机理。

另一方面,国际社会结构又建构了国家这一行为体。在国际社会中,国家的身份和利益从来不是给定的,而是根据国际社会结构来定义的,是由国家间共享的规范和价值塑造的,系一种文化选择的结果;要言之,国家不可能外生于国际社会结构,而是内生于国际社会进程。作为国际社会结构的一部分,国际规范可以通过"教化"等社会过程为国家塑造新的身份和利益,从而改变国家的行为。在各种国际规范中,对国际法的判断基于公认的要件,具有更大的可识别性。因此,较之非法律国际规范,国际法对国家身份和利益的建构更容易得到实证检验。例如,在欧洲的一体化进程中,建立在各阶段有关条约基础上的欧洲一体化组织对推动以德法为代表的欧洲国家之身份和利益的改变扮演着关键的角色。可以说,在现在的欧盟中,德国、法国等已不再完全以"德国人""法国人"的个体身份和利益行事,而是有了"欧洲人"这样新的集体角色。

(本文责任编辑:曹力川)

Constructivism International Relations Theory and Principles of International Law

Xu Chongli

Abstract: Constructivism is one of the major schools of international relations theories competing with rationalism. From the perspective of rationalist ontology, the mainstream international relations theories such as neorealism and institutionalism maintain that material factors such as power, interests and institutions play a decisive role in the behavior of states. Constructivism, however, adheres to the idealist ontology and emphasizes the special significance of non-material factors such as ideal and culture in international relations. Constructivism holds that international law is a fundamental part of the structure of international society (culture) and provides a unique explanation for the nature, status, generation and function of international law in international relations.

Key Words: Constructivism; Cognitivism; International Relations and International Law; Principles of International Law

中国与国际法的相互建构*

何志鹏　孙　璐**

内容摘要:中国与国际法全面接触的170多年,并不是某一方单向影响对方的进程,而是一个相互建构的过程。二者的接触改变了中国社会的格局与心态,也改变了国际法的体系与结构。中国最初与国际法的相遇深化和印证了国际法的西方主导状态和实质不公正的品性,而中国对于国际法的应用也为国际法的平等实施注入了新元素。自1949年中华人民共和国成立以来,中国领导人、政府和人民始终高度注意将自身的发展与全世界的发展进程相融合;与此同时,也将世界发展的道路与方向同中国自身的政治、经济与社会建设相融合。在这种共生共融的体系和进程中,中国始终将法律规范作为一个关键的方面。无论是对于国家作为国际法主体地位的关注、将规则主导作为国际秩序的重要指针,还是在面对意识形态的态度,以及对于良好社会秩序的认知和维护方面,中国都获取了崇尚规则、注重理性、保持平和、克制谨慎的教益。在新中国治国理政及参与全球治理的共生共融过程中,国际法起到了关键的作用。中国对于国际法制定与实施过程的参与,是中国走向国际社会的重要步伐;在这一过程中,中国也提出了一些新问题,使国际法不断面临并应对新的挑战,为国际法自身的健全和完善提供了很多新力量。中国从经济自足、文化封闭的状态起步,在国际法的压力和促动之下,发展工业,变革思想,践行法制,开启了步入现代性的历程。与此同时,中国对国际法日渐熟悉,并

* 本文研究受到国家社会科学基金研究项目(19AFX024)、教育部人文社会科学重点研究基地重大项目(16JJD820010)的支持,特致谢意。

** 何志鹏,吉林大学法学院教授,法学博士;孙璐,吉林省社会科学院法学研究所副研究员。

参与一系列国际立法活动，成为国际舞台上越来越受到重视的行为体。认真对待和有效利用国际法的规范与价值来统筹国内、国际两个大局的治理，不仅是总结历史得到的基本经验，也是未来建设的良好指针。

关键词：中国；国际法；全球治理；国家治理；相互建构；协同进化

目　录

一、问题的提出

自1842年《南京条约》签订、中国与国际法正式接触以来的100多年间，二者究竟形成了何种关系，学术界已经进行过一些讨论。① 就国际法影响中国而言，主要的学术观点认为国际法对于中国产生了一些负面的影响，特别是在1840年之后到1943年之间，殖民体系借由国际法损害了中国诸多利益。② 而就中国对国际法的影响而言，现有研究基本认为中国推动了国际法的完善，对国际法起到推进作用。③ 当然也有人提出，中国仍然保留着大国观念，对国际法持相对陌生和怀疑的态度。④ 这些认知对于确切把握中国与国际法彼此作用的真实情况大有裨益。然而，从一个系统的视角，将两种影响相互映照，按照国际关系之中行为体与规则互构的理念研讨国际法与中国之间的相互作用，相关的研究仍十分的欠缺。这是本文试图聚焦、揭示的问题。

生物学的"协同进化"⑤观念为探究在国际社会的发展过程中规则与个体之间的促动作用提供了启示。生物学的研究表明，一种生物与其他生物，或者一种生物与它的生态环境很可能协同共进，也就是生物之间、生物与环境之间可能通过互动而共同发展、共同改进。据此我们也可以判断：个体和它的环境是可以相互促进，共同发展的。进而，国际关系学，特别是建构主义者提出的

---

① 王铁崖：《国际法与中国：历史和当代》，载《王铁崖文选》，中国政法大学出版社2003年版，第102～107页。

② 郑剑顺、张卫明：《近代国际法与中法马江战役》，载《学术月刊》2005年第6期；郭渊：《近代国际法视野下的中日丰岛海战》，载《东北史地》2007年第5期。

③ 张慎思：《中国对国际法的贡献应当坚持》，载《法制日报》2008年12月14日第7版。

④ 徐崇利：《"体系外国家"心态与中国国际法理论的贫困》，载《政法论坛》2006年第5期；姜世波：《大国情结与国际法研究的学术心态——从中国对国际司法的消极心态切入》，载《山东社会科学》2009年第2期。

⑤ 王德利、高莹：《竞争进化与协同进化》，载《生态学杂志》2005年第10期；曹先彬、罗文坚、王煦法：《基于生态种群竞争模型的协同进化》，载《软件学报》2001年第4期。

行为体与规范相互建构的理论①也值得借鉴。该理论认为,行为体在规则的系统中被规则所改变,自身经历了进化;而这个进程也改变着规则,促动着规则的进化。从国际法与中国二者彼此能动的影响和促动的视角出发,可以认为:中国作为一个行为体,在其发展的过程中,特别是与其他国际行为体相接触的互动过程中,会形成与规则的互构。中国并不是静态地受国际法影响,国际法也不是静态地约束中国,二者是一种彼此建构、协同进化的关系。中国参与了国际法的建设和发展;反过来,国际法也参与了中国的建设和发展。这个论断构成了本文的理论预设。

中国与国际法的协同进化,意味着:(1)中国与国际法都在近代世界历史推进的大逻辑下演进,共同受着国际关系主导旋律的影响;(2)国际法作为国际社会的规范体系与过程,在一定程度上建构着中国的客观状态与思想观念,中国作为国际社会中具有重要地位的一员,也从观念和制度上建构着国际法;(3)中国与国际法的发展方向都是从霸权独断到规则主导的演进,这个过程漫长而又经常遇到挫折,但总体方向是明确而清晰的。

一个在国际社会中具有重要地位和积极参加活动的行为体被国际法所约束和塑造,这一点并不特别难以理解。② 但是中国究竟在何种意义上、在哪些方面被国际法塑造,仍然是一个值得探究的问题。同时,国际法如何被中国所促动和改造则是一个经常被忽略的方面,值得认真对待。回顾历史可见,国际法并不是一个一成不变的体系,作为法律的一个部门,它和所有的法律一样,都与社会的发展相携而行,与社会政治格局有着极为密切的联系。法律规范呈现的是政治力量博弈的结果,法律不是一个自足、封闭的体系,作为上层建筑的 部分,与政治、经济、社会、文化密切相关,从这个意义上讲,国际法必然与国际政治格局、国际经济文化秩序、国际社会的总体观念相一致,国际法体现了一定时空条件之下的总体认知,也为社会的发展和变化所影响,从而不断地进化。国际法对国际社会所影响和促动,不仅仅是在国际社会作为一个集合的概念上,而且是对国际社会中的主要行为体也有这样的表现。而中国作

① 孙吉胜:《参与和互构:中国参与国际社会文化体系探析》,载《外交评论》2015 年第 5 期;李明明:《欧盟认同与欧盟制度建设:一个互构进程》,载《外交评论》2007 年第 5 期;宋伟:《规范与认同的相互建构:社会建构主义的进展与难题》,载《世界经济与政治》2008 年第 3 期。

② 朱文奇:《国际法与中国的国际化》,载《法学家》2008 年第 1 期。

为国际社会中具有典型意义的行为体，对于国际法的演进有着关键意义。

二、中国与近代国际法相遇前的境况

了解中国与国际法的相互建构，必须先了解二者相遇之前各自的境况，由此才能明确地理解改变和建构的进程。中国与国际法相遇之前，是一个自我感觉良好的天朝上国；国际法与中国相遇之前，是一个自以为公正善良的规范体系。

(一)中国与国际法的不同传统

在讨论中国与国际法的关系的时候，首先遇到的问题就是：中国古代有没有产生国际法，换言之，古代中国的国际关系有没有自生出具体的国际关系规则？对于这个问题，早在19世纪中叶就有学者进行过研讨。主持翻译过《万国公法》的美国传教士丁韪良(W.P. Martin, 1827—1916)[①]曾经撰写过《中国古代国际法的遗迹》的文章[②]，并且引导过相关讨论，由此形成一种观点：中国在先秦时期，至少有过国际法的遗迹。[③] 就这个问题我们可以做如下分析和推理。

第一，中国古代存在国际关系。这种国际关系至少可以从两个视角来分析。历史上中国境内曾同时存在多个国家，在一些时空条件下形成过各种各样的国家之间的关系。中国境外的相关国家也与中国存在交往，虽然交往形式大多采用与今天的国际关系局势很不相同的"朝贡体系"。

第二，存在国际关系，就必然存在相应的规则。为了使这些关系明确，必然形成并且延续一些规则，这些规则可能以习惯的形式存在，也可能以礼仪的形式存在。[④] 在春秋与战国时期，结盟关系是一种主要的表现形式。而在辽夏宋金元并立交错的时期，宋与金直接签订的条约也是非常重要的。同样，在朝贡体系之下，中国与相关国家确立了一种国际规则体系，无论是通过条约的

① 高黎平：《中国近代国际法翻译第一人——丁韪良》，载《延安大学学报(社会科学版)》2005年第2期。

② 王铁崖：《国际法引论》，北京大学出版社1998年版，第305、358、364页。

③ 孙玉荣：《论中国古代国际法之存在》，载《政法论丛》1995年第3期；李家善：《古中国有无国际法问题》，载《海南大学学报(社会科学版)》1985年第1期。

④ 梁西：《国际法》，武汉大学出版社2011年第3版，第29页。

方式，还是通过习惯的方式，在朝贡体系的框架之内也存在着一些国际法律规范。

第三，到现在为止，这些规则并没有明确的证据。无论是中国疆域内部历史上出现过各国之间的条约和习惯，还是中国疆域外部的友邦与中国天朝上国之间的朝贡体系，都没有明确的规范留存下来。这就使我们无法了解当时国际法的具体状况。因此，中国古代的国际法只有遗迹，而没有真正的证据。

(二)晚清前中国与国际法的零星接触

中国同现代的——也就是在西方文化土壤里生长起来的国际法第一次比较正式的接触是 1662 年至 1690 年清朝与荷兰的交往。荷兰在谈判中提到“万国法”和“一切王君的习惯”，并主张使节的豁免权。不过，由于清朝官员没有平等交往的国际法观念，拒绝了荷兰人的要求。17 世纪中俄之间爆发了雅克萨之战，1689 年清政府与俄罗斯签订的《尼布楚条约》[①]被认为是中国与外国缔结的第一个条约，也被视为近代中国与外国缔结的为数极少的平等条约之一。在《尼布楚条约》签订的过程中，西方的传教士也曾为条约的签订做过一定的工作，虽然有一些工作可能并没有真正地帮助中国，甚至在一定程度上侵害了中国的利益[②]，但这毕竟采取了现代条约的方式。[③] 条约用汉语、满文、俄文和拉丁文写成。这种多语言文本的方式，一方面表达了中国对于条约的重视，另一方面也造成了不同文本之间含义的差别，给条约的真正理解和实施带来了一定的困难。

在此后的 100 年间，中国和国际法没有正式联系。尽管中外的贸易一直存在，但采取的是“行商”的方式，也就是在广州开辟口岸，由十三行进行垄断贸易。在西方国家看来，这种贸易方式程序烦琐、代价高昂。但是，因为清政府取得平定边疆少数民族叛乱的胜利，内心产生一种优越感，对与西方世界的交往缺乏浓厚的兴趣，这就导致在马嘎尔尼访华的时候，乾隆皇帝表达了对西

① 钟锷：《历史真相不容歪曲——关于〈中俄尼布楚条约〉的几个问题》，载《历史研究》1975 年第 2 期。

② 余三乐：《徐日升、张诚与中俄〈尼布楚条约〉的签定》，载《北京行政学院学报》2000 年第 5 期。

③ 程鹏：《西方国际法首次传入中国问题的探讨》，载《北京大学学报(哲学社会科学版)》1989 年第 5 期。

方大规模贸易主张的反对态度。① 这种对西方世界的封闭态度,使得西方国家对中国越来越不满,也使得中国与国际法的距离越来越远。

1839年,清朝钦差大臣林则徐到广州禁烟期间,为取缔鸦片和阻止英国的鸦片贸易寻找国际法依据,派人翻译了法泰尔(Vattel,瓦特尔)的《万国法》一书中有关战争、封锁和扣船等方面的国际法规则。② 这部分内容后来收录于魏源的《海国图志》之中。这是在鸦片战争发生之前,中国与国际法接触的全部。

三、新中国建立前与国际法相互建构的艰辛过程

划分中国与国际法的相互建构的各个阶段有许多方式,其中以1949年为界是一个值得高度重视的方式。此前的相互建构的方式主要是中国受到国际法的影响,初步了解和利用国际法,在被动的境况下努力维护自身利益。

(一)输在起跑线的中国与殖民风格的国际法

通常认为,中国正式接触国际法始于1842年中国与英国签订的《南京条约》。在提起儿童教育和发展的时候,中国人经常愿意说"赢在起跑线"上。但是,反观中国近代史,在中国与外国力量进行交往的时候,我们却输在了起跑线上。《南京条约》是第一次鸦片战争失败之后中国政府与英国签署的条约,其中承允了很多对中国不利的条件。③ 此后列强对于中国的侵略和压榨就日益加剧,中国在国际体系中所处的地位越来越被动。④ 第二次鸦片战争之后,中国被迫签订了《天津条约》《北京条约》;1894年中日甲午战争之后,中国被迫签订了《马关条约》;1900年八国联军侵华战争之后,中国又被迫签署了《辛丑条约》。中国的权益受到列强严重侵蚀,中国的主权者地位岌岌可危。日本在袁世凯(1859—1916)做总统的时候,试图逼迫中国接受"二十一条",最终在

---

① 于建胜、刘春蕊:《落日的挽歌——19世纪晚清对外关系简论》,商务印书馆2004年版,第1517页。

② 程鹏:《西方国际法首次传入中国问题的探讨》,载《北京大学学报(哲学社会科学版)》1989年第5期。

③ 曾涛:《近代中国与国际法的遭逢》,载《中国政法大学学报》2008年第5期。

④ 董临瑞:《从〈南京条约〉看晚清时期国际法在中国的运用》,载《人民论坛》2014年第5期。

“二十一条”的基础上形成了《中日民四条约》。中国虽然没有完全接受“二十一条”,但中国丧失权益的被动局面却难以挽回。[①] 由于中国长期闭关锁国,对与外国进行经济贸易往来并无兴趣,所以在国际经济贸易的大潮之中处于被动的地位;由于中国对国际社会的规则缺乏了解,所以,一方面被外国以坚船利炮打破大门,另一方面,在输掉了战争之后,又通过一系列的不平等条约割地赔款、丧权辱国。

1842 年中国与国际法最初相遇的时候,国际法是一个充满着西方帝国意志和殖民味道的规则体系。中国则从一个东亚秩序中的天朝上国被拉入西方的殖民体系的过程中逐渐形成了自身意识,看到了在 19 世纪中叶的世界里,“天朝上国”已经变成了一个镜花水月的幻影。在最初的相遇里,国际法似乎无意为中国作出任何改变,而中国则不得不在这种殖民体系的国际法压力下调整自身的行为方式和观念,从而避免自身地位的实质倾覆。[②] 虽然国际法此时代表了帝国秩序和殖民体系的要求,西方列强利用不平等条约的方式从中国获得各种各样的利益和特权,但是同时也应当认识到:如果没有国际法,西方对于中国的盘剥压榨很可能会更为变本加厉,中国人的损失会更加不可预期。因此,国际法固然是西方压榨中国的工具,不过还不是一个毁灭性的系统。

(二)引进西学以图强的中国与拓展主体的国际法

生于忧患,死于安乐。在逆境中学习国外的技术与知识、在学习中提升和发展自身的能力是中国遭遇外交失败后的必然选择。自中国遭遇西方列强及现代国际法以后,如何变法图强,如何使中国真正地融入国际社会,使他国平等待我,如何让中国在国际关系中取得平等的地位,是中国历代仁人志士所思考的问题。在 19 世纪的后半叶,国际法作为西方制度文化的一部分,与西方的政治、军事、经济、技术一起,对中国产生了非常大的冲击。1864 年,在美国官员的劝说之下,美籍传教士丁韪良与中国同文馆专家协同合作,翻译了惠顿(1785—1848)的国际法著作《国际法要旨》[③],中文版名为《万国公法》,总理各国事务衙门将其发送给各地方官员。1865 年,中文译本《万国公法》一书经由

---

① 苏全有:《袁世凯与〈二十一条〉新论》,载《船山学刊》2005 年 4 期。

② 郑文举、王玫黎:《国际法观念与中国法的近代转型》,载《天府新论》1999 年第 1 期。

③ H. Wheaton, *Elements of International Law: With a Sketch of the History of the Science*, Carey, Lea & Blanchard, 1836.

长崎而传播到日本。[①] 通过了解和使用国际法，中国在国际社会获得权益的可能性增加了。中国对于国际法的基本规则有所了解，并且采用国际法的规则维护中国的领海权益，在普鲁士与丹麦就大沽口停船的问题上展现了中国作为主权国家的地位[②]，这是中国利用国际法解决国际事务的一次试水。这种知识和思想带动了中国实践家的发展，充分利用国际法实现国际正义、维护国家权益。[③] 对于国际法是否能够帮助中国，在知识分子中就存在着不同的认识。[④] 中国首任驻英使节郭嵩焘曾认为，只要认真学习和积极领会国际法，就可以融入国际社会。所以他在英国时，不仅请人讲解国际法，还积极加入西方的国际法研究组织——国际法协会。但是，清朝士大夫在彼此讨论时，发现了一个现实主义国际关系学者反复强调的问题——国际法经常和强权一起存在、共同发挥作用，却很难维护弱者的利益。国际法经常被强国拿去当作借口，而弱小国家即使在国际法上理由非常充分，也很难用国际法维护到自己的利益。尽管如此，曾纪泽(1839—1890)在与俄罗斯进行谈判的时候，利用国际法上的知识努力争取中国的权益，通过国际公法推翻了前任代表完颜崇厚(1826—1893)签订的《里瓦几亚条约》，在崇厚不负责任地丧失了中国大量权益的前提下，尽其所能地挽回了一些损失，这在很多西方国家的媒体看来都是非常值得钦佩的，也是中国政府官员主动使用国际法的例证。

以救国图强为目标兴起的洋务运动，其核心是借用西方的经济管理和生产技术来富国强民。但甲午战争之后，李鸿章(1823—1901)于1895年签订的《马关条约》进一步触动了中国人，通过洋务运动而强国的观点受到了高度的怀疑，此时西学东渐、西法东进成了中国整体发展的潮流。[⑤] 也就是说，国际法在此时成了刺激中国发展、促动中国觉醒图强的关键因素。所以中国政府派员参加了1899年和1907年的海牙和平会议，积极参与会议的一切活动，签

---

① W. Werner, M. Hoon, A. Galán, *The Law of International Lawyers: Reading Martti Koskenniemi*, Cambridge University Press, 2017, p.371.

② 王维俭:《普丹大沽口船舶事件和西方国际法传入中国》，载《学术研究》1985年第5期。

③ 柳宾:《国际法的输入与中国外交近代化的起步》，载《天津社会科学》2001年第1期。

④ 管伟:《论中国近代国际法观念的肇兴》，载《政法论丛》2004年第3期；张效民:《国际法与晚清近代外交》，载《社会科学论坛》2006年第3期。

⑤ 王玫黎:《国际法观念与近代中国法律改制》，载《郑州大学学报(哲学社会科学版)》2003年第4期。

署并批准诸多国际文件上,通过此种对国际法律事务的积极参与来试图建立自己现代化国家的新形象,这为中国参与多边国际谈判和立法奠定了一个初步的基础。虽然此种参与的形式意义远远大于实质意义,在会议最终的成果中,并没有充分体现出中国的地位和作用,但是中国人在这些会议上的出现仍然是具有标志意义的。它标志着中国政府对于国际立法活动的支持态度,以及在融入国际社会方面的积极推进倾向。这至少证明,从郭嵩焘出使英国以来,中国参与国际事务、参与国际法律建构的意识已经建立起来。

(三)废除旧条约的中国与渐趋平衡的国际法

自清末始,中国政府就试图与西方各国联系,修订那些不符合中国利益要求和主权意志的不平等条约。虽然修约的进程较为缓慢,经常失败,但是清政府及相关的士大夫在这个方面确实作出了很多的努力,使得中国在积贫积弱的情况下,仍然试图维护自身的权利。随着从民间到官方对于割地赔款、领事裁判等不平等条约的危害及性质了解得越来越全面、越来越深入,政府开启了修约和废约的过程。修约是指在条约按预期修订时,将旧条约中不合理、不正当,侵害中国政府及民众权益的条款替换掉;而废约就是指将原来条约中有关中国权益的部分废除。采取的方式,要么是全部废除条约而改立新约,要么是将相关的条款效力予以结束。

清政府的修约工作进行了一段时间,取得了一些成效,但是在维护中国利益方面所起到的作用并不明显。1911 年清政府覆亡,中华民国建立。这个摆脱了帝制、新建的民国,在国际社会并没有受到西方列强全新的对待,西方列强仍然梦想着用军事压力、外交谈判等方式对中国威逼利诱,希望在中国领土和人民身上压榨财富、获取利益,而其中尤以日本为甚。无论是日本遏制中国的"二十一条"以及后来的《民四条约》,还是英印当局试图遏制中国、霸占中国西藏而进行的西姆拉谈判,都充分表明了民国这个名字并没有给国家带来新命运。同样,1919 年巴黎和会召开的时候,中国以战胜国的身份参与了确立战后秩序的凡尔赛和约的谈判工作。中国代表顾维钧(1888—1985)虽然在代表团中年纪最轻,但是为了国家的利益挺身而出,在会上陈述中国立场:山东半岛对于中国的重要意义,以及根据国际法德国应当归还山东半岛给中国,其他国家、特别是日本没有权利要求对山东半岛进行管理和控制。这番陈述获得了参会人员和国际媒体的积极认可,很多人都认为中国对于山东半岛的合法要求会被巴黎和会支持。[①] 然而,令人非常遗憾的是,中国提出的合情合理、合法正当的要求被巴黎和会拒绝,虽然由于这次会议没有支持中国的观点,中国代表团最终没有在凡尔赛合约上签字,但是,全面参与这次会议的态度和行为,至少证明了中国国际化的愿望。

巴黎和会是国际法建构中国和中国建构国际法的一个重要表现机会。中国代表顾维钧是中国民间通过知识来改变个人命运和国家命运的一个集中符号。而《凡尔赛和约》则是国际法到20世纪20年代呈现出的基本结构。顾维钧充满了对国际形势的理想主义期待,盼望中国能以战胜国的身份摆脱原来被欺凌、被遏制的状态,形成一种与他国平等交往的新格局。凡尔赛体系也试图建立起一个国际组织,从而更加公正有效地处理问题。但是这些过高的理想在国家之间争夺利益的行为面前显得苍白无力。所以顾维钧并没有挽救中国的命运,巴黎和会也并没有创制出理想的国际法。无论是顾维钧的慷慨陈词,还是威尔逊的十四点主张,都仅仅是良好的愿望。尽管在当时,中国没有发生什么明显的变化,国际社会没有呈现出全新的法律机制,理想的种子却埋下了。巴黎和会后兴起的五四运动在文化界掀起了追求科学与民主的潮流;华盛顿和会缔造的华盛顿体系对欧洲列强争霸的凡尔赛体系进行了有效的平衡。也正是在华盛顿会议中,日本收回了要求占据中国山东半岛的主张。中国走向现代性的路是艰难的,鲁迅笔下的九斤老太、阿Q、孔乙己都是那个艰难时代的代表。然而,尽管步履蹒跚,走向现代性的脚步却从未停止,决心也从未减弱。

1920年,中国加入国际联盟,从形式上进入了国际社会。当时的中国政府虽然在1921年至1922年的华盛顿和会上提出了废除不平等条约的主张,但是并没有获得西方国家的真正支持,"九国公约"中只是对尊重中国领土主权完整和政治独立做了一般性规定。

第二次世界大战期间,中国与国际法都发生了关键性的变革。中国通过自身艰苦卓绝的战争实践,改变了在很多国家头脑中的印象。中国从一个孱弱的小国一跃成为关键大国。也正是通过这样的努力,列强愿意与中国坐下

---

① H. Lauterpacht, *Private Law Sources and Analogies of International Law: With Special Reference to International Arbitration*, Longmans, 1927, pp.183-190.

来重谈条约，废除原来的不平等规则，形成一个新的相对平等的规则体系。① 由此，中国通过自身的奋斗改变了其所处的国际法环境，国际法也给了中国更大更自由的空间。而借由这样的一个良性互动过程，中国又参与了联合国的发起和创建，成为联合国的创始成员国、安理会的常任理事国，中国通过自身的谈判、提议，在一定程度上改变了现代的国际法；国际法也为中国有效地树立了一个大国的形象。1947 年应美国之约，中国船队在南海进行了岛屿测量和清查工作，此后在国际社会公布了中国南海诸岛的地图。这张地图所划定的南海 U 形线、断续线，也常常被不准确地称为九段线，是中国海洋权益重要的法律财富之一。

四、新中国外交实践中与国际法互构的领域

1945 年至 1949 年国共两党关于中国命运的决战，以及 1949 年中华人民共和国的建立，并不是国际法对中国的影响，中国的选择却改变了中国自身的国际法律环境以及全世界的国际法结构。就中国的国际法环境而言，一个共产主义中国的出现以及中国一边倒外交立场的选择，使得原有的看起来对中国温情脉脉的国际法律环境不复存在，中国与苏联及一系列共产主义国家抱团取暖，形成了新的法律环境。从世界的国际法格局看，中华人民共和国的建立使得原来的资本主义国家、民族国家国际法体系与共产主义国家之间的国际法体系的力量对比发生了非常大的变化。共产主义国家之间的联盟、友好成了冷战时期西方国家既忧虑又痛恨的状况。而这种以意识形态为基础的对立和斗争，实际上一直持续到今天。

（一）外交一边倒的中国与政治多元的国际法

1949 年 10 月，中华人民共和国中央人民政府成立。这一新的政府在外交事务中采取了与以往政府完全不同的新立场，即明确宣布“另起炉灶”和“打

① 从 1941 年到 1947 年，中国国民党政府先后与英、美、比、卢、挪、加、瑞典、瑞士、荷、法、丹、葡等国通过谈判，废除不平等条约和订立新约。但是直到中华人民共和国成立，不平等条约在中国才彻底瓦解。详见王铁崖主编：《国际法引论》，北京大学出版社 1998 年版，第 305、398～400 页。

扫干净屋子再请客"原则，也就是"一边倒"、倒向苏联，和共产主义阵营一边。① 这也就意味着，与西方的资本主义国家划清了界限、保持了距离。中华人民共和国成立前夕，在具有"临时宪法"之称的《共同纲领》中对于原有的条约采取了全部重新梳理的态度，这就意味着，新中国政府对于原有的条约并不是一概地表示接受和继承，而是按照新政府的新原则予以重新判断，从而形成一个对中国有利和有效的条约体系。当然，中国政府的这种梳理工作，并没有一个非常明确的结果。对大多数条约中国采取了接受的态度，只有一些实际履行已经不可能的条约，中国才采取了终止的态度。中国政府取消西方列强在中国的一切特权，采取一系列措施，包括收回或征用英、美、法、荷在北京、天津、上海等地的驻军兵营；实行海关自主；统一航运管理，外轮未经许可一律不得进入内河。前述一边倒的外交态势对于中国而言既有利益，也有损失。从利益上讲，它有可能得到以苏联为主的社会主义国家的支持。从损失上讲，它从非常明确的立场上，宣布了与西方诸多国家保持距离，甚至是敌意的态度，这无疑会为自己的发展设置很多障碍。当然实际外交情势的发展与原来的预期或基于逻辑的设想并不完全一致。首先，中国在社会主义国家阵营获得支持的可能性并不明确。而1949—1950年，毛泽东(1893—1976)访问苏联签订《中苏友好同盟互助条约》的过程也证明了，苏联在与中国关系上的重重考虑，基本的思想还不是意识形态的相似性，而是注重国家的物质、军事利益，这一点在日后朝鲜战争之中表现得更为明显。至于之后的长波电台和建设联合舰队事件也证明，苏联主要考虑的是本国的利益，而没有考虑中国的观念和意志。同样，即便中国与西方国家划清了界限，并导致美国政府的恼火，但是很多国家从自身利益，特别是商业利益的角度出发，还是与中国保持了一定程度的外交关系，其中英国就是一个典型的例子。英国从自身的商业利益出发，与中国保持了代办级的外交关系。而这种外交关系之所以一直处于代办的级别，并不是出于英国自身的意愿，而是由于中国政府认为英国与台湾当局的界限并未划清，所以不打算提升到大使级别。②

1953年12月31日，中国杰出的外交家、国务院总理周恩来(1898—1976)在会见印度代表团的时候，陈述了中国对外交往的和平共处五项原则，

① 王绳祖主编:《国际关系史》第8卷，世界知识出版社1995年版，第5页。

② J. Crawford, *Brownlie's Principles of Public International Law*, 8th ed., Oxford University Press, 2014, p.128.

这五项原则和日后中印中缅之间公布的和平共处五项原则，只有非常细微的文字差异。虽然这五项原则是由周恩来提出的，却显然不仅仅是他个人的观点，它代表了中国第一代领导集体对于国际关系的基本认知，在共同纲领和很多先前的政府立场陈述之中，中国都表达了和平共处的愿望。和平共处五项原则与《联合国宪章》的基本原则是相互融通的，只是在互利方面有一些新的内容①，这代表着中国对于国际关系的新认知，构成战后新兴国家对新型国际关系法律基础探索的重要组成部分。② 与此同时，中国也从一个新独立的社会主义国家的角度，声明对国际秩序的基本态度——不是采取片面的阶级斗争的方式，而是采取与各国充分合作的方式，这种相互尊重主权与领土完整、互不侵犯、互不干涉内政、平等互利、和平共处的思维，构成了中国对于国际关系与国际法的底线理解，构成了中国发展国际关系的操作系统级别的基础原则。③ 如今，半个多世纪过去了，和平共处五项原则的光芒仍未褪去。这些原则迅速转化为法律主张，不仅载入我国宪法，而且体现在诸多双边国际条约之中，成为我国对国际法基本原则的阐述和贡献。④ 在国家主权平等依然是国际社会的基本现实的情况下，和平共处五项原则依然是规范国际关系的基本原则。⑤ 而且很多学者都对这一原则进行了理论探讨⑥，为中国的国际法理论体系作出了重要贡献。中国在对外关系和国际事务的实践中恪守和平共处五项原则，并对其内涵的发展作出了贡献。⑦ 中国多位领导人在纪念和平共处五项原则的会议讲话中都提到了对这套原则的认可和支持，认同在和平共处五项原则的基础上开展国际关系，并表示“中国将继续做弘扬和平共处五项

① 赵建文：《和平共处五项原则与〈联合国宪章〉的关系》，载《当代法学》2014年第6期。

② 苏长和：《和平共处五项原则与中国国际法理论体系的思索》，载《世界经济与政治》2014年第6期。

③ 王铁崖主编：《国际法》，法律出版社1981年版，第4851、6483页。

④ 柳华文：《和平共处五项原则与国际秩序的中国主张》，载《群言》2014年第8期。

⑤ 车丕照：《国际关系社会化对和平共处五项原则的影响》，载《吉林大学社会科学学报》2014年第6期。

⑥ 程晓霞：《论和平共处五项原则》，载《中国法学》1984年第3期；刘海山：《和平共处五项原则是我国对现代国际法的重要贡献》，载《西北政法学院学报》1984年第2期；刘文宗：《论和平共处五项原则在现代国际法上的划时代意义》，载《外交学院学报》1984年第2期；潘抱存：《和平共处五项原则和当代国际法》，载《法学研究》1984年第2期。

⑦ 谢益显：《新中国为和平共处概念的原则化理念化作出重大贡献》，载《外交学院学报》2004年第2期。

原则的表率”。[①] 和平共处五项原则已成为中国国际法立场的重要组成部分，在当今中国发展的语境下，需要强调持续稳定与推陈出新之间的平衡，提升理论与实践之间的有机融合，以进一步增强软实力、提升国际形象。[②]

与和平共处五项原则相映成趣的是，在1955年中国参与第一次亚非万隆会议的时候，周恩来提出并阐发了求同存异原则，这一原则表达了中国对于不同历史背景、不同意识形态、不同政治结构与不同发展阶段的认可，认为尽管存在这些差异，国家之间仍然有机会进行充分的对话，形成相互的理解和支持，并为了共同的目标而努力。1957年，中国国家领导人与一些国际法专家经过研究商讨之后，认定中国领海宽度为12海里，并且向全世界公布。这是中国单方面确定与本国相关的国际法律规范的一次重要尝试。正是因为中国国民和领导人在国际事务上的不懈努力，在战争之中所作出的奋斗和牺牲获得了国际社会的高度认可，所以在第二次世界大战之后确立国际格局的时候，中国有幸成为联合国安理会的五大常任理事国之一，具有否决权。[③] 这既是中国对于世界和平的责任，同时也是中国作为世界大国享有的特殊权益。这种财富到现在我们仍然在继承和享用。

(二)中国对于国际法主体地位的底线关注

国际法主体地位的存在和有效运行是参与国际事务的前提和基础。在国际法主体这一问题上，中国在进行国家治理和参与全球治理时持有一以贯之的底线，主要包括以下两个方面。

第一，坚持“一个中国”的国际法立场。如果在规则上不能确立中国在国际法上的存在，那么中国进行国家治理、参与全球治理就没有了合法性。如果在国际社会不确立和坚持“一个中国”的原则，就很有可能出现中国内部事务被国际化、成为各大国博弈和交易的砝码的状况。因此，坚持中国的国际法主体地位是新中国成立以来在外交事务方面的起点问题、核心问题和底线问题。

---

① 习近平：《弘扬和平共处五项原则　建设合作共赢美好世界——在和平共处五项原则发表60周年纪念大会上的讲话(2014年6月28日)》，载《人民日报》2014年6月29日第2版。

② 何志鹏、孙璐：《大国之路的国际法奠基——和平共处五项原则的意义探究》，载《法商研究》2014年第4期。

③ J. Crawford, *Brownlie's Principles of Public International Law*, 8th ed., Oxford University Press, 2014, p.45.

1.确立政府继承而非国家继承的定位

在当今世界上,任何一个政府都不可能不关注、不介意其他国家的认可、尊重和交往意愿。对于一个历经苦难最终获得新生的政府而言,这一点尤为重要。要参与和引领全球治理,一个有效存在和持续运作、获得广泛国际承认的政府的是非常重要的。未获得承认的政府会被剥夺很多国际人格的正常权利。① 对于1949年获得新生的中国而言,面临着主体资格认定层级的问题,即中华人民共和国中央人民政府宣告成立的究竟是新成立的国家,还是新成立的政府?② 显然,中国当时具有复杂的背景和实际状况,既可以主张是一个新国家,又可以主张是一个新政府。③ 前者将引发国家的继承与承认问题,后者则引发政府的继承与承认的问题④,两者之间是存在差异的⑤。在这个问题上,中国一直坚持政府继承的立场。主张新国家的出现和存在,固然可以解除很多旧条约的束缚与困难,但是由于新国家出现的原因一般都是国家整合、

---

① E. Lauterpacht (ed.), *Hersch Lauterpacht: International Law Collected Papers*, Vol.1, *General Works*, Cambridge University Press, 1970, p.323.

② 国家的承认和政府的承认之间有时出现混乱,例如以承认政府的形式来承认国家,再如由于国家遭受外来侵略或者是内乱和无政府状态而暂时消失,还有国家的领土范围发生了巨大的变化,以及国家政治社会结构发生了根本的变化,大多数国家在这个问题的理论认识上存在着相当多争议。陈体强:《中华人民共和国与承认问题》,载《中国国际法年刊》1985年卷,第10～11页。

③ 毛泽东受中国人民政治协商会议第一届全体会议的委托起草的会议宣言《中国人民大团结万岁》中提到了"中国人民已经战胜了自己的敌人,改变了中国的面貌,建立了中华人民共和国",并提到"中华人民共和国现已宣告成立,中国人民业已有了自己的中央政府"(《建国以来毛泽东文稿》第1册,中央文献出版社1987年版,第10～11页)。在1949年10月1日,中华人民共和国中央人民政府公告中也提道:"宣告中华人民共和国的成立……中华人民共和国中央人民政府的成立。"(《人民日报》1949年10月2日,《建国以来毛泽东文稿》第1册,第15页)1949年10月6日答谢福斯特·但尼斯祝贺中华人民共和国成立的电报中也提到了"中华人民共和国成立"。(《人民日报》1949年10月8日;《建国以来毛泽东文稿》第1册,第24页)

④ E. Lauterpacht (ed.), *Hersch Lauterpacht: International Law Collected Papers*, Vol.3, *The Law of Peace*, Cambridge University Press, 1977, pp.113-118.

⑤ 朱文奇:《现代国际法》,商务印书馆2013年版,第124～131页。

分裂或者重组。[①] 中国坚持政府继承的立场,本身就表明只有一个中国,"两个中国"或"一中一台"的主张是不符合中国实际的,我国台湾地区本来而且永远都是中国领土不可分割的一部分。

1949年11月15日,中华人民共和国中央人民政府刚刚成立不久,周恩来总理即致电联合国秘书长,要求取消原国民党政府代表团在联合国的资格,提出由中华人民共和国中央人民政府的代表参加联合国的活动。[②] 1950年9月17日,中华人民共和国中央人民政府外交部部长周恩来再度致电联合国秘书长赖伊,要求第五届联合国大会(以下简称"联大")必须驱逐原国民党政府代表。[③] 中国政府对"一个中国"的原则毫不妥协。当英国伸出承认中华人民共和国中央人民政府并开始正式交往的橄榄枝的时候,中国政府表示,要建立中英外交关系,英国代表就必须在联合国安全理事会(以下简称"安理会")及其他组织中接受中华人民共和国中央人民政府的代表。[④] 1971年之前,很多国家都在联合国主张中华人民共和国中央人民政府应拥有作为中国的合法代表的席位,并将台湾当局驱逐出联合国。[⑤] 而美国等西方国家则从意识形态的角度出发,对中国及其支持者的正当主张予以阻挠。经过中国政府的不懈努力,西方国家所主张的不利于中国统一的观点被联合国大会的讨论和投票所否定。20世纪80年代,中国国际法学者在法律上证明,美国的"台湾关系法"与中美建交公报是相互矛盾的。[⑥] 在中国政府的不断努力之下,"台湾是中国不可分割的一部分"这一法律概念已经成为国际法主流教科书中的一部分。[⑦]

---

① E. Lauterpacht (ed.), *Hersch Lauterpacht: International Law Collected Papers*, Vol. 2, *The Law of Peace*, Cambridge University Press, 1975, p. 115; Elihu Lauterpacht (ed.), *Hersch Lauterpacht: International Law Collected Papers*, Vol. 3, *The Law of Peace*, Cambridge University Press, 1977, pp.125-126.

② 《建国以来周恩来文稿》第一册,中央文献出版社2008年版,第537~539页。

③ 《建国以来周恩来文稿》第三册,中央文献出版社2008年版,第307~309页

④ 《建国以来周恩来文稿》第十二册,中央文献出版社2018年版,第26~30页。

⑤ 1950年苏联抵制联合国的会议,以帮助中国的名义影响了中国的利益和世界的格局。在此之后,苏联再也没有抵制过联合国的会议。I. Roberts (ed.), *Satow's Diplomatic Practice*, Oxford University Press, 2017, p.48.

⑥ 张洪增:《从国际法看美国的"台湾关系法"》,载《中国国际法年刊》1982年卷,第195~204页。

⑦ M. Shaw, *International Law*, Cambridge University Press, 2017, pp.183-184.

2.以"一国两制"的思路解决国家统一问题

"制度不同不是统一的障碍,更不是分裂的借口。"[①]为实现祖国统一,中国政府提出了"一国两制"的思路并付诸实践。香港、澳门以"一国两制"的方式收回即一个中国原则的国际法立场的最好实践。在以"一国两制"来解决香港和澳门问题的过程中,中国向联合国提出,香港和澳门并非可以要求独立的殖民地,中国要求将香港和澳门从联合国促动独立的殖民地名单中去除;中国特别提出,香港和澳门有特殊的历史背景,不能按照其他殖民地的方式处理,它们的未来是回归中国。而后,中国政府通过与英国和葡萄牙的艰难谈判,收复香港和澳门,在国际法领土变更的列表中增加了新的方式。中国为香港和澳门的回归做了很多特别的安排,以落实"一国两制"的具体承诺,其中有很多条约义务承担方面的事务。[②] 由此,不难发现,中国对于国家完整的追求是始终如一的。中国领导人提出"让我们的子孙后代在祥和安宁繁荣尊严的共同家园中生活成长",因此在很多的具体安排上,特别注重民生的维护。例如,在坚持一个中国原则的基础上,中国采取了灵活的态度,允许台湾地区作为中国领土的一部分以单独关税区的名义加入世界贸易组织(World Trade Organization,简称 WTO)。

可见,"一国两制"是一个以人民尊严和幸福为终极目标的治理策略选择,也是对于一个中国原则国际法立场的丰富和发展,更是着眼于长远、可持续发展的国内治理和全球治理规划。

第二,对于各国独立自主的珍视。由于长期的半殖民地和半封建的历史,也由于中国政府长期试图摆脱西方遏制中国的不平等条约枷锁[③],中国政府

---

① 习近平:《为实现民族伟大复兴 推进祖国和平统一而共同奋斗》,载《人民日报》2019 年 1 月 3 日第 2 版。

② M. Shaw, *International Law*, Cambridge University Press, 2017, p.763.

③ 中国的北洋政府曾经采取了一系列的措施,试图修约和废约,但是成功的概率并不高。参见李育民:《近代中外关系与政治》,中华书局 2006 年版,第 181～207 页。南京政府从废约退到修约外交,参见赵家檒编著:《中国现代外交史(1919—1949)》,世界知识出版社 2005 年版,第 399～428 页。

更加珍视来之不易的独立自主、自由解放[①]。基于对于自身独立自主的尊重[②],中国一贯坚持和倡导国际社会的各个行为体以平等的法律身份相互交往。[③] 1950年6月28日,毛泽东主席在中央人民政府委员会第八次会议上再次申明,全世界各国的事务应由各国人民自己来管,亚洲的事务应由亚洲人民自己来管,而不应由美国来管;朝鲜内政不应由美国干涉。[④] 中国还特别注意在法律的语境中维护国家独立和不干涉内政原则。1950年7月6日,周恩来总理在致联合国秘书长赖伊的电报中指出,中国强调,安理会于1950年6月27日在美国政府指使和操纵下通过的关于要求联合国会员国协助南朝鲜当局的决议,是支持美国武装侵略、干涉朝鲜内政和破坏世界和平,并且这一决议是在没有中华人民共和国和苏联两个常任理事国参加下通过的,显然是非法的。《联合国宪章》规定不得授权联合国干涉在本质上属于各国国内管辖的事件,而安理会6月27日的决议正违反了《联合国宪章》这一重要原则。因此,安理会所做的关于朝鲜问题决议不仅毫无法律效力,而且严重破坏了《联合国宪章》。[⑤] 周恩来总理的这份电报在法律的逻辑范围之内对于安理会决议所进行的分析表明了中国政府对于法律的崇尚,以及通过法律的思维和理念来解决政治格局问题的基本思路。中国于1953年年底提出,1954年与印度、缅甸共同倡导的和平共处五项原则不仅是独立自主等国际法价值的再现或重述,而且以整套规范的方式提出,具有更为强大的力量和更有规模的影响,从而在国际法原则的体系内增加了非西方的文化元素。随着中国在中美、中日、中苏等双边条约以及一系列多边国际法律文件中纳入和平共处五项原则,国际法的中国立场逐渐确立。主权国家所珍视的独立自主的底线要求成

---

① 中国始终坚持独立自主的原则。谢益显:《当代中国外交思想史》,河南大学出版社1999年版,第460~461页。

② 早在解放战争期间,中国共产党就提出不允许任何其他国家及联合国干涉中国内政,因为中国是独立国家,中国境内之事应由中国人民及人民的政府自己解决,《中共中央文件选集》(第18册),中共中央党校出版社1985年版,第48页。

③ 中国政府代表团在1971年恢复联合国合法席位之后的首次联合国大会会议发言就提到,我们一贯主张国家不论大小应该一律平等,和平共处五项原则应该成为国与国之间关系的准则,各国人民有权按照自己的意愿选择本国的社会制度,有权维护本国独立主权和领土完整,任何国家都无权对另一国家进行侵略、颠覆、控制、干涉和欺负。王泰平:《新中国外交50年》,北京出版社1999年版,第17~22页。

④《建国以来周恩来文稿》第二册,中央编译出版社2008年版,第183~185页。

⑤ 韩念龙主编:《当代中国外交》,中国社会科学出版社1987年版,第35~36页。

为中国国际法主张中最为关键的内容，成为中国所理解的国际法运行系统的核心架构，对国际法的有效运行、国际关系的健康存续和发展起到了基石的作用。高度珍视独立自主是对基本国际法律秩序的保证，也是《联合国宪章》和中国所崇尚的国际法价值的具体体现。

(三)中国对于国际法基本原则的总体认同

曾经有国家和学者对中国的国际法立场和态度持有疑问。① 的确，1949 年中华人民共和国中央人民政府成立之初，明显地存在诸多对中国不利的条件，特别是主要的国际法行为体(如联合国、美国、英国)曾与中国相背而行，故而中国对国际法也似乎长期存在着怀疑和恐惧。② 但实践证明，中国并没有放弃和放低对于国际法的期待和期许，而是尽其所能地采取各种方式，规范化地面对和解决一系列外交问题，努力接近国际法，参与国际法，引领国际法。从历史发展的进程看，中国在 1949 年之后对于国际关系的认知，对于国际事务的设计都表现在一系列的法律规范之中。

其中，最早进入国际法视野的是 1950 年签署的《中苏友好同盟互助条约》，它具有深刻的国际法意义。1950 年《中苏友好同盟互助条约》(以下简称《中苏条约》)是中华人民共和国中央人民政府成立后我国缔结的第一个条约。1949 年 12 月，毛泽东亲赴苏联，与苏联政府商讨用新的双边同盟条约替代旧的条约，确立双方之间的权利义务。是否要订立新条约是这一环节的关键。苏联曾以雅尔塔协定为由不愿废除 1945 年国民党政府与苏联之间签署的"友好同盟条约"③，但中国则认为共产党国家之间的关系必须建立在新条约的原则基础之上。最终中国促使苏联下定决心，与中国订立更为公正合理的新条约，废除此前的条约，放弃特权要求，真正实现平等互助。尽管谈判的过程充满艰辛，其结果也不能算是完全令人满意④，但是新的法律关系已然在此起航。

作为一个经常被学术界忽视的国际法文件，《中苏条约》至少有 4 个维度的意义：(1)《中苏条约》向全世界正式而庄重地宣示了中国的外交政策，表明

① 徐崇利：《"体系外国家"心态与中国国际法理论的贫困》，载《政法论坛》2006 年第 5 期。

② 何志鹏：《论中国国际法心态的构成因素》，载《法学评论》2014 年第 1 期。

③ 刘喜发：《〈中苏友好同盟条约〉评析》，载《社会科学战线》1996 年第 3 期。

④ 杨奎松：《中苏国家利益与民族情感的最初碰撞——以〈中苏友好同盟互助条约〉签订为背景》，载《历史研究》2001 年第 6 期。

中国坚定地属于共产主义阵营，这对冷战格局的影响是深刻和显著的。(2)《中苏条约》采用书面正式文本的方式记录了中苏两国谈判的结果，向中国人民正式说明中苏之间结束了旧的双边关系，建立了新的双边关系。旧关系是建立在雅尔塔体系之上的、苏联作为大国支配和掠取中国的利益的不平等关系；而新的关系则是建立在共同意识形态之上、以平等互助为主题的真正友好关系。在新的关系中，"中心—边缘"式的帝国秩序已经消除，亲密友好的同志加兄弟秩序逐渐确立。(3)《中苏条约》确定了苏联向中国提供援助的系列安排，中国通过这一条约获得了外部援助，这对当时中国的政治稳定、经济增长、文化繁荣、社会发展具有非常重要的意义。《中苏条约》不仅对中国的建设给予了巨大的帮助，而且对远东和平和世界的普遍安全给予了有力保障。① (4)从国际法的角度来讲，《中苏条约》的缔结对于中国对国际法的认同和接受具有重要的历史意义，这标志着新中国从此开始以双边条约解决国际问题。中国政府和领导人突破重重阻碍签订身份性条约的进程，是一个用国际法来构设国家治理环境的重要举措。

新中国在建立之初就注重通过国际组织框架，用法律的方式表述立场。在国际事务中，中国同样注重用法律的方式来表达自身的取向，注重用法律的规则和框架来确立秩序，注重用法律来解决问题。双边条约的作用毕竟有限，中国作为国际社会的一员，参与全球治理是义务也是权利。利用联合国或国际组织框架下的法律来表达立场是中国参与全球治理的最有效的方式和途径。除了前文已经阐述的中国政府以国际法语言与联合国沟通的情况，中国政府在朝鲜战争期间也高度重视用法律的话语、通过国际组织来发出中国的声音，让中国的立场于法有据。中国政府认为，安理会 1950 年 6 月 27 日所作出的决议是非法的、不具有法律效力，而且破坏了《联合国宪章》。② 中国政府在关于美国政府干涉中国人民解放台湾的声明中，特别援引了《联合国宪章》第 2 条第 7 款来论证中国解放台湾属于自己的主权和内政、不容他人干涉的态度。③

1950 年，针对美国武装侵略中国领土的行为，中国政府在联合国采取了一系列的行动，利用国际法来捍卫自己的权利。例如，1950 年 9 月 16 日，中

① 《建国以来刘少奇文稿》第四册，中央文献出版社 2005 年版，第 6 页。

② 《建国以来周恩来文稿》第三册，中央文献出版社 2008 年版，第 9～10 页。

③ 《建国以来周恩来文稿》第十二册，中央文献出版社 2018 年版，第 29 页。

国政府要求安理会在讨论“美机侵犯中国领空案”时必须有中国代表参加①；1950 年 10 月 17 日，中国政府声明联大在讨论“美国侵华案”时必须有中国代表参加②；1950 年 10 月 23 日，中国政府任命伍修权等为代表，参加安理会讨论“美国侵台案”的会议③；1950 年 10 月 28 日，中国政府再次致电联合国第五届大会主席安迪让及安理会主席奥斯汀，严重抗议美国政府侵犯中国沿海一带的暴行，并再次向联合国提出控诉，要求安理会立即采取有效措施，制止美国的侵略行为，并要求美国撤回侵略我国领土台湾及我国邻邦朝鲜的武装力量；1950 年 11 月 11 日，中国政府又建议安理会合并讨论“美国侵台和武装干涉朝鲜案”。④ 在控诉美国武装侵略中国领土时，中国政府给联大第 9 届会议的电报援引了《开罗宣言》和《波茨坦公告》，同时以明确的事实主张了中国的主权和领土完整。这些行动表明中国对良好的和平安定国际秩序的向往以及对国际法律制度的信赖和认同。中国通过在联合国控诉的方式对抗美国对台湾海峡的入侵、对于内政的干涉⑤，既代表了中国对国际法、国际组织的高度重视，也揭示出当时中国的困顿：作为一个相对弱小的国际治理参与者，除了制度的手段，缺乏其他可用的资源。⑥

中国对于国际法的认同和支持构成了中国支持多边主义、认同国际组织的前提。1971 年中国恢复在联合国合法席位提振了中国积极充分利用国际法的信心。20 世纪 70 年代以后，中国迅速恢复了在一些国际组织中的席位，并加入了一系列的国际组织，如世界卫生组织（1972）、万国邮政联盟（1972）、世界银行（1980）、国际货币基金组织（1980）、国际原子能机构（1984）等；参与了一系列重要的国际法律谈判，如第三次联合国海洋法会议、国际环境领域的很多重要条约的协商，不仅积极推动了《联合国海洋法公约》的签订，而且在国际环境法的形成过程中，提出“共同但有区别的责任”原则，对国际法的丰富和发展作出了重要的贡献。在诸多国际组织中，中国投入热情和民众关注最多的是 WTO。自 1986 年的“复关”到 2001 年的成功“入世”，中国政府和谈判

---

① 《建国以来周恩来文稿》第三册，中央文献出版社 2008 年版，第 303～304 页。

② 《建国以来周恩来文稿》第三册，中央文献出版社 2008 年版，第 406～408 页。

③ 《建国以来周恩来文稿》第三册，中央文献出版社 2008 年版，第 416～417 页。

④ 《建国以来周恩来文稿》第三册，中央文献出版社 2008 年版，第 489～490 页。

⑤ 张树德：《中国重返联合国纪实》，黑龙江人民出版社 1999 年版，第 147～172 页。

⑥ ［澳］杰里·辛普森：《大国与法外国家：国际法律秩序中不平等的主权》，朱利江译，北京大学出版社 2008 年版，第 72 页。

代表团艰苦卓绝的努力终于换回了 WTO 成员的地位。中国参与全球治理的态势更为明显，由中国参与的多边贸易体制也将更为平等。

与此同时，中国参与国际组织对国内治理的提升也起到了极为明显的作用，加入 WTO 是一个典型的通过参与全球治理来提升国内治理的进程。从广泛的角度来看，是“以开放倒逼改革”；从法治的角度来看，就是利用承担国际法律义务来促进国内治理规范的公开化、透明度、体系化和清晰化。同样，对于国际人权法律事务的积极参与也促进和提高了中国人权治理的能力。从 1991 年第一份中国人权白皮书到 2018 年改革开放 40 年的人权白皮书，展示了中国人权事业的巨大进步。2004 年人权入宪更是被视为中国人权法治的里程碑事件。在国际环境领域国际法的不断深入参与也改进了中国的环境法治水平，一系列环保法律制度的出台不仅形成了水、大气、土壤等方面越来越有效的规制，而且提升了公民的环境意识。在国际法律的架构之中去维护国家利益、表述国家主张、确立国家立场，如同通过条约来建立交往环境一样，表明中国政府认可国际法的基本功能、基本价值、基本规范。正如外交部长王毅所指出的：“坚持国际法治是中国基于自身经历作出的郑重选择……中国比任何国家都更希望在国际关系中以法治反对霸权强权、以规则维护公平正义。”①

同时值得关注的是，中国政府处理国际争议特别注意灵活立场与严肃规范的有机结合。在处理国际事务时，中国经常采取较为灵活的法律态度。例如，针对钓鱼岛的主权争议，中国领导人注意到中日双方在立场上的差异，却并不急于解决问题，而是更愿意把这样的问题留待未来更适合的时候解决②，这就体现了中国处理争议问题时灵活的法律态度。与此同时，同样是不平等条约所导致的后果，中国对于香港和澳门的主权回归，采取了完全否认不平等条约效力的态度③；而针对俄罗斯（苏联）给中国带来的领土影响，则采取了认可现状的方式④。这里主要涉及以往条约是否有效的问题。必须说明，到现

---

① 王毅：《中国是国际法治的坚定维护者和建设者》，载《光明日报》2014 年 10 月 24 日第 2 版。

② 《邓小平讲话实录》，红旗出版社 2018 年版，第 179～180 页。

③ 《邓小平文选》，人民出版社 1993 年版，第 12～15 页。

④ 《邓小平文选》，人民出版社 1993 年版，第 292～294 页。

在为止，关于不平等条约的概念和效力，仍然是国际法上一个讨论热烈的话题。[①] 然而，中国对于英、葡主张以往的条约的不平等性，双方在务实和面向未来的基础上进行了深入的讨论，最后以新的条约替代了旧的条约，完成了香港与澳门的回归谈判。这种灵活务实的态度是面向未来的、着眼于中国国内治理状况的最优化以及全球治理秩序的良性运转。

当然，中国也经常采取非常严肃认真的规范模式来处理国家之间的关系。例如，在与英国、葡萄牙处理移交香港和澳门的问题之时，双方采取了联合声明(1984 年中英、1987 年中葡)的方式，中国政府将这两份联合声明送交联合国秘书处留存。这种严肃的态度意味着中国将这两份文件视为条约。[②] 以国际法规范的模式确立治理秩序，表达了中国对于国际法的认真态度。采用国际条约的方式确立基于政治谈判取得的成果，不仅表示中国政府和人民对于所载述权利义务的庄严承诺，而且表达着中国期待条约确立的权利义务得到认真履行。而这种庄重、慎重的规范立场对于中国有效解决两地主权移交有着非常重要的意义。与此同时，面临钓鱼岛争议之时，中国从法律的角度进行了认真的研讨，发表了《钓鱼岛是中国的固有领土》白皮书[③]，力争严谨而缜密地提供钓鱼岛属于中国的历史和法律证据。中国还特别注意将对法律问题严肃的立场和灵活的方式结合和统一。例如，就“菲律宾诉中国南海仲裁案”，中国向国际社会表达了不接受、不参与的严正态度[④]，但是中国并非置之不理，放任这一问题僵化，恶化中国与菲律宾以及其他南海相邻国家的关系，而是愿

---

① M. Craven, What Happened to Unequal Treaties? The Continuities of Informal Empire, *Nordic Journal of International Law*, 2005, Vol.73; A. Jonge, From Unequal Treaties to Differential Treatment: Is There a Role for Equality in Treaty Relations?, *Asian Journal of International Law*, 2013, Vol.4.

② 有关讨论参见郑宇硕:《从国际法观点评析中英联合声明》,载《法学评论》1988 年第 4 期;港实:《从国际法看中英关于香港问题的联合声明》,载《法学研究》1990 年第 1 期。

③ 中华人民共和国国务院新闻办公室《钓鱼岛是中国的固有领土》2012 年版。

④ 参见《中国政府关于菲律宾所提南海仲裁案管辖权问题的立场文件》(2014 年 12 月 7 日);《中华人民共和国外交部关于应菲律宾共和国请求建立的南海仲裁案仲裁庭关于管辖权和可受理性问题裁决的声明》(2015 年 10 月 30 日);《中华人民共和国外交部关于应菲律宾共和国请求建立的南海仲裁案仲裁庭所作裁决的声明》(2016 年 7 月 12 日)。

意通过一系列的协商、声明等较为灵活的方式来化解纠纷、促进合作。①

中国这种将原则性和灵活性充分结合的国际法立场不仅体现在中国政府的很多具体实践里，也体现在国家领导人和外交代表的言论中。习近平在2014年6月28日纪念和平共处五项原则发表60周年纪念大会上的讲话中，提出推动国际关系法治化的建议，他特别强调"推动各国在国际关系中遵守国际法和公认的国际关系基本原则，用统一适用的规则来明是非、促和平、谋发展；各国应共同维护国际法和国际秩序的权威性和严肃性，依法行使权利，反对歪曲国际法，反对以'法治'之名行侵害他国正当权益、破坏和平稳定之实"②。

中国的官方立场应被理解为不认可大国国际法例外主义。在讨论中国处理与各国以及各国际组织之间的关系是否注重法律规则、是否愿意接受规则导向的时候，有一个理论问题值得探讨，即学术界讨论的大国国际法例外主义。③ 大国国际法例外主义不同于条约中的例外条款（例如，关税及贸易总协定第20条），也不同于国际法规则和适用中的例外，而是主张只有小国和中等国家才应当适用国际法，大国则由于各种特殊情况而不适用某些或者全部的国际法规则。一些学者认为，大国倾向于不受国际法的约束。④ 从实证角度观察，大国不愿接受国际法的约束，确实是一种现实状况。但是这背后没有什么必然的原理。根据行为体在国际事务面前的一般反应，所有的国家在规则可能对其产生不便和约束，甚至遏制和惩罚的时候，都会产生一种希望本身例外于此种规则的冲动。但问题在于，小国在国际法面前会显得较为软弱。以

① 中华人民共和国国务院新闻办公室：《中国坚持通过谈判解决中国与菲律宾在南海的有关争议》，人民出版社2016年版；《中华人民共和国与菲律宾共和国联合声明》（2018年11月21日马尼拉），第25～26条。

② 习近平：《弘扬和平共处五项原则　建设合作共赢美好世界》，载《人民日报》2014年6月29日第2版。

③ M. Licková, European Exceptionalism in International Law, *European Journal of International Law*, 2008, Vol.9; A. H. Bradford, E. A. Posner, Universal Exceptionalism in International Law, *Harvard International Law Journal*, 2011, Vol.52; N. T. Saito, *Meeting the Enemy: American Exceptionalism and International Law*, New York University Press, 2010.

④ ［美］阿努·布拉德福特、埃里克·波斯纳：《国际法中的普遍例外主义》，李春林译，载《国外理论动态》2012年第12期；曾丽洁：《国际法领域的美国例外主义》，载《当代世界与社会主义》2006年第4期。

可使用的资源判断，小国在国际社会中，除了国际法之外可以依靠的力量太小；大国则不然，在国际法之外，大国还可以借助军事、政治、经济各方面的力量去维护本身的权益，因此经常会把国际法搁置一边。但国无恒强。当国家背离国际法、采用其他的力量来维护自身的利益之时，它在国际法领域丢掉的声誉和信用可能是长期难以弥补的。从西班牙、葡萄牙、德国、日本等一系列国家的实例可知，历史上那些违背了规则的国家，几乎都在或长或短的未来受到了其他国家基于规则的反弹或者抵制。即使是当今世界最强大的国家——美国，当其违背国际法完全采用单边主义的时候，也经常受到其他国家批评、反抗，有些国家甚至采取较为极端的手段来与之对抗。故而，尽管大国国际法例外主义经常表现为一种事实，却并不是国际关系中通行的原则。从国家长期发展的目标看，依据法律、以法律为出发点和准绳去采取行动，用法律的话语来表达自身的立场、阐释自身的选择，会产生更佳的效果。① 经过几十年的发展，中国的综合实力日渐强大。但中国一再向世界展示：中国必将走向强大，但不会更加强硬；中国崇尚独立自主，但不会独断专行；中国当然要坚定维权，但不会谋求霸权。

国际法是国际政治过程的规则凝结，国际法治是全球治理的一个方面，它注重基于规则的治理。② 当然，这种规则既可以被视为具有约束力的硬法，也可以被视为不具有约束力的软法；既可以是具有司法机制和执法体系的强治理，也可以是主要基于自愿履行和适应性进化的弱治理；既可以是追求全球趋同的高度治理，也可以是在双边、区域层面达成一致的低度治理。只要行为体着眼于确立规则，力图以规则为基础去展开交往、化解纠纷，就是在法治的道路上行进。

---

① 习近平：《坚持合作创新法治共赢　携手开展全球安全治理》，载《人民日报》2017年9月27日第2版。

② 关于国际法治与全球治理的关系，有学者认为是因为国际法治的路径不能够得以实现，所以才倡导全球治理。这显然是一种误解。因为从发展的过程看，全球治理概念出现于20世纪八九十年代，而当时国际法治并没有被提上日程，而且也没有遇到类似国际法治障碍的状况。所以，并不是说国际法治就是一种高度强度的治理模式，而全球治理就是一种低度弱度的治理方式。从逻辑上说，全球治理包含以规则为基础的法律治理，也就是国际法治。钱静、肖永平：《全球治理视阈下的国际法治构建》，载《学习与实践》2016年第11期；赵骏：《全球治理视野下的国际法治与国内法治》，载《中国社会科学》2014年第10期。

(四)高斗争状态的中国与冷战中的国际法

从20世纪50年代的历史看,国际政治云诡波谲,中苏之间的友好同盟互助关系的蜜月期非常短暂,国际力量的对比迅速发生了变化。中苏交恶,《中苏条约》的履行很快就进入停滞状态,共产主义阵营所处的状态非常令人忧虑。美苏之间、中美之间的关系在不同的时间空间条件下不断地发展。中国自身经历波折坎坷,中华人民共和国政府在1971年恢复了在联合国的合法席位。① 在此期间,中国自身所处的国际法律环境一度变得非常紧张。而国际法在冷战的条件下仍然缓慢地进步,包括《维也纳外交关系公约》《维也纳领事关系公约》《维也纳条约法公约》《公民权利与政治权利国际公约》《经济社会文化权利国际公约》等一系列条约在中华人民共和国政府未能参与情况下被讨论和通过,这导致了中国与国际法的疏离,中国的国际法知识、国际法人才、国际法能力处于一种负面发展的状态。1966年,中国掀起了轰轰烈烈的无产阶级"文化大革命"。这场自上而下出现的、体现为自下而上斗争的运动到1976年正式结束。十年间,法律被视为可有可无的工具,很多地方采取了砸烂公检法的做法。

在这种浪潮下,法学教育和法学研究经常处于非常边缘化的状态,很多从事这方面工作的人才被视为反动学术权威,进而被打倒。这种法律虚无主义的状态导致只有北京大学、吉林大学和湖北财经学院还保留法学专业,在一些年份招收工农兵学员。中国国际法研究自然也几乎处于停滞或瘫痪的状态,国际法教育不仅没有任何前进,而且在十年之间几乎停滞,国际法的思想和教育方法都急速后退,

尽管如此,毛泽东在20世纪70年代初提出了划分"三个世界"的思想。尽管"三个世界"的理念在西方已经出现,但是在政治层面上予以讨论,显然是毛泽东创造和发展的。在这个阶段,毛泽东同非洲国家首脑进行谈话的时候,按照自己的判断阐述了三个世界的观点,并通过中国官方媒体向世界传播。1974年,邓小平(1904—1997)受毛泽东的委托参加联合国特别大会。在会上,邓小平说明了毛泽东的三个世界观点,并着重阐述了中国在国际社会不称霸的立场,受到了世界各国的广泛欢迎。这一观点和立场对于日后中国国际

---

① P. Malanczuk, *Akehurst's Modern Introduction to International Law*, 7th ed., Routledge, 1997, pp.371-372.

关系与对国际法的基本态度有着十分密切的关系①，而且对此后产生一定影响的第三世界国际法视角有着奠基性的启发作用。在学术上，周鲠生(1889—1971)在此期间仍然完成了一部国际法综合性论著，1976年由商务印书馆出版；王铁崖(1913—2003)与陈体强(1917—1983)二位教授翻译了《奥本海国际法》(第8版)，后来由商务印书馆出版。

(五)融入全球治理的中国与理想主义的国际法

从积极的方面反思“文革”十年，可以说，中国有一种悲剧式的救世情结，而最终这种愿望并没有实现。此后，中国调整了自身的政治立场和工作方式，采取与世界相融合的方式进入了新的历史时期。中美、中日邦交正常化，中国的国际交往环境迅速改善。经过1976年到1978年对社会格局的简单理顺，自1978年中国共产党十一届三中全会开始，中国共产党人以大无畏的精神和锐意创新的态度推动中国进入了改革开放的新时期。改革，就包括社会的民主与法制进程，而开放，则显示了中国市场与世界市场对接、中国人的目光向世界前沿瞄准的态势。尽管在中国还有很多保守者发出的反对声，1978年改革开放的春天仍然预示着中国会更加紧密地拥抱国际法，在开放之路上更多地参与国际条约、国际组织、国际法律进程的操作。国际法也因为有了中国的积极参与和支持走向了一个良性运转的新阶段。1991年冷战的结束，使得世界沉浸在全球化迅速发展、新自由主义走向世界的狂喜心态之中，中国与国际法也进入了一个蜜月期。中国加入大量国际组织，国际法也呈现出积极发展的新状态。

全球治理是20世纪晚期出现的与国际法有着密切联系的思想和理念。从主体上看，治理意味着政府之外的行为体参与秩序的建构；从工作方式上看，治理意味着除了传统的“命令—服从”式推进，还包括披露、说服、引导等行为塑造模式。而全球治理，则是针对全球问题所采取的跨国界协同治理，通过网状结构促动信息沟通、决策民主和作业协同。② 全球治理这一概念出现的时间虽不长，但其并非对新生事物的预见，而是对既有趋势的总结和归纳。从实践的角度看，全球化的努力可以上溯到大航海时代。全球治理并不必然随着全球化的趋势而产生，但早在19世纪后半叶就已经出现萌芽。红十字国际

① 王铁崖：《第三世界与国际法》，载邓正来编：《王铁崖文选》，中国政法大学出版社1993年版，第27页。

② 俞可平：《全球治理引论》，载《马克思主义与现实》2002年第1期。

委员会倡导的国际人道法以及战争和武装冲突中的人道行动、人道救援在1864年就已经呈现了初步的成果。从此，由非政府组织处理国际事务的情况得到了各国的普遍认可。而此后经济贸易的全球网络逐渐增多，政府之间、非政府组织和政府间国际组织协调处理国际事务的实践也越来越多，全球治理的表现形式也越来越丰富和复杂。可见，尽管对于全球治理的解读和分析集中在20世纪90年代以后，但是全球治理的运行早在第一次世界大战之前就已经初露端倪，在第二次世界大战之后则达到了一个新的境界，只是到了20世纪80年代中期以后，人们借由新一轮全球化的兴起才对相关的现象和趋势做了新的概括和归纳。

从中国的视角看，中国很早就有参与全球治理的意识，不仅在1899年和1907年就参加了海牙和平会议，而且接受公元纪年，将中国时间与世界时间同步。① 而今，全球治理更宜内化为本土的跨国合作，其中政府起主导作用，并植根于本国公民社会的培育。② 全球治理与国家治理的共生共融，是一个国家在建立和巩固自身国内治理局面的同时，促动国际治理结构的形成和发展，或者将自身的治理进程融入国际治理的格局之中的过程。与此同时，国家自身的治理目标和方向受到国际社会治理环境趋势的影响与引导，并基于国际社会总体的框架和趋势设置塑造本国的治理模式和类型。国际法作为法律的一部分，构成了国家治理和全球治理的纲领和骨架，是良好治理的规范基础。

以宏观视角分析，大国生长与国际关系变革往往有共生共融的互动状况。17世纪的荷兰，18世纪到19世纪的法国、英国，20世纪的美国，都以其自身的实践证明了这一互动的进程。现在已经公认，在改革开放之后，特别是20世纪90年代之后，中国积极促进全球治理体系变革，为世界和平与发展贡献了中国的智慧、方案和力量。③ 但事实上，中国参与全球治理的实践远不止40

---

① [美]高彦颐：《缠足："金莲崇拜"盛极而衰的演变》，苗延威译，江苏人民出版社2018年版，第19页。

② 蔡拓：《全球治理的中国视角与实践》，载《中国社会科学》2004年第1期。

③ 习近平对于改革开放以来的外交成就进行了系统而凝练的总结："40年来，我们始终坚持独立自主的和平外交政策，始终不渝走和平发展道路、奉行互利共赢的开放战略，坚定维护国际关系基本准则，维护国际公平正义。我们实现由封闭半封闭到全方位开放的历史转变，积极参与经济全球化进程，为推动人类共同发展作出了应有贡献。"习近平：《在庆祝改革开放40周年大会上的讲话》，载《人民日报》2018年12月19日第2版。

年。中华人民共和国中央人民政府自成立之初，就开始在国家治理的同时自觉地参与了全球治理的进程，成为全球治理进程中不可忽视的力量，而中国国际法70年的发展也见证了中国国家治理与全球治理的共生共融。

所以，从20世纪70年代末期开始，中国迅速签订了大量的双边条约，加入了大量的多边条约，恢复了很多国际组织的席位，启动了向国际法体系靠拢的进程。改革开放40年来，中国政府与人民始终注意言行一致、表里如一地解决国际事务问题，为国际法的发展作出了突出的贡献。中国的改革开放为全面参加多边条约（包括签署、批准和加入）提供了良好的契机，标志着中国践行国际法治进入了一个全新的时代。据统计，自新中国成立至2017年年底，中国共签订多边条约400余个，其中1949—1978年签订了26个，其余条约都是1979—2017年之间签订的，数量是前30年的十多倍。中华人民共和国成立以来，与外国签署了23000多项双边条约，广泛涉及政治、军事、领土、经济、交通、外交领事等国际事务的各个方面。① 与此同时，中国还积极通过国内立法促进国际法在中国的适用。虽然我国宪法没有明确规定国际法在中国法律中的地位，但是我国通过其他多种方式对国际法的适用作了适当的规定。② 此外，随着我国对外经贸往来的日益频繁和不断扩大，尤其是中国加入WTO之后，中国与有关国家或地区之间的经贸纠纷也逐步增多，为此，中国分别与主要的贸易伙伴建立了定期磋商机制，同时适用WTO的强制性争端解决机制。近年来，中国还同一系列国家或国际组织缔结了自由贸易区协定。这些协定不仅规定了解决争端的政治方法，还规定了诉诸仲裁解决争端的法律方法。③

（六）面向新时代的中国与矛盾摇摆的国际法

2001年，全球化的进程因“9·11”事件的出现而再度遇冷。国际社会开始认真对待“文明冲突的问题”。而此时，中国加入WTO，以一个全球化积极

① 赵建文：《国际条约在中国法律体系中的地位》，载《法学研究》2010年第6期。

② 中华人民共和国外交部条法司以年度为单位，对于中国所签署和加入的条约进行汇集和排序，出版《中华人民共和国条约集》。尽管有些技术性的协定（例如航海、邮政等）不在其中，但从中基本可以了解中国签署条约的基本情况。对于中国加入、批准的多边条约进行收集，出版《中华人民共和国多边条约集》，有关部门和单位还会以专门领域为限，归纳整理相关的条约，比如领土边境方面的条约、领事方面的条约、海商海事方面的条约等。

③ 《国际公法学》编写组：《国际公法学》，高等教育出版社2018年版，第14～22页。

的推进者的姿态出现在世界各国面前。[①] 与此相对,包括美国在内的诸多国家,在经历"9·11"事件、2008年的次贷危机之后,开始收缩全球发展的战略,采取本国优先的民族主义、保护主义新政策。中国则延续1978年以来开放的道路,在国际社会推进国际法的多样化发展。此时中国所主张的全球图景和一些西方国家所重视的国家主义途径发生了碰撞。国际法何去何从,中国如何实现自身的发展,二者均处于一个相对迷茫的时期。

进入21世纪以来,中国政府,特别是胡锦涛、习近平两位领导人根据后冷战时期国际关系的新表现,先后在国内和国际不同的场合提出了一系列关于国际秩序及中国地位的新观念,其中包括和谐世界、人类命运共同体等。这些思想观念同样构成了重要的国际法理念。这些新的理念,勾画了国际法律秩序的新蓝图、新愿景,不仅是我国新时期外交的指导方针,而且为推进中国国际法学的发展,增强其在全球范围内国际法理论和实践中的话语权和影响力提供了新的引领方向和政治动力。当然,在国际法领域,中国仍然是一个新的参加者。虽然自1840年前后,中国就与现代国际法广泛接触,通过一系列的条约来了解国际规则,对规则的内涵所知越来越多,并且在19世纪末期参与了国际规则的确立,但是,在规则的主动性,特别是宏观整体的把握方面,中国的能力还比较低。所以无论是和谐世界、人类命运共同体的主张,还是对一带一路、亚洲基础设施投资银行等国际法律制度和组织的建设,我国都还处于一种初步的探索阶段,没有那么多经验可以借鉴。但是中国越来越深入和全面地参加国际法的建构,越来越多地步入全球治理的核心地带,这一趋势是不容置疑的,中国在这方面的立场和决心也是非常明显的。这些新的观念对于未来国际法而言无疑增加了一种可能,也就是究竟是在单边主义甚嚣尘上的应激反应之下,使得各国呈现出彼此竞争、彼此斗争甚至无休止的战争的关系,即霍布斯所说的无政府状态,还是在多边主义、以合作谋发展的思维引领之下走向康德主义的国际法律未来。这是世界的选择,也是中国的自我定位,无论对于世界还是对于中国来说,这都是非常重要的。

---

① 李伯军:《中国"和平崛起"战略与国际法的对接》,载《湖南工程学院学报(社会科学版)》2008年第1期;牟文富、朱新山:《中国的和平发展与国际现状的规范性构建——基于国际法的视角》,载《世界经济与政治》2008年第3期。

五、中国与国际法相互建构的机理分析

中国之所以能够与国际法协同进化，特别是通过中国的奋斗变革国际法的基调，有着深刻的动因。[①] 也就是说，中国自有其宏大的气度和宏伟的力量。中国的实力长期存在，而且只要有机会，就能够不断增强。其中不仅包括军事、科技、经济等力量构成的硬实力，也包括由顾维钧、宋美龄、毛泽东、周恩来、邓小平等内政领袖和外交才俊所代表的软实力。与此同时，国际结构也在这种互动关系中不断变迁，其中既包括 200 年来整个世界格局的变化，特别是殖民体系崩溃、霸权格局消解；也包括冷战体系终结、相互依赖的结构日益突显；更包括 21 世纪以来的逆全球化风潮不断涌现。这些因素促使中国的安全观、义利观、历史观、国际格局观和国际法观念的持续变化与演进。

(一)国际法对于中国的建构意义

自从 19 世纪 60 年代中国开始了解并应用国际法，中国的观念文化、规范制度、行为方式就一直被国际法所改变。[②] 也就是说，中国进入了被界定为现代化的轨道之中，借鉴西方既有的制度文明，考虑如何融入这个世界潮流之中，不仅利用西方的军事与经济科学技术方面的新进展，而且利用相关的制度文化改变中国的思想观念和行为方式。

1.国际法对于国家整体认知的影响

从 19 世纪 40 年代开始，以不平等条约为代表的帝国主义和殖民主义的国际法体系对中国产生了很大影响。在这些不平等条约的压力之下，中国不得不改变自身先前的文化中心、天朝上国的形象设定，改为适应当时的国际社会格局和国际法律境况。从原来中国作为东亚中心的朝贡体系中摆脱出来，进入以西方文化为中心的近代国际关系与国际法律体系之中。中国面临着两种选择：第一种是迅速摆脱中国自身的传统政治格局，像日本一样全盘西化，并努力成为一个西方人眼中的“文明国家”，进而采取殖民和掠夺的方式，成为世界“第一集团”中的一员。但是，中国的文化、历史和自身的社会使其很难摆

---

① 曾令良：《论中国和平发展与国际法的交互影响和作用》，载《中国法学》2006 年第 4 期。

② 杨泽伟：《近代国际法输入中国及其影响》，载《法学研究》1999 年第 3 期。

脱原来的体系，成为一个与西方殖民国家站在同一立场上的现代国家。18世纪末、19世纪初，中国未能选择进入西方体系，就意味着中国已经放弃了这样的可能性。那么，留给中国的就只有另外一个选项，即在西方坚船利炮的威胁之下被迫进入现代国际关系体系，在这一体系中接受炼狱般的对待，并最终通过自身的努力摆脱逆境，进入较为良好的发展阶段。无论如何，从19世纪40年代开始系统进入中国的国际法促使中国摆脱了原初的社会经济文化方式，进入了追求现代性的新阶段。20世纪三四十年代，由于中国在抗战时期的巨大牺牲和坚韧努力，国际社会对于中国的地位有了新的积极的认知。

2.国际法对于中国精神信念的影响

总体上看，中国与国际法的早期遭逢是一个贫弱落后的国家逐渐认知和接受国际法的过程。在这个过程中，中国充满了对于弱肉强食的国际关系的痛苦，也充满了对这种无可选择的状态的无奈。19世纪90年代的《马关条约》在给予中国人更大程度的打击的同时，也促进了中国人振奋和警醒，中国人更为深刻地认识到，仅仅有外国的技术和制造还是远远不够的，我们更需要一种深刻的思想变革，需要对西方的思想文化的全面认识和认真吸收。正是在这样的进程中，中国对西方的思想文化、包括国际法在内的各种各样的法律制度有了更为深入和全面的了解。西方人本主义观念的觉醒、自然法观念的成熟与发展，以及殖民地的反抗推动了世界格局的非殖民化进程，并激发了西方良知对于中国的同情；世界反殖民主义、反帝国主义的斗争则促进了中国的觉醒与斗争。上述情况加上中国官民的觉醒、自强与抗争，触动了政府在条约的修订与废除方面的努力，推进了中国的独立与发展。

20世纪70年代末中国实行改革开放，思想与制度的大门重新向世界打开。在这个过程中，中国所进行的若干努力，在很大程度上为适应新的国际制度体系转变自己的行为与观念，这使得中国更进一步成为一个面向未来、面向市场化、面向现代化的世界大国。中国厉行改革，积极开展法学教育、国际法的教学研究，使得中国法律文化逐渐包含了国际法的内容。中国的国家意识也逐渐从相对落后的状态引入了新思维，建立了新观念，展现了新形象。

3.国际法对于中国制度发展的影响

中国在逐渐进入现代化、走向国际化的过程中，很多国内法律制度也被国际法所塑造。国际法的进入逐渐改变了中国对于法律的态度。在19世纪国际法进入中国之前，以及签订不平等条约的时代，中国对于条约法律秉持一种相当粗略的态度，就像诸葛亮读书，观其大略，而并不特别注重文字的选择和条文的内涵。这就产生了当时很多外国人觉得非常奇怪的现象:中国官员拿到外国人起草的条约文本之后,草草一阅,即告知可以签署或者是不可以签署,而不进行细致的约文谈判。这种对法律文本的态度外国人看来是很难接受的,对于中国而言也失去了通过细节上的技术操作来争取国家利益的机会。但是,随着法律能力和意识的不断提升,中国外交人员在条约的文本上越来越认真,越来越细致。

在1864年翻译并传播《万国公法》之后,中国对国际法的态度愈发认真。中国开始越来越多地采用国际法的语言与各国进行沟通,在大沽口船舶纠纷、阿思本舰队纠纷等国际事件中,中国逐渐了解并熟悉国际法思想观念,以规则的方式分析和处理外交问题,从而也树立起了一个认真对待规则、遵守规则的国家形象。曾纪泽在与俄罗斯谈判签署伊犁条约的过程中,利用国际法的规则制度维护中国的国家利益,这可以看作是中国开始积极使用国际法的一个重要标志。这些做法提升了中国的软实力,在国际公众面前改善了中国的形象,当然也强化了中国外交界的谈判能力,在很大程度上增进了中国人的文化自信,开始形成了中国的法律观念、法律能力。

而此后中国政府的修约、废约进程,新中国建立之后与苏联、美国、日本等签订的一系列条约,都可以见证中国人对文本重视程度的提升。而今,无论是人权领域的相关安排,还是在领土方面的规范设计,特别是领海、毗连区,专属经济区与大陆架,抑或是外交特权豁免、外交官的等级,都与国际法有着密切的联系。而在经济贸易领域,中国的相关制度受国际法影响的痕迹更重。纸面上的制度受国际法的影响,体现了中国承担并积极履行国际法义务的态度;而在法律规范的日常运行中,国际法的迹象也十分明显,令中国政府十分满意的关于追逃追赃的安排,就是在国际法的框架格局之下实施完成的。当然,这种提升并不意味着中国已经进入了精密的技术主义阶段,总体上中国对国际法的态度还是比较粗疏的,只是同以往相比,对于法律和文本的重视程度有较大提升。

4.国际法对于中国学术教育界的影响

国际法的引入,对于中国而言,不仅是一种制度,或者是一个实践操作层面的文化,更重要的还是一种思想,是一种在理论层面进行探讨的文化。从1864年翻译《万国公法》以后,诸多国际法方面的著作陆续被翻译成中文。在中国近代国际法学的形成与发展时期,译著和编著占有较大的比重,其中20

世纪初日本国际法学者中村进午的《平时国际公法》和《战时国际公法》[①]影响至著。清末民初以后，从事国际法教学与研究的几乎全部都是法科留学归国人员，学术研究聚焦不平等条约和领事裁判权等国际法问题。因为中国一直处在帝国列强的侵略或武力威胁之下，当时涉及战时国际法的文章数量较多。这些现象都体现了国际法学者渴求主权完整和民族平等的爱国情怀。[②] 后来陆续有一些学者在移植西方国际法理论的基础上自己撰写国际法著作，如周鲠生的《不平等条约十讲》等著作，推动了国际法在中国的发展，国际法在中国的法学教育与研究图景中逐渐有了一席之地[③]；在当时中国国际法学者自己撰写的著作中，周鲠生的《国际法大纲》（商务印书馆 1929 年出版）和崔书琴的《国际法》（商务印书馆 1943 年出版）的影响最大，这两部著作适当借鉴西方国际法学，结合中国国情，基本建构了中国国际法学的体系，是当时中国著名大学国际法教学的教科书。[④]

中华人民共和国成立后，国际法的教学与研究虽然经历了一些波折，但总体上取得了明显的发展。无论从数量还是质量、科研的领域和成果上，都可以看出，国际法在中国的学术研究和人才培养上已经有非常重要的位置。国际法是法学中非常重要的一个领域，在法律人才的培养之中，国际法教育是不可或缺的，国际法人才也是当代中国最急需的人才。在“一边倒”原则的指引下，中国国际法学界将重心转向引进苏联的国际法学。[⑤] 西方国际法著作的中译本出版为数不多。[⑥] 从 1979 年开始，“文化大革命”中关停的政法大学、法学院（系）逐步得到恢复和重建，而且一大批新的法学院（系）迅速成长起来。中国现有本科法学专业的高等院校共 627 所[⑦]，国际公法学一直是法学核心课

---

① 陈时夏（1876—1928）译，上海民智书局 1911 年版；商务印书馆 1912、1914 年版。

② 何勤华：《中国近代国际法学的诞生与成长》，载《法学家》2004 年第 4 期。

③ 王铁崖、周忠海编：《周鲠生国际法论文选》，海天出版社 1999 年版，王铁崖序，第 1～5 页。

④ 何勤华：《略论民国时期中国移植国际法的理论与实践》，载《法商研究》2011 年第 4 期。

⑤ 何勤华：《20 世纪 50 年代后中国对苏联国际法的移植》，载《金陵法律评论》2001 年秋季卷。

⑥ 如 1955 年由中国人民外交学会翻译出版的《奥本海国际法》（第 7 版）和 1958 年由王铁崖翻译出版的《国际法原理》（凯尔森著）。

⑦ 数据来自中华人民共和国教育部高教司财经政法与管理教育处。

程的组成部分。国际法学的研究生教育也蓬勃发展起来，到 1995 年，我国国际法学已经形成了从学士、硕士到博士的完整的学位教育体系，一批条件较好的高校还陆续建立了国际法学博士后流动站。从教学文本上看，1981 年出版的由王铁崖主编的全国统编《国际法》教材，为更多学生有机会了解国际法奠定了文本基础。① 此后，王铁崖又主持编写了国际法材料选编及其续集，使那些有意学习和深入把握国际法的学子有机会启动一个完整的学习进程。至 21 世纪的第二个十年，中国的国际法教科书已经出版了百余种，分别适用于不同类型的高校、学位层次和专业。国际法文献资料的选编、案例的汇集也不断推陈出新，原版引进或翻译的国外重要教科书也被各大法学院关注、使用，为中国的国际法教学与研究提供了重要的参考。

综上所述，170 余年来，中国的政治制度、经济模式、文化形态、社会秩序，乃至于军事装备，都受国际法的影响。国际法在国民意识的觉醒、国家发展方向与路径的选择等方面建构了中国。

(二)中国对于国际法的建构意义

在讨论中国给国际法学说带来的变化的时候，我们首先必须清楚的一点是，国际关系结构以实力为基础，文化以结构为前提，没有不依赖于客观现实的文化意识和思想观念。自 17 世纪以来，国际关系和国际法都没有发生实质性的变化。换言之，当今的世界仍然处于威斯特伐利亚体系之中，仅仅是进行了一些小规模的变革，而没有实质的进化，没有进入后威斯特伐利亚时代。200 年来，国际法整体上是进步的②，如果对比两世纪前的状况，会感觉到进步是巨大的；当然，比起理想，差距仍然是很远的。中国对于国际法所带来变化并不是实质性的，而仅仅是在某些方面、某些细节上，作出小规模、小尺度的贡献。

1.国际法精神与主旨的转换

从 1842 年国际法与中国正式接触到今天，欧洲中心、基督教传统、资本主

① 这本教材是改革开放后教育部法学教材编辑部审定出版的第一本国际法教科书，由王铁崖和来自全国各院校的 20 位专家编写，他们当时都是中国国际法学领域的资深学者。这本教材在中国印数最多，发行量最大，使用范围最广，可称中国的“国际法教材之母”。

② 余敏友、刘衡：《论国际法在中国的发展走向》，载《武汉大学学报(哲学社会科学版)》2010 年第 5 期。

义、殖民主义的国际法[①]逐渐被时代抛弃,成为历史的陈迹。而国家之间平等交往、相互尊重则成了当今国际环境普遍认可的原则。中国推进国际法的努力,最开始是通过一系列条约的修正和完善。在谈判和签订条约的过程中,中国应用国际法的能力从无到有、从陌生到熟练。中国在国际法领域的一系列努力也取得了成就。初期的条约,不平等的状况比较多,但随着中国在相关领域能力的提升,以及中外交往逐渐稳定化,条约的不平等条款有所减少,一系列的不平等条约被重新谈判和签署,由大量不平等条约构成的西方国家与非西方国家的规则体系逐渐由平等条约所替代,国际法的整体格局发生了一些变化。国际法所产生的根本性变化,不能说与中国历代仁人志士的奋斗毫无关系。在清末就有像曾纪泽这样的名臣努力为中国争取利益;在1919年的巴黎和会上,有顾维钧为中国争取山东半岛的权益而慷慨陈词;在20世纪30—40年代,有中国政府为废除不平等条约作出的不懈努力。虽然在中国近现代史上,曾纪泽、顾维钧、张彭春等很多仁人志士都为中国充分利用国际法、修订和废除不平等条约、参与国际立法活动作出过很多重要的努力,但是,论及中国对于国际法的贡献,主要是在中华人民共和国成立之后。中国政府、特别是领导人为呼吁国际政治经济新秩序而提出了一系列新的主张,采取了一系列的新措施。如果没有中国的奋斗,国际法欲求取得如此重大的成就,显然还是存在着诸多困难和障碍的。

2.国际法认知与功能的澄清

国际法与中国的民族意识也同样经历着协同进化的过程。中国在学习和理解国际法,国际法也在中国的参与下改变了面貌和结构。在19世纪60年代之后,中国开始了系统学习国际法的进程。从丁韪良到郭嵩焘,中国对国际公法的了解在增多。更重要的是,中国显示了对国际法的兴趣与参与。而郑观应等知识分子对于国际公法是否可以依靠的讨论,至少体现了弱小国家参与国际社会时对国际法的态度。这些争论可能在当时并没有对其他国家产生影响,但是至少对于作为国际法参加者的中国具有影响,对今天我们如何认识国际法仍有启示意义。

---

① L. Henkin, *International Law: Politics and Values*, Martinus Nijhoff Publishers, 1995, p.36.

国际法里可能很难找到永恒的自然法。① 但是如果我们聚焦于一定的时空条件的话，就不难发现，国际社会在一段时间、一定的社会条件之下，是存在着一些基本共识的。这些相对固定的标准，我们可以称为“相对自然法”。② 由此就可以理解，19 世纪列强可以为所欲为地在中国签订不平等条约，以强求中国出卖自己各种利益；但是到了 20 世纪之后，日本想再次以吞并的方式获得在中国东北的利益时就遭到了世界各国的反对，甚至创制不承认主义，开启了国际法中承认的新规范。③ 在第二次世界大战结束后建立的远东军事法庭上，中国的国际法学者发挥了重要作用，提出大量的事实证据，根据清晰的国际法律准则，义正词严地批驳板垣征四郎等人的主张，从而成功地对东条英机等 28 名日本甲级战犯予以公正审判，为国际司法实践作出重要贡献。

3.国际法制度的完善

在国际法的形式和实体内容上，中国也作出了一些自己的贡献。1864 年中国政府官员对于国际法的了解，一方面使得中国政府有机会用国际法来解决问题，维护自身的权利和意志；另一方面也宣告中国同样是国际法的操作者，而不仅仅是被动的接受者。国际法的主动行为体开始扩张。④ 1949 年成立的中华人民共和国政府对于国际法所提出的一系列新主张，在条约领域、承认领域、国家之间交往的法律原则领域，都贡献了很多具有启发性和引领性的新提法、新做法。例如，中国在 20 世纪中叶提出的求同存异的方式，为国际社会纠纷解决提供了一种可选择的方式，即在存在争议时，不是极力将争议剖开，而是在双方认可争议的同时，寻求共同的利益指向，达成最低限度的协议。20 世纪 70 年代，中国与美国、日本等国家建立正式交往关系，无论是在交往的方式上还是所依据的规则上，乃至于谈判的具体进程上，中国所采取的方式都对国际法有着重要的补益意义。原来相对保守的国际法变得更加的灵活多

---

① 罗国强：《中国国际法发展之新思路》，载《新疆大学学报（哲学·人文社会科学版）》2014 年第 4 期；林青：《人类社会的理想与现实——论自然法思想对当代国际法的影响》，载《理论界》2015 年 4 期。

② 何志鹏：《国际关系中自然法的形成与功能》，载《国际法研究》2017 年第 1 期；何志鹏：《国际关系中自然法的力量与局限》，载《东方法学》2018 年第 2 期。

③ A. Clapham, *Brierly's Law of Nations*, 7th ed., Oxford University Press, 2012, p.177.

④ J. Crawford, *Brownlie's Principles of Public International Law*, 8th ed., Oxford University Press, 2014, pp.4-5.

样，一些新的思想和观念、一些新的行为方式被认可，成为当代国际法的组成部分。中国的努力丰富了国际法的原则与制度。① 从形式的角度，中国通过与美国、英国等国家的联系，努力将双边的联合声明、联合公报作为重要的国际法依据，在国际法的渊源之中增加了新的因素，这一点已经被国际法学者所关注。从实体规则的角度，中国提出了用"一国两制"的方式和平收回外国所占领土的建议，由此解决香港、澳门回归祖国的问题，得到了相关国家的响应和认可。邓小平指出："用和平谈判的方式来解决，总要各方都能接受，香港问题，就要中国和英国，加上香港居民都能接受。"②"我们主张用谈判方式解决国际争端，如同我国和英国通过谈判解决香港问题一样。"③这为世界上其他国家解决类似问题提供了一个示范，也为国际法上的领土变更提供了一种新的方式。与此同时，对于中国与日本之间的钓鱼岛争端，中国与菲律宾、马来西亚、越南等国的南沙群岛争端的解决，中国提出"搁置争议、共同开发"④，这一倡议是将中国传统文化中的智慧与西方国际法体系相结合的一个产物，这种以暂时的不解决或者通过技术问题来解决根本的争议问题的方式，对于国际法解决国家之间的纷争，无疑提供了新的思路。在人权和法治领域，中国坚决捍卫国家主权的重要地位。早在1984年10月22日中央顾问委员会第三次会议上，邓小平就强调，"主权问题是不能谈判的"。1989年10月，邓小平在会见美国前总统尼克松时说："人们支持人权，但不要忘记还有一个国权。谈到人格，但是不要忘记还有一个国格。特别是像我们这样的第三世界发展中国家，没有民族自尊心，不珍惜自己民族的独立，国家是立不起来的。"⑤因此他得出结论："国权比人权重要得多。"这些对于国际法在20世纪的变革和发展，是有着积极正面的作用的。⑥

4.国际法文化的丰富

文化多样性在国际法中日益凸显，这种状况与中国的努力直接相关。19

---

① 梁西主编：《国际法》，武汉大学出版社1993年版，第61页；2011年第3版，第63～64页。

② 《邓小平文选》第三卷，人民出版社1993年版，第84页。

③ 《邓小平文选》第三卷，人民出版社1993年版，第70页。

④ 邓小平指出："一个办法是把主权问题搁置起来，共同开发，这就可以消除多年积累下来的问题。"《邓小平文选》第三卷，人民出版社1993年版，第87页。

⑤ 《邓小平文选》第三卷，人民出版社1993年版，第331页。

⑥ 《邓小平文选》第三卷，人民出版社1993年版，第335页。

世纪40年代中国与国际法的相遇，可以被视为是两种文化体系和国际关系体系的相遇。中国所代表的是东亚秩序，它的核心是以表面上的差序格局为形式，而实质上则是经济利益的施予。也就是通过赋予经济利益以及政治上的合法性来获得藩属国家对于中央王朝的尊重和朝贡。与此相对，西方国际法代表的是殖民体系，表面上国家之间仿佛是平等的，通过条约等一系列措施暗含的却很可能是经济的掠夺、剥削和利益的纷争。这两种文化的相遇，代表了不同的传统，也代表了不同的世界格局认知。在此后的170多年间，中国逐渐理解和接受了国际法的体系，然而在国际法的发展过程中也逐渐地渗透了中国的文化。无论是在《联合国宪章》中还是在《世界人权宣言》中，都有着中国倡导和而不同的宽容文化的痕迹。国际法的文化多元性也体现在中国所提出的“和平共处”“求同存异”的国际关系主张之中，更表现在21世纪中国所提出的“人类命运共同体”以及此前的“和谐世界”概念所包含的国家之间彼此理解、彼此宽容、彼此尊重的主张之中。①

从殖民特质的国际法，到理想主义的国际法，再到大国均衡的国际法，中国都在这一法律机制中扮演着重要角色。国际法虽然是西方国家确立的、核心目标是维护西方国家利益的规范体系，但国际法毕竟不能在规范上直接规定维护西方国家的利益，毕竟不能直接体现出歧视和差异，而只能是以主权、平等这样抽象、普遍的规则给所有的国家加以利用的可能。随着非西方国家对于国际法的认识增多，国际法也为非西方国家应用这些规则、维护自身的利益带来了可能性。中国不是国际法的旁观者，而是参与者，中国积极参与塑造了国际法。

六、中国与国际法相互建构的经验探索

中国参与国际事务的过程，反复实现了中国政府(国际关系的行为体)与国际法(国际规则)之间的相互建构。在这一过程中，有以下几个方面的经验和原则值得我们高度关注：

---

① 何志鹏:《从“和平与发展”到“和谐发展”——国际法价值观的演进与中国立场调适》，载《吉林大学社会科学学报》2011年第4期。

(一)国内治理的秩序对于国际秩序的影响

外交是内政的延伸。20世纪50年代,中央政府提出要尽量避免直接使用死刑,应当采取死刑缓期2年执行的方法,并特别说明,这是一种慎重的、可以避免犯错误的方式。这种对于生命的慎重态度,说明当时的中央政府是理性的、对人的生命和社会秩序是认真考虑的。① 这种理性的国内治理方式也形成了在国际关系中相对审慎的态度,印证了很多国际策略的理性与明智。中国的国家治理曾经经历过一段停滞,甚至后退时期,在国际法的实践和理论层面也构成了负面影响。但此后则迅速觉醒、奋起直追,迈出了改革开放的步伐。20世纪70年代,我国的外交思想发生了变化,开始重新审视与判断国际格局,并判断国际社会在短期内不会发生大规模战争,中国可以利用国际社会的矛盾促进自身发展。1970年之后,中国外交基本走上了正常的发展轨道。② 不仅在1971年4月和美国试探性地展开"乒乓外交"这一重要行动,而且于1971年10月25日恢复了在联合国的合法席位。尤为令世界瞩目的是,1971年7月美国总统国家安全事务助理基辛格秘密访华,1972年2月尼克松访华,中美双方在2月28日签署《中美联合公报》,这一中美两国高度认可的国际法文件标志着两国关系的正常化。③ 1972年9月,日本首相田中角荣应周恩来总理邀请访华,并通过签订建立外交关系联合声明的方式开启了法律上正式交往的进程。④ 1974年,邓小平受中国政府委托参加联合国特别大会,并且在大会上发言,阐释了三个世界划分和中国不称霸的主张,在国际社会取得了良好的反响。⑤ 国内治理秩序的改善和提升推动了国际治理参与态度和态势的提升,国家治理与全球治理的正向互动初步体现。

---

① 《建国以来毛泽东文稿》第二册,中央文献出版社1988年版。

② 20世纪70年代,与中国建交的第三世界国家的数量,亚洲地区由原来的16个增加到26个,非洲地区由18个增加到45个,拉丁美洲地区由原来的1个增加到13个。参见何沁:《中华人民共和国史》,高等教育出版社2009年第3版,第253页。

③ 自1972年之后,中美关系正常,中国的外交思想变得更加具有全球视野,减少了斗争的意味,提升了合作协调的意味。参见谢益显:《当代中国外交思想史》,河南大学出版社1999年版,第280～332页。

④ 齐鹏飞主编:《中华人民共和国史》,中国人民大学出版社2009年版,第264～269页。

⑤ 1974年4月10日,邓小平在联合国第六次特别会议上阐述了"三个世界"理论,同时表达了中国绝不称霸的立场,对国际反霸斗争和维护世界和平产生了重大而深远的影响。参见齐鹏飞主编:《中华人民共和国史》,中国人民大学出版社2009年版,第268～269页。

20世纪70年代末，中国提出改革开放，改革与开放两种政策同时进行。通过国内改革，中国综合国力日渐增强，中国开始更多地关注国际事务，扩大在国际政治、经济、文化、科技、军事等方面的交流与合作。中国作为联合国安理会常任理事国，在联合国框架内为维护世界的和平发挥越来越重要的作用。如在解决伊拉克问题、朝鲜核问题、伊朗问题、利比亚问题、叙利亚问题、反恐怖主义等全球和地区问题上，中国在联合国积极推动有关问题的和平解决。为了维护世界和平，中国参与了大量的联合国维和行动，维和区域遍及欧、亚、非、美四大洲。为了适应形势的变化，中国积极支持联合国改革，指出联合国的改革应有利于推动多边主义，提高联合国的权威、效率和应对新威胁和挑战的能力；改革是全方位、多领域的，在安全和发展两方面均应有所建树，扭转联合国工作"重安全、轻发展"的趋势，最大限度地满足所有会员国，尤其是广大发展中国家的要求和关切。① 在联合国改革的核心——安理会改革问题上，中国提出：安理会改革是多方面的，既包括扩大成员，也包括提高工作效率，应以提高安理会的权威和效率，增强其应对全球性威胁和挑战的能力为目的，优先增加发展中国家代表性，坚持地域平衡原则，并兼顾不同文化和文明的代表性等。近年来，逆全球化和单边主义抬头，WTO多边贸易体制遭遇困境。中国在国家治理取得巨大发展成就的同时，并没有忘记老朋友。中国在逆全球化和单边主义抬头影响全球经济和社会发展的关键时刻，提出"一带一路"倡议并积极实践，极大程度地遏制了逆全球化和单边主义发展的趋势，形成捍卫全球化和多边贸易的新力量。在WTO上诉机构的改革的问题上，中国积极与其他重要WTO成员共同行动，维护多边贸易体制。②

中国反复强调统筹国内事务和国际事务两个大局具有至关重要的意义。无论是内政还是外交，在治理理念、治理风格、治理方式上都有着互通之处，一个国家的内政和外交是相互映衬彼此联系、互为延伸的两个方面，共同显示着治国理政的思想和态度。基于这种内在联系，加强国际法的研究和应用必须兼顾国内国际两个大局。③ 1949年以来，我国在正确的方针政策指引下进行

---

① 《中国关于联合国改革问题的立场文件》，https://www.fmprc.gov.cn/web/ziliao_674904/tytj_674911/zcwj_674915/t199083.shtml，下载日期：2019年1月2日。

② 石静霞：《世界贸易组织上诉机构的危机与改革》，载《法商研究》2019年第3期。

③ 唐家璇：《加强国际法研究和应用 推进构建和谐世界》，载《中国国际法年刊》2007年卷。

外交活动,为我国社会主义建设创造有利的条件,同时也促进了世界的和平和发展。①

(二)和平协商的国际治理方式

一国在国际关系的观念和方式上的倾向也是考察其参与全球治理态度的关键。新中国成立以来,党和国家正确制定处理国际关系的方针政策,不仅为我国社会主义现代化建设创造了有利的条件,也为促进世界和平与发展促进国际法的发展作出了积极的贡献。② 在参与国际事务方面,中国政府和人民坚持走和平之路,始终保持合作、对话,以友好协商、和平共处的方式,处理国际关系,形成良好的国际格局,由此服务于国家的发展和国际社会的进步。自1949年以来,中国始终将和平作为外交政策的根本。20世纪50年代,中国提出建立各国间正常关系及进行交流合作时应遵循的基本原则——和平共处五项原则;20世纪80年代,邓小平提出,“和平与发展是当代世界的两大主题”;③“我们的对外政策……是要寻求一个和平的环境”④;“中国的对外政策是一贯的……是反对霸权主义……是维护世界和平……是加强同第三世界的团结与合作”⑤。2015年10月12日,习近平强调,要推动全球治理体制向着更加公正合理的方向发展,为我国发展和世界和平创造更加有利的条件。⑥

在和平处理国际事务和解决争端上,中国一直积极努力营造一个友好协商的国际环境。(1)通过和平对话解决国际争端。中国努力通过谈判与合作以和平的方式解决同周边国家的各项争端。例如,20世纪70年代末到80代初,邓小平根基于和平、立足于大局、着眼于互利,提出处理中国周边争端问题战略性思维的战略构想,其中“主权属我”是根本前提,“和平协商、合理解决”是第一原则,“搁置争议、共同开发”是第二原则。⑦ (2)坚决反对使用和威胁

① 王铁崖:《进一步推动国际法在中国的发展》,载《中国国际法年刊》1996年卷。

② 江泽民:《在中共中央举行的法律知识讲座上关于国际法的讲话(摘要)》,载《中国国际法年刊》1996年卷。

③ 《邓小平文选》第三卷,人民出版社1994年版,第104页。

④ 《邓小平文选》第三卷,人民出版社1994年版,第241页。

⑤ 《邓小平文选》第三卷,人民出版社1994年版,第415页。

⑥ 《习近平2015年10月12日在中共中央政治局第二十七次集体学习时强调:推动全球治理体制更加公正更加合理》,载《理论学习》2015年第11期。

⑦ 羊绍武:《邓小平处理周边争端问题的战略性思维:构想与挑战》,载《邓小平研究》2016年第2期。

使用核武器。中国在20世纪60年代就开始了核武器的研究发展。但是与很多有核大国不同,中国表达了两个重要的立场:首先是不对无核国家使用核武器,其次是不对任何一个国家首先使用核武器。这表明中国将核武器作为一种防御性武器,同时也是作为一种威慑性武器。在很多裁军的会议上,中国代表都表达了禁止核武器的理想和愿望,而拥有核武器只是中国自身安全与和平的一种基本保障。中国进行过数次大规模的裁军,在这一点上,中国的立场非常鲜明,举措非常有效。① 通过这样一系列行动,中国不仅积极地参与了国际安全治理,而且在国际法上起到了很好的示范作用。② 面向未来,我们也将不断汲取国际法的经验教训,提升法律实践的能力。③"七十年来,我们高举和平发展合作共赢的旗帜,在和平共处五项原则基础上发展同各国的友好合作,巩固国际社会,坚持一个中国原则的格局,越来越多国家和人民理解和支持中国统一事业。"④

(三)务实对待国际秩序的建构和发展

中华人民共和国成立以来,中国政府始终以务实的精神看待国际秩序的建构和发展,也就是超越僵化的教条,避免刻板地看待国际事务;在问题导向的基础上,着眼于有效服务国家和人类发展的方向去确立规则、运用规则、创新规则。中国积极参与全球治理态度的深层原因以及中国在国际事务中一贯努力的方向,就是维护世界和平,和不同社会制度的国家和平共处,促进和发展自身同其他国家在政治、经济、文化各方面的广泛联系。⑤ 全球治理重在国际规则的制定和国际制度的确立。20世纪后半叶以来,在全球治理领域存在着非常明显的问题,如发展赤字和民主赤字。发展赤字是指在全球治理的过程中过于重视发达大国的利益,经常将发展中国家的利益边缘化。即使在联合国这样的体系之内,虽然表达了对发展的关切,达成了众多宣言,但仍难以

---

① 中国在十一届三中全会之后,对于裁军提出了鲜明的立场,且主动提出大规模裁军,对世界和平作出了积极的回应。谢益显主编:《中国外交史·中华人民共和国时期(1979—1994)》,河南人民出版社2004年版,第56~78页。

② 杨洁篪:《始终不渝走和平发展道路》,载《人民日报》2012年12月14日第6版。

③ 姚莹:《2014年孟加拉国与印度孟加拉湾划界案评述——兼论对中菲南海仲裁案的启示》,载《当代法学》2015年第4期。

④ 习近平:《为实现民族伟大复兴 推进祖国和平统一而共同奋斗》,载《人民日报》2019年1月3日第2版。

⑤ 《建国以来周恩来文稿》第十三册,中央文献出版社2018年版,第255页。

采取实际的行动。民主赤字是指在决定国际事务的方向和措施之时，发达大国占据主导地位，发展中国家能够表达意见的机会很少，参与决策的机会更少的一种现象。对于全球化和全球治理，中国的态度是：客观的认知、积极的评价和努力的参与。进入21世纪，国际格局发生了深刻的变化，世界充满了风险和不确定性，给国际法体系和规则趋势带来广泛影响。以经济发展乏力为基本前提，国际社会走向了一个合作相对萎缩甚至落入低谷的时期，以美国为代表的经济大国开始走入逆全球化的轨道。世界面临着重新划定国际安全格局和经济贸易格局的契机，这对国际法的基调和进程意义重大。此时，国际社会如何应对、国际关系中的主要大国试图采取何种立场和方式予以应对，在法律的层面如何确立规则，就是我们必须细致观察和认真思考的问题。而值得关注的是，作为世界第二大经济体的中国，在这个时间段内一直保持着较为积极主动的态度，已经走向了在全球治理的格局中提出中国主张、引领世界发展的新台阶。对国际社会的多边协调起到越来越积极的作用，在全球治理的格局里发挥了主要甚至是引领的作用。① 当发展成为国家治理和全球治理的核心问题、瓶颈问题和推进短板的时候②，中国共产党和中国政府在国内提出了全面实现小康社会的目标，采取了扎实的扶贫攻坚计划，这是在国内治理的层面上促进和谐、稳定、可持续发展的重要手段。在国际社会层面，面对逆全球化的汹涌浪潮，中国不仅没有陷入自我封闭、自我保护的误区，而且坚持多边主义，坚持合作外交，在达沃斯论坛、博鳌论坛等国际经济研讨的场合表达对于全球化和多边主义热情拥抱的观念。在国际法制度层面，则通过不断推进“一带一路”倡议、凝聚金砖国家的发展方略、完善G20的对话机制、推动亚洲基础设施投资银行、建立丝路基金、丰富上海合作组织的功能等方式，力所能及地建立起多边主义架构，促进发展中国家的发展，从而形成一个各国能够携带共进、互惠互利、共同繁荣的国际治理格局，使得全球有机会合作共赢、共享经济增长。特别值得关注的是人类命运共同体的若干目标，无论是其中的持久和平、普遍安全，还是开放包容、共同繁荣，以及清洁美丽，都是为了呈现出一个良好的国际治理体系，突破财富鸿沟和数字鸿沟、补齐民主赤字而采取的有效的全球治理措施。这是中国对新时代、全球治理的转向与健康发展、对全

---

① 王毅：《坚持正确义利观　积极发挥负责任大国作用》，载《人民日报》2013年9月10日第7版。

② 陈志敏：《国家治理、全球治理与世界秩序建构》，载《中国社会科学》2016年第6期。

球化的积极促进具有重要影响的举措，传递了一种积极促进全球化的动向和信心。自2012年中国共产党的十八大提出“倡导人类命运共同体意识”以来，推动建构人类命运共同体构成了新时代中国特色社会主义思想的重要组成部分。中国国家领导人持续地阐释和强调命运共同体理念，反映了中国对国际法社会基础的重新认识，将中华优秀传统文化引入全球治理，突出国际社会的终极问题，强调国际社会差异性和依存性的统一。这一理念对中国参与全球治理体系变革具有重要价值，促进了对中国与世界关系的认知，提升了中国国际话语权和话语能力，有助于推动中国所主张的国际关系法治化。[①] 2017年的十九大报告进一步系统阐释了人类命运共同体的具体内涵。从中国的构想的蓝图看，人类命运共同体的理念包含“持久和平、普遍安全、共同繁荣、开放包容、清洁美丽的世界”。为了达到这种理想图景，“要相互尊重、平等协商，坚决摒弃冷战思维和强权政治，走对话而不对抗、结伴而不结盟的国与国交往新路。要坚持以对话解决争端、以协商化解分歧，统筹应对传统和非传统安全威胁，反对一切形式的恐怖主义。要同舟共济，促进贸易和投资自由化便利化，推动经济全球化朝着更加开放、包容、普惠、平衡、共赢的方向发展。要尊重世界文明多样性，以文明交流超越文明隔阂、文明互鉴超越文明冲突、文明共存超越文明优越。要坚持环境友好，合作应对气候变化，保护好人类赖以生存的地球家园”[②]。

作为当代中国推动国家治理和全球治理的观念重心，人类命运共同体的理念通过一系列的举措表现到国际交往的行动之中。[③] 从国际法的视角观察，中国积极引领一系列的国际组织、国际进程，倡导公平、有效率的国际法治

---

① 张辉：《人类命运共同体：国际法社会基础理论的当代发展》，载《中国社会科学》2018年第5期。

② 习近平：《决胜全面建成小康社会　夺取新时代中国特色社会主义伟大胜利——在中国共产党第十九次全国代表大会上的报告》，人民出版社2017年版，第58～59页。

③ 杨洁篪：《推动构建人类命运共同体》，载《人民日报》2017年11月19日第6版；王毅：《携手打造人类命运共同体》，载《人民日报》2016年5月31日第7版；王毅：《共同促进和保护人权　携手构建人类命运共同体》，载《人民日报》2017年2月27日第21版；王毅：《坚定不移走和平发展道路　推动构建人类命运共同体》，载《人民日报》2018年3月14日第15版；王毅：《建设澜湄国家命运共同体，开创区域合作美好未来——纪念澜沧江—湄公河合作启动两周年暨首个澜湄周》，载《人民日报》2018年3月23日第6版；王毅：《共筑中非命运共同体，开启团结合作新征程——写在2018年中非合作论坛北京峰会召开之际》，载《人民日报》2018年8月30日第6版。

思想,通过《巴黎协定》《亚洲基础设施投资银行协定》《上海合作组织条约》《中俄关于促进国际法的声明》等国际文件,表达了中国以及广大发展中国家的国际法治主张,促进了国际法向公正有效的方向积极发展。在国际司法领域,中国不仅积极参加WTO的争端解决程序,而且相继在"科索沃独立咨询意见案"①和"查戈斯群岛案"②中向国际法院提交书面意见并进行口头陈述,开启中国参与国际法院的全球治理进程。

(四)突破国际法的西方传统,建构中国特色

在传统的国际关系观念之中,国家之间所确立的格局无非是盟友或者彼此对垒。自20世纪70年代末以来,中国就通过改革开放来践行建构一种新的多元和谐的国际关系格局,破除传统国际关系与国际法所支持和认可的全球治理格局,倡导和引领21世纪国际新规则,促进形成全球治理新格局。在70年的国际关系与国际法治的推进过程中,中国不断地探索心路,寻求符合自身发展方向的道路。在这种基于现实的求索过程中,中国创制了全球治理与中国治理相互协调,彼此支撑,彰显特色的新格局。

第一,突破传统。在相当长的一个历史时期,中国的国际法实践背后有明确的意识形态指向。如同所有的法律规范一样,国际条约作为国际法的一部分,无非是政治过程的规范化结果。例如,1950年《中苏条约》的正当性主要来自中苏友好这一政治决定的正当性。③ 在1949—1953年之间,中国政府的主要目标是立足稳定:在国内形成一个良好平稳的社会秩序,在国际社会获得认可。但是由于当时冷战的格局,一系列证据表明,以美国为首的西方国家并没有要和中国政府建立良好的交往关系的意愿。巩固中苏两国人民的友好同盟被视为中苏两国人民的共同事业。④ 当时的中国领导人表示,"苏联和中华

---

① 何志鹏:《大国政治中的司法困境——国际法院"科索沃独立咨询意见"的思考与启示》,载《法商研究》2010年第6期;余民才:《"科索沃独立咨询意见案"评析》,载《法商研究》2010年第6期。

② *Legal Consequences of the Separation of the Chagos Archipelago from Mauritius in* 1965, Request for Advisory Opinion, Written Statement of the People's Republic of China, 1 Mar., 2018.

③ 中国的这种外交战略思想与当时的共产主义国家间关系有着密切的联系,同时也体现了马克思主义的国际主义指导思想和力图团结世界各族人民的基本观念。谢益显主编:《当代中国外交思想史》,河南大学出版社1999年版,第1030页。

④ 《建国以来刘少奇文稿》第六册,中央文献出版社2005年版,第138页。

人民共和国及其他人民民主国家之间的友好合作关系，是史无前例的一种关系……尊奉着列宁主义的原则，团结在和平民主社会主义旗帜下的各个自由国家，为了全人类共同的利益而携手并进”。中国在获得苏联援助的同时，也援助了越南等社会主义国家的军事行动和经济建设。① 但是，中国与社会主义国家的联盟并不是中国参与国际秩序的全部，也不是中国处理国际事务的唯一态度。以交好苏联和朝鲜、越南等社会主义国家为核心，中国不仅与广大发展中国家形成了较为良好的关系，与一些发达国家也建立了较为密切的经济贸易往来。在这些关系中，可以用“和平共处”来描述形成关系的底线，用“求同存异”来描述解决问题的基本思路。而决定这一切的是国家对于基本利益的追求。可以说，对于一个理性而成熟的国家而言，没有民族的强盛就不可能有国际主义，没有国家的富足就不可能有全球治理，没有国家的主权、安全、发展利益的保障，就不可能形成一个全球和平稳定的格局。这是国内社会和国际社会相互促进的历史唯物主义，是国家治理和全球治理共生共融的辩证法。相反，美国则试图利用意识形态差异遏制中国和苏联。

不过，中国早已走出以意识形态来决定国际关系格局的旧思维。在 20 世纪 70 年代，通过“一条线、一大片”的外交原则，与广大发展中国家建立了信任②；更通过划分“三个世界”的思路③，与众多的中等发展程度国家站到了一起，团结一道改进国际秩序。自 20 世纪 70 年代末实行改革开放的政策以来，我国向更广阔的世界敞开了胸怀，缔结和批准诸多国际条约，建构了广受认可和欢迎的国家形象，成为国际舞台上最活跃的一员，并以负责任的大国的形象参与全球治理。

第二，建构中国特色。20 世纪 70 年代末，中国政府提出了改革开放的政策。在农村，改革从“分田到户，自负盈亏”的家庭联产承包责任制开始；在城市，改革从国有企业的经营权开始。开放，则从中央正式批准广东、福建两省在对外经济活动中实行特殊政策、灵活措施开始。改革开放是改革和开放同时进行，自此中国进入国家治理与全球治理共融的新时期。70 年来，中国历

---

① 《建国以来刘少奇文稿》第七册，中央文献出版社 2018 年版，第 1011、6062 页。

② 陶季邑：《近年来西方学术界关于毛泽东“一条线”外交战略的研究述评》，载《史学集刊》2006 年第 6 期。

③ 姜安：《毛泽东“三个世界划分”理论的政治考量与时代价值》，载《中国社会科学》2012 年第 1 期。

经社会治理、思想提升、改革开放，特别是在“一带一路”倡议的实践中形成了具有中国特色的社会主义的国家治理与全球治理的共融。

1.发展是治理的根本

经济问题或者说发展问题是全球性的战略问题。[①]

发展问题是时代的主题，国家治理和全球治理都无法脱离这个主题，也不可能脱离这个主题。在全球化时代，国家的发展与世界的发展早已息息相关。一个国家要获得真正的独立和强大，必须实现经济的独立和强大。改革开放政策是中国针对自己的发展问题提出的一剂良方。实践证明，这剂良方的效果很好，在它的指导下，中国的许多发展问题得到了解决和改善。实践也表明，以发展为根本的治理思路是行得通的、走得好的。面对全球化中出现的各种问题和危机，不难发现发展问题仍是根本。南北国家经济发展的差距和不平等是各种全球问题的根源。中国坚持在中国发展和世界发展的统一中不断升华对时代发展的理解和认识，把世界发展作为中国发展的条件的同时，也把中国发展作为推动世界发展的重要条件，从而面向整个人类发展，提出了实现一种包容性新增长方式的设想[②]——“实现包容性增长，根本目的是让经济全球化和经济发展成果惠及所有国家和地区、惠及所有人群，在可持续发展中实现经济社会协调发展”[③]。面对新的全球化危机，我国领导人提出：“我们要树立世界眼光，更好把国内发展与对外开放统一起来，把中国发展与世界发展联系起来，把中国人民利益同各国人民共同利益结合起来，不断扩大同各国的互利合作，以更加积极的姿态参与国际事务，共同应对全球性挑战，努力为全球发展作出新贡献。”[④]“一带一路”倡议的“五通”目标更是着眼于发展问题。为了推进“五通”目标的实现，推出了相应的策略，包括“完善法制建设，不留法律空白”“统筹规划，防范投资风险”“有效利用资金，科学有序推进”“金融服务要创新，帮助企业牵线搭桥”“真诚搭帮合力，避免恶意竞争”。[⑤] 不难发现，“一

---

① 《邓小平文选》第3卷，人民出版社1993年版，第105页。

② 任晓伟：《从和平与发展的时代主题观到人类命运共同体的“世界观”——改革开放以来中国共产党时代观的建构、发展与创新》，载《当代世界社会主义问题》2018年第4期。

③ 《胡锦涛文选》第三卷，人民出版社2016年版，第432页。

④ 《习近平同志2013年1月28日在中共中央政治局第三次集体学习时强调：更好统筹国内国际两个大局，夯实走和平发展道路的基础》，载《理论学习》2013年第3期。

⑤ 张燕玲：《“一带一路”“五通”目标的实现策略》，载《前线》2017年8月18日。

带一路”的实践之路是一条切切实实的发展之路。中国的国家治理和参与全球治理之根本在于发展，这一点将永远不变。

2.人本化是治理的中心

人是国家、社会构成的基本元素。

中国政府始终将民族复兴和人民富强作为国家治理和全球治理的起点，也就是在国家治理不断发展和进步的基础上参与全球秩序的建构和完善。中国始终注意通过与全球治理的积极互动来实现本国的经济文化与社会发展，并且也通过国内治理的完善来促动全球治理的改进。这与中国古代“达已达人、利己利人、兼济天下”的思路相互应和。在国家富强的基础上为人类做贡献，正是对中国人民负责、对世界负责的态度。70 多年来，中国积极推进住房、教育、医疗、食品、健康、环境等关系民生方面的改革和发展，人民生活水平得到极大的提高。进入 21 世纪，民生立法在全国人大立法工作中所占分量越来越大。以人为本，立法为民，已深深地融人最高国家权力机关制定的每部法律之中。① 中国在对外开放、参与全球治理过程中，同样围绕“以人为本”这个中心。对外援助和参与维和行动是中国政府对外工作不可缺少的组成部分和履行国际义务的重要内容。一直以来，中国的对外援助以促进发展中国家自力更生、发展自己的民族经济为目的，主要集中在基本建设工程、发展农业、社会公共设施、医疗卫生等方面，主要关注改善民生。中国对外援助政策是坚持帮助受援国提高自主发展能力，坚持不附带任何政治条件，坚持平等互利、共同发展，坚持量力而行、尽力而为，坚持与时俱进、改革创新。截至 2019 年 2 月，中国派出维和人员 3.9 万余人次，参与维和任务区道路修建工程 1.3 万余公里，运输总里程 1300 万公里，接诊病人 17 万多人次，完成武装护卫巡逻等任务 300 余次。② 除参与全球经济政治等域的全球治理外，中国还积极参加人权、气候变化、环境保护、公共健康、文化教育等方面的全球治理，是国际人权等各领域治理的规范性力量。③ “民生相通”是“一带一路”倡议和建议的“五通”目标之一。关注民生、关注生活即成为“一带一路”建设的重要内容。

---

① 王萍：《关注民生：中国立法新底色》，载《中国人大》2014 年第 17 期。

② 郭媛丹：《中国晒维和成绩单迄今已派出 4 万维和人员》，https://mil.huangiu.com/article/9cakmkicks，2019 年 5 月 21 日。

③ 毛俊响：《中国是国际人权治理的规范力量》，载《人民日报》2018 年 12 月 14 日。

3.以规则为基础,完善治理机制和治理体系

40余年的改革开放,解放了思想。无论是国内治理还是参与全球治理,中国都坚持规则意识和走法治之路。中国的法治建设既循序渐进——每五年的立法规划,也与时俱进——回应最新的法律问题。"一国两制"和《中华人民共和国宪法》领导下的《香港特别行政区基本法》和《澳门特别行政区基本法》更是我国一项重大的法制创新。随着中国全球化的程度日益加深,中国主动签署和批准了一大批国际条约。全球治理,规则不是唯一的工具,但有了规则就必须遵守,中国已经成为全球治理最重要的规范性力量。进入21世纪后,中国从国际规则的接受者转型为国际规则的影响者和引领者。中国在国际事务交往中,积极遵守国际规则,加入WTO,受WTO规则的约束即典范。中国加入WTO后一度成为许多案件的被告,在某些案件中虽经争端解决机构的裁定败诉,但我国也会积极履行合规义务,不断完善我国法律,积极履行WTO协定下的义务,体现大国责任。同时,我国也注重利用WTO规则,维护应有的权利。为了解决全球治理特别是国际法治无序化和碎片化的问题,中国提出"一带一路"倡议,为国际规则的创新和发展提供新的试验场所。①

七、结论

如果对中国与国际法历史互动关系进行细致的分析,就不难发现,在中国与现代国际法相逢并在国际关系中存续和发展的那一刻起,中国就为国际法所改变,同时,中国也参与着国际法的变革与发展。这个过程交错进行、彼此促进,正应对了建构主义国际关系理论:主体在社会中建构规范,其意识、心态、自身的状态也为规范所建构。

1842年《南京条约》签订的时候,中国仅仅是一个国际法的被动接受者,不仅对于规则的确立毫无主动权,而且也没有积极参与的意识。对于对方起草的条约文本草草一过,不做任何认真交涉,即予以否定或肯定,这事实上是中国国际法能力不强的表现。国际法在很大程度上还是一个以帝国主义的意志和利益为中心的法律体系,在很大程度上体现了弱肉强食的大国意志。此

① 何亚非:《"一带一路"凸显全球治理思想的世界意义》,载《第一财经》2018年1月28日。

时,国际社会的殖民逻辑与封闭的中国相结合,出现了侵略中国、逼迫中国开放的条约;殖民帝国对中国的压榨与中国官民的懦弱、无知与屈从相结合,出现了压榨中国的诸条约的深化。而在1860年以后,中国在国际法方面作出了很大努力。在此过程中,中国不再单纯是国际法的一个被动接受者,转变成一个积极主动的促进者。中国作为一股反帝国主义、反霸权主义的力量,促进了国际格局、国际观念的进化。到了21世纪的今天,虽然在国际法律规则的运行之中还体现着一些大国的意志,但是国家之间不分大小强弱各自平等、国家之间以和平的方式解决争端已经成了国际法的规范核心与基本原则。这些不能说与中国在过去100余年的奋斗毫无关系。中国推动了国际法的现代化、公平化,国际法推动了中国的市场化、开放化,中国使国际法更多面向和考虑非西方国家,更加注重通过对立思想之外的观念来衡量和解决问题,国际法则促动中国更多地用规范的方式来确定权力,通过规范的方式来确立国家之间的关系格局,解决国家之间的纠纷。当今,中国的政治制度、经济模式、文化形态、社会秩序,乃至于军事装备,都有着国际法的影响印迹。从国民意识的觉醒、国家发展方向与路径的选择上,国际法塑造了中国,而中国也是当代国际法的塑造者之一。中国在国际法领域的参与必然会越来越多,为世界各国的国际法所提供的思想和制度会越来越清晰和具有引导性。

未来,中国将面临来自国内和国际的巨大挑战,中国的国内治理和全球治理需要秉持以下几个方面的基本思路:

第一,中国虽然在数十年间经济获得了高速度和大规模的发展,但是长期作为发展中国家的经历和经验要求中国保持发展中国家的心态,以谦和、大度和包容去面对国际经济、政治、文化、环境等各方面问题。

第二,虽然中国已经走到了全球治理的前台和中心地带,引领着全球治理的方向和步调,但是中国必将始终保持在国际关系中尊重国家主权、维护各国独立自主的原则,在国际经济政治等各方面的交往中,始终秉持文化多元的包容态度,减除全球治理中的民主赤字,形成动力充沛的有效合作。以温和的心态和理性的方式处理国家和国际问题,是中国治理和全球治理共生共融的共同原则,也是二者在发展过程中摸索和证实的共同规律。

第三,经过不懈努力,我国日益走近世界舞台中央,成为国际社会公认的世界和平的建设者、全球发展的贡献者、国际秩序的维护者①,虽然中国在经济方面很可能成为全球经济复兴发展的发动机和领头羊,但是中国始终秉持全球经济增长和生活改善并不是中国的独角戏,而是全球各国的大合唱的观点,对于发展中国家包括最不发达国家的境况,中国的方案并不是输血,而是增强相关国家的造血功能,使得全球经济能够在各国共同努力的环境中不断增长和改善。

第四,坚持对于中国与世界共同发展的底线思维,始终保持居安思危的心态,将人类命运共同体的理念奠基在全球共同风险、共同问题之上。增强各国的风险意识和应对风险的能力,从而避免出现超出各国政府预期的紧急状况,通过形成一系列的预案来应对国际社会有可能出现的生态环境、人类治理等各方面的风险。

实践证明,伸张国际正义,维护世界和平,需要国际法;促进国际合作和经济发展,实现共同繁荣,也需要国际法。② 作为一个迅猛崛起的大国,中国对国际法的影响仍然有限,与快速增强的实力很不相称。③ 此时,高度认识国际法在推动国家成长过程中不可或缺的意义,提升中国国际法理论与实践的能力,对于21世纪积极推动国内法治建设和参与全球治理的中国而言,尤为重要。只有坚持国际法的规范与价值,才能更加有效地参与国际治理,并由此提升国内治理的结构和进程。通过确立国际法规则、有效运用国际法规则和适时发展国际法规则来体现全球时代的精神和价值,建构良好的国际法体制和机制,促进全球治理的健康发展。

(本文责任编辑:王百济)

Mutual Construction Between China and International Law

He Zhipeng Sun Lu

Abstract: China's full contact with international law during the last 170 years was not a process in which one side affects the other side, but a process of mutual construction between the two sides. The contact between

① 习近平:《在庆祝改革开放40周年大会上的讲话》,载《人民日报》2018年12月19日第2版。

② 黄华:《大力加强国际法的研究》,载《中国国际法年刊》1986年卷。

③ 徐崇利:《软硬实力与中国对国际法的影响》,载《现代法学》2012年第1期。

the two has changed the pattern and mentality of Chinese society, as well as the system and structure of international law. China's initial encounter with international law has deepened and confirmed the Western dominance of international law, which is essentially unfair in character; and China's application of international law has injected new elements into more equal characteristics of international law. Since the founding of the People's Republic of China in 1949, Chinese leaders, governments and the Chinese people have always paid great attention to integrating their own development with that of the world. At the same time, the road and direction of world development is also integrated with China's own political, economic and social construction. In such a system and process of symbiosis, China has always taken legal norms as a key aspect. China has gained lessons from advocating rules, focusing on reason, maintaining peace, and restraining prudence. These lessons may be found reflections in the concern of the state as the subject of international law, the rule of rule as an important indicator of international order, the attitude towards ideology, and the awareness and maintenance of good social order. International law has played a key role in the process of governing the state and governing the coexistence and participation of global governance in the People's Republic of China. China's participation in the formulation and implementation of international law is an important step for China to move towards the international community. At the same time, it has also raised some new issues, making international law constantly face and respond to new challenges, and providing a lot of new information for the integrity and improvement of the power of international law. Starting from an economically self-sufficient and culturally closed state, under the pressure and urging of international law, China developed industry, changed its thinking, practiced the legal system, and began a journey to modernity. At the same time, China became more familiar with international law and participated in a series of national legislative activities, becoming an increasingly important actor on the international stage. It is not only a basic experience of historical summary, but also a good guide for future construction. To take seriously and effectively using the norms and values of international law to co-ordinate the governance of both domestic and international situations.

Key Words: China; International Law; Global Governance; National Governance; Mutual Construction; Co-evolution

联合国安理会决议的定性

凌冰尧[*]

内容摘要:联合国安理会是联合国唯一的执行机关,承担着维护世界和平的主要责任,因此安理会作出的决议对国际社会将产生约束力。但是安理会决议的国际法性质和地位始终存在较大的争议,对于安理会决议是否具有造法性质,学界尚未达成统一的意见。为厘清安理会决议的性质,应当从国际法渊源的角度确定决议的效力来源和安理会决议与国际法渊源的关系,并结合具体内容分析安理会决议的性质和地位。安理会决议的权力来源于《联合国宪章》与主权国家的授权,作为执行机构,安理会决议应被认定为执行的办法而非法律,其对于国际法体系而言只是确定习惯国际法规则存在的证据而非创设规则的文件。

关键词:安理会决议;国际法渊源;造法性决议;习惯国际法识别

目　录

---

* 凌冰尧,华东政法大学国际法学院博士研究生;研究方向:国际法学。

一、引言

联合国安全理事会(以下简称“安理会”)通过的大部分决议都涉及国际条约、国际习惯等国际法规则的适用,对现存的国际法秩序有着极大的影响,同时也对新的国际法规则的形成具有深远的影响。因此明确安理会决议的法律性质和法律地位是必要的前提条件,而对于安理会是否已经通过决议的方式扩张其权力进行立法行为的问题,也一直受到学界的广泛关注。这一现象的开端应追溯到2001年9月28日安理会针对美国“9·11”事件而通过的第1373号决议,重申任何恐怖主义行为都将对国际和平与安全构成威胁,并要求所有国家采取决议规定的措施打击恐怖主义。哥斯达黎加代表在该决议通过后表示“安理会为国际社会创设了法律,这是历史以来的第一次”。① 此后在2004年10月8日,安理会又针对防止核生化武器扩散通过了第1540号决议。这两项决议被认为是安理会决议造法的典型。② 因为这两项决议不同于以往针对某一或某些特定国家,而是具有“一般针对性”地针对联合国全体成员国,具有广泛性、抽象性和未来适用性的特点。在确定安理会造法性决议的性质之前,有必要厘清其与国际法渊源的关系,确定安理会决议造法是否属于国际法渊源的类型,抑或对国际法渊源理论造成冲击,在此基础之上,根据安理会决议的具体内容进行分析才能确定其在国际法上的性质和地位。

① See UN DOC.A /56 /PV.25.

② 王虎华、蒋圣力:《联合国安理会决议造法的国际法思考》,载《时代法学》2015年第12期。

二、安理会决议与国际法渊源的关系

目前对于国际法渊源的权威表述，学界一般是按照《国际法院规约》第 38 条第 1 款的规定，认为国际法渊源包括国际条约、国际习惯和一般法律原则。安理会是根据《联合国宪章》设立的机关，其通过的决议属于国际组织的决议。一般而言，国际组织的决议是不属于国际法渊源的，但是安理会决议在实践中出现了通过决议“造法”的情况。那么安理会决议在国际法上有何特殊性以及其与传统国际法渊源有何关系就值得讨论了。

(一)安理会决议与国际条约的关系

国际条约是国际法的主要渊源，其明确了国家或国际组织之间相互的权利义务关系。有关安理会的权利义务也规定于《联合国宪章》之中，首先在第 24 条第 1 款中规定，“各会员国将维持国际和平及安全之主要责任，授予安全理事会，并同意安全理事会于执行任下之职务时，即系代表各会员国”，又在第 25 条中规定，“联合国会员国同意依宪章之规定接受并履行安全理事会之决议”。由于《联合国宪章》是联合国会员国共同协商、协调意志的结果，其对所有会员国都具有法律拘束力。从中可以看出安理会决议的效力来自创设安理会的文件，即《联合国宪章》的规定，而背后反映的是联合国全体会员国的共同意愿。

有学者提出，国际组织作出的文件的效力还源于创建文件中的暗含规定，即默示同意，其认为国际组织为了实现其宗旨与职能，享有必要的暗含权力。① 这样的暗含权力必然需要通过创建文件的规定推导得出。对于安理会的权力而言，在《联合国宪章》第 24 条首先提到了各国将维持国际和平安全的主要责任授权给了安理会，同时在第 39 条、第 41 条、第 42 条中可以看出，在安理会采取第 41 条和第 42 条规定的措施仍不足以维持世界和平安全时，可以采取军事行为在内的行动以实施其决议，包括外交关系之断绝等。而第 24 条也暗含了会员国在维护世界和平安全问题上，安理会的行动代表了各会员国的意愿。也就是说安理会针对维护世界和平安全问题上通过的决议应当视

---

① 饶戈平:《国际组织法》，北京大学出版社 1996 年版，第 255 页。

作是各会员国集体的行为。[①] 那么可以推导出安理会在履行职责过程中有自由裁量权。该自由裁量权既然可以包括最为严厉的军事行动措施，那么也应当包括比较和平的立法措施。国外学者如 Oscar Schachter 也认为，《联合国宪章》第 41 条的措施范围的规定十分笼统，包括军事行动在内的任何措施。[②] 因此，至少可以认为，从《联合国宪章》的角度并没有排除安理会通过决议造法的权力。还有学者认为，由于创建条约是国际组织法律人格的根据，因此，拘束性决议的作出必须依据创建该组织的条约，从而提出国际组织作出的有拘束力的决议，如安理会决议，实际上发挥了创建该国际组织条约“子约”的作用，是一种特殊的条约形式。[③] 不过应当明确的是，安理会决议并不是一种国际条约，因为非安理会理事国并没有明示的批准、接受或赞同该决议，只有默示的授权显然不符合条约缔结的形式。

值得注意的是，尽管安理会决议的效力来自国际条约，但当其与其他双边或多边条约冲突时，安理会决议的效力又高于国际条约。在安理会第 748 号决议中，安理会施加给利比亚的义务就和其作为《蒙特利尔公约》缔约国的义务相冲突。国际法院认为联合国的会员国都有义务接受并执行安理会根据《联合国宪章》第 7 章作出的决议。[④] 同时，根据《联合国宪章》第 103 条的规定，联合国会员国在宪章下的义务优先于该成员国在其他国际协定中所负有的义务。也就是说当安理会决议与国际条约发生冲突时，执行决议的义务优先于条约义务，这实质上相当于修改了国家承担的条约义务。

由此产生的问题是，安理会决议的效力来源于《联合国宪章》，但其效力又优于其他国际条约。也就是说一个国际组织决议的效力竟高于国际条约。对此，国际法委员会的观点认为，《联合国宪章》第 103 条的原意并不是解决哪个

---

① 王虎华、蒋圣力:《联合国安理会决议造法的国际法思考》，载《时代法学》2015 年第 12 期。

② O. Schachter, United Nations Law, *American Journal of INternational Law*, 1998, Vol.88.

③ 张磊:《论国际法渊源的内涵和外延》，载《河南科技大学学报(社会科学版)》2012 年第 12 期。

④ Questions of Interpretation and Application of the 1971 Montreal Convention Arising from the Aerial Incident at Lockerbie Libyan Arab Jamahiriya v. United States of America/United Kingdom, Order of 14 April. 1992, p.42.

法律有无效力，而是在特定冲突下，宪章义务优于条约义务。[①] 根据这一观点，可以认为安理会决议其实并不具有超越国际条约的优先性，只是针对特定情况，暂时地影响了特定国家在条约下的义务。笔者认为，安理会决议在与国际条约冲突时具有的优先性来源于成员国在《联合国宪章》第 25 条中明示接受并执行安理会决议的义务，同时也来源于第 24 条中维护世界和平安全的责任，各成员国应当预见在特定情况下其不可避免地违反自身在其他国际条约下的义务，并对此作出默示同意。

(二)安理会决议与习惯国际法的关系

习惯国际法[②]是国际法上的重要渊源之一，是各国重复类似的行为而具有法律拘束力的结果。习惯国际法有两个因素构成，即通例的存在与法律确信。[③] 通过这两个因素可以判断安理会通过的决议是否能够构成习惯国际法。原则上，习惯国际法是由国家惯例所创立，以国家惯例为证据。目前，国际组织的惯例对习惯国际法规则的形成有无相关性尚有分歧。不过多数国家认为，“在某些情况下，国际组织的惯例也有助于习惯国际法规则的形成或表述”。[④] 而对于“某些情况”，新西兰认为应当明确为“惯例通过国际组织的法律职能和权力得到授权，长期以来得到该组织成员国的普遍接受，所涉习惯国际法规则是该国际组织本身受约束的规则”。[⑤] 安理会作为一个国际组织的执行机构，其作出决议的行为是得到《联合国宪章》的授权并得到了联合国成员国的普遍接受，同时安理会作为世界上唯一一个有权针对和平之威胁作出行动的机构，对于维护世界和平安全方面的习惯国际法规则的识别有着重要的作用。不过由于安理会决议一般是针对特定情势下履行职责的行为，如果安理会决议能够构成一项习惯国际法，则该决议一定具有作为“惯例”所必需

---

① Fragmentation of International Law: Difficulties Arising from the Diversification and Expansion of International Law: Report of the Study Group of the International Law Commission, A/CN.4/L.682, 1 May-9 Jun. and 3 Jul.-11 Aug. 2006, p.333.

② 本文所称“习惯国际法”是采用联合国国际法委员会的说法，国内学者的著作中也称之为“国际习惯”或“国际习惯法”。

③ 王铁崖主编:《国际法》，法律出版社 1995 年版，第 10 页。

④ 《特别报告员迈克尔·伍德关于习惯国际法的识别的第五次报告》，A/CN.4/717, 2018，第 13 页。

⑤ 《特别报告员迈克尔·伍德关于习惯国际法的识别的第五次报告》，A/CN.4/717, 2018，第 16 页。

的“一般性”特点。所谓“一般性”则是指“必须足够普及和有代表性,还必须是几乎统一的”①,因此可以得出结论,即安理会决议并非一项习惯国际法,但对于在维护国际和平安全方面的习惯国际法的识别问题上,安理会决议有着一定的作用。

(三)安理会决议与强行法的关系

目前强行法虽然尚无一个明确的定义,但是这一概念得到中外国际法学者全体一致接受。② 可以明确的是,强行法是具有强制性的国际法规则。在《维也纳条约法公约》第53条中也规定“条约在缔结时与一般国际法强制规律抵触者无效。就适用本公约而言,一般国际法强制规律指国家之国际社会全体接受并公认不许损抑且仅有以后具有同等性质之一般国际法规律始得更改之规律”。在第64条中又规定“遇有新的一般国际法强制规律产生时,任何现有条约之与该项规律抵触者即成为无效而终止”。从中可以看出,强行法在国际法中具有“凌驾性”效力,甚至“宪法性”效力。③ 既然强行法在国际法渊源中具有如此之高的地位,当安理会决议与强行法冲突时又该何者优先?

此外,联合国国际法委员会曾列举过一些明显的、确定的强制法规则,如“违反《联合国宪章》适用武力或武力威胁、国际罪行和国际法要求每一个国家予以取缔和惩罚等行为的规则”。因此可以认为《联合国宪章》中关于禁止使用武力或武力威胁的规定是强行法规则。④ 安理会的决议如果适用《联合国宪章》下关于禁止使用武力的强行法规则,是否具有如同强行法一样的优先效力?

目前主流的观点提到的强行法规范不容克减的规则同样适用于安理会决议,即安理会决议是受制于强行法且不得与强行法相抵触的。对此许多国家也持相同的观点,认为根据《联合国宪章》第103条,安理会决议所产生的义务高于其他条约的义务,但这不适用于强行法规则。⑤ 同时一些法院在裁判中也提出了类似的观点,南斯拉夫问题国际刑事法庭就提出安理会决议“须尊重

---

① 《特别报告员迈克尔·伍德关于习惯国际法的识别的第五次报告》,A/CN.4/717,2018,第27页。

② 王铁崖:《国际法》,法律出版社1995年版,第35页。

③ C. Focarelli, Promotional Jus Cogens: A Critical Appraisal of Jus Cogens Legal Effects, *Nordic Journal of International Law*, 2008, Vol.77.

④ 王铁崖主编:《国际法》,法律出版社1995年版,第35页。

⑤ 卡塔尔,第5779次会议,2007年11月14日(S/PV.5779)。

国际法强制性规范"①。欧盟法院的初审法院也指出"安全理事会的决议具有约束力这一原则只有一个限制,即它们必须遵守强行法的基本强制性规定。如果安理会决议与强行法抵触,则这些决议不能约束联合国成员国"②。

在此基础上,联合国国际法委员会得出了两项结论:其一,国际组织具有约束力的决议,包括联合国安全理事会的此类决议,如与一般国际法的强制性规范抵触,则不创设有约束力的义务;其二,在可能的情况下,对国际组织的决议,包括联合国安全理事会的决议,必须采取符合一般国际法强制性规范(强行法)的方式加以解释。③ 由此可以看出,安理会所通过的决议,无论是否关于履行在《联合国宪章》下维护世界和平安全的职责,都不能违背强行法,甚至可能因与强行法抵触而无效。

三、安理会决议的国际法性质

国际法不同于国内法,国际社会是由所有的独立国家组成的社会体系,国家之间在理论上是完全平等的,也就不存在凌驾于国家之上的实体,更不存在凌驾于国家之上的统一的立法、执法机构。但是安理会决议是由 15 个安理会理事国投票通过的,同时又具有强制力,甚至在特定情况下优先于国家之间的条约义务。这种情况不免对国际法体系产生了一定的影响。而随着安理会通过决议数量的不断增加,特别是造法性决议的数量增加,其对国际法体系的影响也就越大。有学者就认为安理会决议的数量之大和强制力之高,使得决议不仅具有国际法渊源上的意义,而且具有相对于国际条约、习惯国际法的优势,因此需要对国际法的渊源作出新的思考。④

(一)安理会决议的分类

在确定安理会决议的性质前,应当按照其拘束力的不同加以区分。国际

① Prosecutor v. Duško Tadić[1999] AC 296.

② Yassin Abdullah Kadi v. Council of the Europe and Commission of the European Communities 2005 Court of First Instance of the European Communities, p.230.

③ 《特别报告员迪雷·特拉关于一般国际法强制性规范(强行法)的第三次报告》, A/CN.4/714, 2018, 第 58 页。

④ 何田田:《联合国安理会决议与国际法渊源关系的思考》,载《南都学坛》2017 年第 3 期。

组织的决议并不当然具有拘束力，有学者对安理会决议是否具有法律效力的问题提出了三个因素的证明标准：其一，安理会根据《联合国宪章》第 39 条的规定已判定存在对和平的威胁、对和平的破坏或侵略行为；其二，有证据表明安理会是根据《联合国宪章》第七章下的规定采取行动；其三，有证据表明安理会已根据《联合国宪章》第 25 条的规定作出了决议。① 结合这三个因素对安理会通过的 2454 项决议分门别类，可以通过其决议内容是否针对和平之威胁、和平之破坏或侵略行为以及其拘束力是否针对特定国家初步分为两类：一般决议和特别决议。

所谓一般决议就是在不存在国际和平威胁的情况下，安理会针对一般情势等问题通过的决议。在此情况下安理会通过决议的行为并非履行其在《联合国宪章》第七章下的职责，因此不能认为成员国能够预见到在此种情况下违背条约义务的可能，更不能认为其得到联合国成员国的默示同意。一般性决议是通过建议而非通过执行行动的方式进行，因而对于非安理会理事国是不具有强制力的。比较典型的就是安理会针对保护妇女和平民所通过的第 1261 号决议、第 1265 号决议、第 1296 号决议、第 1314 号决议，这类决议使用了“谴责”“号召”等软法性措辞，表明了安理会无意于通过这些决议对联合国成员国产生拘束力，其只是一种建议性质的决议。

而所谓特别决议就是当安理会根据《联合国宪章》的授权认定存在国际和平安全威胁时，主观上试图通过决议的方式对会员国产生拘束力。这种特别决议是否具有造法性，则需从决议的具体内容来判断，特别是对会员国是否创设了特定义务，抑或是试图创设普遍的、长期的义务。如安理会第 784 号决议中安理会要求利比亚交出嫌疑犯与利比亚根据《蒙特利尔公约》所承担的条约义务是相冲突的，但是如上文所述，这并不是安理会在通过决议造法。第 784 号决议并不具有改变《蒙特利尔公约》条款的意图，也没有制定新的、长期有效的规则，同时这一决议所设立的义务也只针对单一国家，从习惯国际法的角度来看，并不足以证明国家长期实践的存在，也就构不成习惯国际法，从而不具有造法的功能。目前公认具有造法性质的决议就是第 1373 号决议与第 1540 号决议，尽管这两项决议并没有突破《联合国宪章》第 7 章规定的职责范围，但其与其他决议最大的不同在于这两项决议具有两个明显的特点：一是不存在

① M. Wood, The Interpretation of Security Council Resolutions, Revisited, *Max Planck Yearbook of United Nations Law Online*, 2017, Vol.2, No.1.

明示或暗示的时间限制，一般来说只要安理会决议针对的特定情况消失，安理会的决议也就自然终止，但是这两项决议针对的恐怖主义和大规模毁灭性武器扩散威胁消失的时间显然是不可预见且短期内很难实现的，因此这两项决议可以视作是长期有效的[①]；二是得到普遍国家的认同，这两项决议尽管在起初遭受质疑，但逐渐得到越来越多联合国成员国的承认和接受[②]。由此可以将安理会通过的特别决议根据是否创设普遍义务加以区分从而判断其有无造法性。

(二)安理会一般决议的性质

安理会一般决议并非履行安理会在《联合国宪章》下维护世界和平安全的职责，因此仅对安理会理事国具有拘束力。从国际法渊源的角度看，安理会决议并不属于《国际法院规约》第 38 条规定的条约、国际习惯、一般法律原则和辅助资料中的任何一种。首先，国际条约的缔结需经过严格的程序，且经过缔约国的一致同意，但安理会一般决议只需九个理事国投票通过，显然不属于国际条约的形式。其次，如上文所述，安理会决议是针对特定情势的措施，不具有“一般性”的特点，因此也不能构成惯例，更不能构成习惯国际法。再次，一般法律原则是指各国法律体系所共有的原则，安理会决议显然也不属于此列。最后，辅助资料并非国际法渊源，而是确定国际法原则的证据，不具有法律拘束力，而安理会一般决议即便只针对理事国，也具有一定的法律拘束力，更不必说具有强制力的安理会特别决议了。安理会一般决议的效力体现在其是得到《联合国宪章》授权，在履行职责过程中必需的行为，特别是一些程序性的事项应当属于国际组织内部的“规章制度”，是出于履行职责过程中的规范问题所必需的规则，只约束理事国。因此笔者认为安理会一般决议不属于国际法渊源，仅是一种规章制度。

(三)安理会特别决议的性质

《联合国宪章》规定了安理会的职责和组织架构，安理会所行使的是联合国维护国际和平秩序的权力，安理会的本质是联合国维护世界和平秩序体系的一部分。《联合国宪章》缔结时显然无法预测变化多端的国际形势。与此同

---

① 简基松:《对安理会“决议造法”行为之定性分析与完善建言》，载《法学》2009 年第 10 期。

② 简基松:《对安理会“决议造法”行为之定性分析与完善建言》，载《法学》2009 年第 10 期。

时，国际条约的缔结又需要烦琐的过程，不利于迅速应对国际社会上对和平的威胁。因此应当将安理会的决议理解为在履行应对国际和平之威胁的职责过程中而作出的具体应对措施，此类决议是对《联合国宪章》这些原则性规定的细化。但需要注意的是，安理会不是司法或立法机关，而是一个执行机关，其无权对《联合国宪章》作出解释，因此应当将安理会的特别决议认定是关于执行的具体措施。在被广泛认为是具有“造法”性质的第1373号决议中，也明确了安理会是“根据《联合国宪章》第七章”采取行动，而《联合国宪章》第七章的标题为“对于和平之威胁、和平之破坏及侵略行为之应付办法”，从这两项文件的措辞上也可以认为安理会作出的特别决议本质上就是《联合国宪章》第七章标题中所指的具体细化的“办法”。

事实上，在安理会的特别决议中大量使用了如“强调”“呼吁”等软法性措辞，并不具有创设强制义务的功能，会员国对于是否采纳决议的内容具有任意选择的权利。只有采用了如“决定所有国家均……”等措辞的条款才具有拘束力，也就是所称的“决议造法”。其中第1373号决议与第1540号决议最为特殊，第1373号决议规定“不得为恐怖分子提供任何安全庇护”的规则属于《制止资助恐怖主义国际公约》中的规定，但该公约尚未生效，也就不属于一个有效的国际法渊源。① 而第1540号决议中关于防止核生化武器扩散的规定比之《防止核武器扩散条约》、《生物武器公约》以及《化学武器公约》更进一步的规定禁止了向非国家行为者扩散。② 这两项决议在具体的强制性条款上都突破了现有的国际法规则。

笔者认为，尽管在具体的条款上突破了原有的国际条约的规定，但必须明确的是安理会从来不是除《联合国宪章》以外的国际条约的执行机构，安理会决议的效力也不来源于其他的国际条约，而在第1373号和第1540号决议中突破性创设的强制性义务也在《联合国宪章》所授权的行动范围之内。同时安理会并非一个立法、司法机关，根本没有创设国际法规则的主体资格，其在决议中所规定的这些义务并非国际法规则，应被视作是一项采取办法的宣告。因此认为安理会通过决议造法是不够准确的。

---

① E. Rosand, The Security Council as “Global Legislator”: Ultra Vires or Ultra Innovative?, *Fordham International Law Journal*, 2005, Vol.28, No.3.

② 王佳：《从反恐决议看联合国安理会职能的扩张》，载《国际论坛》2011年第13期。

四、安理会决议在国际法中的地位

承上所述，安理会决议并不属于目前国际法渊源体系中的任何一种形式，决议也不创设任何一种国际法规则。但不可否认安理会在解决国际和平威胁问题上的功能，安理会是唯一一个可以采取行动应对和平威胁的执行机构，对于国际社会和平秩序的维护有着不可忽视的作用。因此需要明确安理会决议的国际法地位，一方面确认安理会决议对国际法渊源的影响，另一方面也需要明确对安理会任意行使权力的边界。

(一)安理会决议是识别习惯国际法的证据

如前述，目前主流观点认同国际组织决议在某些情况下可能可以用作识别习惯国际法的证据。对于安理会而言，其在履行《联合国宪章》规定的职责时所作出的特别决议对于应对国际和平威胁的惯例的形成具有重要的证明作用。因为安理会的权力是来源于《联合国宪章》下成员国的授权，安理会实际上代表了所有成员国实施行动。联合国的成员国几乎涵盖了世界上的主要国家，因此将安理会代表联合国成员国作出的决议作为某一特定惯例的证据具有重要的权重。

需要指出的是，联合国国际法委员会认为国际组织的决议只是为一项既存的习惯国际法规则存在及内容提供证据或促进其发展，决议并不能创设习惯国际法。① 据此，如安理会第 1373 号和第 1540 号决议中适用尚未生效的国际条约中的规则或在既存的国际法规则基础上进一步规定的所谓“造法”行为也得到了解释，因为这两个决议所规定的强制义务条款并不是全新的国际法规则，而是一项尚未生效的或已经生效的国际法规则的具体实践，是促进这一规则发展的证据或是在证明未来产生的某一习惯国际法规则惯例存在的证据之一，且具有很强的证明力。

(二)对安理会决议的限制

尽管许多学者对安理会通过决议的形式扩张自身的权利范围表示担忧，但不可否认的是，安理会作为联合国的组织之一，其职能和权限都是由联合国

① 《特别报告员迪雷·特拉关于一般国际法强制性规范(强行法)的第三次报告》，A/CN.4/714，2018，第 37 页。

成员国授予的,因此也不可能不存在权利的边界。前南国际刑事法庭也认为,“无论是宪章条文,还是宪章精神都没有认同安理会是不受约束的”。[①] 根据安理会权力的来源以及和国际法渊源的关系,可以确定对安理会决议的限制。

第一,安理会决议在与强行法抵触时无效。这一限制不仅是对于安理会决议的内容,也包括了安理会通过决议后对决议的解释。由于强行法在国际法中具有不容克减的最高效力,任何国际条约、习惯国际法与之抵触皆无效。安理会的权力来源于《联合国宪章》,而《联合国宪章》属于国际条约,因此安理会决议即便是为了履行应对和平之威胁的职责,可以采取包括军事行动的一切行动,也必须受到强行法的限制。

第二,安理会决议受到《联合国宪章》的限制。由于安理会的创建的法律效力来源于其创建文件即《联合国宪章》,因此安理会必须遵守《联合国宪章》的规定。而《联合国宪章》在第24条第1款就确立了安理会只有在履行维护国际和平及安全职责时才得到各国的授权并代表各会员国。而第24条第2款更明确规定,“安全理事会于履行此项职务时,应遵照联合国之宗旨及原则”。因此安理会决议也只有在履行维护国际和平安全时才具有拘束力。但是对于安理会超出职责范围作出决议的情况,《联合国宪章》并没有设立对应的监督机制,虽然在《联合国宪章》第96条第1款规定:“国际法院可以在被请求对一项安理会决议的法律效力作出咨询意见时,通过对该决议的合法性的认定而间接地对其进行司法审查。”[②]但这一情况仅限于安理会提出相应请求才能作出咨询意见,并不能主动进行审查,而且咨询意见也不具有限制安理会权力的效力,这不得不说是一大缺憾。

五、结论

安理会决议由于其强制力之高以及《联合国宪章》授权安理会采取措施的种类不明确的原因,学界一直没有对安理会决议的性质达成统一的观点。既

---

① 顾婷:《安理会反恐“聪明制裁”之困境及其出路》,载《法学》2011年第10期。

② D. Akande, The International Court of Justice and the Security Council: Is There Room for Judicial Control of Decisions of the Political Organs of the United Nations, *International and Comparative Law Quarterly*, 1997, Vol.46.

有认为其不属于法律的，也有认可安理会决议的造法性及对新的国际法规则的创设。因此明确安理会决议的性质和其对国际法体系发展的作用是一个不容忽视的问题。安理会决议尽管无法归入现存国际法渊源的任何一种，但是其与国际条约、习惯国际法以及强行法之间有着密切的关系，通过梳理这些关系可以看出安理会决议的本质特征。首先，安理会的权力职责是由《联合国宪章》所创建，也就是说其实质是由国际条约的缔约国即联合国成员国所授权，安理会执行的是主权国家的授权，这是安理会决议法律拘束力的来源。其次，对于习惯国际法而言，由于习惯国际法是不成文的规则，因此在确定习惯国际法规则存在时需要寻找通例与法律确信存在的证据。安理会决议作为国际组织的决议，对于识别习惯国际法，特别是关于维护国际和平安全方面的规则，有着重要的作用。再次，安理会决议尽管得到大量主权国家的授权，但是其并非不受限制，安理会决议在特定情况下可以优先于国际条约，但仍不能优于强行法的规定。从中可以看出安理会决议的权力来源于《联合国宪章》与主权国家的授权，也因此安理会的权力不可能突破其创建文件的限制，只是履行其在授权下的职责。最后，通过具体分析安理会决议可以发现其中有大量软法性措辞，这些条款对于联合国会员国是缺乏拘束力的。尽管还有一些带有强制性义务的条款，但实际上这些强制性的义务是既有的国际条约的规定，这种情况下也就不存在所谓"造法"，而那些使用了尚未生效的国际条约规定或是突破了现有国际条约规定的义务也并没有"造法"，因为安理会并不是一个立法机关，应该认为安理会决议只是对现有的或是正在形成的国际法规则的细化，属于一种采取行动的宣告。

据此，笔者认为，安理会决议对于国际法体系的作用并非在于创设新的规则，而是对于国际法规则的细化，其在国际法中是作为维护国际和平安全的既有或正在形成的习惯国际法的国际组织实践的证据而存在的。而安理会决议这种国际组织实践的形式也并非可以无限扩张权力的，其受到了《联合国宪章》、主权国家授权和强行法的约束，因此所谓安理会"造法性"决议并不与现行的国际法制度相悖，但仍需意识到安理会决议缺乏审查监督的缺憾，避免再出现被认为是"造法"的争议。

（本文责任编辑：张龙翔）

The Nature of the United Nations Security Council Resolutions

Ling Bingyao

Abstract: The United Nations Security Council (Security Council for Short) is the only executive organ of the United Nations, undertaking the main responsibility of maintaining world peace, so the resolutions made by the security council have binding force on the international community. However, the nature and status of Security Council resolutions in international law have always been a great dispute. The academic community has not reached consensus on whether Security Council resolutions are lawmaking. In order to clarify the nature of Security Council resolutions, it is necessary to determine the source of the effectiveness of Security Council resolutions and the relationship between Security Council resolutions and sources of international law from the perspective of sources of international law, and analyze the nature and status of Security Council resolutions based on their specific contents. The power of making Security Council resolutions is derived from the Charter of the United Nations and the authorization of sovereign States. Security Council resolutions should be regarded as the means of implementation rather than the law itself, which is only the proof of the existence of the rules of customary international law rather than the document establishing international law rules.

Key Words: Security Council Resolution; Sources of International Law; Law-Making Resolution; Recognition of Customary International Law

"二元决定论"作用的历史考察

——以美国主导建立国联与联合国为例

赵健舟*

内容摘要:理想主义与现实主义两种思潮对美国国家行为与外交决策的影响交替存在,托克维尔将这种现象总结为美国参与国际政治的"二元决定论"。二元决定论在两次世界大战后美国筹建国际联盟与联合国、设计战后世界秩序的过程中体现尤为明显。其中,威尔逊政府的外交实践在两种思潮之间摇摆的趋势更为突出,而罗斯福政府则倾向于"调和的理想主义"。实践证明,二元决定论并非两种思潮的势均力敌或并驾齐驱,而是在不同的内、外部环境因素下,两种思潮经由外交决策者的信念内化,在变动与消长态势下,针对涉及国家利益程度不同的议题施加不同影响。在此过程中,是否能有效地平衡两种思潮,成为影响外交得失的一大因素。

关键词:美国外交;二元决定论;国际联盟;联合国

目　录

* 赵健舟,吉林大学法学院博士研究生。

一、问题的提出："二元决定论"与美国外交实践

自托克维尔提出"美国例外论"①，指出现实主义与理想主义精神根植于美利坚民族性格这一特征后②，美国外交实践就始终处于两种思想的交互影响之下。这种外交决策的"二元决定论"，在实践中不乏互相冲突之证据，在理论上也面临存废效果之争议。究其根源，缘何"二元"可寓于一国实践，而一国实践又何以作为"二元"理论之依据，这些问题有待于寻找恰当的材料，加以详细考量。

(一)"二元决定论"的内涵与争议

在托克维尔时代，美国民族性格所引申出的"二元决定论"多体现为孤立主义与干涉主义二元路径的彼此影响。③ 前者追求"独善其身"，对欧陆事务

① [法]亚历克西·托克维尔：《论美国的民主》，董果良译，商务印书馆1988年版，第333,337,340,342～343,337,521～522页。

② A. Schlesinger, Jr., Foreign Policy and the American Character, *Foreign Affairs*, 1983, Vol.62; H.L.Harts, Between Utility and Right, in *The Idea of Freedom*, edited by A. Ryan, Oxford University Press, 1979, p.77; G. A. Craig, A. L. George, *Force and Statecraft: Diplomatic Problems of Our Time*, Oxford University Press, 1983, p.255.

③ S. M. Walt, The Myth of American Exceptionalism, *Foreign Policy*, Vol.189, 2011, https://www.questia.com/magazine/1G1-271323331/the-myth-of-american-exceptionalism, 下载日期：2019年3月2日；另参见[美]杰里尔·罗赛蒂：《美国对外政策的政治学》，周启朋等译，世界知识出版社1997年版，第382～383页；有关中国学者对"美国例外"的研究，参见周琪：《"美国例外论"与美国外交政策传统》，载《中国社会科学》2000年第6期。

敬而远之[①],后者追求"兼济天下",积极推广美式价值与制度。[②] 这种基于对本国制度的绝对自信而产生的"传教冲动与使命感",构成了孤立主义自保与干涉主义扩张的主要基础。[③] 随着美国国内与国际环境的改变,美国外交的核心不再限于简单的"远离欧洲事务"还是"参与欧洲事务"的孤立与扩张之别,越来越多的现实利益与美式道德诉求的冲突出现在外交决策过程之中,因而,这种基于民族性格的"二元论"逐渐由孤立主义——扩张主义发展到现实主义——理想主义阶段。

现实主义重视事物的本来面目,而理想主义则试图将事物根据某种原则加以修改。[④] 具体到美国的外交政策上,现实主义倾向于将国际政治的本质视为权力的斗争,并且将国家利益作为一切行动的优先目标;理想主义则认为,根植于美国社会文化的商业与开放精神、民主理想以及扩张意识应当成为外交政策的指导方略,美国除了追求单纯的物质利益以外,还应当将这些意识形态或者价值的推广视为本国重要利益所在。[⑤] 在这一阶段,现实主义与理想主义两种思想存在冲突,也同样存在一致性。例如卡特总统任期内大力推行的"人权外交",就鲜明地兼具推动国际人权事业发展的理想、道德性质倾向与扩展美国干涉与影响力的现实、利益性质倾向。[⑥] 此时,美国的外交政策与决策既受现实主义影响,又受到理想主义影响;既有现实利益诉求,又存在道德原则诉求。这种看似互相冲突的两种理念同时作用于一国外交政策的现象,即是托克维尔试图阐明的"二元决定论"。

---

① [美]迈克尔·H.亨特:《意识形态与美国外交政策》,褚律元译,世界知识出版社1999年版,第143页;[美]理查德·克罗卡特:《50年战争》,王振西主译,新华出版社2003年版,第2页。

② [美]刘易斯·哈茨:《美国的自由主义传统》,张敏谦译,中国社会科学出版社2003年版,第257页。

③ 参见[美]查尔斯·库普乾:《美国时代的终结:美国外交政策与21世纪的地缘政治》,潘忠岐译,上海人民出版社2004年版,第34页;借用亨廷顿的表述,前者是对美国"世界化"的拒绝,而后者则是对世界"美国化"的追求。参见[美]塞缪尔·亨廷顿:《失衡的承诺》,周端译,东方出版社2005年版,第263页。

④ P. Seabury, Realism and Idealism, in *Encyclopedia of American Foreign Policy, Studies of the Principle Movements and Ideas*, edited by A. D. Conde, Charles Scribner's Sons, 1978, Vol.Ⅱ, p.856.

⑤ 王玮、戴超武:《美国外交思想史1775—2005》,人民出版社2007年版,第25~47页。

⑥ 周琪:《美国人权外交及有关争论》,载《美国研究》1998年第1期。

然而,“二元决定论”无论是在理论上还是实践上都遭遇到争议和挑战。第一类争议在于“二元论”是否存在。支持者认为,美国外交过程中“现实主义与意识形态”“国家利益与道德原则”的交融都是这一理论的具体体现。① 现实主义与理想主义确实独立而交织地影响着美国外交活动;反对者则通过对于特定时期美国对实际利益与意识形态的重视程度与行为一致性的考察,强调所谓“二元”,实际上不过是“现实主义”为主,“理想主义”作为支流的非并立状态。② 第二类争论在于“二元论”究竟效果如何。以基辛格为代表的学者认为,美国外交诸多顽疾,其根源就在于理想主义与现实主义的不可调和性。③ 而许多学者与政界人士则认为,价值诉求与现实利益考量并非完全对立,而是存在着调和、促进的可能的。④ 可以看到,对于“二元决定论”,学界、政界人士都仍然存在着较大的分歧。本文选择“二元决定论”作为分析的理论对象,正是基于前述它对于美国外交的重大影响以及目前所面临的学界争论。

前述对“二元决定论”发展历程的梳理,将本文对“二元决定论”的分析导向下列方向:第一,现实主义与理想主义在不同时代背景、不同条件的影响下既可能具有一致性,也可能互相冲突;其一致性便于考察“二元融合”之效果,冲突性便于考察“二元冲突”之后果。第二,应当将“现实利益”与“道德诉求”等因素按照历史背景具体划分,以实现对“二元论”效果的类型化考察。

(二)国际联盟与联合国对美国外交的重要意义

在这一部分,有必要说明两个问题:第一,为什么主导建立国联和联合国的外交实践活动能够很好地证明“二元决定论”对美国的具体影响;第二,为什

---

① 关于二元论的表述与论述,参见王缉思:《美国外交思想传统与对华政策》,载中国社会科学院美国研究所、中华美国学会编:《中美关系十年》,北京商务印书馆 1989 年版,第 131 页;[美]沃尔特·米德:《美国外交政策及其如何影响了世界》,曹化银译,中信出版社 2003 年版,第 37 页;[美]塞缪尔·亨廷顿:《失衡的承诺》,周端译,东方出版社 2005 年版,第 267～268 页;B. W. Jentleson, *American Foreign Policy: The Dynamic Choice in the 21st Century*, W. W. Norton & Company, 2000, p.10.

② 高程:《美国对外政策的驱动力:物质利益至上?》,载《美国研究》2012 年第 2 期。

③ [美]亨利·基辛格:《大外交》,顾淑馨、林添贵译,海南出版社 1997 年版,第 4 页。

④ P. W. Schroeder, Can Diplomatic History Guide Foreign Policy?, *The International History Review*, 1996, Vol.58; S. Talbot, Democracy and the National Interest, *Foreign Affairs*, 1996, Vol.75; R. Kagan, *Dangerous Nation: America's Place in the World from Its Earliest Days to the Dawn of the 20th Century*, Alfred A. Knopf, 2006; C. Rice, Promoting the National Interest, *Foreign Affairs*, 2008, Vol.79.

么选择威尔逊与罗斯福及其政府的外交理念与实践作为范例考察“二元决定论”对外交活动的影响。

就第一个问题，毫无疑问，“二元决定论”所代表的理想主义与现实主义的交替影响，是美国建国200多年以来不断参与国际事务、调整对外政策的结果。本文选择美国在两次大战后筹建国联与联合国的外交实践，很大程度上是由于这两个国际组织及其所代表的国际秩序，在美国外交史上具有特别重要的地位，能够比较集中地反映出理想主义与现实主义两种思潮对于美国外交活动的影响。在《剑桥美国对外关系史》中，入江昭将1913—1945年的美国外交史命名为“美国的全球化进程”。他指出，正是在这一时期，美国取代欧洲，一跃成为世界范围内的国际领导者，建立起“带有明显美国特色的全球文化秩序”。[①] 同时在《世界秩序》中，基辛格也将威尔逊与罗斯福一并总结为“代表全人类行事：美国及其秩序观”。在他看来，威尔逊与罗斯福政府的外交政策典型地体现出美国传统中“追求利益”与“传播价值观”的矛盾，也反映了美国建立国际秩序过程中的某些共性。[②] 两次世界大战为美国提供了在国际舞台上充分实践其理想，追求其利益的机遇，战后的秩序规划展现出美国独具一格的外交政策特征，因此，这个阶段成为验证“二元决定论”的良好范本。

就第二个问题，常见的一种疑惑是，为何威尔逊与罗斯福的某种理念、思想、行动足以作为考察“美国”这一主体行为的参考。有学者指出，某种理念如果试图影响一国外交活动，它就必须经历两个阶段——第一，它必须在国内层面进入国家决策进程之中；第二，它必须经由一个国家的外交决策，通过特定活动，影响到其他国家。[③] 后者自然是指美国政府代表这个国家，根据现实主义或者理想主义的某种理念而采取的外交活动，或宣战，或和平，或缔约，或参与国际组织，或给予经济援助。而前者，就涉及作为理论的两种思想进入国家决策的渠道。作为行政部门外交政策的最终决定者，威尔逊与罗斯福对于两种思想的态度，很大程度上决定了外交活动会在何种程度上受到这两种思想的影响。这种态度可能直接来自他们的个人教育背景、职场经历（如威尔逊担

---

① [美]入江昭：《美国的全球化进程（1913—1945）》，载孔华润主编：《剑桥美国对外关系史》（第3卷），张振江、施茵译，新华出版社2004年版，第2～3页。

② [美]亨利·基辛格：《世界秩序》，胡利平译，中信出版社2015年版，第305～310页。

③ 赵可金、倪世雄：《自由主义与美国的外交政策》，载《复旦大学学报（社会科学版）》2006年第2期。

任普林斯顿大学校长，以及罗斯福任威尔逊政府助理海军部长），也可能来自他们的阁僚、顾问（例如二人的顾问——豪斯上校和霍普金斯）的意见，更可能来自美国的社会和学界自下而上的影响（例如美国反战和平运动）。他们可能会由于真正服膺某种理念或是迫于政治压力而接受某种思想，但最终，美国外交决策和外交理念之间的桥梁都是由他们为首的政府架构起来的。因此王缉思才强调，“外交行为受领导人思想意识的支配，而领导人的外交思想不仅是在对外部环境长期作出反应的基础上形成的，也是本国家、本民族的政治文化、观念形态的反映”①。对于二人外交理念和实践的考察，并不只是对这两个个体的考察，而是对他们作为代表的整个美国社会、美国政府的考察。

接下来，本文将通过考察威尔逊、罗斯福政府在主导建立国联、联合国的外交活动中对两种思想的具体态度，分析“二元论”的实际影响。这种考察主要将围绕着“怎么说—怎样做”的主线，就两位领导人的思想、言论、行动进行梳理。就威尔逊政府，考察的核心将定位于巴黎和会；就罗斯福政府，考察的核心在于数次重要会议如德黑兰、雅尔塔与旧金山会议。最后，本文试图对前述材料与分析进行汇总，根据“利益追求”与“道德诉求”等因素，对现实主义与理想主义影响美国外交活动的方式进行类型化划分，并且对于“二元决定论”给出评价。

二、威尔逊政府与国联：理想主义还是利益至上

国际联盟的建立同威尔逊政府鲜明的价值立场有着不可分割的联系。从提出“十四点计划”这一兼顾理想与现实二元诉求的主张，到巴黎和会上左支右绌、消磨殆尽回归现实主义一元立场，美国主导建立国际联盟的外交实践充分证明了维持二元思想平衡的重要意义。

（一）重视理想，兼顾现实：“十四点计划”

威尔逊的外交政策追求“以理想主义模式维护美国精神，但又不背离现实

① 王缉思：《美国外交思想传统与对华政策》，载中国社会科学院美国研究所、中华美国学会编：《中美关系十年》，北京商务印书馆 1989 年版，第 131 页。

主义"[①],因此意识形态与现实利益都是威尔逊政府所注重的目标。一方面,对于商业利益的重视贯彻其外交政策始终,甚至成为参战的决定因素之一[②];另一方面,民主主义、理想主义理念影响着他的行动,促使美国从孤立走向世界,并且对建立国际合作为基础的自由主义秩序抱有很大希望[③]。这种思想的集中体现即为"十四点计划"。[④] "十四点"被视为理想主义宣言书,但它的主张同美国的现实利益息息相关。在理想主义占据上风的时刻,威尔逊同时顾及了现实主义的要求,这种良好的"二元融合"成就了"十四点"的历史地位。

"十四点"主张首要在于废除秘密外交。有学者认为,将公开外交视为"十四点"之首,显然出自威尔逊政府担忧欧洲国家私自决定战后格局与利益划分的考量。[⑤] 考虑到英法意日等国在和会上以密约要求划分利益,不希望美国干预的立场,这种观点并非毫无根据。豪斯也认为,威尔逊并非试图排斥一切秘密会谈或者机密外交。[⑥] 但威尔逊将秘密外交视为"均势外交"的遗留产物,认为各国追求均势从而秘密达成协议,忽视了所在地区人民的意愿,埋下了民族矛盾与领土争端的严重隐患,并致力于加以废除,也是这项纲领的来源之一。[⑦] 废除秘密外交,就是为新秩序的诞生作出的基本准备。

其次是有关"自由贸易"的主张。航行与贸易自由历来是美国政府的主

---

① E. M. Burns, *The American Idea of Mission: Concepts of National Purpose and Destiny*, New Jersey, 1957, p.39.

② A. Link, *The Papers of Woodrow Wilson*, Princeton University Press, 1979, Vol.30, 38, pp.251, 269.

③ 于琳琦:《国际联盟的历程》,黑龙江人民出版社 2003 年版,第 67 页;R. Goldsmith, *A League to Enforce Peace*, The Macmillan Company, 1917, p.93.

④ 关于"十四点"的具体内容,参见国际关系学院编:《现代国际关系史参考资料(1917—1923)》,高等教育出版社 1958 年版,第 185～189 页;有关"十四点"的官方评述——Official American Commentary on the Fourteen Points,参见[英]爱德华·豪斯委托撰写的书籍,C. Seymour (ed.), *The Intimate of Colonel House Arranged as a Narrative*, Boston, 1926-1928, Vol.4, pp.198-209.

⑤ 王玮、戴超武:《美国外交思想史 1775—2005》,人民出版社 2007 年版,第 265 页。

⑥ C. Seymour (ed.), *The Intimate of Colonel House Arranged as a Narrative*, Boston, 1926-1928, Vol.4, p.199.

⑦ W. Wilson, Message to Congress, Apr. 2, 1917, in *President Wilson's Great Speeches, and Other History, Making Documents*, Stanton and Van Vliet, 1917, pp.17-18; W. Wilson, Fifth Annual Message, Dec. 4, 1917, *Foreign Policy of President Wilson: Messages, Addresses and Papers*, OUP, p.306.

张,高度重视美国商业利益的威尔逊自然不会例外。除此之外,海洋自由也是美国对于英国海上霸权的一种回应。① 应该注意的是,威尔逊政府更多的是希望其他国家对美开放,而不是美国的门户对他人开放。这一点对"门罗主义"的威胁,美国政府早已有所认识。② 不过威尔逊也存在其他考量:他希望通过构筑多边国际条约与建立国际组织的方式确立海洋与贸易自由,并将贸易自由问题规则化、法律化。③ 如果一个国际组织将要建立,他的经济支柱必然是自由主义的国际经济体系。

最后是"民族自决"原则。威尔逊的"民族自决",很大程度上受到了实用主义的影响:涉及奥匈帝国以及土耳其的安排,主要是为了解决亚得里亚海、黑海的出口自由问题,以及达达尼尔海峡与巴尔干地区的门户开放问题,以此拓展美国在该地区的经济利益;涉及俄国的"民族自决"提议,是通过赋予芬兰、波罗的海国家、乌克兰人以自治权来瓦解新生的苏维埃国家。④ 这都是为了美国的海外利益进行准备的。但是,美国民主党政府的反帝国主义、反殖民主义传统毕竟是与英法殖民主义大相径庭的,由于不追求势力范围与殖民地,不追求对特定地区的直接统治,威尔逊在提出"考虑殖民地人民的利益"时确实相比其他国家有着更加充分的动机。他也相信,民族自决将有利于解放殖

① C. Seymour (ed.), *The Intimate of Colonel House Arranged as a Narrative*, Boston, 1926-1928, Vol.4, pp.159-160.

② A. S. Link (ed.), *The Papers of Woodrow Wilson*, Princeton University Press, 1982, Vol.37, pp.13-14.

③ 豪斯表示,"一个国家当然可以保持关税和壁垒,但它的对象只能是全体缔约国"。这种普遍性的经济合作与壁垒削减已经有了国际经济组织的雏形。同时,第二项必须同最后一项"国际联盟"一并理解。只有国际联盟及其有关规约有权决定何种情况下海洋自由能够被合法剥夺或者限制。参见 C. Seymour (ed.), *The Intimate of Colonel House Arranged as a Narrative*, Boston, 1926-1928, Vol.4, pp.199-200。

④ C. Seymour (ed.), *The Intimate of Colonel House Arranged as a Narrative*, Boston, 1926-1928, Vol.4, pp.201-202; A. Lynch, Woodrow Wilson and the Principle of "National Self-Determination": A Reconsideration, *Review of International Studies*, 2002, Vol.28, pp.419-436.

民地人民，使之支持国联为核心的平等国际秩序。[①]

国际联盟是"十四点"的核心主张。一方面，美国希望借助国际联盟，摆脱孤立主义，瓦解欧洲国家主导地位，确立美式主义的新国际秩序。[②] 另一方面，作为自由主义国际秩序倡导者的威尔逊也希望通过国联实现"有组织和平"，以集体安全取代均势外交，使之成为"永久和平外交体系的基础"。此外，"十四点"其他主张也必须依赖普遍性的国际组织才能实现。[③] 这为国际联盟增加了显著的双重价值。

通过巴黎和会建立国际联盟，通过国际联盟维系国际秩序，通过国际秩序实现永久和平的理想目标与美国国家利益最大化的现实目标，是"十四点"中威尔逊政府最主要的追求。尽管其中某些主张更重视现实利益（例如民族自决的具体安排以及对贸易自由的强烈要求），某些主张更富有理想色彩，但我们在"十四点"中看到的"二元论决定"两种思想总体上保持了良好的协调和融合。威尔逊政府没有在它的纲领中公然地使用双重标准，也没有宣称美国利益高于他国利益，或者经济利益高于公正秩序，而是认为国家利益与普世主义是一致的，在利益和谐之下，二者可以互相促进而不违背。[④] 尽管它固有的内在矛盾为美国在巴黎的重大失败埋下了伏笔，但不能否认，这一兼顾"公理与私利"的方案，确实为美国取得了卓越的外交成绩。

(二)从理想向现实的回落：巴黎和会

国际联盟的起源同"作家们的著作，和平社团的计划以及政治家们的演

---

① ［英］罗素：《中国问题》，秦悦译，学林出版社 1996 年版，第 175 页；徐尚平：《冲突与呼应：美国理想主义与中国民族主义——以抗战时期中美关系为中心（1931—1945）》，武汉大学 2014 年博士毕业论文，第 50～52 页；W. Wilson, Remarks at Suresnes Cemetery on Memorial Day, May 30, 1919, in *The Papers of Woodrow Wilson*, edited by A. S. Link, Princeton University Press, 1982, Vol.59, pp.608-609.

② ［美］亨利・基辛格：《世界秩序》，中信出版社 2015 年版，第 305～310 页。

③ G. W. Pepper, America and the League of Nations, *Journal Of Comporatice Legislation and International Law*, 1921, Vol.3; C. Seymour (ed.), *The Intimate of Colonel House Arranged as a Narrative*, Boston, 1926-1928, Vol.4, pp.198, 209; W. Wilson, Addresses, Jan.22, 1917, in *The Papers of Woodrow Wilson*, edited by A. S. Link, Princeton University Press, 1982, Vol.40, pp.536-537.

④ 有关"利益和谐论"的阐述和批判，参见［英］爱德华・卡尔：《20 年危机：国际关系研究导论》，秦亚青译，世界知识出版社 2005 年版，第 71～75 页。

说"息息相关。[1] 然而政治家和学者的言辞与话语不能替代和会中各国现实的政治角力，那些具有理想主义性质的目标——永久和平、集体安全、贸易自由——不可避免地将遭遇利益的挑战。[2] 威尔逊声称"美国是和会上唯一一个没有利益的国家"[3]，但实际上，美国不单希望从巴黎和会中获得利益，甚至还出于利益考量，修改了"十四点"的判断，从二元思想的均衡逐渐走向现实主义独大，理想主义萎缩的二元对立境地。我们可以清楚地看到，迅速渗透的现实主义思想是如何影响它在和会上的外交决策的。

首先，国际联盟本身就成为和会的交锋焦点。[4] 美国政府相信，如果国际联盟能够成立，其他问题都会迎刃而解——和约的监督、边界的调整、战败国的赔偿与处置、解体帝国的善后、殖民地的划分，都可以由新的组织来处理。[5] 尽管英国与法国政府并不反对建立国际组织这一提议，但它们更希望依照均势原则与战时同盟来处理利益划分和战后秩序问题。各国对于国联的设想也彼此相距甚远。[6] 威尔逊一方面希望欧洲实现全面和解，另一方面又不希望深入介入欧洲事务，过多被国联的强制性义务捆住手脚。事实上，仅仅依赖美国的道德舆论力量和经济力量，不可能有效解决欧洲所面临的根深蒂固的安全问题。在不能获得美国的安全保证的前提下，它们更不愿意将国联的领导

---

① H.W.V. Temperley, *A history of the Peace Conference of Paris*, H. Frowde, Hodder & Stoughton, Vol.Ⅱ, p.21.

② L. George, *The Truth About Peace Treaty*, London, 1938, Vol.Ⅰ, pp.223-225.

③ A. S. Link(ed.), *The Papers of Woodrow Wilson*, Princeton University Press, 1982, Vol.53, p.351.

④ W. B. Fowler, *British-American Relations*, 1917-1918: *The Role of Sir William Wiseman*, Princeton University Press, 1969, p.293.

⑤ [加]玛格丽特・麦克米伦:《缔造和平:1919巴黎和会及其开启的战后世界》，邓峰译，中信出版集团2018年版，第115～117页。

⑥ L. E. Ambrosius, *Woodrow Wilson and the American Diplomatic Tradition*, Cambridge University Press, 1990, p.55; G. W. Egerton, *Great Britain and the Creation of the League of Nations*, The University of North Carolina Press, 2011, pp.65-69.

权让给美国,也不愿意接纳美国所提出的民族自决与贸易自由。[①] 同时,美国的立场也存在内在矛盾——理想主义促使威尔逊在《国际联盟盟约》中规定了对于所有侵略行为的共同义务(第 10 条),但这一点不仅遭到英国的反对,也被国内舆论所排斥——为一个东欧小国而加入军事行动,同美国的现实利益几乎毫无关联。

其次,战败国的惩罚与殖民地处置引发了美国与英法等国的激烈冲突。法国希望严惩德国,彻底瓦解它并且施加巨额战争赔款,甚至寻求割让德国的莱茵兰地区领土。[②] 美国则认为,适当的惩罚是必要的,但不应当过度,应该让德国保留重新加入国际社会与国际贸易体系的能力。英国的立场介于二者之间。[③] 此时美国的考量,除了秉承"十四点"中有关公正处理战败国、尊重民族自决以及维持欧洲局势稳定的主张以外,还涉及保存德国作为对抗苏联的安全屏障以及美国资本的潜在市场的实际利益。美国既不希望自己失去良好的商业机遇,也不希望费尽周折建立起来的安全制度由于复仇主义而功亏一篑(尽管这最终仍旧发生了)。[④] 因此,无论出于利益还是原则的考虑,美国都积极争取法国的支持,通过与英国共同作出安全承诺以及为德国提供经济复兴援助,最终避免了彻底肢解德国。[⑤] 在处理德国殖民地问题上,美国与其他国家冲突更甚。英法意日四国均表示对于殖民地有领土主张或者诉求,而威

---

① 在威尔逊同豪斯以及塞西尔勋爵的往来信件中,他和塞西尔勋爵就国联的几项基本原则产生了很大分歧——这实际上也代表着美国同英国的分歧。例如美国强烈要求列入民族自决与集体安全制度,而英国对此兴趣不足;英国要求盟约缔约各国以武力维系和平格局,而威尔逊则倾向于仲裁和法院解决争端。这实际上就是英国的"均势外交同盟"同美国的"强制国际组织"之间的分歧。参见 A. S. Link (ed.), *The Papers of Woodrow Wilson*, Princeton University Press, 1982, Vol.49, pp.12-20, 225-227.

② A. S. Link (ed.), *The Papers of Woodrow Wilson*, Princeton University Press, 1982, Vol.55, pp.502-510; L. E. Ambrosius, *Woodrow Wilson and the American Diplomatic Tradition*,Cambridge University Press, 1990, p.54.

③ [加]玛格丽特·麦克米伦:《缔造和平:1919 巴黎和会及其开启的战后世界》,邓峰译,中信出版集团 2018 年版,第 221～222 页。

④ A. Walworth, *Wilson and His Peacemakers: American Diplomacy at the Paris Peace Conference*, 1919,W. W. Norton & Company, 1986, p.281.

⑤ A. Walworth, *Wilson and His Peacemakers: American Diplomacy at the Paris Peace Conference*, 1919,W. W. Norton & Company, 1986, p.203.

尔逊则强烈反对将委任统治制度变为胜利者瓜分失败者的工具。① 威尔逊还希望能够贯彻“门户开放”，将广大德属殖民地转化为美国的市场。② 最终，作为对英国支持国际联盟与集体安全的回应，威尔逊同意将德国殖民地分等级，进行不同程度的委任统治，其中某些地区就是对于英国及其自治领土诉求的妥协。③

再次，美国主张的军备管制、自由贸易遭遇到来自英国的阻力。《国际联盟盟约》第 1 条将军备管制视为加入国联的必要条件，它的宗旨在于限制各大国的军备竞赛，通过裁军方式维系和平。但是，由于将“门罗主义”列入《国际联盟盟约》即威尔逊政府本身的政治命脉与美国国家利益所在，而当时英国比较关心的是海军军备限制问题，因此，威尔逊不得不再次同英国作出妥协，忽视这些条款，在事实上承认了英国违反军备管制规则的做法，一次换取英国同意将“门罗主义”纳入其中。④ 同样地，由于英国强烈反对，美国在自由贸易问题上并没能取得多少突破。⑤ 尽管它们对于美国的原则与利益均非常有价值，但过高的谈判成本使威尔逊不得不选择让步。⑥ 有趣的是，英国与法国政府虽然不愿对美国完全开放门户，但都希望邀请美国资本来为欧洲的经济复兴作出保障，建立一个美国参与的“经济新秩序”。然而，出于孤立主义的影响，美国政府对此并不支持。威尔逊对于介入欧洲的经济财政困境没有兴趣，美国国会也不可能接受这种干预计划。⑦

---

① A. S. Link(ed.), *The Papers of Woodrow Wilson*, Princeton University Press, 1982, Vol.54, pp.138-148.

② A. S. Link(ed.), *The Papers of Woodrow Wilson*, Princeton University Press, 1982, Vol.53, pp.678-687.

③ A. S. Link(ed.), *The Papers of Woodrow Wilson*, Princeton University Press, 1982, Vol.55, p.78.

④ A. Walworth, *Wilson and His Peacemakers: American Diplomacy at the Paris Peace Conference*, 1919, W. W. Norton & Company, 1986, p.304.

⑤ A. S. Link (ed.), *The Papers of Woodrow Wilson*, Princeton University Press, 1982, Vol.54, pp.138-148.

⑥ A. S. Link (ed.), *The Papers of Woodrow Wilson*, Princeton University Press, 1982, Vol.54, pp.459-461；韩莉：《伍德罗 · 威尔逊与国际联盟》，首都师范大学 2000 年博士毕业论文，第 78 页。

⑦ [加]玛格丽特 · 麦克米伦：《缔造和平：1919 巴黎和会及其开启的战后世界》，邓峰译，中信出版集团 2018 年版，第 251～252 页。

最后，在领土、殖民地与民族自决问题上，美国面临着严重的利益冲突挑战。威尔逊在和会前所提倡的“废除秘密外交”“民族自决”，在和会上面临着英、法、意、日四国盘根错节的秘密协定与私相授受。在和会开始前，为了能够取得英法对于国际联盟的支持，威尔逊就不得不放弃殖民地“民族自决”的原则，不再讨论战胜国殖民地的自决问题，代之以对于殖民地的委任统治。而这一制度虽然在原则上要求尊重当地人民意见（实际上也几乎没有咨询非洲与太平洋地区人民的意愿），却将广阔的战败国殖民地作为例外处理，不经当地人民同意就决定委任统治。① 在和会上，民族自决的困境在意大利与日本身上反映得尤为突出：意大利与日本分别依据《伦敦密约》与《民四条约》，对奥匈帝国的地中海沿岸地区以及德属太平洋殖民地、中国山东提出了领土诉求，这都直接与美国主张的民族自决、外交公开以及门户开放发生冲突。② 美国政府虽然对于阜姆地区的领土归属以及日本违反“中国行政及领土主权之完整”的行为态度强硬③，但随着两国威胁退出和会，国联有胎死腹中的风险，美国也不得不审时度势，一方面同意意大利对泰洛尔、亚斯特里亚、里萨、瓦拉纳等地的控制④，另一方面以日本尊重“门户开放”为条件，选择抛弃中国而维护美国利益。⑤

（三）对美国筹建国联实践的评价

可以看到，巴黎和会上的美国外交实践基本遵循了一套判断标准：当现实利益与理想并行不悖或者无须过高成本即可达成一致时，美国政府选择二者兼顾；当二者发生冲突时，美国决定优先保障其国联计划，以及包括门户开放、门罗主义等在内的现实利益。为此，民族自决、公开外交等更加远离现实利益的纲领就被放弃。在其他国家的利益之中，英、法等足以影响美国在和会上成败的主要国家，显然要比中国等弱国或其他小国对美国更具意义，也更容易达

---

① 王玮、戴超武：《美国外交思想史 1775—2005》，人民出版社 2007 年版，第 274 页。

② 齐世荣主编：《世界通史资料选辑·现代部分》，商务印书馆 1998 年版第 1 分册，第 9 页；A. S. Link (ed.), *The Papers of Woodrow Wilson*, Princeton University Press, 1982, Vol.54, pp.485, 500.

③ 参见《顾维钧回忆录》，中华书局 1983 年版第 1 分册，第 168～170 页。

④ A. Walworth, *Wilson and His Peacemakers: American Diplomacy at the Paris Peace Conference*, 1919, W. W. Norton & Company, 1986, p.54; A. S. Link (ed.), *The Papers of Woodrow Wilson*, Princeton University Press, 1982, Vol.57, pp.344-345.

⑤ 唐启华：《巴黎和会与中国外交》，社会科学文献出版社 2014 年版，第 192～205 页。

成同美国的妥协。

威尔逊在巴黎的外交活动不能称得上成功,其国内外反映也说明了这种在利益权衡过程中过分倾向于某一元思想的决策可能的不利后果。他没有继承"十四点"中那种灵活立场,而是在骤然面对传统均势外交的现实主义浪潮阻碍时,一方面在国联问题上心高气傲地坚持立场,另一方面又在涉及本国利益的议题上抛弃原则,使得美国既不能完全按照现实主义追求利益最大化,也无法按照理想主义构建良好的国际秩序。更严重的是,美国基于"十四点"而在国际社会形成的良好国家声誉和影响,受到了这种反复不定的严重打击,在客观上也损害了美国的国家利益。① 这种不稳定的外交政策的另一个后果是,美国国内的理想主义者和现实主义者均对国联和和会抱有不满②,而作为战胜国的英法与作为战败国的德国都对于"十四点"统治巴黎和会与《凡尔赛条约》怀有怨言。③ 美国主导建立国联的外交历程充分说明,如果没有理想主义的信条,那么国内舆论不可能支持美国走向世界舞台,国际社会也不可能在一个深陷权力政治的世界格局中支持威尔逊的国联方案,这是理想主义发挥影响的积极之处;但同时,正因为均势外交传统根深蒂固,欧洲列强余威尚存,缺乏务实精神与充分实力支撑的理想主义信条才屡受挫折,最终归于瓦解,这也是现实主义给出的深刻教训。

三、罗斯福政府与联合国:"调和的理想主义"

相比于学者出身,信奉以哲学原则指导外交事务的威尔逊总统,罗斯福则

---

① 例如在山东问题上,中国舆论就对威尔逊产生了非常负面的反馈和评价。时任美国国务卿兰辛对威尔逊的决策也极为不满,他认为,这是对民族自决原则的出卖,将会牺牲美国在远东的尊严。参见 Memorandum by Robert Lansing, April 28, 1919, in A. S. Link (ed.), *The Papers of Woodrow Wilson*, Princeton University Press, 1982, Vol.58, p.185.

② A. S. Link, *Wilson the Diplomatist: A Look at His Major Foreign Policies*, Baltimore, 1956, p.155.

③ [美]入江昭:《美国的全球化进程(1913—1945)》,张振江、施茵译,载孔华润主编:《剑桥美国对外关系史》(第3卷),新华出版社2004年版,第55页。

更加重视实践经验,强调务实的外交理念。[①] 在联合国的建立和战后秩序的构建过程中,我们可以清晰地看到这种"调和的理想主义"在现实主义与理想主义之间的灵活作风,以及它所实现的"二元融合"。但也应当看到,当缺乏调和余地和灵活空间时,即便是罗斯福本人,也不得不如他的前任一般,在重大利益和原则之间作出取舍。

(一)理想主义的延续:罗斯福政府威尔逊主义的继承

罗斯福政府的外交政策相当程度上受到了威尔逊主义的影响,这体现在罗斯福政府对于理想主义信条的继承之上,也体现在罗斯福政府排除孤立主义干扰,重新确立美国在国际秩序中的领导角色,实现国家利益的积极举措之中。一方面,罗斯福十分重视集体安全制度与国际联盟对国际社会的重要意义,加强同国联的合作[②];同时,他将自由、开放、公平的国际经济贸易秩序视为美国国家利益所在,力推关税减免与贸易互惠,希望用日渐加深的贸易关系减少国际冲突。[③] 另一方面,罗斯福政府也秉承着新政以来的高效、务实作风,积极为美国实际利益的扩张保驾护航,力图克服孤立主义这种既不利于实践美国的价值观和道德原则,更不利于美国在即将到来的战争中扩张经济利益的意识形态,改变民众对于参与国际事务的担忧和疑虑。[④]

类似于"十四点计划",罗斯福政府也对它的理想主义原则作出了宣示——"四大自由",明确了反对独裁统治、重建国际经济秩序、反对侵略的原

---

① A. Schlesinger, *My Dear Mr. Stalin: The Complete Correspondence of Franklin D. Roosevelt and Joseph V. Stalin*, Yale University Press, 2005, p.xiii. 转引自 D. Plesch, B. Urquhart, *America, Hitler and the UN*, I.B.Tauris & Co. Ltd., 2011, pp.7-8.

② 赵志辉:《罗斯福外交思想研究》,安徽大学出版社 2009 年版,第 166 页;C. A. Beard, *American Foreign Policy in the Making* (1932-1940), Yale University Press, 1946, pp.75-76.

③ 关于此类观点,参见 R. Gardner, *Sterling Dollar Diplomacy: The Origins and the Prospects of Our International Economic Order*, McGraw Jill, 1969; L. Gardner, *Economic Aspects of New Deal Diplomacy*, University of Wisconsin Press, 1964。国务卿赫尔就曾经表示,"和平源自无障碍的贸易",参见 Cordell Hull, *The Memoirs of Cordell Hull*, The Macmillian Company, 1948, Vol. Ⅰ, p.81.

④ 例如在埃塞俄比亚危机期间对意大利的制裁计划、1937 年的"防疫演说"以及 1939 年与 1941 年对中立法案与租借法案的大幅修改。参见关在汉主编:《罗斯福选集》,商务印书馆 1982 年版,第 259,267,269 页。

则，并且将这些原则推广到世界范围内，使之成为国际合作与新的国际组织的价值先导。[①] "双行道"思想更是明确指出，"持久和平赖以为基础的国际合作不是单行道"，"在未来的世界里，所谓'强权政治'所指的那种滥用权力绝不能成为国际关系中的支配因素"。[②] 正因为这种思想，在战后秩序安排上，美国一方面重视全球布局，试图利用国力强大的现实争取更大的国家利益，另一方面却又没有将美国视为世界事务的独裁者，而只是一个新的集体秩序的仲裁者，相当程度上恢复并且尊重了那些在战争中遭到严重削弱，甚至是一度被占领国家的平等地位，这应当说同威尔逊式的理想主义及其背后的美式价值观，有着深刻的关系。[③]

(二)罗斯福对联合国与战后秩序设想的形成与美国的实践

在美国主导建立联合国的过程中，罗斯福政府主导或参与的会议、声明，所起草之文件、条约数量众多。在这里，本文选择了具有代表性的大西洋会议、德黑兰会议、敦巴顿橡树园会议、雅尔塔会议与旧金山会议作为主要材料，考察"二元论"对于外交决策的影响。

1.理想主义与现实主义的融合:《大西洋宪章》

如果说"四大自由"是囊括了罗斯福在内政与外交等多个领域施政思想的指导原则的话，那么《大西洋宪章》就是他为美国和世界设计战后秩序的纲领。应当说，《大西洋宪章》在很大程度上都体现出典型的"二元融合"，也即在追求国家利益的同时实现意识形态的价值追求。[④]

首先，在领土和殖民地问题上，英美两国重申了不追求领土扩张、尊重领土变动和政府形式的民族自决的原则。罗斯福还特别强调，这项原则"适用于整个世界"，直指英国庞大的殖民帝国与国联时代遗留下来的"委任统治

---

① E. M. Burns, *The American Idea of Mission: Concepts of National Purpose and Destiny*, Rutgers University Press, 1957, pp.106, 136-137.

② 关在汉主编:《罗斯福选集》，商务印书馆1982年版，第491页。

③ 李青:《威尔逊主义外交政策理念及影响》，载《国际关系学院学报》2006年第4期。

④ 《大西洋宪章》全文，参见《国际条约集(1934—1944年)》，世界知识出版社1961年版，第337～338页。有关学者的评价另参见张附孙:《大西洋宪章:战后资本主义社会改革的指导原则》，载《云南师范大学学报(哲学社会科学版)》2003年第6期;杨永锋:《〈大西洋宪章〉与罗斯福思想探析》，载《延安大学学报(社会科学版)》2014年第1期。

地"。[①] 残留的殖民主义被罗斯福视为"战后威胁国际和平的首要因素"[②],而小国从殖民状态下摆脱出来,又可以为美国提供新的广阔市场[③],显然推广民族自决以抵制殖民主义,符合美国的海外经济利益与道德原则。其次,《大西洋宪章》强调要尊重所有国家平等参与贸易和实现繁荣的权利,尊重航行自由不受限制,一方面是为了瓦解殖民地特惠制,促进门户开放[④],另一方面也是基于"国际贸易的不公平限制是诸多国际性灾难的起源"这种认识而希望通过新的国际经济体系来促进和平。[⑤] 最后,《大西洋宪章》点明了战后秩序的核心——普遍安全体制,并且阐述了两国对裁军、解除武装、强制和平的构想。罗斯福对新的国际组织有三个要求——美国领导、维持和平、避免低效。[⑥] 这充分反映出这位"调和的理想主义者"对于美国领导地位以及自由主义国际秩序两个目标互相支持、彼此贯通的灵活、务实态度。

《大西洋宪章》包括了理想主义的三项基础原则,又兼顾了美国在战后摧毁殖民制度,打开国际市场的现实利益,还通过盟国两大核心的声明,宣示了这场战争的战后格局将不同于一战的割地、扩张领土与随意改变疆界[⑦],作为一种话语和宣示,《大西洋宪章》确实为美国的现实利益及价值建构起良好的并行轨道作用。

2.理想主义与现实主义的交锋:德黑兰会议与敦巴顿橡树园会议

如果说得益于英美之间较为一致的意识形态背景以及国家利益诉求,《大西洋宪章》还能够较好地维系美国现实利益与道德原则之间的平衡,那么在涉及苏联的历次会议上,二者的某些固有矛盾就在苏联的压力之下无可避免地暴露出来——在德黑兰会议与敦巴顿橡树园会议上,两种思想的影响随着环

① 关在汉主编:《罗斯福选集》,商务印书馆 1982 年版,第 356 页。

② W. F. Kimbal, *The Juggler Franklin Roosevelt as Wartime Statesman*, Princeton, 1991, p.64.

③ [法]夏尔·戴高乐:《战争回忆录》(第 3 卷上),北京编译社译,世界知识出版社 1981 年版,第 214 页。

④ [英]温斯顿·丘吉尔:《第二次世界大战回忆录》,北京编译社译,商务印书馆 1975 年版,第 671~672 页。

⑤ [美]罗伯特·舍伍德:《罗斯福与霍普金斯》(上册),北京编译社译,商务印书馆 1980 年版,第 356~363 页。

⑥ [美]入江昭:《美国的全球化进程(1913—1940)》,张振江、施茵译,载孔华润主编:《剑桥美国对外关系史》(第 3 卷),新华出版社 2004 年版,第 33 页。

⑦ 李铁城:《大西洋会议和大西洋宪章的历史地位》,载《外交学院学报》1984 年第 2 期。

境变化逐渐易位,外交实践的路径也随之改变。

(1)德黑兰会议

德黑兰会议上美国的压力主要来自两点:如何设计集体安全制度、如何划分敏感地区势力范围。罗斯福和赫尔认为,只有主要国家都接受《大西洋宪章》和《联合国家宣言》所确立的原则,持久和平才有可能。他们希望一个新的国际组织将会用法律和多数表决的办法一改传统的强权政治那种无政府状态。在此基础上,波兰、意大利、巴尔干的归属问题,也会因为苏联所面临的安全危机消解而迎刃而解。①

三国在战后集体安全制度的设计上较为顺利地达成了共识,但具体到各国的权力分配,英国与苏联都试图在某些地区自立门户。英国提出"分地区委员会"构想,希望保持对殖民地的影响力②,苏联则以此为根据,主张降低中国地位,并且强化苏联在远东的安全缓冲区。③ 这种以国际组织之名行殖民主义与势力范围之实的主张当然不可能得到美国的同意。为了说服斯大林接纳中国并放弃分区方案,罗斯福同意让苏联陆军加入全球性警察活动之中,使苏联的影响力就不仅限制在欧洲。虽然这种安排将不利于美国对苏联的遏制,但在美苏合作为主流的大背景下,两相比较,罗斯福作出的让步毕竟成功地保留了安理会方案,防止了联合国成为各国划分势力范围的工具。

在领土安排问题上,罗斯福没有遇到他理想之中的那种友爱、平等和合作精神。首先是苏联在东欧的领土诉求——苏联一方面根据要求确认对波兰东部领土的主权合法性,另一方面又拒绝在1940年被吞并的波罗的海三国适用"民族自决",反对任何国际监督。④ 其次是丘吉尔提出,英国不会放弃它的任何殖民地。⑤ 这是对于罗斯福在《大西洋宪章》中再三强调的民族自决原则的

① P. Mayle, *Eureka Summit: Agreement in Principle and the Big Three at Tehran*, 1943, Associated University Press, 1987, pp.15-60.

② E. Luard, *A History of a United Nations, Volume Ⅰ: The Years of Western Domination*, 1945-1955, The Macmillan Press, 1982, p.22.

③ G. Roberts, Stalin at the Tehran, Yalta, and Potsdam Conferences, *Journal of Cold War Studies*, 2007, Vol.9, pp.6-40.

④ Office of the Historian, The Tehran Conference, 1943. Milestones 1937-1945. U.S. Department of State, 2016.

⑤ [美]威廉·哈代·麦克尼尔:《英国、美国、俄国和他们的合作与冲突》(下册),叶佐译,上海译文出版社1978年版,第520~521页。

直接反对，更涉及同样作为同盟国家的波兰能否恢复本国领土的问题。对英国，美国尚可通过经济手段迫使其让步，但对苏联，严重依赖于苏联军事力量的美国在缺乏有效手段的情况下，不得不同意了对于波兰和波罗的海国家领土的控制，通过这种原则上的妥协换取苏联对同盟国和联合国的支持。①

德黑兰会议的声明强调，“我们将寻求所有国家的合作和积极参与，无论大小”。② 应当说，“合作和积极参与”确实在罗斯福的努力下实现了，但是否真的“无论大小”，这些国家的选择又是否能够切实得到尊重，就越来越成为同美国的现实利益与紧迫关切无关的非主要问题了。

(2)敦巴顿橡树园会议

在敦巴顿橡树园会议上，首先需要解决的是联合国和安理会的组成问题。此处，美国追求国家利益最大化的现实主义立场表现得淋漓尽致——美国一方面积极主张那些没有明确对轴心国宣战，但与之断交、为盟国提供援助的国家成为创始会员国，以便于使拉美国家在大会中扩展美国的影响力③，另一方面建议为中国、巴西预留安理会常任席位，使得美国实际上拥有在安理会的三票表决权④。这一计划当然不能被其他国家接受，因而最终搁浅。其次是经社理事会问题。罗斯福认为必须从社会经济领域入手才能彻底解决战争问题⑤，英国与苏联代表也承认经济社会问题也关系到安全与和平，必须加以重

---

① [美]孔华润(沃伦·科恩)：《苏联强权时期的美国(1945—1991)》，王琛译，载[美]孔华润(沃伦·科恩)主编：《剑桥美国对外关系史》(第4卷)，新华出版社2001年版，第226页。

② The Avalon Project：Declaration of the Three Powers，http://avalon.law.yale.edu/wwii/tehran.asp，下载日期：2019年2月20日。

③ 苏联外交部编：《1941—1945年苏联伟大卫国战争期间苏联部长会议主席同美国总统和英国首相通信集》(第2卷)，世界知识出版社1963年版，第159～160页。

④ 李铁城主编：《联合国的历程》，北京语言学院出版社1993年版，第42页。丘吉尔就说过，中国的表决权可能成为“支持美国的名不副实的一票”。参见[美]孔华润(沃伦·科恩)：《苏联强权时期的美国(1945—1991)》，王琛译，载[美]孔华润(沃伦·科恩)主编：《剑桥美国对外关系史》(第4卷)，新华出版社2001年版，第227～228页。

⑤ Transmittal to Congress of a Report by the United Nations Interim Commission on Food and Agriculture，http://www.presidency.ucsb.edu/ws/index.php?pid=16598&st=&st1=，下载日期：2019年2月20日。

视。[①] 因此，在美国代表的建议下，联合国建立了以经社理事会为代表的一系列专门负责处理国际经济社会问题的机构。在这一点上，三国没有过多利益冲突，美国又积极推动，因此各方也就顺水推舟，乐见其成。

再次，美苏就安理会的强制措施存在着分歧。第一，苏联希望无法提供军队的国家提供军事基地作为替代义务，美国代表认为这可能成为大国借以在小国驻军的理由，因此加以回绝；第二，苏联建议建立隶属于安理会的国际空军，但美国表示最好还是由各国同安理会合作，使用其自己的军事力量，而不是将其整合为一体。考虑到美国当时拥有世界上最强大的空军力量，显然美国是希望能够在安理会名义下自主地指挥这支力量，而不是拿出来同其他国家分享指挥权。[②]

最后，各国争议最大的还是常任理事国的否决权问题。根据罗斯福的提议，安理会将以多数决取代国联"全体一致"的低效率制度，这意味着大国也可能被多数所压倒。因此，美国强调，常任理事国必须拥有对决议案的否决权，只有这样才能"使新的国际组织中会员国承担的义务符合美国宪法的要求和适合美国公众的口味"[③]。当然，美国也同意，当常任理事国是争端当事方时，它就不应当享有投票权，否则这种"大国将自己置于法律之上"的做法将会摧毁国际组织的根基。[④] 对于在安理会中盟友寥寥的苏联来说，否决权对于国家安全十分重要，因此苏联代表认为，不单常任理事国不应该回避，它的否决权还甚至应当能够阻止和平解决措施的实施。这一点遭到了罗斯福和赫尔的强烈反对并被搁置下来。

可以看到，在会员国席位、军事力量、投票权问题上，美国表现出了一如既往的现实主义，试图将本国在战争中不断攀升的国力转化为国际组织制度中的"软实力"；而在否决权、人权和经济社会发展问题上，美国则延续了罗斯福在新政中总结出的"四大自由"以及《大西洋宪章》中的平等、开放原则，重视程

---

① D. Plesch, B. Urquhart, *America, Hitler and the UN*, I.B.Tauris & Co. Ltd., 2011, p.180.

② E. Luard, *A History of a United Nations, Volume* Ⅰ: *The Years of Western Domination*, 1945-1955, The Macmillan Press, 1982, pp.27-29.

③ [美]威廉·哈代·麦克尼尔:《英国、美国、俄国:它们的合作与冲突》(下册),叶佐译,上海译文出版社1978年版,第571页。

④ 苏联外交部编:《1941—1945年苏联伟大卫国战争期间苏联部长会议主席同美国总统和英国首相通信集》(第2卷),世界知识出版社1963年版,第161页。

序、顾及利益与原则的一致性。

3.理想主义对现实主义的妥协:雅尔塔会议

(1)联合国问题

联合国仍存在两个悬而未决的问题——否决权与创始会员国。就否决权问题,美国的总体立场是比较开放的:大国不能没有否决权,但也不能任意滥用其权力,不正当干预安理会运行。美国代表强调,如果小国甚至没有表达不满的渠道,联合国就不可能有任何前途。① 因此,美国提出了"雅尔塔公式",在美国的回避制度以及苏联的绝对否决权之间作出了平衡,一方面施加了对常任理事国权力的限制,另一方面尊重了大国的特别地位。② 当然,涉及国家利益分配的重大议题,不仅是英国和苏联保留了意见③,罗斯福自己也心存疑虑,以至于对否决权是否可能威胁美国产生担忧④。最终,三国在此问题上达成一致,也即否决权将不用于针对三国的目的。显然这一公式首先照顾到的是英、美、苏三国在安理会中的行动自由和利益,因而这项规则在确立后始终受到小国的严厉批判。⑤ 但是也应该看到的是,正是美国的坚持迫使苏联放弃了绝对否决权诉求,在一定程度上实现了安理会内常任与非常任理事国,大国与小国之间的力量平衡。⑥

---

① US Government Printing Office: *Foreign Relations of the United States: Diplomatic Papers, Conferences at Malta and Yalta*, 1955, pp.960-961.

② F. O. Wilcox, The Yalta Voting Formula, *The American Political Science Review*, 1945, Vol.39.

③ 丘吉尔基本同意美国方案,但是要求常任理事国的否决权必须能够起到保护国家安全(当然还有国家利益)的作用,他的例子是当中国和埃及提议收回苏伊士运河时,英国必须能够加以否决;斯大林则认为,涉及强制措施的决议案,辩论自由,但表决过程不得排除任何国家,即便它属于争端当事国;涉及和平解决争端的决议案,任何国家,包括常任理事国,不得投票,以防止对和平解决争端程序的阻碍。参见《德黑兰·雅尔塔·波茨坦会议文件集》,上海三联书店1978年版,第174~175页。

④ US Government Printing Office: *Foreign Relations of the United States: Diplomatic Papers, Conferences at Malta and Yalta*, 1955, pp.966-968.

⑤ 关于这一问题,参见李雪平:《联合国安理会改革的国际法思考》,载《法律科学》2005年第4期;陈向阳:《联合国改革与21世纪国际秩序》,载《现代国际关系》2005年第9期;毛瑞鹏:《权力分享与美国在安理会改革问题上的政策选择》,载《美国研究》2016年第4期。

⑥ [美]沙希利·浦洛基:《雅尔塔:改变世界格局的八天》,林添贵译,中信出版社2018年版,第162页。

在创始会员国资格问题上，斯大林希望白俄罗斯和乌克兰具有独立的加入资格。[①] 罗斯福总统当时关心的问题则是苏联是否将参加在远东的对日作战，而斯大林则利用美国对这一点的考虑进一步扩张其对联合国席位问题的影响。[②] 尽管在美国国务院中，反对苏联一国占有多票表决权的官员大有人在，但当斯大林直接提出拉美国家创始会员国资格以及对日宣战问题时，罗斯福不得不对此作出妥协。考虑到美国国内舆论和国会对此可能产生的抵触情绪，罗斯福与斯大林在私下达成协议，美国支持乌克兰和白俄罗斯加入联合国，而苏联则支持美国在大会拥有等同于三票的表决权。[③] 虽然这一方案由于泄露遭到公众严重反对，最后搁浅，但受到自己内阁同僚压力的罗斯福总统毕竟不得不为了自身的政治利益与美国的国家利益，放弃了作为公平象征的一国一票原则。[④]

(2)势力范围的划分

虽然美国政府极力主张在战后废除势力范围，但英国与苏联早已经达成秘密协定，就苏联的东欧安全缓冲区与英国的帝国殖民利益进行了势力范围划分。[⑤] 即便是美国自身，虽然没有严格的势力范围诉求，却也在伊朗等地区享有“特殊利益”。在这种背景下，消除势力范围、推动民族自决、促进国际合作的尝试日渐艰难。

雅尔塔会议的非公开部分主要讨论了波兰、巴尔干、远东问题。随着苏联同意加入联合国并对日宣战，英美两国在波兰问题上的砝码越来越少。斯大林重申了波兰领土西移和“寇松线”的诉求，这一点英美都没有表示异议，毕竟这些地区已经实际上处在苏联的军事控制之下。罗斯福为波兰作出了某些抗

---

① 苏联外交部编:《1941—1945 年苏联伟大卫国战争期间苏联部长会议主席同美国总统和英国首相通信集》(第 2 卷),世界知识出版社 1963 年版,第 160 页。

② E. Reilly Jr. Stettinius, *Roosevelt and the Russians*, Kessinger Publishing, LLC, 2005, p.196.

③ *Foreign Relations of the United States: Diplomatic Papers, Conferences at Malta and Yalta*, 1945, (Washington: US Goverment Printing Office, 1955), pp.966-968.

④ [美]沙希利·浦洛基:《雅尔塔:改变世界格局的八天》,林添贵译,中信出版社 2018 年版,第 372～374 页。

⑤ L. C. Gardner, *Spheres of Influence: The Great Powers Partition in Europe, From Munich to Yalta*, Ivan R. Dee, 1994, pp.184-192.

争——例如争取更多的石油资源[①],或者劝说斯大林接受美国国务院草拟的"被解放的欧洲宣言",尊重各国人民自主选择政体之权利。[②] 但是苏联方面在实际利益方面态度坚决,仅仅在处理波兰流亡政府与反对派人士议题上作出了一些缓和姿态。[③] 最终美国不得不放弃自己一贯以来有关国际监督选举、组建联合政府的立场。[④]

在远东,苏联对于中国的满洲地区与日本的北方岛屿提出了大量的领土与利益诉求,其中包括对中国旅大港口、中长铁路的控制权以及维持外蒙独立的要求。[⑤] 对于日本领土,罗斯福并无异议。但他反对牺牲中国向苏联让步。但在这个问题上斯大林态度坚决。罗斯福也不得不再最后作出妥协。波伦回忆道,罗斯福总统在同斯大林谈判时,显然良心是不安的。一方面他不能失去苏联的帮助,因为美国亟须苏联的军事力量来降低对日作战的伤亡——这是罗斯福政府和美国社会所顾虑的当务之急。[⑥] 另一方面,他也不能公然承诺允许苏联在中国建立势力范围,因为这直接违背了他历来坚持的公开外交与民族自决原则。最终,罗斯福只能接受苏联的秘密协定。[⑦] 美国能作出的"调

---

① M. P. Leffler, Adherence to Agreements: Yalta and the Experiences of the Early Cold War, *International Security*, 1986, Vol.11.

② 其表述为:"欧洲秩序的建立和国民经济生活的重建,必须通过使被解放的各国人民能够摧毁纳粹主义和法西斯主义的最后痕迹,并建立他们自己选择的民主制度的程序来实现","(人民)能够创建自己选择的民主体制。这是《大西洋宪章》的一项原则——所有人民有权选择他们愿意的政府形式"。Declaration of Liberated Europe, http://avalon.law.yale. edu/wwii/yalta.asp,下载日期:2010 年 2 月 10 日。

③ February 11, 1945 Protocol of Proceedings of Crimea Conference, reprinted in John Ashley Soames Grenville and Bernard Wasserstein, *The Major International Treaties of the Twentieth Century: A History and Guide with Texts*, Taylor and Francis, 2001, pp.77-267.

④ Observations Conceiving the Crimean Declaration, February 16, 1945, Poland, Ministerstwo spraw zagranicznych, box 98, folder 44, Hoover Institution Archives.

⑤ *Foreign Relations of the United States: Diplomatic Papers, Conferences at Malta and Yalta*, 1945, (Washington: US Government Printing Office, 1955), p.984.

⑥ E. Yaung, *The Impact of the Yalta Agreement on China's Domestic Politics* 1945-1946, Ph.D dissertation, Kent State University, 1979, p.79.

⑦ [美]沙希利·浦洛基:《雅尔塔:改变世界格局的八天》,林添贵译,中信出版社 2018 年版,第 288~291 页。

和”,仅仅限于加强旅顺港的国际化,以及协定必须征得中国政府同意几项条件。[①] 考虑到美国政府对中国外交部门的信息封锁,这些条件的意义也微乎其微。[②] 或许是出于制衡苏联的考量,或许是出于该行动严重损害中国利益这一道德负担,罗斯福在雅尔塔会议后曾经尝试着削弱密约对中国的影响,包括外蒙古维持现状、租借旅顺但承认这两地仍属中国主权,以及由中美苏三国技术人员共同负责满洲铁路管理。[③] 但就是这种非常不彻底的“救赎”,也随着罗斯福的溘然长逝而宣告终结。

在伊朗问题上,美国不得不直面本国利益与道德原则的冲突——伊朗在1941年被英国和苏联联合占领,当时罗斯福总统承诺将会尽早敦促两国军队撤出伊朗。[④] 但实际上,美国的石油公司已经在伊朗开始投资活动。在这种背景下,美国不可能完全支持伊朗政府有关盟国军事与政治力量撤出伊朗的请求。[⑤] 从20世纪30年代开始。伊朗的警察力量就由美国顾问负责培训和指挥。伊朗国内的炼油工厂也有相当一部分有美国企业控制。美国的国家利益同罗斯福总统所宣称的那种无私的外交政策之间永远存在着不可避免的张力,而这也迫使美国不得不在面对伊朗政府根据《大西洋宪章》发出的逼问时顾左右而言他。

(3)对雅尔塔实践的评价

雅尔塔会议中规则和权力都扮演着重要角色。美国政府虽然依旧秉承“调和的理想主义”,试图根据这种观念去协调本国实际利益与道德原则面临的冲突境地,但在严峻的现实国家利益形势面前,罗斯福也不得不对利益的先后作出权衡。相比之下,联合国面临的情况要好得多——苏联和英国都接受了主权平等等原则,部分地承认了托管制度,承诺它们的军事力量将被用于维

---

① 本书编译组编:《德黑兰·雅尔塔·波茨坦会议记录摘编》,上海人民出版社1974年,第159～166页。

② [英]傅铱华:《雅尔塔远东问题协议重探——以傅秉常为中心的讨论》,张帆译,载《南京大学学报(哲学、人文科学、社会科学版)》2008年第1期。

③ 《魏道明致蒋介石》,1945年3月12日,《战时外交(二)》,第542～543页。转引自张振江:《〈雅尔塔秘密协定〉背后的中、美、苏关系透析》,载《东南亚研究》2003年第5期。

④ A. Yonah, A. Nanes, *The United States and Iran: A Documentary History*, University Publications of America, 1980, pp.77-80.

⑤ [美]沙希利·浦洛基:《雅尔塔:改变世界格局的八天》,林添贵译,中信出版社2018年版,第364～365页。

持国际和平与安全,而不是为自己的利益而采取威胁或侵略行为。[①] 这意味着至少在制度层面,美国没有从罗斯福所倡导的理想主义原则上大幅让步。但是在领土与势力划分问题上,美国的做法显然不能为人称道。麦克尼尔评论到,罗斯福嘴上讲的和内心珍爱的宏大理想同斯大林在波兰和东欧普遍采取的行动是很不调和的,而在远东的那笔交易则肯定是同罗斯福自己的原则大相径庭的。他发现自己处于一个十分尴尬的地位,没有争取波兰人和中国人的同意就将他们的利益甚至主权让与其他国家。这一点恰好是罗斯福过去经常批评,并且在《大西洋宪章》中明确反对的做法。如果做一个略显仓促的判断,美国实际上是牺牲波兰与中国的主权来降低美国国民的损失和伤亡。对于作为美国领袖的罗斯福,这固然无可厚非,但一方面在制度构建上以国际公理与小国庇护者的身份出现,一方面在领土归属上却以小国、盟国为壑,这确实体现出理想主义信条在美国利益权衡与外交决策中的困难境地。

4.理想主义的余晖:旧金山会议

旧金山会议在罗斯福总统去世后举行。此时国际局势也发生了显著变化,因而美国外交实践开始脱离罗斯福时代的惯性,向着现实主义奔去。

第一个阶段,美国主要试图推动与轴心国的友好关系而最初被三国拒绝加入的阿根廷获得初始会员国资格。[②] 这种违反《雅尔塔协议》的要求受到了苏联方面的强烈反对,并且遭到了国际舆论的批评。美国政府运用其多数票优势,强行推进议程,最终取得成功。[③] 这种滥用表决权的行为遭到了赫尔的反对,他认为这可能会破坏苏联同美国合作的信心。[④] 麦克尼尔也认为,即便美国暂时性地用多数票压倒了苏联,取得了这个问题上的胜利,但是就长远来看,美国仍然遭受了道义上的失败。[⑤] 显然,规则的制定者已经开始操纵规则,服务于自身利益了。

---

① S. C. Y. Pan, Legal Aspects of the Yalta Agreement, *American Journal of International Law*, 1952, Vol.46.

② The Conferences at Malta and Yalta, 1945, *Foreign Relations of the United States*, 1945, Vol.1.

③ E. Luard, *A history of a United Nations, Volume* Ⅰ: *The Years of Western Domination*, 1945-1955, The Macmillan Press, 1982, pp.41-42.

④ C. Hull, *The Memoirs of Cordell Hull*, Macmillan, 1948, Vol.2, p.1722.

⑤ [美]威廉·哈代·麦克尼尔:《英国、美国、俄国:它们的合作与冲突》,叶佐译,上海译文出版社1978年版,第912页。

进入会议的第二个阶段,更多的分歧暴露出来。大国与小国在否决权范围、联大权力等问题上争执不下[①],这两点上美国都没有按照它所宣传的"小国利益的庇护者"立场行动,而是严格遵照现实主义原则。在大国和小国发生整体矛盾时,美国毫不迟疑地站在大国一方;在小国和英、苏发生矛盾时,美国有可能出于制衡或者增进利益的目的而帮助小国。这一点在之后的实践中也可见一斑。

在托管问题上,美国政府一改罗斯福时代对民族自决的倡导,强调托管制度必须能够保证美国的军事优势、确保被托管地普遍安全以及增进当地人民福祉。其结果是,美国军方出于军事目的而进行的太平洋岛屿占领活动优先于托管制度的实施。[②] 在安理会问题上,美国与苏联虽有冲突,但二者仍旧在保证大国对安理会权力这一点上达成一致,坚持否决权"有限但必要的行使"。[③] 同时,由于两国都对于某些区域政策、组织有重大利益关切,因而他们共同推翻了敦巴顿橡树园会议有关区域组织在安理会的授权下采取行动的内容,同意集体自卫权的存在以及区域组织防止侵略执行行动的合法性。[④]

对于热忱的国际主义者而言,旧金山会议无疑是国际合作的典范。[⑤] 不可否认,这种充满理想的描述是有真实面向的。如果没有理想主义的支持和推动,旧金山会议极有可能成为第二个巴黎和会,其间充斥着瓜分领域与结盟的秘密协定。但是,旧金山会议在理想之外,也绝不是各国践行道德原则的场所。英、美、苏三国的冲突仍旧存在,大国与小国之间的矛盾也在此暴露出来。对美国来说,失去了罗斯福"调和的理想主义"和灵活务实立场的指导,失去了国家利益对于同盟国密切合作的高度需求,它的外交政策就越来越归回到谨

---

① E. Luard, *A history of a United Nations, Volume* Ⅰ: *The Years of Western Domination*, 1945-1955, The Macmillan Press, 1982, pp.43-44.

② 李铁城:《联合国的历程》,北京语言学院出版社 1993 年版,第 64 页;S. Meisler, *United Nations: A History*, Grove Press, 2011, pp.17-21.

③ Statement by the Delegations of the Four Sponsoring Governments on Voting Procedure in the Security Council, U.N.C.I.O. Doc., 1945, Vol.Ⅺ, pp.710-714.

④ E. Luard, *A history of a United Nations, Volume* Ⅰ: *The Years of Western Domination*, 1945-1955, The Macmillan Press, 1982, pp.45-54.

⑤ S. Meisler, *United Nations: A History*, Grove Press, 2011, p.14.

小慎微的现实主义上去了。[①] 随着理想主义信条的土壤日渐流失,道德原则的吸引力不断消散,合作基础上的共同利益和道德原则在此后逐渐被现实的国家安全与国家利益衍生出的遏制政策与东西对抗所取代。

(三)对美国创立联合国实践的评价

通过梳理,我们对于美国在"二元论"之间进行的外交实践有了更加明确的认识——在一系列的外交活动中,美国对联合国是热情的,对于《大西洋宪章》以及一系列国际文件所赋予的责任和义务是积极的,但这种态度终究是有限的。美国希望安理会起到"维持和平之作用",但也希望它不要过度干预属于美国核心利益的拉美事务,不要影响到美国对小国的影响力;美国希望联合国的托管制度能够瓦解陈旧的殖民帝国,希望苏联能够主动地接受联合国奉为圭臬的美式原则,但当这种诉求同美国的国家利益发生直接冲突时,事实证明,美国不但会抛弃他的盟友——波兰、中国的利益,也会在联合国框架内大幅作出妥协,来换取英苏对本国利益的承认。美国促进那些理想主义原则生根发芽,但在本国利益面临严峻挑战或者有巨大机遇的背景下,它也会优先追求现实利益,抛弃某些信条和原则。总体来看,越接近后期,现实主义的影响力就越大,二元思想的分歧也就越明显。但值得肯定的是,相比于威尔逊,罗斯福政府显然更加小心谨慎,避免陷入极端,因而其外交成就的影响也更为深远。作为一个追求领导地位的大国,美国在主导建立联合国的外交活动中抓住重点——本国的现实利益、主要盟国与苏联的利益以及最为核心的理想主义诉求(如集体安全),同时也顾及了小国、弱国、国际法律秩序这些因素在利益体系中的地位。

四、"二元决定论"的影响:类型化考察

在前文,我们考察了美国在创立国际组织,构建战后秩序的实践中受到"二元决定论"的影响。在外交活动中,通过良好、协调的政策实施,美国有可能实现"二元融合",将道德原则与国家利益结合起来;但在更多情况下,美国面临的是"二元冲突"甚至"二元对立",需要在道德和利益之间作出取舍抉择。

---

① [美]哈里·S.杜鲁门:《杜鲁门回忆录》(第1卷),李石译,三联书店1974年版,第61~63页。

为了方便进行类型化总结，本文将影响因素总结为“美国的本国之利益”、“足以影响美国利益的盟国之利益”以及“美式理想主义之追求”。其划分有以下四类。

第一类是在本国利益、盟国利益与理想主义追求具有一致性时，美国对于理想主义目标的积极追求，也即所谓的“二元融合”。这种情况多存在于“言说”领域，如威尔逊制定的“十四点计划”、罗斯福制定的《大西洋宪章》，就是二者外交政策中理想主义的巅峰。在实践领域，也存在诸如二战中联合反法西斯国家的协同作战，战后组建普遍安全组织维持和平与安全，设立经社委员会增进社会福祉的行动。在这些情况下，理想主义目标的实现属于“帕累托最优”，美国与盟国的利益均不会由于追求这项目标而受损（或者代价可以承受），某些情况下还会“相得益彰”。美国自然乐见其成，积极推动理想主义目标的实现。

第二类是本国利益同理想主义追求一致，但同盟国利益相违背，美国就必须进行一定的计算，来选择到底是强迫盟国让步，还是理想主义目标让步。其中一种可能是，如果美国的国家利益同理想主义信条高度一致，那么美国可能就会更坚定地迫使盟国让步。例如安理会的否决权问题、二战后的贸易自由与海洋自由问题。美国迫使盟国让步，接受理想主义信条的要求，一方面是为了本国利益的最大化，另一方面也可能是由于这些内容对于意识形态过于重要，直接影响到执政集团的政治前途和声望，从而不能放弃。另一种可能，也是更常见的情形是，由于其他国家对于美国主张的反对，或者出于取得其他国家对美国某种更为重要利益或原则的谅解，美国会有选择地放弃某些理想主义原则来达成妥协。例如英法在一战后、英国与苏联在二战后对于民族自决与贸易自由的反对。此时，美国无法“压服”其他国家，反而需要在其他重大议题如对日宣战上获得对方支持，那么美国就不得不放弃其强烈主张以及某些与美国利益直接关系甚微的中小国家（如波兰）的利益。

第三类是其他国家的利益同美国所宣示的理想主义信条具有一致性，但具体情形体现出的美国利益与之相悖。此时美国有很大概率会为了本国利益而忽视理想主义，或者削减行动中的理想主义成分。例如一战后意大利对亚得里亚海沿岸的索要，二战后苏联对波兰、远东权益的索要，作为受害国的奥匈帝国、中国、波兰都希望美国能够严格遵守民族自决原则，驳回这些请求。但是美国为了取得谅解和对其他利益的承认，最终决定部分让渡属于中国、波兰的主权利益。再比如在安理会问题上，美国就没有完全站在澳大利亚等小国一方，而是基本上支持了所有大国特权的规则。此时影响移动趋势的，主要是对方国家对美国实际利益的影响力——越是重要的国家，就越有能力迫使美国遵守其宣示，在两国利益之间取得平衡。

第四类是美国利益同盟国利益一致，但都违背了理想主义信条。例如威尔逊在《国际联盟盟约》强行要求加入“门罗主义”、罗斯福总统拒绝伊朗政府撤军诉求以及杜鲁门支持美军方控制日本的太平洋岛屿，因而在旧金山会议上同英国就托管问题达成一致的行动。事例表明，如果是这种情形，美国几乎不会牺牲本国利益和盟国利益来满足理想主义信条，但是有可能在违反理想主义信条时尽可能减轻自己的道德负担。

这四种情形，典型地反映出现实主义与理想主义对于美国外交决策的影响和左右。这四种情形之间没有明确的边界，美国外交政策面对不同变量的影响，也在二元之间寻找着“动态平衡”。我们可以从理想主义和现实主义两方面来对这种平衡作出总结：一方面，理想主义的目标在于将“美式民主”与“美式和平”推广至全世界，维持一套稳定、和平的国际秩序。① 同时，理想主义坚信国际道德能够左右国家的外交政策，改变国家的行为逻辑。② 另一方面，现实主义强调权力和利益，③认为“国家的唯一义务就是追求利益”，其最终结果就是导向两个结论：第一，外交行为是国家基于利益最大化的判断结论④；第二，“任何要求一国为其他国家利益制定政策的要求都是不道德的”⑤。这两种解释，与前文所阐述的诸多基本事实都可能存在不一致之处：

① 倪世雄等：《当代西方国际关系理论》，复旦大学出版社 2001 年版，第 36 页。

② 在《国际联盟盟约》草案讨论阶段，美国总统威尔逊的法律顾问豪斯提出，“同样的荣誉和遵德标准应适用于国际事务和国家事务，如其他事务中一样。国家的认可和承诺不可侵犯”。尽管最终没有列入《国际联盟盟约》的文本，但是这仍然凸显出威尔逊主义，或者说，理想主义对于国际道德的重视程度。参见[英]爱德华・卡尔：《20 年危机(1919—1939)：国际关系研究导论》，秦亚译，世界知识出版社 2005 年版，第 140，161～162 页。

③ [美]亚历山大・温特：《国际政治的社会理论》，秦亚青译，上海人民出版社 2000 年版，第 143 页。

④ J. C. Barker, *International Law and International Relations*, Continuum, 2000, p.73.

⑤ H. Morgenthau, In Defense of the National Interests, Alfred A. Knopf, 1951, cited in *The National Interest Tradition and the Foreign Policy of ALBANIA*, R. E. Shembilku, Master of Arts in Law and Diplomacy Thesis, 2004, p.65. http://lleteher.tufts.edu/research/2004/Shembilku-Rozeta.pdf，下载日期：2019 年 2 月 10 日。

一种情况是，如果“美式价值”同“国际道德”发生冲突了，甚至“美式价值”同“美国利益”冲突了，它为何没有恪守道德原则？另一种情况是，当环境允许它攫取更大权力和利益而不必遭受不利后果时，为何它保持了相当的自我克制？

两种情况交汇的典型事例是，以“小国庇护者”与主权平等原则为号召的美国，在安理会常任理事国的权力争论上都坚决地捍卫大国权力，并且提出了“大国担负的主要责任”这一概念，作为对平等原则的例外性修正。在这种情况下，既不能武断地将美国的行为批评为“虚伪的反复无常”——因为如果美国真正希望践行“虚伪”，它完全可以进一步扩大自己对于同盟国集团中西方国家的控制力，一如它在冷战期间所做的那样；也不能幼稚地将这种姿态视为“理想主义的无可奈何”——因为显然罗斯福政府是积极追求常任理事国这些重大权力的。对这种介于“利益最大化”和“国际道德”之间行为最合理的解释是，理想主义道德原则的实现依赖于国家利益（更准确地说，是国家实力），而现实主义对利益的追求，则离不开道德原则作为“润滑剂”与“催化剂”。[①] 从现实主义角度看，诚然，美国完全有足够的力量将西方国家纳入自己的控制之下，但在达到这个极端时，无力抵抗的盟国并不会对新秩序感到满意，而是会将美国视为继纳粹德国后的第二个统治者。通过让渡一部分触手可及的现实利益，为理想主义理念提供生存空间，美国就能降低阻力，收获比较良好、可持续的长期收益；从理想主义角度看，一个完全实现法律上平等的国际秩序固然是美好的，但是作为秩序领导者和公共服务提供者的美国，以及担负“主要责任”的四大国不能从中取得足以促使他们继续前进的利益，那么这套美好的秩序就会由于缺乏有效维系而宣告失败。为了理想主义信条的长期生存，而部分让渡某些道德原则，显然也是合情合理的。这意味着，现实主义与理想主义本身的冲突没有我们想象的那样严重——至少，他们都为对方的存在预留下合理的解释空间。

我们在威尔逊和罗斯福的实践中可以看出鲜明的对比，威尔逊的外交措施显得更加“极端”，不是充满了理想主义，就是彻底向现实屈服；而罗斯福则

---

① 有学者提出，这一问题可能应当被归入现实主义理论加以考量。但客观来说，美国的某些干涉活动，例如针对越南、朝鲜的军事行动，都有着“维持民主制度”的考量因素在内，这一点也是美国为其行为合法性辩护的重要内容。参见刘志云：《国家利益理论的演进与现代国际法——一种从国际关系理论视角的分析》，载《武大国际法评论》2008年第2期；秦亚青：《霸权体系与国际冲突——美国在国际武装冲突中的支持行为（1945—1988）》，上海人民出版社1998年版，第28～30页。

更加灵活,也更能够把握好"调和的理想主义"。之所以人们认为罗斯福是成功的,而威尔逊是失败的,很大程度上就是源自国家利益与理想追求的这种矛盾——"很难相信,一个国家愿意以国家利益为代价去追求某种道德理想"①,即便这个国家以传播、扩张某种价值,或者构建某种道德秩序为使命,它完成这项使命的能力也受到国家实力的限制。越是牺牲国家利益,实现使命的能力就越是削弱,不但理想主义的追求不可能达到,国家最基本的诉求——自我保存,也成为问题。从这个意义上来讲,现实主义可以抛弃道德,但理想主义不可能抛弃利益。② 罗斯福深刻地认识到这一点,并且使得美国在创立联合国的过程中正视本国利益同理想主义目标的关系,避免了陷入为了理想牺牲利益,利益受损,理想更加遥远的负循环之中。这也是"二元决定论"在美国外交实践上给所有研究者带来的值得深刻反思之处。

(本文责任编辑:郭江)

The Historical Analysis of "Dual Determinism"

—Take the Example of the United States Establishing the League of Nations and the United Nations

Zhao Jianzhou

Abstract: The influence of idealism and realism on American national behavior and foreign decision-making alternates. Tocqueville summarized this phenomenon as the "dual determinism" of American participation in international politics. Dual determinism was particularly evident in the process of the establishment of the league of nations and the United Nations and the design of the postwar world order by the United States after the two world wars. The diplomatic practice of the Wilson administration was more prominent in the swing between the two trends of thought, while the Roosevelt administration was inclined to "harmonious idealism". Practice shows that dual determinism is not an equal or parallel trend of two thoughts. With different internal and external environmental factors, the two thoughts are in-

① A. M. Schlesinger, Jr., *The Cycles of American History*, Houghton Mifflin Company, 1986, p.75.

② 周琪:《"美国例外论"与美国外交政策传统》,载《中国社会科学》2000 年第 6 期。

ternalized through the belief of foreign policy makers, and under the trend of change, fluctuation and growth, they exert different influences on issues with different degrees of national interests. In this process, whether the two thoughts could be effectively balanced has become a major factor affecting the pros and cons of diplomacy.

Key Words: American Diplomacy; Dualism; League of Nations; United Nations

政府承认与继承典型案例分析*

罗国强　李治军**

内容摘要：苏俄政府与西班牙佛朗哥政府的承认与继承实践说明，有效统治的成立乃是获得政府承认的根本保障。叙利亚与利比亚政府的特殊政府承认与继承实践，证明了此种特殊情况在国际范围内的存在。中国新旧政府之间的特殊承认与继承问题容易引发时际法律冲突。"两航公司案"判决受到了过于严重的政治因素的影响。"光华寮案"中，日本地方法院和高等法院未考虑实际控制原则，日本最高法院则错误地理解和适用了"承认溯及既往"的原则。联合国大会第2758号决议达到了由新中国政府继承旧中国政府在联合国的所有地位及权利的目的，但提案措辞没有充分考虑中国政府承认与继承的特殊性，从而产生了法律漏洞。

关键词：政府承认；政府继承；台湾问题

目　录

---

* 本文受2016年教育部人文社会科学重点基地重大项目"构建人类命运共同体与中国国际法理论创新"（16JJD820011）的资助。

** 罗国强，武汉大学珞珈特聘教授，武汉大学国际法研究所博士生导师；李治军，上海市长宁区司法局工作人员，法学博士。

一、引言

政府承认与继承是指当国家领土没有发生变更而其政府出现新旧更迭的时候，所出现的对政府的承认与继承的问题。特殊政府承认，是指当国家领土没有发生变更，而其政府在以非宪法的方式进行新旧更迭的过程中，因对国家领土的有效控制未能百分之百地实现而产生程度不同的僵持局面，从而产生的对政府的承认的问题。特殊政府继承，是指国家领土没有发生变更、政府更迭因有效控制未能百分之百地实现而产生程度不同的僵局，从而旧政府代表国家参加国际关系的资格以及其所承受的国际权利义务根据实际控制的具体情况分别转移给内部斗争各方的局面。①

自被纳入国际法体系以来，中国曾经多次出现政府承认与继承的问题。从武昌起义到中华民国政府获得国际承认，是典型的一般政府承认与继承。中共政权取代国民党政权的历程，从政府承认的角度来看大致分为叛乱团体、交战团体和中央政府时期。在作为内战的解放战争短期定局、长期延续、对峙而不战的局势下，新中国政府有效控制绝大多数中国领土，使得有效统治得以确立成为代表中国的唯一合法政府；但同时1949年后台湾当局仍然有效控制少部分中国领土，从而仍然得以作为中国内战一方的交战团体或地方割据政权而存在。由此就导致了涉及中国的特殊政府承认与继承问题——台湾问题。

① 罗国强：《特殊政府承认与继承的性质分析》，载《政法论丛》2018年第1期。

下面拟分析一般政府承认与继承、特殊政府承认与继承，以及涉及中国的特殊政府承认与继承的典型案例（从其广义，含事例），以便明晰上述概念。

二、一般政府承认与继承的典型案例

（一）苏俄政府的承认与继承

1917 年，俄罗斯苏维埃联邦社会主义共和国（简称“苏俄”）政府成立。作为世界上第一个社会主义国家政权，苏俄政府的承认经历了曲折而艰难的过程。

在相继经历二月革命和十月革命之后，俄罗斯的政权从沙俄政府更迭到资产阶级临时政府，再到苏维埃政府，但是作为一个国家的俄罗斯依然存在，因此苏俄政府的承认与继承属于典型的政府承认与继承问题。但由于 1922 年俄罗斯苏维埃联邦社会主义共和国、白俄罗斯苏维埃社会主义共和国、乌克兰苏维埃社会主义共和国、外高加索苏维埃社会主义联邦共和国合并组成新的联邦制国家——苏维埃社会主义共和国联盟（简称“苏联”），在 1991 年苏联解体之前，俄罗斯不再作为一个国际法主体出现在国际舞台上，其政府的承认与继承也就不再是一个国际法问题。可见，苏俄政府的承认与继承问题，在 1922 年后，就转化为苏联国家的承认与继承问题。基于此，本文的讨论主要着眼于苏俄政府的承认与继承问题，但基于历史的连贯性与不可分性，也会涉及苏联国家的承认与继承问题。

由于苏维埃政府从建立到完成对俄国领土 100%的有效控制，中间经历了三年左右的时间，加上苏维埃政权属于一种全新的政权模式，因此，苏俄政府所获得的国际承认，一开始都是事实上的承认，之后才随着事态的发展而逐渐演变成法律上的承认。

基于外交政策的不同，各国承认苏俄及其之后的苏联的具体时间并不一致。在 1923 年，仅有 17 个国家给予苏俄事实上或者法律上的承认，1926 年这一数字上升到 22 个，1933 年则达到 28 个。① 可见，随着苏俄政府有效统治的稳步确立，给予其承认的国家数量呈现出逐年稳步上升的基本趋势，且这一

① Recognition of Soviet Union (List furnished by US Department of State), *AJIL*, 1934, Vol.28, pp.97-98.

趋势没有受到太大的意识形态和领导人个人好恶的影响。

1921年,伊朗、阿富汗和土耳其等国给予苏俄政府法律上的承认并与之正式建交;而英国虽没有给予苏俄以法律上的承认,但是先行与其签订了贸易协定,这就是一种事实上的承认,并且这种做法很快得到了德国、意大利、挪威、瑞典、奥地利、捷克斯洛伐克等国的仿效。此间有一系列的国家通过缔结临时协议的方式,先行给予了苏俄事实上的承认。① 1922年,德国通过与苏俄签订《拉巴洛条约》,给予了后者法律上的承认,成为首个正式承认苏俄的资本主义国家。1924年,在苏俄(此时已合并成为苏联)已经完全、毫无争议地确立其主权者地位的条件下,英国给予了苏联法律上的承认并与之正式建交,同时在相关的案例和议会辩论中确认,苏联政府有权获得其此前一直主张的原属于沙俄政府的国家财产和档案。② 紧接着,意大利、挪威、奥地利、瑞典、丹麦、墨西哥、法国、日本等国相继从法律上承认了苏联并与之正式建交。

相比欧洲各国的务实立场,秉持清教徒主义和孤立主义的美国则对苏俄这个世界上首个社会主义国家抱有更为强烈的反感,为此美国政府自由裁量的结果,是对苏俄以及之后的苏联奉行了长达16年的不承认政策,并从政治、经济、军事等各方面采取了一系列措施反对苏俄。直到1933年,美国才在崇尚务实外交的罗斯福总统的推动下,在苏联同意满足美方一定条件的前提下③,正式承认苏联并与之建交。

当时的中国政府在承认苏俄的问题上,由于缺乏有主见和远见的外交政

---

① 这些临时协定有的明确体现了事实上而非法律上承认的性质。比如1923年《丹麦—俄罗斯初步协议》第2条规定,除交换相关赔偿外,丹麦无权主张俄罗斯给予其被法律上承认之后才能给予之特权。参见 D. Martens, *Nouveau Recueil Général*, 3rd ser. Vol. XIV, p.415; T. A. Taracouzio, *The Soviet Union and International Law: A Study Based on the Legislation, Treaties and Foreign Relations of the Union of Socialist Soviet Republics*, The Macmillan Co., 1935, pp.173-175, Appendix XXIV.

② Union of Soviet Socialist Republics v. Onou (Annual Digest, 1925-1926, Case No. 74); Union of Soviet Socialist Republics v. Belaiew (Annual Digest, 1925-1926, Case No. 123); The Answers in the House of Commons on 12 and 14 May, 1924 (H.C. Debates, Vol.CLXXIII, Cols. 878, 1312).

③ 苏联政府在互惠的基础上,就之后有关信仰自由和保护在苏美国公民经济权利的政策问题,作出了保证和解释;苏联政府还同意将自己从旧俄国政府那里继承的应由美国公民偿付的应收账款转让给美国。参见 H. Lauterpacht, *Recognition in International Law*, Cambridge University Press, 1947, p.360.

策的指导，并在很大程度上受到西方列强态度的影响，为此瞻前顾后，犹豫不决，错失了借助苏俄急于获得国际承认并愿意为此付出较高代价之有利形势、最大限度地修改乃至废止与俄罗斯此前所订不平等条约的良机。苏俄成立之初，北京政府(或称“北洋政府”)乃是追随协约国，对苏俄政府采取消极态度，不仅没有给予承认，还参加了对苏俄的武装干涉，谈判修约当然无从谈起。之后苏俄为获得国际承认，曾对中国释放出最大修约善意。其于1917年、1918年多次表示要放弃不平等条约的特权并邀请中国政府磋商。1919年《俄罗斯苏维埃联邦社会主义共和国政府对中国人民和中国南北政府的宣言》提出：一切秘密条约予以作废；把沙皇政府从中国人民那里掠夺的或与日本人、协约国共同掠夺的一切交还给中国人民以后，废弃各种特权及租借地；立即建议中国政府就废除1896年条约、1901年北京协议及1907年至1916年与日本签订的一切协定进行谈判。后在双方初步接触后，苏俄于1920年发表《俄罗斯苏维埃联邦社会主义共和国政府对中国政府的宣言》，提出：以前俄国历届政府同中国订立的一切条约全部无效，放弃以前夺取中国的一切领土和中国境内的一切俄国租界，并将沙俄政府和俄国资本家阶级从中国夺得的一切，都无偿地永久归还中国。[①] 但是，由于中方拒绝苏方提出的先承认苏联再修约的要求，谈判无果而终。直到1924年，在世界主要国家纷纷给予苏联法律上承认的背景下，北京政府最终正式承认了苏联。双方签订了《解决悬案大纲协定》，苏方放弃了大量条约特权，承认外蒙为中国一部分并同意撤军外蒙，中方得到了一定的收获；但是，苏方仅仅原则性同意重新划界而非承诺返还侵占领土，且重新划界之前两国边界维持现状，故而中方的政治收益还是比较有限的。此后，民国时期历届中国政府都未再正式向苏联提出领土划界问题。[②]

从苏俄的政府承认问题上可以印证，普遍支持(popular support)在政府承认中不称其为一项标准，而有效统治才是获得承认至关重要的因素。这里所称的“普遍支持”，主要指的是西方民主式的“真实选举”(genuine elections)，这与苏俄通过暴力革命夺取政权的方式完全是南辕北辙，但事实

① 但是苏俄所称“一切条约”并不包括领土划界条约，“一切领土”仅指中东铁路沿线地区以及租界。

② 李育民：《中国废约史》，中华书局2005年版，第381～411页；薛衔天等编：《中苏国家关系史资料汇编(1917—1924)》，中国社会科学出版社1993年版，第58、87、198、206、241页。

上其缺乏并不妨碍承认的作出。[①] 从更广泛的国内外支持度的角度上分析，苏俄政权成立之初，无论在国内还是国外都存在大量反对者，这也是国内外反苏势力能够联合起来发动数年干涉的主要原因，而且即便在苏俄挫败干涉之后，基于意识形态的差异，多数国家仍然对其抱有质疑、不满乃至敌意的态度。但最终，随着苏俄政权的稳固、对领土100%有效控制的确立和有效统治的成立，各国不得不面对现实，或早或晚地相继给予苏俄政府法律意义上的承认，尊重其合法继承旧政府的各项权利，甚至默认了苏俄拒绝继承沙俄战争债务的行为——尽管正如很多学者此前所分析的，列强不给予苏俄以法律上承认的原因很大程度上正是由于其不愿作出履行国际义务的保证。[②]

在政府继承的问题上，苏俄政府体现了一种独立自主的风格，将以国家利益为导向的自由裁量原则发挥到了极致。这集中表现在三个方面：一是拒绝继承协约国集团之间的国际协定，与德国单方面媾和并退出一战。[③] 二是将此前沙俄政府签订的所有条约都作为获取国际承认的筹码，尤其是对于此前沙俄政府迫使他国订立的不平等条约，苏俄政府尽管原则上首先会对上述条约中诸多的不平等权利予以继承，但继而会积极邀请相关当事国磋商修订不平等条约——前提是给予苏俄法律上的承认。三是以“恶债不予继承”“前政府债务属于个人债务而不约束国家”等理由拒绝继承沙俄欠下的战争债务，而苏俄在此问题上曾经出现的单方面态度反复[④]，则被解读为“特殊情况下的一种自由裁量”[⑤]的表现。的确，一国政府能够自主决定去继承即便属于“恶债”的债务，而由于此种偿债行为具有某种单务性（是否偿债取决于一国政府自由

① H. M. Blix, Contemporary Aspects of Recognition, *Recueil Des Cours*, 1970, Vol.130, pp.642-643.

② D. P. O'Connell, Recent Problems of State Succession in Relation to New States, *Recueil Des Cours*, 1970, Vol.130.

③ 1918年3月3日，苏俄与德意志帝国及其同盟国（奥匈帝国、奥斯曼帝国、保加利亚）签订《布列斯特——立托夫斯克和约》。但之后德国战败并于1918年11月11日同协约国签订停战协定，苏俄政府遂于次日宣布废止此条约，是故此条约无法起到和约所通常附带的法律承认的效果。

④ 1917年，苏维埃“工农临时政府”成立伊始，宣布将继承沙俄政府所欠下的一切债务；而到了1918年，面对列强的干涉及其所支持的旧政府势力的反攻，苏俄政府索性正式声明拒绝偿还上述债务。

⑤ A. N. Sack, *Les Effets de transformations des Etats sur leur dettes publiques et autres obligations financiers*, Recueil Sirey, 1927, p.53.

裁量)与明显的实践性(偿付到位才算债务了结),故而在未得到履行之前有关的法律关系均处于不确定的状态,自愿偿还"恶债"的政府也就有权单方面改变此前的表态和行为。

可见,苏俄政府的承认与继承实践说明,有效统治的成立乃是获得政府承认的根本保障,意识形态和政治体制的差异仅能在有限的范围内对新政府的承认与继承问题产生影响;新政府有权充分利用自由裁量原则,在政府继承中最大限度地维护本国及本政权利益。

(二)西班牙佛朗哥政府的承认与继承

1931 年,西班牙国王阿方索十三世退位,西班牙第二共和国成立。1935 年,西班牙无产阶级联合各资产阶级民主派建立了人民阵线,并在 1936 年的大选中获胜,建立起人民阵线政府。1936 年,西班牙发生了震惊世界的法西斯叛乱,西班牙内战由此爆发。1939 年,佛朗哥叛军集团在英国和法国"不干涉"、德国和意大利法西斯政权大力支持甚至直接派军参战的情况下,赢得了内战胜利,推翻了民选的人民阵线政府,佛朗哥政府成为欧洲又一个法西斯独裁政权。[①] 1969 年佛朗哥政府指定胡安·卡洛斯为西班牙王位继承人,1975 年佛朗哥去世后,胡安·卡洛斯登上王位,实行民主改革,结束了西班牙的独裁统治。

佛朗哥政府作为一个既推行法西斯独裁又实施反共政策、既交好轴心国又不得罪同盟国、善于周旋于西方列强之间的骑墙政权,国际社会在是否给予其承认的问题上存在诸多分歧,由此也引发了很多学者对有关问题的关注和讨论。

作为法西斯政权的先行者,德国希特勒政府和意大利墨索里尼政府在西班牙内战刚开始的 1936 年,就承认了佛朗哥政府。英国最初仅给予了佛朗哥政府以事实上的承认,并称其为对西班牙大部分领土行使事实上的行政管控的"叛乱政府"(insurgent government)或"民族主义政府"(nationalist government)[②],而在其已经显而易见地确立了有效统治之后,英国于 1939 年给予了佛朗哥政府法律上的承认;与英国一道秉持"不干涉"西班牙内战政策的法国

① 曹光俊:《略论三十年代法西斯主义在欧洲的蔓延和佛朗哥叛乱夺权的完成》,载《辽宁大学学报》1985 年第 3 期。

② H. Lauterpacht, *Recognition in International Law*, Cambridge University Press, 1947, p.336.

也于1939年给予了佛朗哥政府法律上的承认并与西班牙第二共和国政府断绝正式外交关系，但同时允许西班牙第二共和国政府在法国境内建立流亡政权。

苏联政府积极支持作为左翼政权的西班牙人民阵线政府，在西班牙内战之初苏联虽然加入了英法主导的《不干涉协议》，但也给予了人民阵线政府人道主义性质的资金援助①；在发觉德意两国蓄意破坏《不干涉协议》、明目张胆援助佛朗哥叛军而英法两国却推行绥靖政策的本质之后，苏联开始通过组织国际纵队（以共产国际及其下属各国支部为实际组建者）和提供战略物资的形式，对人民阵线政府提供军事援助。② 基于对法西斯政权的反对态度，即便在西班牙内战结束后多数国家均承认佛朗哥政府的情况下，苏联都一直拒绝承认佛朗哥政府。与苏联持类似态度的还有曾经遭受西班牙殖民统治300余年的墨西哥等少数国家。

尽管美国政府对于法西斯独裁政权本身并无好感，但由于佛朗哥政权不正式加入轴心国集团的政策及反共的意识形态，与美国的利益相吻合，美国给予了佛朗哥政府事实上的承认；而在冷战开始后，美国更是积极支持佛朗哥对抗社会主义阵营的姿态和举动。从20世纪的40年代末至50年代初之间，美国逐渐将其与西班牙佛朗哥政府的关系正常化。为此，在1950年，美国决定给予佛朗哥政府6000多万美元的援助；而到了1951年，美国给予了佛朗哥政府法律上的承认，全面恢复与西班牙当局的外交关系。1953年，佛朗哥政府与美国签订了《美西协定》，根据这个协定，西班牙向美国提供海、陆、空四个军事基地，以换取美国经济、技术上的援助，从而打破了联合国对西班牙的制裁。1963年，双方签署了《美西协定》延期的协议，美方几乎满足了佛朗哥政府的所有要求，并给予了佛朗哥政府40多亿美元的援助。

在西班牙佛朗哥政府的承认问题上，联合国这个平台起到了甚为重要的作用。最初，正是联合国多数成员国及其整个组织体系的抵制态度，使得佛朗哥政府一度被称为“欧洲的弃儿”。1946年2月9日，联合国大会以45票对2票通过第32号决议。决议指出，现时西班牙政府籍轴心强权之支助而握政，

---

① 主要通过向国内工人募捐募集资金的形式来支援人民阵线政府。参见［苏联］维戈兹基：《外交史》（第3卷下），大连外语学院译，生活·读书·新知三联书店1979年版，第856页。

② 季慧：《简论苏联对西班牙内战政策的转变》，载《西伯利亚研究》2007年第4期。

观其成因、性质及政治事迹及其与各侵略国之密切联系，该政府实不具备请求加入联合国之各必要条件。[①] 同年 12 月 12 日，联合国大会又以 34 票赞成、6 票反对、13 票弃权通过第 39 号决议，明确谴责佛朗哥政权实系一法西斯政权，重申决定在该政权存续期间不许西班牙加入联合国；建议在西班牙未组成合意之新政府之前，应阻止西班牙之佛朗哥政府加入联合国所设立或与之发生关系之各种国际机关，且阻止其参与联合国或此等国际机关所筹办之会议或其他活动；并建议联合国全体会员国立即召回各该国派驻西班牙之全权大使与公使。[②] 但随着二战的结束、冷战的开始，佛朗哥政府成为美国积极支持的反共盟友，西班牙加入联合国之事也就出现了转机。1955 年，作为两大阵营妥协的结果，共有来自双方阵营的 16 个国家加入联合国，佛朗哥政府所代表的西班牙作为美国的盟友也得以正式成为联合国的成员国。

西班牙加入联合国对于佛朗哥政府的意义重大。尽管联合国本身并不具有直接处理国际法上的承认与继承问题的职能，加入联合国等国际组织也不是一项获得政府承认的必要因素或条件，但作为当今世界最重要的国际交流合作平台，联合国对成员资格的赋予和认可，足以成为一个主权者具备国际法主体资格的强有力的证明；而在西班牙作为一个国家早就获得普遍的国际承认、根本无须借助联合国成员资格来予以说明的情况下，这一加入行为对于主权者资质的肯定性影响，就只能落到对佛朗哥政府的承认之上。而在此之后，该政府获得国际社会的承认，就是一个一般情况下能够较容易被证明和成立的命题。尽管有学者认为，参加国际会议、加入非政治性的国际组织等都不能导致未获承认的主权者被其他会员国承认，事后加入的承认效力也不如当时签署那么强大，加入封闭性的国际条约承认效力更强，甚至加入国际联盟是否等于承认还有争议……然而，上述论证只能说明加入国际组织在承认效力的问题上不能一概而论，加入是否意味着承认必须依赖于多边条约调整的内容范围和重要性来推断。[③]

---

① G. A. Res. A/RES/32(I).

② G. A. Res. A/RES/39(I).

③ H. Lauterpacht, *Recognition in International Law*, Cambridge University Press, 1947, p.380; D. P. O'Connell, Recent Problems of State Succession in Relation to New States, *Recueil Des Cours*, 1970-Ⅱ, Vol.130, pp.204-211.

联合国是一种以强有力的集体安全机制为特点①的政治性国际组织，且在接纳会员国上有着明确而严格的程序②，故而对于其他联合国成员国来说，一国能够加入联合国，就通常意味着该国及其政府能够得到承认。在比较特殊的情况下，最多可以说，对于那些就正式承认加入国或其政府持反对态度的会员国来说，其并没有义务要与加入国或其政府建立完全而正式的外交关系，即给予法律上的承认；但此时，事实上的承认已经不可避免，因为各方都在一个涉及国际和平与安全的主要政府间国际组织内共事，不论主观态度是否对立，都不可能再视彼此为不存在。从这个角度上讲，即便对于少数拒绝承认佛朗哥政府的联合国会员国（苏联、墨西哥等）来说，佛朗哥政府所代表的西班牙一旦加入联合国，就至少是一个事实上应当被承认的代表西班牙的政权。有了联合国会员国的代表权，加之其对国内有效统治的牢牢把控，即便因法西斯专制统治而饱受舆论诟病，也并不妨碍佛朗哥政府获得世界上多数国家的正式承认。

相应地，西班牙第二共和国在1939年覆灭之后，原政府总统和总理等主要领导人出逃西班牙后，先是在法国建立了流亡政府，二战中法国沦陷后又一度迁往墨西哥，二战后再度迁回法国巴黎。由于该流亡政府原本是一个源自民选的温和政权，在国际社会上获得了一定的同情，故而其与墨西哥、巴拿马、危地马拉、委内瑞拉、波兰、捷克斯洛伐克、匈牙利、南斯拉夫、罗马尼亚和阿尔巴尼亚等国建立了外交关系，但这与其说是法律上的承认，不如说是一种支持的姿态；流亡政府未获得美国、苏联、英国等主要大国的承认。尽管法国允许其在境内开展活动，但法国早已给予佛朗哥政权法律上的承认，因此并未承认流亡政府，而仅仅是给予了流亡政府成员（如“总统”鲁埃尔·阿萨尼亚、“总理”胡安·内格林等人）以“外交人员身份”（diplomatic status）③，但这种身份

---

① 《联合国宪章》第2条第5款规定，各会员国对于联合国依本宪章规定而采取之行动，应尽力予以协助，联合国对于任何国家正在采取防止或执行行动时，各会员国对该国不得给予协助；第6款规定，本组织在维持国际和平及安全之必要范围内，应保证非联合国会员国遵行上述原则。可见，联合国的集体安全机制具有强制力，不仅对成员国有效而且对非成员国有效。

② 依据《联合国宪章》第4条第2款，成为联合国会员国，将由大会经安理会之推荐以决议行之。这就意味着加入联合国需要经过安理会和大会的双重同意。

③ A. Iwańska, *Exiled Governments: Spanish and Polish*, Schenkman Publishing Company, 1981, p.235.

无法被视为外交法上能够被当事方作为一项权利(as of right)所主张的特权与豁免[①],而毋宁说是东道国政府的一种单方面的政治优待,是随时可以被单方面撤回的[②]。而由于流亡政府实际上在西班牙领土范围内未能有效控制任何区域,事实上的承认也就无从谈起。从这个角度上讲,流亡政府在法国获得的并非国际法上的任何一种政府承认,而是其成员作为自然人所能够享有的政治庇护[③],只不过这些获得庇护的人员来法国避难的原因是在西班牙内战中失败且其在法国组建了流亡政府这一政治性的组织而已。显而易见,尽管仍属于政治性组织,但因完全失去领土,该流亡政府已非真正的政府,不能够再履行政府的正常职能并承担相应的国际权利义务。1977 年,该流亡政府正式解散。

在政府继承的问题上,由于佛朗哥政府实现了对西班牙领土的完全的有效控制,西班牙第二共和国政府此前享有的权利义务应当得到佛朗哥政府的全面继承,只不过基于一段时期内某些国家和国际组织的不承认态度,这种全面继承的落实花费了一些时间。至于西班牙第二共和国流亡政府所持有的少量财产,因其已经不是真正的政府而只能算作一个由受到外国庇护的个人所组成的政治组织,加之这些财产通常只包括少量位于境外的动产和不动产,故而这些财产应当被认为已经剥离了国家财产的主权属性,而转化为这些个人或者组织的私产,不属于政府继承的范畴。[④] 当然,如果佛朗哥政府愿意并有能力,也可以通过制定或者修改国内法,并采取境内外的强制措施的方式,将这些财产从这些受外国庇护的个人和流亡政府手中夺过来并再次转化为国家财产。

此外,由于 1975 年佛朗哥死后,卡洛斯国工政府的建立是佛朗哥本人的意愿并早已为此做了国内法上的设计,可以说卡洛斯国王政府是在佛朗哥政府的宪法轨道之内产生的,而并非以武力或其他斗争方式推翻佛朗哥政府的

---

① S. Talmon, *Recognition of Governments in International Law: With Particular Reference to Governments in Exile*, Clarendon Press, 1998, p.250.

② 事实上法国方面给予流亡政府成员的这种优待从 1946 年开始,到 1961 年就终止了。

③ 这属于典型的领土庇护,即国家对于因政治原因而来本国避难的外国人,准其入境和居留,给予保护并拒绝引渡的行为。参见梁西主编:《国际法》,武汉大学出版社 2003 年修订第 2 版,第 218 页。

④ 这种转化发生在第二共和国政府当政的最后时刻,可以认为是符合该政府当政时期的国内法的,此外有些财产原本就属于个人私产。

产物，故而虽然卡洛斯国王政府上台后实施民主改革，并于1978年颁布新宪法，变更政体，但并不会由此导致新政府的承认与继承问题。

西班牙佛朗哥政府的承认与继承实践说明，有效统治而非政治好恶才是最根本的影响国际承认的因素；联合国等国际组织虽然本身不处理政府承认与继承问题，但能够作为一个国际交流合作平台在有关问题的解决中发挥重要作用；流亡政府不是真正的政府承认所针对的对象，其成员也不是真正的外交人员；政府自己主导的政治体制变更不导致新政府的承认与继承问题。

三、特殊政府承认与继承的典型案例

(一)叙利亚内战

2011年，因国内诸多政治派别群起反对当时以巴沙尔·阿萨德为总统的中央政府，阿萨德政权实施镇压，叙利亚内战爆发。此项内战持续至今，导致叙利亚的国家财富、基础设施和机构几乎完全被摧毁，经济损失超过2550亿美元；约50万人死于战争①，约1100万人沦为难民，且迄今为止内战仍然没有能够完结的迹象。

正如有学者所评论的，对阿萨德政权的抗议不幸演变成了异常残酷的、在阿萨德政权、若干反叛派系和伊斯兰极端组织渗透者之间的内战。② 叙利亚内战造就了复杂的承认与继承问题，其中的焦点就是作为(原)中央政府的巴沙尔·阿萨德政权与作为夺权者的各反对派武装之间的地位问题。

1.政府承认与国家承认之辨

首先需要指出的是，叙利亚问题本质上还是内战问题，目前暂不涉及国家承认与继承，而仅涉及政府承认与继承，但其内战的长期性和复杂性，使得政府的承认与继承问题具有特殊性。

使得叙利亚问题貌似有涉及国家承认与继承的因素，主要有二。

---

① 根据俄罗斯卫星通讯社的报道，联合国负责人道主义事务副秘书长斯提芬·奥布莱恩于2017年8月表示，叙利亚冲突死亡人数可能高达50万人。http://sputniknews.cn/society/201708311023483422/，下载日期：2020年3月9日。

② S. Kassab, Justice in Syria: Individual Criminal Liability for Highest Officials in the Assad Regime, *Michigan Journal of International Law*, 2018, Vol.39, No.2.

一是极端组织"伊斯兰国"一度宣布"建国"的问题。在叙利亚内战中，极端组织也借助混乱的局势趁火打劫，2014 年"伊拉克和大叙利亚伊斯兰国"(ISIS)在控制伊拉克和叙利亚部分领土后宣布"建国"。然而，由于极端组织的"建国"并不符合新国家建立的条件，也不会有其他国家去承认这样的国家，加之在国际社会的联合打击之下①，"伊斯兰国"逐渐失去了对其侵占的他国领土的控制②，已经谈不上什么"建国"而只能回归其极端恐怖组织的"本色"了。因此，极端组织"伊斯兰国"意欲夺取两伊和叙利亚部分领土并成立新国家的行为在国际法上不具有法律效力，也未能成功实施，不能产生国家承认与继承的法律后果。③

二是叙利亚库尔德武装的立场问题。库尔德人是中东地区仅次于阿拉伯、突厥和波斯民族的第四大民族，是西亚最古老的民族之一，总人口约 3000 万，主要分布在土耳其东南部、伊朗西北部、伊拉克北部和叙利亚东北部。虽然人口众多，但库尔德人没有自己的国家，一战以来一直在为建国举事，但均以失败告终。叙利亚内战前，叙利亚库尔德人口占该国总人口的 15%。内战爆发后，在"伊斯兰国"的冲击下，叙利亚政府(阿萨德政权)军从北部撤走，由库尔德人主导的"叙利亚民主军"成为在该区域打击极端组织"伊斯兰国"最主要的地方武装，并受到美国和俄罗斯的支持。随着"伊斯兰国"的溃败，叙利亚库尔德武装牢牢控制了北部地区，并享有了高度的自治权。2016 年 3 月，叙利亚库尔德自治当局宣布成立名为"北叙利亚联邦-罗贾瓦"的联邦制自治政权。同年 12 月底，更名为北叙利亚民主联邦。由于库尔德人一贯有独立建国的愿望，加之 2017 年伊拉克北部库尔德自治区不顾叙利亚政府反对实施了"独立公投"，叙利亚库尔德武装是否也会随着自身力量的壮大而提出分离诉

---

① 基于对作为国际犯罪的恐怖主义的普遍管辖权，各国相继对 ISIS 采取了军事打击行动；2015 年联合国安理会更是一致通过决议，以最强烈言辞谴责极端组织"伊斯兰国"制造的恐怖袭击，呼吁国际社会"采取一切必要措施"打击恐怖主义，这就意味着从集体安全机制的角度授权各国使用武力打击 ISIS。

② 《两伊宣布"伊斯兰国"被剿灭》(新华社 11 月 21 日电)，载《新京报》2017 年 11 月 23 日 A15 版。

③ 除了"伊斯兰国"以外，涉身叙利亚内战的极端组织还有反政府武装"救国阵线"(Al-Nusra Front)，该组织是叙利亚境内的"基地"组织分支，被联合国安理会列为恐怖组织，近年来控制了叙利亚北部部分地区。基于其极端组织的特性，国际社会与该组织的法律关系同样不牵涉国家或者政府承认的问题，而只适用打击国际恐怖组织的国际法规范。

求，确实会影响整个问题的性质和走向。尽管算不上真正的“民族自决”和“独立”[①]，但至少，作为一个民族的分离诉求，库尔德人若要“建国”，至少理论上就会涉及新国家的承认与继承问题。只不过，由于叙利亚库尔德武装目前表态无意寻求分离[②]，故而至少从目前看来，叙利亚库尔德武装是作为被叙利亚中央政府（只不过这个中央政府归于哪一个政权存疑）授权的地方武装在与“伊斯兰国”作斗争，叙利亚内战中尚不存在国家承认与继承的问题。

2.内战各方及其法律地位之辨

叙利亚的政府承认与继承问题，不仅特殊而且相当复杂。这主要是因为，叙利亚内战的当事方众多，除了阿萨德政权之外，还有诸多的以推翻该政权为宗旨的反对派组织，内战的局势多年未能明朗，这些反对派之间又常常分分合合，从而导致了既特殊又复杂的政府承认与继承问题。

涉及叙利亚内战的斗争各方主要包括：

第一，阿萨德政权。

在叙利亚内战爆发之前，以巴沙尔·阿萨德为总统的政府是代表叙利亚的唯一合法政权，也是国际社会承认的叙利亚合法中央政府。内战爆发后，随着反对派武装的崛起，其他国家在叙利亚政府承认与继承的问题上作出了不同的选择。

第一种做法是继续给予阿萨德政权法律上的承认，这主要包括俄罗斯、伊朗等明确表态并作出实际行动来支持阿萨德政权的国家，以及中国这样的秉持不干涉内政原则和中立态度、不在内战局势明朗之前根据某种自身主观倾向刻意改变法律上承认的国家，而只要原有的法律上的承认未被改变，那么不论是否给予其他内战方事实上的承认，都不妨碍原有法律上承认的延续。

第二种做法是给予其他内战方法律上的承认，同时给予阿萨德政权事实上的承认，这主要包括法国、英国、美国、沙特、土耳其等涉身叙利亚事务、明确

---

① 为此有学者指出，从法律角度来看，这是“没有独立的独立自主”，伊拉克不仅对其境内库尔德武装承担国家责任，而且后者应被视为伊拉克武装力量的一部分。参见 C. Smith, Independent Without Independence: The Iraqi-Kurdish Peshmerga in International Law, *Harvard International Law Journal*, 2018, Vol.59, No.1.

② 叙利亚库尔德人表示其目标不是独立而是寻求以联邦制形式自治。其最大党派民主联盟党主席萨利赫·穆斯利姆接受采访时声称：“我们是叙利亚的一部分，我们的要求不是分裂，而是联邦制。”参见新华社：《羽翼渐丰叙利亚库尔德人谋自治》，下载日期：2020年3月10日。

表态要求阿萨德下台的国家，以及在立场上追随上述国家但与叙利亚事务基本无涉的国家，尽管理论上这些国家给予了其他内战方法律上的承认就能够完全撤销对阿萨德政权的承认，但基于阿萨德政权仍未被推翻，仍是叙利亚在联合国代表的现实，又不能不与之产生事实上的接触和交流①，故而在特殊政府承认的语境下，对于阿萨德政权的事实上的承认仍为必要。

不难发现，他国不论采取上述两种中的何种做法，都属于典型的特殊政府承认中的情况，即法律上的承认与事实上的承认并存。

目前采取后一种做法的国家，在数量上占据多数，达到了130多个——当然这一数字并非恒定不变的而是会随着内战形势的进展而相应变化。与之相对应，叙利亚在这些国家的海外财产，已经不能由阿萨德政府享有和行使权利，当然，由于这些财产往往是被冻结②，故而也暂时不能由其他内战方继承。但同时，叙利亚在联合国的代表权，仍然由阿萨德政权的代表在行使。这表明，作为在国际政治领域最有影响力的国际组织，联合国及其体系仍然承认阿萨德政权为叙利亚的合法代表，其他内战方无法继承此项代表权。尽管联合国及其体系的代表权归属并不能影响内战局势，也不能否定联合国成员国在政府承认问题上的自由裁量权，但至少表示阿萨德政权尚未完全丧失国际层面的法律上的承认，其仍然在相当程度上被继续承认为代表叙利亚的政府。

与承认相关联的还有阿萨德政权使用化学武器的问题。首先，使用化学武器违反了《禁止化学武器公约》③和公认的禁止化学武器的国际习惯，使用化学武器攻击平民还同时违反了《日内瓦公约》、习惯国际人道法和国际刑法，这都是确定无疑的。其次，尽管国际社会的诸多质疑都指向阿萨德政权，但阿萨德政权是否使用了化学武器来攻击反对派武装和平民，尚未从法律角度得到证实。再次，假设阿萨德政权使用了化学武器，那当然可以认定其违反了国际法，但由于其原本具备叙利亚中央政府的地位并已经获得国际社会的承认，

① 比如，历次有关叙利亚问题的阿斯塔纳和谈以及日内瓦谈判，都不可能没有阿萨德政权的参与。

② 如美国于2003年对叙利亚阿萨德政府实施经济制裁并冻结叙利亚在美财产，于2017年冻结了271名叙利亚科学家和官员的财产；英国于2012年冻结了属于叙利亚阿萨德政权领导人的1亿英镑资产；欧盟于2011年开始对叙利亚阿萨德政权实施制裁，冻结了阿萨德及其支持者的海外资产。

③ 阿萨德政府在2013年8月的大马士革化武袭击事件后，于同年10月加入了《禁止化学武器公约》。

故而此项违法事实并不会直接导致承认失效或者被撤销,而仅仅构成要求该政权以及直接责任人承担国家责任和国际刑事责任的理由①;但对于反对派武装而言,因其属于意欲颠覆早先被承认政府、有待获得国际社会新的承认的内战斗争方,若其使用了化学武器,则根据政府承认的合法性原则,其不应获得国际社会的承认。最后,尽管阿萨德政权即便真的使用了化学武器也不会在国际法上自动丧失被承认的叙利亚中央政府地位,但在其他国家对于叙利亚内战中的政府承认问题行使自由裁量权的过程中,这确实是一个值得考虑的因素,事实上,正是因为阿萨德政权被指使用了化学武器,才促使数量众多的国家不再从法律上承认阿萨德政权为代表叙利亚的合法中央政府。

第二,叙利亚“反对派和革命力量全国联盟”(简称“全国联盟”)。

“全国联盟”于2012年11月在卡塔尔多哈成立,名义上是反对派的联合组织。很多对阿萨德政权持反对态度的国家,也倾向于将“全国联盟”视为与阿萨德政权相对应、相匹敌的一个政权并给予承认,只是承认的时间有早有晚。② 但实际上,“全国联盟”是各反对派为了推翻阿萨德政权而临时联合起来的,成分复杂且内讧不断,故而虽然在境外势力的支持下基本上与阿萨德政权处于势均力敌的态势甚至一度在内战中取得优势并逐渐获得了更多的国际承认,但其总部及其组建的临时政府位于叙利亚境外且内部并不团结和稳定③,只能通过各加盟派别的武装力量来间接控制叙利亚部分领土,在其所占领土上作为中央政府的有效管控程度较低,故而即便在西方和中东诸国的大

① 对于既存的国际法主体,理论上并不存在“违法即不予承认”的逻辑;《禁止化学武器公约》也没有某国或其政府违反该公约即应不予承认的规定。

② 比如2012年11月13日,法国宣布承认“全国联盟”是叙利亚人民唯一的代表,成为第一个给予“全国联盟”正式承认的西方大国;同年11月20日,英国宣布承认“全国联盟”是叙利亚唯一合法代表,即给予该政权法律上的承认;同年12月11日,美国也正式承认了“全国联盟”是叙利亚合法代表。

③ 临时政府总部位于土耳其伊斯坦布尔,这种局面更加类似于“流亡政府”或“影子政府”,而不是真正的政府。临时政府内斗不断,严重影响其履行职能。2013年3月初,“全国联盟”选举希托为临时政府总理,引发反对派内部成员的抗议,国内重要反政府武装“叙利亚自由军”公开表示不承认临时政府;3月底,主席哈提卜宣布辞职;6月,“全国联盟”重要成员组织之一的叙利亚全国委员会宣布退出;7月,希托组建临时政府失败,辞去临时总理职务。在总理贾巴尔走马上任之后,“全国联盟”才逐渐实现了表面上的稳定。参见王晋:《叙利亚日内瓦和谈时机尚早》,http://opinion.china.com.cn/opinion_71_85771.html,下载日期:2020年3月11日。

力支持下，也始终难以对阿萨德政权取得压倒性的军事胜利，无法终结叙利亚内战，无法定下内战之大局，也就无法令其对叙利亚的有效统治得以成立。

在获取政府承认方面，“全国联盟”确实取得了优势。尽管尚未继承叙利亚在联合国的代表权，但其获得了土耳其、沙特阿拉伯、利比亚、卡塔尔、科威特、美国、英国、法国、德国等明确支持以及法律上的承认，诸如中国这样的保持中立的国家也不拒绝给予其事实上的承认和进行必要的交流[①]，即便是明确支持阿萨德政权的俄罗斯、伊朗等国，为了推进叙利亚问题的解决，也需要在事实上承认它并与之沟通。

因此，目前的态势是，叙利亚“全国联盟”在获得国际社会法律承认的数量上，大大超过阿萨德政权。但是这种其他国家自由裁量上面的优势，更多是基于其相对于阿萨德政权具有某种“道义上”的优势，而并不是对叙利亚国家领土有效控制上的优势。然而，“道义上”的优势绝非实现特殊政府承认与继承的法律依据，更何况这种道义上的优势建立在信息不对称的基础上且并未真正坐实。实际上，因其结构松散、内部合力较弱，对于领土的有效控制程度较差，“全国联盟”即便在外国势力帮助之下都始终未能完全压倒阿萨德政权而有效控制叙利亚多数领土，“全国联盟”及其组建的叙利亚临时政府都将总部设在境外，事实上无法直接有效管控叙利亚国内事务。

上述这些情况说明，“全国联盟”对于叙利亚领土的有效控制程度较差，能否达到特殊政府承认与继承的条件尚存争议，即便很多国家对其作出了法律上的承认，但此种承认很可能属于“轻率承认”。如果不是“全国联盟”名义上囊括了诸多叙利亚政治军事派别（或者说这些派别名义上支持和拥戴“全国联盟”），而其中某些派别确实控制了部分叙利亚领十，那么这种轻率承认的性质就是毋庸置疑的了；而即便认为“全国联盟”是通过这些名下的政治军事派别

---

① 2014 年 4 月 15—18 日，应中国人民外交学会邀请，叙利亚反对派组织“全国联盟”主席杰尔巴一行访华；16 日，中国外交部长王毅、副部长张明分别与杰尔巴一行会见、会谈。2016 年 1 月 5—8 日，应中国人民外交学会邀请，“全国联盟”主席胡杰访华，7 日，中国外交部长王毅会见了胡杰一行，就推动叙利亚问题政治解决做劝和促谈工作；而在此两周之前，叙利亚阿萨德政权的外交部长穆阿利姆刚来华访问过。参见：《王毅会见叙利亚反对派“全国联盟”主席》，http://www.fmprc.gov.cn/web/wjbzhd/t1330120.shtml，下载日期：2020 年 3 月 11 日。这充分体现了中方在对待叙利亚阿萨德政权和以“全国联盟”为代表的反对派上尽量秉持中立和不干涉内政的立场，不刻意改变此前业已作出的法律上的承认，但可以同时采取法律上的和事实上的承认两种形式来与各方沟通。

参与内战并控制领土，也并不能彻底撇清对于领土的有效控制程度不够、“轻率承认”的质疑。因为“全国联盟”对于那些实际参与叙利亚内战的政治军事派别究竟有多大程度的控制力和影响力，仍然存在很大的疑问，否则，也就不会出现叙利亚“全国委员会”想加入就加入、想退出就退出“全国联盟”的尴尬局面了。实际上，各派别与“全国联盟”只是合作关系而非隶属或者派生关系，加入只是因为自己单独的力量不足以获得国际层面法律上的承认，并无归顺融合之意。

基于此，在政府继承方面，“全国联盟”并不能取得与本身业已获得的承认数量相当的成果。“全国联盟”对于叙利亚国家权利义务的继承，最多仅限于其通过所属政治派别实际控制的本国领土范围，且这些权利义务的实现程度必然是存在某种间接性的、是要打折扣的；尽管在给予其法律承认的国家面前，“全国联盟”获得了正式代表叙利亚的权利，但其能否继承叙利亚在这些国家的海外财产，也是存在疑问的，否则那些冻结了叙利亚海外财产的国家就应该将这些财产全部转交“全国联盟”——而事实却并非如此。此外还有一个明显的体现，就是作为一个声称代表叙利亚人民的唯一合法的新政权，“全国联盟”无法继承叙利亚在联合国及其体系的代表权。尽管单纯的代表权继承不能说明问题，但综合各方面情况来看，“全国联盟”在涉及叙利亚内战的特殊政府承认与继承问题中，仅在政府承认方面取得了优势，但未能将此种优势落实到政府继承中去，从而并未取得对阿萨德政权的压倒性优势。

第三，其他反对派。

在叙利亚内战中，还有众多的其他反对派，其中有的足以构成内战中的一方（符合交战团体或者叛乱团体的条件），有的则仅仅属于与阿萨德政权对立的政治派别、政治组织或者联盟，而构不成内战中的一方。在此，我们仅列出能够构成内战中的一方的其他反对派。

（1）叙利亚“全国委员会”

叙利亚“全国委员会”于2011年8月23日宣布成立，总部设在土耳其伊斯坦布尔，由叙利亚境内外大约300名代表组成，其目标为推翻阿萨德政权。该委员会一度是叙利亚境外最大的反对派组织，以叙利亚穆斯林兄弟会成员为主体，并得到美国、欧盟和海湾国家的支持；虽声称反对外国干预，但同时呼吁国际社会“保护叙利亚人民”，并寻求世界各国的承认。在“全国联盟”成立之前，该委员会被视为最能够代表叙利亚的反政府力量，并获得了一些国家事实上的承认。① 在"全国联盟"于 2012 年成立后，该委员会成为其中一员，在 2013 年因为反对"全国联盟"参加日内瓦和谈而一度退出，2014 年又再度回归"全国联盟"。

从其过往言行来看，该委员会宗教色彩较为浓厚，立场过于强硬和不切实际，不足以真正代表叙利亚人民、也无法统合反对阿萨德政权的叙利亚国内力量，因此实际上获得国际承认范围不广、程度也不高，其能够主张的继承权也十分有限。

(2)"叙利亚自由军"

这是叙利亚境内外重要的反政府武装，主要由原叙利亚政府军的叛逃官兵组成，以叙土边境难民营为基地，总部设在土耳其南部。该武装主张武力推翻阿萨德政权，曾多次袭击叙利亚军警和政府目标，控制了不少城镇。在叙利亚内战中，一开始，各反对派中最抢眼的就是"叙利亚自由军"，他们得到了西方和叙利亚临时政府的支持，曾经一度是叙利亚国内反阿萨德政权的主力军，人数最多的时候达到了 4 万之众，不少原叙利亚政府军将领纷纷率部投靠。该武装原本是西方国家和海湾阿拉伯国家眼中的"温和"反对派武装，然而随着局势的发展，外国各宗教极端势力及恐怖分子纷纷渗入战场，并且也打着"自由军"的旗号，导致该武装鱼龙混杂、宗教极端主义倾向显现，且涉嫌恐怖袭击和使用化学武器；同时，在俄罗斯和伊朗介入叙利亚战争后，"叙利亚自由军"成为俄罗斯战机和叙利亚政府军的重点打击对象，损失惨重，不得不重新进入土耳其境内躲避。

因此，如今的"叙利亚自由军"不论是在国际形象还是实际领土的有效控制方面，都早已令很多最初的支持者大失所望，故而其在国际上仅获得了非常有限的事实上的承认②，而即便是这种事实上的承认，也基本上随着"全国联

---

① 比如，2012 年 2 月 25 日，美国国务卿希拉里强调，叙利亚巴沙尔政权已经失去合法性，"叙利亚全国委员会"是叙利亚人民的实际而合法代表；2012 年 5 月 5—9 日，应中国人民外交学会的邀请，叙利亚全国委员会主席加利温访问中国，其间，外交部长杨洁篪会见了加利温，外交部副部长翟隽与加利温一行举行了会谈。前者属于明示承认，后者属于默示承认，但均属于事实上的承认。

② 2011 年 11 月，利比亚过渡政府承认"叙利亚自由军"并为其提供资助和人员支持；2012 年 2 月，英国表示愿意为该武装提供通信设备，海湾合作委员会表示正在考虑承认该武装为代表叙利亚的合法机构；3 月，科威特承认了该武装；4 月，海湾国家开始为该武装提供资金、武器或设备援助。

盟”的组建而烟消云散了,该武装只能名义上服从“全国联盟”及其临时政府。因为即便是大力支持、庇护和训练“叙利亚自由军”的土耳其,也承认“全国联盟”为叙利亚国家的唯一合法代表,而并未给予该武装以任何形式的承认——的确,既然该武装名义上属于“全国联盟”的分支,理论上两者就应被视为一个整体,该武装也就不能够再获得已经给予“全国联盟”法律上承认的其他国家任何类型的承认。

基于上述原因,除非该武装选择明确地从“全国联盟”脱离,否则就不能再被视为叙利亚内战中的单独一方并被事实上承认为交战团体或者叛乱团体。而就目前来说,该武装的选择是在“全国联盟”及其临时政府的旗号下开展活动。

(3)“全国民主变革力量民族协调机构”

该机构于 2011 年 6 月在大马士革成立,是目前叙利亚境内最大的反对派政党联合体,由 15 个叙利亚境内的政党组成,主张通过和平的方式进行民主变革,建设民主、多党政体和现代世俗国家,属于温和反对派。因其政治影响较大、政治主张较为合理,在国际层面上也获得了一定程度的事实上的承认。①

该机构作为叙利亚反对派的另一股主要力量,被广泛认为是“全国联盟”的主要竞争者和对手。其主张以开放的对话方式解决叙利亚危机,呼吁有条件停火,军队从城镇和城市撤出。他们呼吁非暴力抵抗,但同时又支持“叙利亚自由军”。不过,随着军事冲突的日益加剧以及“叙利亚自由军”的衰落,其影响力也在逐渐降低,加之“全国联盟”作为叙利亚反对派在政府承认上取得了绝对优势,强化了其“正统”反阿萨德政权的定位,相应地,该机构的生存空间就被持续压缩,其曾经获得的事实上的承认,原本程度就较低,如今更是不复存在了。

(4)“叙利亚伊斯兰阵线”

2013 年 11 月,在叙利亚作战的“自由沙姆人伊斯兰运动”“伊斯兰军”“统一旅”“库尔德伊斯兰阵线”等 7 个主要伊斯兰武装派别宣布联合组成“独立的政治、军事和社会力量”——“叙利亚伊斯兰阵线”,以共同对抗叙利亚阿萨德

---

① 比如,2012 年 2 月 6—9 日,叙利亚“全国民主变革力量民族协调机构”代表应中国人民外交学会邀请访华,中国外交部副部长翟隽会见了该机构副总协调员、海外部门负责人海萨姆麦纳阿一行,双方就当前叙利亚局势交换了看法。

政府的军队。

该武装属于宗教色彩浓厚的教派武装，对叙利亚和谈持反对态度，以推翻阿萨德政权、建立执行伊斯兰教法的国家为目标。该武装人数较多，但是内部鱼龙混杂，有国外宗教极端势力，也有各地军阀、难民，以及成分复杂的恐怖组织成员。尽管该武装呼吁叙利亚保持团结，防止民族和教派分裂，却要求确认逊尼派伊斯兰教的国教地位，并把伊斯兰教法作为后阿萨德时代叙利亚立法的唯一来源。基于对这种过于明显的教派倾向的担忧，尽管该武装实际上控制了部分叙利亚领土，但并未得到国际社会的承认。

可见，长期持续未定局的内战，使得叙利亚政府的承认与继承问题，成为典型的特殊政府承认与继承问题；加之内战斗争方众多，使得法律上的承认与事实上的承认并存，而在事实上的承认方面又存在诸多被承认程度不同的对象，从而令叙利亚内战中的承认与继承问题更具有复杂性；此种复杂性与其他国家自由裁量权运用过程中的主观倾向相互作用，就有可能导致"轻率承认"的后果，并进而导致政府继承的状态与政府承认的状态无法顺利衔接——"全国联盟"拥有法律上承认的优势却并未成为国家权利义务的主要继承者这一怪现象，就很好地反映了上述问题的存在。

(二)第二次利比亚内战

在 2011 年 2 月—10 月的利比亚内战中，原来的中央政府卡扎菲政权被西方国家支持的反对派武装"利比亚全国过渡委员会"完全推翻，新政府顺利获得了国际承认并继承了利比亚的国家权利义务①，并不存在特殊政府承认与继承的问题。至于该委员会夺权后于 2011 年 11 月主导成立了利比亚过渡政府并于次年 8 月解散等行为，则已经属于政权的正常更迭，无须作出政府承认。但在 2014 年，利比亚再次爆发内战，导致该国开始出现两个议会及其所产生的政府在东西部相互对峙的局面，从而产生了特殊政府承认与继承的问题。

1.东部与西部政权的对峙

第二次利比亚内战源于世俗派与教法派的冲突。

2012 年，利比亚选举产生了"大国民议会"作为最高中央权力机构，不久，

---

① 在法国于 2011 年 3 月率先给予"利比亚全国过渡委员会"以法律上的承认之后，数月之内，包括其他安理会常任理事国在内的众多国家纷纷给予该委员会法律上的承认；同年 9 月，联合国大会通过决议，该委员会继承了利比亚在联合国及其体系内的代表权。

意识形态为伊斯兰主义的政党“公正与建设党”便胜过占大多数的中间派和自由派，控制了“大国民议会”。2013年，“大国民议会”投票决定在利比亚实施伊斯兰教法，并拒绝在任期结束的2014年1月解散。2014年2月，退休将领哈菲塔尔发动政变，要求“大国民议会”解散，但没有成功；同年5月，哈菲塔尔率军对班加西的伊斯兰武装发起进攻并试图在的黎波里解散“大国民议会”。“大国民议会”在严峻的形势下被迫决定举行新的选举，由选举后的“国民代表大会”取代“大国民议会”成为利比亚最高权力机构，但在6月举行的选举中，伊斯兰教法派惨败，遂以选举投票率(18%)过低为由拒绝承认选举结果。7—8月，伊斯兰主义者发动进攻控制了首都的黎波里，部分抵制6月大选的国民议会议员径行开会，宣布成立新的“大国民议会”并取代选举结束后成立的“国民代表大会”，以的黎波里为首都并组建“救国政府”，以赛赫民为国家总统、哈斯为政府总理。而大部分“国民代表大会”成员则被迫迁到利比亚东部的托布鲁克，在哈菲塔尔部队的支持下履行临时政府的职能，并由萨尼担任政府总理。11月6日，利比亚最高法院在的黎波里作出裁定，有关设立利比亚“国民代表大会”的条款“违宪”，因此在2014年6月举行的“国民代表大会”选举“不合法”，由其组建的临时政府应解散；而“国民代表大会”当日晚发表声明说，最高法院作出的裁定是在新的“大国民议会”的威胁下所作出的，不具有合法性，拒绝按照最高法院的裁定解散。

由此，利比亚境内就形成了东西两个政权，一个是位于东部托布鲁克的利比亚“国民代表大会”及其组建的临时政府，另一个是位于西部的黎波里的利比亚“大国民议会”及其组建的“救国政府”。前者是民选的世俗性政权，受到哈菲塔尔部队的支持；后者则宗教色彩浓厚、缺乏民选基础，但受到宗教武装联军的支持。由于双方相互拉锯但谁也无法完全消灭对方，第二次利比亚内战就陷入了僵持状态，双方均无法实现对利比亚全境的有效控制，从而导致了特殊政府承认与继承的问题。

由于利比亚“国民代表大会”是在原有宪政体制之下、以正常政府更迭的方式产生，故而其在成立之初，理论上并不存在政府承认与继承问题。国际社会只需要延续此前业已作出的对利比亚“全国过渡委员会”以及之后的“大国民议会”的政府承认即可。“国民代表大会”能够自动继承利比亚国家的一切权利义务，无需其他的法律程序；当然，在利比亚内战再度爆发之后，国际社会确实就面临一个要抉择并作出政府承认的问题，尤其是内战陷入僵持、领土形成分治之后，其他国家需要在特殊政府承认与继承的语境下来行使自由裁量权，决定对于利比亚东西部政府的政策。而在这一过程中，多数国家更加倾向于支持不奉行伊斯兰教法的东部世俗政府，故而没有更改原有的法律上的承认；联合国也仍然承认该世俗政府为利比亚在联合国及其体系中的代表。[①]但同时，由于西部"大国民议会"及其组建的"救国政府"实际控制了包括首都在内的相当范围的利比亚领土，这使得国际社会也不可能完全无视其存在，而必须给予其事实上的承认——即便只是为了推进利比亚的和谈也至少需要在事实上承认西部政府的存在，西部政府对于与自身实际控制区域直接相关的国家权利义务，也能够得到继承。这样一来，就导致法律上的承认与事实上的承认并存的局面。

2.三方对峙局面的形成

2015 年 12 月，在联合国的斡旋下，利比亚国际问题会议得以举行。联合国安理会 5 个常任理事国的代表、联合国利比亚问题特别代表、欧盟外交和安全政策高级代表以及利比亚东西部政府的代表参加了此次和谈。经过协商，利比亚两个对立政权代表签署了《利比亚政治协议》，同意结束分治局面，共同组建"民族团结政府"(Government of National Accord)。参加此次会议的国家和国际组织代表发表《罗马公报》，表示国际社会全力支持利比亚维护国家统一；国际社会全面承认并支持利比亚即将签署的政治协议及其认可的机构，承诺支持"民族团结政府"为利比亚唯一合法政府，并将停止与不受利比亚政治协议认可的机构的官方联系。

2016 年 1 月，利比亚"民族团结政府"成立，萨拉杰担任总理，国际社会对其给予了积极的评价和支持，各国纷纷给予其法律上的承认，利比亚在联合国及其体系的代表权也由该政府继承。2016 年 3 月，安理会通过 2259 号决议，重申对于全面执行《利比亚政治协议》的支持，并对《罗马公报》中将"民族团结政府"视为利比亚唯一合法政府的表态予以赞同，并表示决心向"民族团结政府"提供支持。

因此，从理论上讲，随着《利比亚政治协议》的签署和"民族团结政府"的成立，利比亚的内战应当得以终结，获得国际社会普遍的法律上的承认的"民族

① 2014 年 7 月 23 日，联合国安理会发表媒体声明，欢迎利比亚公布"国民代表大会"选举最终结果，并呼吁国际社会支持利比亚"国民代表大会"及其组建的政府努力实现国家和平与稳定。资料来源：http://world.people.com.cn/n/2014/0724/c157278-25331668.html，下载日期：2020 年 3 月 11 日。

团结政府"为代表利比亚的唯一合法中央政府，涉及利比亚的政府承认与继承问题不再具有特殊性。但在"民族团结政府"成立后，各派并未按照协议接受该政府的统一领导，国家仍处于动荡和分治之中。利比亚首都的黎波里仍由一些宗教民兵武装控制，"救国政府"拒绝向"民族团结政府"移交权力同时拒绝后者的主要成员回到首都，"民族团结政府"也只能暂时在邻国突尼斯办公；直到2017年5月，隶属于该政府的武装力量才将"救国政府"的武装赶出首都。而利比亚国民代表大会及其所属的哈菲塔尔武装，也始终未接受"民族团结政府"的领导，而是自行其是，继续与教法派进行武力争斗。

由此可见，在当前的利比亚，导致事实上的承认的因素仍然存在，唯一的差别只是受到法律上承认的主体由"国民代表大会"及其临时政府换成了"民族团结政府"，伴随着法律承认的抽象国家权利义务（正式国际场合下代表利比亚的权利、联合国及其体系中的代表权等）由其继承；而此前的东西部对立政权仍然存在，只不过都是基于其对部分领土实际上的有效控制，变成了被事实上承认的政府（交战团体），随附于被占领土之上的具体国家权利义务由相应各方继承。可以说，签署政治协议之后的利比亚，仍然处于特殊政府承认与继承的语境之下，而且国内斗争方由此前的两方变成了三方，具体的权利义务关系更为复杂。

以上的实例也充分说明，在复杂的内战局势和国际形势的影响之下，特殊政府承认与继承的问题在国际上确实存在；而且这种问题的存在并不是个案和孤例，也并非转瞬即逝的，而是时常出现并可能长期延续的，其所引发的各种法律问题棘手而难解。基于此，对于这个问题的深入分析和探讨，对认清和解决相关的国际法律问题，是具有较大理论和实践意义的。尤其是对于涉及中国的特殊政府承认与继承问题来讲，以上理论的创新和实践的梳理，都将具有显著的指导价值和借鉴意义。

四、涉及中国的特殊政府承认与继承典型案例

（一）两航公司案

1.案情介绍

本案全称为"民用航空运输公司诉中央航空运输公司案"（Civil Air Transport Incorporated v. Central Air Transport Corporation）。

在中华人民共和国政府成立前夕,1949 年 9 月,国民党政府下令属于中国国家所有的中央航空公司的 40 架飞机飞往香港。11 月 9 日,在香港的中央航空公司的职员宣布起义并意欲把他们控制的飞机归属于新中国政府。11 月 12 日,中华人民共和国政府宣布中央航空公司及其财产为中华人民共和国所有。12 月 12 日,台湾的国民党当局将中央航空公司的这批飞机以 150 万美元的价格卖给了两个美国公民陈纳德和威拉尼尔,这两个美国人又将飞机卖给美国民用航空公司。1950 年 1 月,英国承认中华人民共和国是中国法律上的政府。当中央航空公司准备移交飞机时,该公司的中国职员认为这批飞机是中华人民共和国的财产,反对移交给美国民用航空公司。于是美国民用航空公司起诉至香港最高法院,请求宣布这批飞机的所有权属于它们。

1950 年 5 月 10 日,英国政府给香港最高法院发出了一道枢密院令,以在香港启德机场上的飞机的所有权有争执为由,指令其所有权应由法院判决。香港最高法院驳回了原告的请求,认为这些飞机属于中华人民共和国政府的财产。因为国民党政府在 1949 年 12 月 12 日的地位已使它不能有效地进行这笔交易,它已经没有这个权力,其在事实上仍然控制部分中国领土的事实应被视为对这一权力归属的判断无足轻重;英国政府承认中华人民共和国政府为法律上的政府,承认的溯及力已使这批飞机在出卖时是中央人民政府的财产,国民党政府无权进行这笔交易。① 原告不服判决并上诉至香港最高法院,同样被驳回,于是又上诉至英国枢密院司法委员会。枢密院司法委员会不顾新中国政府反对,准予上诉,以新的被告名称立案审理并于 1952 年 7 月 28 日作出终审判决,将这批飞机判给民用航空公司。

枢密院的主要论据在于,英国政府在正式承认中华人民共和国政府之前,仍继续承认前国民党政府是中国法律上的政府。② 本案所涉 40 架飞机是在国民党政府仍然是法律上的政府时卖给美国民用航空公司的。这笔交易的效力应按交易成立时的情况判断,不能以后来发生的情况判断。在 1949 年 12 月,国民党政府还是一个法律上的政府,中央航空公司是它的一个机构,这批

① Civil Air Transport Incorporated v. Claire Lee Chenault and Whiting Willauer and H. C. Wang and Others, Supreme Court, Appellate Division, 13 May, 1950: (1950) 34 HKLR 386-414 at 412; (1950) 17 ILR No.45, 173-186.

② Civil Air Transport Incorporated v. Central Air Transport Corporation, Judicial Committee of the Privy Council, 13 Oct, 1952: [1953] AC 70 at 90.

飞机仍然是国民党政府所有的。飞机飞到香港两个月后才出卖，其所有人完全有此能力。对于一个新政府的法律承认，承认的溯及力能使一个后来获得法律承认的事实上的政府的行为有效，不能使前一个法律上的政府的行为无效。1950年1月英国承认中华人民共和国政府是法律上的政府，法律上的溯及力必须限于该政府所控制的领土内所作的行为。本案涉及在香港的财产，这些财产在出售时是属于国民党政府的财产，无论对那批飞机的实际控制程度如何，那种控制是违反香港法院的禁令的。那些非法控制这批飞机的人的行为不能作为适用溯及力原则的根据。根据本案的事实，新中国政府对这批飞机没有优先的所有权或占有权，也不能根据实际占有而取得这个权利，因此不存在溯及效力的基础。溯及力原则与通过占有取得管辖权的政府的行为有关，但不包括非法占有的实际行为。

2.法律分析

本案争议之实质，乃是因英国政府承认新中国政府的时间与新中国政府成立时间不一致所引发的时际法律冲突。本案发生在中国内战之局势初定，新中国政府刚刚成立，新中国的建设在国际社会的怀疑和观望态度中蹒跚前进的特定时期。尽管当时英国为了保障其在香港的利益而承认了新中国政府，但这并不意味着主流的国际社会已经接纳新中国政府为一个强有力的、值得尊敬的主权者；相反，很多西方国家和政府出于意识形态的缘故，对新中国政府采取了不承认的甚至敌视的态度。尽管这里的分析主要是从法律的角度展开的，但我们必须注意到，上述背景显然会影响到案件的审理及结果。

对于牵涉到时际法律冲突的政府继承问题，前文已经做了阐释。将上述原理运用到本案中，可以从以下几个角度展开分析：

第一，英国政府对新中国政府之承认的溯及力问题。

依据“承认溯及既往”原则，尽管英国政府是在1950年1月才承认新中国政府的，但应认为其由此之后，就应追溯承认新中国政府自其成立之日即代表中国并继承相应的海外财产。从这个角度上讲，英国枢密院所谓“法律上的溯及力必须限于该政府所控制的领土内所作的行为”的论调以及其举出的“比如由于前政府的一条船是在通过公海时被起义者占有和驶入在事实上的政府控制下的海湾”的例子，是毫无道理和没有意义的。必须认识到，“承认溯及既往”原则在政府继承中的主要作用，并不是让第三国确认新政府对其有效统治领土之上的权利义务的继承权，因为这一权利的获得与行使本质上是一国内政，丝毫不受到第三国承认与否的影响；可以说在这个问题上第三国不论是否赋予其承认以溯及力都是无关紧要的，新政府在有效统治的本国领土范围内拥有毋庸置疑的主权和最高的权威，而这根本不需要也不应该由第三国来予以认可。

事实上，“承认溯及既往”原则的主要作用，乃是使得第三国及其法院承认外国新政府对位于第三国境内的海外国家财产继承权，也只有在这种情况下，第三国的态度才变得重要起来。无疑，要是按照英国枢密院的说法，那么“承认溯及既往”原则就仅仅具有礼节性的意义、似乎可有可无的了。但如果真如此的话，各国为何纷纷采用这一原则来处理有关问题呢？枢密院又何必大费周章地论证“承认的溯及力……不能使前一个法律上的政府的行为无效”呢？究其原因，还是因为“承认溯及既往”在当时已经为世界各国所普遍遵循；即便认为在20世纪50年代该原则尚未发展为国际习惯，英国枢密院在本案中实际上也并没有否认该原则的适用，只是牵强地表示该原则仅适用于中华人民共和国成立后的中国政府所控制的领土。枢密院既然不否认“承认溯及既往”原则对本案的适用性，就应当正确地适用这一原则而不是对该原则刻意作出歪曲性的狭义解释。也就是说，英国政府对于中国政府的承认理当具有溯及力，于中国政府对位于香港境内的中国国家财产原则上自其成立之日即享有继承权。

第二，旧中国政府在英国正式承认中华人民共和国成立前所进行交易之效力。

如前所述，承认具有溯及力，乃是就一般的、不存在现实的时际法律冲突的情况而言，而在本案中则存在现实的时际法律冲突。英国法院必须面对这一实际法律冲突并解决之。在面对此种法律冲突的情况下，基于“特别法优于一般法”的理论，应当适用“法不溯及既往”原则，即确认在外国新政府获得本国承认之前，本国国民以及其他合法民事主体与外国旧政府的合法交易行为以及由此引发的对于国家财产的有效处分受到本国法律的保护。也就是说，如果旧中国政府在英国正式承认中华人民共和国之前，在香港从事了合法有效的交易行为并履行完毕，则该交易之效力能够得到英国法院的支持。

但是这里的问题在于，对外国旧政府交易行为的保护，乃是一种特殊的情况，只有在符合严格的条件之下才能成立，而不是说只要外国旧政府进行了交易行为就要予以保护。这里的条件包括：必须是合法的交易行为，对于财产的处分必须已经有效实施。而在本案中，上述条件是否得到了满足呢？

首先我们来看一下，国民党政府出卖飞机的行为是否属于“合法交易”行为？显然，这一交易的合法性是存在疑问的，甚至可以说，这是一项以合法形式掩盖非法目的的交易行为。正如驳回原告请求的香港法院法官所指出的，国民党政府的这种出卖只不过是为了防止这些飞机落入共产党政府手中的一个策略而已，因为在此之前航空公司的职员已经宣布起义并准备将飞机归于中华人民共和国成立后的中国政府。也就是说，败局已定的国民党政府为了打击政敌，不惜贱卖国家财产，给国家造成了难以估量的损失；而无论是最初购得这些财产的两位美国公民还是之后接手的美国民用航空公司都并非“善意第三人”[①]，他们对此不仅心知肚明，而且正想趁中国局势混乱未定之际大捞一笔。可以说，交易各方都是本着不诚信的态度，以显失公平的方式在进行交易，而受损的则是中国的国家利益。如果不是出于政治上的考虑，英国枢密院不会对这一明显的法律漏洞视而不见。

其次，即便假设此项交易是合法的，其对中国国家财产的处分也并未有效实施。在这一假设之下，如果这批飞机在英国正式承认中华人民共和国政府之前就已经顺利交付美国民用航空公司，那就意味着交易已经合法有效地履行完毕，自然可以受到英国法律的保护。但现实情况却是，直到英国承认中华人民共和国政府之时，飞机仍未交付；交易尚未履行之时局势已然变得明朗，中华人民共和国政府已经被英国当局承认代表中国，从而有权继承在港境内的中国国家财产。

故而在本案中，旧中国政府在英国正式承认中华人民共和国前所进行的交易，不仅是非法的，而且是尚未有效实施和履行的，这里自然就不存在为了保护合法有效的既成交易而否认承认溯及力的问题。也就是说，本案不属于那种需要适用“法不溯及既往”原则的特殊情况，而属于适用“承认溯及既往”原则的一般情况。

第三，起义航空公司职员对于飞机的实际控制问题。

早在国民党政府出卖飞机之前，中央航空公司的职员就已经宣布起义并控制了飞机，在国民党政府贱卖飞机之后，起义职员仍然控制飞机并拒绝移交，对于这种行为，应当认定为中华人民共和国政府通过起义职员实际控制了

---

① 各国的民法都有保护善意第三人的关于“善意取得”制度的规定，根据这一制度，无权处分他人动产的占有人在非法将动产转让给第三人以后，如果受让人在取得该动产时出于善意，就可依法取得对该动产的所有权。参见佟柔主编：《中国民法》，法律出版社1990年版，第243页。

这批国家财产。如前所述,实际控制原则乃是确认政府继承的基本原则,如果实际控制能够成立的话,那么无论如何中华人民共和国政府都应当继承这批国家财产。

为此,英国枢密院处心积虑地否认实际控制的存在,其论证要点是,首先,这种实际控制不归于中华人民共和国政府,因为起义职员不能代表中华人民共和国政府。其次,这种实际控制是"非法的"。其主要根据是,按照 1949 年 11 月 4 日的香港法令规定,任何人代表外国权力,包括代表外国法律上的和事实上的政府行事,必须得到总督的同意;航空公司的雇员并非这样的法律当局,不得为飞机所有权的接受者;中国共产党支持的雇员的行为没有得到香港总督的同意是不合法的。

上述论证是站不住脚的。

首先,尽管国家财产的控制主体一般是政府机构和人员,但这并不妨碍政府授权、委托或者事后确认本国国民对国家财产实施控制。而中华人民共和国政府在航空公司职员宣布起义之后,已经宣布该航空公司及其财产归于新中国政府,这就等于确认了起义职员对作为国家财产的飞机的实际控制。归根到底,中国公民是否代表中国政府,其判断标准绝不在于任何第三国,而只能在于中国政府本身。英国枢密院武断地认为起义职员不能代表中华人民共和国政府,是毫无道理的。

其次,依据国际法,政府更迭乃是一国内政,第三国应不予干涉。这意味着除了在一国国内,新旧政府之间对国家有效统治之争夺现状应得到第三国尊重之外,在第三国境内,新旧政府之间对海外国家财产的实际控制之争夺现状,只要不违反强行法、不对第三国的国家利益造成损害或对其社会秩序构成威胁,也应受到第三国的尊重。而根据枢密院所提及之香港法令,外国新旧政府之间派人争夺国家财产,竟然也须经港督同意!这明显属于干涉内政的行为。枢密院称此项实际控制为"非法",实属强词夺理。因为新旧政府之间为了达到对国家领土、主权和其他权利的实际控制而进行的争夺,原本就不属于私法性质的民事纠纷,而属于公法性质的行为并且主要是以包括武力使用在内的强制手段进行的,要是从国内民法的角度来看,自然是"非法的"。然而这本质上是一国的内政,岂可用第三国的民法来判断合法与否?若非情况特殊,此类案件根本轮不到国内法院来管辖(因为根据当时的国际法,一国国家财产在他国法院享有绝对的豁免权[①]),而国内法院即便管辖了本案,也不能像对待一般民事案件那样用国内民法来处理,而应当适时地运用国际法来处理有关问题。

其实,若要真的说"违法",控制飞机行为所违反的,只是匆忙出台的1949年11月4日香港法令而已,并不违反国际法;反倒是该项香港法令,明显违反了不干涉内政的《联合国宪章》和国际习惯法。即便我们说英国是采用"二元论"的国家,英国法院只有遵循国内法的义务[②],然而本案所处理的并非国内法律问题,而是中国新旧政府之间的国家财产继承权之争(尽管其表现形式是案件的第三人美国民用航空公司起诉作为中国国有公司的中央航空公司),英国法院理应适用国际法来判断中国国家财产的控制问题,并依据国际法上的实际控制原则承认中华人民共和国政府的继承权。

综上,本案中英国对中华人民共和国政府的承认应当具有溯及力;旧中国政府在此之前交易作为国家财产的飞机的行为不仅是非法的而且是尚未有效实施和履行的,故而不应受到英国法律的保护;起义航空公司职员控制飞机的行为应被认定为符合国际法,中华人民共和国政府理当依据实际控制原则获得有关国家财产的继承权。而英国枢密院不顾法律逻辑、无视国际法,用国内民法来裁判国际法上的政府继承国际法财产的问题,对上述三个方面均予以否认并拒绝承认新中国政府的继承权,只能说是其在当时判决受到了过于严重的政治因素的影响。

---

① 国家的豁免权,是指一国不受其他任何国家管辖的权利。国家的豁免权包括诉讼豁免、诉讼保全豁免与强制执行豁免三部分,但也可以将上述内容概括为管辖豁免与执行豁免两部分。关于国家豁免权是否有限制的问题,历来存在两种主张:绝对豁免论和有限豁免论(又称"相对豁免论")。其中,绝对豁免论认为,凡是属于国家的财产和行为,就应当给予豁免权。这种理论适应了20世纪上半叶之前的国际形势的需要,在相当长的时间内决定了国家豁免原则的标准,并得到了国际社会的广泛接受。比如,在1880年的"比利时国会号案"中,英国上诉法院认为,即使外国国家的船舶从事了商业活动,也不能否认其作为国家财产所享有的豁免权。绝对豁免制度作为国际习惯的局面直到20世纪70年代美英相继通过主张有限豁免论的《外国国家主权豁免法》《国家主权法》之后,才出现改观。参见王虎华等:《〈联合国国家及其财产管辖豁免公约〉规则的性质与适用》,载《政治与法律》2007年第1期。

② 罗国强:《论国际条约的国内适用问题》,载《兰州学刊》2010年第6期。

(二)光华寮案

1.案情介绍

自日本战败后,光华寮一直由中国爱国华侨和留学生管理和使用。1950年5月,台湾当局驻日代表团用变卖侵华日军掠夺物资的公款买下该房产。1952年12月台“驻日使馆”同原房主签订买卖合同并于1961年6月以“中华民国”名义进行了房产登记。1967年,台湾当局要求收回该公寓,并要求居住在光华寮的中国留学生王炳寰等八人搬出该公寓,被王炳寰等严词拒绝。台湾当局遂以“驻日大使”陈之迈的名义,向京都地方法院起诉。

1977年9月16日,京都地方法院判决,驳回原告起诉,认定由于中日邦交正常化,光华寮所有权归属中华人民共和国;但同时称原告具有“当事者能力”。1977年10月,台湾当局以“中华民国”名义上诉至大阪高等裁判所。大阪高等裁判所于1982年4月14日撤销原判,称台湾当局为“被承认的事实上的政府”,决定受理“中华民国”的上诉并将此案退回到京都地方裁判所重审。京都地方裁判所于1986年2月4日重新判决,将该公寓判归台湾当局。被告不服,向大阪高等裁判所提出上诉,但大阪高等裁判所于1987年2月26日判决维持原判,驳回上诉。被告于1987年5月30日再上诉于日本最高裁判所,要求最高裁判所撤销大阪高等裁判所的判决。

2007年3月27日,日本最高裁判所就光华寮诉讼案作出终审判决,认定台湾当局在光华寮问题上不具有诉讼权。审理此案的日本最高裁判所第三小法庭审判长藤田宇靖在陈述判决理由时说,这场诉讼是由台湾当局代表中国提起的。根据1972年的《日中联合声明》,台湾当局丧失了中国的代表权,因此在1972年后以台湾当局为原告进行的所有诉讼在程序上都是违法和无效的。

2.法律分析

本案仍旧是由于承认的溯及力与实际承认的时间不一致而产生的关于政府继承的时际法律冲突问题,但本案发生的年代和背景与“两航公司案”截然不同:在台湾当局提起诉讼的时候,其在国际社会层面尚保有较大的“国际空间”;到了日本法院作出初审判决的时候,中日已经正式建交,中华人民共和国政府的国际地位已经稳固,不仅获得了国际社会的普遍承认而且取得了联合国安理会常任理事国的席位,台湾当局的“国际空间”已经被极大地压缩;及至日本最高裁判所作出终审判决的时候,中华人民共和国政府已经取得了令世界瞩目的建设成就,并正在带领中国人民建设“负责任的大国”、实现中华民族的伟大复兴，但与此同时，台湾当局在“台独”分子的操纵下，不断地叫嚣争取台湾的“国际空间”，频频制造事端来挑战两岸和平关系的底线。这样的背景，不仅保障了第三国不会对新中国政府采取歧视性态度，而且使得第三国非常注重避免任何违背与新中国政府建交之国际义务并可能给“台独”带来口实的事端。诚然，这对于保障中华人民共和国政府应有的继承权是较为有利的，但若第三国法院过于注重案件判决结果的政治影响，则可能致使有关的法律论证出现漏洞。

下面我们从以下几个方面来分析本案：

第一，日本对新中国政府承认的溯及力。

由于日本在1972年《中日联合声明》中以明示的方式从法律上承认了中华人民共和国政府，且日本同时以默示的方式从事实上承认了台湾当局，故而根据“承认溯及既往”原则，日本应当认为新中国政府自1949年起就代表中国并原则上对在日本的国家财产享有继承权，台湾当局自1949年新中国政府建立以来就只代表自己并对原属中国的国家财产享有部分继承权。可见，新中国政府和旧中国政府自1949年以来一个享有法律上的承认，一个享有事实上的承认，乃是运用“承认溯及既往”原则的合理推论。

但我们看到，本案中日本最高裁判所论点的关键，就在于台湾当局起诉时代表中国，而这种说法是违反“承认溯及既往”原则的。因为，一旦中日建交，自1949年中华人民共和国政府成立之日起，日本就负有承认其代表中国、而台湾地区不能代表中国的义务。台湾当局的一切活动都只能代表其自己，而不能代表中国。日本裁判所应当认为“中华民国”一直都是在代表台湾当局而非中国购买光华寮、订约、登记、起诉等。如果按照日本最高法院的逻辑走下去，那么我们可以说，除了光华寮以外，台湾当局于1972年之前在日本登记的财产都应当被收归中国中央政府所有，因为其意欲代表中国，而这样一种主体的权利其根本不享有。但显然，上述情况并未发生。

可见，本案中台湾当局拥有诉权和“代表中国”并不能画等号。台湾当局作为被日本承认的中国内战交战团体或中国地方割据政权，可以以自己的名义、代表自己所控制的地区，在日本登记财产、取得相应权利或者提起诉讼。即便是在1972年之前登记的财产，原则上也不受影响。而日本最高裁判所否认台湾当局拥有诉权，尽管避免了日本被卷入台湾问题论争的尴尬局面，却违反了国际法上“承认溯及既往”的原则。相比之下，日本地方裁判所和高等裁判所在处理这个问题的时候，因为少有这方面的顾忌，故而直接肯定了台湾当局的诉权。

第二,台湾当局所进行的涉及光华寮的交易行为。

或许,日本最高裁判所之所以否认台湾当局拥有诉权,就是担心一旦承认其诉讼,则根据“法不溯及既往”原则,台湾当局在日本正式承认中华人民共和国政府之前在日本境内进行的涉及光华寮的交易行为应当受到保护。因为台湾当局所进行的涉及光华寮的房产交易,在当时是得到日本承认的、符合日本国内法的交易行为,买卖合同已经顺利履行,并且已经取得了日本政府的房产登记。显然,这是符合前面所论及的适用“法不溯及既往”原则来确认旧政府交易行为有效性的条件的。而这一思路,应该也是日本地方裁判所和高等裁判所的思路,我们相信这从日本国内法的角度上讲,应该是一个必然正确的结论,日本最高法院不愿再回到这条论证路径上并得出可能引发国际政治风波的判决,故而干脆在程序问题上下手,直接宣告台湾当局没有诉权了事。

也许有人会认为,台湾当局拥有诉权且其交易行为应受日本国内法保护这一逻辑结论对其有利,故而不应为我方所接受。但我们应该认识到,这乃是“承认溯及既往”“法不溯及既往”原则对这一特定案件适用的结果,这些原则作为一项价值中立性的法律,并不能保证在每一项争讼中都对一方有利而对另一方不利。这就是法律规范不同于方针政策、道德价值等范畴的特色之所在,也是法律更值得信赖之缘由。更何况,坚持 1949 年以后中华人民共和国政府在法律上代表中国、台湾当局仅在事实上代表自己,才是符合中华人民共和国政府根本利益的,即便为此付出一寮之代价也并无不可。因为作为负责任的大国,带头倡导、理解和尊重国际法,致力于构建更为完善的国际法律秩序,比一寮一地之争更为重要。今日之中国,应当避免只要判决对己有利就认为是符合国际法、判决对己不利就认为是不符合国际法的狭隘观点,避免赢了个案输了未来的短视做法。

第三,中国留学生对光华寮的实际控制。

前已述及,台湾当局在本案中应当是享有诉权的、其在日本承认中华人民共和国政府之前与日本国民完成的交易行为是受法律保护的,但是,这并不意味着其在实质问题上能够最终获得胜诉。因为法院在审理本案的时候,必须考虑到中国留学生对光华寮的实际控制问题。

如前所述,部分继承和实际控制原则乃是处理政府继承问题的基本原则,且其对于财产权这种具体的权利尤为适用,故而中央政府与交战团体之间对于国家海外财产权益继承权的归属,应当依据实际控制原则来判断。基于此,中华人民共和国成立后,在日本境内属于中国的财产,原则上应由中国新政府继承,即便原有的财产权证归旧政府,也不能影响此项政府继承,但是台湾当局实际控制的财产除外。应该说,这与中国境内国家财产部分继承的情况并无二致,因为除了台澎金马等部分地区之外,中国其他领土上的国家财产都由新政府继承,即便原有的财产权证上注明的是"中华民国"。加之中国内战迄今为止从法律上并未停止或结束,因此从理论上来讲,交战的任何一方都可以采取包括武力在内的强制措施来控制对方的财产并据为己有,也可以指派、委托或者事后承认某些非政府机关人员代表政府来实际控制对方的财产;但由于目前双方并未这样做,而是保持了一种互不采取强制措施来夺取对方实际控制财产的默契,故而这种较为极端的情况暂时不必予以考虑。

而就光华寮来讲,其实际上在战后一直由亲中华人民共和国政府的中国留学生控制和管理,故而可以认定为中华人民共和国政府通过这些留学生,实际控制了该财产;加之这种实际控制的实现乃是基于原本就合法占有该房产的中国留学生拒绝听命于台湾当局政府并搬出,而并非以暴力手段强占财产,并没有违反作为财产所在地的日本的强行法、国家利益和社会秩序,故而日本政府没有理由干涉这种实际控制的行为,即便旧政府将其登记并拥有产权证明,由于其不掌握财产的实际控制权,也就不会影响新政府的继承。可见,尽管依据日本国内民法,台湾当局应当享有光华寮的产权,但由于本案的实质是新旧政府对国家财产进行争夺的国际公法问题而不是国内私法问题,故而日本法院应当适用国际法,依据关于政府继承的国际法上的"实际控制"原则,认定光华寮作为中国国家财产,目前由中华人民共和国政府实际控制,故而应由中华人民共和国政府继承。

本案中,日本地方法院和高等法院的问题在于其仅适用了关于政府继承的"承认溯及既往"原则、"法不溯及既往"原则以及相关的国内法(民事诉讼法、物权法),而未考虑本案所涉及的政府继承问题的特殊性以及调整这一特殊性问题的主要国际法原则——实际控制原则;日本最高裁判所的问题在于其错误地理解和适用了"承认溯及既往"的原则。尽管判决所导致的最终结果与我们这里的分析是一致的,但日本审判机关在法律逻辑上确实存在诸多漏洞,而这些漏洞反倒有可能被"台独"势力所利用,来谋取不当的政治利益。因此,在涉及台湾问题的争端解决过程中,除了保障结果的满意度之外,法律逻辑的准确性也应当得到高度重视;对于如今之中国而言,维护国际法律原则的价值中立性和权威性,倡导构建有效的国际法律秩序并积极遵守之,较之个案的成败得失更为重要。

(三)联合国大会第2758号决议

1.事件简介

中国是联合国的创始会员国之一，也是联合国安理会五个常任理事国之一。1949年以后，美国在联合国操纵表决机器，一直以“延期审议”为名阻挠讨论新中国政府顺利继承在联合国的代表权，致使台湾当局得以非法窃踞中国在联合国的合法席位长达20年之久。

1971年10月25日，第26届联合国大会终于以压倒多数(76票赞成、35票反对[①]、17票弃权)通过了恢复中华人民共和国在联合国的一切合法权利并立即将台湾当局的代表从联合国一切机构中驱逐出去的第2758号决议。

第26届联合国大会第2758号决议全文：

《恢复中华人民共和国在联合国的合法权利》

阿尔巴尼亚、阿尔及利亚、罗马尼亚等23国起草并提出

大会决议

二七五八(二十六)恢复中华人民共和国在联合国的合法权利

大会，

回顾联合国宪章的原则，

考虑到，恢复中华人民共和国的合法权利对于维护联合国宪章和联合国组织根据宪章所必须从事的事业都是必不可少的，

承认中华人民共和国政府的代表是中国在联合国组织的唯一合法代表，中华人民共和国是安全理事会五个常任理事国之一，

决定：恢复中华人民共和国的一切权利，承认它的政府的代表为中国在联合国组织的唯一合法代表并立即把蒋介石的代表从它在联合国组织及其所属一切机构中所非法占据的席位上驱逐出去。

一九七一年十月二十五日，

第一九七六次全体会议。

---

① 反对票中，非洲15票[南非、马达加斯加、马拉维、刚果(布)、刚果(金)、卢旺达、布隆迪、中非、乍得、尼日尔、布基纳法索、贝宁、科特迪瓦、利比里亚、加蓬]，美洲13票(美国、巴西、海地、多米尼加、危地马拉、洪都拉斯、尼加拉瓜、萨尔瓦多、哥斯达黎加、委内瑞拉、玻利维亚、巴拉圭、乌拉圭)，亚洲4票(日本、柬埔寨、沙特、菲律宾)，大洋洲2票(澳大利亚、新西兰)，欧洲1票(马耳他)。

2.法律分析

本事件涉及的是中华人民共和国政府继承在联合国等国际组织的代表权问题。

前文已经指出过，尽管确立了有效统治的新政府有权利继承本国在国际组织的代表权，但由于联合国等国际组织本身有一套法律体系，有自己独特的表决和决策机制，故而这种对于代表权的继承不能自动实现。正因为如此，冷战初期的美国利用其在联合国机制中的优势地位，操纵其盟国控制了联合国中的表决机制，拒不落实中华人民共和国政府的代表权。但是到了20世纪70年代，国际政治格局大变：广大发展中国家实现了民族独立和解放，成为一股独立的影响国际政治格局的力量①；同时美国开始考虑改善与中国的关系以牵制苏联②，中美双方基于战略上的共同利益，超越了两国之间的严重分歧，历史性地开始走近，使这一问题出现了戏剧性的转机。在这种背景下，23个发展中国家提出了“恢复中华人民共和国在联合国一切合法权利”的提案，就容易获得较为广泛的支持。

但从国际法的角度来讲，本事件虽然在当时达到了中华人民共和国政府顺利继承联合国代表权的效果，但也留下了一些法律漏洞，从而为其以后被“台独”势力所利用埋下了隐患。

下面我们从以下几个方面来分析本事件：

第一，《联合国宪章》对有关问题的规定。

《联合国宪章》并未明确说明成员国政府更迭所引发的新政府对于旧政府在联合国权利的继承问题，故而这里只是笼统地说“回顾《联合国宪章》”，而未能举出具体的法律依据。这一问题究竟应当由联合国大会还是安理会或其他

---

① 正如新华社在《中国重返联合国的重大意义》一文中指出，联合国大会第2758号决议的通过绝非偶然，这是世界进步的需要，也是历史的必然。1949年中华人民共和国成立之后，中国在联合国的合法席位被非法剥夺了22年。然而，这22年又是世界发生深刻变化的22年。战后，民族解放运动风起云涌，形成了一股强大的历史潮流。在这股大潮的推动下，一大批亚非国家取得了独立加入了联合国。没有这批国家的加入，中国恢复在联合国的合法席位是难以想象的。它们把恢复中国在联合国合法席位视为自己的事。它们敢于仗义执言，不畏强权，表现出一种浩然正气，这股正气就是世界走向进步的反映。

② 1971年7月，基辛格以美国总统特色的身份访华，并宣布尼克松总统将于1972年访问中国。客观上，这一行动有力地促进了中华人民共和国政府继承联合国代表权斗争的胜利。

机构来决定，并不明确。这种不明确意味着较大的灵活度和操作空间，这种影响可能是两方面的。一方面，广大发展中国家可以联合起来仗义执言，利用在联合国大会的多数地位，要求以联合国大会通过决议的方式解决新中国政府的代表权问题；另一方面，美国、苏联等霸权国，可以操纵其盟友，利用在安理会的优势地位，强硬地阻挠中华人民共和国政府继承中国在联合国的权利。如果上述两种情况同时出现的话，由于《联合国宪章》没有具体而明确的规定，最终的结果尚难预料。

但在实际中，后一种情况没有出现。因为显然，苏联虽是霸权国，但其在联合国以及安理会一向处于劣势，单凭自己的力量无力阻止此事；并且，中苏关系虽然已经在20世纪60年代破裂、70年代仍旧处于不正常状态，但中国当时并非苏联的主要战略对手，而是一个苏联需要拉拢，或者至少是稳住的对象，因此苏联在这件事情上没有必要与中国激烈对抗，甚至单枪匹马动用否决权反对中华人民共和国政府。而真正有能力阻止此事的，只有美国而已；并且，美国基于其与台湾当局之间的军事保护关系，也有一定的义务来阻止此事。但事实上我们看到，尽管美国曾经提出提案，试图令台湾当局作为普通会员保留在联合国的席位①，但美方在自己的提案未获通过的情况下并未采取激烈的应对措施。即便美国在第2758号决议的表决中投了反对票，但其终究没有运用其超级大国的地位号召盟友在联合国大会强烈反对该决议，而是任由英、法、意等盟友投票支持该决议②，也没有利用其在安理会中的优势地位和否决权来强烈阻挠中华人民共和国政府继承其在联合国的代表权。

无论如何，本事件可以被认为构成了一个先例，就是对于成员国政府更迭

① 1971年10月25日，美国提议将决议草案中“把蒋介石的代表从它在联合国组织及其所属一切机构中所非法占据的席位上驱逐出去”作为另一项议案另行表决。这一提议如果获得足够的赞成票，将使得中华人民共和国代表中国参加联合国，同时“中华民国”仍然保持其联合国普通会员国的席位，从而在联合国造成“两个中国”的局面。

② 在当时12个北约成员国中，除了美国反对、卢森堡弃权之外，共有10个成员国投票支持第2758号决议；而诸如以色列等美国的铁杆盟国也投票支持该决议。有学者评论道，正是当时美国对华政策的软化及与此前政策的自相矛盾，使得支持中华人民共和国的联合国成员国极大地增添了信心，此外导致过去由于种种原因附和美国的集团趋于瓦解，纷纷想抢在美国前面向中华人民共和国示好。这既反映了实力衰落下的美国自信的严重动摇，又是美国着眼于长远的战略利益，谋求中美关系改善所必须付出的代价。参见袁小红：《美国对华政策与中国联合国代表席位的恢复》，载《求索》2007年第3期。

所引发的新政府对于旧政府在联合国权利的继承问题，如果存在争执或者疑问的话（当然通常只有在部分继承的情况下才会出现这种情况），可以通过联合国大会决议来解决。但是，这仅仅是构成先例，其以后是否能够发展成为确定的国际习惯或者被编纂为国际条约，还有待国际社会态度的明确。

第二，提案的法律漏洞。

毫无疑问，第2758号决议从即时的结果上来讲是达到了目的，即由中华人民共和国政府继承“中华民国”政府在联合国的所有地位及权利①，但从长远来看则留下了一些隐患。这主要是因为，该决议是由阿尔巴尼亚、阿尔及利亚、罗马尼亚等23国起草并提出，中方没有参与，也未能派员到表决现场，故而在提案的措辞中，没有充分考虑中国内战的特殊性与有关国际法问题的复杂性，从而产生了法律漏洞。

首先，在第2758号决议中，唯一合法政府是明确了，但“台湾地区是中华人民共和国的一个组成部分”这个表述没有在第2758号决议里明确地体现出来。决议仅提到“蒋介石的代表”，而没有提到“台湾地区”，从而留下了一个较大的法律漏洞。因为如果仅从该决议文出发的话，那么尽管决议确认中华人民共和国政府是中国唯一合法政府，但如今的台湾当局早已不是“蒋介石的代表”了；且由于台湾地区是否为中国一部分在决议中未予明确，如此一来，只要台湾当局放弃争夺“中国唯一合法政府”的地位，就可以有借口主张摆脱“一个中国”的束缚、宣布自己代表的是一个单独的国家。

其次，第2758号决议使用“恢复”一词，显然不妥。因为有关问题本质上是中华人民共和国政府在国际组织中的继承权未得到及时承认所引发的问题，而不是国与国之间就其在国际组织中的权利的争夺。如果仅仅是新政府与旧政府的继承争端，那么中国作为国家在联合国的代表权一直都在行使中、从未中断过，只不过一段时期内行使这一代表权的政府本应为新政府而实际上为旧政府，这就意味着不存在“恢复”权利的问题，只存在权利依法继承的问题。更何况，中华人民共和国政府之前从未获得联合国代表权，又谈何“恢复”？要这样说的话，反而让人容易联想到，只有中华人民共和国政府所代表的作为一个国家的中华人民共和国，才存在“恢复”自联合国创立以来就存在的、1949—1971年间被台湾当局占据的联合国席位的问题，这岂不是暗示该

---

① 这一点即便是很多台湾学者也是承认的。参见薛化元主编：《台湾历史年表：终战篇Ⅱ》，联经出版社1990年版，第155页。

问题属于因国家分离或分立而引起的国家继承问题?

正是由于上述法律漏洞的存在,当今的"台独"势力才得以声称,该决议"只处理了中华人民共和国在联合国及所有有关组织的代表权问题,并没有裁定台湾地区是中华人民共和国的一部分,也没有赋予中华人民共和国在联合国有其有关组织代表中华民国(台湾)或台湾人民的权利",从而妄图主张"以中华民国名义重返联合国"或者"以台湾名义加入联合国"。

针对上述法律漏洞,那如果在联合国大会提出一项明确"台湾地区是中华人民共和国的一部分"的提案,以补正第 2758 号决议的缺失是否可行呢?笔者认为,尽管理论上可以这样做,但其法律意义不会很大,而且在实践中可能造成反效果。诚然,如果在 1971 年通过第 2758 号决议的时候就写入"一中"的内容,对于有关问题的明确以及中华人民共和国政府方针政策的推行显然是有帮助的。但在既成事实已然如此的情况下,再刻意通过一项有关"一中"的决议,恐怕于事无补;更何况,中华人民共和国政府在此之后跟很多西方国家建交的时候,已经在建交公报中明确了"一中"的内容,从而凡与中华人民共和国政府建交的国家都负有承认"台湾是中华人民共和国的一部分"的国际条约义务,即在国家承认方面的不承认义务,这在很大程度上就已经弥补了第 2758 号决议的缺憾。从这个角度上讲,第 2758 号决议的法律漏洞虽然存在,但只有在中华人民共和国政府建交不多且"一中"问题很少反映在建交公报的情况下,这种法律漏洞才能起到实质性的作用;而在如今中华人民共和国政府与世界上绝大多数国家建交且"一中"的表述出现在诸多建交公报中的情况下,这种法律漏洞已经起不到任何实质性的作用了。在当今的态势之下,再通过一项有关"一中"的联合国大会决议则纯属画蛇添足。因为实在国际法的正式渊源说到底还是国际条约和国际习惯,联合国大会决议只能是国际法的辅助渊源①,没有必要将决议的作用过于拔高以至于认为这是打击"台独"势力的"杀手锏";加之目前已经有 178 个国家承认中华人民共和国政府了,故而决议即便通过,也是由于这些建交国为履行其国际义务而予以支持,并不能说明更多的问题。在这样的背景之下,如果强推"一中"决议,反倒是不自信的表现,而且可能会被"台独"势力利用,并对台湾地区的选情带来不利影响。

因此,针对上述法律漏洞,中华人民共和国中央政府应当做的,就是贯彻落实各建交公报中所载明的"一中"原则,运用联合国本身的表决与决策机制,

---

① 王铁崖主编:《国际法》,法律出版社 1995 年版,第 20 页。

借助中国在联合国等国际组织中越发巨大的影响力，坚决反对"台独"势力谋求"台湾国际空间"的行径；借助国际法，引导台湾当局走两岸和平统一的道路，并适当照顾其参与各主要国际组织的活动的要求。此外，第2758号决议既为中华人民共和国政府落实了在联合国的继承权又给中华人民共和国政府日后遏制"台独"造成隐患的实例也说明，台湾问题只能由中国自己解决，且其解决过程中应当注意对相关国际法的准确理解与恰当运用。

五、结语

特殊政府承认与继承是当前世界范围内法律关系较为复杂但又极具重要性的国际法问题。苏俄政府与西班牙佛朗哥政府的承认与继承实践说明，有效统治的成立乃是获得政府承认的根本保障。叙利亚与利比亚政府的特殊政府承认与继承实践，证明了此种特殊情况在国际范围内的存在。中国自1949年以来就涉身于特殊政府承认与继承问题引发时际法律冲突。"两航公司案"判决受到了过于严重的政治因素的影响。"光华寮案"中，日本地方法院和高等法院未考虑实际控制原则，日本最高裁判所则错误地理解和适用了"承认溯及既往"的原则。联合国大会第2758号决议达到了由中华人民共和国政府继承旧中国政府在联合国的所有地位及权利的目的，但提案措辞没有充分考虑中国政府承认与继承的特殊性，从而产生了法律漏洞。台湾问题的合理解决，需要明晰特殊政府承认与继承的法律内涵。

（本文责任编辑：黄真真）

Typical Cases on Government Recognition and Succession

Luo Guoqiang　Li Zhijun

Abstract: The practices of the Soviet Russian government and Franco's Spanish government on government recognition and succession show that the establishment of effective governance is the fundamental guarantee for being recognized. The practices of the Syrian and Libyan governments on special government recognition and succession show that such situations really exist in the world. The special government recognition and succession between the former and the current Chinese government tends to cause intertemporal conflicts of law. The judgment on Civil Air Transport Incorporated v. Central Air Transport Corporation was affected badly by political factors. In the Guanghua Dormitory Case, the principle of effective control was not taken into consideration by the Japanese local and high court, while its supreme court wrongfully understood and applied the principle of recognition's retroactive effect. General Assembly Resolution No.2758 achieved the goal of granting new Chinese government its due rights, which caused some loopholes in law because it did not fully consider the special situation for Chinese government recognition and succession.

Key Words: Government Recognition; Government Succession; Taiwan Issue

非殖民化进程中的民族自决权

——基于对查戈斯群岛咨询意见案的分析

夏 菡*

内容摘要: 查戈斯群岛咨询意见案涉及非自治领土在非殖民化进程中的领土主权完整和民族自决权。国际法院对毛里求斯的领土主权给予了充分的支持,并强调英国从毛里求斯分裂查戈斯群岛的行为损害了毛里求斯的民族自决权。由于国际法院对岛民权益的分析基本延续了西撒哈拉案中对伊弗尼族群的处理方法,咨询意见在推进安置岛民的问题上能发挥的作用有限,但它对于敦促英国尽快结束对查戈斯群岛的非法占有,最终归还属于毛里求斯的领土无疑意义重大。

关键词: 国际法院咨询意见;民族自决权;非殖民化;领土主权;查戈斯群岛

目 录

* 夏菡,对外经济贸易大学法学院国际法博士研究生。

三、国际法院对毛里求斯"民族自决权"的解读

(一)毛里求斯独立过程中的"领土主权"不是绝对的

(二)毛里求斯的独立过程不完全是其民族意志的自由表达

(三)未认可查岛居民的权利

(四)对法院未认可岛民权利的国际法解释

四、查戈斯群岛咨询意见的影响

(一)明晰了非殖民化背景下民族自决权与领土主权、民族自由表达的意愿的关系

(二)咨询意见对国际社会的影响

结　语

引　言

2019年国际法院作出的查戈斯群岛咨询意见涉及毛里求斯民族独立过程中由于英国非法分割查岛并驱逐岛民而遗留下来的争端。国际法院最终判定毛里求斯的非殖民化进程尚未合法完成,并提出英国对查戈斯群岛的持续管理构成国际不法行为。毛里求斯关于查戈斯群岛的自决权是其作为非自治领土向殖民宗主国英国主张的权利,理应得到国际法院的支持。同时也应注意到,咨询意见在查岛居民的问题上阐述相对较少。①

查岛岛民的土著民族身份受到了英国参与查岛案诉讼程序的律师、研究人员和人类学学者普遍认同,并且有国内法院判决中披露的历史、外交文件,

① Legal Consequences of the Separation of the Chagos Archipelago from Mauritius in 1965, ICJ Advisory Opinion of 25 Feb., 2019, paras.120, 123, 126.

以及人口统计材料作为佐证,本文不做赘述。① 由于国际法院的咨询意见管辖权相比诉讼管辖权更为有限②,且岛民是否具有单独的国际法地位也并非完全没有争议,法院在查戈斯群岛岛民权利的问题上保持克制是可以理解的。但在群岛在被分割时,岛民是非殖民化进程中作为多民族国家毛里求斯的组成部分之一。在历史信息明确的情况下,国际法院并没有强调岛民作为毛里求斯国家的组成部分的事实,也没有妥善阐明英国驱逐岛民所应承担的法律责任。在此背景下,本文梳理国际法上有关"民族自决权"的规则发展,并重点探究咨询意见的不足。第一部分首先回顾查岛争议的基本情况;第二部分澄清关于"自决权"的三个容易混淆的概念;第三部分回顾国际法上有关非自治领土的"民族自决权"的规则,以及查岛咨询意见中"民族自决权"问题分析的不足之处;第四部分对查戈斯群岛咨询意见的国际影响作出评析。

一、毛里求斯人的自决权及其实现

2017年6月22日,联合国大会通过第71/292号决议,请求国际法院就查戈斯群岛于1965年从毛里求斯分离相关的两个问题发表咨询意见:(1)在查戈斯群岛分离的背景下,1968年毛里求斯独立时,它的非殖民化进程是否依法完成;(2)根据国际法包括联合国大会的相关决议所述义务,在毛里求斯无能力重新安置被驱逐的查戈斯群岛居民,特别是原籍查戈斯群岛人的情况下,英国继续管理查戈斯群岛的后果是什么?③

---

① R (Bancoult) v Secretary of State for Foreign and Commonwealth Affairs, EWHC 1038 (2006), para.32; R. Gifford, R. P. Dunne, A Dispossessed People: The Depopulation of the Chagos Archipelago 1965-1973, *Population, Space and Place*, Vol.20; P. H. Sand, The Chagos Archipelago Cases: Nature Conservation Between Human Rights and Power Politics, *Global Community Yearbook of International Law & Jurisprudence*, Vol.1; L. Jeffery, *Chagos Islanders in Mauritius and UK: Forced Displacement and Onward Migration*, Manchester University Press, 2011; S. Allen, Looking Beyond the Bancoult Cases: International Law and the Prospect of Resettling the Chagos Islands, *Human Rights Law Review*, Vol.7, pp.469-475.

② 赵海峰等:《国际司法制度初论》,北京大学出版社2006年版,第18～20页。

③ Legal Consequences of the Separation of the Chagos Archipelago from Mauritius in 1965, ICJ Advisory Opinion of 25 February 2019, para.160.

法院的结论是，毛里求斯的非殖民化未依照国际法有关民族自决权的要求完成，英国分离查岛的行为侵犯了毛里求斯的领土主权完整。法院要求英国确保毛里求斯人民对其全部的领土实现自决权。[①] 遗憾的是，目前查戈斯群岛相关的争议仍然没有化解。2019 年 2 月 25 日，国际法院就查戈斯群岛从毛里求斯分离作出的咨询意见以 13∶1 的多数表决通过。[②] 5 月 24 日，联合国大会就查戈斯群岛咨询意见相关的动议进行表决，该第 73/295 号决议在联合国成员国中以 116 票支持、6 票反对（澳大利亚、匈牙利、以色列、马尔代夫、英国和美国）高票通过。[③] 决议要求英国于该决议作出之日起 6 个月之内结束对查戈斯群岛的殖民管理；各国和各国际组织不得以任何形式承认由英国建立的印度洋殖民领土具备国际法地位。然而截至 2019 年 11 月底，6 个月期限已过，英国仍然拒绝遵守该决议，抗拒履行其结束非法占有查岛的国际义务。2019 年 10 月，毛里求斯总理在联合国呼吁英国尽快执行联合国决议，结束对查戈斯群岛的非法占有。11 月 22 日，非洲联盟委员会发布公报敦促英国将查戈斯群岛移交给毛里求斯。次日，英国外交部发表声明，拒绝承认毛里求斯对查戈斯群岛的主权主张。[④]

国际法院的咨询意见不具备类似于其依据当事国一致同意向其提交的法律争端作出的判决那样的强约束力，联合国大会决议也缺乏安理会决议那样

---

① 周超：《国际法院发表咨询意见，英国应尽快"交还"查戈斯群岛》，载《中国海洋报》2019 年 3 月 1 日。

② UN Meetings Coverage, General Assembly Welcomes International Court of Justice Opinion on Chagos Archipelago, Adopts Text Calling for Mauritius's Complete Decolonization, GA/12146, 22 May, 2019.

③ Resolution 71/292, Request for an Advisory Opinion of the International Court of Justice on the Legal Consequences of the Separation of the Chagos Archipelagos from Mauritius in 1965, (22 Jun., 2017), A/RES/71/292.

④ 吴婷：《非盟敦促英国移交查戈斯群岛，终结殖民统治》，载《央视新闻网》，2019 年 11 月 23 日；O. Bowcoot, Labour Would Return Chagos Islands, Says Jeremy Corbyn — UK Criticised for Defying UN Deadline to Hand over Control of Indian Ocean Territory, https://www.theguardian.com/world/2019/nov/22/uk-set-to-defy-un-deadline-to-return-chagos-islands，下载日期：2020 年 5 月 26 日。

的强制执行力;但咨询意见和联合国大会决议的软法作用不容小觑。[①] 英国以"争议为两个主权国家间的领土纠纷"为由反对国际法院的咨询管辖权,国际法院最终将问题置于非殖民化进程的语境之下,强调了在非殖民化背景下民族自决权与领土主权和民族自由表达的意愿之间的密切关联。相信联合国成员国对第73/295号决议的压倒性支持,国际舆论的持续关注以及各国对英国非法行径的谴责[②]一定能在促进英国尽早归还领土问题上发挥积极作用。

(一)背景:毛里求斯在20世纪60年代的自决未覆盖查戈斯群岛

查戈斯群岛位于印度洋,18世纪初为毛里求斯的附属岛屿,并被法国占领。1814年法国将群岛割让给英国。[③] 1965年11月8日,查戈斯群岛被英国分离,与当时属于塞舌尔的另外三个岛屿(Aldabra、Farquhar、Desroches)一起构成印度洋殖民领土(British Indian Ocean Territory),受英国的殖民管理。1953年毛里求斯国内大选之后,毛政府代表开始推进独立进程。1965年9月23日,毛、英两国政府代表在位于伦敦的兰卡斯特公馆会面,就毛里求斯独立和查戈斯群岛分离达成八项约定(联合国海洋法法庭将其简称为"兰卡斯特公馆承诺")。其中第7条规定,英国在无须继续维持岛上军事设施时,应把查岛归还给毛里求斯。[④] 1966年12月30日,英美两国达成协议,开始商讨在

---

① 参见王淑敏、何悦涵:《国际法院对于民族自决权问题的咨询意见法理分析及实证研究》,载《政治与法律》2018年第4期;文思静:《浅析联大决议的法律效力》,载《法制与社会》2015年第11期。

② 张楷欣(中新社2月27日电):《中方:坚定支持联合国非殖民化进程》,载《中国新闻网》2019年2月27日;周超:《英国应尽快"交还"查戈斯群岛》,载《海洋参考》2019年3月1日;于音:《英国外交遭重创,联合国要求英国归还岛屿给毛里求斯》,载《新京报》2019年5月23日。

③ Declaration of Judge Abraham in Chagos Advisory Opinion, ICJ Report of 25 Feb., 2019. https://www.icj-cij.org/files/case-related/169/169-20190225-ADV-01-03-EN.pdf,下载日期:2020年5月26日;L. Jeffery, *Chagos Islanders in Mauritius and UK: Forced Displacement and Onward Migration*, Manchester University Press, 2011, p.11; S. Allen, *The Chagos Islanders and International Law*, Hart Publishing, 2014, p.39; P. H. Sand, The Chagos Archipelago Cases: Nature Conservation Between Human Rights and Power Politics, p.125.

④ Republic of Mauritius v. the United Kingdom of Great Britain and Northern Ireland in the Matter of the Chagos Marine Protected Area Arbitration Before an Arbitral Tribunal Constituted Under Annex Ⅶ of the United Nations Convention of the Law of the Sea(18 Mar., 2015), paras.61, 65, 71, 77, 89.

查戈斯群岛合作建军事基地。1968 年 3 月 12 日,除查戈斯群岛以外的毛里求斯领土实现独立。

独立之后,毛里求斯和英国在查戈斯群岛的经济和领土问题上一直存在争议,双方也没有就归还查戈斯群岛的最后具体日期达成过任何书面或口头协议。1968—1973 年间,英国秘密驱逐查岛居民。“兰卡斯特公馆承诺”中包含要求英国为查戈斯群岛的土地所有者和居住于岛上的岛民重新安置提供直接补偿的条款。1972 年,英国同意向毛里求斯支付 65 万英镑作为对被驱逐的查戈斯群岛岛民重新安置的经济补偿。1975—2004 年间,查岛岛民多次向英国国内法院起诉,要求经济补偿,均被驳回。之后争议提交欧洲人权法院,2012 年 12 月,欧洲法院认为争议在英国国内法程序下的当地救济未用尽,未予受理。①

所以,毛里求斯在 20 世纪 60 年代的独立只是在毛里求斯的部分领土上实现了自决权。由于英国在查戈斯群岛上建立了军事基地,查戈斯群岛未纳入毛里求斯自决的范围。

(二)查戈斯群岛争议:从联合国大会决议到国际法院咨询程序

联合国大会、联合国托管理事会和国际法院是解决民族独立过程中纠纷的国际机构职能部门。② 20 世纪六七十年代,联合国对毛里求斯的独立和英国分裂非自治领土的行为有过较为密切的关注。在毛里求斯独立前夕,联合国大会通过的四项决议与毛里求斯独立和英美在岛上建军事基地的行为直接相关。1960 年第 1514 号决议通过了《给予殖民国家和民族独立宣言》。③ 1965 年 12 月 16 日联合国大会通过第 2066 号决议,指出英国试图将部分岛屿从毛里求斯分离用于建军事基地的行为有违《给予殖民国家和民族独立宣言》,敦促不得分割毛里求斯领土,破坏其领土主权完整;并应尽快全面履行第

---

① Award of the Republic of Mauritius v. the United Kingdom of Great Britain and Northern Ireland in the Matter of the Chagos Marine Protected Area Arbitration Before an Arbitral Tribunal Constituted Under Annex Ⅶ of the United Nations Convention of the Law of the Sea, (18 Mar., 2015), paras.8990, 9298.

② United Nations Digital Library, UN Documentation: Decolonization. http://research.un.org/en/docs/decolonization/.,下载日期:2020 年 6 月 10 日。

③ *Declaration on the Granting of Independence to Colonial Countries and Peoples*, Adopted by the UN General Assembly in Resolution 1514 (XV)(14 Dec., 1960).

1514号决议,帮助毛里求斯独立。① 1966年的第2232号决议重申了第1514号决议和第2066号决议的内容,敦促殖民宗主国履行决议。第2232号决议不再有专门针对毛里求斯独立的内容,但增加的两个方面不容忽视:重申任何在殖民领土试图部分或全部破坏国家统一和建立军事基地的行为均有违《联合国宪章》和联合国大会第1514号决议的目标和原则;确定了联合国应积极采取措施的义务,尽一切可能帮助殖民地民族自主决定未来将以何种政治形态存在。②

1968年毛里求斯独立之后,联合国对英毛两国有关查戈斯群岛的主权争议关注度较低,直到2010年双方的争议进入国际仲裁程序。在1968年毛里求斯独立后,两国有关查戈斯群岛的争议不再仅受英国国内法律管辖。③ 1968—1980年,毛政府未在任何外交或其他国际场合提及与英国有关查戈斯群岛的争议。④ 1975年,在归还Aldabra、Farquhar、Desroches三个岛屿给塞舌尔的同时,英、美两国商讨后认为由于查戈斯群岛中最大的岛屿迪戈加西亚岛(Diego Garcia)仍被美国用作军事基地,故将查戈斯群岛归还毛里求斯事宜暂不现实。⑤ 1980年以来,毛里求斯多次在联合国大会会议上声明对查戈斯

① Resolution 2066(XX), Question of Mauritius. Adopted on the reports of the Fourth Committee, 16 Dec., 1965.

② Resolution 2232(XXI), Question of American Samos, Antigua, Bahamas, Bermuda, British Virgin Islands, Cayman Islands, Cocos (Keeling) Islands, Dominica, Gilbert and Ellice Islands, Grenada, Guam, Mauritius, Montserrat, New Hebrides, Niue, Pitcairn, St. Lucia, St. Vincent, Seychelles, Solomon Islands, Tokelau Islands, Turks and Caicos Islands and the United States Virgins Islands, adopted on 20 Dec., 1966.

③ Award of the Republic of Mauritius v. the United Kingdom of Great Britain and Northern Ireland in the Matter of the Chagos Marine Protected Area Arbitration Before an Arbitral Tribunal Constituted Under Annex VVI of the United Nations Convention of the Law of the Sea(18 Mar., 2015), paras.424-425, 428.

④ Award of the Republic of Mauritius v. the United Kingdom of Great Britain and Northern Ireland in the Matter of the Chagos Marine Protected Area Arbitration Before an Arbitral Tribunal Constituted Under Annex VII of the United Nations Convention of the Law of the Sea (18 Mar., 2015), para.100.

⑤ Award of the Republic of Mauritius v. the United Kingdom of Great Britain and Northern Ireland in the Matter of the Chagos Marine Protected Area Arbitration Before an Arbitral Tribunal Constituted Under Annex VII of the United Nations Convention of the Law of the Sea(18 Mar., 2015), para.87.

群岛的主权，而英国则主张查戈斯群岛仍然属于英国。20 世纪 80 年代毛里求斯国内立法过程中，查戈斯群岛分裂的问题被一再提起。① 1997 年 7 月，英国批准《联合国海洋法公约》。2009 年 1 月 14 日，英国和毛里求斯在有关查戈斯群岛的大陆架问题上发生意见分歧。2010 年，英国在查戈斯群岛水域建保护区，毛里求斯抗议并将争议提交《联合国海洋法公约》附件七下成立的仲裁庭。仲裁结果于 2015 年公布，毛里求斯关于英国在查戈斯群岛水域修建海洋保护区违反《联合国海洋法公约》的主张得到支持。②

20 世纪 70 年代至 21 世纪初，岛上居民和英国之间就补偿问题的纠纷始终是作为殖民地和殖民主国之间的冲突受限于英国国内法的管辖。直到 2010 年，双方的争议才进入《联合国海洋法公约》下的仲裁程序。毛里求斯在海洋法法庭的仲裁程序中共提出四项诉求，仲裁庭认为前三项诉求的实质上关于查戈斯群岛的主权争议，根据《联合国海洋法公约》仲裁庭没有管辖权。而对于第四项诉求（请求仲裁庭判定英国在查戈斯群岛水域建立海洋保护区是否违背《联合国海洋法公约》），仲裁庭认为这项请求的争议焦点在于对海洋保护区的定性，依据《公约》第 288 条第 1 款和第 297 条第 1 款，认定对该项诉求有管辖权。在分析了保护区的范围和性质、毛里求斯在保护区范围内的权利后，仲裁庭最终裁定英国的行为违背了《联合国海洋法公约》的规定。③ 在仲裁庭裁决之后，毛里求斯决定乘胜追击。随后，在非洲其他国家的支持下，毛里求斯将查戈斯群岛问题提交联合国大会，试图依据《联合国宪章》和相关

---

① 1982 年新一届政府大选后，毛里求斯议会在一项涉及其国内法解释原则的法案(*the Interpretation and General Clauses Act*)实施后，成立专门委员会审查查戈斯群岛分离的历史。该委员会于次年发表报告，批评当时毛里求斯政府隐瞒国内民众，并指出英国分裂查岛的行为是在英国胁迫毛政府的情况下完成的，因而违反了《联合国宪章》。另外，1992 年的《毛里求斯宪法》中毛里求斯的领土范围包含查戈斯群岛。

② Award of the Republic of Mauritius v. the United Kingdom of Great Britain and Northern Ireland in the Matter of the Chagos Marine Protected Area Arbitration Before an Arbitral Tribunal Constituted Under Annex Ⅶ of the United Nations Convention of the Law of the Sea(18 Mar., 2015), paras.101-102.

③ Award of the Republic of Mauritius v. the United Kingdom of Great Britain and Northern Ireland in the Matter of the Chagos Marine Protected Area Arbitration Before an Arbitral Tribunal Constituted Under Annex Ⅶ of the United Nations Convention of the Law of the Sea(18 Mar., 2015),paras.283-323, 544.

决议主张对查戈斯群岛的领土主权。①

二、区分:"民族自决原则"、"民族自决权"与"救济性分离"

在以《联合国宪章》以及《公民和政治权利国际公约》与《经济、社会和文化权利公约》为基础的国际人权体系下,"民族自决"既是国家间交往的原则,也是一项法律权利。② 查戈斯群岛咨询意见中涉及的是非殖民化背景下向英国主张归还领土的"民族自决权",因此它既不同于作为平等国家间交往的"民族自决原则",也与"救济性分离"有着本质区别。

查戈斯群岛咨询意见案不涉及"救济性分离",在此讨论"民族自决原则/权"和"救济性分离"的区别也不是为任何形式的"分离"寻求合法性解释,而是为了说明三点:首先,"民族自决权"和"救济性分离"有完全不同的含义和合法性条件;其次,对于殖民地以外的任何族群,"内部自决"是基础,"内部自决"受阻才会触发"外部自决";最后,"救济性分离"获得合法性有着十分严苛的标准和证明条件。条件不满足的分离主张很可能是分裂分子企图以"民族自决"为名意图破坏国家领土完整的行为。充分认识民族自决原则、民族自决权与救济性分离能帮助我们以更加理性和谨慎的态度看待查戈斯群岛咨询意见案。

(一)"民族自决权"不同于"救济性分离"

作为一项法律权利的"民族自决权",适用主体为非自治领土和托管领土上尚未实现完全自治的民族。而"救济性分离"是在非殖民化运动基本结束之后,学者试图解决"民族自决"在殖民地以外的情况下提出的"内部自决"与"外部自决"理论下衍生出的一个概念。纵观冷战之后各种因民族和宗教纷争激

① Draft Resolution (A/71/L.73), Request for a Resolution of the 71st General Assembly of United Nations, No. A/71/PV.88, 5:1-21.

② 《联合国宪章》第1条第2款规定,"联合国的宗旨为:(1)……(2)以尊重权利平等原则和民族自决为基础,发展国家间的友好关系,并采取措施推进国际和平……";《联合国宪章》第55条,"为创造实现基于权利平等和民族自决原则的和平友好外交关系所需的稳定和各国福祉,联合国应……";《公民和政治权利国际公约》和《经济、社会和文化权利公约》第1条规定,"所有民族都有自决权。该权利赋予各民族决定其政治状态的自由,追求经济、社会和文化发展的自由"。

起的冲突,"自决"往往在其中被用作为一项权利诉求。这些冲突涉及的主体既包括受到军事入侵和控制的少数族群,如葡萄牙诉澳大利亚东帝汶案[①]中被印度尼西亚入侵的东帝汶土著人[②];同时也不乏主权国家范围之内的民族分裂分子,如魁北克独立公投案中的魁北克人,科索沃单方面宣布独立案中的阿尔巴尼亚族人,被境外势力煽动的"藏独"分子,以及处于复杂的宗教和地缘政治中的库尔德人、克什米尔人等。大多诸如此类以"自决"为由的民族分离运动都对国家主权和领土完整构成了严重威胁。

(二)何为"救济性分离"?

在非殖民化运动基本结束后,为化解救济性分离与国家领土完整之间的冲突,"民族自决"的理论探讨中逐渐演变出"外部自决"和"内部自决"两种概念。[③] 学者提出区分"外部自决"与"内部自决"的概念,是为了解决"民族自决"概念的适用在殖民地以外的情况下所面临的包括救济性分离与国家领土完整之间的冲突。作为"外部自决"的一种,"救济性分离"是指在殖民主义之外,一国之内部分部族主张受到母国的重大不公正对待,在"内部自决"受阻的前提下,要求从母国分离的主张。从理论上来看,国际法不支持但也未完全否定"救济性分离权"的存在。[④] 在"救济性分离"中,"民族自决"往往被用作一般意义上的权利主张基础。这种主张虽然通常也以"民族自决"为口号,但缺乏实在法规范。[⑤]

罗国强教授从分离行为的本身性质出发,将分离分为母国不反对与母国

---

① 东帝汶为列入联合国名单的非自治领土,遭到印尼的武力入侵和控制。1999 年,迫于各方压力,印尼总统同意东帝汶进行公投决定自治或者脱离印尼。同年,印尼、东帝汶的殖民宗主国葡萄牙和联合国三方就东帝汶公投事宜签署协议。最终,东帝汶于 1999 年在联合国的主持下举行全民公决,实现了独立。

② 张颖军、宋连斌:《国际法院 1991 年葡萄牙诉澳大利亚"东帝汶案"简析》,载《武大国际法评论》2003 年第 1 期。

③ 白桂梅:《论内部与外部自决》,载《法学研究》1997 年第 3 期;赵建文:《人民自决权与国家领土完整的关系》,载《法学研究》2009 年第 5 期。

④ 何志鹏:《大国政治中的司法困境——国际法院"科索沃独立咨询意见"的思考与启示》,载《法商研究》2010 年第 6 期。

⑤ 何志鹏:《大国政治中的司法困境——国际法院"科索沃独立咨询意见"的思考与启示》,载《法商研究》2010 年第 6 期;赵建文:《人民自决权与国家领土完整的关系》,载《法学研究》2009 年第 5 期;王英津:《自决权与国家主权关系的再探讨》,载《政治学研究》2004 年第 2 期。

反对的分离两种情形。母国不反对的分离具备合法性。[①] 单方面要求分离的主张，或者说是母国反对的分离，通常也以"自决原则"为基础，但缺乏实在国际法规范，而且会对国家主权和领土完整原则构成严重威胁。[②] 因此在母国反对的情况下，要求分离的部族或族群必须证明分离行为的合法性。只有当基本权利在国家内部受到有针对性的侵害时，分离才可以用作权利诉求的最后救济手段，并且"救济性分离"获得合法性有着十分严格的证明条件。如罗国强教授提出的母国未提供合法善治；违反国际法、自治协议或基本人权，或 Allen Buchanan 所言的"母国对之施行了大规模持续的、针对性的违反人权的行为，或重大的、持续性的违反自治协议的行为"[③]。

在冷战后一段时期内的民族和宗教问题的刺激下，有关"民族自决权"的实践和探讨中出现了诸如这一权利是否适用于少数族群和宗教团体等争议很大的议题。[④] 十分明确的一点是，在主权国家内，只有在"内部自决"受阻这一前提下，才会催出"外部自决"合法的可能性。有关"内部自决"和"外部自决"的关系，在司法实践中尤以加拿大最高法院于 1998 年就有关魁北克独立问题作出的陈述为代表：

> 国际法一般认同确立一个民族自决权的基础是以内部自决的方式，在既存国家的体制下满足该民族对政治、经济社会和文化发展的需求。在魁北克的情况下，外部自决权可能被理解为魁北克有单方面主张从加拿大分离的权利。这种外部自决权仅在极少数特殊情况下能受到认可，并且权利的实现途径一定是有明确法律规定的。[⑤]

在这方面，引发巨大争议的科索沃咨询意见可以说是国际司法的前车之

---

① 罗国强：《独立、分离与民族自决的法律困境——结合科索沃和克里米亚问题的探讨》，载《政法论丛》2015 年第 1 期。

② 黄瑶：《后冷战时期的国家领土完整原则与人民自决原则》，载《法学家》2006 年第 6 期。

③ 罗国强：《独立、分离与民族自决的法律困境——结合科索沃和克里米亚问题的探讨》，载《政法论丛》2015 年第 1 期；范毅：《论自决权的性质——一种国际法与国内法的综合分析》，载《现代法学》2005 年第 3 期。

④ 白桂梅：《论内部与外部自决》，载《法学研究》1997 年第 3 期。

⑤ In the Matter of Section 53 of the Supreme Court Act，R.S.C. 1985；In the Matter of a Reference by the Governor in Council Concerning Certain Question Relating to the Secession of Quebec from Canada，(1998) 2 SCR 217，para.126.

鉴。法院在该意见中对科索沃分离行为的合法性问题付之阙如,而以转换命题的方式,绕过合法性分析,仅仅确认科索沃有宣告独立的权利,因此得出了十分“危险和具有误导性”的咨询意见。[①] 这一缩小国家主权和领土完整原则的适用范围,忽略自决权与国家主权和领土完整权明显冲突的司法实践,引起了众多学者的批评。[②]

三、国际法院对毛里求斯“民族自决权”的解读

国际法领域对于“民族自决”是否构成可主张的法律权利仍有诸多争议。从条约上来看,《联合国宪章》、《公民和政治权利国际公约》与《经济、社会和文化权利公约》对“民族[③]”和“自决权[④]”都没有明确定义,因而导致权利主体的身份和自决的范围和实现形式都有不确定性。权利和义务的缺失致使非殖民化进程中的民族自决权缺乏明确的法律基础,而主要是由联合国决议构成的习惯法来支持。

在国际法院此前的咨询意见中,1971 年的西南非洲和纳米比亚案、1975 年西撒哈拉独立案、1986 年布基纳法索和马里边境争端,以及 1995 年葡萄牙

---

① 罗国强:《独立、分离与民族自决的法律困境——结合科索沃和克里米亚问题的探讨》,载《政法论丛》2015 年第 1 期。

② 余民才:《“科索沃独立咨询意见案”评析》,载《法商研究》2010 年第 6 期;何志鹏:《大国政治中的司法困境——国际法院“科索沃独立咨询意见”的思考与启示》,载《法商研究》2010 年第 6 期;M. Waller, The Sounds of Silence: Making Sense of the Supposed Gaps in the *Kosovo* Opinion, in *Shielding Humanity: Essays in International Law in Honour of Judge Abdul G. Koroma, C. C. Jalloh, O. Elias*(eds), Brill Nijhoff, 2015; M. Milanovic, “Arguing the Kosovo Case” in *The Law and Polotics of the Kosovo Advisory Opinion*, M. Milannovic, M. Wood(eds), Oxford University Press, 2015.

③ 曾令良:《与克里米亚“脱乌入俄事件”有关的国际法问题》,载《国际法研究》2015 年第 1 期。

④ [美]路易斯·亨金:《国际法:政治与价值》,张乃根等译,中国政法大学出版社 2004 年版,第 175 页。

和澳大利亚有关东帝汶的咨询意见都涉及殖民和民族自决的问题。[①] 从冲突实际的当事方的分类来看,四个案例涉及国际法院在政治状态不同的当事方主体之间对"民族自决"所做处理大致可分为三类:布基纳法索和马里边境争端为两个前法属殖民地之间的边境冲突,法院支持维持现状;第二类是在民族独立进程中,民族自决权是殖民地可向殖民主国家主张和要求改变其领土的政治形态的实际权利(西南非洲和纳米比亚案);第三类(西撒哈拉案、东帝汶案)则为殖民宗主国和另一国就其某一殖民地存在领土争议,国际法院难以对各方的领土主张作出判定,在这一较为复杂的背景下,争议领土上的民族或族群的"民族自决权"。[②]

纳米比亚咨询意见和西撒哈拉咨询意见中,国际法院都作出了关于非殖民化进程下"民族自决"适用的重要分析。[③] 在纳米比亚咨询意见中,法院明确提出"自决原则"适用于所有尚未完全实现自我管理的非自治领土。[④] 法院认定南非对西南非洲地区的持续管理非法,要求在联合国的监督下举行公投,由该领土范围内的居民决定其未来的政治形态。在西撒哈拉咨询案中,法院将"民族自决"明确阐发为一种法律权利,强调了该权利在促进结束殖民、实现民族独立过程中发挥的作用。国际法院强调,联合国大会第1514号决议中的

---

① 曾令良:《与克里米亚"脱乌入俄事件"有关的国际法问题》,载《国际法研究》2015年第1期;G. Zyberi, Self-Determination Through the Lens of the International Court of Justice, *Netherlands International Law Review*, 2009, pp.435-440; A. Cassese, The International Court of Justice and the Right of Peoples to Self-Determination in *Fifty Years of the International Court of Justice*, V. Lowe, M. Fitzmaurice (eds), Cambridge University Press, 1996, pp.353-663.

② V. Nesiah, Placing International Law: White Spaces on a Map, *Leiden Journal of International Law*, 2003, Vol.16.

③ 我国学者白桂梅教授主张,自国际法院1971年的纳米比亚咨询意见和1975年的西撒哈拉咨询意见提出后,殖民地的"民族自决权"基本上形成了包含五个方面的国际习惯法规则:"第一,在殖民统治之下的所有人民都有自决权;第二,这项权利只涉及外部自决,即选择所居住之领土的国际地位;第三,这项权利属于殖民地的整个人民,如果一个殖民地的人口由不同族类团体或民族组成,因为领土完整原则优先,这些团体或民族不能自己随便选择其国际地位;第四,实现自决的形式可以是建立独立国家、与一个独立国家合并或并入一个主权国家成为其一部分;第五,一旦一个人民行使它的外部自决权,该权利即告终止。"参见白桂梅:《论内部与外部自决》,载《法学研究》1997年第3期。

④ 何志鹏:《大国政治中的司法困境——国际法院"科索沃独立咨询意见"的思考与启示》,载《法商研究》2010年第6期。

《给予殖民地和民族独立宣言》体现了"民族自决权"的原则(the principle of self-determination as a right of peoples)。关于咨询意见涉及的伊弗尼族群(Ifni population,有关该族群的信息,尤见咨询意见第60～62段和第121段)是否具备"自决权"的问题,法院指出,在某些情况下(基于两种考虑,某一群体不构成"民族自决"一词中的"民族",或者在特定情况下没有必要进行咨询)联合国大会放弃咨询某些非自治领土范围内居民的意愿,但居民自决权的效力并不因此受到影响。由于对这两种情况缺乏详细的阐述说明,西撒哈拉咨询案中有关民族自决权的分析是存在疑点的。这导致对非殖民化语境下对一族群到底因"民族身份",还是其他历史或政治因素而被视为不具备"自决权"始终是一个未决问题。

1968—1973年间,英国驱逐查戈斯群岛上的居民。在1968年之后相当长的一段时间,毛里求斯没有持续主张对查戈斯群岛的领土主权。到21世纪初,查戈斯群岛岛民在英国国内法院提起的诉讼请求因殖民地和宗主国的关系,受英国国内法的管辖。直到2010年争议启动联合国海洋法庭的仲裁程序,查戈斯群岛争端才再次进入国际法的视野。从直接与非自治领土相关的联合国法律文本来看,根据1965年联合国大会通过的第1514号决议,英国以分割查岛作为毛里求斯独立条件这一行为明显有违《给予殖民地和民族独立宣言》。该宣言第5条规定管理非自治领土的国家应立即无条件按照非自治领土的意愿,帮助实现完全独立和自由。英国和毛里求斯两国虽然在"兰卡斯特公馆承诺"中约定,在英国不再需要查戈斯群岛军事基地时,英国将把查岛归还给毛里求斯,但军事基地是否有继续存在的必要,决定权完全在英国。因此可以说毛里求斯的民族自决权的实现是不完整的。

(一)毛里求斯独立过程中的"领土主权"不是绝对的

在对查岛咨询意见进行详细论述之前,我们应首先对非自治领土的领土主权主张有如下两点认识:第一,非自治领土基于领土主权完整的领土权利主张不是绝对的。这种主张通常会受到来自殖民宗主国领土主张的对抗。从表面来看,与非自治领土的领土主权直接相关的《联合国宪章》第73条似乎不直接关涉主权问题,国际法院院长杰米·特立尼达(Jamie Trinidad)评论该条款关乎非自治领土和民族的未来发展。[①] 国际法学者詹姆斯·克劳福德(James

① J. Trinidad, *Self-Determination in Disputed Colonial Territories*, Cambridge University Press, 2018, p.83.

Crawford)也指出,殖民地自决权的作用是转移殖民宗主国对非自治领土的主权,而没有完全禁止殖民宗主国行使这种权利。他认为,《联合国宪章》第73条e款,尤其是其中的民族自决原则极大地限制了宗主国的领土主权主张。[①] 类似地,大卫·瑞克(David Raic)在分析非殖民化进程中的领土主权的习惯法时也指出,无论是从联合国大会第1514号决议本身,还是后续的国家实践中,都无法得出宗主国对非自治领土的领土主权主张非法或无效的判断。同时,他还提出:

> 已经形成了这样一项法律规则,即殖民宗主国有确保殖民领土依照该领土范围内居民意愿,完成非殖民化的职责。当殖民宗主国尚未将主权移交给被殖民领土,该职责尚未得到履行的情况下,殖民领土的自决权优先于宗主国维持对殖民领土主权的主张。[②]

第二,《联合国宪章》第73条没有明确禁止在非自治领土实现完全自我管理之前的分离一部分领土的行为。一种观点主张,"非自治领土的概念预设了'殖民宗主国对非自治领土的主权不是绝对的'的立场"。相应地,在一非自治领土独立在即的情况下,宗主国无权分割该领土,"阻碍宪章第七十三条目标的实现"。自《联合国宪章》制定以来,国际法的发展极大地限制了殖民宗主国对其殖民领土的权限。[③] 在联合国的实践中,如果一方有较为充分的领土主张基础,能证明其领土主权受到了宗主国分裂行为的侵害,分裂就几乎都会被联合国遭到反对。[④] 换言之,如果非自治领土有较强的领土主张基础,宗主国在非自治领土独立之前的分裂行为就不会被国际法允许。

(二)毛里求斯的独立过程不完全是其民族意志的自由表达

在规则适用上,法院特别强调了自决权的两个因素,即对完整的领土实施自决权,和该领土民族真实和自由表达的意愿。关于查岛分离缺乏真实和自

---

① J. Crawford, *Creation of States in International Law*, Oxford University Press, 2006, pp.613, 615.

② D. Raic, Statehood and the law of Self-Determination, Kluwe Law International, 2002, p.208.

③ S. Allen, *The Chagos Islanders and International Law*, Hart Publishing, 2014.

④ J. Trinidad, *Self-Determination in Disputed Colonial Territories*, Cambridge University Press, 2018, p.83. 特里尼达法官以英属喀麦隆、乌干达-乌隆地、吉尔伯特和埃利斯群岛,以及科科斯群岛为例讨论了这一一般原则的例外。

由表达的意愿，法院指出，“无法认为英国和毛里求斯有关分离达成的协议是一项国际协议，因为领土被分离的一方（毛里求斯）处于另一方（英国）的管理之下”。法院提出，要特别关注“非自治领土的一部分被分离，以设立新的殖民地这一情况中缺乏同意”这一事实。另外，法院也注意到在 1965 年“兰卡斯特公馆承诺”达成时，《毛里求斯宪法》作为当时英国殖民的工具，是不可能允许毛里求斯的政府代表其国内人民或民族真正行使立法或行政权的。①

咨询意见支持了毛里求斯主张的领土主权，申明在 1965 年被分离时，查戈斯群岛是毛里求斯的一部分。法院认为，英国分离查岛，未能履行其作为殖民宗主国管理非自治领土的职责，即确保非自治领土民族对其全部领土的自决权。同时，法院重申了《联合国宪章》中的公平原则和民族自决权，并回顾了两个针对非自治领土自决权的联合国大会决议，即第 1514 号决议和第 1541 号决议。前一个决议被用来说明自决权的习惯法属性，法院强调了殖民宗主国有无条件、无保留地采取措施帮助非自治领土和托管领土实现完全独立的职责。第 1541 号决议的重要意义在于，明确了“非自治领土”的构成条件和自决权的实现方式。②

法院在查戈斯群岛咨询意见中没有详细分析“民族自决权”作为适用法何时确立了习惯法属性③，仅提出“相应时间的国家实践和司法意见均说明非自治领土的领土主权完整，作为自决权组成部分已经具备习惯法属性”④。

实际上，英国政府当时为了获得毛里求斯政府对分裂一事的支持，采取的胁迫手法极为丑恶。咨询意见中多数意见法官没有提及这一段历史，但见于两位法官的单独意见中。据当时的外交文件记录，1965 年 9 月 23 日，毛里求斯政府代表西沃萨姆·拉姆古兰爵士（后任毛里求斯总理）和前英国首相哈罗

---

① Legal Consequences of the Separation of the Chagos Archipelago from Mauritius in 1965, ICJ Advisory Opinion of 25 Feb., 2019, para.172.

② Legal Consequences of the Separation of the Chagos Archipelago from Mauritius in 1965, ICJ Advisory Opinion of 25 Feb., 2019, paras.144-156.

③ Separate Opinion of Judge Sebutinde, pp.2-11; Declaration of Judge Abraham; Separate Opinion of Judge Robinson, pp.1-21. 相比于这两份单独意见中法官对于“民族自决权”的习惯法属性较为充分的论证，最后通过的咨询意见中没有详细列举有关的国家实践和法律意见，可以说法院在这一问题上的论证是不足的。

④ Legal Consequences of the Separation of the Chagos Archipelago from Mauritius in 1965, ICJ Advisory Opinion of 25 Feb., 2019, para.160.

德 · 威尔逊会面讨论毛里求斯独立事宜。在此前一天英国政府为二人安排了一场单独见面。英国如此安排的意图在于给毛里求斯代表以独立的希望,"同时也恐吓他,除非同意查戈斯群岛分离,否则独立无法实现"。毛里求斯代表最终在英方的威逼利诱之下屈服了。① 法官罗宾逊评述,英国方面在单独会面时对毛里求斯代表的做法,正是对联合国大会第 1514 号决议第 1 段中外部征服、控制和剥削的最佳体现。②

(三)未认可查岛居民的权利

综上观之,自由表达的意愿是非自治领土行使自决权的关键因素之一。英国在完全罔顾查戈斯群岛岛民反对的情况下分离查岛,咨询意见不仅没有强调分离领土和建立军事基地的行为有悖于岛民的意愿,甚至可以说是完全抛开了这一点。

亚伯拉罕法官在单独声明中指出,在毛里求斯独立之前和独立的过程中,英国当局从未实际咨询,或尝试去咨询查戈斯群岛居民。③ 加亚法官也在其单独声明中指出,毛里求斯国内民众的意愿在查岛分离一事上鲜有影响,英国外交部门当时完全是基于政治原因而征求毛里求斯代表的同意。④ 遗憾的是,咨询意见中没有提及查戈斯群岛岛民是否有反对英国殖民管理下的自决权。笔者认为,从时间节点上来看,被分离时查岛尚为毛里求斯领土的一部分,法院完全可以将其作为当时毛里求斯众多民族中的一个,提出英国的分割行为损害了毛里求斯的民族,包括查戈斯群岛岛民于非殖民化过程中对英国可主张的殖民自决权。因此,法院的这种沉默是不恰当的。

对法院的选择性沉默的一种理解是:法院认为在查戈斯群岛分离时,岛民不具备非殖民化语境下的民族自决权。对于这种猜测,在本咨询意见文本中只能找到一段援引西撒哈拉案的表述:

> 自决原则是指考虑民族自由表达的意愿,联合国大会在某些情况下

---

① Separate Opinion of Judge Sebustinde in Chagos Advisory Opinion, ICJ Report, para.19.

② Separate Opinion of Judge Robinson in Chagos Advisory Opinion, ICJ Report, para.93.

③ Declaration of Judge Abraham in Chagos Advisory Opinion, ICJ Report of 25 Feb., 2019.

④ Separate Opinion of Judge Gaja in Chagos Advisory Opinion, ICJ Report, para.2.

排除咨询某些领土范围内居民(inhabitants)的意愿,但自决原则的有效性并不受这种做法的影响。联合国大会排除咨询必要的两种情况是,某一人口群体不构成可主张自决的民族,或者联合国大会认为因某些特殊情况,该等咨询完全没有必要。[①]

在西撒哈拉咨询意见中,国际法院检视联合国大会有关非殖民化进程的基本原则之后,还对比了联合国大会决议中伊弗尼和西撒哈拉人两个族群的差异。第 2229 号(ⅩⅪ)决议要求西班牙与摩洛哥政府商讨,并尊重土著人口的意愿,加快完成伊弗尼族群的非殖民化,采取措施完成权力移交。1969 年,在联合国大会的同意下,伊弗尼地区被移交给摩洛哥,但实际上这一决定并没有咨询当地族群的意见。[②] 至于西撒哈拉,第 2229 号决议要求殖民国西班牙与毛里塔尼亚和摩洛哥政府磋商,以确定在联合国的监督下举行公投的具体程序。[③] 法院的意见是,相关信息和资料不足以让它得出"在西撒哈拉和摩洛哥王国或毛里塔尼亚之间存在领土主权联系"的结论。在随后 1974 年通过的第 3292 号决议中,联合国大会重申西班牙管理下的撒哈拉地区有自决权。[④] 但最终法院的咨询意见和联合国大会的决议未能给西撒哈拉带来和平的解决方案。在西班牙撤离之后,摩洛哥入侵了西撒哈拉。[⑤]

(四)对法院未认可岛民权利的国际法解释

国际法院在查戈斯群岛居民问题上的回避值得思考。同样,法院在西撒哈拉意见中对伊弗尼和西撒哈拉两个族群的分析也有限,不足以厘清两个族群在自决权方面的差异,以及联合国大会作此区分的原因。我们进而无法得出结论,认为查戈斯群岛咨询意见中国际法院没有认可岛民的权利是出于相同或者相异的原因。

---

① On Western Sahara, ICJ Advisory Opinion of 16 Oct., 1975, para.59. https://www.icj-cij.org/files/case-related/61/061-19751016-ADV-01-00-EN.pdf,下载日期:2020 年 5 月 26 日。

② On Western Sahara, ICJ Advisory Opinion of 16 Oct., 1975, paras.60, 62.

③ Legal Consequences of the Separation of the Chagos Archipelago from Mauritius in 1965, ICJ Advisory Opinion of 25 Feb., 2019, para.162; J. Trinidad, *Self-Determination in Disputed Colonial Territories*, Cambridge University Press, 2018, p.196.

④ G. Zyberi, Self-Determination Through the Lens of the International Court of Justice, *Netherlands International Law Review*, 2009.

⑤ T. D. Gill (ed.), *Rosenne's The World Court: What It Is and How It Works*, 6th ed., Contributed by Shabtai Rosenne, Brill Nijhoff, 2003, p.174.

对于西撒哈拉咨询意见，国际法院前院长特里尼达法官，著名国际法学者马尔科姆·肖恩(Malcolm Shaw)和克劳福德教授都曾有过十分独到的分析。肖恩和克劳福德提出的“殖民飞地”理论有一定的相似性。根据他们的定义，作为岛屿的查戈斯群岛不满足“殖民飞地”的地理条件。特里尼达的分析有别于二人，笔者以为可能更适宜于用来类比查戈斯群岛岛民的情况。

“殖民飞地”是指在殖民语境下面积较小的地区，其特点是不具备独立的法律地位。“殖民飞地”理论是肖恩和克劳福德教授在分析非殖民化进程中联合国大会对自决权原则适用例外创立的一种解释方法。二人都将西撒哈拉咨询意见案中的伊弗尼族群列为“殖民飞地”理论中的例子。他们所用的另一个例子是西班牙合并吉尔伯特群岛。① 肖恩指出，联合国大会区分了西撒哈拉人和伊弗尼族群不同的法律地位，联合国大会在两个族群的非殖民化问题上虽未提出，但实际上间接地将伊弗尼族群处理为了非自治领土民族的自决权例外。② 肖恩以“殖民飞地”来解释这种自决权适用的例外，他对“殖民飞地”的具体定义为：范围相对较小的地区朝向内陆的一面完全由另一个国家包围，从而带来该另一国家边界的延伸。他提出，“殖民飞地”是殖民主国从环绕该等地区的领土中分离出来，并将其置于另一方管理的领域。③ 因此，查戈斯群岛并不符合肖恩所言“殖民飞地”的地理特性。与之类似，克劳福德也认为，岛屿不在他的“殖民飞地”定义范围之内。他认为，一国的“飞地”是指在经济层面依赖于该国，在种族层面与其同源，并且在法律层面无法被视为单独的领土单位。④

笔者认为，西撒哈拉咨询意见之所以有一定的参考价值，关键在于西撒哈拉案涉及伊弗尼族群和西班牙管理下的撒哈拉人两个族群在联合国大会决议

---

① J. Crawford, *Creation of States in International Law*, Oxford University Press, 2006, p.252; T. D. Musgrave, *Self-Determination and National Minorities*, Clarendon Press, 1997.

② M. Shaw, The Western Sahara Case, *British Yearbook of International Law*, 1978, Vol.49.

③ M. Shaw, *Title to Territory in Africa: International Legal Issues*, Clarendon Press, 1986, p.134.

④ J. Crawford, *The Creation of States in International Law*, Clarendon Press, 1979, p.384.

下的区别[①],以及之后两个族群在民族独立问题上不同路径的法律基础。[②] 在回顾了国际法院在西撒咨询意见的分析部分没有提及两个族群在殖民历史之前的领土或族群特点后,特里尼达将国际法院列出的促使联合国大会认为在“民族自决”问题上没有必要咨询伊弗尼族群的情况扩展为如下:(1)因为该族群不构成“民族”,自决权因而不适用,继而无咨询必要;(2)在特别情况下,虽然自决权可能适用,但联合国大会出于特殊情况考虑,认为完全没有咨询的必要。[③]

特里尼达指出,自决权在第一种情况下不适用,原因不在于“领土主权原则优先于自决原则”适用了,而是“该领土范围内的人口不被认定为满足《联合国宪章》第 6 章下的自决权的适用范围”。特里尼达接着列举了两类观点作为解释:第一种认为第 6 章中的民族应为具备某些人种学特点的族群;第二类以国际法院前院长罗莎琳·希金斯(Rosalyn Higgins)的观点为代表 —— 强调“民族”需与领土具有特殊联系,同时认为为了维持国际秩序,自决权要由在国际上“已基本受到认可的政治实体”来实施。[④] 特里尼达的观点是,由于联合国大会在包括第 2229 号决议中都明确提过伊弗尼族群的民族自决权,并且要求西班牙尊重伊弗尼族群对于其未来政治状态自由表达的意愿,因此伊弗尼族群显然构成可主张自决权的“民族”。[⑤] 故特里尼达认为,对于伊弗尼族群更合理的解释是联合国大会可能持有第二种:因为某种特别情况而没有咨询的必要。

由此可见,国际法院在西撒哈拉咨询意见中没有言明伊弗尼族群属于列举的哪种情况,而且没有说明其列举的两种情况在国际实践中有过哪些族群可以作为比较分析的实例。故此,国际法院在该意见中对联合国大会排除咨

---

① 国际法院在西撒哈拉咨询意见中指出,伊弗尼族群自 1969 年被西班牙割让给摩洛哥之后就不再出现在联合国大会的决议中。与该族群相关的第 2229 号决议、第 2354 号决议和第 2428 号决议通过的年份分别为 1966 年、1967 年和 1968 年。

② Legal Consequences of the Separation of the Chagos Archipelago from Mauritius in 1965, ICJ Advisory Opinion of 25 Feb., 2019, paras.62-63.

③ J. Trinidad, *Self-Determination in Disputed Colonial Territories*, Cambridge University Press, 2018, p.57.

④ S. Allen, *The Chagos Islanders and International Law*, Hart Publishing, 2014, pp. 219-221; J. Trinidad, *Self-Determination in Disputed Colonial Territories*, Cambridge University Press, 2018, pp.60-61; R. Higgins, *The Development of International Law Through the Political Organs of the United Nations*, Oxford University Press, 1963, p.104.

⑤ J. Trinidad, *Self-Determination in Disputed Colonial Territories*, Cambridge University Press, 2018, p.196.

询必要性的一段分析只能说是含义模糊,无法作出确切的解读。学者对此的研究也缺乏定论。① 西撒咨询意见中有关伊弗尼族群自决权的表述仍然是在涉及自由表达的意愿的问题上与查岛居民最为相关的,由权威国际司法机构作出的分析。我们无法以一段结论不甚明确的表述为基础,来断言法院是否是基于其在西撒哈拉咨询意见中列出的两种情况,或者其中的某一种情况而否定了查岛岛民作为毛里求斯民族之一的"自决权"。② 虽有不足,但至少能确定,查戈斯群岛咨询意见肯定的是多民族国家毛里求斯作为一个整体的自决权,而不是岛民的自决权。这对于进一步明晰殖民地的民族自决权,尤其是自决权的主体问题无疑有着十分重要的影响。

四、查戈斯群岛咨询意见的影响

(一)明晰了非殖民化背景下民族自决权与领土主权、民族自由表达的意愿的关系

咨询意见再次重申,民族自决既是国家交往的重要原则,同时也是非殖民化进程中的一项法律权利。结合查戈斯群岛分离的历史背景和当时一系列的联合国文件,咨询意见强调了在国家独立过程中,民族自决权与领土主权,以及与民族自由表达的意愿之间存在的密切联系。针对联合国大会提出的毛里求斯的非殖民化进程是否依法完成的问题,国际法院基于1965年查戈斯群岛分离发生于毛里求斯独立在即这一事实,强调作为殖民宗主国的英国有责任遵照联合国宪章和相关决议,确保殖民地毛里求斯依据自由独立表达的意愿,实现民族自决。而英国在毛里求斯即将独立时胁迫毛政府同意割让查戈斯群岛,并且此后长期拖延,拒不返还岛屿,有违毛里求斯自由表达的民族意愿,是对毛里求斯的民族自决权和领土主权的侵犯。

(二)咨询意见对国际社会的影响

在第73/295号决议中,联合国大会作出的几个有关民族自决权的论断值

---

① J. Trinidad, *Self-Determination in Disputed Colonial Territories*, Cambridge University Press, 2018, pp.58-59; M. Shaw, *Title to Territory in Africa: International Legal Issues*, Clarendon Press, 1986, p.148.

② Legal Consequences of the Separation of the Chagos Archipelago from Mauritius in 1965, ICJ Advisory Opinion of 25 Feb., 2019, para.170.

得关注：首先，毛里求斯的非殖民化进程未依照民族自决权完成，分离查岛的行为有违毛里求斯自由表达的意愿，因而英国对查戈斯群岛的持续控制构成国际不法行为。其次，联合国所有成员国均有职责与联合国合作，协助毛里求斯尽早完成非殖民化。最后，联合国大会要求英国于该决议作出之日起 6 个月之内结束对查戈斯群岛的殖民管理；各国和各国际组织不得以任何形式承认由英国建立的印度洋殖民领土具备国际法地位。同时决议也指出，查戈斯群岛岛民的安置问题是非殖民化进程中一项紧迫任务，联合国大会要求英国与毛里求斯合作，加快解决岛民安置的问题。[①]

除了对民族自决权问题的阐述之外，咨询意见在国际司法中的“当事国同意原则”和“国家不法行为”两个问题上也有进一步研究的价值。在查戈斯群岛案的咨询程序中，各国对国际法院的管辖权问题，观点交锋十分激烈。包括中国在内的 31 个国家及非盟于 2018 年 1—3 月提交了书面意见。[②] 部分国家强调此案是英毛双方的领土主权争端，法院发表意见将违反“当事国同意”原则；也有国家认为此案作为非殖民化问题，属于联合国的职权范围，法院应当发表咨询意见。[③] 中国政府在 2018 年 3 月 1 日的书面意见中表示，中方坚定支持联合国的非殖民化进程，充分理解和支持毛里求斯在非殖民化问题上的诉求，同时也敦促法院应恪守双边争端诉诸国际司法需征得当事国同意的

---

① UN General Assembly, Resolution 73/295 on Advisory Opinion of the International Court of Justice on the Legal Consequences of the Separation of the Chagos Archipelago from Maritius in 1965, A/RES/73/295, adopted on 24 May, 2019. https://undocs.org/en/A/RES/73/295，下载日期：2020 年 5 月 26 日。

② Written Proceedings on the Separation of the Chagos Archipelago from Mauritius in 1965, https://www.icj-cij.org/en/case/169/written-proceedings，下载日期：2020 年 5 月 26 日。

③ Written Statement of Germany on the Separation of the Chagos Archipelago from Mauritius in 1965, 14 Feb., 2018; Written Statement of the United Kingdom, 27 Feb., 2018; Written Statement of France, 28 Feb., 2018; Written Statement of the United States of America, 28 Feb., 2018; Written Statement of Australia, 28 Feb., 2018; Written Statement of India, 28 Feb., 2018; Written Statement of Brazil, 28 Feb., 2018; Written Statement of the African Union, 1 Mar., 2018. https://www.icj-cij.org/en/case/169/written-proceedings，下载日期：2020 年 5 月 26 日。

原则。[①] 国内有学者提出，查戈斯群岛咨询意见激化了各国间围绕国际法院咨询管辖权的争议。[②] 本文认为，由于本案的咨询请求是由联合国大会提出，且提出的问题直接涉及联合国在毛里求斯非殖民化进程中的职能，而非意在解决英、毛两国的领土争端问题，故可以认为法院作出咨询意见与国际司法中的“当事国同意”原则不相违背。国际法院判定英国在毛里求斯的非殖民化尚未依法完成的情况下持续占领查戈斯群岛构成国际不法行为，这一观点强化了殖民宗主国对殖民地最终依法实现民族自决问题上应承担的责任。

结　语

查戈斯群岛咨询意见最大的贡献在于进一步明确了民族自决权在去殖民化进程中发挥的关键性作用。对于非自治或托管领土的民族，在非殖民化的背景下，自决权是一种法律权利，而非仅为政治原则。在联合国法律体系下的民族独立进程中，国际法院反对殖民宗主国对非自治领土的分裂主要是依据对联合国大会第 1514 号决议第 6 条的解读。但与此同时，法院倾向于仅承认主权国家的法律地位，回避对某一特殊族群是否构成联合国大会第 1514 号决议下的“民族”的分析。这一定程度上限制了对某些族群受到的侵犯能够给予的承认和救济。本文回顾了法院在纳米比亚和西撒哈拉案中对“民族自决原则”和“民族自决权”的阐述。在西撒哈拉案中，国际法院认可伊弗尼族群的“民族自决权”，但是没有就联合国大会在未咨询该族群的情况下确定其政治形态的做法给出最终定论。可以说，国际法院在查戈斯群岛咨询意见中强调英国割裂查岛的行为侵犯了毛里求斯的领土主权，同时没有分析英国就驱逐岛民是否应承担相应责任，只是延续了其在西撒哈拉案的做法。

法院在民族自决权和国家责任方面的意见支持了毛里求斯的非殖民化进程，有利于敦促英国遵守《联合国宪章》和联合国大会相关决议，履行其国际义

① Written Statement of the People's Republic of China for the Legal Consequences of the Separation of the Chagos Archipelago from Mauritius in 1965, 1 Mar., 2018, https://www.icj-cij.org/files/case-related/169/169-20180301-WRI-03-00-EN.pdf，下载日期：2020 年 5 月 26 日。

② 王佳：《国际法院查戈斯群岛咨询意见案述评》，载《大连海事大学学报（社会科学版）》2019 年第 4 期。

务。毛里求斯政府在 2017 年联合国大会向国际法院提请咨询意见时曾表示，不反对英国在查岛建军事基地。[①] 在咨询意见和联合国大会第 73/295 号决议通过后，毛里求斯政府对军事基地的去留态度尚不明确。在军事基地去留十分棘手的背景下，岛民的安置问题在短期内似乎不会迎刃而解。[②] 领土归还和查岛居民的安置和补偿等问题也只有在国际社会的持续关切和敦促，以及两国政府的进一步磋商下才能得到妥善解决。

（本文责任编辑：曾祥斌）

Peoples' Right to Self-Determination in Decolonization —Based on a Study of the Chagos Advisory Opinion

Xia Han

Abstract: In the Chagos Advisory Opinion, the International Court of Justice (ICJ) fully endorsed the territorial integrity of Mauritius. It also highlighted that the detachment of Chagos Archipelagos by the UK is against Mauritius' right to self-determination. The ICJ adopted a similar approach as with the Ifni population in the South Sahara Case when it came to the issue of the Chagossians. Thus the Chagos Advisory Opinion is of limited effect for the relocation of the Chagossians. Nevertheless, the conclusion that the ICJ made regarding the right to self-determination is of great significance for urging the UK to end its illegal administration of the Chagos Archipelago and to return the Chagos Archipelago to Mauritius.

Key Words: ICJ Advisory Opinion; Peoples' Right to Self-Determination; Decolonization; Territorial Sovereignty; Chagos Archipelago

---

① D. Snoxell, An ICJ Advisory Opinion, Basis for a Negotiated Settlement on the Issues Concerning the Future of the Chagos Islanders and of the British Indian Ocean Territory, *Questions of International Law*, 2018, Vol.55; S. Sengupta, UN Asks International Court to Weigh In on Britain-Mauritius Dispute, *New York Times*, 22 Jun., 2017, https://www.nytimes.com/2017/06/22/world/europe/uk-mauritius-chagos-islands.html，下载日期：2020 年 5 月 26 日。

② J. Marsh, Is the United States About to Lose Control of Its Secretive Diego Garcia Military Base(*CNN*, 11 Mar., 2019), https://edition.cnn.com/2019/03/09/asia/chagos-islands-feature-intl/index.html，下载日期：2020 年 5 月 26 日。

中国模式与国际经济法律秩序变迁*

王彦志**

内容摘要：中国崛起引起的权力转移对于国际经济法律秩序变迁具有重大影响。中国崛起和中国模式将继续在领导者地位、秩序形态、原则和规范、决策程序四个方面对国际经济法律秩序变迁产生重要影响。迄今为止，在国际经济法律秩序的各个维度上，中国既不是单纯的保守现状者，也不是激进的修正主义者，而是渐进的改革主义者。在国际经济法律秩序的领导者方面，中国目前并不寻求挑战美国的领导者地位，但中国会寻求参与领导国际经济法律秩序。在国际经济法律秩序的基本形态方面，中国会继续采纳国际经济法律秩序的规则导向，但中国会兼采国际经济法律秩序的非正式、政策、软法、关系导向的治理模式。在国际经济法律秩序的原则和规范方面，中国会继续采纳自由主义国际经济法律秩序的市场导向，但不会接受市场至上的秩序理念，而会继续坚持和推行政府和市场并重的以发展为导向的理念。在国际经济法律秩序的决策程序方面，中国会推动改革国际经济法律秩序决策程序的美国和西方大国主导地位，推动国际经济法律秩序决策程序的民主化及提高其包容性。不过，无论就中国自身而言，还是就国际环境而言，中国模式对于国际经济法律秩序变迁的影响都存在不确定性。

关键词：中国模式；自由主义国际经济法律秩序；权力转移；国家偏好；西方模式

* 本文系国家社会科学基金一般项目"'一带一路'倡议下中国视角的国际投资规则创新研究"(18BFX214)的阶段性研究成果。

** 王彦志，吉林大学法学院教授，经济学博士。

目　录

一、引言

21世纪以来，新兴大国群体崛起，尤其中国崛起，美欧等传统西方大国持续受到政治经济困扰，全球权力转移已是不争的事实，尽管这种大国崛起和权力转移仍在进行中，而且还存在一定的变数和不确定性。大国兴衰、权力转移通常伴随国际经济法律秩序的变迁①，新兴大国往往按照自己的模式影响、改变或塑造国际经济法律秩序。②

一个国家能否以及如何影响、改变或者塑造国际经济法律秩序，取决于多种因素。例如，现有国际经济法律秩序的制度结构、权力结构、利益结构、观念结构等各种因素及变化，现有大国国内偏好及其变化，在国际经济法律秩序变

---

① 徐崇利：《新兴国家崛起与构建国际经济新秩序——以中国的路径选择为视角》，载《中国社会科学》2012年第6期；W. W. Burke-White, Power Shifts in International Law: Structural Realignment and Substantive Pluralism, *Harvard International Law Journal*, 2015, Vol.56.

② J. G. Ruggie, International Regimes, Transactions, and Change: Embedded Liberalism in the Postwar Economic Order, *International Organization*, 1982, Vol.36; A.-M. Burley, Regulating the World: Multiateralism, International Law, and the Projection of the New Deal Regulatory State, in *Multilateralism Matters: The Theory and Praxis of an Institutional Form*, edited by J. G. Ruggie (ed.), Columbia University Press, 1993, pp.125-156.

迁的互动和博弈过程中都会起重要作用。① 例如，2018年以来，中美贸易摩擦、美国单边主义、WTO上诉机构陷入困境等重大国际经济法律秩序变迁，都是大国之间博弈、大国内部偏好变化等因素作用的结果。本文仅从权力转移的视角，基于中国有能力、有意愿影响国际经济法律秩序变迁且在事实上已经并将继续影响国际经济法律秩序这一事实前提和未来预设，探讨中国作为新兴大国的崛起将如何影响国际经济法律秩序变迁。

那么，中国崛起将会如何影响国际经济法律秩序变迁呢？这个问题充满了争议和不确定性，在美欧等西方发达国家中尤其受到关注并引发了与日俱增的怀疑和忧虑。中国崛起与国际经济法律秩序变迁其实提出了相互联系的两个方面的问题：一个涉及国际经济法律秩序的领导权，也就是中国是否会取代美国和西方的领导地位；另一个涉及国际经济法律秩序的实质内容，也就是中国是否会改变国际经济法律秩序的原则、规范。中国崛起不仅关乎权力转移，更重要的是中国将会如何运用权力，也就是中国将会运用权力追求什么、干什么。② 正如约翰·伊肯伯里指出："中国和其他新兴大国想要什么？它们的雄心是什么？它们的利益和愿景是什么？全球和地区冲突有多深重？这是我所认为的围绕谁有决策权的权威而进行的斗争吗？或者这是围绕秩序的价值、规范和意识形态而进行的更深层的斗争吗？或者简单地说，这个世界越来越不那么'美国'越来越不那么'西方'了，它是不是也越来越不那么'自由'越来越不那么'自由国际主义'(在至少大体基于规则且开放的秩序意义上)？这才是个大问题。"③

目前，从国际关系理论视角以及国际关系与国际法跨学科视角对于中国崛起与国际经济法律秩序变迁的研究多数主要围绕中国是否会挑战现行国际

---

① 我国学者从不同视角研究了中国与国际秩序变迁。参见肖晞：《国际秩序变革与中国路径研究》，载《政治学研究》2017年第4期。

② J. W. Legro, What China Will Want: The Future Intentions of a Rising Power, *Perspectives on Politics*, 2007, Vol.5; J. W. Legro, Purpose Transitions: China and the American Response, in *China's Ascent: Power, Security, and the Future of International Politics*, edited by R. Robert, F. Zhu(eds) Ithaca, Cornell University Press, 2008, pp.162-187.

③ G J. Ikenberry, The Rise of China and the Future of Liberal World Order, https://www.chathamhouse.org/sites/files/chathamhouse/field/field_document/20140507RiseofChina.pdf, 下载日期：2017年7月10日。

经济法律秩序中的美国领导权、西方主导权，而没有充分深入探讨中国崛起将如何影响国际经济法律秩序的原则、规范。进一步地，在这两个方面，简单的接受现状者(*status quo*)和修正主义者(revisionist)两分法视角都不足以完整准确分析中国崛起对于国际经济法律秩序变迁的复杂影响。① 再者，在这两个方面，无论权力、利益、制度、观念等各种解释模式，还是综合了各种解释模式的权力与相互依赖理论，任何单纯的国际体系层次的理论都不能充分解释中国崛起对于国际经济法律秩序变迁的影响，因为权力或相互依赖都不直接塑型中国的大战略，这些体系因素必须通过国内政治和国内偏好发挥作用，而国内政治和国内偏好也是国际体系层面的结构条件和结构转变的原因。② 其实，中国崛起与国际经济法律秩序的变迁之所以引起了西方国家和西方学者的诸多困惑和忧虑，更重要的深层原因在于中国崛起背后的独特的国内政治经济(political economy)体制，也就是众说纷纭的中国模式，而中国崛起对于国际经济法律秩序变迁的复杂影响也主要根源于此种颇有争议的中国模式。有鉴于此，本文拟从中国的国内因素尤其中国模式的视角，探讨中国崛起与国际经济法律秩序的变迁，回答相互联系的两个方面的问题：中国是否会挑战现行国际经济法律秩序中的美国领导权和西方主导权？中国是否会挑战现行国际经济法律秩序的原则和规范？

二、国际经济法律秩序变迁的分析框架

国际秩序可以理解为基于权力与正当性社会制度安排相互结合而导致的相对稳定均衡的国际关系状态。③ 这个秩序概念包含两个维度：一个是国际

---

① A. I. Johnston, Is China a Status Quo Power?, *International Security*, 2003, Vol.27, No.4; B. Buzan, China in International Society: Is "Peaceful Rise" Possible?, *Chinese Journal of International Politics*, 2010, Vol.3, No.1; 姚璐、刘雪莲：《中国与国际秩序的耦合性试析》，载《国际观察》2016年第4期。

② J. W. Legro, What China Will Want: The Future Intentions of a Rising Power, *Perspectives on Politics*, 2007, Vol.5, No.3; R. O. Keohane, J. S. Nye Jr., *Power and Interdependence*, 4th ed., Pearson Longman, 2011.

③ 关于国际秩序的概念的争议和要素，参见阎学通：《无序体系中的国际秩序》，载《国际政治科学》2016年第1期。

权力结构，另一个是国际制度安排。其中，国际制度安排又蕴涵行为体之间共享的正当性社会目的、规范性价值共识。[①] 在概念上，可以将国际制度与国际机制互换使用。国际机制不同于国际秩序，但国际机制产生了国际秩序，国际秩序包含了国际机制，国际秩序变迁会通过国际机制变迁体现出来，因此可以从国际机制及其变迁来分析国际秩序及其变迁。[②]

国际机制包括原则、规范、规则和决策程序四个要素，其中，原则是指对于事实、因果、公正的信念，规范是指以权利和义务的术语界定的行为标准，规则是对于行为的具体的令行禁止，而决策程序则是指作出和实施集体选择的实践做法。[③] 原则、规范和规则、决策程序之间存在根本区别，原则、规范蕴涵了国际机制的基本信念和基本价值，界定了国际机制的基本性质和基本特征，而规则和决策程序则包含了国际机制的具体内容。其中，规则的精确性和义务性体现了国际秩序的法律化程度和形态，例如硬法或软法等[④]，而决策程序规定了机制的决策权的分配和操作程序。

结合国际秩序和国际机制的概念和构成要素，可以将国际经济法律秩序变迁分为领导者（权力）的变迁、法律化程度和形态（规则）的变迁、原则和规范（共享的社会目标和价值）的变迁、决策程序的变迁等四个维度。其中，与领导者的变迁相比，原则和规范的变迁具有特殊重要意义和更加深远的影响，因为原则、规范的变迁涉及国际经济法律秩序基本性质的变迁。根据原则和规范是否发生变迁，可以把国际机制变迁分为机制内部的变迁和机制本身的变迁，

---

① J. G. Ruggie, International Regimes, Transactions, and Change Embedded Liberalism in the Postwar Economic Order, *International Organization*, 1982, Vol.36, No.2, pp.381-382; H. Kissinger, *World Order: Reflections on the Character of Nations and the Course of History*, Penguin Press, 2014, p.110.

② S. D. Krasner, Structural Causes and Regime Consequences: Regimes as Intervening Variables, *International Organization*, 1982, Vol.36, No.2; J. G. Ruggie, International Regimes, Transactions, and Change: Embedded Liberalism in the Postwar Economic Order, *International Organization*, 1982, Vol.36, pp.379-415; D. W. Drezner, International Economic Order, in *International Encyclopedia of the Social Sciences*, 2nd ed., W. A. Darity ed., Vol.4, Macmillan Reference USA, 2007, pp.92-94.

③ S. D. Krasner, Structural Causes and Regime Consequences: Regimes as Intervening Variables, *International Organization*, 1982, Vol.36, No.2.

④ J. L. Goldstein, M. Kahler, R. O. Keohane, A.-M. Slaughter eds., *Legalization and World Politics*, The MIT Press, 2001.

机制内部的变迁是指单纯的规则和决策程序的变迁，而机制的原则和规范并没有变迁，机制的基本信念、价值、性质、特征并没有变迁，而机制本身的变迁则是指机制的原则和规范发生了变迁，机制的基本信念、价值、性质、特征发生了变迁。① 据此，国际经济法律秩序变迁可能只是某种特定国际经济法律秩序的具体规则和决策程序的变迁，而不涉及其基本原则和规范的变迁②，但也可能既是其具体规则和决策程序的变迁，也同时是其基本原则和规范的变迁。③ 正是因为中国模式与迄今主导国际经济法律秩序的西方模式存在的重大差别，所以人们不仅关注中国崛起是否会导致国际经济法律秩序领导者的变迁，而且更关注中国模式是否会导致国际经济法律秩序的原则和规范的变迁。

就国际关系理论而言，可以从权力、利益、观念（价值）、制度等不同视角，

---

① S. D. Krasner, Structural Causes and Regime Consequences: Regimes as Intervening Variables, *International Organization*, 1982, Vol.36, No.2.

② 例如，1970年代前后贸易机制、货币机制的变迁却只是内嵌自由主义经济秩序内部具体规则和决策程序的变迁，而其基本原则和规范并没有变迁。参见 J. G. Ruggie, International Regimes, Transactions, and Change Embedded Liberalism in the Postwar Economic Order, *International Organization*, 1982, Vol.36, pp.379-415; B. J. Cohen, Balance-of-Payments Financing: Evolution of a Regime, *International Organization*, 1982, Vol.36, No.2.

③ 例如，从19世纪英国治下的放任自由主义国际经济法律秩序到二战后美国霸权治下的内嵌自由主义国际经济法律秩序的变迁，虽然都是自由主义国际经济法律秩序，但不仅是具体规则和决策程序的变迁，而且是基本原则和规范的变迁。1970年代前后第三世界争取建立国际经济新秩序运动的目标也不仅是具体规则和决策程序的变迁，而且也以不同方式包含了对于内嵌自由主义国际经济法律秩序基本原则和规范的变迁。1980年代以来，美国作为首要领导者的地位并没有改变，但是国际经济法律秩序发生了从内嵌自由主义向新自由主义的转变。参见 S. D. Krasner, *Structural Conflict: The Third World Against Global Liberalism*, University of California Press, 1985; N. Woods, *The Globalizers: The IMF, the World Bank, and Their Borrowers*, Cornell University Press, 2006; A. Lang, *World Trade Law After Neoliberalism: Reimagining the Global Economic Order*, Oxford University Press, 2011; R. Howse, The World Trade Organization 20 Years On: Global Governance by Judiciary, *European Journal of International Law*, 2016, Vol.27, No.1; J. D. Colgan, R. O. Keohane, The Liberal Order Is Rigged: Fix It Now or Watch It Wither, *Foreign Affairs*, 2017, Vol.96, No.3.

在体系层次上解释国际秩序的变迁。① 不过，单纯的体系层次的理论并不足以解释和预测中国崛起对于国际经济法律秩序的影响。因为，中国崛起不仅关乎权力及权力转移，而且关乎意图及意图转移。② 国际关系中的国家意图虽然受到国际体系层面的权力、利益、制度、观念的影响，但国家意图主要且首先受到国内政治层面的影响，国家意图是国家偏好的反映，国家意图应从国家偏好中得到解释，而国家偏好则反映了国家特性和国家模式。这正是经验实证的自由主义国际关系理论的洞见，即与国际权力、国际制度相比，国家偏好具有独特的重要性，国内层面的国家与社会关系对于国家在世界政治中的行为具有重要影响，国内层面的观念、利益、制度塑型了国家偏好从而影响了国家行为和国际秩序。③ 与权力转移相伴随的国家偏好影响了国际法律秩序变迁的方向和内容。④ 国家与社会之间或者说国家与市场、社会之间的关系模式集中体现了一个国家的国家特性、国家偏好。据此，可以从中国模式洞见中国的国际经济法律秩序偏好、意图，结合中国在国际经济法律秩序变迁方面的

---

① A. Hasenclever, P. Mayer, V. Rittberger, *Theories of International Regimes*, Cambridge University Press, 1997; J. H. Barton, J. L. Goldstein, T. E. Josling, R. H. Steinberg, *The Evolution of the Trade Regime: Politics, Law, and Economics of the GATT and the WTO*, Princeton University Press, 2008; R. O. Keohane, J. S. Nye Jr., *Power and Interdependence*, 4th ed. New York, Pearson Longman, 2011, pp.33-51; A. Moravcsik, Liberal Theories of International Law, in *Interdisciplinary Perspectives on International Law and International Relations: The State of the Art*, edited by J. L. Ounofff, M. A. Pollack(eds.), Cambridge University Press, 2013, pp.83-118.

② J. W. Legro, What China Will Want: The Future Intentions of a Rising Power, *Perspectives on Politics*, 2007, Vol.5, No.3; J. W. Legro, Purpose Transitions: China and the American Response, in *China's Ascent: Power, Security, and the Future of International Politics*, edited by R. Robert, F. Zhu(eds.) Cornell University Press, 2008, pp.162-187.

③ A. Moravcsik, Taking Preferences Seriously: A Liberal Theory of International Politics, *International Organization*, 1997, Vol. 51, No. 4; A. Moravcsik, Liberal Theories of International Law, in *Interdisciplinary Perspectives on International Law and International Relations: The State of the Art*, edited by J. L. Dunoff, M. A. Pollack (eds.), Cambridge University Press, 2013, pp.83-118.

④ W. W. Burke-White, Power Shifts in International Law: Structural Realignment and Substantive Pluralism, *Harvard International Law Journal*, 2015, Vol.56, No.1.

言辞宣称和实际行动[①]，从而解释中国崛起对于国际经济法律秩序变迁的影响。

三、中国崛起与国际经济法律秩序领导者的变迁

新兴崛起大国都在不同程度上影响着国际经济法律秩序变迁，但是，其中只有中国的经济体量和综合实力可能对美国领导权和西方主导权构成挑战，而美国也将中国视为其领导的国际经济法律秩序最大的挑战者。

按照简单的二分法，根据中国对于现有国际经济法律秩序权力分配和制度内容所可能采取的立场和态度，一般将中国崛起在国际经济法律秩序变迁中的角色分为保守现状者与修正主义者。仅就领导者地位变迁而言，保守现状者是指中国满意于现有的国际经济法律秩序的权力分配，而不寻求挑战和改变美国的领导者地位和西方的主导者地位，而修正主义者则是指中国不满意于现有国际经济法律秩序的权力分配，而意图挑战和改变美国领导者地位和西方主导者地位。然而，仅就国际经济法律秩序领导者地位变迁而言，从中国所宣示的立场和所采取的行动来看，中国并不是保守现状者和修正主义者，而是改革主义者，中国会在具备条件时与其他大国一起参与国际经济法律秩序的共同领导。

中国的言辞宣称表达了中国对于国际经济法律秩序领导者地位变迁的立场和态度。19 世纪 70 年代末期以来中国实行改革开放基本国策，对于二战后美国领导的自由主义国际经济法律秩序采取了现实主义的融入政策。但是，与此同时，中国领导人一直反复宣称"建立"公正合理的国际政治经济"新秩序"。[②] 2005 年以来，中国领导人转而采用"推动"国际秩序、全球治理体制"朝着更加公正合理的方向发展"的提法，并且反复强调"推动国际关系民主

① 言辞未必可靠，但言辞可供审慎参考。关于言辞未必可靠，参见 J. J. Mearsheimer, The Gathering Storm: China's Challenge to US Power in Asia, *Chinese Journal of International Politics*, 2010, Vol.3, No.4；[美]亨利·基辛格：《论中国》，胡利平等译，中信出版社 2012 年版，第 507～508 页。

② 李慎之：《全球化和全球价值》，载《太平洋学报》2002 年第 3 期。

化”。这种变化体现了积极参与、渐进改革的和平合作色彩。[①] 不过,这并不表明中国改革旧秩序建立新秩序的意愿有所改变。而且中国领导人的用语有时前后还会有所变化,例如,2017 年 2 月 17 日习近平在国家安全工作座谈会的讲话就提出“要引导国际社会共同塑造更加公正合理的国际新秩序”。可见,中国改革旧秩序、建立新秩序的初衷并没有改变,只是更加明确强调和平改革。关于中国崛起与美国的领导者地位,中国领导人的措辞前后有所变化。2014 年 12 月 17 日,汪洋在中美商业关系论坛上的主旨演讲就强调,“塑造世界经济秩序的各种规则仍然由美国主导。对此,我们有清醒的认识。中国既没有想法也没有能力挑战美国的领导者地位”[②].不过,此后中国领导人就不再提美国领导者地位而只提国际秩序,并且转而强调中国从一开始就参与了二战后国际秩序的建设,并且一直发挥着建设性的作用。中国是二战后国际秩序的参与者、受益者、贡献者、维护者、建设者、改革者,中国不会对二战后国际秩序推翻重建、推倒重来、另起炉灶。中国不再说不挑战美国的领导者地位,而是说不挑战二战后的国际秩序。

中国的实际行动表达了中国对于国际经济法律秩序领导者地位变迁的立场和态度。在融入二战后国际经济法律秩序并在其中崛起成为新兴大国后,尤其是在 2008 年至 2009 年全球金融危机之后,中国开始积极寻求与其实力和贡献相应的身份和地位改变。一方面,中国在现有的全球经济治理机构寻求提升自身地位,尤其是积极推动国际货币基金组织和世界银行份额改革和治理改革,积极通过二十国集团参与全球经济治理大政方针决策,这些都在一定程度上削弱了美国领导权和西方主导权,增加了中国和其他新兴非西方大国的话语权。另一方面,中国也积极在现有全球经济治理机构之外推动或参与建立各种新的国际经济治理机制,其中包括东亚货币合作清迈倡议、金砖国家(BRICS)机制及新开发银行和应急储备安排、亚洲基础设施投资银行(AIIB)、“一带一路”倡议(BRI)、区域全面经济伙伴关系协定(RCEP)等。中

---

① G. J. Ikenberry, The Illusion of Geopolitics: The Enduring Power of the Liberal Order, *Foreign Affairs*, 2014, Vol.93, No.3, p.88;王缉思:《大国战略:国际战略探究与思考》,中信出版社 2016 年版,第 39 页;门洪华:《中国崛起与国际秩序变革》,载《国际政治科学》2016 年第 1 期。

② 汪洋:《中美经济伙伴之路越走越宽广——汪洋副总理在中美商业关系论坛上的主旨演讲》,http://www.mofcom.gov.cn/article/ae/ai/201412/20141200840915.shtml,下载日期:2018 年 6 月 2 日。

国领导人反复强调，中国坚持二战后以关税及贸易总协定/世界贸易组织(GATT/WTO)、国际货币基金组织(IMF)、世界银行集团(WBG)为代表的多边经济法律秩序，AIIB、BRI 等并不是另起炉灶和推倒重来，而只是对现有多边经济法律秩序的补充、发展、改革、创新、完善。客观地说，这些新的机制安排具有重要的政治经济考量和后果①，在这些新的机制安排中，美国和其他西方大国或者被不在其内或者不再享有领导权和主导权，因此，这不仅仅是对现有机制安排的补充和完善，也是区域或全球经济治理领导权和主导权的改革。②

从目前中国的言辞宣称和实际行动来看，中国不仅仅是美国和西方的合作者，而且是美国和西方的竞争者，也是国际经济法律秩序中美国领导权和西方主导权的改革者。中国对于国际经济法律秩序领导权和主导权的改革，取决于中国自身的实力和意愿。③ 随着中国实力的不断增强，中国已经在积极表达中国偏好，提升中国的地位和话语权。此外，还会受到国际环境变化的影响，例如，美国是否会进一步削弱和放弃其自身创建和领导的多边主义秩序。

四、中国模式与国际经济法律秩序形态的变迁

根据国际经济秩序赖以建立和运作的导向和基础的不同，往往将其大体分为权力导向(power-oriented)或称以权力为基础的(power-based)和规则导向(rule-oriented)或称以规则为基础的(rule-based)。④ 其中，权力导向是指国际经济秩序的确立和维系主要是靠各国凭借实力相互之间的讨价还价，而规则导向则是指国际经济秩序的确立和维系主要是靠授权第三方凭借基本规

① 王江雨：《地缘政治、国际话语权与国际法上的规则制定权》，载《中国法律评论》2016 年第 2 期。

② G. T. Chin, Asian Infrastructure Investment Bank: Governance Innovation and Prospects, *Global Governance*, 2016, Vol.22, No.1.

③ 例如，王缉思教授认为，中国对是否“另起炉灶”似有踌躇，中国在感情上肯定希望另起炉灶，但力量对比和实际政策跟不上。http://bj.crntt.com/doc/93_15470_104070948_1_0108102442.html，下载日期：2016 年 1 月 5 日。

④ 关于国际经济秩序的权力(实力)导向、规则导向、公正导向，参见车丕照：《国际经济秩序“导向”分析》，载《政法论丛》2016 年第 1 期。

则的解释适用。[①] 中国模式对于国际经济法律秩序形态的变迁也有重要影响，主要体现为从以规则导向为主的形态转向以规则导向和关系导向相互结合的形态。

二战后来建立和发展起来的以关税及贸易总协定（GATT）/世界贸易组织（WTO）、国际货币基金组织（IMF）、世界银行（WBG）为基石的国际经济秩序是以规则为导向的并且不断强化规则导向的多边主义秩序为主导形态的。进而，欧共体/欧盟（EC/EU）、北美自由贸易区（NAFTA）、双边投资条约（BIT）、自由贸易协定（FTA）等双多边区域经济秩序也是规则导向的。不过，这里所说的规则导向中的“规则”一般特指具有法律约束力的规则尤其是双多边和区域国际经济条约，而未能涵盖不具有法律约束力或者法律约束力比较弱的规则。更确切地说，这里的规则导向主要是指“硬法”导向，硬法规则一般更具体明确，具有法律约束力，往往授权独立的第三方监督实施或者裁判案件。硬法具有很多优点，例如，各国通过硬法表达的承诺往往更具可信度，各国可能较好地遵守硬法，因为一旦违反具体规则义务，就会招致法律责任；硬法一旦谈判达成，就会为后续的交往和行为提供比较具体明确、普遍稳定、可预见的规则，就会减少后续的交易成本。[②] 这种硬法形态的国际经济秩序虽然也具有诸多灵活性、政策因素和不确定性，但是相对而言更加具体明确、普遍稳定。这种硬法形态的规则导向的国际经济秩序是在西欧和北美权力现实、法律文化和法治文明模式影响下发展起来的，西方法治也内含政策因素和实质价值，却更注重形式理性、工具理性的普遍抽象的一般规则。中国并不排斥而是积极加入了西方模式下的规则导向的国际经济法律秩序，在其中积极学习，并且越来越善于运用规则维护权利、收获利益。中国还积极倡导建立国际法治，通过普遍适用的规则，实现国际关系法治化、国际经济关系法治化、全球治理法治化。在具体实践中，中国加入了二战后以规则为基础的多边主义国际经济法律秩序，签署了130多个双边投资条约，以及越来越多的自由贸易协定，主导或参与建立了BRICS新开发银行和应急储备安排以及AIIB等，这

---

① 当然，权力与规则并不是非此即彼的，而是相互结合、相辅相成的。即使在当代高度法律化的国际经济法律秩序主导形态中，权力依然发挥着重要作用，不过，其基础和基本导向却是不断丰富完善的规则体系。

② K. W. Abbott, D. Snidal, Hard and Soft Law in International Governance, *International Organization*, 2016, Vol.54, No.3.

些都是以具有法律约束力的条约为基础的、以规则为导向的。

在国际经济关系调整方面，西方国家更注重硬法模式的规则导向、规则先行和规则治理。与硬法模式的规则导向相对的是软法模式的政策导向。软法的规则可能精确性较弱，或者义务性较弱，或者授权第三方程度较弱甚至不授权第三方监督实施和裁判，软法往往具有更大的政策性、灵活性、非正式性。西方国家晚近也开始趋向采取跨政府政策网络软法模式①，西方国家也制定实施针对某个地区或国家的政策规划性质的国际经济秩序安排，例如美国对外签订的贸易投资框架协议、对非洲推行的发展援助计划②，取得了一定的实际效果。但是，总体而言，西方国家的政策软法或政策规划性质的秩序安排的数量相对较少，规模也相对较小。与西方国家相比，中国广泛采取各种各样的政策软法性质的双多边和区域国际经济安排，设立各种双边多和区域国际经济合作论坛，达成各种双多边和区域国际经济软法文件。例如，在"一带一路"倡议下，中国除了谈判达成新的或者更新现有的双边投资条约或自由贸易协定之外，中国已经对外达成了大量双多边和区域的政策网络软法文件，这些文件一般都采用联合公报、声明、宣言、谅解备忘录、行动计划、合作框架协议、原则等形式。这些政策软法文件一般规定了各方的合作意愿、合作原则、合作规划、优先合作领域、具体合作项目等内容。

从中国实践可以看出，中国不拘泥于规则先行的条约硬法模式，而是在尚不能达成条约硬法之时，非常灵活地达成各种务实的政策软法，或者即使已经存在硬法，也仍然会继续达成各种政策软法，推动进一步的更广泛、更深入或者更具体的合作并获取收益。例如，即使已经有了双边投资条约，但是因为中国签署的投资条约在投资准入方面一般都是根据东道国国内法由东道国决定，在这种情况下，通过政策软法推动具体化的合作领域和合作项目就起到了促进投资准入的作用。中国之所以广泛采取各种灵活的政策软法合作模式，其中有很多原因。中国的双多边和区域合作往往议题非常广泛，从经济到人文和社会等各种各样的具体议题都包括在内，很多议题并不适合从一开始就搞成具体明确的硬法规则的形式，而且这种合作往往是长期的不断推进、扩展和深化的，因此更适合采取灵活的政策框架模式。在"一带一路"倡议下，更因

① 徐崇利：《跨政府组织网络与国际经济软法》，载《环球法律评论》2016 年第 4 期。

② 例如美国政府针对非洲的"电力非洲倡议"等，参见程诚、潘文悦：《美国"电力非洲倡议"简析》，载《海外投资与出口信贷》2017 年第 3 期。

为所涉国家数量众多,发展水平参差不齐,各国具体利益交汇点差别很大,要想在众多国家之间就众多议题达成单一的条约硬法,在可预见的未来都是不可能的,但是,如果在此倡议框架内,采取双多边和区域的政策网络软法①,就能够做到不分发展水平,不设底线门槛,广泛包容各个国家,体现开放包容普惠共赢的特点。硬法的谈判成本高,有时要经过数年连续数十次的谈判才可能最终达成协议,而且达成协议的正式条约往往还需要各国立法机关批准,而政策网络软法的谈判成本低,对各方主权约束成本小,所以更容易达成协议。中国灵活务实的政策网络软法可以在没有达成硬法条约之前实现先期收获,甚至即使在已有硬法条约的基础上,政策网络软法也仍然可以通过推进具体合作领域和优先合作项目实现具体收获,例如基础设施合作和产能合作等。与西方模式的硬法规则治理模式相比,这种政策软法合作模式则体现了关系治理模式。所谓关系治理是指有关主体之间经常反复互动交往,通过讨论磋商达成共识,达成非正式的、非法律化或弱法律化的规则和制度,形成并基于较强的信任、默契、情感、习俗、惯例,进行交往,开展合作,执行承诺,维系秩序。② 关系治理可以说是对于政策网络软法的另一种维度的理解。这种关系治理模式在东亚国家之间或以东亚诸国为主要成员的东南亚国家联盟(ASEAN)③、亚太经合组织(APEC)等国际合作之中尤为明显。④ 中国政府

---

① 韩永红:《"一带一路"国际合作软法保障机制论纲》,载《当代法学》2016年第4期;王燕:《区域经贸法治的"规则治理"与"政策治理"模式探析》,载《法商研究》2016年第2期。

② 陈伟光、王燕:《共建"一带一路":基于关系治理与规则治理的分析框架》,载《世界经济与政治》2016年第6期。

③ P. J. Davidson, The ASEAN Way and the Role of Law in ASEAN Economic Co-operation, *Singapore Year Book of International Law*, 2004, Vol.8; P. J. Davidson, The Role of Soft Law in the Governance of International Economic Relations in Asia, *Chinese (Taiwan) Yearbook of International Law and Affairs*, 2006, Vol. 24; P. J. Davidson, The Role of International Law in the Governance of International Economic Relations in ASEAN, *Singapore Year Book of International Law*, 2008, Vol.12.

④ C. J. Green, APEC and Trans-Pacific Dispute Management, *Law and Policy in International Business*, 1995, Vol.26, No.3; M. Kahler, Legalization as Strategy: The Asia-Pacific Case, *International Organization*, 2000, Vol.54, No.3; J. E. Alvarez, Institutionalised Legislation and the Asia-Pacific Region, *New Zealand Journal of Public and International Law*, 2007, Vol.5, No.1.

与其他国家政府之间的国际经济交往也典型地体现了这种关系治理模式,例如,建立各种灵活的联系机制,开展经常的交往互动,确立友好的私人关系,通过磋商达成各种政策协调共识,推动各种具体的项目合作。其中,“一带一路”倡议也明显体现了中国所偏好的这种关系治理模式。①

这种非正式的、软法性的、政策性的、关系型的经济合作治理模式可以说是典型地体现了古典社会、中国传统、中国乃至东亚模式和新兴发展中国家的传统和现实。② 中国的传统熟人社会治理更倚重人际关系以及蕴涵在其中的情感、道德、习俗、信任、惩罚等因素,而不是非人格化的、正式的、普遍的、抽象的、一般化的西方式的法治。中国的经济增长并不是先建立起一整套正式的、完备的、西方式的产权保护、契约执行、司法独立等各方面的现代法律体系,而是在法律不完善的情形下,基于社会资本、社会关系、信任等非正式的制度和关系而取得了经济增长成就。③ 中国的改革开放也典型地体现了这种非正式的政策和关系相互结合的治理模式,例如渐进务实、实用主义、试点试错、在现有体制甚至宪法框架内外突破创新、逐步建立健全法制、政府主导和政策推动等特点即是如此。“一带一路”倡议等也体现了中国模式的具体做事、促进发展、灵活渐进、务实推进的特点。④ 西方国家政府一般是为国际经济关系谈判制定一般规则,剩下的主要交由企业基于市场进行交易,因此西方国家主要采取的是规则先行、规则主导的治理模式。中国则是政府主导、政府推动,因此,

① 杨思灵:《“一带一路”倡议下中国与沿线国家关系治理及挑战》,载《南亚研究》2015 年第 2 期;陈伟光、王燕:《共建“一带一路”:基于关系治理与规则治理的分析框架》,载《世界经济与政治》2016 年第 6 期。

② T. Ginsburg, Does Law Matter for Economic Development? Evidence from East Asia, *Law & Society Review*, 2000, Vol.34, No.3;朱景文:《法治和关系:是对立还是包容?——从韦伯的经济与法律之间关系的理论谈起》,载《环球法律评论》2003 年春季号。

③ 叶竹盛:《非正式规则与法治:“中国难题”的挑战》,载《法律科学》2013 年第 3 期;[英]琳达·岳:《中国的增长:中国经济的前 30 年与后 30 年》,鲁冬旭译,中信出版社 2015 年版,第 379 页。C. A. G. Jones, Capitalism, Globalization and the Rule of Law: An Alternative Trajectory of Legal Change in China, *Social & Legal Studies*, 1994, Vol.3, No.2; R. Peerenboom, *China's Long March Toward Rule of Law*, Cambridge University Press, 2002, pp.450-512.

④ 何志鹏:《“一带一路”与国际制度的中国贡献》,载《学习与探索》2016 年第 9 期;何志鹏:《国际法治的中国方案——“一带一路”的全球治理视角》,载《太平洋学报》2017 年第 5 期;郑永年:《“一带一路”与国际经济规则的“书写”》,载《联合早报》2017 年 5 月 16 日。

无论是否达成了一般规则，中国政府都会主导和推动更灵活的政策协调和更具体的项目合作。当然，这种软法治理模式也具有自身的局限。例如，承诺的实施具有不确定性、争议的解决可能陷入僵局等。不过，关系治理并不是迈向规则治理的过渡形态，关系治理与规制治理之间也不是简单的替代关系，而是互补融合、相辅相成的关系。中国应该在政策软法治理模式的基础上，及时推进双多边和区域的制度化、规则化、法治化，形成政策软法的关系治理模式与条约硬法的规则治理模式相互结合的治理模式。①

五、中国模式与国际经济法律秩序原则与规范的变迁

就国际经济法律秩序的原则和规范而言，近代以来国际经济法律秩序的原则和规范可以分为重商主义(民族主义或保护主义)、古典自由主义(新自由主义或自由放任资本主义)、内嵌自由主义(社会民主主义或福利国家资本主义、政府干预资本主义)、国家资本主义或称发展型国家主义等不同种类。②重商主义的经典含义是国家采取措施奖励出口限制进口，积累黄金和货币财富，但是，也可以将其进一步扩展理解为将国际经济关系理解为以邻为壑的零和博弈，采取各种措施以他国受损为代价而保持和增加本国的权力和财富。③新自由主义的核心原则与规范主要体现为新自由主义华盛顿共识，例如，自由市场至上、私有化、非歧视、生产要素和商品要素(货物、服务、资本、人员)的国际自由流动等等。内嵌自由主义则在国际市场自由开放与国内社会政治稳定之间达成妥协平衡。国家资本主义则强调国有企业主导、国家控制与市场自

① 关于关系治理和规则治理及其相互关系，参见秦亚青:《关系与过程：中国国际关系理论的文化建构》，上海人民出版社2012年版，第120～167页。

② T. D. Lairson, D. Skidmore, *International Political Economy: The Struggle for Power and Wealth*，北京大学出版社2004年影印版，第11～15页；G. J. Ikenberry, The Rise of China and the Future of Liberal World Order, https://www.chathamhouse.org/sites/files/chathamhouse/field/field_document/20140507RiseofChina.pdf，下载日期：2017年7月10日。

③ T. D. Lairson, D. Skidmore, *International Political Economy: The Struggle for Power and Wealth*，北京大学出版社2004年影印版，第12页。

由相互结合。中国并没有完全接受美国和西方主导的自由主义国际经济法律秩序的原则和规范，同时中国模式也对国际经济法律秩序的原则和规范具有重要影响。

二战后美国领导建立和西方主导之下的自由主义国际经济法律秩序是一种内嵌自由主义秩序，但该秩序在20世纪80年代以来转向了新自由主义。新自由主义在国际经济法实践中主要体现为：不断谈判缔结各种全面综合的或者特定领域或特定部门的双多边和区域经济协定；继续推进贸易、投资、服务、知识产权等各个议题的自由化、便利化和高标准保护；不断限制各国政府和国有企业可能损害国际市场自由、中立、公平竞争的各种干预措施；以及在国际经济裁判中片面注重国际市场自由而没有充分保障各国主权公共政策空间。此种新自由主义秩序在20世纪90年代中期以来就遇到了各种民间社会运动抗议，并逐步加强了对于与经济有关的环境、劳工、健康等社会利益或价值的关注和保护。该秩序在2008年经济危机以来进一步受到了挑战，包括西方国家在内的各国政府加强了危机救市和政府干预，增加了对于国内政策自主和社会与政治稳定的考虑。该秩序在2016年以来进一步遇到了欧美右翼民粹主义的严峻挑战，尤其是英国脱欧和美国特朗普政府给国际经济政策带来的影响。但是，迄今为止，总体上，各国仍然在继续推进内容越来越广泛、程度越来越深的自由贸易协定，对于各国国内政策自主、社会政治稳定以及与经济有关的环境、劳工、健康、安全等利益和价值关注仍然不够，就此而言，国际经济法律秩序的主导范式仍然是新自由主义。

1978年改革开放以来形成的中国模式虽然借鉴了但在根本上不同于西方的自由资本主义模式。中国模式被认为是中国经济增长奇迹的最重要原因。中国的改革开放受益于西方市场经济及其法治的精神和制度，减少政府控制、承认私人创造性、承认私人财产权利、建立现代企业制度、改革国有企业、吸引外国投资、开展对外贸易等，都体现了西方市场经济制度文明。但是，中国并没有全盘照搬西方模式，没有完全采纳新自由主义华盛顿共识的政策药方，而是根据自己的国情现实，渐进务实、高度有选择性地借鉴了西方的自由市场经济和法治，形成了具有中国特色的市场经济体制。其中，从作为整体的政治经济角度来看，中国模式最重要的特点就是政治控制和政府主导，政治控制包括对于政府、企业、民间、意识形态等的党政控制[①]，政府主导包括对于

① 丁学良：《辩论“中国模式”》，社会科学文献出版社2011年版，第44～61页。

发展规划、产业政策、投资融资、国有企业等的政府主导。中国的政治控制不同于西方的政治体制，中国的政府主导不同于西方的政府干预，政治控制、政府主导下的市场自由、市场法治是中国经济发展模式的核心特征。即使从目前正在推进的全面深化改革来看，中国在逐渐承认市场在资源配置中的基础性乃至决定性地位的同时，仍然继续反复重申政府的重要地位和职能，强调“看不见的手”（市场作用）和“看得见的手”（政府作用）的有机统一、相互促进，在不断推进国有企业改革的同时，仍然反复重申国有经济的主导地位、国有企业在战略性和支柱性产业中的主导地位。中国政府将中国模式概括为中国特色社会主义，将中国经济发展模式概括为中国特色社会主义市场经济模式，而一些西方国家政府和多数国外学者则将中国经济发展模式概括为中国特色的国家资本主义，并且强调中国模式与各种自由资本主义模式和各种其他国家资本主义模式之间的重要区别。① 政治控制和政府主导作为中国模式核心特征，与北欧、德国、法国、英美等的自由资本主义或称市场经济模式不同，与日本、韩国东亚国家乃至其他新兴国家的发展主义或称发展型国家资本主义也都存在较多区别。中国模式与新自由主义模式的根本区别在于前者是政府主导性地位和市场基础性作用并重，与内嵌自由主义模式的根本区别在于前者的政府核心职能是优先促进经济增长并渐进包容社会公正和公共福利，而后者的政府核心职能是优先保障社会民主和公共福利。

中国模式在中国的国际经济法实践中得到了充分体现。中国的国际经济法律与政策实践体现了中国模式的重要因素和特征。中国改革开放逐渐融入了货币、发展援助、贸易等西方主导的自由主义国际经济法律秩序，但是，中国并没有如美国等西方国家所预期的那样转向西方的市场经济和民主政治模式。中国政府在改革开放过程中，在确保经济、政治、社会可控性的前提下，有选择性地借鉴了国际货币基金组织等的政策建议，采取了各种政府主导的控制措施，逐渐可控地推进市场化改革、促进对外贸易、吸引外国投资。中国的

---

① M. Du, When China's National Champions Go Global: Nothing to Fear But Fear Itself?, *Journal of World Trade*, 2014, Vol.48, No.6; M. Du, China's State Capitalism and World Trade Law, *International and Comparative Law Quarterly*, 2014, Vol.63, No. 2; K. S. Tsai, B. Naughton eds., *State Capitalism, Institutional Adaptation, and the Chinese Miracle*, Cambridge University Press, 2015; B. L. Liebman, C. J. Milhaupt eds., *Regulating the Visible Hand?: The Institutional Implications of Chinese State Capitalism*, Oxford University Press, 2015.

双边投资协定没有全盘照搬西欧或美国模式，在投资准入、国民待遇、业绩要求、投资者与国家间争端解决等问题上都是从严格限制到逐渐审慎放开的。中国的自由贸易协定也是逐渐审慎开放的，而且迄今为止在议题领域和开放程度也是低于《跨太平洋伙伴协定》(TPP)、《跨大西洋贸易与投资伙伴协定》(TTIP)等美国和欧盟等西方模式的。中国的发展援助和亚投行的贷款政策明确强调不干涉内政，不附加任何民主、人权条件，不附加任何新自由主义的私有化等条件，这也明显不同于美国、国际货币基金组织、世界银行等的发展援助或贷款条件。[①] 中国反复重申和强调维护多边贸易体制，促进贸易和投资自由化便利化，反对贸易保护主义，但是，与此同时，中国也反复重申和强调尊重各国发展道路和发展模式的多样性，不干涉他国内政，不输出社会制度和发展模式，不强加于人，而是分享发展经验。中国的"一带一路"倡议采取的是政府主导、政府推动的模式。中国与欧美之间的经济摩擦和争议表面上看是贸易救济、投资准入、营商环境、国家安全审查、贸易赤字、人民币汇率、市场经济地位等问题，而实质则是两种不同政治经济模式的深层差别。即使目前中国在进一步全面深化改革扩大开放，但是，深层次的政治经济体制差别仍然将会继续存在。中国模式并不是过渡性形态，它并非渐进性的走向新自由主义的市场经济和民主政治西方模式，而如中国政府反复重申和强调的，中国模式的核心特征将会继续保持下去。[②]

这种不同模式之间的重要差别意味着，中国模式不但对于新自由主义模式国际经济法律秩序的原则和规范提出了重要挑战，甚至对内嵌自由主义模式国际经济法律秩序的原则和规范也提出了重要挑战，并有重要改革。对于新自由主义模式，这种挑战和改革的核心内容就是，通过政府主导经济发展，来限制和约束自由市场理念、原则和规范。对于内嵌自由主义模式，这种挑战

① 廖凡：《比较视野下的亚投行贷款条件研究》，载《法学杂志》2016 年第 6 期；G. Chin, China's Rising Institutional Influence, in *Rising States, Rising Institutions: Challenges for Global Governance*, edited by A. S. Alexandroff, A. F. Cooper(eds.), Brookings Institution Press, 2010, pp.83-104.

② 中国的政策并不只是大爆炸的华盛顿共识改革的一种渐进的或更加务实的版本，而是一种完全不同的思维模式的结果，即人们事先并不知道什么措施可行或不可行，因此需要在具体的背景和过程中寻找解决方案，鼓励试验，也不为非正统而难堪。参见[美]丹尼·罗德里克：《相同的经济学，不同的政策处方：全球化、制度建设和经济增长》，张军扩等译，中信出版社 2009 年版，中文版序言。

和改革的核心内容就是，通过政府主导经济发展，来达成国际市场开放与国内政治稳定的妥协平衡。中国模式与新自由主义模式之间最核心的差异在于，中国模式强调政府有形之手的管控性地位和市场无形之手的基础性地位之间的相互结合，而极端的新自由主义则强调市场最大化和政府最小化。在国家主导控制方面，中国模式强调国家掌控重要的政治、经济、社会资源，从而可以通过融资、人事、公司治理等各种方式主导经济发展和市场行为，中国的市场主体尤其国有企业不但承担着基本的市场和经济利益职能，而且承担着政治和社会职能。这不仅与美国的新自由主义模式不同，也与欧陆福利国家或社会民主的资本主义模式不同。由此，中国独特的政府主导的社会主义市场经济改革、道路和模式与现有全球经济治理机制和国际经济法律秩序之间既存在相通和兼容之处，也存在着重要差别和紧张之处，中国模式对于现有国际经济法律秩序提出了诸多挑战。尽管 WTO 已经适应性地通过解释 WTO 协定而解决了中国与其他主要贸易伙伴之间的诸多重要贸易争端①，但是，有关贸易争端背后中国模式与西方模式之间的深层矛盾仍然继续存在，这已经成为中国和西方国家各自转向区域经济一体化而使 WTO 谈判陷入停滞和多边主义受到侵蚀削弱的重要原因，而且将来这种模式竞争仍将继续。②

在与经济有关的环境、社会与人权议题方面，中国模式与美欧等西方模式具有重要的差别。20 世纪 90 年代以来，环境保护、劳工保护、可持续发展、企业社会责任等理念在西方主导的国际经济法律秩序中逐步得到了加强，贸易、金融、发展援助、直接投资等国际经济法诸领域越来越多地以各种方式纳入了

---

① M. Du, When China's National Champions Go Global: Nothing to Fear But Fear Itself?, *Journal of World Trade*, 2014, Vol.48, No.6; M. Du, China's State Capitalism and World Trade Law, *International and Comparative Law Quarterly*, 2014, Vol.63, No.2.

② H. S. Gao, Elephant in the Room: Challenges of Integrating China into the WTO System, *Asian Journal of WTO & International Health Law and Policy*, 2011, Vol.6, No.1; M. Wu, The WTO and China's Unique Economic Structure, in *Regulating the Visible Hand?: The Institutional Implications of Chinese State Capitalism*, edited by B. L. Liebman, C. J. Milhaupt (eds.), Oxford University Press, 2015, pp.313-350; M. Wu, The "China, Inc." Challenge to Global Trade Governance, *Harvard International Law Journal*, 2016, Vol.57, No.2; G. Shaffer, H. S. Gao, China's Rise: How It Took on the U.S. at the WTO, *University of Illinois Law Review*, 2018, Vol.2018, No.1.

与经济有关的社会议题和社会条款。① 美国、加拿大、欧盟的自由贸易协定大多规定了更详细的环境和劳工条款，既包括软法义务，也包括硬法义务，而且其争议解决包括磋商、斡旋、调停、调解、专家组等多种方式，一旦不能通过磋商解决争议，就将提交专家组解决争议。② 世界银行、其他区域性开发银行的贷款政策和条件一般都规定了非常具体明确严格的环境与社会政策和申诉机制。在中国模式下，在确保政治统治和政治稳定的前提下，"以经济建设为中心"，经济增长优先，而与经济有关的社会议题和人权问题则长期从属于政治稳定和经济增长。这种经济中心主义的改革开放政策首要解决的是民众的生存权和发展权问题，而与经济有关的环境保护、劳工保护、健康保障以及其他经济、社会、文化、公民、政治领域的人权则被纳入更大的政治稳定、经济增长以及更广的生存权、发展权的框架之中予以理解和对待。在中国经济增长奇迹的同时，也产生了环境污染、社会不平等、社会保障和公共服务不足、法治不健全、腐败等各种比较严重的问题。③ 这些问题其他在发展中国家也都存在，资本主义国家在原始积累时期也都曾经存在，在一定程度上甚至可以说是发展过程中不可避免的问题。在中国崛起的过程中，中国对外贸易、对外贷款、对外投资、海外基础设施建设中存在的环境污染、产品安全、劳工保护等问题也受到了特别关注。许多人怀疑和担心，随着中国模式越来越影响国际经济法律秩序变迁，环境、安全、健康、劳工、人权等与经济有关的社会目标、价值和

---

① D. Desierto, *Public Policy in International Economic Law: The ICESCR in Trade, Finance and Investment*, Oxford University Press, 2015; L. Bartels, Social Issues in Regional Trade Agreements: Labor, Environment and Human Rights, in *Bilateral and Regional Trade Agreements: Commentary and Analysis*, 2nd ed., edited by S. Lester, B. Mercurio, L. Bartels (eds.), Cambridge University Press, 2015, pp.364-384.

② 不过，发达国家的实践也并不一致，有的发达国家（例如日本、澳大利亚）一般也不在其贸易投资协定中制定详细的或有约束力的或可诉诸强制争端解决的环境与劳工条款。参见 World Bank, Environment Provisions in Regional Trade Agreements: Lessons for China, https://openknowledge.worldbank.org/handle/10986/3122，下载日期：2017 年 7 月 10 日。

③ 参见[美]战略与国际研究中心、彼得森国际经济研究所：《账簿中国：美国智库透视中国崛起》，隆国强等译，中国发展出版社 2008 年版，第 23～85 页；丁学良：《辩论"中国模式"》，社会科学文献出版社 2011 年版，第 114～139 页。

政策将越来越受到削弱和破坏。[①] 不过，近年来，中国政府已经越来越重视并且正在积极采取措施解决这些经济、社会、环境等领域的问题。[②] 与此同时，中国在这些领域积极作出各种国际承诺，推动各种国际合作。[③] 例如，中国在自由贸易协定、投资保护协定中也开始制定一些环境保护、劳工保护条款，或者在自由贸易协定框架内部或外部单独达成环境合作、劳工合作协议。亚投行的《环境与社会框架政策》制定过程的磋商方式被认为过于粗糙，其申诉机制也不够有力。[④] "一带一路"倡议在兼顾环境、社会等政策目标方面目前仍然比较薄弱。在"一带一路"倡议框架下，中国签订的贸易投资领域的合作文件一般只规定一些原则性的软法性的合作事项，围绕这些环境或劳工条款的解释和适用的争议也是能通过磋商解决。欧美在社会议题上越来越采取具体义务和强制争端解决的"硬挂钩"的模式，而中国则从"不挂钩"发展到灵活政策和磋商共识的"软挂钩"模式，中国模式更强调各国在环境、劳工等社会与人权议题领域政策与法律的自主性、灵活性、原则性、渐进性、软法性，而不接受或不采纳美欧等西方模式的高度法律化和硬法化的进路。

中国多年来一直倡导的公正合理的国际经济秩序改革在实质内容方面，就是改革国际经济法律秩序中的自由资本主义的经济发展模式和社会议题挂

---

① F. Fukuyama, Exporting the Chinese Model, https://www.project-syndicate.org/onpoint/china-one-belt-one-road-strategy-by-francis-fukuyama-2016-01，下载日期：2017 年 7 月 10 日；D. Desierto, China's "One Belt, One Road" Initiative: Can a Bilaterally-Negotiated "Globalization 2.0" Internalize Human Rights, Labor, and Environmental Standards?, https://www.ejiltalk.org/chinas-one-belt-one-road-initiative-can-a-bilaterally-negotiated-globalization-2-0-internalize-human-rights-labor-and-environmental-standards/，下载日期：2017 年 7 月 10 日。

② L. W. Lin, Corporate Social Responsibility in China: Window Dressing or Structural Change, *Berkeley Journal of International Law*, 2010, Vol.28, No.1; V. Harper Ho, Beyond Regulation: A Comparative Look at State-Centric Corporate Social Responsibility and the Law in China, *Vanderbilt Journal of Transnational Law*, 2013, Vol.46, No.2; A. Afsharipour, S. Rana, The Emergence of New Corporate Social Responsibility Regimes in China and India, *UC Davis Business Law Journal*, 2014, Vol.14, No.2.

③ P. D. Farah, E. Cima eds., *China's Influence on Non-trade Concerns in International Economic Law*, Routledge, 2016, p.18.

④ 刘琴：《亚投行环境标准存在制度性风险?》，http://www.ftchinese.com/story/001065990，下载日期：2017 年 7 月 10 日；甘培忠、蔡治：《亚投行环境与社会保障政策之检思——以磋商程序与问责机制为重点》，载《法学杂志》2016 年第 6 期。

钩模式，并推动将中国实践的更加灵活务实的经济发展模式、社会议题挂钩模式纳入国际经济法律秩序，在此方面，中国模式将以一种不同的政府与市场关系进而也是一种不同的发展模式和理念影响国际经济法律秩序的原则和规范。不过，中国的经济发展模式、中国的社会议题挂钩模式、中国的政治经济发展模式本身既包含了灵活务实审慎实用的优点，也包含了诸多问题、局限和弊端。如果能够将西方模式和中国模式各自合理的理念、原则、规范更好地对接、融合、创新，将会有助于推动国际经济法律秩序朝着更加自由、公正、人文、可持续的方向发展。

六、中国模式与国际经济法律秩序决策程序的变迁

目前国际经济法律秩序的决策程序具有明显的西方大国主导的特点。WTO虽然主要采取协商一致决策，但实际上主要是由西方大国采取绿屋会议的方式决策，近年来BRICS尤其巴西、印度在WTO谈判中正发挥越来越大的作用，但也正因如此，西方国家开始从WTO转向谈判达成FTA或者新的诸边协定。IMF、IBRD采取了加权表决制，美欧在其决策中享有更大的份额和表决权，随着新兴大国的崛起，IMF、IBRD都进行了份额和治理改革，增加了包括中国在内的新兴大国的份额和表决权，但美国国会拖延多年才批准IMF协定修改，而且，即便如此，美国在IMF决策中的一票否决权地位并没有改变。

中国多年来一直倡导的公正合理的国际经济法律秩序、国际经济秩序和全球经济治理民主化在国际经济法律秩序决策程序层面也有重要体现。例如，中国在AIIB中目前虽然享有一票否决权，但是中国政府强调将来随着新成员的加入，会相应稀释中国的表决权，中国更注重协商共识的表决方式。中国在“一带一路”建设中也反复强调，在共商、共建、共享的基础上，本着法治、机会均等原则加强合作，强调对话化解分歧，协商解决争端，这些都体现了中国不想走西方大国支配国际经济法律秩序决策程序的老路。让各国尤其广大发展中国家能够拥有平等的代表权、参与权、决策权、发言权、表决权，这也契合中国在各种双多边和区域层面反复重申和强调的开放、包容、普惠、共赢和人类命运共同体理念。

七、结语

二战后美国领导和西方主导的自由主义国际经济法律秩序以市场为基础、以规则为基础、以开放和多边主义为基础，易于加入而难于推翻。[①] 中国自改革开放以来经济发展一直受益于此种自由主义国际经济法律秩序，因此，中国不会推翻此种自由主义国际经济法律秩序的多边、开放、非歧视、规则导向、推动贸易投资自由化和便利化等实质性部分。

二战后初期的自由主义国际经济法律秩序本身具有足够的开放性、灵活性和包容性，可以容纳不同的发展道路和发展模式——无论是西方资本主义内部的不同模式，还是非西方的、发展中国家的不同模式。但是，20 世纪 80 年代以来国际经济法的新自由主义转向偏离了这种开放性、灵活性和包容性，导致了国际经济法诸领域的正当性危机，促成了国际经济法诸领域的结构性改革。中国模式与现有自由主义国际经济法律秩序之间既存在契合之处，也存在内在的紧张关系，中国应在发扬中国模式的成功经验、剔除中国模式的不足缺陷并不断完善中国模式的基础上，推动现有国际经济法律秩序的改革、丰富、发展和完善。

中国崛起和中国模式对于国际经济法律秩序变迁的影响，仍然具有开放性和不确定性。这既要考虑中国国内因素的影响，包括中国的国家偏好将来是否会发生改变，尤其要考虑中国的政治制度、意识形态、民族主义思潮的影响，也要考虑美欧等西方国家、其他新兴大国及其他非西方国家的影响，还要考虑现有自由主义国际经济法律秩序本身的影响。

（本文责任编辑：涂晨曦）

China Mode and the Changes in International Economic Legal Order

Wang Yanzhi

Abstract: The power shift caused by the rise of China has a significant impact on the changes of international economic legal order. China's rise and

① [美]约翰·伊肯伯里：《自由主义利维坦：美利坚世界秩序的起源、危机和转型》，赵明昊译，上海人民出版社 2013 年版，第 293～316 页。

China model will continue to have an important impact on the changes of international economic legal order in four aspects: leadership, forms of order, principles and norms, and decision-making procedures. So far, in all dimensions of the international economic legal order, China is neither a mere conservative, nor a radical revisionist, but a progressive reformist. In terms of the leadership of the international economic legal order, China still did not seek expressly to challenge the leadership of the United States, but will seek to participate in the leadership of the international economic legal order. In terms of the basic forms of the international economic legal order, China will continue to adopt the rule-based governance mode of the international economic legal order, but China will also adopt the informal, policy-oriented, soft-law-oriented and relationship-oriented governance mode of the international economic legal order. In terms of the principles and norms of the international economic legal order, China will continue to adopt the market-orientedness of the international economic legal order, but China will not accept wholly the idea of western-style market-oriented order mode, and China will insist on important roles of both the government and the market. As for the role of developing countries in international economic legal order, China will enrich the development dimension of the international economic legal order with its own development experience. In terms of the decision-making process of the international economic legal order, China will promote to reform the decision-making procedures dominated by the United States and other western powers, and promote the democratization and inclusiveness of the decision-making process of the international economic legal order. However, no matter China itself or the international environment, the impact of China mode on the changes of the international economic legal order remains uncertain.

Key Words: China Mode; Liberal International Economic Legal Order; Power Shift; State Preference; Western Model

全球金融治理：国际趋势与中国立场*

廖 凡 刘文娟**

内容摘要：作为全球治理在国际金融领域的体现和运用，全球金融治理大体是指在国际金融体系中，通过多元行为体平等对话、协商合作，共同应对全球金融变革和世界经济问题挑战的一系列规则、机制、方法和活动。全球金融治理呈现三方面的特点：主体方面，以区别于传统政府间国际组织的非正式国家集团和跨政府网络最为显著和积极；规则方面，以不具有严格法律约束力的国际金融软法为主导；代表性和正当性方面，"民主赤字"问题相较于其他国际经济领域尤为凸显。后危机时代全球金融治理的变革及趋势相应体现在三方面：一是提高全球金融治理机构和机制的代表性和正当性，二是强化全球金融治理规则的实效性和约束力，三是挖掘传统政府间国际组织的治理潜力。作为因应，中国应当一方面推动改革完善既有多边金融治理体系，积极发挥与新兴大国地位相称的建设性作用；另一方面探索建立健全新的国际金融治理机构和机制，向全球金融治理贡献更多的中国智慧、中国方案和中国主张。

关键词：全球金融治理；全球金融危机；二十国集团；软法；亚投行；中国方案

---

* 本文系中国社会科学院哲学社会科学创新工程项目"'一带一路'建设中的国际经济法律问题研究"（2017GJFSB01）的阶段性成果。

** 廖凡，中国社会科学院国际法研究所研究员，法学博士；刘文娟，中国社会科学院国际法研究所硕士研究生。

目 录

一、引言

全球金融治理问题在1997年亚洲金融危机后逐渐受到关注,并在2008年全球金融危机后成为国际社会研究的焦点。尽管对于“全球金融治理”的确切内涵尚无普遍接受的严格定义,但总体而言都将之理解为全球治理在国际金融领域的体现和运用。“全球治理”这一概念自20世纪90年代以来被国际政治和国际关系领域的学者广泛使用,成为理解当代问题的一个重要视角。[①]

---

① 参见[美]马丁·休伊森、蒂莫西·辛克莱:《全球治理理论的兴起》,张胜军编译,《马克思主义与现实》2002年第1期。一般认为,“全球治理”的代表性研究和事件包括乔治·华盛顿大学教授詹姆斯·罗西瑙(James N. Rosenau)等1992年主编的《没有政府的治理》(*Governance Without Government*),以及1992年全球治理委员会的成立及其1995年出版的《全球治理》杂志和《天涯若比邻》(Our Global Neighborhood)报告。全球治理研究的发展为全球金融治理研究提供了理论基础,而冷战结束后的金融全球化和金融创新为全球金融治理研究提供了经验基础并创造了现实需求。参见张发林:《全球金融治理体系的演进:美国霸权与中国方案》,载《国际政治研究》2018年第4期。

根据目前国内较为权威的定义，全球治理大体是指国际社会行为主体为维持国际政治经济秩序和国际社会可持续发展，通过正式和非正式的国际规制来解决全球性问题的国际协调和合作机制，主要包含五个要素，即全球治理的价值、全球治理的国际规制、全球治理的主体或基本单元、全球治理的客体或对象以及全球治理的效果。[①] 循此逻辑，有论者将全球金融治理定义为“在国际金融体系中，通过多元行为体平等对话、协商合作，共同应对全球金融变革和世界经济问题挑战的一种规则机制、方法和活动……核心要素包括主体、客体、价值、效果等方面”。[②]这一定义大体能够传达全球金融治理的基本内涵。

金融治理的演变发展以及金融治理体系的改革完善——无论是在国内还是国际层面——本质上是危机的产物。在全球金融危机推动之下，沉寂多年的二十国集团(the Group of 20,G20)异军突起，成为国际金融治理体系变革的主导者和推动者，在协调各方立场、整合相关机构、重塑治理规则等方面发挥关键作用，直接向G20报告工作的金融稳定理事会也成为国际金融治理体系改革的枢纽。[③] 2016年9月举行的G20领导人杭州峰会强调建设有效的全球经济金融治理架构，并批准了G20财政部长和央行行长成都会议形成的《二十国集团迈向更稳定、更有韧性的国际金融架构的议程》(以下简称“《国际金融架构议程》”)。[④]《国际金融架构议程》围绕扩大特别提款权使用、增强全球金融安全网、推进国际货币基金组织(International Monetary Fund,IMF)份额和治理改革、完善主权债务重组机制、改进资本流动监测和管理等五个方面提出了一系列建议，成为向全球金融治理贡献的中国方案。

本文拟以“危机(问题)—变革(方案)”为主线，探讨后危机时代全球金融治理的大体状况和走向。第一部分梳理全球金融治理的特点和问题，第二部分分析全球金融治理的变革及趋势，第三部分探讨中国的立场与因应。

---

① 俞可平主编:《全球化:全球治理》，社会科学文献出版社2003年版，第13页。

② 王浩:《中国参与全球金融治理的文献研究》，载《金融纵横》2013年第7期。

③ 有论者就此指出，尽管G20尚未从根本上搭建起一种全新的国际金融秩序，但其在国际金融治理中所体现出的传统大国与新兴国家联合共治的方式有着不同于布雷顿森林体系和“G7时代”的鲜明特点，标志着一个更具包容性和代表性的国际金融治理新时代即“G20时代”的到来。参见崔志楠、邢悦:《从“G7时代”到“G20时代”——国际金融治理机制的变迁》，载《世界经济与政治》2011年第1期。

④ 《二十国集团领导人杭州峰会公报》，载《人民日报》2016年9月6日第4版。

二、全球金融治理的特点和问题

全球金融治理的特点可以从不同角度来认识，本文将之大体归纳为三个方面：主体方面，以区别于传统政府间国际组织的非正式国家集团和跨政府网络最为显著和积极；规则方面，以不具有严格法律约束力的“软法”为主；代表性和正当性方面，相较于其他国际经济领域，“民主赤字”问题尤为凸显，全球金融治理中的很多问题也正是种因于此。

(一)治理主体

主权国家无疑是国际社会和国际法的基本主体，但鉴于全球金融治理的“全球性”，其主要是通过跨国家的组织、机制和安排来开展和实现。基于不同的标准，对这些组织、机制和安排可以有不同的分类。例如，有论者从功能的角度，将全球金融治理机构划分为宏观稳定类机构（IMF）、多边开发类机构（世界银行和区域开发银行）以及金融监管和标准制定机构（国际清算银行、金融稳定理事会等）。[①] 本文借鉴美国学者埃里克·潘（Eric Pan）的方法，从主体角度将全球金融治理的主要途径分为国际组织模式、非正式国家集团模式和跨政府网络模式三种形式，分别对应 IMF 等政府间国际组织、G20 等松散的非正式国家集团以及金融稳定理事会等国际金融标准制定机构。[②]

IMF 和世界银行是当今世界最重要的国际金融组织，其通过国际条约设立，是正式的政府间国际组织，成员国需要承担相应的条约义务。IMF 的传统职责是促进国际货币合作和汇率稳定，便利国际贸易平衡发展，帮助成员国解决国际收支困难；世界银行的传统职责则是消除贫困和促进发展。在此基础上，二者还在特定领域参与国际标准的制定：IMF 主要是在货币和金融政

① 上海发展研究基金会全球金融治理课题组：《全球金融治理：挑战、目标和改革——关于 2016 年 G20 峰会议题的研究报告》，载《国际经济评论》2016 年第 3 期；盛斌、马斌：《全球金融治理与中国的角色》，载《社会科学》2018 年第 8 期。

② 在埃里克·潘看来，“国际金融建筑结构”（international financial architecture）包括五个组成部分，即正式的国际组织、定期的国对国联系集团、跨政府网络、各国监管机构之间非正式的双边和区域安排以及私人标准制定机构。参见 E. Pan，Challenge of International Cooperation and Institutional Design in Financial Supervision：Beyond Trans-governmental Network，*Chicago Journal of International Law*，2010，Vol.11，pp.247-248.

策透明度、财政透明度和数据公布标准方面，世界银行则主要是在破产及债权人权利方面。此外，IMF和世界银行还通过其“金融部门评估计划”(FSAP)和《关于遵守标准和守则的报告》(ROSC)，对有关国家遵守和实施国际金融标准的情况进行总体评估。但囿于核心职能有限、机构资源不足、内部力量失衡等客观原因，IMF和世界银行在全球金融治理中的地位和作用并不凸显。

在传统政府间国际组织无法完全胜任全球金融治理职责的情况下，出现了其他形式的合作框架，其中之一就是履行国际经济金融合作职能的非正式国家集团，或所谓“国对国联系集团”(state-to-state contact groups)。国对国联系集团的代表样态是各种“G集团”，即那些在经济领域最具代表性的国家的部长和政府首脑定期举行的会晤，如七国集团(G7)、八国集团(G8)、十国集团(G10)以及最近的二十国集团(G20)。与政府间国际组织不同，G集团的运作并非基于任何国际条约或正式法律文件，而是代表着一个强有力的以国家为中心的网络。[①]这些集团在国际金融建筑结构中发挥着不可或缺的作用，通过提供必要的政治协议，使得许多不那么正式的合作网络得以充任全球金融体系事实上的监管者。[②]例如，为应对德国赫斯塔特银行倒闭造成的外汇清算危机，G10于1974年成立了巴塞尔银行监管委员会(以下简称“巴塞尔委员会”)，以便利巴塞尔委员会成员国银行监管机构之间的信息交换，并就妥善处置银行业危机发布指南。又如，作为对亚洲金融危机和俄罗斯金融危机的回应，G7于1999年成立了金融稳定论坛，其宗旨是促进国际金融稳定、改善市场运行、减少系统风险。全球金融危机爆发后，2009年4月，G20领导人伦敦峰会决定将金融稳定论坛升级为金融稳定理事会，全面继承和发展前者的职责和能力，在更强有力的制度基础上促进金融稳定。

上述巴塞尔委员会和金融稳定理事会恰好代表了全球金融治理的第三种途径，即所谓“跨政府网络”(transgovernmental network)模式。按照美国学者安妮-玛丽·斯劳特(Anne-Marie Slaughter)和戴维·扎林(David Zaring)的界定，跨政府网络是指在诸如监管机构这样的次国家行为主体(sub-state

---

① A. Baker, *The Group of Seven: Finance Ministries, Central Banks and Global Financial Governance*, Routledge, 2006, p.34.

② E. Pan, Challenge of International Cooperation and Institutional Design in Financial Supervision: Beyond Trans-governmental Network, Chicago Journal of International Law, 2010, Vol.11, p.253.

actors)之间建立起的“跨越国界的非正式制度”,其“使得国内官员能够与其国外对手方直接互动,而不受外交部门或行政部门高级官员的过多监督”。[①]跨政府网络的力量不是源自条约或者其他国对国协议,而是通过这些次国家行为主体之间的频繁互动,通过鼓励信息共享、发展共同观念以及合作解决问题来运行。正如有论者指出的,这些网络之所以是“跨政府的”,是因为其涉及专业化的国内官员彼此之间的直接互动,往往只有最低限度的外交部门监督;而其之所以是“网络”,则是因为这种合作是基于结构松散的同行纽带,经由频繁互动而非正式谈判发展而来。[②]

除银行领域的巴塞尔委员会外,证券领域的国际证监会组织和保险领域的国际保险监督官协会也都是金融治理跨政府网络的突出代表。不同于传统意义上的政府间国际组织,这些机构没有相应的国际条约作为成立依据和组织法,而是通常基于协商一致或者不具约束力的章程而运作;参与主体主要不是国家领导人,而是中央银行、监管机构和财政部门;主要职责是制定和协调相应领域的金融监管标准,供成员国监管机构采纳和遵循,故此又通称为国际金融标准制定机构(standard-setting bodies)。受 G20 领导并直接向其报告工作的金融稳定理事会(Financial Stability Board,FSB)亦属此列。相较之下,FSB 更多地发挥统筹各方、居中协调的作用,并专注于监督和防范系统性风险[③],而巴塞尔委员会、国际证监会组织和国际保险监督官协会则各司其职,负责制定银行、证券和保险监管领域的国际标准。

(二)治理规则

软法规则大量存在并发挥重要乃至主导作用,是国际金融领域相较于其他相关领域的一大特点。关于“软法”的概念,较为流行的是欧盟法专家弗朗

---

① A. M. Slaughter, D. Zaring, Networking Goes International: An Update, *Annual Review of Law and Social Science*, 2006, Vol.2.

② K. Raustiala, The Architecture of International Cooperation: Trans-governmental Networks and the Future of International Law, *Virginia Journal of International Law*, 2002, Vol.43, No.1.

③ 根据章程,金融稳定理事会的目标是在国际层面协调各国主管机关和国际标准制定机构的工作,以便制定和促进实施有效的监管政策及其他金融政策,并同国际金融机构合作处理那些影响金融体系的问题,促进全球金融稳定。参见 Financial Stability Board Charter, Article 1, http://www.fsb.org/wp-content/uploads/r_090925d.pdf?page_moved=1.,下载日期:2020 年 1 月 20 日。

西斯·斯奈德(Francis Snyder)的定义,即软法是指"原则上没有法律约束力但却可能具有实际效力的行为规则"。[①] 国际法学界对软法的理解也大体遵循这一思路。例如,马尔奇·霍夫曼(Marci Hoffman)认为,软法是指"不具有任何约束力或者约束力比传统的法律即所谓硬法要弱的准法律性文件"[②];王铁崖认为,国际法中的软法是指"在严格意义上不具有法律约束力,但又具有一定法律效果的国际文件。国际组织和国际会议的决议、决定、宣言、建议和标准等绝大多数都属于这一范畴"[③]。

由于缺乏超国家的中央立法和执法机构、主要依赖国家之间的合意来制定和实施,因此国际法在"硬度"——强制性、制裁性和约束力——上总体而言逊色于国内法。换言之,硬法与软法的实质区别,在国际法领域可能不像在国内法领域那么判然分明。这或许也正是"软法"概念首先诞生于国际公法领域的原因所在。尽管如此,关于条约和习惯的认定标准,国际法上已有一套成熟的理论和实践,例如条约的缔结和生效必须具备严格的程序性要件、习惯的成立必须满足"国家实践+法律确信"的主客观统一要求等。以此观之,目前在全球金融治理中实际发挥作用的大量国际规则均不属严格意义上的国际法,或者说国际强制法。

目前全球金融治理领域的专门性多边条约主要有两个,一是《国际货币基金协定》(以下简称"《基金协定》"),二是《服务贸易总协定》及其关于金融服务的附件和议定书。但二者在全球金融治理中的作用均较为有限。《基金协定》是国际货币法的基本渊源,主要规定货币和汇率事项;相应地,IMF 的法定职能是监督成员国的货币和汇率政策,以及与此相关的危机管理和救助,而非国际金融监管标准的制定和实施。尽管自 1997 年亚洲金融危机以来,特别是 2008 年全球金融危机以来,IMF 和世界银行越来越多地参与国际金融监管标准的实施(对监管活动进行监督)[④],但这种参与主要不是基于条约。而《服务贸易总协定》及其关于金融服务的附件和议定书虽然规定了成员国在金融领

---

① F. Snyder, The Effectiveness of European Community Law: Institutions, Processes, Tools and Techniques, *Modern Law Review*, 1993, Vol.56.

② M. Hoffman, M. Rumsey, *International and Foreign Legal Research Basic Concept: A Course Book*, Martinus Nijhoff Publishers, 2007, p.7.

③ 王铁崖主编:《国际法》,法律出版社 1995 年版,第 456 页。

④ 廖凡:《国际金融监管的新发展:以 G20 和 FSB 为视角》,载《武大国际法评论》第 15 卷第 1 期。

域的相关义务,但其本质上是关于市场开放而不是金融监管。与其他贸易或投资协定一样,《服务贸易总协定》关注的是成员国对外国投资的待遇,而不是对那些确定监管权限边界的具体监管活动进行协调。可资为证者,《金融服务附件》第2(a)条明确规定,《服务贸易总协定》的任何其他规定均不妨碍成员国基于审慎理由(prudential reasons)而采取相关措施,包括为保护投资者、存款人、保单持有人或金融服务提供者对之负有信托义务的人员或者为确保金融体系的完整和稳定而采取的措施。此即所谓"审慎例外",其使得成员国在监管本国金融市场方面仍然保持高度自主权和灵活性,而不受太多来自国际层面的限制。

事实上,当前全球金融治理领域的大部分规则均来自非正式的政府间机构,亦即上文所述的国对国联系集团和跨政府网络,其为全球监管共同体设定议程和标准。①这些机构所制定和实施的形形色色的标准、原则、守则、指南等软法性文件,构成全球金融治理的主要规则。之所以形成这样的局面,原因主要有三:一是金融领域规则纷繁复杂,专业性和技术性极强,且发展变化迅速,传统国际法渊源(条约和国际习惯)难以适应现实需要;二是鉴于国际金融事项的敏感性,主权国家往往不愿就此承担有约束力的法律义务,导致相关硬法规则难以形成或者在形成后难以及时变革;三是国际金融领域缺乏有效的争端解决和问题处理机制,使得硬法规则的优势难以充分体现。②这种"软法之治"的现实诚然有其合理性,国际金融软法也诚然有其独特的优势和价值,但相较于硬法规则如条约,国际金融软法存在两个有待克服的固有问题,即有效性和正当性(合法性)问题。所谓有效性问题,是指国际金融软法缺乏有效的监督执行机制;而所谓正当性问题,则指向国际金融软法制定机构和制定机制在透明度、民主性和代表性方面的缺陷。③ 换言之,以软法为主导的全球金融治理规则缺乏"硬约束",全球金融治理标准的实施和监督机制匮乏,全球金融治理机构和机制自身的民主性和代表性不足,这些均是全球金融治理需要面对和解决的主要问题。

---

① C. Brummer, Why Soft Law Dominates International Finance—And not Trade, *Journal of International Economic Law*, 2010, Vol.13, p.627.

② 廖凡:《论软法在全球金融治理中的地位和作用》,载《厦门大学学报(哲学社会科学版)》2016年第2期。

③ 廖凡:《论软法在全球金融治理中的地位和作用》,载《厦门大学学报(哲学社会科学版)》2016年第2期。

(三)“民主赤字”

民主性和代表性不足是全球治理的痼疾。这在相当程度上是国际机制和国际法仍然主要依赖基于国家意志的“水平”运作、缺乏统筹协调的全球宪制安排这一现实所造成的自然结果。在国际社会缺乏中央权力和顶层设计的情况下,形式上平等的各主权国家,在权力政治的实际运行中、在实际话语权和实际收益上难免区分出三六九等。但即便是在这样的给定认识下,全球金融治理中的民主性和代表性不足或所谓“民主赤字”问题,也仍然极为突出。

例如,作为当今世界最重要的国际金融组织,IMF和世界银行均实行加权表决制,即不采用“一国一票”的方式,而是以成员国所持有的份额为基础,实行类似于股份公司的“资本多数决”制度;份额如同公司股份一样,成为成员国在组织中地位和权利的基本依据,发言权的大小取决于份额的多少,凭“财大”而“气粗”。进而言之,份额计算公式中变量的选择、权重和计量方法均使得计算结果有利于传统发达国家,而不利于发展中国家。尽管在2008年全球金融危机之后,IMF和世界银行均对份额制度作出改革,朝向有利于新兴经济体的方向调整了份额计算公式,并分别将约6%的IMF份额和3.13%的世界银行投票权从代表性过度的发达国家转移给代表性不足的发展中国家①,但美国在IMF和世界银行都仍然拥有超过15%的份额和投票权,从而在需要85%的绝对多数同意才能通过的修改章程、调整份额等重大事项上仍然拥有事实上的一票否决权。不仅如此,在事关组织运作实效的核心人事安排上同样存在民主赤字问题,突出表现为负责人人选的“美欧默契”:自成立以来,IMF总裁一直由欧洲人出任,世界银行行长则一直由美国人出任。如果说在二战后初期此种安排尚有其历史合理性,那么随着时间的推移,这一建立在美欧共治基础上的不成文规则已经同国际经济格局现实日益相悖,更不必说有违民主政治基本原则。此外,还存在整个管理层遴选机制有欠公正和透明、发展中国家人员在其中所占比例过低等问题。这些都增加了国际金融组织决策和运作过程中的“民主赤字”,削弱了其代表性和正当性。

---

① Press Release: Historic Quota and Governance Reforms Become Effective, Jan. 27, 2016, https://www.imf.org/en/News/Articles/2015/09/14/01/49/pr1625a; World Bank Gets Capital Increase and Reforms Voting Power, Apr. 25, 2010, http://blogs.worldbank.org/voices/world-bank-gets-capital-increase-and-reforms-voting-power.,下载日期:2020年1月20日。

国际金融标准制定机构同样存在这类问题。相较于硬法规则（如条约）的相对成熟规范的缔结程序，国际金融标准制定机构的众多软法性规则的决策程序和制定过程往往不够清晰和透明。例如，各国如何达成共识、在此过程中一国是否有机会表示反对或作出保留、那些并不直接参与决策过程的国家和地区享有何种程序保障等，这些事项外界均不甚了了。①进而言之，一些国际标准制定机构实质上是排他性的"富国俱乐部"，将小圈子里的规则"出口"给世界其他国家；另一些标准制定机构虽然是开放式组织，但受控于一个紧密的政策核心集团。例如，巴塞尔委员会的成员原本仅限于十国集团②的中央银行和国内银行监管部门，后来虽然有所扩容，但在全球金融危机之前也仅涵盖13个发达国家③，可谓不折不扣的"富国俱乐部"。同样，支付和市场基础设施委员会的前身支付结算体系委员会也仅包括十国集团成员方的中央银行。④ 国际证监会组织虽然以成员具有广泛代表性著称，但其承担规则起草职责的核心机构技术委员会起初也仅包括13个发达国家和地区的15个监管机构。⑤一个必须承认的现实是，全球金融治理规则的制定从来就不只是技术层面的问题，更是国家金融利益层面的问题。正如有论者所指出的，现行国际金融监管规则的制定和调整是以美国为代表的主要发达国家以博弈方式确立和变更国际金融游戏规则，进而实现和维护自身金融利益并间接谋求全球金融稳定的过程。⑥由此，人们不免合乎逻辑地质疑，这些机构所制定的规则和标准旨在保护关键成员尤其是发达国家的利益，而阻碍了那些能够增进全球

---

① 廖凡：《国际金融监管的新发展：以G20和FSB为视角》，载《武大国际法评论》第15卷第1期。

② 十国集团包括美国、英国、德国、法国、日本、意大利、加拿大、瑞典、瑞士、比利时、荷兰等11个工业化国家。其中，前十个是创始成员国，十国集团也由此得名。

③ 即十国集团国家加上西班牙和卢森堡。

④ 张金矜：《非传统国际金融"立法"主体的合法性研究与中国实践——以跨政府网络为例》，载《现代法治研究》2017年第2期。

⑤ 同上。这13个国家和地区是澳大利亚、加拿大、法国、德国、中国香港、意大利、日本、荷兰、新加坡、西班牙、瑞典、英国和美国。其中，加拿大涉及安大略和魁北克这两个法域，而美国则包括证券交易委员会和商品期货委员会这两个机构。参见 An Overview of the Work of the IOSCO Technical Committee (Consultation Report), Mar. 2017, https://www.iosco.org/library/pubdocs/pdf/IOSCOPD239.pdf，下载日期：2020年1月20日。

⑥ 王达：《美国主导下的现行国际金融监管框架：演进、缺陷与重构》，载《国际金融研究》2013年第10期。

福利的规则发挥作用。[①]

三、全球金融治理的变革及趋势

对应上述三方面特点和问题,可以相应地从三个方面概括后危机时代全球金融治理的变革及趋势:一是增加相关治理机构和机制的代表性和正当性(合法性),二是强化相关治理规则的实效性和约束力,三是挖掘和发挥传统政府间国际组织的治理潜力。

(一)增加全球金融治理机构和机制的代表性和正当性

就增加全球金融治理机构的代表性和正当性而言,全球金融危机后 IMF 投票权和治理结构的改革颇具典型意义。IMF 投票权与治理结构的改革长期以来一直是发展中成员国重点关注的对象。以金砖国家为代表的新兴市场国家的崛起使得国际经济金融格局中的力量对比发生了显著变化,全球金融危机更是严重削弱了传统发达国家特别是欧洲国家的经济实力,使得发展中国家特别是新兴市场国家的地位和重要性更加凸显。在此背景下,IMF 理事会于 2008 年 4 月通过了意义深远的份额与发言权改革决议(以下简称“2008 年决议”),增加新兴市场国家的份额并首次改革基本投票权制度。此后,理事会又于 2010 年 12 月通过了力度更大的份额与治理结构改革决议(以下简称“2010 年决议”),继续提高有活力新兴市场国家的份额比重,并对执行董事会的构成情况和产生方式进行了实质性改革,被称为“IMF65 年历史上一次最根本性的治理改革”。[②] 在履行相关成员国国内批准程序后,这两项决议已经分别于 2011 年 3 月和 2016 年 1 月生效。

概言之,2008 年决议包括两项基本内容,即增加部分成员国主要是新兴市场国家的份额,以及增加基本投票权数(从 250 票增至 750 票)并锁定其与总投票权的比例(规定基本投票权在总投票权中的比例自该次调整之后始终

---

① C. Brummer, Why Soft Law Dominates International Finance—And not Trade, *Journal of International Economic Law*, 2010, Vol.13.

② IMF:《基金组织执行董事会批准对份额和治理进行全面改革》,新闻发布稿第 10/418 号,2010 年 11 月 5 日,http://www.imf.org/external/chinese/np/sec/pr/2010/pr10418c.pdf.,下载日期:2020 年 1 月 20 日。

保持不变,亦即若 IMF 普遍增资导致总投票权增加则基本投票权也将成比例增加,以免基本投票权被稀释)。2010 年决议则决定将 IMF 的份额增加 1 倍,以增加其贷款资源并强化其危机处理能力;与此同时,将超过 6%的 IMF 份额从代表性过高的国家转移给代表性不足的国家,即有活力新兴市场和发展中国家。此外,2010 年决议还对 IMF 执行董事会的构成情况和产生方式进行了实质性改革,规定代表欧洲发达国家的执行董事减少 2 名,转由新兴市场和发展中国家选举产生;同时全部执行董事均通过选举产生,取代了此前实行的份额前五位的成员国直接指定执行董事的做法。上述改革使得新兴经济体和发展中国家在 IMF 中的份额和发言权显著提高①,而执行董事会席位的调整和“全选举”方式的实施也有助于提高执行董事会这一 IMF 日常议事机构的民主性和代表性。同一时期,世界银行也进行了类似的投票权和治理结构改革。②

国际金融标准制定机构也呈现类似的发展趋势。全球金融危机爆发后,在 G20 峰会推动下,跨政府网络开始纳入新兴经济体和发展中国家,在一定程度上提高了立法主体的代表性。例如,巴塞尔委员会在全球金融危机之后,经过 2009 年和 2014 年两次“扩容”,纳入了中国、巴西、印度等新兴经济体,形成由来自 28 个国家和地区的 45 家中央银行及银行业监管机构组成的治理主体。国际证监会组织技术委员会也于 2009 年将中国、巴西和印度的证券监管机构纳入其中,增强了新兴经济体的代表性;在此基础上,2016 年技术委员会被新成立的董事会取代,后者作为国际证监会组织重要的规则制定部门,不仅将技术委员会成员全部纳入,还将该组织增长和新兴市场委员会的主席和副主席、四个区域委员会的主席以及从增长和新兴市场委员会和区域委员会分别选出的两个成员代表纳入其中,从而使其成员扩展为 33 个国家的 34 个监管者。此外,国际支付和市场基础设施委员会的成员也由原来 13 个国家和地

① 例如,作为新兴市场经济体代表的巴西、俄罗斯、印度和中国均进入 IMF 十大份额持有国之列,其中中国的排位升至第三,仅次于美国和日本。参见 IMF, IMF Board Approves Far-Reaching Governance Reforms, IMF Survey online, Nov. 5, 2010, http://www.imf.org/external/pubs/ft/survey/so/2010/NEW110510B.htm.,下载日期:2020 年 1 月 20 日。

② 盛斌、马斌:《全球金融治理与中国的角色》,载《社会科学》2018 年第 8 期。

区的14家中央银行扩展至24个国家和地区的25家中央银行。[①]

进而言之,就民主性和正当性而言,危机后全球金融治理领域最大的进步当属代表性更为广泛的G20取代作为富国俱乐部的G7,成为全球金融治理改革的主导者和推动者,在协调各方立场、整合相关机构、重塑治理规则等方面发挥关键作用。作为唯一一个有国家领导人直接参与(以领导人峰会形式)的国际金融标准制定机构,G20享有其他机构所不及的崇高地位和广泛影响力,决定着国际金融标准制定的总体议程。自2008年首次峰会以来,G20历次领导人峰会均成为全球金融治理的风向标。相比以往主宰国际金融标准制定的G7,G20有更为广泛的代表性,特别是新兴经济体和发展中国家的有效参与,强化了在其主导下的全球金融治理和国际金融标准的正当性。

(二)强化全球金融治理规则的实效性和约束力

就强化全球金融治理规则的实效性和约束力而言,可以从两个层面加以分析:一是如何认识和看待全球金融治理领域在相当程度上呈现的"软法之治"这一特点,二是在此基础上如何强化相关规则的实际效力或者说实施效果。

如上所述,从定义上貌似可以很清晰地将(国际)软法区别于(国际)硬法,即前者不具有严格意义上的法律约束力,而是只具有某种实际效力,对其的遵守是基于自愿而非强制。然而,国际法缺乏主权国家之上的立法者和执法者、其效力基础是国家之间的合意这一基本特质,却又使得"软法"与"硬法"的实质区别在国际法领域可能并不像在国内法领域那样判然分明。例如,在谈及以巴塞尔协议为代表的国际金融软法时,我们往往大而化之地称其不像条约那样具有国际层面的法律约束力,其效力依赖于国内法的吸纳和转化。然而,若是仔细推敲,条约这样的"国际硬法"何尝不是同样依赖于国内法的吸纳和转化?而在存在条约退出机制亦即缔约方可以自行退出条约的情形下,国际硬法的"约束力"和"强制力"在实质意义上又当如何体现和说明?尽管关于国内法和国际法的关系历来有"一元论"和"二元论"的理论分野,但如果我们更加关注实质而非表象的话,"二元论"无疑更能反映国际关系和国家实践的现实。

诚如彼得·马兰祖克(Peter Malanczuk)所言:"水平的(国际)法体系的

---

① 张金矜:《非传统国际金融"立法"主体的合法性研究与中国实践——以跨政府网络为例》,载《现代法治研究》2017年第2期。

运作方式有别于中央化体系,它是基于对等和共识原则,而不是基于命令、服从和强制执行。”①杰克·戈德史密斯(Jack Goldsmith)和埃里克·波斯纳(Eric Posner)更是对国际法的约束力或者说国家对国际法的遵守提出了无情的质疑,认为“国家在有悖其利益时并不遵守国际法。国际法产生于国家追求各自利益以达成互利结果,并仅在继续服务于国家利益的限度内才得以维系”。②该论断固然不无偏激之处,但的确在相当程度上道出了国际法的尴尬。进而言之,扎林在详细比较国际金融监管(主要依赖软法规则)与国际法(指传统意义上的国际硬法)后指出:“由于协调、论争和国内制度的重要性,国际法看起来同国际金融监管非常相像。这一比较突显了国际法律义务的水平性质,并表明在国际体系中,软法与硬法之间有着比预期更多的相似性,而这两个概念起初被认为是反义词。”③这一极具洞察力和开拓性的观点,有助于我们从一个新的视角理解全球金融治理规则的效力问题。

在 2008 年危机后的反思和改革中,全球金融治理领域出现了一些新的变化和发展,使得相关治理规则的实效性和约束力有所强化。首先,原本相对松散的金融稳定论坛升级为更具实体性的金融稳定理事会,在国际层面协调各国主管机关和国际标准制定机构的工作,并同国际金融组织合作来处理那些影响金融体系脆弱性的问题,促进全球金融稳定;其次,引入“以身作则”(lead by example)和同行评估(peer review)机制,即金融稳定理事会成员国承诺遵守和实施相关国际金融标准,并接受其他成员国对其遵守和实施情况进行的定期评估,从而让成员国获得其“同行”反馈的关于标准实施和政策有效性的意见,鼓励非成员国接受类似评估在全球范围内促进对于国际金融标准的遵守;最后,对 IMF 和世界银行原有的金融部门评估规划(Financial Sector Assessment Program,FSAP)和《关于遵守标准和守则的报告》(Reports on the Observance of Standards and Codes,ROSC)进行强化和升级,使这两个机构在监督国际金融标准实施方面发挥更多实质性作用。此外,还通过对不遵守相关标准的不合作国家或地区进行“点名羞辱”(naming and shaming),即列

---

① P. Malanczuk, *Akehurst's Modern Introduction to International Law*, Routledge, 1997, p.44.

② J. Goldsmith, E. Posner, The New International Law Scholarship, *Georgia Journal of International and Comparative Law*, 2007, Vol.34.

③ D. Zaring, *The Globalized Governance of Finance*, Cambridge University Press, 2020, p.133.

入不合作名单并向全球公布的方式来向相关国家或地区施加压力，促使其遵守标准。这些措施都在不同程度上增强了相关国际金融标准的有效性。[①]有学者形象地称之为国际金融软法"事实上的硬化"，以区别于着眼于向传统硬法之转化的"法律上的硬化"。[②]

如上所述，全球金融标准制定机构更加广泛的代表性以及更加开放透明的决策程序和实施机制，有助于强化其制定的相关标准的权威性和说服力。就此而言，G20机制对国际金融软法正当性和权威性的整体提升，有助于后者在全球金融治理中发挥更大作用。正是基于G20领导人峰会在全球金融治理中的特殊地位，有论者将G20领导人峰会同意或者承诺实施的国际金融标准称为峰会承认的国际金融标准(意味着不是国际金融标准制定机构制定的所有国际金融标准)，认为这些标准不但是对相关国家金融监管立法和实践的反映，而且是G20领导人基于维护全球金融稳定的共同利益达成的意志协调，具有了国家意志性；同时，这些国际金融标准的制定和实施机制表明其也具备了法之为法所需要的正当性和强制性，这使其区别于通常所说的国际金融软法而成为独树一帜、自成一体的"全球金融法"。[③]就解释和强调G20机制对相关国际金融软法的有效性和正当性的"加持"而言，这一论断无疑极富洞察力和创见。特别是，考虑到如上所述软法与硬法在国际法语境下之区分的相对模糊性，此种着眼于实践归纳而非概念推演的分析和认知就更加有助于强化全球金融治理规则的实效性和约束力。

与此同时，不应忽视上文所述的导致全球金融治理领域呈现"软法之治"局面的客观原因，以及国际金融软法基于这些客观原因而具有的独立价值(有别于着眼于向传统硬法转化的"中转"价值)。正如斯奈德所指出的，决定采用软法而非硬法，可能是因为实际上无法使用硬法，例如条约禁止采用具有法律约束力的措施，在此情况下软法措施就不会演变为硬法；也可能是基于软法的优点，在此情况下软法或许最终会被硬法所替代，却并非必然结果。[④] 相较于

---

① 廖凡：《国际金融监管的新发展：以G20和FSB为视角》，载《武大国际法评论》第15卷第1期。

② 漆彤：《国际金融软法的效力与发展趋势》，载《环球法律评论》2012年第2期。

③ 周仲飞：《全球金融法的诞生》，载《法学研究》2013年第5期。

④ F. Snyder, Soft Law and Institutional Practice in the European Community, in Steve Martin ed., *The Construction of Europe-Essays in Honour of Emile Noel*, Kluwer Academic Publishers, 1994, p.199.

硬法规则,软法规则制定更为快捷、成本(包括谈判成本和主权成本)更为低廉、修订更为简易,实践中一些国家即使愿意承担条约义务,也往往赞同或不排斥这项义务以不具法律约束力的形式通过。而当某一事件需要国际社会作出快速反应、当对潜在问题有较大不确定性、当谈判各方对某些事项存在深刻分歧,甚至在谈判方不具有缔约资格时,软法更是可以作为一种技术手段,为国际规范的制定留有回旋余地。① 软法的这些特点和优势,使其在全球金融治理中具有了不依附和依赖于硬法的独立存在价值。故此,在致力于强化全球金融治理规则的实效性和约束力的过程中,要尤为注意民主性与专业性、正当性与有效性、公平与效率等价值取向之间的平衡与协调,避免顾此失彼或是因噎废食。毕竟,在缺乏全球性宪制安排和中央权力的情形下,一味强调民主性反倒可能使得共识难以建立、规则无法形成。世界贸易组织多边规则谈判的失败即为明鉴。

(三)挖掘和发挥传统政府间国际组织的治理潜力

如上所述,囿于核心职能、机构资源、内部力量等客观因素,IMF 和世界银行等传统政府间国际组织在全球金融治理中的地位和作用并不凸显,发挥主要作用的是形形色色的非正式国家集团和跨政府网络。但绝不应就此忽视或低估政府间国际组织在全球金融治理中所能、所应扮演的角色和发挥的作用。一方面,以 IMF 和世界银行为代表的国际金融组织经由国际条约设立,在其职能职责涵盖范围内,成员国需要承担相应的条约义务,违反这些义务需要承担相应的法律后果。尽管国际金融领域并无类似国际贸易投资领域的争端解决及裁决执行机制,但至少在理论上,一国违反条约义务可以成为他国寻求救济(如请求赔偿或进行报复)的理由。这使其有别于不具有法律约束力、不直接导致法律后果的软法性规则。与此同时,国际金融组织相对于其他全球金融治理主体而言具有更加严密的组织架构、更为成熟的运行机制和更加定型的内部流程,也有助于相关治理活动的规范化、常态化开展。另一方面,全球金融危机暴露出国际金融体系和全球金融治理的深层弊端,也为相关改革提供了契机和动力。如上所述,IMF 和世界银行都进行了力度空前的份额、投票权和治理结构改革,在机构资源充足性和治理结构平衡性方面有了实质改观。尽管缺憾依然存在、改革仍在路上②,但这些改革无疑提升了相关国

① 石莹:《论软法的优势和作用:以国际法为视角》,载《法学杂志》2015 年第 6 期。

② 例如,IMF 总裁和世界银行行长人选的"美欧默契"何时打破,就值得关注。

际金融组织的正当性、权威性和有效性，为其参与全球金融治理提供了更加坚实的道义基础和更为充足的手段储备。就此而言，应当进一步深入挖掘和有效发挥国际金融组织在全球金融治理中的潜力，探索借助政府间国际组织来实现相关治理规则"硬约束"的可能性。IMF监督机制就是一个很好的例子。

《基金协定》第4条第3款规定，IMF应当监督国际货币体系以保证其有效运行，并监督成员国遵守其根据该条第1款所承担的一般义务；为此目的，IMF应当严密监督成员国的汇率政策，并制定具体原则，在汇率政策上对所有成员国进行指导。据此，IMF有权对成员国进行两种形式的监督(surveillance)，即双边监督和多边监督。传统上，双边监督是通过持续监测成员国的经济状况并在必要时同成员国进行磋商①，对每个成员国的相关政策进行评估并提出建议；多边监督则是对全球和地区经济趋势进行监测和评估，主要手段是定期发布《世界经济展望》和《全球金融稳定报告》。2012年7月，IMF执行董事会通过了具有里程碑意义的《整合监督决定》(Integrated Surveillance Decision)，对双边监督和多边监督进行了综合阐述。根据该决定，IMF的监督既关注单个国家也关注全球层面的经济和金融稳定，"第四条磋商"既适用于双边监督也适用于多边监督。②具言之，双边监督集中于可能导致国内不稳定，进而削弱系统性稳定的政策；多边监督则集中于"可能影响国际货币体系有效运行的事项"，尤其是成员国的"汇率、货币、财政、金融政策以及有关资本流动政策"所造成的可能危及全球稳定的外溢效应，即便这些政策并未危及该成员国的国内稳定。③

上述规定为IMF对成员国进行金融监督提供了相当宽泛的可能依据：大多数金融政策与系统性稳定的政策之间都能找到言之成理的联系；某些类别的国内金融监管规则几乎必定在此范围，尤其是银行业法律和规章——这既缘于商业银行、中央银行与货币政策之间的直接联系，也缘于存款机构与金融

---

① 根据《基金协定》第4条第3款第2项，成员国应当提供监督所需信息，并在IMF提出要求时同前者进行磋商。

② IMF, Factsheet: Integrated Surveillance Decision, https://www.imf.org/external/np/exr/facts/pdf/isd.pdf.下载日期：2020年4月20日。

③ IMF, Modernizing the Legal Framework for Surveillance — An Integrated Surveillance Decision, Revised Proposed Decisions, https://www.imf.org/external/np/pp/eng/2012/071712.pdf.下载日期：2020年4月20日。

体系其余部分与实体经济之间日益加深的联系。①尽管这种监督功能当下发挥得尚不充分，但从另一个侧面看这恰恰说明尚有极大的发挥空间有待发掘。例如，通过更有效的实施 FSAP、更妥当的管理跨境资本流动等方式，IMF 完全可以在监督成员国实施国际金融标准、开展跨境监管合作方面发挥更大作用。②

四、中国的立场与因应

诚如论者所言，中国在当前全球金融秩序中的地位具有双重特征：一方面，中国是既有全球金融组织和规则的融入者和受益者，传统全球金融组织的建立及所确立的全球金融规则，对经济全球化的纵深发展起到了重要的推动作用，中国对这些组织和规则而言是主动加入和适应并由此受益的一方；另一方面，中国也是传统全球金融组织和规则中的弱势方和受损方，尽管已成为世界第二大经济体，但在全球金融治理中的地位和话语权仍未发生根本性变化，且因某些发达国家滥用其主导地位而受到不利影响。③这一双重特征决定了中国在全球金融治理中的基本立场与因应策略。笔者将之概括为"'存量'和'增量'并举，改革与创新齐飞"。一方面在"存量"上下功夫，推动改革完善既有多边金融治理体系，积极发挥与新兴大国地位相称的建设性作用；一方面在"增量"上做文章，探索建立健全新的国际金融治理机构和机制，向全球金融治理贡献更多创造性的中国智慧、中国方案、中国主张。

（一）推动改革完善既有多边金融治理体系

中国在相当长的时间内处于国际经济金融秩序的边缘地带，被动地接受和参与美国主导的布雷顿森林体系。④以金砖国家为代表的新兴经济体的崛起使得国际经济金融格局中的力量对比发生了显著变化，全球金融危机又进而削弱了传统发达国家的经济实力，使得力量对比朝着有利于发展中国家的

---

① A. Feibelman, Law in the Global Order: The IMF and Financial Regulation, *New York University Journal of International Law and Politics*, 2017, Vol.49.

② 廖凡：《跨境金融监管合作：现状、问题和法制出路》，载《政治与法律》2018 年第 12 期。

③ 盛斌、马斌：《全球金融治理与中国的角色》，载《社会科学》2018 年第 8 期。

④ 沈伟：《逆全球化背景下的国际金融治理体系和国际经济秩序新近演化——以二十国集团和"一带一路"为代表的新制度主义》，载《当代法学》2018 年第 1 期。

方向进一步演变。代表性更为广泛的G20取代发达国家自娱自乐的G7、G10，成为应对全球金融危机和改善全球金融治理的主导者，这既是传统发达国家面对新兴经济体强势崛起的现实而作出的让步，也为中国参与构建更加公平公正的全球金融治理体系提供了契机。自2008年以来定期举行的G20领导人峰会以及财政部长和央行行长会议，已经成为处理国际重大经济金融问题、协调各国货币金融政策的主要舞台。

经过全球金融危机后IMF和世界银行相继进行的份额和投票权改革，中国在这两个主要国际金融组织中的份额和投票权均上升至第三位，而同为金砖国家的印度、巴西、俄罗斯也均跻身IMF前十大成员国，使得以中国为代表的新兴经济体的整体地位和潜在影响力有所提升，为中国推动全球金融治理体系进一步改革完善提供了更大空间和可能性。2015年12月1日，IMF宣布将人民币纳入特别提款权货币篮，并于2016年10月1日正式生效。人民币由此成为与美元、欧元、英镑、日元并列的可自由使用货币及特别提款权货币篮组成货币。这既是对中国经济金融实力和本币影响力的充分认可，也标志着中国在国际货币体系和全球金融治理中从边缘和外围逐渐走向舞台中央。更加积极地参与、推动乃至引领全球金融治理体系改革议程，既是中国自身发展壮大的客观需求，也是国际社会尤其是发展中国家群体对中国的合理期待。就此而言，中国近来在G20机制框架下对全球金融治理更富自信、更有深度的介入和参与，值得肯定。

完善国际金融架构向来是G20会议的重要议题，历届领导人峰会以及财政部长和央行行长会议均对其加以讨论。2012年墨西哥担任G20主席国期间，国际金融架构工作组成立，为在G20层面推动完善国际金融架构提供了新的依托。但2014年澳大利亚担任主席国后，国际金融架构工作组陷入停滞。中国于2015年12月1日接任G20主席国后，决定重启工作组。2015年12月15日，重启后的国际金融架构工作组举行首次会议，广泛涉及IMF份额和治理改革、主权债重组、资本流动、全球金融安全网、增强特别提款权(special drawing right，SDR)作用等议题。[①]依托国际金融架构工作组，中国得以与相关各方深入讨论交流、充分沟通协调。在中国的积极引领和大力推动下，2016年7月举行的G20财政部长和央行行长成都会议形成了《国际金融架构议程》，并在G20领导人杭州峰会上获得批准。

---

① 任晓：《中国和G20：从参与者到引领者》，载《浙江社会科学》2016年第10期。

《国际金融架构议程》围绕扩大特别提款权使用、增强全球金融安全网、推进 IMF 份额和治理改革、完善主权债重组机制、改进资本流动监测和管理等五个方面阐述和提出了一系列立场和建议。就中国而言，第一点和第五点尤其值得关注。关于特别提款权，《国际金融架构议程》明确指出“G20 支持对更广泛地使用 SDR 进行研究”，并“要求 IMF 评估与 SDR 相关的最新进展，特别是发行 SDR 计价债券方面”。实际上，特别提款权在创设之初被寄予厚望，定位于取代美元而成为“国际货币体系的主要储备资产”。[①]尽管其在后续发展中由于种种原因而日渐成为“鸡肋”，但全球金融危机所暴露出的基于单一主权货币的现行国际储备体系的明显缺陷，以及中国率先提出的关于建立“超主权储备货币”的构想，又使其重上“热搜榜”。而要想使特别提款权真正摆脱“鸡肋”处境，首先就必须探索扩大其使用范围，例如从仅限于 IMF 与成员国之间以及成员国相互之间的“对公业务”向国际金融市场“对私业务”拓展。就此而言，《国际金融架构议程》明确表示对更广泛使用特别提款权的支持，无疑反映了包括中国在内的国际社会对于“美元霸权”的担忧和关切，以及进一步改革国际货币体系、促进国际储备货币多元化的决心。

关于改进资本流动监测和管理，《国际金融架构议程》规定：“支持目前为更好地理解资本流动、资本存量趋势和国际敞口而开展的工作……号召各国加强对新出现的跨境风险的监督和监测……支持目前 IMF 开展的关于资本流动的工作，支持 IMF 考虑各国具体国情，将资本流动管理和宏观审慎政策的工作结合起来，为金融和宏观经济的风险管理提供参考。”尽管《基金协定》规定一国是否及在多大程度上开放资本项目、允许资本自由流动由其自行决定，IMF 无权强制干预，但奉新自由主义和“华盛顿共识”为圭臬的 IMF 长期以来鼓吹解除外汇管制、开放资本项目、允许资本自由流动。直至全球金融危机暴露出全球范围内资本无节制泛滥造成的恶果，IMF 的态度才有所转变，对成员国尤其是发展中国家采取的资本控制措施抱持更为开放的态度，不再轻言金融自由化和去管制化。《国际金融架构议程》的上述态度，应当说是这一转变的延续，也契合中国以我为主、循序渐进地推进资本项目开放的既定方针。

(二)探索建立健全新的国际金融治理机构和机制

就“增量”而言，全球金融危机以来，中国陆续主导建立的亚洲基础设施投

---

① 《基金协定》第 8 条第 7 款。

资银行(以下简称"亚投行")、金砖国家新开发银行、金砖国家应急储备、丝路基金、上海合作组织金融合作机制等国际金融治理新机构和新机制,充分彰显了中国捍卫多边主义和多边体制、维护发展中国家和新兴经济体正当权益、推动全球金融治理体系更加公正合理的鲜明立场,向全球金融治理注入了新鲜血液。从全球公共产品供给的视角看,这些新机构和新机制提供了不同于既往美国霸权治理模式的新的理念、原则、范式和知识,在全球金融治理中融入发展中国家的理念、资金和项目,打破了传统金融治理格局区分中心—外围的"北南"模式,表明全球金融治理格局从霸权治理转向以平等为基础的合作治理,改善了全球金融公共产品的供给。① 在这方面,亚投行迄今为止的实践最为成功也最具代表性。

亚投行于 2015 年 12 月正式成立,2016 年 1 月开业运营。根据《亚洲基础设施投资银行协定》(以下简称"《亚投行协定》")第 1 条,亚投行的宗旨是通过在基础设施及其他生产性领域的投资,促进亚洲经济可持续发展、创造财富并改善基础设施互联互通,并与其他多边和双边开发机构紧密合作推进区域合作和伙伴关系。亚投行定位于与现有的全球性和区域性多边开发银行开展合作、形成互补,更好地为亚洲地区长期的巨额基础设施建设融资缺口提供资金支持。因此,亚投行是对既有多边开发融资机制的补充而非取代。②尽管以"亚洲"冠名,但亚投行成员并不限于亚太地区,而是向全世界开放。③截至目前,亚投行已有来自域内外的 76 个成员和 26 个获批意向成员,共计 102 个④,是名副其实的多边开发银行。

亚投行遵循开放的多边主义,立足于打造利益共同体、命运共同体和责任共同体,最终实现共同发展与繁荣的新的全球金融治理理念;其在成员构成、股权分配、组织结构、治理框架等方面的创新,堪称开创了全球金融治理格局

① 钱亚平:《金砖银行与全球金融治理体系改革——国际公共产品的视角》,载《复旦国际关系评论》第 2016 年第 1 期。

② 可资为证者,亚投行成员资格向世界银行和亚洲开发银行开放;换言之,身为世界银行或亚洲开发银行成员是成为亚投行成员的先决条件。

③ 根据《亚投行协定》,亚太地区成员(域内成员)与域外成员的出资比例原则上为 75∶25;若域外成员的加入导致域内成员持有股本在总股本中的比例降至 75%以下,则需经理事会超级多数投票通过(即投票赞成的理事人数占理事总人数 2/3 以上,且所持投票权不低于成员总投票权的 3/4)。参见《亚投行协定》第 3 条、第 28 条。

④ 数据来源为亚投行官网,https://www.aiib.org/en/index.html.

的新起点。[①]诚如论者所言,亚投行的特色所在和成功之处在于坚持多边主义,且亚投行所体现的中国特色多边主义不同于植根于布雷顿森林体系的美式多边主义:后者强化了美国在世界经济领域的霸权地位,而前者则有利于解决全球治理赤字,弥补发展中国家在全球治理中的代表性不足。[②]多边主义在亚投行法律中得到了很好的体现:在决策机制方面,协商一致是多边主义原则的典范,不仅推动了亚投行的建立,而且在亚投行开业后,协商一致仍在其运营中得到优先考虑;在公司治理方面,多边主义体现在亚投行的非常驻董事制度、在重要事项上展现的包容态度,以及对于发展中国家利益的优先考虑;在环境和社会标准方面,多边主义体现在包括借款国在内的所有利益相关者都有机会表达意见,参与亚投行资助项目的准备和实施活动。[③]

即便是在颇为敏感的"一票否决权"问题上,中国与美国的做法也大异其趣。尽管中国目前持有亚投行超过30%的份额和超过25%的投票权[④],但相比2014年亚投行倡议初期中国宣布准备的50%出资已经大为减少,预计随着更多成员的加入,中国的份额和投票权将进一步稀释。不仅如此,尽管超过25%的投票权意味着中国在需要理事会超级多数通过的事项上拥有事实上的否决权,但中国并不刻意追求这种否决权,从而与美国试图维持在国际金融组织垄断权力的做法形成鲜明对比。[⑤]

亚投行的贷款条件突出体现了其对既有多边开发融资机制的继承和创新。条件性是多边开发银行贷款尤其是政策性贷款的重要特点,相关条件涵盖政治、经济、环境、社会等多个方面。所谓"条件性",是指贷款方与借款方政府之间的"一种双边安排,政府借此采取或承诺采取某些政策行动,国际金融

---

① 漆彤:《论亚投行对全球金融治理体系的完善》,载《法学杂志》2016年第6期。

② 顾宾:《多边主义指引下的亚投行》,载《国际经济法学刊》2018年第2期。

③ 顾宾:《多边主义指引下的亚投行》,载《国际经济法学刊》2018年第2期。

④ 截至2020年1月27日,中国在亚投行中所占的份额和投票权比例分别为30.7908%和26.7540%。数据来源于亚投行官网,https://www.aiib.org/en/about-aiib/governance/members-of-bank/index.html.,下载日期:2020年1月27日。

⑤ 例如,《基金协定》第3条第2款明确规定份额的任何变更均需经85%以上的投票权通过,且未经成员国自身同意不得改变其份额。这类规定确保了美国在IMF的主导地位,而《亚投行协定》中则没有类似措辞,表明了中国不刻意追求一票否决权的诚意。参见顾宾:《多边主义指引下的亚投行》,载《国际经济法学刊》2018年第2期。

机构或其他机构则提供特定数量的财务援助作为支持”。① 条件性的表现形式不一,但总体而言均意味着贷款方(援助方)试图将贷款(援助)作为改革发展中国家政策和制度的一种激励手段。② 与世界银行和亚洲开发银行的贷款条件相比,亚投行的贷款条件既有共通之处,也有其鲜明特色。作为定位于商业化运营的国际金融组织,亚投行有一套完整的财务条款、条件以及合同安排来确保其作为贷款人的基本权益,以确保可持续运营。与此同时,亚投行的投资领域较为集中,即本区域基础设施建设及相关生产性领域,从而使其贷款条件得以围绕经济事项展开,而不像世界银行和亚洲开发银行的政策性贷款那样,不同程度地介入公共管理和政治领域。尽管亚投行对贷款附加了较为全面和严格的环境和社会要求,但这符合国际社会总体趋势和可持续发展基本理念,并不构成对借款国的不合理干预和负担。总体而言,“非政治化”的基本原则使得亚投行贷款的条件性相比既有多边开发银行有所简化和弱化,有助于发展和确立多边开发融资的新范式。③

五、结语

本文以危机—变革/问题—方案/困境—出路为逻辑主线,以晚近以来以美国为代表的传统发达国家与以中国为代表的新兴经济体和发展中国家在全球经济金融格局中的力量消长为主要背景,以在新时代推动全球治理体制向着更加公正合理的方向发展、为中国发展和世界和平创造更加有利条件的现实需求为基本依归,分析了全球金融治理领域的若干特色性、代表性和趋势性问题。特别地,全球金融治理领域突出的“软法之治”现象,在提醒我们注意平衡民主性与专业性、正当性与有效性、公平与效率等价值取向的同时,也敦促我们对国际法语境下“软法”与“硬法”的本质区别乃至国际法本身的“法律约束力”进行更加深入的思考。在推动共建“一带一路”和构建人类命运共同体

① T. Killick, Aid and the Political Economy of Policy Change, *Overseas Development Institute*, 1998.

② C. Santiso, Good Governance and Aid Effectiveness: The World Bank and Conditionality, *The Georgetown Public Policy Review*, 2001, Vol.7, No.1.

③ 廖凡:《比较视野下的亚投行贷款条件研究》,载《法学杂志》2016 年第 6 期。

的背景下,在全球金融治理和国际金融法(以及更广意义上的国际法)面临理论发展和实践创新的紧迫需求的情况下,这类思考无疑是必要和有益的。

中国在当前全球金融秩序中所处地位的双重特征决定了其在全球金融治理中的基本立场和因应策略,即"'存量'和'增量'并举,改革与创新齐飞",致力于推动全球金融治理的民主化、公正化、合理化。习近平总书记强调,"要推动变革全球治理体制中不公正不合理的安排,推动国际货币基金组织、世界银行等国际金融组织切实反映国际格局的变化,特别是要增加新兴市场国家和发展中国家的代表性和发言权,推动各国在国际经济合作中权利平等、机会平等、规则平等,推进全球治理规则民主化、法治化,努力使全球治理体制更加平衡地反映大多数国家意愿和利益"。①这一论断是对全球治理中国立场的权威概括。无论是"存量"改革还是"增量"创新,均应继续以此作为中国参与、推动乃至引领全球金融治理体系变革和发展的基本遵循。

(本文责任编辑:史白雪)

Global Financial Governance: International Trends and China's Position

Liao Fan　Liu Wenjuan

Abstract: As the embodiment and application of global governance in the international financial field, global financial governance roughly refers to a series of rules, mechanisms, methods and activities whereby multiple players, through equal dialogue, consultation and cooperation, jointly react to the global financial changes and world economic challenges. There are three defined features in global financial governance. First, unofficial state-to-state groups and trans-governmental networks, distinguished from traditional international organizations, are the most visible and active players. Second, the so-called international financial soft laws which have no binding force in strict sense are the dominant rules in this field. Third, the problem of "democratic deficit", or lack of representation and legitimacy, is particularly noticeable here in contrast to other international economic fields. In the

① 习近平在中共中央政治局第二十七次集体学习时强调推动全球治理体制更加公正更加合理为我国发展和世界和平创造有利条件,http://www.gov.cn/xinwen/2015-10/13/content_2946293.htm,下载日期:2015年10月13日。

post global financial crisis era, changes have been made and trends are seen in three aspects accordingly, i.e., to increase the representation and legitimacy of the institutions and mechanisms of global financial governance, to strengthen the effectiveness and "binding" force of the rules of global financial governance, and to explore the potential of the traditional international organizations in global financial governance. In this context, China should on one hand push forward the reform and improvement of the existing multilateral financial governance system, thus playing a constructive role commensurate to its emerging great power status, while on the other hand endeavor to establish and improve new institutions and mechanisms of governance, so as to contribute more Chinese wisdom, Chinese solutions and Chinese proposals to global financial governance.

Key Words: Global Financial Governance; Global Financial Crisis; G20; Soft Law; AIIB; Chinese Solutions

论亚投行投资项目的公众参与环评制度及其完善*

陈斌彬　胡斯斯**

内容摘要：公众参与环评作为多边开发银行开展国际项目融资的先决条件，不仅有助于增进公众对项目的认同，而且能有效地消弭或减缓项目潜在的环境和社会风险，是多边开发银行践行可持续发展、绿色金融和环境正义运营原则的应有之义。作为第一家由我国倡导建立的多边开发银行，亚投行虽在成立伊始就严格要求自我，将"绿色"奉为其三大运营理念之一，且其晚近出台的《环境与社会框架》亦对公众参与项目环境影响评价作出了相应的规定，但这些规定仍存在着主体范围模糊，信息披露不健全，公众参与范围、方式、程序不完整和申诉机制不周延等缺陷。无论是基于自身贷款对象的特殊性和提升私人资本开发性投资战略定位之考量，还是适应日常联合融资抑或单独融资业务扩容之所需，新生的亚投行都有必要完善和细化现有的公众参与环评规定，从而更好地发挥引领和确保亚投行绿色投资之功效。

关键词：多边开发银行；环境与社会框架；公众参与；环评制度

目　录

---

*　基金项目：2016 年福建省高校新世纪优秀人才支持项目。

**　陈斌彬，华侨大学法学院教授，地方法治研究中心助理研究员，法学博士；胡斯斯，华侨大学法学院国际法硕士研究生。

一、引言

作为第一家由我国倡导建立的新的国际多边开发机构,亚洲基础设施投资银行(Asian Infrastructure Investment Bank,以下简称“亚投行”)于 2016 年 2 月正式发布了《环境与社会框架》(Environmental and Social Framework,以下简称“《框架》”)并于 2019 年 2 月进行了修订。[①] 该《框架》包括“概况和愿景”(Introduction and Vision)、“环境和社会政策”(Environmental and Social Policy)、“环境和社会标准”(Environmental and Social Standards)、“环境和社会排除清单”(Environmental and Social Exclusion List)、“环境和社会程序指引”(Directive: Environmental and Social Procedure)及“指南和信息工具”(Guidance and Information Tools)六大部分,是亚投行贯彻“促进亚洲经济可

① AIIB. Environmental and Social Framework. https://www.aiib.org/en/policies-strategies/framework-agreements/environmental-social-framework.html,下载日期:2020 年 1 月 20 日。

持续发展、创造财富并改善基础设施互联互通”这一宗旨的集中体现。[①] 可以说,《框架》中最引人注目的要数第二、三部分中亚投行自身对拟融资项目所确立的环境和社会政策及标准要求。其中,“环境和社会政策”要求亚投行对拟议项目逐个进行环境和社会尽职调查,并在尽职调查中评估该项目根据环境和社会政策及标准能否实施,评估项目对亚投行构成的潜在声誉风险,考虑缓解和监督措施的成本并审查缓解和监督活动在项目实施时间表中的开展时机。[②] 而“环境和社会标准”则从环境与社会评估与管理、非自愿移民和原住民三个维度对拟议项目环评可能涉及的环境和社会标准、磋商与申诉机制等作了较为全面的规定。“环境和社会政策”与“环境和社会标准”两者上下衔接,相辅相成,共同构成了亚投行环境与社会影响评价政策的内核,具有强制性。它们既是亚投行及其客户所应遵循的义务,也是亚投行决定对拟议项目是否提供贷款的主要考量基准。

应该说,作为新生的多边投资银行,亚投行的《环境与社会框架》充分发挥了规范上的后发优势。从内容上看,无论是对拟议项目的尽职调查、环境影响评估的程序、方式,还是劳工、非自愿移民、原住民等标准要求上,亚投行的《框架》堪比既有的世界银行、国际金融公司、亚开行及其他多边开发银行的环境和社会保障政策,甚至在某些领域有过之而无不及,极大地显示出亚投行高度重视绿色和可持续发展的决心和勇气。[③] 然而,综观《框架》,美中不足的是其中涉及公众参与环评的部分过于简单粗略,可操作性不强。要之,环评是阻挡环境污染的第一道防线,而公众参与又是构筑这道防线的基石,其对确保环评结论的科学性和客观性至关重要。是故,本文在此无意对亚投行上述的整个环评影响政策作宏大叙事式分析,而是直击其软肋即公众参与环评制度的不足,试图结合其他多边银行的经验提出相应的完善对策与建议,以期形成既能为亚投行自身单独融资所用,又能与其他开发银行形成有效对接的具有可操作性的公众参与环评制度。

---

① 参见《亚洲基础设施投资银行协定》第1条第1款。

② 廖凡:《比较视野下的亚投行贷款条件研究》,载《法学杂志》2016年第6期。

③ 如对于涉及自然栖息地的项目贷款,亚投行需要进行成本效益分析。要求客户在没有可行的替代方案下,应确保项目的总效益大大超过环境代价,否则项目不可在自然栖息地内进行。而世界银行、国际金融公司等多边投资机构并无这样的要求。意即位于自然栖息地的项目,即使总体效益没有“大大超过”环境成本,也可能允许开展。

二、亚投行涉及公众参与环评的制度概况

(一)公众参与环评及其对项目融资的价值

所谓环评,即环境影响评价,是指对规划和建设项目实施后可能造成的环境影响进行分析、预测和评估,提出预防或者减轻不良环境影响的对策和措施,进行跟踪监测的方法与制度。① 其是为了减少经济发展的负外部性,保护环境及降低开发者投资风险的需求而发展起来的,是对环境秩序与开发自由矛盾的一种调和。相应地,公众参与环评是指社会公众通过一定的方式或途径,遵循既定程序,参与到与他们自身权益相关的环境影响评价活动中,以提高环境影响评价的客观性,使规划或正在审批的建设项目等拟议活动符合公众的切身利益和需要。无疑,在环境问题日益普遍化以及人们对环境法律人本化革新的诉求日益高涨的今天,公众参与环评已然构成项目环评的重要组成部分。其所具有的"双向性"、"受益性"、"特殊性"、"多样性"以及"早期性"等优点更是使之在国际项目融资中获得融资利益相关方的青睐。概言之,公众参与环评对各方的积极价值明显。对项目方而言,公众参与可以增强公众对项目的认同,减少项目在当地推进的阻力,从而避免项目日后遭到围攻而陷于瘫痪;对公众而言,这是其行使环境公众参与权和维护自身环境权益的重要途径和平台;对投资方而言,鼓励公众参与其投资(贷款)项目的环评,不仅可提高投资决策的科学性,减少项目投资的风险,而且还可以树立起爱护环境与关注民生的最佳典范,为其赢得绿色开发的美誉。

一言以蔽之,在国际多边开发实践中,公众参与环评能使项目被公众充分认可,从而有效地消弭或减缓项目潜在的环境和社会风险,提升项目的经济与环境效益。可以说,公众参与环评已成为现行各多边开发银行在项目贷款决策前与项目方及当地民众等利益攸关方之间不可缺少的一种正向反馈机制。

---

① 参见《中华人民共和国环境影响评价法》第2条。

其被各国国内环境法及国际环境法所认同和吸纳已是一个不争的事实。①

(二)亚投行公众参与环评的制度基础

1.可持续发展理论

可持续发展是指满足当前需要而又不削弱子孙后代满足其需要的能力的发展。20世纪中后期,随着环境压力的不断加剧,可持续发展理论逐渐进入国际社会的视野。从1972年《人类环境宣言》的首次提出,到1992年《里约宣言》的正式确立,再到2015年《变革我们的世界:2030年可持续发展议程》中的强化,以及在此过程中各国国内立法及国际条约、国际组织文件、国际宣言中对可持续发展的贯彻,表明可持续发展已成为全球的普遍共识,构成现代国际法的重要基本原则之一。可持续发展原则一方面要求经济实现可持续性发展,即经济发展与环境保护相协调;另一方面要求保障公众在发展决策中的参与权。可见,确保公众参与环评正是包括亚投行在内的国际多边开发银行在开发领域践行和落实上述可持续发展原则的应有之义。

2.绿色信贷理论

绿色信贷,又称绿色金融,是指金融机构在支持项目发展的同时,也应考虑到它们的环境和社会效应,即将环境和社会的评估纳入日常信贷、投融资和风险评价决策程序中,避免出现一味地追求利润而忽视环境与社会问题的信贷投资行为。绿色信贷理论被多边开发银行所接受也是近20年之事。其最早见诸1991年成立的欧洲复兴开发银行的宪章协议中。而后,世界银行、亚洲开发银行、北美开发银行和国际金融公司也相继出台了旨在贯彻绿色金融理念的环境和社会保障政策。作为新生的国际多边开发机构,亚投行自创设的第一天就将“精简、廉洁、绿色”奉为其运营目标。金立群行长也多次在公开场合表示亚投行将确保绿色投资。是故,亚投行在项目环评中引入公众参与,应“兼听则明”,避免将信贷和投资投放到对环境有害的项目上,这本身就是多边开发银行贯彻绿色信贷原则的必然趋势。

3.环境正义理论

环境正义理论发轫于20世纪80年代美国兴起的环境保护运动并迅速为

① 就国内法而言,自1969年美国《国家环境政策法》首次明确了环评公众参与的法律地位开始,迄今全球已有100多个国家和地区的环境立法均要求公众参与开发建设活动的环评。而在国际法上,包括《世界自然宪章》、《里约宣言》、《埃斯波公约》和《奥胡斯公约》等著名的国际性宣言和公约也均不同程度地提出公众参与项目环评的要求。

各国所接受。其指所有人，不分世代、国籍、种族、肤色、文化、性别、贫富或地位等，都平等地享有安全、健康、整洁的环境权利和承担相应的环境保护责任。环境正义理论的提出，一方面强调政府应有义务减少国内因不平等的社会关系而导致的不平等环境影响，维护人们平等的环境权利；另一方面表明环境保护不仅是政府的责任，也是每个公民的责任。是故，在环评过程中引入公众参与，不仅能保障公民的知情权，而且能够更好地实现对非正义现象的监督，有效避免决策失误。诚如学者所言，环境中的"正义"不是先定的，而是通过公民之间的对话、交流、讨论和协商之后所达成的共识决定的，或者是由"多数决定"的民主原则决定的。① 因此，如果将公众排除在环评之外，则上述的环境正义将无从谈起。对亚投行而言更是亦然，其要致力于打造出财务上可持续、对环境友好、社会经济效益高并且受到当地民众欢迎的项目就不能不重视公众参与在项目环评中的基础性作用。

(三)亚投行对公众参与环评的相关规定

综观《框架》，其并没有设立专门章节对公众参与环评作出集中统一的规定，而是将之分散、嵌入上述提及的六大部分之中。归纳起来，这些规定主要有：

一是重申公众参与环评的必要性和重要性。如《框架》在"概况和愿景"部分的第5条就特别要求客户应有义务确保为与项目有关的环境和社会信息的公众磋商和披露提供一个平台，支持各方参与到项目的环境和社会方面的决策中来；而在随后第13条"利益相关者的参与"规定中也强调"透明度和有意义的磋商对于项目的设计和实施至关重要，磋商应及早开始并贯穿于整个项目的始终"，并要求亚投行应与客户密切合作，以文化上适当的、可理解的、易得的方式向利益相关者披露信息，从而使利益相关者的意见成为决策的一部分。此外，《框架》在其附件的"环境和社会政策"部分的第28条也将"公众磋商和信息披露"明确列为亚投行客户开展环评所必须载明的8个不可缺少的要素之一。②

---

① 晋海、张洪燕：《论排污权初始分配程序规则的建构》，载《华东交通大学学报》2013年第2期。

② 其他七个要素为项目类型、可能适用于项目的国际或国内法律、政策或管理框架、项目的影响范围、项目不在时的可替代措施、与项目相关的环境和社会的基础数据、项目的环境和社会风险及潜在的冲击评估及依照评估管理计划格式制作的缓解、监控和管理风险的措施与行动。参见 AIIB, Environmental and Social Framework, p.14.

二是明确客户和银行在公众参与环评前的信息披露义务。如《框架》的"环境与社会政策"部分的第57条要求客户以及时、可得的方式与可理解的语言向受项目影响者、其他利益相关者与一般公众披露与项目的环境与社会风险及影响相关的有用的文件及重大变更信息，以此确保其在项目区域内可获取该信息。这些文件包括环境与社会评价报告草案、ESMPs、ESMPFs、移民安置规划、RPFs、原住民计划、依据ESMPFs在项目实施过程中由客户提供的监控报告、IPPFs或其他被批准的文件等；同样地，第58条要求亚投行应同其客户一样及时公布第57条中列举的文件类型，要求亚投行在评估/最终审核主权贷款项目融资之前或不得迟于非主权贷款项目融资通过最终审核之日（如最终日期为非工作日，顺延至工作日）尽早披露上述文件的草拟版，要求亚投行在批准变更前披露须变更信息，并发布对项目所在的国家和企业信用系统使用情况的评估报告。与此同时，如遇有法律或其他监管要求和信息属于商业敏感信息时，亚投行管理层中的投资委员会有权延迟信息披露，但须向亚投行董事会报告。①

三是要求客户在公众参与环评中履行应有的注意义务。《框架》的"环境和社会标准"部分第4条要求客户应努力做到以下几点，以保障受项目影响者知情和便于参与磋商：(1)确保磋商在项目立项阶段开始，并持续项目运营的整个周期；(2)确保国家和地方政府、私营部门、非政府组织和受项目影响者（包括土著居民）等各方在磋商中的发言权；(3)为妇女、老年人、年轻人、残疾人、少数民族和其他弱势群体的参与提供额外补助；(4)向受项目影响者和其他利益相关者及时披露易理解且易得的相关和适当信息；(5)确保参与环评的公众不受恐吓或胁迫；(6)采取切合弱势群体之需的具有包容性、可获性与互动性的方式；(7)在决策中考虑受项目影响者和其他利益相关者的相关意见。②

四是建立公众参与环评的申诉机制。同样，《框架》的"环境和社会标准"部分的第4条要求客户建立合适的申诉机制，及时受理和回应受项目影响者的关切和投诉。在亚投行看来，如果已有的申诉机制适合某个项目，且设计和实施得当，那么无论正式或非正式的都可以为项目公众环评所用。不过，无论援引何种申诉机制，第4条均要求客户在设计申诉机制时应采用易懂、透明程

---

① AIIB, Environmental and Social Framework, p.21.

② AIIB, Environmental and Social Framework, p.30.

序,使之能兼顾性别敏感性、文化适当性和易于为所有项目影响者所启动。同时,如有必要,申诉机制还应有包括保护申诉人免受报复和允许匿名申诉在内的举措,并按照上述信息披露的方式公告申诉的纠正和结果。①

三、亚投行投资项目公众参与环评制度之不足

众所周知,自 2015 年 12 月 25 日成立伊始,亚投行就将"精简、廉洁、绿色"奉为其运营的三大理念。② 截至 2018 年年底,亚投行总共批准了 34 个项目,包括 21 个联合融资和 13 个独立融资项目。虽然亚投行在官网没有公开披露《框架》及其中的公众参与环评制度在上述获批项目中的实际适用情况,但将其置于"绿色"理念视阈下进行审视和把握,不难发现其在制度设计上存在着不少的问题。概言之,这些不足主要包括:

(一)"公众"的范畴界定不明

在公众参与环评的制度架构中,"公众"的界定至关重要。因为其直接决定和影响到具体的公民能否参与,以及参与的范围。综观《框架》,其恰恰没有对公众参与环评中的"公众"范畴作具体的定义与相应的解释,在表述上或用"利益相关者"(stakeholders),或用"受项目影响者"(the project-affected people),或用"一般公众"(the general public)。然而,这三者的关系在逻辑上究竟是并列式还是层级式,其区分的界限何在?《框架》并无任何说明。

需要强调的是,《框架》将项目影响区域定义为可能受项目(包括项目配套方面)影响的区域,比如输电走廊、管道、运河、隧道、拆迁通道,借用的处理区域、施工营地,以及项目所引起的非计划发展区域(例如,自然沉降,伐木,或沿途的农耕区)。影响区域有项目所在地的水域;任何受影响的河口和海岸带;重新安置或补偿所需的异地区;气域(空气污染如烟尘可能进入或离开的影响区域);人类、野生动物或鱼类的迁徙路线,特别是这种迁徙路线涉及公众健康、经济活动,或环境保护的区域;用于生计(狩猎、捕鱼、放牧、采集、农业等)

① AIIB, Environmental and Social Framework, pp.30-31.

② 周艾琳:《金立群首秀达沃斯:请关注亚投行的廉洁、精简和绿色》,载《第一财经日报》2016 年 1 月 25 日第 4 版。

活动的区域或者有习惯性的宗教或礼仪目的的区域。[①] 但受项目影响者是否就是上述项目影响区域内的任何居民或企业《框架》依旧语焉不详。无疑，亚投行对“公众”范围的界定不明势必会造成公众参与主体的混乱和实践操作上的困扰，从而弱化应有的制度效果。

(二)信息披露机制不健全

项目信息的公开是公众参与环评的前提，只有在获取、了解信息后，公众才能提出相应的看法及意见。综观《框架》，其对信息披露的规定仍存在以下几点不足：

一是信息披露方式不明。《框架》虽规定亚投行和客户在环评之前有信息公开的义务，但对两者究竟采取何种方式披露，《框架》付诸阙如，这就导致实践中，亚投行的信息披露方式仅限于官网，且披露语言形式单一。前已述及，亚投行融资业务主要面向的是亚洲的发展中国家和欠发达国家。这些国家有很多经济发展不充分，包括基础教育、网络通信在内的公共产品与设施并不健全和普及。亚投行仅通过网络披露不足以让这些国家的公众及时获取信息，更遑论让他们在磋商中提出意见或看法。其实，即使有些国家上网较为容易可得，但亚投行官网上以英语为单一语言披露的信息亦会导致没有英语背景的公众在信息获取上存在困难，或者相关公众由于语言转换上的差异对信息产生误解。此外，对客户而言，由于《框架》对其信息披露方式不做要求，这也可能导致其恶意选择某种不易为当地公众所掌握和理解的方式进行披露，减少公众环评带来的阻力以使项目尽早混淆过关。

二是信息披露时间较模糊。虽然《框架》规定亚投行和客户应及时披露信息，但如何才称得上“及时”，亚投行并没有给出具体的时间表，这就导致信息披露时间标准的主观化，从而制约公众参与以及环评意见的表达。比如，从实践中看，亚投行最为及时的信息披露也都是在环评文件草案制定之后。由于此阶段亚投行对项目分类的定性已木已成舟，公众对此前亚投行如何审查项目并不知情，即使后续参与环评也无法挑战亚投行对项目类型的既定结论。

(三)公众参与的范围、方式和程序不完整

公众参与的范围是指公众可以就什么内容进行参与，参与何时介入与退出。众所周知，项目环评会有不同的阶段，每一阶段的目标有所不同，此种不

---

① AIIB, Environmental and Social Framework, pp.52-53.

同必然会造成公众参与的方式和程序适用的差异。[①] 不同的方式适用不同的程序。一般而言,公众参与项目环评的方式可以分为两种:一种是主动式的,公众基于披露的信息主动通过信函、邮件或公告要求的方式向项目方提交书面意见;另一种是被动式的,比如问卷调查、咨询专家意见、听证会等。[②] 在《框架》"筛选与分类"(Screen and Categorization)中,亚投行将拟议项目分为A、B、C和FI类,并要求拟议项目被确认为A、B类时,客户才有义务展开环评和提交相应的环评报告。[③] 这就意味着亚投行对拟议项目审查和类别界定的结论对后续评估程序的启动至关重要。可以想象,如果在项目筛选阶段没有公众的参与,单凭亚投行一家就对项目分类施以结论是难以服人的。像美国,即使公众在项目审查阶段提出的意见不是决定性的,但如果没有公众的参与,即使主管机构单方作出了项目对环境无显著影响的决定,也很难得到法院的认可。[④] 无疑,在项目环评上,公众介入的时间越早越好。公众越早介入越有利于了解项目本身的来龙去脉,从而更大地发挥自身的影响力。然令人遗憾的是,《框架》并没有对公众在亚投行项目审查阶段的参与作出明确的规定。

此外,在A、B类拟议项目的立项、建设和验收阶段,虽然《框架》有要求客户应有保障公众参与环评的义务,且对这两种项目的公众参与程度与范围作了不同规定,但仍然没有对公众参与的方式和所遵循的程序做进一步的说明,这就可能会使得一些公众在参与环评时无所适从,从而弱化参与的动力。是故,为避免公众参与流于形式,确保公民程序环境权的实现,《框架》尚需对公众参与程序与方式作出进一步规定。

(四)公众参与的申诉机制不周延

虽然《框架》规定由客户建立申诉机制,令之用于及时回应受项目影响者的关切和不满,但是此种由客户单方主导的救济机制存在与生俱来的两个缺

---

① 肖强、王海龙:《环境影响评价公众参与的现行法制度设计评析》,载《法学杂志》2015年第12期。

② 杨凌雁:《论参与环境影响评价的"公众"》,载《大连海事大学学报》2009年第4期。

③ 根据《框架》的规定,A类项目是指将对环境和社会产生空前严重的、不可逆的积累性影响的项目;B类项目是指对环境和社会产生较小影响,且具有可控性的项目;C类项目是对环境和社会影响微小,甚至可以忽略不计的项目;FI类项目是指通过金融中介完成投资的项目(对此项目,亚投行也会将之再区分为A、B、C三类)。

④ 汪劲:《环境影响评价程序之公众参与问题研究——兼论我国〈环境影响评价法〉相关规定的施行》,载《法学评论》2004年第2期。

陷：一是内容宽泛各异，欠缺应有的操作性和统一性。由于《框架》只是笼统地要求客户应得当地设计和实施适合于项目的公众参与申诉机制，但没有给出“得当”的判断标准和申诉程序的具体说明。这就使得有关申诉机制的基本内容，如申诉方式、申诉费用分摊、司法与行政补救措施的适用等会因客户事前设计的不同而不同，无法形成统一标准以给申诉者明确的指引。二是缺乏必要的问责监督机制，极易造成申诉机制的形同虚设。亚投行一方面将申诉机制的设计交由客户，另一方面又没有对之施以必要的监督和问责。在此情形下，客户既当裁判员又当运动员，其基于自利考量，很可能会拈轻怕重，对公众提请的申诉敷衍搪塞或久拖不决，从而造成申诉机制功效大打折扣。可惜的是，除了对客户设计申诉机制应为“得当”(proper)的软性要求外，《框架》通篇并没有硬性的问责机制以防范和避免客户的上述不作为。显然，如此不周延的申诉机制不仅对参与公众受损权益的保护相当有限，而且形同虚设，难以对客户形成外在倒逼机制，以及时阻止或预防亚投行投资项目的环境和社会风险。

四、亚投行投资项目公众参与环评制度之完善

亚投行投资主要立足于亚洲和“一带一路”沿线国家的基础设施，其项目几乎不可避免地会涉及环境污染、生态破坏、资源开发、土地征用、移民安置和补偿、社区健康和安全等一系列敏感而又复杂的环境和社会问题，故其设立之初便伴随争议。争议之一就是能否充分考虑对被投资国家地区的社会和环境影响。① 笔者认为，在东道国民众环保意识和人权意识日益觉醒的今天，倘亚投行对项目在东道国的上述环境和社会问题处理不当，就有可能诱发当地民众的群体性抗议或抵制，从而迫使项目半途而废或功亏一篑。是故，相比其他多边开发银行，新生的亚投行更应该高度重视和充分发挥公众参与项目环评在其投资决策中的基础性作用，以化解项目和当地民众因投资信息不对称而形成的内在张力。为此，笔者建议亚投行可参鉴其他多边开发银行的做法，从以下几个方面对《框架》中的公众参与环评规定加以完善。

① 吴思：《亚投行的下一步》，载《中国经营报告》2015 年第 5 期。

(一)澄清"公众"参与的主体范畴

上已析及,《框架》对公众范畴并无明确的澄清,应有必要对之加以量化明晰,以求得公众参与在实践上的可操作性。依据利益相关者理论,项目环评中公众参与的主体不能为一般公众,而应为利益相关者。[①] 这里的"利益相关者"可依环境权益受项目影响程度的大小分为核心利益相关者(如项目影响范围内的公众)、蛰伏利益相关者(如非政府组织、专家)和边缘利益相关者(如感兴趣的学术团体)。[②] 其中,核心利益相关者作为公众范畴的主体自不待言。如我国环保总局2006年出台的《环境影响评价公众参与暂行办法》第15条就明确规定"被征求意见的公众必须包括受建设项目影响的公民、法人或其他组织的代表"。而对蛰伏利益相关者和边缘利益相关者,虽然他们受项目影响较小,实现利益的愿望不像核心利益相关者那样迫切,但笔者主张亦可将他们纳入广义的公众参与主体范畴,理由如下:

第一,项目环评活动带有很强的专业性和科学技术性,让一些关心项目落户的非政府组织(non-governmental organization,NGO)、专家、学术团体等参与进来,可充分利用他们的专业知识和团队经验来弥补核心利益相关者在物质、技术及专业背景等方面的缺陷与不足,从而提高公众参与环评的质量。第二,公众参与项目环评意在尽早发现项目潜在的环境隐患。有些蛰伏利益相关者,比如一些环保类的NGO和环保团体,其本身就是以保护环境为使命,这与公众参与项目环评的目标不谋而合。而且它们作为独立于亚投行和客户的第三方,让它们适当参与,还可以对项目环评施以有效监督,防止项目方采用欺骗、贿赂手段笼络核心利益相关者而出现的环评造假,从而提高亚投行投资项目决策的科学性。当然,毕竟蛰伏利益相关者和边缘利益相关者与项目利害关系程度远不及核心利益相关者,亚投行汇总后理应对这三类利益相关者意见的权重作出区分,在决策上优先以核心利益相关者意见为依据。

事实上,在公众参与环评的"公众"界定上,世界银行的做法可资借鉴。世界银行2016年新出台的《环境与社会框架》已明确将之限定为"利益相关者",

---

① "利益相关者理论"是英国经济学家弗里曼(Freeman)于1984年在《战略管理:利益相关者管理的分析方法》一书中提出的。该理论对传统的"股东至上"公司治理实践质疑,认为任何一个公司的发展离不开各利益相关者(如股东、债权人、员工等)的投入或参与,企业追求的应是利益相关者的整体利益,而非仅仅是股东的利益。

② 崔涤尘、郝旭东:《基于利益相关者理论对环评公众参与方法的研究》,载《环境保护科学》2015年第3期。

并依上述利益相关者理论对之作了进一步的划分。[①] 是故，笔者建议亚投行也可以学习世界银行的做法，在《框架》的术语列表中将参与环评的“公众”明确为“利益相关者”，并采用列举的方式进一步将受项目直接或间接影响范围内的单位、个人，以及其他可能对项目有利害关系的非政府组织、专家和专业的学术团体等涵盖进去。

（二）明确信息披露的方式与时间

除了“公众”范畴的界定，世界银行作为老牌的多边开发金融机构，其在信息披露安排上的成熟经验也可为亚投行所借鉴。实践中，世界银行在决定贷款某项目前，会和客户采用现场、网络、报纸、电视等媒体传播形式公布，并特别重视在环评前期，即环评报告书编制阶段的现场和网络公示。[②] 如此多渠道的公示方式虽然耗费成本，但可以体现诚意，便于公众获取信息。因此，《框架》应有必要在上述信息披露内容要求的基础上增加类似世界银行多样化披露方式的规定，提高信息披露的有效性。与此同时，亚投行也应学习世界银行的做法，除了用其官方语言即英语披露外，至少还要再用项目拟落户地国的语言披露一次。

至于前文提及的信息披露时间上的缺陷，笔者建议亚投行可从以下两方面完善之。一方面，要求客户制定公众参与项目环评的时间表，该时间表的具体制作要求可以《框架》附件的形式予以规定。当然，该时间表绝非一成不变的，若遇有突发情况，客户可经亚投行同意进行适当的修改。另一方面，将自身的信息披露时间提前至项目筛选阶段，好让利益相关者对项目的分类提出意见或看法，最大限度地发挥项目环评公众参与的预警功能。

（三）细化公众参与的方式与程序

首先，针对《框架》没有就项目筛选分类阶段规定公众参与的情况，有必要将公众参与环评的阶段提前扩大到项目筛选分类阶段，从而确保亚投行项目定性结论的公允性，增强亚投行项目贷款决策的科学性。

其次，公众参与方式和程序是公众参与项目环评的一体两翼。公众选择

---

① 世界银行将“利益相关者”划分为两类，包括：(a)受项目影响或可能受项目影响的个人或团体；(b)可能对项目有利益关系的个人或团体。参见 The World Bank, Review and Update of the World Bank's Safeguard Policies: Proposed Environmental and Social Framework, Aug. 4, 2016, pp.98-99.

② 夏海芳：《世界银行贷款项目环境影响评价中的公众参与——以世行贷款某渔港项目为例》，载《海峡科学》2014 年第 7 期。

不同参与方式理应有不同的程序可循。对于主动式的公众参与环评，亚投行和客户应有义务确保不同环评阶段信息公示文件的完整性、准确性与真实性，并在相应公示文件中载明公众参与方式和意见的受理机构。此外，一旦有公众主动提交书面意见对项目表达担忧和疑虑，则亚投行或客户应通过必要的反馈机制给予在线解答或以信函、电话回复等方式加以解释和承诺。唯其如此，才能增强双方的互动性，提高公众主动参与项目环评的兴趣和强度；而对于被动式的公众参与环评，亚投行也应要求客户通过具体规定予以相应的程序说明。比如，以最常见的问卷调查为例。其涉及问卷问题的设计、问卷对象的确定和问卷的发放方式。这就要求客户在选择上不能随心所欲，而应遵循一定程序标准以确保问卷问题的针对性、问卷人群的代表性及问卷发放的全面性，从而最大限度地听取各利益相关者的意见和观点。又如，公众参与的听证会也有议题确定、听证代表邀请和听证举行等程序，这也需要客户对这些操作标准加以细化和自觉遵守。总之，让亚投行要求客户细化公众参与的方式与程序标准的意义不仅在于为公众参与提供有效的指引，更能防范客户的独断专行，避免公众参与流于形式。

（四）强化公众参与申诉机制的问责与监督

综观世界银行、国际金融公司、亚洲开发银行、欧洲复兴开发银行等多边开发银行，虽然它们同亚投行一样，也将申诉机制交由客户设计和实施，但均重视通过设置相应的问责机制来确保申诉机制的有效运行(如表1所示)。

表1　主要多边开发银行的问责机制及其运行概况

多边开发银行	世界银行	国际金融公司	亚洲开发银行	欧洲复兴开发银行
问责机构	监察组(IP)	调查官办公室(CAO)	项目特别办公室(SPF)和合规审核小组办公室(CRP)	项目投诉机制(PCM)
机制职能	受理投诉，合规审核	受理投诉，合规审核	受理投诉，协商解决或合规审核	受理投诉，进行调查
开始运行	1993年	1999年	2003年	2014年

资料来源：作者根据各多边开发银行公开的环境与社会保障政策的内容整理而成。

其中，亚洲开发银行2003年推行的问责机制最为完备。该问责机制独立于客户，隶属于亚洲开发银行，其包括两个相互联系的功能：(1)协商，由亚开行的项目特别办公室牵头，直接向行长负责，以帮助受项目影响的公众解决问题；(2)合规审查，由合规审核小组办公室调查被举报的设计"失当"的申诉机制或申诉后的不作为。一旦这些行为被确认已经或可能对参与环评公众造成直接的负面影响，审核小组就会以亚洲开发银行的名义责令客户作出调整或及时给予公众反馈。① 在笔者看来，这种设置思路对克服亚投行申诉机制的不周延有很好的借鉴意义。亚投行也可以探索建立类似的机制，在《框架》中的"环境和社会标准"部分增设有关问责机制的规定，由亚投行内部的专门机构或人员负责对客户申诉部门的投诉，从协商和合规审查两方面着手，以保证客户申诉部门对公众参与的申诉问题进行及时、公正、有效的处理。

除了增加问责机制外，亚投行也应在前述基础上对客户申诉机制设计的"得当"标准作进一步的明晰，使之能对客户选择或设计申诉机制过程形成有效的制约，实现与其他多边开发银行的公众参与申诉机制无缝衔接。从既有的其他多边开发银行的做法来看，一个得当的申诉机制除了具备易懂透明和允许匿名申诉的特点外，还要明确以下几点：一是申诉机制设计时应与项目的风险和影响相一致；二是申诉途径要透明和便利，比如设立申诉受理点，告知申诉流程，公众申诉可使用其本地语言②；三是对申诉者不予收费和不予以惩罚；四是申诉机制的使用不妨碍申诉者寻求司法或行政补救措施。唯其如此，才能打消申诉者的顾虑，促使他们在参与环评中更积极地利用申诉机制维护自我应有的环境权益。

五、结语

关于亚投行的贷款，金立群行长 2017 年 5 月在第一届北京"一带一路"国际合作高峰论坛就表示其将坚持三个基本原则：一是融资的项目必须可实施

① ADB. Safeguard Policy Statement, Jun. 2009, p.77.

② 赵骏、金晶：《亚投行与现有多边开发银行的关系定位、澄清和协调》，载《太平洋学报》2017 年第 5 期。

可运营，二是项目必须是环保的，三是项目必须受到所在国的欢迎。[①] 无疑，从内在逻辑上看，这三个原则的实现无不以公众参与环评这一制度的成功运作为基石。虽然亚投行新出台的《框架》对其投资项目的公众参与环评制度作出相应的规定，但与其他多边开发银行相比，仍存在着公众的主体范围不明、信息披露不健全、公众参与范围及申诉机制不周延等缺陷。鉴此，新生的亚投行应有必要借鉴和吸收世界银行等现有多边金融机构的成熟做法，就以上不足进行堵漏改良，尽快形成较完善的操作性规则，使得公众参与在项目环评制度中发挥应有的作用，进而助益于亚投行与当地民众和谐投资关系的形成和促进亚投行绿色投资宗旨之实现。

（本文责任编辑：李绍铭、曾祥斌）

On the System of Public Participation in the EIA of the AIIB and Its Improvements

Chen Binbin　Hu Sisi

Abstract: Public participation in the EIA (environmental impact assessment) as an premise of multilateral development banks' international project financing not only helps increase the public's recognition of the project, but also effectively eliminates or mitigates potential environmental and social risks of the project. This is what multilateral development banks should do for the principles of sustainable development, green finance, and environmental justice. As the first multilateral development bank initiated by China, the AIIB has strict self-requirements since its inception, and regards "green" as one of its three major operational concepts. Although the "Environmental and Social Framework" recently issued by the AIIB has made relevant provisions for public participation in the EIS of the project, there are still problems such as ambiguous subject scope, unsound information disclosure, imperfection of the scope of public participation, and lack of grievance mechanism for public participation. Whether it is from the consideration of the particularity of its own investment target, or its daily co-financing or individual

① 中国新闻网：《金立群：亚投行为"一带一路"国家融资必须坚持三个原则》，http://www.chinanews.com/cj/2017/05-15/8223658.shtml，下载日期：2020年3月18日。

financing business expansion, it is necessary for the new AIIB to improve and refine the existing public participation in the EIA regulations in order to better guide and ensure the effectiveness of its green investment.

Key Words: Multilateral Development Banks; Environmental and Social Framework; Public Participation; EIA System

美国外资并购国家安全审查的制度演变、实施特征与应对策略研究*

陈 妙 刘 勇**

内容摘要:美国外资委员会(CFIUS)对外资并购的国家安全审查既是美国外资准入政策的重要组成部分,又是实现国家安全战略的重要手段。从美国外资并购国家安全审查制度的历史演变来看,CFIUS 的执法权日益增强、审查范围不断扩大是普遍的趋势,而审查标准过于宽泛、审查程序不够透明、审查决定享有一定的司法豁免权则是制度实施过程中长期存在的基本特征。为了尽可能通过美国外资并购的国家安全审查,中国企业在面临交易可能被否决的风险时应努力与 CFIUS 达成缓解协议。一旦交易被否决,中国企业还可寻求美国国内法院或国际仲裁的法律救济。

关键词:CFIUS;外资并购;国家安全审查;中国企业

目 录

---

* 本文为国家社会科学基金项目“发达经济体‘非市场经济规则’的新发展与中国因应研究”(项目编号:19BFX211)的阶段性成果。

** 陈妙,浙江高浪控股有限公司法务专员,法学硕士;刘勇,浙江财经大学法学院教授,法学博士。

一、引言

在经济全球化时代,引进外国直接投资是东道国促进本国经济发展与技术进步、参与全球经济合作的重要手段。很长一段时间以来,各国普遍的做法是逐步减少外国投资准入的壁垒以及强化对外国投资的保护,并在发生纠纷时为外国投资者提供各种法律救济的机会。这些措施不仅体现在各国的外资法中,也包含于双边投资协定(bilateral investment treaty,BIT)与各类自贸协定(free trade agreement,FTA)的"投资"章节中。不过,在投资自由化的滚滚大潮中,亦有部分"逆潮流"的举动。目前仍有不少国家通过各种手段对外资准入进行比较严格的规制与筛选,以实现各种公共政策目标。联合国贸易与发展会议《2019年世界投资报告》披露,2018年有55个经济体采取了至少112项针对外资准入的新管理措施,其中有1/3是限制性或管制性手段,这一数字是过去20年来最高的。这些限制性措施主要反映了东道国对国家安全的关注,旨在避免本国的关键基础设施、关键技术或敏感性商业资产被外国人所控制。另外,2018年至少有22项巨型并购交易被撤回或否决,这一数字是2017年的两倍。报告指出,不少国家正在强化对外国投资进入本国市场的审查机制。①

① UNCTAD, World Trade Report 2019, pp. xi-xii, https://worldinvestmentreport.unctad.org/world-investment-report-2019/,下载日期:2020年2月23日。

有观点认为，近十年来，许多国家通过修订外资安全审查机制，进一步增加了对外资准入的限制。① 其中，美国的实践最为典型。美国长期以来对外资持开放和欢迎的态度，但在特定历史阶段发生的某些外资并购案引发了广泛的争议与关注，加上美国国家安全战略的历史演变，使得国家安全的内涵已经从传统的国防安全扩展至技术安全、经济安全、个人信息安全等非传统领域，这激发了美国民众对外资并购可能威胁国家安全的普遍担忧，舆论的不当渲染又加剧了这种担忧甚至恐慌，并进一步推动国会议员通过内容愈加宽泛、程序更加严格的国家安全审查法案。在法律的支持下，主管国家安全审查的美国外资委员会(Committee on Foreign Investment in the US，CFIUS)的执法权也不断得到强化，对外资在美并购造成了重大影响。例如，2018 年 CFIUS 和特朗普总统以保护国家安全为由否决了注册地在新加坡的博通公司(Broadcom)拟以 1300 亿美元收购半导体巨头美国高通公司(Qualcomm)的交易，这被视为 CFIUS 迄今最为强势的审查行动。CFIUS 因该案而被学者称为是阻碍外资并购的"超级毒丸"(super poison pill)，因为它的行为给全球公司并购市场带来了巨大的不确定性。②

此外，外资并购国家安全审查是中国企业在美投资遇到的主要障碍之一。近年来，随着中国综合国力的快速增强，加上中美之间在政治、文化、历史等方面的重大差异，中国已经被美国国会与政府视为新时期国家安全的一个重要威胁。③ 外资并购国家安全审查在美国国家安全战略中的地位愈加重要，因为此类措施有助于保护美国的"国土安全""关键基础设施""关键技术"，并抵御来自中国的"安全威胁"。此外，无论是中国国有企业还是私营企业，都被美国人视为与中国政府有密切的联系，受中国政府的重大影响，因此其投资行为往往被认为带有政治动机。④ 受到上述因素的影响，不少中国企业的投资项目或遭遇重重的政治阻力，或频繁遭到 CFIUS、总统的否决，或迫于美国政府与国会的压力而不得不撤回并购。例如，2011 年华为公司收购美国 3LEAF 公司、2012 年罗尔斯公司(中国三一集团在美关联企业)收购美国俄勒冈州风

---

① 张生：《国家安全审查的国际投资仲裁救济探析》，载《国际商务研究》2019 年第 5 期。

② A. D. Westbrook, Securing the Nation or Entrenching the Board: The Evolution of CFIUS Review of Corporate Acquisitions, *Marquette Law Review*, 2019, Vol.3.

③ 刘国：《美国国家安全战略的连续性与多变性》，载《当代世界》2018 年第 2 期。

④ P. Griffin, CFIUS in the Age of Chinese Investment, *Fordham Law Review*, 2017, Vol.4.

电项目、2017 年阿里旗下的蚂蚁金服收购美国第二大网络汇款服务公司速汇金(MoneyGram)等,均属于未获 CFIUS 或总统批准而并购失败的典型案例。CFIUS 最新年度报告披露,2015—2017 年期间,CFIUS 共审查了 552 项并购交易。就投资者的国籍而言,中国企业参与的并购案共有 143 起,数量位居第一,远远超过第二位的加拿大(66 起)与第三位的日本(46 起)。三年内,中国企业遭受的年度审查案件数量同样也是位居第一。① 基于此,研究美国外资并购国家安全审查制度及其实施,并为中国企业提出对策建议,无疑具有重要的理论价值与现实意义。

本文拟追溯美国外资并购国家安全审查制度的缘起与历史变迁,探明该制度的实体与程序规则的演变趋势。在此基础上,本文还将结合典型案例,阐明美国外资并购国家安全审查制度的实施。最后,本文将对中国企业的应对策略提出相关的建议。

二、美国外资并购国家安全审查制度的缘起与历史演变

(一)CFIUS 的成立与专门立法的酝酿

在 1975 年 CFIUS 成立前,美国国会以及政府对于外资并购国家安全审查并不十分重视。这首先是因为美国历史上长期采取开放、自由的外资政策,同时美国也是投资自由化的受益者。② 自 19 世纪中后期开始大规模工业化起,美国就不断鼓励外国投资者参与到美国的经济建设中。其次,美国企业通过海外投资也获得了高额的利润,这进一步增强了美国对于投资自由化的传统立场。因此,在这一期间,无论是美国国会与政府,还是普通的美国民众,都高度认可开放性经济政策给美国带来的好处,也不认为外资进入会带来十分严重的国家安全威胁。③

---

① CFIUS Annual Report to Congress (2016-2017),https://home.treasury.gov/system/files/206/CFIUS-Public-Annual-Report-CY-2016-2017.pdf,下载日期:2020 年 2 月 20 日。

② E. M. Graham, D. M. Marchick, *US National Security and Foreign Direct Investment*, Institute for International Economics, 2006, pp.18-19.

③ 张举胜:《美国外资并购国家安全审查制度研究——兼论中国外资并购国家安全审查制度的构建》,中国政法大学 2011 年博士学位论文,第 32～33 页。

不过,一个政治事件的发生一定程度上扭转了美国对外资的宽松立场,并促成了CFIUS的成立。从1973年10月开始,石油输出国组织(Organization of Petroleum Exporting Countries,OPEC)成员国因巴以纠纷中美国偏袒以色列的立场以及产油国争夺石油资源定价权的需要而对美国实施石油禁运。之后,这些国家有大量直接投资进入美国,而美国担心这些外国资本的进入带有政治动机。[①] 美国国会认为,石油企业大量收购美国金融资产是出于某种政治考虑而非获取经济利益。[②] 为应对来自国会的压力,1975年美国福特总统发布了第11858号总统令,决定成立CFIUS。[③] 当时福特总统还担心国会将通过相关立法以限制进口来自OPEC国家的石油,而当时石油禁运刚刚结束,限制进口石油无疑对美国是不利的。为此,他决定赶在国会立法前设立CFIUS,以减少国会议员制定专门立法的意愿。[④]

依据该命令,CIFUS的任务是评估外国投资对美国国家利益的影响,并向总统报告审查结果。CIFUS还有义务协助其他政府机构来执行美国的外资政策、收集在美外国直接投资的数据、评估有关外资投资监管的立法草案等。除了少数例外,CIFUS所依赖的信息原则上不对社会公众公开。此时属于CFIUS的成员包括国务卿、财政部长、国防部长、商务部长、一些被总统经济事务助理所委任的成员,其中财政部长作为CFIUS的主席。CFIUS负责监测外国政府在美国的投资,并对私人外国投资活动进行有限的调查。

CFIUS成立伊始,美国国会有关外资并购国家安全审查的专门立法尚付之阙如。此时,CFIUS并没有获得国会立法的明确认可与授权。依据总统令,CFIUS总体上是一个咨询机构,受总统的指示才能发起调查并向总统提出报告,它并不能直接阻止并购交易的进行。立法上的不足使得CFIUS初期

---

① P. Griffin, CFIUS in the Age of Chinese Investment, *Fordham Law Review*, 2017, Vol.6.

② 胡盛涛:《寻求投资开放与国家安全的新平衡——美国境内外资并购中的国家安全审查制度及其对中国立法的借鉴》,载《国际经济法学刊》2007年第14期。

③ Executive Order No.11858, 40 Fed. Reg. 20263 (May 7, 1975).

④ H. Deeley, Expanding Reach of the Executive in Foreign Direct Investment: How Ralls v. CFIUS Will Alter the FDI Landscape in the United States, *American University Business Law Review*, 2015, Vol.1.

的工作难以做到卓有成效，甚至被称为“纸老虎”(paper tiger)。[①] 另外，CFIUS成立于美国鼓励外资进入的历史时期，彼时美国民众与政府均对跨国投资的经济效益多有赞美之词，主张不应对跨国并购采取不合理的阻碍措施。这使得CFIUS采取了一种“投资友好”的立场。[②] 1975—1980年，CFIUS仅仅召开了10次会议，被国会指责为缺乏应对外国投资给美国政治、经济造成影响的决断力。之后，CFIUS审查外资并购交易的数量有所增加。[③] 整个20世纪80年代，CFIUS仅应国防部的要求审查了少量并购交易案，其结果是外资收购方被迫撤回交易，或修改交易条件。[④] 在此阶段，CFIUS对外资进入美国市场的影响力得到了初步的显现，但主要还是局限于与国防相关的产业。总之，CFIUS的成立与审查实践为专门立法的产生奠定了基础，因为立法授权的缺失使得CFIUS的执法过程颇受束缚，对国家安全的保护也难以让各界满意。

(二)专门立法的首次制定

自1977年后，美国引进外资的步伐逐步加大，其增长幅度远远地超过了同时期美国对外直接投资的增长。在此期间，外国人通过并购交易控制美国公司的情况也大量涌现，而以往这种情况并不多见。这引发了美国民众的关注和担忧。[⑤] 特别是20世纪80年代后期，来自日本的外国投资大量进入美国，这使得国会议员日益担心日本公司通过并购交易将控制美国市场，并获得其以往不能获得的战略性产品或技术，从而在技术发展水平上超越其在美国的竞争者，甚至担忧日本将超越美国变成世界上最大的经济体。与之相对应，整个20世纪80年代，CFIUS的主要审查对象就是日本公司对美国企业的并

---

① P. Connellf, T. Huang, An Empirical Analysis of CFIUS: Examining Foreign Investment Regulation in the United States, *The Yale Journal of International Law*, 2014, Vol.1.

② W. Zhu (Judy), CFIUS Under Review: National Security Review in the US and the WTO, *Journal of World Trade*, 2016, Vol.2.

③ 胡盛涛:《寻求投资开放与国家安全的新平衡——美国境内外资并购中的国家安全审查制度及其对中国立法的借鉴》,载《国际经济法学刊》2007年卷(总第14期)。

④ A. D. Westbrook, Securing the Nation or Entrenching the Board: The Evolution of CFIUS Review of Corporate Acquisitions, *Marquette Law Review*, 2019, Vol.3.

⑤ E. M.Graham, D. M. Marchick, *US National Security and Foreign Direct Investment*, Institute for International Economics, 2006, pp.21-24.

购交易。[①] 美国国会与政府意识到必须对日本投资者给予相应的监督和限制，以遏制日本经济的迅猛发展势头。[②]

1986年秋，技术领先的日本计算机制造商富士通(Fujitsu)公司试图收购美国仙童半导体公司(Fairchild Semiconductor，以下简称"仙童公司")80%的股权，以获得计算机芯片的生产技术与能力。该收购案将帮助富士通公司规避彼时美国对日本电脑芯片实施的严格的进口限制。当时，仙童公司是美国国防部的主要供应商之一，也是第一家于20世纪50年代在硅谷开展业务的半导体公司。仙童公司生产的电脑芯片由于具有抗辐射性而在美国军事国防领域得到广泛应用。对此并购案，美国国防部、商务部都提出了反对意见，他们认为该并购将导致美国将来必须通过外国生产商来购买国防工业所必需的电脑芯片，且富士通公司也将获得美国最为尖端的技术。而美国半导体产业也因害怕失去技术优势从而开始抱怨美国缺乏必要的国家安全保护机制。总之，该并购案在美国国内引发了较大的国家安全恐慌。在CFIUS出具关于拟收购交易是否通过国家安全审查的正式结论之前，迫于美国国内舆论的压力，富士通公司撤销了它的并购交易。在富士通公司收购仙童公司案中，半导体产业并非美国禁止外资进入的领域，而总统又很难援引1977年《国际紧急经济权力法》(*International Emergency Economic Powers Act*，IEEPA)对日本宣布敌对状态或紧急状态并继而终止该交易，因为这会损害美日之间良好的政治关系。[③] 对此，美国国会认为需要采取新的立法措施来防止类似情况的发生，特别是保护美国的国防基础产业的安全。

在此背景下，国会于1988年通过了《艾克森-弗洛里奥修正案》(*Exon-Florio Amendment*，由参议员艾克森与众议员弗洛里奥共同提出立法动议)。该法案在1950年《国防生产法》中新增第721节，并成为美国历史上第一部关于外资并购国家安全审查的专门立法。[④] 1950年《国防生产法》第721节的主

① P. Griffin, CFIUS in the Age of Chinese Investment, *Fordham Law Review*, 2017, Vol.4.

② 张举胜：《美国外资并购国家安全审查制度研究——兼论中国外资并购国家安全审查制度的构建》，中国政法大学2011年博士学位论文，第35页。

③ E. M.Graham, D. M. Marchick, *US National Security and Foreign Direct Investment*, Institute for International Economics, 2006, pp.21-24.

④ Section 721 of the Defense Production Act of 1950, 50 U.S.C. App. 2170.https://www. treasury. gov/resource-center/international/foreign-investment/Documents/Section-721-Amend.pdf.，下载日期：2020年2月20日。

要内容如下：

第一，授予总统在符合特定条件时中止或禁止外资并购交易的权力。实施该权力应当满足两个条件：(1)总统有充分的证据证明某一交易会威胁美国国家安全；(2)在总统看来，除了 IEEPA，没有其他法律能为总统提供充分和适当的权力来保护美国国家安全。① 这充分说明，《艾克森-弗洛里奥修正案》是为了弥补当时外资立法应对国家安全威胁之不足而产生的。尽管 IEEPA 授予总统终止外资并购交易甚至冻结外国资产的宽泛权力，但该法的援用门槛极高，只能适用于"国家受到异常和极度威胁"的状况，而且总统须宣告美国正处于紧急状态。② 国会希望该法与其他法律一并构成在外资领域维护国家安全的重要手段。

第二，赋予 CFIUS 在国家安全审查程序中的必要权力。该法明确规定了 CFIUS 的审查权与建议权，允许总统通过授权 CFIUS 来完成国家安全审查。CFIUS 有权采取任何必要的措施来减少或消除并购案对美国国家安全的威胁，包括为交易提出限制性条件、建议总统否决相关的并购交易。这极大地改变了 CFIUS 的角色，将之从一个只有调查权与提出咨询意见的行政机构转变为一个可建议总统否决某项外国投资的部门。③

第三，规定总统与 CFIUS 在审查外资并购是否威胁国家安全时应考虑的因素。这一时期的国家安全因素主要是与国防有关的产业或部门，包括：国防所需的国内产品的供应；国防所需的国内产业的产能与能力，包括人力资源、产品、技术、服务等的可获得性；外国人对国防需要相关的美国国内产业的控制程度；对美国向特定国家禁止销售军事武器、服务、技术等的影响；对美国国家安全技术领域内的美国领先地位的影响等。

第四，规定两个阶段的审查程序。申报完成后，CFIUS 有 30 天的时间来进行初步审查，并决定是否对并购案进行正式调查。如果 CFIUS 确定需要正式调查，调查必须在其申报后的 45 天内完成。在 CFIUS 完成所有调查之后，总统根据其建议作出最终决定是否限制或禁止拟议中的交易。一旦调查完

① The Exon-Florio Amendment: National Security Legislation Hampered by Political and Economic Forces, *DePaul Business Law Journal*, 1991, Vol.1.

② International Emergency Economic Powers Act, https://www.gpo.gov/fdsys/pkg/USCODE-2011-title50/html/USCODE-2011-title50-chap35.htm，下载日期：2020 年 2 月 20 日。

③ J. K. Jackson, The Committee on Foreign Investment in the United States (CFIUS), *Congressional Research Service*, 2014.

成，总统有15天的时间来作出最终决定，提议的交易是否会对国家安全利益构成威胁。按照这种调查方法，CFIUS一旦收到拟议交易的申报通知，整个国家安全审查就应该最多耗时90天。

之后，尽管国会对1950年《国防生产法》第721节进行了多次修订，但其作为美国外资并购国家安全审查制度的主体架构仍然得以保留和延续。将有关外资监管的法律规定纳入一部国防生产法，这充分说明立法者最初对国家安全的关注只是集中于武器生产等国防产业以及与国防相关的国家战略（如武器的出口禁运、美国对特定国家的出口管制政策等），这可称为“狭义国家安全观”。不过，随着外部环境的变化（如国际反恐活动）、竞争对手的崛起以及国家安全形势的复杂化，立法者对于“国家安全”的理解也日益宽泛（可称为“广义国家安全观”），并通过立法的修订将更多的并购交易、国家安全因素（如经济安全）纳入总统和CFIUS必须审查的范围内。①

（三）专门立法的第一次重大修订

“9·11”事件后，防范极端势力与恐怖分子对美国本土的攻击成为小布什政府的国家安全战略的核心内容之一。② 基于此，美国政府于2002年成立了国土安全部（Department of Homeland Security），该部门负责国内安全与反恐工作，并成为CFIUS正式成员之一，从而在国家安全审查中发挥了重要作用。按照总统的命令，在CFIUS发起的国家安全审查中，国土安全部有权认定什么是“关键基础设施”（critical infrastructure）③，而且并购交易影响或涉及“关键基础设施”是CFIUS认定该交易是否造成国家安全威胁的重要考量因素。这说明，“9·11”事件后美国国会与政府将更多的国土安全考量纳入外资管制政策中，投资自由化必须为国家安全让步。

这一转折最终导致了2007年《外国投资与国家安全法》（*The Foreign Investment and National Security Act*，FINSA）的出台。此法案的通过同样直接受到了一起外资并购案的影响。2006年年底，由阿联酋政府控制的迪拜

① 段奕宏：《外来直接投资与国家安全的权衡：探讨影响美国外资政策的安全因素》，载《政治学报》2017年第6期。

② 刘国柱：《美国国家安全战略的连续性与多变性》，载《当代世界》2018年第2期。

③ Presidential Policy Directive—Critical Infrastructure Security and Resilience，，Homeland Security Presidential Directive 7：Critical Infrastructure Identification，Prioritization，and Protection，https：//www.dhs.gov/homeland-security-presidential-directive-7，下载日期：2020年2月11日。

港口世界公司试图收购英国半岛东方航运公司在美国的六个港口，CFIUS对其进行审查后认定该收购并不会影响美国的国家安全，总统亦批准了该收购。但国会认为，该收购案将对美国重要基础设施安全产生威胁，并且控制迪拜港口公司的阿联酋政府与恐怖主义可能存在某种联系，此外阿联酋政府官方还认可塔利班，反对美国对伊朗进行制裁。所以，国会主张此并购带有某种令人怀疑的政治动机。此外，港口属于美国重要的基础设施，此项收购案涉及美国主要港口的营运控制权，因此批准交易可能会对美国港口安全产生灾难性的结果。国会最终成功地阻止了该交易，迪拜公司不得不将收购的美国港口资产出售给美国AIG投资公司。

FINSA对1950年《国防生产法》第721节做了若干重大的修改和调整。该法扩张了国家安全的概念，并同时增加了CFIUS的正式成员(纳入国土安全部、能源部)，且允许总统有权接受其他的新成员，这使得国家安全审查所涉利益愈加多元化，也就意味着外国投资者通过审查的总体难度有所增加。当然，该法对于国家安全审查的程序也有所改进，一定程度上有助于外国投资者通过审查。具体来讲，该法的主要内容如下：

第一，增加了国家安全的考量因素。FINSA明确规定"国家安全"应包括"国土安全"(homeland security)，引入"关键基础设施""关键技术""外国政府控制的并购"等概念，从而在原有的国防产业安全的基础上，扩展了总统与CFIUS应考虑的因素。这些概念的产生显然受到了"迪拜港口世界公司收购案"的影响。但是，该法并未明确界定以上重要的概念。事实上，这也表明立法者刻意地避免明确界定这些概念，从而授予政府机关尽可能多的权限，同时也能迎合CFIUS成员结构复杂、利益多元化的特点。按CFIUS自己的解释，不管收购的目标公司是否为美国公司，只要收购所涉及的资产与美国的商业利益(如位于美国的港口、建筑物等)相关，CFIUS都有权进行审查。①

第二，允许并购方与CFIUS之间通过缓解协议(mitigation agreement)来达成妥协。并购方与CFIUS或代表CFIUS的牵头机构(lead agency)②可

① A. D. Westbrook, Securing the Nation or Entrenching the Board: The Evolution of CFIUS Review of Corporate Acquisitions, *Marquette Law Review*, 2019, Vol.3.

② 所谓"牵头机构"，是指由财政部长指定的、承担国家安全审查过程中某一特定任务的政府机构。如由国土安全部来认定并购交易是否涉及关键基础设施。牵头机构应将其行动以及建议及时告知CFIUS的全体成员。参见Executive Order No.11858, as amended by Executive Order No.13456, Jan. 23, 2008.

以进行磋商，双方达成旨在减轻或消除国家安全威胁的缓解协议，相当于CFIUS为并购交易的继续进行设置某些前提条件，例如并购方应将部分敏感性业务或技术排除在交易范围之外。依据FINSA的规定，缓解协议必须以对相关交易所导致的国家安全潜在威胁的风险分析为基础，并且由负责该交易的牵头机构进行谈判、修改、监督和实施。① 缓解协议为当事各方提供了一个友好协商、解决分歧与寻求妥协的平台。对于美国政府来说，缓解协议是国家安全利益保护与投资自由化政策之间的一个平衡机制；对于并购方来说，这有助于相关交易附条件地通过CFIUS的国家安全审查。

第三，扩张CFIUS的审查权，允许CFIUS对已经完成的并购交易进行重新审查。1950年《国防生产法》第721节原本规定，CFIUS不得再次审查一个已经审查完结的交易，也就是所谓的“安全港”制度②，这符合法律上的“一事不再理原则”。但FINSA规定，如果并购方有材料遗漏或者错报的情形，或者并购方有故意与严重违反缓解协议的情形，则允许CFIUS对交易进行重新审查。FINSA要求适用重新审查条款的前提必须是CFIUS已经用尽其他补救办法但仍无法维护国家安全。该规定扩大了CFIUS的审查权，但对并购方来说则是难以接受的条款。并购方会认为CFIUS会以此作为借口，使并购交易一直处于事实上受到监视与审查的状态，从而对此缺乏安全感，这可能会降低企业自愿申报的积极性。它们会担心好不容易通过审查的并购案在将来会被重审。

第四，增加了保密性要求。FINSA规定不得公开和曝光任何提交给总统或总统指定之人的文件资料，当然这里的资料不包含行政相关行为或司法相关行为的资料。如果CFIUS应国会要求提交简报的话，应该按照保密规定提交有关结案的受管辖交易、逾期有关的缓解协议、限制性条件的履行情况的简报。CFIUS从申请者中收到的所有关于申报的信息适用同样的保密规则。

总之，“9·11”事件后，美国国会与政府一方面仍希望维持较为宽松、开放

① 王小琼：《西方国家外资并购国家安全审查制度的最新发展及其启示——兼论开放经济条件下我国外资并购安全审查制度的建构》，湖北人民出版社2010年版，第206～207页。

② 王小琼：《西方国家外资并购国家安全审查制度的最新发展及其启示——兼论开放经济条件下我国外资并购安全审查制度的建构》，湖北人民出版社2010年版，第206～207页。

的投资环境,新立法引入缓解协议就体现了这一立法导向①;另一方面受到"9·11"事件的刺激,增加了外资并购审查中的国土安全考量。新立法将"关键基础设施""关键技术"纳入"国家安全"之中,事实上已经强化了对国家经济安全与国土安全的保护。这是美国国家安全战略投射到外资政策上的结果,因为美国在"9·11"事件后将保护国土、基础设施和民众免受任何国家与非国家行为体的威胁视为国家安全战略的核心目标之一。② 由此,外资并购案一旦涉及关键的基础设施(如港口、机场、水坝),其通过国家安全审查的可能性会有所降低。

(四)专门立法的第二次重大修订

自特朗普当选美国总统以来,美中关系发生了重大的转折。美国开始将中国与俄罗斯等快速崛起的大国视为国家安全的主要威胁之一,国家间的战略竞争已经取代恐怖主义成为美国国家安全的首要考虑因素。奥巴马政府曾将中国视为国际体系的"利益相关者"并主张与中国建立友好合作的关系,但特朗普政府受到极端利己主义的影响,强调"美国优先",并竭力阻止中国影响和削弱美国在全球范围的领导地位。③ 相应地,外国投资者的身份(国籍)是影响国家安全审查结果的重要因素之一,而中资企业日益增加的在美并购案也成为国会推动修法以遏制中国崛起的重要原因。中国企业在美并购经常会因其与中国政府的关系以及中美之间的关系,而受到美国政府的特别对待,理由是这些并购交易并非基于商业考虑而作出,而是为了实现中国政府的战略目的。④

另外,数字贸易和人工智能等新技术对美国的国家安全形成了新威胁,美国担心中国企业通过并购的方式,获得美国人工智能产业中的核心技术,或威

---

① FINSA 的前言明确指出,该法的立法目的是在保护国家安全的同时继续促进外资进入美国,以创造更多的就业岗位。Foreign Investment and National Security Act of 2007, https://www.treasury.gov/resource-center/international/foreign-investment/Documents/CFIUS Guidance.pdf,下载日期:2020 年 2 月 10 日。

② 刘国柱:《美国国家安全战略的连续性与多变性》,载《当代世界》2018 年第 2 期。

③ 刘国柱:《美国国家安全战略的连续性与多变性》,载《当代世界》2018 年第 2 期。

④ P. Griffin, CFIUS in the Age of Chinese Investment, *Fordham Law Review*, 2017, Vol.6, p.1777.

胁美国的网络安全。① 在这一时期,中国企业在美发起的并购案经常遭遇CFIUS的拒绝。最有代表性的例子就是华为公司被认为与中国军方有密切关系,为中国情报机关提供网络设备,并接受来自中国政府的财政资助。因此,该公司在美并购案经常被视为带有政治动机,或试图获取美国企业的关键技术。这些并购交易毫无意外地遭到美国政府与国会的否定,或受到各种压力后被迫主动终止。另一个典型的例子就是,2017年蚂蚁金服试图收购美国网络汇款企业速汇金公司未获CFIUS批准。该并购案的失败是美国政府保护金融安全以及消费者个人数据的重要体现。

在此背景下,2017年11月8日,参议员科宁(Cornyn)与众议员皮腾格尔(Pittenger)分别在参众两院提出了《外国投资风险评估现代化法案》(*Foreign Investment Risk Review Modernization Act*,FIRRMA)。两位议员声称,部分中国公司在政府的指导下战略性地获取美国科技,且中国的科技、军事进步将威胁美国国家安全。② 2018年8月,美国总统特朗普签署了FIRRMA,该法正式生效。就其立法目的而言,FIRRMA旨在更新CFIUS的审查权与审查程序以应对现代化的、新兴的国家安全威胁,同时维持美国长期以来的开放性外国投资政策。③ FIRRMA对原有的制度进行了如下修订:

第一,优化审查程序。例如,FIRRMA增加了强制申报程序,对于外国政府直接或间接持有25%或以上股权的外国投资者,收购美国企业25%或以上有表决权的股本时,必须向CFIUS强制申报安全审查。又如,FIRRMA延长了审查的期间,初审的期限将从目前的30天增加到45天,在“特殊情况下”,CFIUS可以将45天的调查期再延长30天,这会导致在不计算总统决定所需时间的情况下,正式的审查程序就可能需要长达120天,比目前CFIUS初审和调查时间长出一个半月。

第二,扩大CFIUS的管辖权。FIRRMA还增大了CFIUS的审查范围,以涵盖一些新的交易类型,包括购买或租赁靠近敏感的美国基础设施的房地产,或者通过任何方式(例如合资企业)为外国人提供知识产权和相关技术支

---

① 董静然:《美国外资并购安全审查制度的新发展及其启示——以外国投资风险审查现代化法案为中心》,载《国际经贸探索》2019年第3期。

② 漆彤、汤梓奕:《美国2018年外国投资风险审查现代化法案介评》,载《经贸法律评论》2019年第3期。

③ FIRRMA, Section 1702.

持,或者涉及维护、收集美国公民敏感个人信息的交易,或者任何试图规避CFIUS管辖权的安排、交易、转让等。这些类别虽然超出了传统的兼并和收购范围,但在FIRMMA体系下都将成为CFIUS的受管辖交易,并且FIRMMA不要求交易涉及"控制"美国企业,这进一步扩展了审查对象的范围。例如,在涉及关键基础设施、关键技术或敏感个人数据的企业中给予外国投资者获得重大非公开技术信息的权利、董事会成员席位,或者实质性参与决策过程的权利。① 可见,FIRMMA特别强调美国核心技术、重要基础设施等方面的安全问题,从交易内容到交易模式上都对CFIUS的审查权限进行了拓展和细化。②

第三,强化CFIUS的执法权。FIRRMA为CFIUS提供了广泛的权力,以便在交易威胁到国家安全时能更灵活地采取相应的行动。例如,该法规定CFIUS有权对正在进行的并购交易发布临时禁令。FINSA没有给予CFIUS中止并购交易的权力,而是规定如果CFIUS认为交易需要被中止或禁止,那么应提交总统并由后者来决定。该规定限制了CFIUS的执法权,并可能造成一定的违法风险。在"罗尔斯公司诉CFIUS与奥巴马总统案"中,原告指控被告超越了法定的权限,其理由就是CFIUS无权对并购交易发布临时禁令。由此可见,该项立法设计意在解决FINSA的模糊之处给CFIUS造成的困扰以及相应的违法风险,即如果未获得总统指令,CFIUS在国家安全审查中是否可以直接发布临时禁令。FIRRMA明确了CFIUS采取缓解措施的范围,即CFIUS在未获总统指令的情况下,仍可以在审查中中止交易,以尽快消除并购交易对国家安全造成的威胁。③

又如,FIRRMA增加了CFIUS可考量的威胁国家安全的因素。例如,交易是否有可能给美国形成网络安全漏洞或加剧美国现有的网络安全漏洞;交易是否有可能导致外国政府获得给美国造成恶意网络安全损害的能力,包括利用网络影响美国的联邦选举活动;交易活动是否有可能泄露国家安全敏感信息等。以上规定表明,未来美国的国家安全审查将把重点关注的内容放在

① 刘斌、潘彤:《美国对华投资并购安全审查的最新进展与应对策略》,载《亚太经济》2019年第2期。

② 董静然:《美国外资并购安全审查制度的新发展及其启示——以外国投资风险审查现代化法案为中心》,载《国际经贸探索》2019年第3期。

③ 冯纯纯:《美国外资国家安全审查的新动向及其应对——以美国外国投资风险评估现代化法案为例》,载《河北法学》2018年第9期。

并购交易对美国核心技术和网络安全的威胁上。①

第四,授予 CFIUS 一定的司法豁免权。FIRRMA 在保留美国总统就 CFIUS 作出的决定具有司法审查豁免权的基础上,进一步确定 CFIUS 作出的决定享有司法审查豁免。当然,交易方可就 CFIUS 决定或裁决的合宪性向法院申诉,但是根据 FIRRMA,只有主动申报或者提交声明的交易方,才有权在 CFIUS 完成审查作出所有决定以后向哥伦比亚特区联邦法院提出指控,而且该法院仅有权根据行政文件书面审查程序来作出判决。FIRRMA 限定了司法审查对于总统和 CFIUS 的权力约束,也就是说,法院无权改变 CFIUS 与总统的决定,只能审查该决定所适用的程序,可以维持原有决定或者将涉诉交易发回 CFIUS 进行重审,因此最终的决定权还是在 CFIUS 手中。②

综上,美国外资并购国家安全审查制度的源起、发展与变迁过程贯穿着两个重要的主线:第一,美国在特定历史时期所处的国际政治经济环境促使美国政府对国家安全战略进行了新的解构,并试图从外资准入审查的角度来维护美国的政治、军事与经济利益,把外资并购国家安全审查作为实现美国国家安全战略的重要手段;第二,尽管美国长期以来对外资持开放和欢迎的态度,这一基本立场迄今也没有发生根本的变化,但在特定历史阶段发生的某些外资并购案引发了广泛的争议与关注,使得美国民众产生了国家安全因外资并购受到威胁的担忧,而受到选举政治的影响,国会议员积极推动相关法案的制定与修订。

相应地,就立法内容而言,美国外资并购国家安全审查制度正朝着扩张国家安全的范围、强化 CFIUS 以及总统之审查权的方向发展。一方面,在实体规则上,国家安全的考量因素从最初的国防产业,到“9・11”事件后的国土安全、基础设施安全,并可能进一步涵盖经济安全、技术安全、知识产权保护、个人数据保护等;另一方面,在程序规则上,CFIUS 以及总统的管辖权、执法权、司法豁免权等不断得到增强。同时,国会对审查过程与结果的监督也得到了强化,以应对美国面临的日益复杂化的国家安全威胁。

---

① 董静然:《美国外资并购安全审查制度的新发展及其启示——以外国投资风险审查现代化法案为中心》,载《国际经贸探索》2019 年第 3 期。

② 刘斌、潘彤:《美国对华投资并购安全审查的最新进展与应对策略》,载《亚太经济》2019 年第 2 期。

三、美国外资并购国家安全审查制度的实施

(一)基本概况

受到各种因素的影响,近年来主管国家安全审查工作的 CFIUS 的实践呈现出愈加严格的趋势,如审查的平均时间更长、为同意并购交易所设置的附加条件更加苛刻、未通过审查的并购案的数量更多等。这可为 CFIUS 向国会提交的年度报告所印证。从表 1 可知,自 2009 年起至 2017 年,CFIUS 共审查了 1179 件并购交易案,且接受审查的交易数量总体上呈现逐年上升的趋势,这一趋势在 2017 年达到顶峰,其间在 2013 年和 2015 年有所回落。

表 1　2009—2017 年国家安全审查的案件数量统计表①

单位:件

年份	进入初审的案件数量	初审期内撤回的案件数量	接受正式调查的案件数量	正式调查期内撤回案件的数量	总统作出决定的案件数量
2009	65	5	25	2	0
2010	93	6	35	6	0
2011	111	1	40	5	0
2012	114	2	45	20	1
2013	97	3	48	5	0
2014	147	3	51	9	0
2015	143	3	66	10	0
2016	172	6	79	21	1
2017	237	7	172	67	1
合计	1179	36	561	145	3

结合相关案例与表 1,我们可以得出几个简单的结论:

第一,国家安全审查的案件数量在持续上升中。审查数量的增加一方面

① CFIUS Annual Report to Congress (2016-2017). https://home.treasury.gov/system/files/206/CFIUS-Public-Annual-Report-CY-2016-2017.pdf,下载日期:2020 年 2 月 10 日。

是因为法律多次修订后对CFIUS的授权愈加宽泛，可审查的交易类型越来越多，威胁国家安全的法定考量因素也越来越多。例如，2007年出台的FINSA对“国家安全”的认定标准做了大范围的扩张，将“关键基础设施”“关键技术”等考量因素纳入法律中。另外，尽管2014—2015年期间接受初审的案件数量有所减少，但进入正式调查程序的案件数量不减反增。可见，CFIUS的审查趋严是一个长期存在的现象。另一方面则是因为社会各界对国家安全的认知也在发生变化，国家安全的关注重点从以往的国防安全、国土安全等传统领域发展至经济安全、技术安全、网络安全、个人信息安全等更宽泛的非传统领域，从而促使CFIUS对更多的交易进行审查。

第二，部分并购交易在审查期内被撤回申报，这凸显审查程序的威慑作用。依据法律规定，经CFIUS的同意，并购方可在初步审查或正式调查期内撤回申报。实践中当事方要求撤回申报的原因有以下两种情况：

其一，在某些案件中，当事方无法在最初的30天初审期内或随后的45天调查期内消除CFIUS提出的国家安全担忧。对此，当事人可以要求撤回申报并适时重新作出申报，以便为自己提供更多回答问题或消除国家安全隐患的时间。

其二，在某些案件中，并购方撤回申报表明其决定终止并购交易。当事方可能出于商业原因而放弃交易，或因为不能遵守CFIUS提出的缓解协议而终止交易，或考虑到CFIUS将向总统提交中止或禁止交易的建议、并购方决定主动撤回并购交易。基于上述原因而撤回并购交易的案件很多，其中就包括两个中国企业收购美国公司的案例。案例一是2005年中海油公司收购美国尤尼科公司的交易案，就是因为中海油公司无法在初审期和调查期内消除CFIUS提出的关于美国能源安全方面的担忧，从而被迫撤回收购计划。案例二是2008年华为公司收购美国3COM公司案，该案中当事方无法解决CFIUS提出的“危害美国政府信息安全”的担忧而被迫撤回收购计划。

当事方在第二种情况下撤回申报并终止交易体现了审查程序对并购交易参与方的威慑作用或寒蝉效应(chilling effect)。CFIUS的审查程序本身就给并购方施加了无形的压力，再加上审查期间媒体或国会的批评声，并购方要消除交易所带来的国家安全隐患并非易事。如果并购方一味地等待CFIUS的审查结果，则自己可能会处于更加不利的境地，即要么接受CFIUS提出的苛刻的缓解协议，要么承受CFIUS向总统建议禁止交易的风险。因此，有时主动终止交易确实是一个合理的选择。

第三，总统决定鲜有作出。按照法律规定，CFIUS的正式调查程序结束后，它可以采取任何必要的措施来保护国家安全，包括向总统提交中止或禁止交易的建议。如果某一受管辖交易经CFIUS审查没有威胁到美国的国家安全，那么CFIUS在初审或正式调查阶段就能直接批准并购交易。若CFIUS认为某一交易危及国家安全，那么它就可以施加压力要求当事人撤回交易申请或者双方达成缓解协议。在2018年FIRRMA法案通过前，CFIUS并没有直接禁止交易的法定权力，但CFIUS施加的压力足以产生“禁止交易”的效果。所以，CFIUS很少有必要向总统提交中止或禁止交易的建议，当然总统也鲜有作出决定的情况。据表1可知，2009—2017年间，总统作出决定(直接禁止交易)的并购案仅有3件，其中2件与中国企业相关。

案例一：2012年“罗尔斯公司并购美国Terna公司案”。该案件中，美方认为罗尔斯公司虽为美国公司但是受中国三一集团的控制，加上罗尔斯公司收购Terna公司案中的风电场项目位于美国俄勒冈州海军基地附近的管制区内，这两点因素促使CFIUS向总统作出禁止交易的建议，时任总统的奥巴马最终也作出了否决该收购案的决定。

案例二：2017年“Canyan Bridge Capital Partners(以下称Canyan Bridge)并购美国半导体公司Lattice Semiconductor Corporation(以下称Lattice)案”。Canyan Bridge基金有中国资本的参与，CFIUS担忧美国政府和军方的供应链中的芯片制造商被中国或中国企业所利用，并未批准该交易。随后该交易遭到新任美国总统特朗普的拒绝。

上述并购案具有以下两个共同的特点：其一，案件并购方都是我国企业或者是有我国资本参与的企业，一定程度上体现了美国在国家安全审查问题上对中国资本或中国企业的歧视性待遇；其二，以上案件都直接或间接牵涉到美国军方，要么投资项目临近军事基地，要么涉及先进的国防科技。国防产业一直都是国家安全审查的关键领域，一旦外资并购案涉及国防产业就很难通过CFIUS的审查，美国总统也不会允许此类并购交易的通过。

(二)实施特征

1.审查标准十分宽泛

从法律的确定性与可预见性来说，1950年《国防生产法》第721节本应对“国家安全”审查标准进行明确的界定。但该法只是列举了有关“国家安全”的考量范围，甚至还允许CFIUS与总统考虑法定范围之外的其他因素。经FINSA的修订，1950年《国防生产法》第721节新增了“关键基础设施”“关键技术”等因素，将原来的国防安全扩展到国土安全、技术安全、外国政府控制等新领域。另外，依据法律规定，CFIUS 的成员数量还在不断增加中。CFIUS 的每个成员均有权就其管辖范围内、涉及国家安全的事项提出相应的意见和主张。① 因此，由于 CFIUS 成员的广泛性及利益的多元化，客观上法律也很难对“国家安全”作出完整和详细的界定。或者说，立法者刻意为 CFIUS 与总统保留了宽泛的自由裁量权，以便其对复杂多样的国家安全威胁作出适当的应对。“国家安全”概念尚未透明化与具体化，并无一个明确的标准，甚至被认为是法律语境下的政治概念。② 实践中，审查标准的宽泛性主要体现为以下三个方面：

第一，CFIUS 及其成员尽可能从宽解释法律中的关键用词。例如，国土安全部主张，法律所规定的“关键基础设施”是指在特定的涵盖交易项下的有形或无形的设施，涵盖交易完成后它将被外国人控制；它对于美国是如此重要，一旦无法正常工作或被摧毁，它将给美国的国家利益、经济安全、公共健康带来严重的损害。据此，国土安全部几乎将所有重要的产业或设施都纳入“关键基础设施”的范围，具体包括化工产业、商业设施（如写字楼、酒店、购物中心、娱乐中心）、重要的制造业（如交通设备、电力设备的生产）、金融服务、能源产业、水坝、军事基地、紧急事务处理（如公共医疗、救援、消防）、公共设施（如学校、博物馆、法院、投票中心）、信息技术、污水处理等。③ 由于总统授权国土安全部在国家安全审查中认定“关键基础设施”的范围，因此对照上述标准，大量的外资并购案会直接或间接涉及“关键基础设施”，从而带来国家安全的“隐患”。例如，2012 年罗尔斯公司收购位于美国俄勒冈州的风电项目，就是因为该项目临近某一海军基地（基础设施），而被认定为危害美国国家安全。又如，在中国西色国际投资有限公司并购美国优金公司（Firstgold）案中，因为优金公司所拥有的 Relief Canyon 金矿的位置靠近法伦海军航空站（Fallon Naval Air Station），CFIUS 认为法伦海军航空站作为“关键基础设施”有可能遭受国家安全的威胁。

---

① B. J. C. Pasco, United States National Security Reviews of Foreign Direct Investment: From Classified Programmes to Critical Infrastructure, *ICSID Review*, 2014, Vol.2.

② 王东光：《国家安全审查：政治法律化与法律政治化》，载《中外法学》2016 年第 5 期。

③ Critical Infrastructure Sectors. https://www.dhs.gov/critical-infrastructure-sectors，下载日期：2020 年 2 月 15 日。

第二，尽可能扩展“国家安全”的外延。由于法律允许 CFIUS 或总统考虑其他没有明确列举的适当因素，因此在审查实践中，“国家安全”的外延不断被扩大，甚至扩展到法律没有明文规定的农业安全、食品安全、个人数据安全等新领域。其中，部分中国企业在美并购案就涉及此类“法无明文规定”的国家安全考量因素。

例如，“中国双汇收购美国史密斯公司案”是美国第一起涉及食品安全的审查案例。尽管该并购最终获得了 CFIUS 的批准，但当时美国国内的反对声曾经十分高涨。部分国会议员提出，双汇集团所采用的软弱的中国食品安全与质量控制体系会损害美国的国家安全，而且并购完成后中国政府可能通过双汇集团间接控制美国的猪肉供应。彼时，参议院农业、营养与林业委员会(Senate Committee on Agriculture, Nutrition, and Forestry)主席还专门致信财政部长，敦促 CFIUS 对该交易进行严格的审查，并将国家安全的范围扩展至食品安全与生物安全。① 另有分析人士提及，该案可能会涉及以下国家安全隐患：(1)史密斯公司可能在合同中约定向军方或其他安全机构供应猪肉；(2)并购交易可能会导致某些农业技术被转移到中国；(3)双汇集团可能会通过并购交易来控制美国的食品供应。② 这三个国家安全隐患都没有在法律明确规定的考量因素中体现出来，唯一的依据就是法律规定中的兜底条款，即总统或 CFIUS 可自由裁量是否应当考虑“其他因素”对美国国家安全的影响。

又如，在 2018 年 FIRRMA 法案通过前，法律并没有明确规定 CFIUS 应考虑美国的网络或通信安全，但实践中有大量的并购案因可能威胁网络或通信安全而被拒绝批准。近年来，美国逐步构建了以基础设施保护、信息安全为核心的网络安全法律体系。例如，为网络基础设施的运行设定统一的监管标准，建立专门的监管队伍，甚至审查操作人员的安全背景。③ 在美国政府看来，目前美国网络安全的主要威胁是个人数据的泄漏以及网络恐怖主义行

---

① P. Griffin, CFIUS in the Age of Chinese Investment, *Fordham Law Review*, 2017, Vol.6.

② A. Ewing, Smithfield and Shuanghui: Implications on the American Agricultural System and the Government's Flawed Review Process, *Drake Journal of Agricultural Law*, 2015, Vol.1.

③ 赵志云、崔海默：《国网络安全新近立法及对我国的启示》，载《学术交流》2017 年第 6 期。

为。① 在此背景下，多个中国企业发起的并购案遭遇挫败。例如，2008 年华为公司收购美国 3COM 公司案，因涉及网络硬件的制造被否决；2011 年华为公司收购美国 3LEAF 公司案，因涉及网络服务相关的 HPC 领域核心技术、服务器虚拟化等而被否决；2017 年蚂蚁金服收购速汇金公司案，因涉及金融消费者的个人数据保护而被否决。

第三，宽泛认定由外国政府直接或间接参与的并购交易。在美国，并购是否涉及外国政府的直接或间接的参与，是 CFIUS 审查时最为重视的国家安全考量因素之一。CFIUS 及美国总统通常会将中国国有企业视为“受中国政府控制”或“代表中国政府”的企业，并且主张其收购动机往往是为了实现中国政府的战略目标，而非获取商业利益。实践中，中国政府对国有企业管理层的任命、企业负责人与政府之间的密切关系、政府对国有企业的财政资助甚至企业创始人的履历（如华为集团的创始人任正非曾为军人）等因素均被视为企业受到政府“控制”的证据。按照 1950 年《国防生产法》第 721 节的规定，受到外国政府直接或间接控制的并购交易具有威胁国家安全的隐患，CFIUS 及美国总统必须进行严格的审查。实践中，中海油、中石化、清华紫光等国有企业在美发起的并购也基本没有成功的案例。在中海油并购优尼科（Unocal）公司案中，CFIUS 认为中海油受中国政府控制，且中国政府希望通过收购优尼科公司来影响全球石油贸易，同时中国有可能将优尼科公司的海底勘探技术运用于军事领域。不仅中国的国有企业在美并购遇到重重阻力，其他国家的国有企业也经常遭遇挫败。例如，法国国有企业汤普森（Thomson）试图收购美国国防部的一家供应商 LVT 太空与防卫公司（LTV Aerospace and Defense Company），该交易因受到国会压力而不得不终止。

总之，在外资并购国家安全审查的过程中，“国家安全”的内涵与外延无疑是一个核心要素。但是，由于相关立法对于“国家安全”缺乏明确的界定，或立法者刻意保留一定的空白或弹性之处，加之执法者在审查实践中宽泛解释“国家安全”并予以灵活的适用，使得“国家安全”的概念日益呈现被滥用之趋势。

2.审查程序不透明

CFIUS 与总统的审查程序受到了法律中的信息保密条款的保护，具有明显的不透明性与非公开性。具体而言：

第一，审查过程的不公开。CFIUS 的审查过程不像法院的庭审程序，后

---

① 李恒阳：《美国网络安全面临的新挑战及应对策略》，载《美国研究》2016 年第 4 期。

者所涉的案件当事人及案外人都可以通过庭审了解案件情况及结果。对于审查结果,CFIUS只会对外公布并购交易案是否通过了国家安全审查,至于为什么没有通过审查、交易造成了美国哪一方面的国家安全威胁以及为何危害国家安全则不会作出详细的说明。并购案的当事人也没有被赋予要求CFIUS作出详细说明的权利,而这恰恰又是交易案被否决的案件当事人最为关心的问题。[①] 例如,华为公司收购美国3LEAF公司的交易因被CFIUS认为危害美国国家安全而不得不终止。华为公司高管就该案表达了自己的疑惑,认为CFIUS对"国家安全"是否有法律之外的其他考量、对华为公司本身是否存在特殊担忧,并表示只要美国政府或CFIUS能公开相关担忧,华为公司愿意积极配合消除这些担忧。但以上申诉并没有获得美国政府的回应。[②]

第二,审查所涉重要信息不公开。CFIUS在审查实践中有权要求并购交易方提供审查所需要的任何信息和文件。CFIUS除了要求并购方提交或补交案件相关文件和告知相关程序性事项外,不会向并购方透露关于审查涉及的实体事项。另外,并购交易方提供的信息与文件也不会向社会公众公开,尤其是涉及总统参与的案件,这些信息和文件大都可以适用保密规则,不对外披露。审理过程的不透明导致并购交易方以及社会公众无法预测CFIUS的审查结果。

综上,交易案件的并购方很难获得案件审查结果的判断理由以及所涉案件的重要信息,这使得CFIUS的国家安全审查始终保持着一定的隐秘性,让外界充满好奇却又无从得知,只能从案件外的学者、媒体、分析人士的点评和分析中了解CFIUS究竟考量了哪些国家安全的因素、是否因政治原因而否决交易等。此外,对于那些潜在的并购交易方以及尚未被CFIUS审查的外资并购企业来说,它们也无从了解交易当事人与审查机构之间的沟通过程及达成的缓解协议。审查过程的不公开、审查案件重要信息的不公开使得国家安全审查制度的透明度不高,以至于并购参与方难以找到参考坐标来预测自己的交易是否会通过国家安全审查。

3.总统决定受到有限的司法审查

依据法律规定,总统作出的中止或禁止并购交易的决定本身不受司法审查。这似乎表明,总统对该制度的实施可以是任意和武断的,不受司法机关制

---

① 王东光:《国家安全审查:政治法律化与法律政治化》,载《中外法学》2016年第5期。

② 王东光:《国家安全审查:政治法律化与法律政治化》,载《中外法学》2016年第5期。

约。总统决定的实体问题不受司法审查的理论依据来自美国三权分立体制下的"政治问题原则"。该原则是指当案件涉及国会与政府的裁量权时,法院不得对其进行审判。在著名的"马伯里诉麦迪逊案"中,法官认为,行政机构在法律授权范围内如何行使其裁量权,这不是法院所能管辖的,这是宪法或法律赋予行政机构自己解决的权力,这实质上涉及的是一个政治问题。① 也正因为如此,对于国家安全、立法行为、军事行动等政治问题,司法机关只能遵循克制主义的原则而不对其进行审理,因此该原则也常被称为"不可诉原则"。在国家安全审查的实践中,总统有权依据相关的证据,对案件涉及的国家安全因素进行考量,并最终作出中止或禁止交易的决定。这是总统的行政裁量权的体现,司法机关必须予以尊重。

但是,法律并没有规定受到影响的并购交易方是否有权起诉总统作出决定所依循的程序。2012 年发生的"罗尔斯公司诉 CFIUS 与奥巴马总统案"从司法判例的角度对该问题进行了澄清。

在"罗尔斯公司诉 CFIUS 与奥巴马总统案"中,原告方为中国三一集团在美设立的关联公司,即原告方的两名自然人股东均为中国三一集团的高管。原告因总统否决其并购交易而请求法院作出 CFIUS 与总统决定无效之判定,其诉讼理由有两个:一是"总统决定的发布超越了法律法规授予总统的权力,故属于越权行为";二是"总统决定未经正当法律程序而剥夺私人财产,因此违反了美国《宪法》第 5 条修正案"。联邦法院以 1950 年《国防生产法》第 721 节中规定的"禁止对总统决定进行司法审查"为依据认定第一项理由不成立。而关于第二项理由,联邦法院认为,"总统的决定未经法定程序就剥夺罗尔斯公司的合法财产权益,这违反了宪法修正案所规定的正当程序原则,包括应允许罗尔斯公司获得总统所依赖的非机密证据以及对证据作出回应和进行申辩的机会"②。法院主张,1950 年《国防生产法》第 721 节所阻止的是一项针对总统的最终决定(终止某些影响国家安全的交易)的诉讼,但它没有禁止当事人对总统作出决定所依循的程序提起诉讼。有关 1950 年《国防生产法》之立法历史的一份参议院报告也指出,法律所禁止的是法院对总统依法行使权限后作

① 陈承堂:《政治问题理论的衰落与重构》,载《法学研究》2012 年第 5 期;陈承堂:《可诉性理论适用的中国困境及其消解》,载《政治与法律》2013 年第 10 期。

② Ralls Corp. v. CFIUS & Barack H. Obama, U.S. Appeal Court for the District of Columbia, Case No.13-5315, pp.12-45.

出的“最终决定”进行司法审查。

“罗尔斯公司诉CFIUS与奥巴马总统案”第一次确立了正当程序在国家安全审查中的重要地位，说明并购方可以从程序的角度来挑战总统的决定。不过，我们也不能因此而过于乐观，因为该判例可能难以对外资并购国家安全审查制度的实施产生根本性的影响。原因有两个：其一，针对正当程序的指控并不要求法院对总统的决定进行重新审查，而是要求审查总统作出决定的过程与程序。在此，司法机构并不会质疑总统的决定本身。也就是说，即使总统依照正当程序要求重新进行了审查，他仍有可能最终决定禁止罗尔斯公司的并购案。其二，联邦法院在该案中为正当程序的适用附加了条件，即不得要求政府公开据以作出结论的保密信息。这就使得法院的审查权受到了很大的限制。在美国政府的实践中，保密信息包括：军事计划、武器系统，外国政府的信息；情报机关的活动，美国的外交活动，与国家安全相关的技术与经济活动；与保护核材料或核设施相关的计划；与国家安全相关的具有脆弱性的系统、设备、项目等。这与CFIUS要考察的有关国家安全的因素高度相似。这说明CFIUS与总统的决定很可能要依赖大量不得公开的信息和资料。法院对于保密信息与非保密信息的区分可能会对外国投资者的正当程序权利构成一种障碍。① 换言之，CFIUS与总统有权辩称，其审查决定所依赖的证据是保密信息故不得公开，以此来对抗正当程序。有学者据此认为，美国法院对外国投资者的司法保护是比较脆弱的。②

另有学者对联邦上诉法院的判决提出了质疑。他主张，即使被告侵害了原告的宪法性权利，该违法也不具有可审查性，因为根据“政治问题原则”以及美国分权体系，某些行为即使违反了宪法也不应受到司法审查；外交政策与国家安全属于政治机构（行政机关）主管的领域，对于这些领域的重大决策，行政机关拥有远超于法院的专业知识与高效率，法院应予以尊重和保持克制；涉及外交政策与国家安全的信息往往具有高度敏感性，与公共利益密切相关，所以总统拒绝披露这些信息是刻意为之的决定，这是一个实体性问题，而非程序性

---

① W. Zhu (Judy), CFIUS Under Review: National Security Review in the US and the WTO, *Journal of World Trade*, 2016, Vol.2.

② C. Liu, Ralls v. CFIUS: The Long Time Coming Judicial Protection of Foreign Investors' Constitutional Rights Against Government's National Security Review, *The Journal of International Business Law*, 2016, Vol.2.

问题。基于此,联邦法院要求总统披露与其决定相关的非机密信息,以遵循正当程序要求,该判决是一个严重的错误。① 考虑到国家安全问题的高度敏感性与政治性,有关审查结果是否可以被司法挑战的争论恐怕将长期持续下去。

四、中国企业的应对建议

(一)在审查过程中努力与CFIUS达成缓解协议

1.缓解协议的重要意义

尽管近年来受CFIUS审查的外资并购交易案数量处于逐年上升的态势,但是我们并不能否认美国政府总体上仍然秉持开放、自由的外资准入政策。国家安全与投资自由化之间也并不存在无法调和的冲突。其中,缓解协议就起到了平衡机制的作用。

缓解协议是法律明确授权CFIUS与并购交易方之间达成的、旨在减少或消除并购带来的国家安全威胁的一种特殊协议。此协议通常在30天的初步审查期内签订,但也可以在45天的正式调查期内签订。② 双方达成该协议后,并购交易可以继续进行。据统计,2016年至2017年,共有47起受审查交易的当事人与CFIUS达成了具有法律约束力的缓解协议,约占总审查案件数的12.5%。③ 基于此,中国企业在审查过程中应努力与CFIUS签订缓解协议,以避免并购交易的终止。

缓解协议为并购参与方施加了特定的义务,或变更了原定的交易条件或交易范围,相当于是CFIUS有条件地允许并购交易继续进行。缓解协议通常适用于以下情况:尽管CFIUS认定某些受管辖交易具有威胁国家安全的因素,但尚不足以直接要求并购方停止交易或建议总统禁止交易,因为CFIUS可通过与并购方之间的谈判、要求后者调整投资措施或交易条件来消除威胁

① Christopher M. Fitzpatrick, Where Ralls Went Wrong: CFIUS, the Courts, and the Balance of Liberty and Security, *Cornell Law Review*, 2016, Vol.4.

② 杨静:《外资并购国家安全审查制度的平衡机制研究》,法律出版社2017版,第166页。

③ CFIUS Annual Report to Congress (2016—2017). https://home.treasury.gov/system/files/206/CFIUS-Public-Annual-Report-CY-2016-2017.pdf,下载日期2020年2月10日。

国家安全的因素。因此，缓解协议被视为某一并购交易通过国家安全审查的最后补救措施。[①] 此措施有助于减少国家安全审查对外资准入的阻碍与负面影响，维护美国外资政策的开放性。

另外，为了消除并购交易存在的所有可能的国家安全威胁，CFIUS 还需谨慎评估和监督并购方对缓解协议的执行情况。CFIUS 有特定跟踪程序来评估和确保受管辖交易当事方继续遵守并实施缓解协议的条款。按照法律规定，财政部作为 CFIUS 的主席单位，由其指定某一 CFIUS 成员代表 CFIUS 来签署缓解协议并作为监测该协议遵守情况的牵头机构。牵头机构代表 CFIUS 履行其监测职责，并且每一季度至少向 CFIUS 报告一次。上述监督措施有助于保障缓解协议得到真正的实施和维护美国国家安全。

作为美国政府管理外资准入的一种特殊方式，缓解协议的使用具有如下优点：

第一，减少了行政强制色彩。行政行为的实施都多少带点强制性的色彩，如行政强制行为、行政处罚，很少给予私法主体与行政主体商讨的权利，而行政协议让私法主体与行政主体在其相关利益问题上拥有平等协商的权利，可以就各方的权利义务以及私法主体参与的利益分配进行谈判。相对于 CFIUS 和总统发布的决定和命令，缓解协议的强制色彩减弱很多。CFIUS 作出了一定的妥协与变通，允许并购方有条件地通过审查。并购方则可以自己选择满足条件还是撤回并购交易。这使得国家安全审查制度有一定的弹性空间。缓解协议有利于减少 CFIUS 与并购方之间的紧张关系，让并购方更易接受 CFIUS 提出的条件。

第二，平衡行政主体与私法主体之间的利益。行政协议虽然具备合同的性质，但其仍然处于公法的规制之下，上令下行的行政模式仍存在于行政协议中。行政主体据此来规制私法主体的行为以实现管理公共事务的目的。不过，私法主体在谈判中也可提出相应的权利主张，或拒绝行政机关的过高要求，以最大限度地满足自己的利益所需。缓解协议允许外国投资者在不危害美国国家安全的情况下继续进行并购交易。对于美国政府来说，这不仅符合美国开放性外资政策的宗旨，还排除了危害美国国家安全的敏感因素，维护了美国的国家安全。对于并购方来说，它拥有与 CFIUS 平等协商的权利。也就

① 杨静：《外资并购国家安全审查制度的平衡机制研究》，法律出版社 2017 年版，第 167 页。

是说,按照法律规定,CFIUS并无权强迫并购方接受缓解协议,以避免CFIUS对外资并购施加不必要的限制。① 如果并购方无法满足缓解协议中的条件,它还可以选择放弃交易以免遭受更大的损失。

2.缓解协议的主要内容

据CFIUS年度报告披露的信息,缓解协议通常包括以下内容:②

(1)确保只有获授权人员才能获得某些技术;只有被授权的人才能获得美国政府或公司或客户的信息,而且外国收购者不具有直接对保存此类信息的系统进行远程访问的权利。

(2)建立一个由专人负责的公司安全委员会与其他工作机制,以确保缓解协议的内容得到遵守,包括经美国政府批准任命一名安保干事或董事会成员来负责此事。目标公司应制定安全政策或者提交年度报告、对该报告进行独立审计。

(3)建立相应的指南或规章,来处理目标公司现有或将来与政府之间签订的合同、作为公司客户的美国政府的信息以及其他敏感信息。

(4)只能由美国公民处理交易中的某些产品和服务,并且确保某些服务和产品只在美国进行。

(5)外国公民访问美国目标公司之前,应通知公司的安全官员或美国政府,以获得批准。

(6)目标公司应建立安全制度,以确保售予政府的产品与服务具有完整性。

(7)将公司所有权的变更通知客户。

(8)保证在规定的期间内供应产品或服务的连续性,并在作出某些商业决定之前通知美国政府,进行磋商,如公司决定放弃某些业务或举行会议以讨论可能影响美国政府之供应或国家安全的业务计划。

(9)将某些敏感资产排除在交易之外。

(10)赋予美国政府审查某些商业决定的权利;如果这些决定引起国家安全的关切,政府还有权提出异议。

---

① 杨静:《外资并购国家安全审查制度的平衡机制研究》,法律出版社2017年版,第166页。

② CFIUS Annual Report to Congress (2016-2017). https://home.treasury.gov/system/files/206/CFIUS-Public-Annual-Report-CY-2016-2017.pdf,下载日期2020年2月10日。

此外,缓解协议还包括了监督与强制执行机制,例如CFIUS通常要求目标公司定期报告其对缓解协议的履约情况,并接受CFIUS的现场核查。公司还需要接受第三方审计。一旦违约,CFIUS将给予相应的处罚等。

上述措施的内容多是对并购交易完成后目标公司的运营与管理方面的要求与限制,包括公司内部的规章制度与工作机制、物理性封闭措施或信息保密措施等。[①] 缓解协议一方面可理解为CFIUS附条件地同意外国投资者并购美国企业,并对这些条件的执行予以持续的监督。另一方面,它也可视为并购交易方向美国政府作出的消除国家安全威胁因素的承诺与保证。

上述内容在中国企业在美的部分并购案中也有所体现。2005年联想公司收购IBM的笔记本电脑业务时,CFIUS曾表达了其对国家安全的担忧。因为当时IBM为美国政府部门提供服务,而中国科学院作为中国政府的代表,通过持有联想公司30%的股份而间接地实施了对后者的控制,因此该交易可视为"受外国政府控制的交易"。为此,联想公司、IBM与CFIUS达成了缓解协议,并承诺履行下列义务:IBM确保不向联想公司提供美国政府机构及相关公司的客户名单,IBM在北卡州的罗利研发中心的数千名员工将全部迁往其他州,禁止外国人进入罗利研发中心。最终CFIUS批准了此项并购计划。[②]

3.谈判与缔结缓解协议的具体策略

第一,选择适当的时机。

中国企业可以在以下情况下积极谈判缓解协议:(1)为了加快审查的进程,企业在初审阶段就与CFIUS或代表CFIUS的牵头机构提前达成缓解协议;(2)在知道或应当知道交易难以通过审查时,可以对导致交易失败的因素进行分析,就消除任何可能的国家安全风险主动地作出承诺,积极与CFIUS进行谈判;(3)如果CFIUS将采取相关临时措施或者强制措施,导致中国企业无法将自己的资产转移,可以主动与牵头机构或CFIUS签订缓解协议。

第二,对交易可能产生的国家安全风险提前进行识别和评估。

缓解协议的目的是消除交易带来的任何可能的国家安全风险。因此,中

---

① 杨静:《外资并购国家安全审查制度的平衡机制研究》,法律出版社2017年版,第168页。

② 杨静:《外资并购国家安全审查制度的平衡机制研究》,法律出版社2017年版,第210页。

国企业可以参照美国法律关于“国家安全”的考量因素，来判断并购交易是否涉及以及如何影响到这些国家安全的风险。例如，CFIUS近年来对于关键基础设施的保护愈加重视，一旦并购交易影响到关键基础设施的安全，则该交易获得批准的可能性较小。那么，如果收购项目的建设工地位于军事基地附近，这可能会直接影响军事基地的正常使用；如果目标公司同时为美国政府提供网络服务或数据处理的服务，这可能会引发美国信息安全的担忧。此时，中国投资者就可以考虑主动迁移项目的地址，或者承诺将目标公司为美国政府提供的服务从并购交易中剥离出去。

第三，在谈判缓解协议时作出必要的让步。

相对于其他国家的投资者，中国企业（特别是国有企业）在美并购会遇到一个特殊的障碍，那就是美国政府倾向于认为此类交易“受中国政府的直接或间接控制”。按照美国法律规定，交易受到外国政府的直接或间接控制，是影响国家安全的因素之一，故此类交易须受到严格的审查。法律对“控制”一词并无明确的定义。实践中，中国公司的股权结构、CEO（首席执行官）或创始人（如华为的任正非）与政府的密切关系、政府向中国企业提供财政资助等因素，均可被视为该企业受到政府控制的“证据”。按此逻辑，“中国企业受政府控制”的偏见恐难以根除。我们能够做的，就是要确保收购后的美国目标公司或重组的美国公司具有独立性，即独立于中国企业与中国政府，以此来消除美国政府的担忧。

例如，中国投资者可以承诺只收购美国公司的部分股权，一旦需要增加股权比例，须向美国政府申请；保证美国目标公司管理层的延续性与独立性，中方不委派任何人进入管理层；目标公司的经营继续由原管理层全权负责，中国企业不得进行任何干预；美国目标公司承诺目标公司的敏感技术或信息只有美国公民才可接触；邀请第三方机构对收购后的目标公司进行独立评估，证明目标公司乃基于商业利益独立地开展经营活动；公司运营的信息（如客户数据）由公司专人保管，服务器等基础设施保留在美国境内；定期向CFIUS或其牵头机构报告公司的运营情况，包括各种交易信息、财务数据、股东名单等。

（二）积极寻求美国司法救济

尽管中国企业在美并购交易经常遭遇CFIUS或总统的否决，或迫于各种压力而主动终止交易，但它们似乎很少考虑通过诉讼或仲裁的法律途径来反击美国政府的不当行为与维护自己的合法权益。迄今，与中国投资者相关的唯一一起法律诉讼就是2012年“罗尔斯公司诉CFIUS与美国总统案”。笔者以为，考虑到美国拥有比较完善的国内法律制度以及独立的司法裁判体系，同时中国企业的海外维权意识也在不断增强，如果中国投资者将来的并购交易再次遭到否决，则可从美国国内法院的层面来寻求法律救济。

在美国外资并购国家安全审查的历史上，2012 年“罗尔斯公司诉 CFIUS 与美国总统案”曾备受各界的关注，原因在于该案是第一起专门针对国家安全审查结果的诉讼。它打破了美国总统对于国家安全审查的决定不受司法挑战的“神话”。其间，美国联邦法院通过案件审理确立了国家安全审查结果的可诉性，并澄清了国家安全审查措施应遵循的正当程序等重要问题，这为中国企业寻求司法救济创造了一个可供参考的先例。借鉴该案的审理过程与判决结果，中国投资者可采取以下诉讼策略与相关措施。

1.主张美国联邦法院对争议措施拥有管辖权

美国《行政程序法》第 702 条规定，任何人因政府行为遭受不法侵害或者遭受到不利影响或损害的，都可以提起司法审查。作为美国的国家安全审查机构，CFIUS 采取的行动或措施均为政府行为。据此，CFIUS 在国家安全审查结束后作出的暂停并购交易案的命令、要求并购方接受限制性交易条件的决定等行为都应受到美国联邦法院的管辖。不过，假如 CFIUS 的禁令被嗣后总统作出的决定所取代，则情况有所不同。在“罗尔斯公司诉 CFIUS 与美国总统案”中，罗尔斯主张 CFIUS 发布的禁令超越了其职权并且违反了美国《行政程序法》。初审法院认为，总统对并购案的决定相当于取代了之前 CFIUS 作出的两项禁令，因此驳回了该项诉讼请求。罗尔斯公司对此判决并未提出上诉。

另外，法院对总统决定中的“正当程序问题”有管辖权。依据《美国宪法》第五修正案，任何人的生命、自由或财产在缺乏正当程序的情况下均不受剥夺。罗尔斯公司就是据此规定提出了诉请，主张 CFIUS 与总统违反了正当程序要求，因为他们没有向原告披露据以作出最终决定的依据或材料，也没有给原告反驳的时间与机会。美国政府则以 1950 年《国防生产法》所规定的“总统决定不受司法审查”以及司法实践中的“政治问题原则”作为抗辩理由。关于前者，上诉法院认为“总统决定不受司法审查”的规定是指总统决定本身不受审查而非总统决定所遵循的程序不受审查；关于后者，上诉法院认为罗尔斯公司的诉请没有涉及实体决定的“国家安全问题”，而只是希望法院认定其享有获知总统决定作出的依据以及对这些依据进行陈诉、申辩的程序权利，并不涉及政治问题。据此，上诉法院驳回了政府的抗辩，认定对总统作出决定的程序享有管辖权,并判决总统的决定确实违反了宪法所确立的正当程序原则,包括没有披露其决定的依据是什么,也没有给予罗尔斯公司抗辩的机会。该判决最终促使美国政府与罗尔斯公司之间达成和解,允许后者将其在俄勒冈州风电项目的财产权益转让给一家美国公司,从而最大限度地减少了损失。

2.提出适当的诉讼请求

法院在罗尔斯公司案中的判决表明,针对正当程序的指控并不要求法院对总统的决定进行重新审查,而是要求审查总统作出决定的过程与程序。在此,司法机构并不会质疑总统的决定本身。① 因此,假如中国企业在美并购案最终遭遇总统的否决,那么前者只能针对后者决定的程序性问题提出诉求,其法律依据就是美国《宪法》第五修正案中的正当程序条款。具体来讲,中国企业可提出两项诉求:第一,要求总统公布其据以作出决定的信息与证据,提高审查程序的透明度。不过,按法院在罗尔斯公司案中的判决,总统只是有义务披露非机密的信息与证据。一旦相关信息涉及军事计划、武器系统、情报机关、美国的外交活动等因素时,总统可拒绝公开。第二,要求总统提供适当的机会,允许原告为自己的利益进行抗辩,并反驳总统提出的证据。一旦此要求获得法院支持,总统就必须重新启动国家安全审查,把相关的程序"重走一遍"。当然,即使总统按照正当程序原则重新进行了审查,向中国企业披露了相关的信息与证据,并给予后者抗辩和反驳的机会,总统最终仍有可能再次决定禁止并购交易。

3.通过诉讼来寻求谈判与和解

"罗尔斯公司诉CFIUS与美国总统案"的重要意义在于,外国投资者被法院告知,美国总统的国家安全审查程序必须受到法律的约束和司法机构的审查。换言之,外国投资者在并购交易中的程序性权利理应得到保护。当然,这种程序性权利并不必然使得投资者获得实体性利益,因为它可能不会对最终的行政决定产生什么重大影响。所以有学者声称,"即使外国投资者获得了正当程序原则的保护,但这种保护可能是空洞的"②。

笔者以为,诉讼有时并不一定是目的,而是寻求当事人之间和解的一种手

① W. Zhu (Judy), CFIUS Under Review: National Security Review in the US and the WTO, *Journal of World Trade*, 2016, Vol.2.

② W. Zhu (Judy), CFIUS under Review: National Security Review in the US and the WTO, *Journal of World Trade*, 2016, Vol.2.

段。中国企业可选择“以诉讼促谈判、以诉讼促和解”，通过诉讼来向美国政府施加压力。可以借鉴的是，罗尔斯公司在二审胜诉后很快选择与美国政府达成和解，撤回诉讼，后者也同意前者将风电项目转让给第三方，并承诺不会在罗尔斯与三一集团将来的并购交易中给予歧视性待遇。和解是该案原被告取得双赢的结果：罗尔斯公司尽可能减少了自己的损失，且不影响三一集团今后在美业务的开展；美国政府也可避免其决定遭受进一步的司法审查。

（三）适时寻求国际投资仲裁的救济

国家安全审查是对外资准入实施的一项政府管制行为，该行为毫无疑问对投资者造成了负面影响，且将影响投资者在国际投资协定中所享有的各种待遇（如非歧视待遇、公平与公正待遇、免于征收等）。这为国家安全审查措施在国际投资仲裁中的可问责性奠定了基础。① 在外国投资者母国与东道国签订 BIT 的情况下，东道国对外资实施的不管是准入前还是准入后的所有国家安全审查措施，包括有关法律、法规、程序、要求或实践都受相关 BIT 的规制，外国投资者可将其与东道国之间因国家安全审查措施引发的所有争端提交国际仲裁，除非有关国际投资协定中明确将此类争端排除出了国际投资仲裁的适用范围。②

因此，假如将来中国与美国达成 BIT，或中国投资者在并购前做好国籍策划，使并购方获得了与美国达成 BIT 的第三国国籍，那么中国投资者都可以考虑通过国际仲裁来维护自己的合法权益。具体而言：

1.主张美国政府禁止并购交易的行为构成征收

在国际投资仲裁实践中，投资者指控东道国政府的管制行为构成间接征收是常见的一种寻求法律救济的方式。所谓间接征收，是指东道国的行为虽然没有直接剥夺外国投资者的财产，但是侵害或妨碍了外国投资者行使其权利，其效果等同于一种征收行为。东道国政府采取的拒绝投资者获得土地、劳动力与原材料等经济资源，拒绝司法，高额征税与罚款，严重妨碍投资者正常经营，剥夺投资者的采矿权等行为都可能被认定为征收行为。③ 诉之于间接征收并主张东道国应给予赔偿，已经成为中国投资者在海外遭遇不法侵害后

---

① 陶立峰：《外国投资国家安全审查的可问责性分析》，载《法学》2016 年第 1 期。

② 张生：《国家安全审查的国际投资仲裁救济探析》，载《国际商务研究》2019 年第 5 期。

③ 蔡从燕、李尊然：《国际投资法上的间接征收问题》，法律出版社 2015 年版，第 20～23 页。

采取的一个重要举措。例如，在“黑龙江国际公司等诉蒙古国案”中，中国投资者因其采矿权被蒙古国政府非法剥夺，故向仲裁庭指控该行为构成征收。① 在“北京城建公司诉也门案”中，中国投资者与也门政府达成协议，承建后者的一座机场。而在该项目正常施工过程中，也门政府派出军警逮捕了中国企业的部分员工并阻止其他员工进入工地施工，使得中国企业无法正常履行其建筑合同和获取投资收益。北京城建公司因此指控也门政府的行为构成了征收。②

间接征收的重要特点就是东道国不正当地阻止投资者行使其经营权或财产权，并给投资者造成了财产损失。就美国对外资并购的国家安全审查程序及结果而言，中国投资者同样可以主张美国政府的行为构成了一种间接征收。原因在于，投资者前期都会投入大量的并购成本与费用，而一旦并购被政府所禁止，则前期费用与投入都可能会付之东流。所以，美国政府发布的禁令无疑是剥夺或影响了投资者的财产权。例如，在前述“罗尔斯公司诉 CFIUS 与奥巴马总统案”中，总统与 CFIUS 曾分别发出禁令，要求罗尔斯公司停止其收购的风电场内所有的建设，并在规定时间截止前移除工地内的所有设备，工地也必须予以封闭并不得允许任何人进入；唯一的例外是，只有经 CFIUS 批准的美国公民才可进入工地，且进入的目的只是拆除设备，未移除工地内所有固定设施，且经 CFIUS 同意前，罗尔斯公司不得将风电项目及财产出售给任何第三方。最终，该并购交易不得不停止。法院最终认定，美国政府的行为在缺乏正当程序的情况下剥夺了罗尔斯公司的财产权益(约 600 万美元)。

2.防范 BIT 安全例外条款的适用

如果中国投资者成功地诉之于国际仲裁，还需防范美国政府将投资条约中的安全例外条款作为一项重要的抗辩理由。美式国际投资协定中通常会订有国家安全例外条款。例如，1994 年美国-阿根廷 BIT 第 11 条规定，本协定不得被解释为禁止缔约方为确保公共秩序、履行维护国际和平之义务以及保护其重要的国家安全利益而采取必要的措施。2001 年美国—克罗地亚 BIT

---

① China Heilongjiang International Economic Technical Cooperative Corp., Beijing Shougang Mining Investment Company Ltd., and Qinhuangdao Qinlong International Industrial Co. Ltd. *v.*Mongolia, PCA Case No.2010-20, Award, Jun. 30,2017.

② Beijing Urban Construction Group Co. Ltd. *v.* Republic of Yemen, ICSID Case No.ARB/14/30, Award, May 31,2017.

第15条、2003年美国—约旦BIT第14条等也有相似的规定。从法律属性上讲,此类国家安全例外条款为缔约方暂时背离BIT的条约义务提供了法律依据,也就是说,在符合条件的情况下,东道国可对外国投资者采取必要的安全例外措施且不给予该投资者在BIT项下获得的相应待遇。此外,安全例外条款也为国际仲裁庭介入并判断东道国对外资的国家安全审查措施是否符合BIT的规定提供了法律依据,因为此类条款并没有明确排除仲裁庭对安全例外措施的审查权。① 总之,安全例外不得成为东道国不正当地规避其国际义务的重要理由。②

就笔者所掌握的资料来看,迄今国际投资仲裁实践尚未涉及仲裁庭直接对国家安全审查措施进行裁决的案例。但是,涉及安全例外措施条款的仲裁案并不罕见。最为典型的就是阿根廷为应对2000—2003年期间的经济危机而采取了限制外汇兑换、取消外国投资者的特许权、终止投资合同中的稳定条款等干预措施,美国投资者就这些措施提出了多个投资仲裁案。在这些争端中,被诉方阿根廷都主张其管制行为可依据美国—阿根廷BIT中的安全例外条款而获得免责。此类案件的核心争议就是阿根廷的外资干预行动是否为保护公共秩序、国家安全所"必要的措施"。对此,仲裁庭的裁决意见并不完全一致。在"CMS诉阿根廷案"③和"Enron诉阿根廷案"④中,仲裁庭认定阿根廷的干预成为并不符合有关安全例外的习惯国际法(即联合国国际法委员会起草的《国家责任条款草案》第25条⑤)的规定,当然也没有遵守美国—阿根廷BIT中的安全例外条款,最终驳回了阿根廷的免责要求。在"LG&E诉阿根廷案"⑥中,仲裁庭却裁定阿根廷的安全例外抗辩成立,对于特定期间(2001

---

① 叶瑞:《论中美BIT中根本安全例外条款的设置》,载《重庆工商大学学报(社科版)》2015年第4期,第82页。

② 陶立峰:《外国投资国家安全审查的可问责性分析》,载《法学》2016年第1期。

③ CMS Gas Transmission Co. v. The Republic of Argentina, ICSID Case No.ARB/01/8,2005.

④ Enron Corporation and Ponderosa Assets, L.P. v. The Republic of Argentina.ICSID Case No.ARB /01/3, 2007.

⑤ 该条款规定,必需性(necessity)不得成为国家采取违反国际义务的不法行为的理由,除非此行为是该国能采取的应对严重危险、保护其根本利益的唯一行动,且不会对其他国家或国际社会的根本利益造成严重损害。

⑥ LG&E Energy Corporation v. The Republic of Argentina.ICSID Case No.ARB / 02 /1,2006.

年12月1日至2003年4月26日)的管制行为阿根廷可不承担赔偿责任。[1]

针对相同或相似的案件事实以及相同的BIT条款,不同的仲裁庭却作出相反的裁决。这种情况在国际投资仲裁实践中并不罕见,这是国际投资法缺乏体系性与统一性的重要表现。[2] 主要原因在于不同的仲裁庭对于涉案的BIT条款采取了不同的价值判断与解释方法。[3] 例如,"CMS诉阿根廷案"与"Enron诉阿根廷案"的仲裁庭均对国际习惯法以及美国—阿根廷BIT第11条中内含的"必要性"要求进行了深入、系统的分析。但"LG&E诉阿根廷案"仲裁庭的裁决思路却完全不同。它并未详细解释什么是"必要的"安全例外措施,而只是一再强调危机期间阿根廷确实存在严重的政治、经济与社会问题,甚至有可能导致政府的倒台与国家的崩溃,因此阿根廷不得已而采取外资干预行动。总之,争议措施是阿根廷可为保护公共秩序以及安全利益而采取的合法措施。[4]

本文赞同"CMS诉阿根廷案"与"Enron诉阿根廷案"仲裁庭的裁决意见。依据习惯国际法与国际条约法(如美国—阿根廷BIT),安全例外措施之正当性的唯一依据就是它的必要性,否则就会导致例外措施的滥用和国际投资纪律的分崩离析。假如东道国试图主张其对外资采取的安全例外措施能获得正当性,那么它就要证明该措施具有必要性。"Enron诉阿根廷案"的仲裁庭将"必要性"解读为争议措施应具有唯一性与不可替代性。仲裁庭认为,尽管经济危机带来了严重的失业、贫困与社会不稳定,但阿根廷可在外资干预措施之外采取其他替代性措施来应对经济危机,且阿根廷未能证明这些替代性措施是不可行的,因此仲裁庭认定争议措施不具有必要性。[5] 仲裁庭还特别强调,美国—阿根廷BIT第11条并不是自决性的(self-judging),即什么是保护国家安全所必需的措施并非由东道国自己来决定;仲裁庭有权依据案件事实来

---

① 李凤宁、岳靓:《对美投资遭受国家安全审查的争端解决路径与选择》,载《武汉理工大学学报(社会科学版)》2016年第3期。

② 丁夏:《国际投资仲裁中的裁判法理研究》,中国政法大学出版社2016年版,第16～20页。

③ 张生:《国际投资仲裁中的条约解释研究》,法律出版社2016年版,第142～145页。

④ LG&E Energy Corporation v. The Republic of Argentina, ICSID Case No.ARB/02/1(2006), Decision on Liability, Oct 3, 2006, paras.229-242.

⑤ Enron Corporation and Ponderosa Assets, L.P. v. The Republic of Argentina, ICSID Case No.ARB/01/3, Award, May 22, 2007.

审查争议措施是否符合必要性原则；考虑到BIT的目的与宗旨是保护与促进跨国投资自由化，而国家安全例外措施是对该目的与宗旨的背离，所以仲裁庭对例外条款应进行限制性解释。①

"Enron诉阿根廷案"仲裁庭的裁决给中国投资者带来了重要的启示。尽管美国对外资并购的国家安全审查确实有助于维护国家安全，但此类措施是否具有"必要性"则有待商榷。假如中国投资者将美国诉至国际仲裁且美国提出安全例外的抗辩，则中国投资者可提出"必要性"主张，即一项安全审查措施的必要性应同时满足以下两个要件：第一，该措施与政府预期实现的公共政策目标之间具有相称性、成比例性，也就说该措施对投资者利益造成的负面影响是最小的。这一要求来自行政法治中的"比例原则"，即行政机关在执法时，应在能够实现执法目的的若干方式中，选择对公民权利与自由的侵害最小的一种②。第二，并不存在其他可行的可实现相同政策目标的替代性措施，或即使存在可行的替代措施，但该措施对外资利益的负面影响更大。

总之，尽管国际仲裁庭对于安全例外措施的合法性与正当性有不同的判断标准，但中国投资者仍可将国际仲裁视为一项重要的维权路径。本文以为，对照上述两项标准，中国企业在美遭遇的许多并购禁令都有不合法之处。例如，美国政府在"罗尔斯公司诉CFIUS与美国总统案"中发布的禁令就并非为保护国家安全所必要的措施。首先，此类禁令给投资者带来的损失并不是最低的。美国政府曾禁止罗尔斯公司未经同意就将风电项目转让给第三方。但是，允许罗尔斯公司向第三方出售风电项目能够减少该公司的损失，而且并不会必然带来国家安全的威胁。其次，此类禁令并不具有不可替代性。美国政府本来还可采取禁令之外的其他替代性措施，例如与罗尔斯公司达成"缓解协议"，为并购交易施加限制性条件，或者按照惯例，由美国海军部基于维护国家安全的需要而出资收购此风电项目。

---

① Enron Corporation and Ponderosa Assets, L.P. v. The Republic of Argentina, ICSID Case No.ARB/01/3 (2007), Award, May 22, 2007.

② 胡建淼：《论公法原则》，浙江大学出版社2005年版，第538～539页。

五、结语

从美国外资并购国家安全审查制度的发展动向以及CFIUS的审查实践来看,审查范围不断扩大、审查力度日益加大是一个普遍的趋势,而审查标准过于宽泛、审查程序不够透明则是一个长期存在的基本特征。"9·11"事件后美国国会与政府将更多的政治与安全考量纳入外资管制政策中,投资自由化必须为国家安全让步。当前,美国国会与政府的国家安全考量因素已经从传统的国防安全拓展到国土安全、关键基础设施与关键技术等领域,并进一步涵盖食品安全、文化安全、金融安全、个人数据保护等非传统领域。此外,2018年生效的国家安全审查新法进一步增强了CFIUS的执法权,扩张了CFIUS可审查的交易范围以及应考虑的国家安全因素,并赋予其司法审查豁免权,同时延长了审查的期限。这些都对外国投资者进入美国市场造成了新的阻碍。例如,有学者认为,获取先进技术是跨国并购交易的首要目的。基于此,将来会有越来越多的交易因涉及法律规定的"关键技术"而被纳入CFIUS的审查范围。同时,CFIUS的审查程序已经"泛政治化",与美国外交政策紧密挂钩,所以,如果并购方或并购方的控制者来自中国等非传统盟国,或者并购交易的受益方来自中国等非传统盟国,这些交易都有可能被CFIUS否决。①

由于特朗普政府将快速崛起的中国视为威胁美国国家安全的一个重要因素,因此通过国家安全审查来限制中国企业在美投资已经成为当前美国政府与国会实现国家安全战略的一个重要举措,特别是以国家安全为名阻止中国企业进入美国的人工智能、通信、半导体等高端制造业,其打击目标直指"中国制造2025"战略。在此背景下,中国企业在美投资与经营不时会落入"有罪推定"的窘境,或被迫接受歧视性待遇,或因遭受不公平的苛责而不得不停止交易,这也严重影响了中国企业在美投资的积极性。据统计,在中国企业在美直接投资的金额于2016年达到了最高值(460亿美元),之后就一直呈现下跌趋

① A. D. Westbrook, Securing the Nation or Entrenching the Board: The Evolution of CFIUS Review of Corporate Acquisitions, *Marquette Law Review*, 2019, Vol.3.

势,2017 年跌到了 270 亿美元,2018 年时就只有 48 亿美元了。①

为了提高中国企业通过美国外资并购国家安全审查的成功率,并尽量减少因并购未获批准而带来的损失,企业在审查过程中应努力与 CFIUS 达成缓解协议。缓解协议为并购交易的继续进行提出了限制性条件,它有助于消除并购交易给国家安全带来的威胁以及美国政府的担忧。另外,审查结束后中国企业还可采取相应的法律手段。在"罗尔斯公司诉 CFIUS 与奥巴马总统案"中,总统与 CFIUS 因其行政行为违反"正当程序"而败诉,法院判决美国政府不得未经正当程序就剥夺外国投资者的相关财产。中国企业可借鉴罗尔斯公司的成功经验,必要时在美国国内法院提起诉讼。另外,在符合条件的情况下,中国企业还可通过国际仲裁来维护自己的合法权益。

(本文责任编辑:潘灵蕴)

Study on the Legal Evolution, Execution Characters and Corresponding Measures Towards National Security Review Against Foreign Capital Merger and Acquisition in US

Chen Miao　Liu Yong

Abstract: The national security review against foreign capital merger and acquisition (M&A) conducted by The Committee on Foreign Investment in the US (CFIUS) is not only one integral part of US foreign investment admission policy, but also an important measure to realize the national security strategy. Retrospecting the evolution of US national security review, a general trend is that the enforcement power of CFIUS is increasing and the scope of review is expanding. Besides, the long-standing basic characteristics of the system are that the review standard is relatively vague, the review procedure is comparatively nontransparent, and the review decision enjoys certain judicial immunity. In order to pass the national security review of foreign M&A in the US as much as possible, Chinese enterprises should strive to reach a mitigation agreement with CFIUS when facing the risk that the transaction may be rejected. Once the transaction is vetoed, Chinese enter-

① 孔闻峥:《中国对美投资大幅下降 83%,中企还有投资机会吗?》,http://www.sohu.com/a/340896166_610982,下载日期:2020 年 2 月 10 日。

prises can also resort to US domestic courts or international arbitration.

Key Words: CFIUS; Foreign Capital Merger&Acquisition; National Security Review; Chinese Enterprises

国际惯例的理论定位和实践阐微*

朱 玥**

内容摘要：学界对“国际惯例”一词的泛化使用，导致国际惯例的内涵和外延难以把握，理论争议较大。应当指出，国际惯例与国际习惯有着本质的区别。国际惯例是指在国际交往中行为主体之间持久而统一的实践，尚未被各国确认为法律，也不能成为法律渊源。虽然国际惯例不是法律，但其外延包含通例、国际商事惯例等，在国际法领域有着重要地位和作用，科学地定义国际惯例，对国际法理论和实践的发展具有重要意义。在国际公法领域，国际惯例是具有一般性的国家惯例，是构成国际习惯的物质要素和首要条件；在国际私法和国际经济法领域，国际惯例是为参与国际交往的民商事主体广泛了解和经常遵守的行为模式，为国际民商事交往带来巨大便利。

关键词：国际习惯；国际惯例；通例；国际商事惯例

目 录

---

* 本文系上海市哲学社会科学规划一般项目“‘一带一路’背景下中外 BIT 公平与公正待遇条款改革路径研究”（项目 2019BFX006）的阶段性研究成果。

** 朱玥，华东政法大学国际法学院 2019 级博士研究生。

(二)国际商事惯例的主要表现形式

(三)将国际商事惯例作为法律渊源的理论争议

(四)国际商事惯例具有拘束力的法理基础

三、关于我国国际惯例立法的思考

(一)我国立法中的“国际惯例”之内涵

(二)我国关于国际惯例的立法之不足与完善

虽然在日常用语和实践中,英文单词“usage”、“custom”和“general practice”往往都被译为“惯例”①,但是在国际法视阈下,国际习惯(international custom)、国际惯例(international usage)和通例(general practice)有着不同含义,必须严格区别,不能笼统理解和泛化使用,否则不仅将引起理论上的争议和混乱,例如错误地将国际惯例等同于国际习惯、在定义国际惯例时忽视其本身不是法律等,而且也给实务工作带来诸多障碍,例如如何界定《民法通则》第142条第3款中的“国际惯例”、如何认定《国际贸易术语解释通则》(International Rules for the Interpretation of Trade Terms,以下简称“INCOTERMS”)、《跟单托收统一规则》(The Uniform Rules for Collections,以下简称“URC522”)、《跟单信用证统一惯例》(Uniform Customs and Practice for Documentary Credits,以下简称“UCP”)等国际惯例的拘束力来源等。有鉴于此,本文通过对国际条约官方中英译本、国际法院判决、联合国国际法委员会报告、国际法权威学者之观点等进行梳理和剖析,试图给出国际惯例的定义,清楚界分国际惯例与国际习惯、通例,使之与整个国际法法律体系相协调,并且对完善国内相关立法提出合理建议,真正做到用好国际惯例——“与国际接轨”。

一、国际公法中的国际惯例

在国际公法领域,学者们经常同时谈及“国际惯例”和“国际习惯”。劳特派特(Hersch Lauterpacht)指出,不能将“习惯”(custom)与“惯例”(usage)相

① 例如 Uniform Customs and Practice for Documentary Credits 被译为《跟单信用证统一惯例》;联合国国际法委员会二读通过的《习惯国际法的识别结论(草案)》中“general practice”被译为“惯例”等。

混淆,在国际法中,“习惯”与“惯例”有着截然不同的含义。如果某种明显且一贯行为的形成具有国际法上的权利或义务感,那么国际法学家就说这是习惯;如果某种一贯行为的形成并未带有国际法上的权利或义务感,那么国际法学家就说这是惯例。[①] 布朗利(Iran Brownlie)认为,尽管“习惯”(custom)和“惯例”(usage)常常被混用,但是二者内涵不同。惯例是普遍的实践,并不反映法律义务。[②] 上述观点为大多数外国学者所接受,已经成为西方主流观点。对此,虽然我国学者大多已认识到国际惯例不同于国际习惯[③],但仍存在将国际惯例与国际习惯混淆、粗略地将国际惯例等同于通例等理论误区。

(一)“usage”和“custom”在国际公法中的固有含义

老一辈国际法学者并未将“国际习惯”与“国际惯例”进行严格区分。周鲠生先生将“international custom”翻译为“国际惯例”,认为“按照联合国《国际法院规约》第 38 条的规定,法院应适用国际惯例作为通例(一般实践)之证明而经接受为法律者。这表明惯例是各国的一般实践被接受为法律的”[④]。陈安教授从英文翻译的用词习惯角度指出,“将‘international custom’翻译为国际惯例,似更切合于中国社会生活和日常习惯用语的实际,也更有利于与中国现行诸基本法律中的‘国际惯例’这一法定用语互相衔接,取得一致”[⑤]。车丕照教授将“国际公法上的惯例”与“国际习惯”画了等号。[⑥] 国内国际法学界的权威学者在探讨国际法渊源时,认为国际惯例与国际习惯的差异仅仅在于翻译措辞上,可以按照实际需要,进行互换使用。

在翻译中追求“信、达、雅”固然重要,但是就法律翻译而言,应当在追求翻译效果的同时明确法律概念之间的本质区别。从《国际法院规约》中英文对照文本、权威法律词典以及国际法院判决中的措辞二个角度来看,国际惯例与国际习惯存在着明显差异。

---

① L. Oppenheim, H. Lauterpacht (ed.), *International Law: A Treatise*, 8th ed., Longman, 1955, p.26.

② I. Brownlie, J. Crawford (ed.), *Brownlie's Principles of Public International Law*, 8th ed., Oxford University Press, 2012, p.23.

③ 王虎华主编:《国际公法学》,北京大学出版社 2015 年版,第 18 页;贾兵兵:《国际公法:和平时期的解释与适用》,清华大学出版社 2015 年版,第 31 页。

④ 周鲠生:《国际法》,武汉大学出版社 2017 年版,第 10 页。

⑤ 陈安:《论适用国际惯例与有法必依的统一》,载《中国社会科学》1994 年第 4 期。

⑥ 车丕照:《国际惯例辨析》,载《法商研究》1996 年第 5 期。

第一,联合国《国际法院规约》第38条是对国际法渊源的权威说明。1945年《国际法院规约》中文作准文本,将"international custom,as evidence of a general practice accepted as law"翻译为"国际习惯,作为通例之证明而经接受为法律者"。那么,将"international custom"译为"国际习惯"应是确定无疑的。我们从中也可以知道,国际习惯的法律概念是:通例的证明并且被各国接受为法律。由此,我们应当考察"international usage"是否符合国际习惯的法律概念。如果完全相符,"international usage"就可以翻译为"国际习惯"。

第二,《布莱克法律词典》对"usage"和"custom"进行了区分:"usage"是一种惯常实践,其本身不是法律①;"custom"是普遍且一贯的实践所产生的具有法律拘束力的规则②。《牛津法律词典》对"usage"和"custom"的定义分别是:"usage"是在特定行业或贸易中由来已久并被广泛知晓的实践③;"custom"是被接受为法律的实践,是国际法的渊源之一。单纯的实践转变为习惯国际法规则的关键因素是法律确信④;《元照英美法词典》将"usage"解释为习惯做法,并且指出"usage"和"custom"的区别在于前者是一个重复的行为,后者是在此重复行为基础上形成的法律或规则⑤。

第三,国际法院在根据《国际法院规约》第38条作出裁判时,清晰地区分了"usage"和"custom"。在"荷花号案"中,国际法院认为,国际法的作用在于规制主权国家之间的关系。因此,对各国均有拘束力的法律规则源于国际条约、"usage"被接受为法律而形成的规则⑥。在"庇护权案"中,国际法院认为,以"custom"为依据的一方必须证明此种"custom"是按照对他已经有拘束力的方式确立的……必须证明其援引的规则符合有关国家持久而统一的"usage",并且这种"usage"能够体现给予庇护国权利而当地国家负有义务。这符合《国际法院规约》第38条中关于"international custom"的规定⑦。在"北海大陆架案"中,国际法院强调,一项国际习惯法规则的形成必须满足两个

---

① B. A. Garner, *Black Law Dictionary*, 10th ed., 2014, p.1774.

② B. A. Garner, *Black Law Dictionary*, 10th ed., 2014, p.468.

③ J. Law, E. A. Martin, *A Dictionary of Law*, 7th ed., 2009, p.572.

④ J. Law, E. A. Martin, *A Dictionary of Law*, 7th ed., 2009, pp.149-150.

⑤ 薛波主编:《元照英美法词典》,法律出版社2003年版,第1388页。

⑥ The Case of The S.S. "Lotus", Judgement, 1927 ICJ 9, p.18.

⑦ Asylum Case (Colombia/Peru), Judgement, 1950 ICJ 20, pp.14-15.

条件：构成既定实践（settled practice）和法律确信[①]。

综上，在国际公法领域，“international usage”不是法律，是国家持久而统一的实践，并不符合国际习惯的法律概念。我们应严格将“international usage”翻译为“国际惯例”以示区分，不宜随意使用“国际惯例”和“国际习惯”。此外，通过上述考察，国际惯例与国际习惯的关系得以澄清：一方面，形成一项国际惯例是产生一项习惯国际法规则的前提；另一方面，当国际惯例被接受为法律后，就不再是国际惯例，其已成为习惯国际法规则，继而可以被归入“国际法的渊源”的范畴。

（二）分类界定“国际惯例”的逻辑瑕疵

王铁崖先生关注到了习惯常与惯例混淆使用，试图以分类的方式定义国际惯例，以明晰惯例与习惯的关系。王铁崖先生指出：“‘惯例’有广义与狭义之分；狭义的‘惯例’专指‘习惯’，而广义的‘惯例’则包括‘习惯’在内——外交文件上所用的‘惯例’一词可能既包括具有法律拘束力的习惯，即狭义的‘惯例’，也包括尚未具有法律拘束力的‘惯例’，即《国际法院规约》第38条第1项（丑）款所指的‘通例’。不同词语的使用引致一些意义上的混乱。但是，按照《国际法院规约》第38条第1项（丑）款规定的中文本，应使‘国际习惯’作为国际法的渊源。”[②]可见，虽然王铁崖先生将惯例分为两类，一类是具有法律拘束力的惯例，即习惯；另一类是不具有法律拘束力的惯例。但是王铁崖先生又进行了自我否定，认为为了避免混乱，国际习惯才是国际法的渊源。笔者赞同王铁崖先生的此种观点，具有法律拘束力的国际惯例已经不再是国际惯例，它成为国际习惯，已不再属于惯例的范畴，故无须从广义、狭义界定国际惯例的内涵。

王铁崖先生指出：“国际习惯由两个因素构成，一是各国的重复类似行为，另一是被各国认为有法律拘束力。前者是‘常例’（usus），是客观因素，后者是‘法律确信’（opinio juris），是主观因素。”[③]笔者通过查阅文献，发现王铁崖先生这里所说的“usus”是“usage”的拉丁文形式。[④] 那么，王铁崖先生在将惯例

---

① North Sea Continental Shelf Cases (Federal Republic of Germany/Denmark; Federal Republic of Germany/Netherlands), Judgement, 1969 ICJ 3, para.77.

② 王铁崖主编：《国际法》，法律出版社1995年版，第13页。

③ 王铁崖主编：《国际法》，法律出版社1995年版，第14页。

④ Second report on identification of customary international law, U.N.Doc.A/CN.4/672(2014); A. X. Fellmeth, Maurice Horwitz, *Guide to Latin in International Law*, Oxford University Press, 2009, p.285.

明确为国际习惯的客观因素的同时,又认为狭义的惯例具有法律拘束力,是习惯,似有逻辑上的瑕疵。笔者认为,王铁崖先生的"两要素"论述是正确的,我们应当始终明确,在国际公法领域,国际惯例是各国的普遍实践,不是国际习惯,而是国际习惯的客观因素,或者说是物质要素。

(三)将"国际惯例"和"通例"等同的认识偏差

"通例"(general practice)一词出现在1945年《国际法院规约》中文作准文本中,它是一个法律概念,但是《国际法院规约》没有对其作出细致解释。

国际法院有关"通例"这一客观要素的解释如下:在"庇护权"案中,国际法院认为,如果无法证实存在一项持久、统一的国家做法,则不存在所称的习惯国际法规则①;在"北海大陆架案"中,国际法院认为,所涉国家实践必须广泛并且基本上统一②,形成既定实践;在"尼加拉瓜境内和针对尼加拉瓜的军事和准军事活动案"中,国际法院认定,要审议那些习惯国际法规则适用于本争端,必须考察各国的实践和法律确信③。国际法院接着指出,不应期望所涉规则在各国实践中的适用都绝对严格地保持一致。各国的行为只要大体上与这种规则一致即可④;在"国家的管辖豁免案"中,国际法院证实,习惯国际法源自国家实践。⑤ 此外,当所涉国家在特定情况下不采取行动,即不威胁使用或使用武力,这种不作为也可算作国家实践。⑥

由此可以推知,通例是指国家之间持久、广泛及基本上统一的实践,简单来说,就是国家之间的普遍实践。进一步结合《国际法院规约》第38条,通例是构成国际习惯物质要素的国家之间普遍实践,包括作为和不作为。通例虽然是法律概念,但本身不是法律,只有获得法律确信才能成为习惯国际法规则。

---

① Asylum Case (Colombia/Peru), Judgement, 1950 ICJ 20, para.277.

② North Sea Continental Shelf Cases (Federal Republic of Germany/Denmark; Federal Republic of Germany/Netherlands), Judgement, 1969 ICJ 3, para.74.

③ Case Concerning Military and Paramilitary Activities in and Against Nicaragua (Nicaragua v. United States of America), Judgement, 1986 ICJ 70, para.183.

④ Case Concerning Military and Paramilitary Activities in and Against Nicaragua (Nicaragua v. United States of America), Judgement, 1986 ICJ 70, para.186.

⑤ Jurisdictional Immunities of the State (Germany v. Italy: Greece Intervening), Judgement, 2012 ICJ 143, para.101.

⑥ Jurisdictional Immunities of the State (Germany v. Italy: Greece Intervening), Judgement, 2012 ICJ 143, para.77.

如上文所述,国际惯例是普遍的实践,本身不是法律。加之国际法院在"荷花号案"和"庇护权案"中阐释构成国际习惯的物质要素时,都使用了"usage"一词①,中外学者在论述国际习惯的构成要素时,也多谈"国际惯例"或"usage"②。因此,在国际公法领域,鉴于"通例"是法律概念,那么国际惯例则是理论上对通例的称呼。国际惯例是国家之间持久而统一的实践,是构成国际习惯的物质要素和首要条件。如果缺乏法律确信这一心理要素,国际惯例不可能成为国际法的渊源——国际习惯。但是,国际惯例等同于通例这一说法并不是"放之四海而皆准",因为不仅国际公法领域存在国际惯例,国际私法、国际经济法领域同样存在国际惯例。国际惯例不只是国家之间的实践,还包括国际民商事主体之间的实践。那么,国际惯例的范围大于通例,国际惯例的外延包含通例,就不能用"国际惯例"完全置换"通例",否则缺乏一定的严谨性,也与整个国际法法律体系不相协调。

二、国际私法和国际经济法中的国际惯例

在公元前,地中海沿岸地区就出现了国际经济交往活动。随着古希腊城邦的兴起,国际贸易活动日趋频繁,地中海沿岸各国商人在长期实践的基础上形成了一些关于国际商业贸易的习惯性做法,这些习惯性做法具有国际性。③到了中世纪的欧洲,那时现代意义上的民族国家尚未形成,商人间已经形成了专门调整商事交易关系的规范体系,即"商人习惯法"(Lex Mercatoria)。④ 中世纪末,民族国家形成,各国开始将商人习惯法纳入国内法体系。所以,国际

---

① The Case of the S.S. "Lotus", Judgement, 1927 ICJ 9, p.18.; Asylum Case (Colombia/Peru), Judgement, 1950 ICJ 20, pp.14-15.

② 参见[英]詹宁斯等:《奥本海国际法》,中国大百科全书出版社 1995 年修订版,第 16 页;王铁崖主编:《国际法》,法律出版社 1995 年版,第 14 页;B. Cheng, United Nations Resolutions on Outer Space: "Instant" International Customary Law?, *Studies in International Space Law*, Clarendon Press, 1998, p.137; K., J. L, The Nature of Customary International Law, *The American Journal of International Law*, 1953, Vol.47, p.4.

③ 朱榄叶主编:《国际经济法学》,北京大学出版社 2013 年版,第 1 页。

④ 赵秀文:《论国际惯例——兼论我国经济立法与国际惯例接轨》,载《法学家》1996 年第 2 期。

私法和国际经济法领域存在着大量国际惯例，并且主要表现为国际商事惯例，这有别于国际公法领域的国际惯例。

(一)国际商事惯例的法律定义

在国内法层面，各国法律体系虽然多有涉及惯例的规定，但是对其进行定义的很少。① 美国是少数对惯例明确给出定义的国家之一。美国《1912年统一商法典》第1—205条规定，贸易惯例指进行交易的任何做法或方法，只要该做法或方法在一个地区、一种行业或一类贸易中已得到经常遵守，以至使人有理由相信它在现行交易中也会得到遵守。② 这是美国国内法对贸易惯例给出的法律定义，并且反映出惯例是经常为交易主体遵守的任何做法、方法，不是法律。

在国际法层面，《联合国国际货物销售合同公约》(United Nations Convention on Contracts for the International Sale of Goods，以下简称"CISG")第9条针对国际商事惯例的适用问题作出规定。尽管CISG未给出定义，但是我们可以从中知道国际商事惯例的特征：第一，在相关贸易领域中，为特定经贸合同当事人广泛知道；第二，为从事国际经贸活动的当事人经常遵守。此外，国际统一私法协会于2016年修订了《国际商事合同通则》(Principles of International Commercial Contracts，以下简称"PICC")。PICC第1.9条关于"惯例与实践"的规定也采用了相似的表述来界定惯例，即"双方当事人受双方同意或彼此之间确立的任何实践的约束；双方当事人受在国际贸易中，为特定贸易当事人广泛知道并且经常遵守的惯例的约束，除非该惯例是不合理的。"该条注释也指出，除了双方当事人同意适用的惯例，对双方当事人能够产生约束力的惯例必须满足为从事国际经贸活动的民商事主体广泛知道和经常遵守。③ 可见，广泛知道和经常遵守是国际商事惯例的两大特征。广泛知道表明该惯例在行业中已经得到普及，是多数人的实践；经常遵守意味着需要对相关国际民商事主体具体实践进行考察，重点在于行为主体是否经常以相关惯例作为一种行为准则，进而在彼此之间形成了相对固定的行为模式。最常见的实践是将惯例纳入合同条款予以遵守。④

① C. M. Schmitthoff, International Trade Usages, *Institute of International Business Law and Practice*, 1987, p.9.

② 参见美国1912年《统一商法典》。

③ Principles of International Commercial Contracts. UNIDROIT. Art.1.9 (2016).

④ 郑旭：《论国际商事惯例》，载《国际商务研究》2010年第4期。

由此，我们可以对国际商事惯例下定义，即国际商事惯例是指为从事国际经贸活动的当事人广泛知道并且经常遵守的行为模式。

(二)国际商事惯例的主要表现形式

在国际商事惯例中，有很大一部分属于国际贸易惯例。国际贸易惯例涉及国际贸易活动的各个方面，包括贸易术语、合同订立、贸易支付、运输和保险等，为跨国经贸活动带来了巨大便利。以沈达明先生、冯大同先生为代表的国际贸易法领域学者普遍认为，"成文的国际贸易惯例是由国际组织或者商业团体根据长期形成的商业习惯制度的。这些惯例虽然不是法律，不具有普遍的拘束力，但是各国法律允许参与国际贸易活动的国际民商事主体有选择适用国际贸易惯例的自由。并且，一经采用，即产生拘束力"①。笔者对重要的国际商事惯例进行了以下梳理(表1)。

表1　国际贸易惯例的主要表现形式

类别	起草/制定者	时间(年)	名称	内容说明
贸易术语	国际商会	1953、1967 1976、1980 1990、2000 2010、2020	INCOTERMS	1.对11种贸易术语作出解释并对买卖双方权利义务作出具体规定； 2.INCOTERMS 2020版为最新修订版本，但INCOTERMS是国际惯例，不存在"新法优先于旧法"的问题
	国际法协会	1932	《华沙—牛津规则》(Warsaw-Oxford Rules)	对CIF贸易术语中买卖双方权利义务作出明确界定
	美国商会、美国进口协会及美国对外贸易协会所组成的联合委员会	1941	《美国对外贸易定义修订本》(Revised American Foreign Trade Definitions)	对FOB、FAS、CIF、C&F、EX、Ex Dock等6种贸易术语作出解释

① 沈达明、冯大同:《国际贸易法新论》，法律出版社1989年版，第6页。

续表

类别	起草/制定者	时间(年)	名称	内容说明
合同订立	国际统一私法协会	2016	PICC	1.对合同的订立、内容、履行、终止等内容作出规定; 2.PICC是一国立法者起草、制定合同法时的范本
贸易支付	国际商会	1995	URC522	对托收业务中当事人的法律关系、银行的责任与豁免等问题作出规定
	国际商会	2007	UCP	1.对信用证业务中当事人的权利义务作出规定; 2.最新版本为UCP 600
运输和保险	国际商会	1973	《联合运输单证统一规则》(Uniform Rules for a Combined Transport Document)	对联合运输的内涵、联合单据签发人的责任等问题作出规定
	国际海事委员会	2016	《约克—安特卫普规则》(The York-Antwerp Rules)	对共同海损的理算作出规定
	英国伦敦保险协会	2009	《伦敦保险协会货物保险条款》(Institute Cargo Clause)	对平安险、水渍险、一般险、附加险等承保范围和除外责任作出规定

由上述梳理可知,以国际商会为代表的一系列国际组织对国际贸易惯例进行了编纂,为商人开展国际经贸活动节约了谈判成本,提高了交易效率。可以看到,国际贸易惯例不是一成不变的。由于科学技术不断进步、人们追求的价值目标愈来愈高,国际贸易中行为主体之间会形成的新做法、新交易方法和新共识,这必然导致国际贸易惯例的不断发展和完善,因为国际贸易惯例是行为主体实践的反映,是为经贸活动中行为主体广泛知道和经常遵守的行为模式。随之而来的是,组织编纂国际贸易惯例的国际组织会对既有的、成文化的

国际贸易惯例进行修订。但我们应当始终牢记,国际贸易惯例不是法律,新版本的效力并不优先于旧版本,旧版本依旧有效。[①]

(三)将国际商事惯例作为法律渊源的理论争议

学界关于国际商事惯例是不是法律渊源的争议主要围绕"国际商事惯例是否是国际私法渊源"展开。按照我国多数学者的观点,国际商事惯例是国际私法渊源,并且可以分为两类:其一,属于法律范畴的国际惯例;其二,不属于法律范畴的国际惯例。[②] 但是,也有学者指出,作为国际私法渊源的国际惯例大多属于第二类[③];更有学者认为,国际惯例不具有法律拘束力,绝不可能成为法的渊源,更不必说是国际私法的渊源。[④] 可以看到,争议的焦点在于国际商事惯例究竟是否具有法律拘束力。笔者认为,要想厘定这一争议,还必须从各国国内立法和国际条约的实践出发。

1.国内立法

在实行民商分立的英美法系国家,有关国际惯例的立法均出现在商业立法领域,并且国际商业惯例的基本内容都被纳入了国内法律体系。例如,英国不区分国内商法和国际商法,统称为"commercial law"。[⑤] 现代商人法被明确列为英国的商法渊源[⑥],英国 1882 年《汇票法》、1893 年《货物买卖法》、1906 年《海上保险法》等法律对商业贸易领域中的惯例进行编纂,赋予其法律效力;美国 1912 年《统一商法典》第 1—205 条规定,"行业惯例指进行交易的任何做法或方法,只要该做法或方法在一个地区、一种行业或一类贸易中已得到经常遵守,以至使人有理由相信它在现行交易中也会得到遵守。当事方之间的交易过程和当事方所从事之行业或贸易中的行业惯例,或当事方知道的或应该

① Incoternms (2020), https://iccwbo.org/resources-for-business/incoterms-rules/incoterms-2020/,下载日期:2019 年 12 月 13 日。

② 丁伟主编:《国际私法学》,上海人民出版社 2013 年版,第 35 页。

③ 韩德培主编:《国际私法》,高等教育出版社、北京大学出版社 2000 年版,第 31 页;黄进主编:《国际私法》,法律出版社 1999 年版,第 81~82 页。

④ 陈卫佐:《比较法视野下的国际私法渊源——兼论一般国际惯例不是国际私法的渊源》,载《时代法学》2009 年第 2 期;杜新丽:《论国际惯例在我国涉外审判中的适用》,载《人民司法》2005 年第 9 期。

⑤ 袁发强:《关于国际惯例的立法思考》,载《武汉大学学报(哲学社会科学版)》2004 年第 1 期。

⑥ G. Roy, *Commercial Law*, Pengiun Books Ltd., 1995, p.3.

知道的行业惯例,使协议条款产生特定含义,并对协议条款起补充或限制作用”[1]。美国1981年《合同法(第二次重述)》第219条指出,“尽管法律规则常常来源于惯例,但惯例本身不是法律,仅是事实上的一种惯行或实践。”[2]第222条指出,“贸易惯例是指在某一地点、行业或贸易中被遵守的惯例。贸易惯例的存在及其范围应作为一个事实问题来确定。如果该项惯例已经成文化,被纳入法律规定,那么对于惯例的解释问题就成为一个法律问题。除非另有约定,当事方知道的或应该知道的贸易惯例,使协议条款产生特定含义,并对协议条款起补充或限制作用。”[3]由此,我们可以知道,在英美法系国家,国际商业惯例已经被国内商事立法所吸收,那么此时的国际惯例已经成为具体的法律规则,不再是国际惯例。[4] 国际惯例是被当事方知晓并且经常遵守的做法,对协议条款起补充或限制作用,而非当然的法律拘束力。

在实行民商合一的大陆法系国家,商法的基本原则、规则、制度等已经被规定在了民法之中。蒙古2002年《民法典》第540条、朝鲜1995年《涉外民事关系法》第6条、越南1995年《民法典》第827条、哈萨克斯坦1999年《民法典》第1084条、阿塞拜疆2000年《国际私法》第1条、俄罗斯2002年《民法典》第1186条以及中国2009年《民法通则》第142条均规定,“在国内立法或参加的国际条约中没有相应规定的情况下,可以适用国际惯例”[5]。德国2002年《民法典》第157条规定:“合同必须照顾交易习惯,以诚实信用所要求的方式予以解释。”由此,我们可以知道,在大陆法系国家,国际惯例虽然具有重要地位,但是“可以适用”和“照顾”等字眼,体现出国际惯例并不具备法律的独立性和强制性,它的适用并非必须,仅在无法可依的情况下,利用其进行补漏,发挥着补充作用。[6] 与此同时,它的适用还受到公共秩序的制约[7],例如中国2009

---

① 参见美国1912年《统一商法典》中译本,【法宝引证码】CLI.FL.643。

② Restatement (Second) of Contracts § 222 (1981), § 219 Usage.

③ Restatement (Second) of Contracts § 222 (1981), § 222 Usage of Trade.

④ 赵秀文:《论国际惯例——兼论我国经济立法与国际惯例接轨》,载《法学家》1996年第2期。

⑤ 李双元主编:《国际私法》北京大学出版社2018年版,第22页。

⑥ 梁慧星主编:《民商法论丛:法律漏洞及其补充方法》,法律出版社1994年版,第23页;杨建军:《惯例的法律适用——基于最高人民法院公报案例的考察》,载《法制与社会发展》2009年第2期。

⑦ 孙南申:《论外商投资国际惯例》,载《中国法学》1993年第2期。

年《民法通则》第150条规定:“依照本章规定适用外国法律或者国际惯例的,不得违背中华人民共和国的社会公共利益。”①正如德国学者拉贝尔(Ernst Rabel)、拉伦茨(Karl Larenz)、法国学者惹尼(François Gény)等人所言,商事惯例不是法律渊源,而是事实实践。这种商事惯例不得破坏交易的稳定性,并且不能构成滥用,商事惯例应始终是持续并且得到认可的统一实践。②

综上,无论是英美法系国家,还是大陆法系国家,国际商事惯例都是一种事实上的统一实践,并且得到了平等民商事主体的认可,起源于商业交易,也应用于国际民商事交往。尽管有大量的国际商事惯例被编纂进法律,具有了法律拘束力,但是应该注意到,此时内化有国际商事惯例的规范是法律而不是惯例。

2.国际条约

由于《国际货物买卖统一法》(*Uniform Law on the International Sale of Goods*)和《国际货物买卖合同成立统一法》(*Uniform Law on the Formation of Contracts for the International Sale of Goods*)的制定基本上参照了西方发达国家的法律制度,导致缔约国数量很少,影响也较为有限。联合国国际贸易法委员会在总结这两部公约的失败经验后,参考了世界多数国家的国际贸易理论和实践,组织编纂了CISG。CISG第9条规定:“双方当事人业已同意的任何惯例和他们之间确立的任何习惯性做法,对双方当事人均有约束力。

---

① 《最高人民法院关于适用〈中华人民共和国涉外民事关系法律适用法〉若干问题的解释(一)》第5条规定:人民法院应当根据《中华人民共和国民法通则》第142条第3款以及《中华人民共和国票据法》第95条第2款、《中华人民共和国海商法》第268条第2款、《中华人民共和国民用航空法》第184条第2款等法律规定,适用国际惯例。故国际惯例的适用仍然要受到公共利益的限制。此外,值得注意的是,《最高人民法院关于适用〈中华人民共和国涉外民事关系法律适用法〉若干问题的解释(一)》第9条系关于如何适用尚未对我国生效的国际条约的规定,在司法解释起草过程中,有观点认为可以把这类条约视为国际惯例。但是司法解释最终没有采纳此种观点,而是把这类国际条约认为构成当事人之间合同的组成部分,据以确定当事人之间的权利义务。参见《最高法发布首个〈涉外民事关系法律适用法〉司法解释》,http://china.cnr.cn/gdgg/201301/t20130106_511720258.shtml,下载日期:2019年12月18日。

② F. Gelinas (ed.), *Trade Usages and Implied Terms in the Age of Arbitration*, Oxford University Press, 2016, p.85;[德]卡尔·拉伦茨:《德国民法通论》(下册),法律出版社2013年版,第10页;F. Geny, *Méthode d'interprétation et sources en droit privé positif*, 2nd ed., LGDJ, 1932, p.146.

除非另有协议,双方当事人应视为已默示地同意对他们的合同或合同的订立适用双方当事人已知道或理应知道的惯例,而这种惯例,在国际贸易上,已为有关特定贸易所涉同类合同的当事人所广泛知道并为他们所经常遵守。”根据《维也纳条约法公约》第31条、第32条(条约解释之习惯国际法规则①),其一,从条文用语及条约目的、宗旨出发,该条规定的“业已同意”或“默示同意”均要求,只有在合同当事人明示或默示同意适用相关惯例时,惯例才发生法律拘束力,这是当事人意思自治原则在国际贸易领域的体现②;其二,结合条约上下文,CISG第4条规定,“公约与合同的效力,或其任何条款的效力,或任何惯例的效力无关”,那么当事人合意选择适用惯例的结果还得受相关国内法的限制。如上文所述,大多数国家国内法中涉及国际惯例适用的规定均没有直接赋予惯例法律拘束力,仅是在国内法或条约没有作出规定时,将惯例作为法律适用的补充。所以,CISG也并未将国际惯例直接视为是法律。

海牙国际私法会议一直致力于统一各国冲突法。2015年海牙国际私法会议通过了《海牙国际商事合同法律选择通则》(Principles on Choice of Law for International Contracts,以下简称“HCCH”),旨在阐述国际商事合同中法律选择的一般原则,并且申明国际商事合同中的当事人意思自治原则。HCCH第3条规定:“当事人选择的法律可以是在国际、超国家或区域一级被普遍接受的、中立和平衡的法律规则,除非法院地法律另有规定。”这表示当事人选择法律的范围被扩展至“非国家”法律,但仍然受法院地法限制。关于国际惯例是否落入此范畴,HCCH关于第3条的注释指出:“HCCH对国际商事惯例的适用不予回应。惯例对于当事人权利义务的影响由当事人选择的法律或者其他对争议有管辖权的规则决定。”③由此可见,海牙国际私法会议尚未明确承认国际惯例属于HCCH第3条所说的“非国家”法律。国际惯例是否产生法律效力还应参照争议所适用的法律。如上文所述,国内法没有赋予国际惯例应直接被适用的法律地位,而是为法院适用国际惯例设置了前提条件,这仅是一种司法上的行为,不是立法行为。

---

① Guinea-Bissau v. Senegal, Arbitral Award of 31 July 1989. 1991 ICJ 53, para.48.

② [英]施米托夫:《国际贸易法文选》,赵秀文译,中国大百科全书出版社1993年版,第219页。

③ HCCH Principles on Choice of Law in International Commercial Contracts, https://www.hcch.net/en/instruments/conventions/full-text/? cid=135 # text,下载日期:2019年12月19日。

综上,国际条约虽然规定当事人合意选择的惯例才对特定主体产生法律拘束力,并且此种法律效力还受到国内法和社会公共利益的限制。然而,法律具有一般抽象性和普遍拘束力,即使当事人不选择,也不影响法律本身的效力。所以,从国际条约的实践来看,国际商事惯例也不是法律。

纵观各国国内立法以及国际条约的实践,国际惯例是在国际民商事主体的长期反复实践中形成的、为国际民商事主体广泛了解和经常遵守的行为模式。它具有商事性。虽然有些国际商事惯例被国内法规范所吸收,但这不影响国际惯例不是法律的本质,因为规定有这些国际商事惯例的规范已经是法律,不再是惯例。国际民商事主体可以合意选择适用国际商事惯例,但最终结果仍受相关国内法的限制。因此,笔者认为国际商事惯例不是国际私法的渊源。

(四)国际商事惯例具有拘束力的法理基础

法院或仲裁庭经常援引国际商事惯例作为裁判依据,对当事人产生拘束力。但是为何国际商事惯例能对特定交易当事人产生拘束力?即国际商事惯例具有拘束力的法理基础是什么,存在不同观点,形成了主观说和客观说。①

主观说认为,国际商事惯例的拘束力来源于当事人意思自治。只有在当事人同意的情况下,法院或仲裁庭在裁决案件时才能适用国际商事惯例。国际商事惯例的效力是契约性的。② 在普通法系国家,有学者主张英国法中的习惯需要满足一系列严苛条件,例如恒久、持续、自愿、确定、一致和合理等,是一种可以减损普通法的法律渊源;而惯例具有事实性,是当事人经常遵守的行为模式。法院或仲裁庭必须首先判断当事人是否有将国际商事惯例作为合同

---

① 参见左海聪:《论〈联合国国际货物销售合同公约〉中商事惯例的规范性效力——基于公约第 9 条第 2 款的分析》,载《法学评论》2017 年第 2 期。

② M. Elcin, *The Application Law to International Commercial Contracts and the Status of Lex Mercatoria—With a Special Emphasis on Choice of Law Rules in the European Community*, Dissertation.com publishing, 2010, pp.34-35; F. D. Ly, *International Business Law and Lex Mercatoria*, North Holland, 1992, p.229; 冯大同:《国际货物买卖法》,对外贸易教育出版社 1993 年版,第 18 页;陈安:《国际经济法学新论》,高等教育出版社 2012 年版,第 191 页;何志鹏:《国际经济法的基本理论》,社会科学文献出版社 2010 年版,第 97 页。

默示条款的意图。如果当事人有这样的意图，才能适用国际商事惯例。① 在大陆法系国家，部分学者也指出，习惯是独立于成文法的法律渊源，包含物质和心理两大要素；而惯例不是法律，仅具有契约性特征。惯例之所以能够对当事人产生拘束力，完全是因为当事人已经明示或默示同意了惯例的适用，将惯例纳入了合同内容，而非惯例本身天然具有约束力。因此只有在当事人有意将其所熟知的惯例纳入合同条款时，法院或仲裁庭才能予以适用。②

客观说认为，适用国际商事惯例并不依赖于当事人的合意选择。国际商事惯例是一种任意性法律规范，具有规范性效力。之所以能予以适用是因为国际商事惯例本身的约束力。即使当事人不知道相关惯例的存在，只要当事人没有明确排除惯例的适用，法院或仲裁庭就可以依据相关惯例裁决案件。③

笔者赞同主观说。在国际经贸领域，国际商事惯例能够发挥重要作用的根本原因在于，商人们追求交易效率，而国际商事惯例又是商人长期实践的结果，其承载的具体内容必然是商人“约定俗成”甚至“心照不宣”的行为规范，那么商事群体当然愿意接受国际商事惯例的约束，以换取交易的高效、便捷，这也解释了为什么国际组织一直在根据商事群体实践的发展，来不断更新既往的、成文化的国际商事惯例。国际商事惯例的内在价值是当事人意思自治。申言之，商人是极其注重信誉的群体，考虑到国际商事交易的标的具有大宗性，交易双方都谨慎地秉持善意原则、禁止后行为否认前行为效果的原则(venire contra factum proprium)等开展业务活动，本着一种信赖来改变自己的状态④，这导致一旦这种信赖落空，给交易双方都带来不可挽回的损失，所以国际商事惯例的适用应当经交易双方明示或默示同意，以保护善意交易人的合理期待，包括对于权利义务的具体内容、交易行为产生的法律效果、违约责任承担等方面的预期，并且尊重交易双方相互信赖而产生的既成事实。

从司法实证主义角度来看，通常情况下，当事人必须明示或默示选择适用

① A. R. William, *The Law Relating to Custom and the Usages of Trade*, Stevens&Sons, 1909, p.13; F. D. Ly, *International Business Law and Lex Mercatoria*, North Holland, 1992, pp.135-136.

② F. D. Ly, *International Business Law and Lex Mercatoria*, North Holland, 1992, pp.148-149; H. Jokela, The Role of Usages in the Uniform Law on International Sales, *Scandinavian Studies in Law*, 1966, Vol.10.

③ 柯泽东:《国际贸易习惯暨国际商务仲裁》,元照出版公司 2008 年版,第 158～162 页。

④ 宋阳:《论国际商事惯例的性质及司法适用》,载《法学杂志》2015 年第 9 期。

相关商事惯例，法院才能适用惯例。笔者通过关键词“可以适用国际惯例”在北大法宝、北大法意等数据库中，检索我国法院在审理涉外民商事争议时适用国际惯例的案例，在研读相关判决文书后，对近10年我国法院适用国际惯例的情况梳理如下（表2）。

表2 我国法院适用国际惯例的案例

序号	案例	案号	适用国际惯例的理由
1	深圳发展银行股份有限公司北京分行与莎蔓特有限公司（SHAR METAL SCRAP CO.LTD）提单纠纷案	（2009）一中民初字第5459号	托收指示中已经明示选择了适用URC522，庭审中莎蔓特公司对此约定适用不持异议，深圳发展银行在接受托收指示后也未有拒绝的意思表示
2	友利银行与乐恩商务有限公司信用证议付纠纷上诉案	（2009）沪一中民五（商）终字第34号	信用证明确指出受国际商会UCP600的约束
3	环汇有限公司（RUBBERFLEXSDN）诉福建省农资集团厦门进出口公司国际货物买卖合同纠纷案	（2011）厦民初字第575号	庭审中双方均同意适用国际惯例
4	Inter eksport tekstil ticaret limited sirketi与启东三信服装辅料有限公司国际货物买卖合同纠纷	（2011）通中商外初字第0007号	土耳其公司认为本案应当适用CISG和UCP600；三信公司认为在中国法律没有明确规定的情况下，应适用相关国际惯例

续表

序号	案例	案号	适用国际惯例的理由
5	澳大利亚和新西兰银行(中国)有限公司上海分行与上海久茂对外贸易有限公司信用证欺诈纠纷再审复查与审判监督案	(2013)民申字第1399号	本案所涉信用证为自由议付信用证,信用证均载明适用UCP600
6	中国银行股份有限公司河南省分行与UBAF保证合同纠纷上诉案	(2014)民四终字第26号	涉案《反担保—履约保函》和《反担保—预付款保函》均明确约定适用《见索即付保函统一规则》(URDG758),可以认定该交易示范规则构成涉案反担保函条款的组成部分
7	韩国贺进A&T有限公司与南昌华宏服装有限公司国际货物买卖合同纠纷上诉案	(2015)赣民四终字第3号	涉案信用证载明本信用证依照UCP600执行
8	绍兴卡帕纺织品有限公司与中国银行股份有限公司柯桥支行委托合同纠纷上诉案	(2017)浙06民终1296号	当事人明确约定本案跟单托收业务按照URC522办理
9	西班牙商业银行股份有限公司(Caixa bank)等与东亚泛海国际商务咨询(北京)有限公司信用证纠纷上诉案	(2017)京02民终5995号	东亚咨询公司与西班牙商业银行双方对适用UCP600处理涉案信用证纠纷亦均不持异议

续表

序号	案例	案号	适用国际惯例的理由
10	广东弘益投资有限公司与平安银行股份有限公司深圳华富支行金融借款合同纠纷上诉案	(2017)粤 03 民终 8667 号	本案中开立的保函开头和最后,都明确约定本备用信用证遵循国际商会 URDG758
11	弗伦特萨加公司与中化石油有限公司、中国平安财产保险股份有限公司北京分公司共同海损纠纷案	(2018)沪民终 104 号	安晟公司和上海海损理算中心均确认适用《约克—安特卫普规则》

由上表梳理可知,我国法院在依据《民法通则》第 142 条第 3 款适用国际惯例时,均考察了当事人是否明示(例如协议明确约定或当庭确认等)或默示(没有拒绝、未表示反对或相关单据使用了包含相关国际惯例的格式条款)同意适用相关国际惯例,并且一般会在确认当事人没有异议之后,才适用国际惯例,充分尊重当事人意思自治,与主观说相一致。

笔者不赞同客观说的理由是,客观说认为国际商事惯例是法律,如上文所述,与笔者对各国国内法以及国际条约的考察结论不相符合,此处不再赘述。

由上述论述可知,无论是国际公法、国际私法还是国际经济法领域,国际惯例都是相关行为主体的实践,即在国际公法中表现为国家之间的实践;在国际私法和国际经济法中表现为平等的国际民商事主体之间的实践。这些实践具有持久性和统一性,是行为主体的惯常性做法,以至于相对固定地形成了行为模式,为行为主体所广泛知道和经常遵守。由此,笔者对国际惯例进行定义,即国际惯例是指在国际交往中,行为主体之间持久而统一的实践,并且逐渐成为一种为行为主体广泛知道和经常遵守的行为模式,但是尚未被各国确认为法律。

三、关于我国国际惯例立法的思考

(一)我国立法中的"国际惯例"之内涵

关于我国立法中包含的"国际惯例"之内涵,学界未达成统一意见。有学者认为我国立法中的国际惯例既包括冲突法上的国际惯例,又包括实体法上的国际惯例①;有学者认为只能是冲突法领域的国际惯例②;有学者认为只能是实体法领域的国际惯例。③ 笔者认为,我国立法中涉及的国际惯例应仅指实体性国际惯例。

首先,《1985年涉外经济合同法》是我国最早的有关国际惯例的立法。《涉外经济合同法》第5条第3款规定:"中华人民共和国法律未作规定的,可以适用国际惯例。"从全国人大法律委员会对该法草案审议结果的报告中可以得知,设计上述条文的目的在于避免出现"无法可依"的情况,因为当时我国涉外经济法律还不够完备,处理合同争议适用我国法律时,有的可能找不到依据。④《最高人民法院关于适用〈涉外经济合同法〉若干问题的解答》明确指出:"在应当适用我国法律的情况下,如果我国法律对于合同当事人争议的问题未作规定的,可以适用国际惯例。"与此同时,"当事人协议选择的或者人民法院按照最密切联系原则确定的处理合同争议所适用的法律,是指现行的实体法,而不包括冲突法规范和程序法"。因此,1985年《涉外经济合同法》中规定的国际惯例只能是实体法意义上的。

其次,考虑到一国法律体系必然是内部高度统一的,鉴于1985年《涉外经济合同法》中规定的国际惯例是实体法意义上的国际惯例,随后出台的1987年《民法通则》、1993年《海商法》、1996年《票据法》、1996年《民用航空法》、1999年《合同法》等法律与1985年《涉外经济合同法》都属于涉外民商事领域的经济立法,那么上述法律中的国际惯例应与1985年《涉外经济合同法》中的

① 韩德培主编:《国际私法》,高等教育出版社、北京大学出版社2007年版,第32页。

② 李双元:《国际私法(冲突法篇)》,武汉大学出版社1987年版,第42页。

③ 佟柔主编:《中华人民共和国民法通则简论》,中国政法大学出版社1987年版,第287页;浦伟良:《论〈民法通则〉中关于冲突法总则性规定》,载《法学评论》1990年第5期。

④ 全国人民代表大会法律委员会对《中华人民共和国涉外经济合同法(草案)》审议结果的报告,http://www.law-lib.com,下载日期:2019年12月22日。

国际惯例内涵完全一致，均指实体法意义上的国际惯例。

最后，各国实践表明，在冲突法领域不存在国际惯例。[①] "不动产适用物之所在地法""行为方式适用行为地法""侵权行为适用侵权行为地法"等规则早在民族国家形成前便已确立。后来这些统一规则演变为国内立法、国际条约等。[②] 申言之，这些冲突法领域的规则在法律适用领域并不导致必然适用某国法律的结果，还要看各国是否"自愿采纳"这种比较普遍的做法。

综上，我国立法中的国际惯例仅是实体性的国际惯例，并且主要是国际商事惯例。此外，我国立法中的国际惯例也绝不可能是国际法的渊源意义上的国际习惯。如果将我国法律中的国际惯例与国际习惯等同，那么根据国际法优先的原则，关于国际惯例的适用不可能以"我国法律和我国缔结或参加的条约没有规定"为条件，并且仅仅是"可以"适用。因此，我国国内立法中的措辞也是恰当的，没有混淆使用国际惯例与国际习惯，但唯一的遗憾之处未明确此处的国际惯例是国际商事惯例。

(二)我国关于国际惯例的立法之不足与完善

我国现行立法中关于国际惯例的规定散见于以下几个方面。第一，法律：《民法通则》第 142 条第 3 款、《票据法》第 95 条第 2 款、《海商法》第 268 条第 2 款、《民用航空法》第 184 条第 2 款等法律规定。第二，最高人民法院关于国际惯例发布的复函、意见等，其中多采取"参考(或参照)国际惯例"的表述。第三，最高人民法院涉及国际惯例的司法解释：《最高人民法院关于适用〈中华人民共和国涉外民事关系法律适用法〉若干问题的解释(一)》《最高人民法院关于审理信用证纠纷案件若干问题的规定》。[③] 可以看出，我国对于国际惯例未给予充分重视，立法较为松散，缺乏统一规定。

此外，值得注意的是，2017 年 3 月 15 日第十二届全国人民代表大会第五次会议通过的《民法总则》第 10 条规定："处理民事纠纷，应当依照法律；法律没有规定的，可以适用习惯，但是不得违背公序良俗。"表面上看，此条没有涉及惯例，但是从全国人大常委会《关于〈中华人民共和国民法总则(草案)〉的说

---

① 浦伟良：《论〈民法通则〉中关于冲突法总则性规定》，载《法学评论》1990 年第 5 期。

② 李双元主编：《国际私法》北京大学出版社 2018 年版，第 2 页。

③ 陈立虎、陆璟怡：《关于中国民法典吸纳国际商事惯例的思考》，载《苏州大学学报》2019 年第 1 期。

明》中可以知道,该条所指的习惯是商业惯例。[①] 这反映出我国立法对于“习惯”与“惯例”的混淆使用,不甚合理。

从最近颁布的《民法典》来看,《民法典》各分编分别是物权编、合同编、人格权编、婚姻家庭编、继承编、侵权责任编,没有设立涉外民事关系法律适用编。对此,全国人大常委会法工委回应称:“涉外民事关系法律适用规则的概念体系、规范内容与民法典虽有一定联系,但二者性质不同,在法律的调整范围、立法目标、具体规则等方面存在较大差异,民法典不宜设立涉外民事关系法律适用编。”[②]这反映出《民法典》无意涉及国际私法,《涉外民事关系法律适用法》不会“入典”。

笔者认为,我国针对涉外民事法律关系一直遵循的“嵌入式”立法方式使国际私法规范一直呈“碎片化”态势。虽然《民法典》未回应国际私法立法需求,但是可以遵循《民法典》编纂的立法思路,抓住机遇,完善我国《涉外民事法律关系适用法》,对相关制度的缺位予以回应,例如《涉外民事法律适用法》未明文规定国际惯例的适用,仅以司法解释的形式对接《民法通则》第142条第3款之规定,严重阻碍涉外民事关系法律适用规范的体系化、集成化。正如丁伟教授所说:“2002年全国人大常委会审议《民法典》草案,没想到有心栽花花不开,无心插柳柳成行,无意之间催生了1.0版的《法律适用法》。此次《民法典》的编纂,不经意之间又触发了对嵌入民事实体法中的涉外民事关系法律适用规范如何处置的问题,为我国国际私法的法典化发展提供了难得的历史性机遇。”[③]

笔者不揣浅陋,建议今后2.0版《涉外民事关系法律适用法》的“一般规定”部分纳入关于适用国际惯例的规定,具体建议如下:

第11条

第1款　中华人民共和国缔结或者参加的国际条约同中华人民共和国的

---

① 全国人大常委会:《关于〈中华人民共和国民法总则(草案)〉的说明》,http://www.npc.gov.cn/zgrdw/npc/xinwen/2017-03/09/content_2013899.htm,下载日期:2019年12月22日。

② 朱宁宁:《全国人大常委会法工委回应民法典分编结构安排情况》,http://www.legaldaily.com.cn/index/content/2018-08/27/content_7629177.htm? node=20908,下载日期:2019年12月22日。

③ 丁伟:《民法典编纂催生2.0版涉外民事关系法律适用法》,载《东方法学》2019年第1期。

民事法律有不同规定的，适用国际条约的规定，但中华人民共和国声明保留的条款除外；

第 2 款 中华人民共和国法律和中华人民共和国缔结或者参加的国际条约没有规定的，如无相反证据，可以适用涉外民事关系当事人广泛知道、经常遵守并且在商业交易中明示或默示选择的国际商事惯例，但违反中华人民共和国社会公共利益的除外。

上述建议说明与小结：

首先，明确国际条约的优先适用，秉承国际条约优先原则，遵守条约义务，与国际接轨。

其次，明确涉外民商事审判中可以予以适用的是国际商事惯例。鉴于国际惯例的外延包含通例和国际商事惯例，而国际民商事争议当事人是平等主体，不是主权国家，那么《民法通则》中使用的"国际惯例"一词不够准确，容易引起歧义，故明确可以适用的是国际商事惯例。

再次，明晰国际商事惯例的内涵及适用条件。由上文论述可知，国际商事惯例是从事国际经贸活动的当事人广泛知道并且经常遵守的行为模式。国际商事惯例的适用也注重探寻当事人的合意，是否明示或默示选择相关商事惯例，以充分尊重、保护当事人意思自治和合理期待。

最后，设置适用国际商事惯例的限制条件。笔者建议对国际商事惯例的适用设置限制条件时，应当结合《民法通则》第 150 条，以及上文提及的各国立法中体现的社会公共利益对于惯例适用的限制，规定惯例的适用不能违背一国社会公共利益。

（本文责任编辑：涂坤）

The Theoretical Orientation and Practice Investigation of International Usage

Zhu Yue

Abstract: Due to the generic use of "international usage", it is so difficult to ascertain what is the content and extension of international usage, and there has been no consensus reached in academic circles. It should be pointed out that international usage and international custom are totally two different terms. International usage refers to a constant and uniform practice among international actors during their international engagement, which has not been recognized as law by States. Although international usage is not law, its extension includes general practice between States and international commercial usage between subjects in international commercial and civil relationship. International usage plays an important role in international law, so a scientific definition of international usage is of great significance to the development of international law in theory and practice. In the field of public international law, international usage is a general practice between States. It is the material element and primary condition that constitutes international custom. In the field of private international law and international economic law, international usage is a behavior pattern that is widely understood and frequently observed by civil and commercial subjects participating in international exchanges. It can bring great convenience to international civil and commercial contacts.

Key Words: International Custom; International Usage; General Practice; International Commercial Usage

网络治理中的管辖权扩张及对策

——以GDPR域外适用为视角

杜沁怡*

内容摘要：在数字经济浪潮下，数据成为国家不可或缺的隐形资产，网络空间中管辖权的国际博弈逐渐升级。欧盟GDPR第3条第2款的“靶向标准”反映了属地管辖权和效果原则扩张运用的趋势。互联网的虚拟性使传统管辖权难以在其中直接适用，而目前的网络国际法规则中又尚无管辖权方面的规定，导致网络治理中管辖权的行使处于无序状态。合理运用管辖权是网络活动正常进行的重要条件，因此网络语境下属地管辖权的管辖依据亟待厘清，效果原则的行使前提也应得到明确，限制管辖权扩张方可消弭网络治理中的管辖权冲突，营造良好的网络空间秩序。

关键词：属地管辖权；效果原则；管辖权扩张；网络治理

目　录

---

* 杜沁怡，华东政法大学国际法学院硕士研究生；研究方向：国际法。

四、网络治理中管辖权扩张的应对策略

(一)推进软法治理体系的构建

(二)加强网络活动本地化措施

五、结语

一、引言

从"无主权论"到"再主权化",有关网络主权的讨论逐渐平息。2017年北约卓越合作网络防御中心出版的《网络战国际法塔林手册》(以下简称《塔林手册2.0版》)中多次强调了国家主权原则适用于网络空间,一国对其境内的任何网络基础设施以及与这些网络基础设施相关的活动享有主权的观点。[①] 然而,网络空间的再主权化并非意味着各国在相关问题上均达成一致,对网络行使管辖权的合法性问题虽已得到解决,但就如何在网络治理中实施管辖权这个问题各方仍持不同意见。[②]

欧盟《通用数据保护条例》(*General Data Protection Regulation*, GDPR)通过其第3条"靶向标准"(targeting criterion)将境外主体的部分在线数据处理活动纳入了其管辖范畴。这使得大量数字经济企业陷入了不安状态,若欧盟根据该法律将对数据活动的管辖权延伸至欧盟境外,它们将被迫提高合规成本以达到GDPR严苛的数据保护标准,否则便可能被处以高额罚金。那么,这种本国法律域外适用的现象是否符合管辖权理论?我国又应如何面对网络治理中管辖权扩张所引起的冲突问题?

---

① 该手册由来自北约成员国和中国、白俄罗斯、泰国的19名专家共同编写,多个国际组织的法律顾问与国际法专家提供了评审意见,可见"网络主权论"业已得到国际社会的普遍认可。

② M. Reimann, The Yahoo Case and Conflicts of Law in the Cyberage, *Michigan Journal of International Law*, 2003, Vol.24, No.3, p.665.

二、GDPR“靶向标准”中的管辖权扩张

近年来，国家管辖权在网络治理中的运用呈现出一种扩张趋势，最典型的便是 GDPR 以属地管辖权兼效果原则为依据设立了一项“靶向标准”，赋予了其自身管制境外数据活动的权利。GDPR 的域外适用将不可避免地对他国主权造成威胁，导致管辖权冲突的产生。

（一）GDPR“靶向标准”的管辖权依据

2018 年 5 月 25 日欧洲议会颁布的 GDPR 正式生效，其第 3 条第 2 款地域适用范围（territorial scope）的规定针对欧盟境外的企业创设了一项“靶向标准”，具体内容为：本法适用于在欧盟境内没有营业地的数据控制者或者数据处理者进行的与如下情形有关的个人数据处理行为：（a）如果该个人数据处理行为与向欧盟境内的数据主体提供商品或服务有关（无论数据主体是否被要求付费），或（b）监控数据主体身在欧盟内发生的行为。与 GDPR 第 3 条第 1 款“经营场所标准”不同的是，“靶向标准”并不以数据控制者或处理者在欧盟境内设有营业地作为其管辖依据。因此，即使企业与欧盟并不存在实质联系，只要数据处理行为构成了“靶向标准”中的任意一种情形，其也会受到 GDPR 的管辖。

欧洲数据保护委员会（European Data Protection Board，EDPB）随后发布了《关于 GDPR 地域适用范围的指引》（以下简称“《EDPB 指引》”），对上述条款作出进一步解释。[①] 其指出“靶向标准”的构成中包含以下三个要素：第一，数据主体在被提供商品、服务或者其行为被监控时，正位于欧盟境内；第二，欧盟境外的数据控制者和数据处理者必须有明确的针对欧盟境内主体提供商品或者服务的意图；第三，监控数据主体的行为本身不违法，但对监控所得数据进行后续处理如为个人画像，以分析或预测其个人喜好、行为举止、态度等会违反 GDPR。后两点在 2014 年 Google Spain 案中被《欧盟通用数据保护条例》第 29 条工作组称为“效果原则”，即按照行为的效果来确定法律是否适用

① The European Data Protection Board, Guidelines 3/2018 on the territorial scope of the GDPR, 2018, p.12.

的管辖原则。[①]

《EDPB 指引》的解释其实已经指明了 GDPR 域外适用的管辖权依据。首先,根据 GDPR 序言第 14 条,"欧盟内的数据主体"不以是否具有欧盟成员国国籍,或居住地位于欧盟境内为限,"身处欧盟"才是唯一的判断标准。数据主体在接受商品、服务或者其行为被监控时恰好位于欧盟境内,这便达到了属地管辖权的适用门槛。其次,《欧盟基本权利宪章》第 8 条与《欧盟运行条约》第 16 条均规定了个人信息保护权属于欧盟公民应当享有的、不可剥夺的基本人权。GDPR 序言第 3 条也表明,该条例的立法目的在于促使各成员国全面有效地保护数据主体对个人数据所享有的基本权利和自由,特别是处理个人数据方面的隐私权。基于上述目的,当境外企业的数据处理活动侵犯了欧盟境内数据主体的隐私权时,该企业便与欧盟建立起一种潜在联系,满足了效果原则的行使条件。综上所述,欧盟以属地管辖权兼效果原则,通过"靶向标准"对境外企业的数据收集、处理活动实施域外管辖。

(二)"靶向标准"中管辖权的扩张适用

事实上,GDPR 此举是对全球数据本地化趋势的进一步突破。面对跨境数据流动带来的风险,不少国家已根据传统管辖权与效果原则制定了本地化措施,来管控境外企业进行的与本国相关的数据处理行为。但相较于 GDPR 的规定,这些措施均存在合理的域外管辖理由与严格的行使前提。

俄罗斯于 2015 年通过第 242-FZ 号联邦法确立了数据本地化要求,规定所有收集俄罗斯公民信息的互联网公司,都必须将这些数据存储在俄罗斯国内的服务器上。同样地,印尼《关于提供系统和电子交易的监管条例》第 17 条第 2 款规定,"公共服务电子系统运营者有义务将数据中心和灾难恢复中心设置在印尼领土内,以便于国家执法,保护和落实对其公民数据的主权"。以上两条规定的共同点在于,它们意图保护的数据为本国公民所有。本国政府主张对本国公民数据的管辖权是无可厚非的,这完全符合国际法中属人管辖权的规定。除此以外,2018 年 3 月美国国会通过了《澄清境外合法使用数据法》(以下简称"《云法案》"),规定无论通信信息、记录或其他信息是否存储在美国境内,服务供应商均应当按照本章所规定的义务要求,保存、备份和披露通信内容、记录或其他信息,只要上述内容为该服务提供者所拥有、监管、控制。与

① 张建文、张哲:《个人信息保护法域外效力研究——以欧盟〈一般数据保护条例〉为视角》,载《重庆邮电大学学报》2017 年第 2 期。

“靶向标准”相同的是，《云法案》并不以企业设立地或者企业总部所在地作为其管辖的连结点，而是根据企业经营活动与美国的联系程度来判断是否对其行使管辖权，这便是效果原则的体现。不过，美国司法部在 2019 年 4 月发布的《〈云法案〉的目的和影响》白皮书中进一步指出，美国执法机构仅在预防、侦察、调查、起诉严重犯罪时才能根据《云法案》直接调取企业数据。[①] 可见，此处效果原则的行使存在严格限制，对于美国境外企业来说，只有当其数据处理活动与美国当局调查的严重犯罪相关时，其才会受《云法案》域外管辖。

反观之，GDPR 域外管辖的理论依据则略显牵强。尽管 GDPR 确实存在域外管辖的理由，即境外企业的数据处理活动侵犯了欧盟境内主体的个人隐私，但这其实是借效果原则掩盖了欧盟扩张运用属地管辖权的实质。GDPR 管辖范围的问题在 2019 年的 CNIL 案中已有所讨论[②]，参与该案判决的欧洲法院佐审官 Maciej Szpunar 指出，GDPR 重点关注的个人信息保护权实际上是《欧盟基本权利宪章》的产物，该权利的适用对象应根据这部法律的适用范围来确定。既然《欧盟基本权利宪章》第 51 条规定了其法律适用范围仅限于欧洲联盟内的各成员国，那么 GDPR 所保护的对象就应为欧盟成员国国民。然而，GDPR 并未根据数据主体的国籍来进行域外管辖，其采用了数据主体所在地作为其属地管辖的依据。这种做法值得进一步商榷，因为对于偶尔途径欧盟的数据主体而言，其与欧盟的联系极其微弱，对其采用属地管辖失之偏颇。欧盟委员会利用此举将原本无需受到欧盟法律约束的欧盟境外企业也纳入了其管辖范围，从本质上来说是扩张运用了属地管辖权和效果原则。

三、网络语境下对传统管辖权的重新审视

属地管辖权是国家主权最重要的体现，这点在网络治理中同样适用。虚拟性和高流动性的特征使网络难以像物理空间一样进行领域分割，各国不可能依据网络活动发生的地点来行使属地管辖权。正是出于这种顾虑，欧盟在制定 GDPR 时避开了网络活动的不确定性，采用数据主体所在地作为其属地

---

① U.S. Department of Justice，Promoting Public Safety，Privacy，and the Rule of Law Around the World：The Purpose and Impact of the CLOUD Act，2019，p.17.

② Google LLC，successor to Google Inc. v CNIL，Case C-507/17，CJEU(2019).

管辖依据。这种将网络活动与现实世界建立起客观联系从而确定管辖权的做法本身是可取的,但是任何一种管辖权都有权力行使边界,各国应对不同管辖依据的合理性进行充分比较,尽量避免发生管辖权冲突。笔者认为要探讨GDPR 的域外适用问题,首先应判断其运用属地管辖权与效果原则时所选择的管辖依据是否合理,其次再对管辖权的具体行使方式进行分析,这是遏制网络治理中扩张运用管辖权趋势的必要前提。

(一)网络治理中属地管辖权的行使依据与方式

《奥本海国际法》将属地管辖权定义为:由于国家领土内一切人和物都属于国家的属地权威的支配,因而每个国家对他们都有管辖权——立法、法院和行政。① 周鲠生教授则认为根据属地优越权,国家对领土内一切人和物具有管辖权。② 学者 Timothy Hillier 在此基础上作出了更详细的解释,按照属地原则,发生在一国领土境内的事,在该国领土内的人,虽然是暂时的,都受当地的法和当地法院管辖权的约束。③ 以上概念均表明了国家领土是属地管辖权的重要基础。

网络空间本身虽然没有“领土”一说,但它是现实世界的虚拟延伸,网络空间的各个行为体及其所从事的活动均可以在现实世界中找到对应,因此与网络活动有关的客观因素若能满足“位于一国领土之内”这个条件,其便有可能成为网络治理中属地管辖权的行使依据。具言之,网络活动均是由受一国或多国管辖的个人或实体来实施的,并且构成网络空间的大量网络基础设施也位于各国的主权领土内。④《塔林手册 2.0 版》较为完整地阐释了网络语境下属地管辖权的适用范围,对确定属地管辖的依据而言具有重要参考意义,其表述如下:属地管辖权适用于一国境内从事网络活动的自然人和法人、境内网络基础设施,以及在其境内发生或完成的网络活动。⑤ 故从理论上来说,位于一

---

① [英]詹宁斯、瓦茨:《奥本海国际法》,王铁崖等译,中国大百科全书出版社 1995 年版,第 328 页。

② 周鲠生:《国际法》(上册),武汉大学出版社 2009 年版,第 186 页。

③ [英]蒂莫西·希里尔:《国际公法原理》,曲波译,中国人民大学出版社 2006 年版,第 121 页。

④ F. A Mann, *The Doctrine of Jurisdiction in International Law*, A.W. Sijthoff, 1984, pp.45-47.

⑤ [美]迈克尔·施密特:《网络行动国际法塔林手册 2.0 版》,黄志雄译,社会科学文献出版社 2017 年版,第 98 页。

国境内的网络活动行为主体、网络基础设施和网络活动本身都可以成为在网络治理中行使属地管辖的依据。

不过，一项网络活动往往途径多国局域网，任由各国主张属地管辖权势必会造成管辖权冲突，这也是网络空间战久久无法平息的症结所在。笔者认为，此时便需要对不同的属地管辖依据进行比较，从中选择一个最合理的作为行使属地管辖权的前提。对此，《塔林手册 2.0 版》提出了如下解决思路：就跨国网络活动而言，如果位于中间国的网络基础设施构成了网络活动不可分割的一部分，该中间国就基于属地原则享有管辖权。确实，在上文所述的三种属地管辖依据中，网络活动行为主体会面临属地与属人的双重管辖，而网络活动本身可能会在多国受到属地管辖。相比之下网络基础设施最为稳定，且通过调阅其中的数据流动记录便可知晓相关国家与该网络活动的联系程度，这种判断标准较为客观。所以，GDPR 以数据主体所在地作为其属地管辖依据的做法并不妥当。

当然，属地原则也并不是对网络活动行使管辖权的唯一依据，属人管辖权、保护性管辖权等仍可以发挥一定效力。因此就网络治理而言，分配管辖权过程中的国际礼让显得尤为重要，且属地管辖原则通常应优先适用。

(二)网络治理中效果原则的运用与合理限制

效果原则源起于属地管辖原则，《奥本海国际法》认为在国外发生的行为对一国国内产生影响的前提下，属地性可作为一国主张对该行为管辖权的依据。[①] 有学者将效果原则等同于客观属地管辖权，认为两者针对的都是境外发生的但对境内产生主要影响的行为。[②] 这种主张是有争议的，因为客观属地管辖权的行使以行为结果发生在管辖国境内为前提，而效果原则只要求行为在管辖国境内产生一定程度的影响，可见效果原则的运用明显存在更多不确定性，这也是其一直不被立法明确承认的原因所在。

在以往国际法实践中，效果原则主要集中于反垄断法领域。在 1945 年的"美国诉美国铝业公司"案[③]中，联邦最高法院首次指出，若外国企业在美国境

---

① [英]詹宁斯、瓦茨：《奥本海国际法》，王铁崖等译，中国大百科全书出版社 1995 年版，第 330 页。

② D. C. Menthe, Jurisdiction in Cyberspace: A Theory of International Spaces, *Michigan Technology Law Review*, 1998, Vol.4, No.1.

③ United States v. Aluminum Co. of America, 148 F. 2d 416 (2d Cir. 1945).

外订立的协议意图影响美国的出口，且对美国商业造成了实质影响，该协议就须受到美国反托拉斯法的约束。欧盟也在竞争法的实践中多次用到效果原则，在“帝国化学工业公司诉欧共体委员会”①一案中，该公司位于欧盟境内的子公司实施了控制固定价格的卡特尔行为，对欧洲经济共同体的市场产生了实质影响，欧洲法院便根据效果原则对位于欧盟境外的母公司进行了域外管辖。

上述案件表明，跨国经济活动的发展过程中，属地管辖权与属人管辖权的规定过于机械、无法灵活适用，各国需要采用一种新的管辖权理论来制约其他国家的经济行为，于是便诞生了效果原则。网络空间战背后的原理亦是如此，考虑到信息数据的流动性与网络活动的复杂性，对于一国而言既非发生也非完成于其境内的网络活动仍然对其产生影响的情况比比皆是，因此效果原则在网络治理的管辖权博弈中得到了空前广泛的使用。

事实上，GDPR“靶向标准”主要就是通过效果原则来管辖境外企业的网络活动。《EDPB 指引》大量列举了适用 GDPR“靶向标准”的具体情形，例如“向搜索引擎运营商支付费用以促使欧盟的消费者访问网站、将一个或多个欧盟成员国货币作为支付币种、对欧盟境内主体精准投放广告、为营销目的进行地理位置定位等”，这些活动的进行过程中或多或少地涉及了欧盟境内主体的个人信息，对欧盟个人信息保护政策造成了实质影响，这便是 GDPR 运用效果原则进行域外管辖的依据所在。

毫无限制地适用效果原则经常导致国家之间产生摩擦，面对国际社会的各种批评与非议，立法和司法实践都曾对效果原则的运用进行了一定范围的限缩。美国国会于1982年通过了《对外贸易反托拉斯促进法》(*Foreign Trade Antitrust Improvements Act*, FTAIA)，把主张效果原则的最低标准限定为，对美国国内贸易或进出口贸易产生直接的、实质性的和可合理预见的影响。② 在“花花公子杂志出版社诉查克贝利出版社”③一案中，法院指出：“被告的网站面向全球开放，不能仅因其恰好违反了受众中某一国的产品服务条

① *Imperial Chemical Industries Ltd. v Commission of the European Communities*, Case 48-69, CJEU(1972).

② 陈丽华、陈晖：《反垄断法域外适用的效果原则》，载《当代法学》2003年第1期。

③ Playboy Enterprises, Inc. v. Chuckleberry Publishing Inc., 687 F.2d 563 (2d Cir. 1982).

例就禁止被告经营该网站。若法院作出这样的判决,就等于宣布世界各地的法院都可以对所有网络信息类似地行使管辖权。”言下之意,行为的结果应当是行为作出者能够合理预见的,仅仅是巧合或偶然的情形不足以构成效果原则的行使前提。1983 年“Timberlane 木材公司诉美国银行”案则进一步采用了合理管辖原则来约束效果原则①,上诉法院提出是否对涉案行为适用美国反垄断法时,除了考虑行为是否意图影响美国贸易、有无对美国商业造成实质损害之外,还需要进行一项“比较测试”,即判断行为对美国产生的影响是否超过其在其他市场上的影响力,这实际上要求法院根据国际礼让和正当性原则作出衡量。② 综上,效果原则在实践中存在一定争议,通常只能被加以限制地运用于特定领域。

基于上述分析,如果一国在网络治理中援引效果原则,该国必须充分考虑其他国家的利益并以合理的方式行使。必要的限制条件可归纳如下:第一,网络活动所触犯的是该国明确的和国际上认可的合法利益③,纯粹属于一国国内的政治意识形态或不合理的经济制裁标准不属于国际社会公认的利益。第二,网络活动所产生的实质性效果必须是直接的、意图发生的及可预见的。④ 正如侵权行为的构成必须具备主观过错要件一样,若网络活动的发起者根本未意识到其行为会到达某一国家或对该国产生影响时,其缺乏对行为结果的主观认识,难以构成过错,该国直接依据效果原则来管辖该行为主体是不公平的。第三,行使效果原则的国家相较于其他国家应更直接地受到该网络活动的实质性影响。⑤ 始终需明确的一点是,效果原则的行使不得妨碍其他国家就相关网络活动行使属地管辖权,不得对其他国家的主权造成不合理的侵犯。

---

① Timberlane Lumber Co. v. Bank of America, 574 F. Supp. 1453 (N. D. Cal. 1983).

② 闻韬:《论国内竞争法的域外适用》,载《山东警察学院学报》2018 年第 2 期。

③ D. J. B. Svantesson, European Union Claims of Jurisdiction over the Internet, *Journal of Intellectual Property, Information Technology and E-Commerce Law*, 2018, Vol.9, No.2.

④ W. Stephan, S. Teresa, International Jurisdiction in Cyberspace: Which States May Regulate the Internet?, *Federal Communications Law Journal*, 1997, Vol.50, No.1.

⑤ M. Akehurst, Jurisdiction in International Law, *British Yearbook of International Law*, 1975, Vol.46, No.4.

四、网络治理中管辖权扩张的应对策略

(一)推进软法治理体系的构建

国际层面统一立法的缺失导致网络管辖权的不合理扩张无法得到有效监管,在此背景下国际软法将成为网络治理的重要工具。区别于依靠国家强制力保证实施的硬法,国际法中的软法是指在严格意义上不具有法律约束力,但又具有一定法律效果的国际文件。国际组织和国际会议的决议、决定、宣言、建议和标准等都属于这一范畴。①

目前,国际上有关网络治理的立法进程相对缓慢,专门立法只有《布达佩斯网络犯罪公约》、《世界知识产权组织版权条约》和《世界知识产权组织表演和录音制品条约》等寥寥几部,且均未涉及管辖权的内容。构建软法治理体系将有利于填补立法空白,规范网络治理中管辖权的行使。

网络世界是各国主张经济资源的新领地,政府对网络管辖权的正式立法中势必会掺杂国家利益诉求,促成有关网络治理的全球性国际公约或国际习惯法的目标在短期内难以实现。如美国《云法案》一方面规定了美国执法机构可直接调取境内企业数据,另一方面又提高了外国政府向美国电信运营商调取数据的门槛,这种以单边主义立法规定管辖权的方式明显造成了司法协助的不平等。此外,《塔林手册2.0版》虽专设了管辖权一章,但其讨论的仅限于国际公法上与刑法相关的网络空间管辖权,对于涉及西方国家利益的数据主权和管辖权则避而不谈。可见,仅仅由政府立法来治理网络活动的方式存在着对现实问题回应不足、民主性缺失的弊端。网络中非政府组织的参与程度和影响力远甚于传统社会,笔者认为可以由互联网行业组织、网站运营主体等一同补充制定相关规范措施,促进网络治理实现全面法治化。

另外,由于信息技术日益更迭,立法滞后也是网络治理的重点困局。网络活动涉及方方面面且其未来发展趋势不得而知,而法律从起草到实施往往要历经数年,这很有可能导致立法不能切中要害,如其预先规制的对象后来发生

① 王铁崖:《国际法》,法律出版社1995年版,第456页。

重大变化,法律形同虚设的结果。[①] 因此,对网络治理中的管辖权进行系统性立法并非易事,国际网络硬法规则迟迟不能出台,无法满足网络治理的现实需要。相较于此,软法的创制和修订在程序上更为简便、灵活,对于互联网领域中出现的新问题,软法可以在短期内作出调整。例如网络主权理论便是通过2003年《日内瓦原则宣言》、2013年联合国信息安全政府专家组报告、2015年《信息安全国际行为准则》、2017年《塔林手册2.0版》等一系列国际软法文件所确立的,软法治理顺应了网络高速发展的趋势,方便调和各国在网络治理中的利益诉求。通过软法形式令各国在行使管辖权这个问题上达成一致意见,可以有效改善网络治理中管辖权扩张的现状。

(二)加强网络活动本地化措施

管辖权是国家主权的基本内容,各国都有权利主张一种甚至多种管辖权,因此网络治理中的管辖权冲突在所难免。强化网络活动本地化措施将有利于抵制其他国家管辖权的扩张运用,捍卫我国网络主权使其免受外来侵犯。

本国法律域外适用的过程中若存在合理的管辖权依据,那么这种立法行为本身依然是合法的。但域外执行与此不同,在他国境内行使执行管辖权有可能构成对该国主权的侵犯,除非被国际法赋予了行使域外管辖权的特定权力或者取得了所在国的同意。《塔林手册2.0版》中特别提到,执法机关直接联系外国私人主机服务提供商获取境外数据的情形中,由于服务提供商所持有的信息是不公开的,执法机关在获取数据前必须先得到对数据享有执行管辖权的国家的同意。[②] 因此,一国欲获得对本国网络活动的绝对管辖权,必须将本国的网络活动与国家领土建立起密切联系,以此防范其他国家域外执行管辖权。

在发生管辖权冲突的情况中,判断管辖权究竟由哪一国行使的重要标准在于哪个国家和被管辖的行为之间存在最密切的联系,“以属地管辖为主,属人管辖为辅”的国际法实践证明了这两种管辖权往往优先适用。然而,属人原则在网络空间中难以行使,于是属地原则便成为网络治理中首要的管辖权依据。网络活动的进行离不开网络基础设施的运用,因此若我国相关部门能将

① 邓健鹏、黄震:《互联网金融的软法治理:问题和路径》,载《金融监管研究》2016年第1期。

② [美]迈克尔·施密特:《网络行动国际法塔林手册2.0版》,黄志雄译,社会科学文献出版社2017年版,第108页。

网络活动中的数据大量存储于本国网络服务器上,其便可以证明该网络活动发生于本国境内或者与我国关系密切,从而对本国网络活动主张属地管辖权,防范其他国家管辖权扩张所带来的不利影响。

另外,国家也可以通过双边或多边司法协助条约进一步加强对本国网络活动的管控。就我国网络立法而言,首先,应明确规定外国司法机关或者执法机构调取我国境内存储的数据时必须先经我国监管部门的批准,方可向境外提供。其次,对于数据调取者的资格和调取用途进行严格认定,若查明对方存在通过调取数据获取经济利益的意图便可酌情拒绝向其提供数据。最后,对被调取数据的内容和使用方式作出具体限制。强化司法协助程序将为我国网络活动筑起一道安全屏障,防止其受到其他国家的非法干预。

五、结语

"属地原则为主,效果原则为辅"是目前各国管辖境外网络活动的主要方式,由于大量经济活动都依托网络完成,该管辖方式实际上成为国家争夺经济利益的重要工具。国际层面统一立法的缺失使得网络治理中管辖权扩张的行为难以得到有效监管,国际社会应协力通过软法形式构建网络管辖权的系统理论,厘清属地管辖权与效果原则的行使依据,明确不同管辖权各自的权力行使边界来化解管辖权冲突。这是网络活动有序进行的必要前提,于网络治理法治化进程而言具有深远意义。

(本文责任编辑:姜昊炎)

Expansion of Jurisdiction in Internet Governance and Countermeasures

—From the Perspective of GDPR's Extraterritorial Application

Du Qinyi

Abstract: Under the wave of digital economy, data has become a country's indispensable and invisible asset, competition of jurisdiction in cyberspace is upgrading. Article 3(2) of GDPR sets out a targeting criterion, which reflects the expansion of territorial jurisdiction and effects doctrine in internet governance. The virtual nature of internet makes traditional jurisdiction theory difficult to apply in it directly, meanwhile there is no specific international rule providing a new jurisdiction, which leads to the current jurisdictional conflicts with a negative impact on internet activities. Aiming to eliminate such conflicts, this article clarifies the basis of territorial jurisdiction and effects doctrine in the context of internet, and provides a few countermeasures against the extraterritorial jurisdiction in this field.

Key Words: Territorial Jurisdiction; Effects Doctrine; Jurisdiction Expansion; Internet Governance

经典外文文献选译

特朗普的外交政策:现实主义性质的经济国家主义*

[美]埃里克·恩格尔(Eric Engle)著** 李春林 编译***

内容摘要:美国现任总统特朗普推出的外交政策在很大程度上是对共和党人和民主党人一再犯下的新保守主义错误作出的有效反应。不过,与小布什总统一样,特朗普在国际关系领域也奉行单边主义。而且,特朗普采取的单边主义还有可能重复小布什所犯的单边主义错误。不仅如此,特朗普还出台了限制移民、提高工资、征收关税和推行保护主义的政策。这些政策若是真正得到执行,将会带来一场经济灾难,因而无法为美国民众带来特朗普所承诺的繁荣。

关键词:特朗普;外交政策;经济国家主义;新保守主义;现实主义

目 录

---

* 本文编译自 Eric Engle, Trump's Foreign Policy: Realist Economic Nationalism, *Loyola University Chicago International Law Review*, 2016, Vol.14, No.1, pp.91-132.

** 埃里克·恩格尔,法学博士,通晓多国语言,富布赖特法学专家,在法国、德国、爱沙尼亚、俄罗斯、乌克兰以及波斯尼亚等国讲授法律。

*** 李春林,福州大学法学院教授,博士生导师。

一、引言

21 世纪以来，美国很显然犯了许多外交政策上的错误。这些错误使得美国付出了巨大的代价。许多人之所以投票支持特朗普，一定程度上是为了抗议共和党人和民主党人之前犯下的外交政策错误。

一般说来，外交政策不会对联邦选举乃至总统选举产生重要影响。其原因是选民普遍缺乏外语、地理和历史方面的专门知识，外交政策问题通常无法引起选民的关注，同时，这些问题也超出了他们能够理解的范围。普通选民没有能力理解外交政策，但这并不意味着他们对此毫不关心；不过由于其能力有限，他们对于外交事务的了解也只能是事后性的。亦即，选民对于外交政策问题的反应仅仅以一种大致而含混的方式进行。这就解释了为什么像孤立主义、关税壁垒和边境墙这样明显错误的政策会吸引大量受教育程度不高的选民的关注。

对于共和党人和民主党人的外交政策失败(无论是在伊拉克、利比亚，还是在叙利亚)，选民的反应部分地解释了一个具有经济国家主义意识形态的候选人如何能够成为一个政党的领袖，而该政党一直信奉借助多边机构管理下的自由贸易，实行国际主义和市场自由主义。

普通选民欠缺外语、宏观经济学、国际法和历史方面的专门知识，而要理解和制定有效的外交政策，这些知识是必备的。这就解释了为何各国都需要一个由外交部、国务院和情报机构等构成的外交政策专家团队。虽说普通选民缺乏相关专业知识，但他们仍然能理解外交政策和国家战略的基本框架。外交政策的制定和实施细节非常复杂，需要由拥有专门知识的专家来负责，而这些知识是普通选民不具备的。这就是为什么外交政策对所有人都至关重要，但很少能够决定联邦选举。而联邦选举只有在外交政策遭遇重大失败时才会有所反应。2016 年的情形就是例证：发生在阿富汗、伊拉克、利比亚、叙利亚、索马里和也门的一场又一场战争，无疑沉重地压在了某些选民的心上。尽管外交政策通常并不左右联邦选举，但在例外情况下，比如当外交政策一再出现严重错误时，外交政策就会影响联邦选举，特别是总统选举。

对于专业外交政策知识的需要解释了为何所有国家都设有一个专业的外交团队，即外交政策界。外交政策界的各类专业人士贡献了他们在外交关系中一个或多个领域的专业知识，比如语言、地理、计算机科学、经济或文化事务，以共同制定和实施国家战略。他们拥有的专业知识，是普通选民、单个专家甚至总统都难以具备的。为了有效制定和管理外交政策，国家必须有这样一批专家精英，因为他们对于制定和执行统一而有效的外交政策来说是不可或缺的。

外交政策的制定和执行需要专家参与，这一事实解释了为何特朗普必须得到外交政策精英的默许。这些精英制定并执行了代表两党的外交政策，它们展示出了政府之间惊人的连续性，并使其服务于国家利益。美国采用的是总统而不是部级治理模式，这种模式使得美国可以用一个声音在国外说话，而这也正是其独特的优势所在。特朗普显然会大力求助于这些外交政策专家，因为他必须这样做才能有效地治理国家。但特朗普能够在多大程度上赢得外交政策精英的支持或帮助仍然无法下定论。① 无论如何，特朗普都需要这些专家来为他提供建议，并执行他出台的政策。不过，特朗普自以为是的民粹主义领导风格可能会令精英们反感，特别是考虑到特朗普的新孤立主义和保护主义政策与多边市场自由主义背道而驰，而多边市场自由主义是美国两大政党取得的共识。

尽管制定和执行有效的外交政策是专家的职责，但大多数选民都能够理

① E. Bradner, McCain Steps up Trump Criticism, CNN, http://www.cnn.com/2017/02/21/politics/john-mccain-trump-criticism/index.html.，下载日期：2017 年 2 月 21 日。

解国家战略,至少是大体理解(in the big picture sense)。在2016年大选期间,选民意识到美国外交政策犯了严重错误:发动无休止的昂贵战争。他们还发现外交政策失败会在国内带来不幸的后果,例如2008年的失业潮以及此后的工资停止上涨、各种恐怖主义和刑事犯罪袭击事件。因此,他们把选票投给一位决意结束美国为介入中东而发动的一系列战争的候选人。

选民们为了避免无休止的战争,把票投给了一位在外交政策上只追求国家利益而不是含糊不清的人权诉求的候选人。有关人权的诉求事实上只是对伊拉克、叙利亚、利比亚等地进行考虑不周的、代价高昂的、野心十足的和不必要的干预的借口。他们把票投给了承诺结束战争、改善经济的候选人——特朗普,并投票反对曾支持在伊拉克、利比亚和叙利亚发动一场又一场战争的候选人——希拉里·克林顿。他们这样投票并不是因为和平主义或是孤立主义,而是因为战争造成的严重后果是本可以避免的。而有关后果即使是对普通选民来说也是显而易见的。

若想要理解在特朗普之前美国外交政策失误的原因和程度,我们就必须了解新保守主义思想,因为在过去20年里,新保守主义思想一直主导着美国的外交政策。新保守主义政策既由共和党也由民主党执行,这就解释了为什么一个反建制的候选人能够篡夺政党领袖的位置,进而攫取总统职位。特朗普采取的高招便是吸引中西部工业区加入共和党,而中西部工业区由于其工会基础在传统上亲民主党。再加上他对经济采取国家主义干预的做法,最终构成了里根甚至富兰克林·罗斯福在任时曾发生过的政治性极移(political pole-shift)。

民主党如何失去劳工的支持是一个有趣的问题,但这不在本文的探讨范围之内。特朗普总统是自尼克松以来第一个让联邦政府在工人与资本之间的劳资冲突中扮演仲裁者和实际管理者角色,从而使其在经济中发挥更大作用的共和党人。这也是一个激进的政治转型:两大政党都采取了不干涉主义的经济政策。不管特朗普是否明白,他的经济战略都是统合主义(corporatist)的。他主张采取的外交政策近乎是经济国家主义,这构成了国际关系现实主义的一个变体。

由此看来,美国的外交政策和经济政策即将进行根本性的方向调整。特朗普拒绝新保守主义是有益的:由于有关战争的目标是不切实际的,美国将不再为了追求幼稚和虚伪的政策目标而进行无休止的战争。虽然特朗普将更少地发动战争,但会发动更多“恶性”的战争,并最终结束代价昂贵的、无休止的全球反恐战争。这将会释放资源用于生产，而有关资源原本会浪费在一场又一场的战争上。所谓的全球反恐战争即将结束，不过，我们将面临更严峻的挑战：经济国家主义、民粹主义和新冷战的风险。

特朗普总统秉持的经济国家主义不会阻止全球化或自由主义。但不得不面对的经济现实、制度惯性和市场导向将限制、迫使并最终使得特朗普放弃或无视保护主义承诺，转而在国家统一的名义下实行哈耶克式的自由贸易。换言之，特朗普将尝试设置关税壁垒并禁止移民，但这可能会遭遇失败；在制度性的约束下，他可能会以民族主义者式的规劝来安抚和激励他的支持者，经济现实将迫使总统接受移民和自由贸易，尽管他的自由贸易协定可能是双边的而不是多边性的，且他的移民政策比起他的前任们来说将会更具选择性。

如果我推断有误，特朗普推行关税或惩罚性税收之类的保护主义政策，其结果将是外国的反制措施引起市场崩溃和贫困，并最终导致更多战争来吸纳失业者，分散人们对国内失败的注意力。然而，特朗普的政策很可能是无法得到实施的，由于其中存在着许多的经济错误——通胀性的加薪、减少劳动力供应的移民限制和提高工资以及限制外国竞争的关税壁垒。此类政策虽使他赢得了总统选举，但同时也引起了外国的强烈反对。特朗普是否知道这些政策会摧毁经济并不重要，因为只要它们会摧毁经济，就绝不会得到实施。即使是他自我吹嘘的移民政策，也可能会受到法院和国会的限制。

因此，特朗普的当选不仅开启了早就该进行的外交政策方向调整和国内政治极移，也表明美国正面临新的外交政策问题，即在贸易、移民甚至国防等领域的双边主义，以及在新冷战阴影和民粹主义四面出击的大背景下，美国需要的是增加国与国之间的互动，而不是与非国家行为体的互动或是多边互动。特朗普能够(但很可能不会)避免与俄罗斯之间爆发新冷战。

在考察即将到来的有关挑战之前，我们必须首先分析过去20年来美国外交政策失败的根源，即“新保守主义”。特朗普对它已经作出了反应。不过，由于奉行“美国优先”的经济国家主义，特朗普政府对中国等国发动了史无前例的贸易战，从而使世界贸易秩序乃至整个世界秩序陷入危机之中。

二、新保守主义

新保守主义者曾经都是左派托洛茨基主义者，他们中多数人是犹太人，并且几乎都是亲以色列的。[①] 不过,从他们之后的政治生涯来看,新保守主义者抛弃了共产主义和社会主义,转而选择加入他们先前反对的政权。新保守主义者不是隐秘的托洛茨基主义者,后者寻求悄悄地潜入政府以便"从内部改变政权"。而新保守主义者从其经历中简单地得出结论:他们年轻时很幼稚,"错误地"信奉马克思列宁主义,并据此生活和学习。不过,新保守主义者的外交政策是与托洛茨基主义根基一脉相承的。新保守主义者认为迅速爆发的区域革命有可能会席卷整个中东。新自由主义革命据说会以稳定而富有成效的民主政权来取代独裁政权。新保守主义者预言:他们的政权更迭政策在中东将会带来人权、法治和生产潜力的释放。不幸的是,他们的预言并没有实现。结果表明,新保守主义外交政策对于美国来说是灾难性的。新保守主义者过于乐观的理论学说很可能是受到了 1989 年席卷东欧的成功革命的影响。一系列和平革命从波罗的海国家开始,接着席卷了东欧其他国家。革命确实扫除了独裁政权,实现了人权保护的改善和生产力的提高。新保守主义者很可能试图复制东欧和平的"歌唱革命"的成就,即用新生的民主政权取代"共产主义独裁"。[②] 不过,如果 1989 年的东欧革命是他们为中东选择的模式,那么我们应该指出,处于崩溃中的苏联在任何地方都没有受到美国的军事干预,而且,中东国家比东欧国家更贫穷,暴力程度也更高。[③] 支持革命是一回事,比如 2014 年的乌克兰,而通过军事干预来推动革命则是另一回事,比如 2013 年的利比亚。尽管美国在 20 世纪 90 年代中期确实对前南斯拉夫进行了干预,但有关干预仅限于在已经发生冲突的各方之间实现停火与和平。美国对前南斯拉夫的干预并不是为了推翻一个政权(如米洛舍维奇),并用另一个政权取而代之。新保守主义者认为,从经济和人力花费两个方面来看,中东的政权更迭代价将会更低,这可以从 1989 年的经历中看出。保罗·沃尔夫威茨(Paul Wolfowitz)有句名言:"在未来两三年里,(伊拉克)的石油收入可能会有 500 亿至 1000 亿美元……我们面对的是一个能够为它自己的重建提供资金,而且

---

① M. Friedman, *The Neoconservative Revolution: Jewish Intellectuals and the Shaping of Public Policy*, Cambridge University Press, 2005.

② J. Heilbrunn, Neocons and the Revolution: How the Arab Revolt Is Rocking the Neoconservative World, Foreign Policy, http://foreignpolicy.com/2011/02/23/neocons-and-the-revolution-2/.,下载日期:2011 年 2 月 23 日。

③ G. O. Mason, Economies in Transition, http://chnm.gmu.edu/1989/exhibits/economies-in-transition/introduction.,下载日期:2017 年 3 月 12 日。

相对迅速地提供资金的国家。”[①]沃尔夫威茨还指出：“……在后萨达姆时代的伊拉克，需要驻有几十万美军才能够实现稳定显然是不可能的。”[②]不幸的是，他的前述两种说法都是不对的。新保守主义者对政权更迭的代价或后果的乐观预测从未被证明是正确的。[③] 在中东我们如今看到的不是崇尚法治的、稳定而富裕的民主国家，而是利比亚（2011 年或 2014 年开始）和叙利亚（2011 年以来一直在进行）内战，埃及独裁主义的死灰复燃，以及分散在整个地区的各种圣战组织，包括军事和非军事组织。“新美国世纪计划”提出差不多已有 20 年了，它绘制了新保守主义者为重建美国的防御系统而在中东地区实施政权更迭的议程。[④]

很显然，新保守主义者犯了如下错误：

(1)新保守主义者高估了美国的实力和使用武力推动政治变革的能力[⑤]；

(2)新保守主义者低估了作为国家战略的政权更迭的人力和经济代价[⑥]；

(3)新保守主义者过分强调了政权更迭将带来的好处。[⑦]

(一)高估美国的实力：单边主义

新保守主义者认为，美国是如此强大以至于可以自己单干。前总统布什

---

① L. Dobbs, Opinion, Dobbs: Our Leaders Are Ducking Reality on Iraq, CNN, http://www.cnn.com/2006/US/12/05/Dobbs.Dec6/index.html.，下载日期：2006 年 12 月 6 日。

② J. Fryer, Five Years Ago, Wolfowitz and Rumsfeld Were “Off the Mark” on Troop Levels, THINKPROGRESS, https://thinkprogress.org/flashback-five-years-ago-wolfowitz-and-rumsfeld-were-off-the-mark-on-troop-levels-28c0cec1b6cf#.2dc9bcaze.，下载日期：2008 年 2 月 27 日。

③ C. B. Thompson, Neoconservatism Unmasked, CATO UNBOUND, https://www.cato-unbound.org/2011/03/07/c-bradley-thompson/neoconservatism-unmasked.，下载日期：2011 年 3 月 7 日

④ T. Donnelly, *Rebuilding America's Defenses: Strategy, Forces and Resources for a New Century*, 2000.

⑤ P. Dixon (ed.), *The British Approach to Counterinsurgency: From Malaya and Northern Ireland to Iraq and Afghanistan*, 2012, pp.22-34.

⑥ D. B. MacDonald, et al. (ed.), *The Bush Leadership, the Power of Ideas, and the War on Terror*, 2012, p.47.

⑦ T. H. Cohn, *Global Political Economy: Theory and Practice*, 2016, p.66.

有句名言:“你们要么和我们站在一起,要么和恐怖分子站在一起。”[①]用成语直白地说即顺我者昌,逆我者亡。傲慢的单边主义者们疏远了盟友,也没有把敌人变成中立者,进而把中立者变成朋友。[②] 将中立者转变为盟友并将敌人变为中立者,是赢得战争和实现和平的关键行动。当一个人被告知该怎么做时,他就会退缩,此乃人类的天性使然。而这就是单边主义和傲慢为何会令人反感的原因所在。这在一定程度上解释了为何特朗普带有民族主义的竞选信息和随后的行政议程尽管本身是明智的,却冒犯了许多人。特朗普总统的单边主义有可能会重犯小布什政府时期的一些错误,比如酷刑。[③] 前总统乔治·W.布什(小布什)在总统任期内推行的单边政策代价是相当高昂的。而前总统乔治·H.W.布什(老布什)由于奉行多边主义,从美国的盟友那里获得了大量资金和军事支持。第一次海湾战争完全由美国盟友提供资金,因为它们相信:反击侯赛因符合他们自身的利益。与之相反,在第二次海湾战争中,年轻的乔治·布什总统奉行单边战略,结果几乎没有得到任何外国的军事或资金支持。特朗普总统像小布什一样是一个单边主义者。不过,他先前曾说过他不是一个干涉主义者。[④] 因此,他不太可能像小布什那样深深地陷入原本可避免的、代价高昂的战争。

(二)低估政权更迭的代价

新保守主义者大大低估了将新政府强加给外国的代价。他们提出的代价低廉且快速的不流血革命被证明是相当昂贵且极为暴力的。美国在伊拉克、利比亚、埃及、叙利亚和其他地方实行了欠考虑的干预,导致数千名美国大兵

---

① Bush·“You Are Either with Us, Or with the Terrorists”, Voice Of America News, http://www.voanews.com/a/a-13-a-2001-09-21-1;4-bush-66411197/549664.html., 下载日期:2009 年 10 月 27 日。

② S. Talbott, Opinion Unilateralism: Anatomy of a Foreign Policy Disaster, Brookings Institution., https://www. brookings. edu/opinions/unilateralism-anatomy-of-a-foreign-policy-disaster/.,下载日期:2007 年 2 月 21 日。

③ Interview by Arthur Sulzberger, Jr. with Donald Trump, in *New York Times*, https://www.nytimes.com/2016/11/23/us/politics/trump-new-york-times-interview-transcript.html.,下载日期:2016 年 11 月 23 日。

④ D. J. Trump, Remarks on Foreign Policy at the Center for the National Interest in Trump on Foreign Policy, *The National Interest*, http://www.nationalinterest.org/feature/trump-foreign-policy-15960.,下载日期:2016 年 4 月 27 日。

伤亡,数万亿美元被浪费。[①] 新保守主义者的政权更迭政策,无论是由共和党人在伊拉克推行,还是由民主党人在利比亚和叙利亚实施,最终都失败了。幸运的是,它没有对特朗普的外交政策产生任何影响。

(三)夸大政权更迭的好处

新保守主义者预测,政权更迭将会给目标国带来民主自治、法治、人权保护以及生产力的提高,这同样是不正确的。无论是在美国共和党治下的伊拉克和阿富汗,还是在美国民主党治下的叙利亚和利比亚,政权更迭都未实现上述目标。事实上,暴力横行与社会动荡是政权更迭在中东产生的后果,从而使美国陷入永无休止的战争。我们不妨怀疑,这些失败的干预是不是必要的,或是否有助于威慑和(或)摧毁恐怖分子及其训练区域。这些国家当然未能改善人权、民主或提高生产力,因为在遭到干预之后,它们之间开始爆发冲突。

为何新保守主义者如此冷淡,对他人的生命如此漠不关心?分而治之是新保守主义者在他们过于乐观的政权更迭政策实施受阻时可能启动的备选方案。假如说改变整个中东的远大抱负彻底无法实现,那又如何呢?其结果将是敌人之间真正的或潜在的关系恶化和彻底决裂——分而治之。

三、新保守主义者的假设

(一)人性

新保守主义者中更具法西斯主义性质的派别将人视为很恐怖的生物:懒惰,最易受仇恨、恐惧和贪婪的驱使。[②] 卡尔·施密特声称:"由于人天生是邪恶的,因而需要控制。不过,只有在人们结成一个反对其他人的统一体时,控制才能够确立。人们的每次结合必然是与其他人的分离……由此所理解的政治不是国家,不是秩序的构成性原则,而是国家得以产生的前提条件。"[③]尽管

① J. E. Stiglitz, L. J. Bilmes, The $3 Trillion War, *Vanity Fair* (Apr. 2008), http://www.vanityfair.com/politics/features/2008/04/stiglitz200804,,下载日期:2008 年 4 月 20 日。

② C. B. Thompson, Y. Brook, *Neoconservatism: An Obituary for an Idea*, 2015, p.240.

③ D. Livingstone, *Black Terror White Soldiers: Islam, Fascism & the New Age*, 2013, p.315.

持有悲观性的缺陷观，但新保守主义者仍然认为，人能够追求卓越。不过，由于人被形容得如此的恐怖，新保守派认为，我们需要福柯所说的规诫与惩罚才能实现卓越。

(二)不诚实与欺骗

鉴于新保守派认为人是如此的可怕，他们自己也谎话连篇就合情合理了。[①] 新保守主义者实行的是有预谋的欺骗和内在的不诚实政策。列奥·施特劳斯(Leo Strauss)认为，欺骗在世界上是不可避免的，必须利用"高尚的谎言"为国家权力服务。[②] 在《迫害与写作艺术》(1952 年)一书中，施特劳斯写道，由于人的不良品格，哲学写作中必须有外在(公开)的和内在(秘密)的方面："关于人类社会和历史的基本真理应该由精英者掌控，因而他认为哲学是危险的，因为它质疑了国内秩序和社会道德所依赖的习俗。"[③]欧文·克里斯托尔(Irving Kristol)同意这一欺骗性的策略，并指出："对于不同类型的人来说有不同类型的真理。有适合儿童的真理；有适合学生的真理；有适合受过教育的成年人的真理；有适合受过高等教育的成年人的真理，而存在一套可以被每个人接受的真理的观念是一个现代民主谬论，它并不能行得通。"[④]

这些不良观点完全是错误的。在现实世界中，出于实际方面的原因，诚实是最好的政策。没有人喜欢被欺骗，所以很少有人能够容忍说谎者。人们的声誉经受不起毁灭，它一旦被毁，恢复它的好运也就不复存在了。特朗普的当选不仅表明新保守主义政策的失败，而且新保守主义政策专家也陷入了在未来可能受到极大威胁的境地，无论他们是作为信誉扫地的托洛茨基人还是作为同样信誉不在的自由主义者、干预主义者存活下来。

(三)永久战争

无论是由于他们的法西斯主义起源(施密特)还是由干他们的犹太复国主义血统(施特劳斯)，新保守主义者认为战争是人类生存条件所固有的，是适者

---

① J. Lobe, Leo Strauss' Philosophy of Deception, Alternet, http://www.alternet.org/story/15935/leo_strauss%27_philosophy_of_deception.，下载日期：2003 年 5 月 18 日。

② S. M. Hersh, Selective Intelligence, *The New Yorker*, http://www.newyorker.com/magazine/2003/05/12/selective-intelligence.，下载日期：2003 年 5 月 12 日。

③ R. A. Charo, Passing on the Right: Conservative Bioethics Is Closer Than It Appears, *The Journal of Law, Medicine & Ethics*, 2004, Vol.32.

④ R. Bailey, Origin of the Specious: Why Do Neoconservatives Doubt Darwin? (July 1997), http://www.reason.com/news/show/30329.html.，下载日期：1997 年 7 月 8 日。

生存所必需的[①]，有时甚至是可取的。考虑到他们崇尚不可告人的和欺骗性的政策，新保守主义者不时用到一些新的言词谈论人权，却并不反对1984风格的永久战争就显得毫不奇怪了。2001年9月11日后30天出台的《爱国者法案》，赋予了联邦政府践踏公民权利的广泛权力，同时授权美国政府发动永久性的战争。[②] 在美国，酷刑现如今被称为“强化审讯”，就像纳粹德国一样。在《政治神学》一书中，施密特将最高统治者定义为有权决定是否援引紧急状态的人。施密特理想的政治形式是全能的行政机构，拥有广泛的紧急权力，如那些见之于德国《授权法案》或是美国《爱国者法案》中的权力，此类权力在美国法律政策界仍旧争论不休。[③]

不论其纳粹的经历，像卡尔·施密特之类百折不挠的法西斯分子和他们不幸的犹太复国主义受害者如利奥·施特劳斯，认为世界从根本上是冲突的，甚至是冲突十分激烈的。相应地，新保守主义者认为暴力冲突是人类生存所无法避免的，暴力在用于惩戒他们的下属和那些原本是极其天真的人时甚至是可取的。因此，新保守主义者信奉某种达尔文主义，而达尔文主义认为战争是一种能够维持国内秩序并体现人类优势的必要之举。他们相信战争是不可避免的，这制造了一场又一场代价高昂的战争和自我实现的预言。永久战争已被美国的敌人熟练掌控，而他们的目标是使美国陷于破产，因为战争是非常昂贵的。[④] 持久战至少可以借助两个流行的观念体现出来：“文明冲突”和“长期战争”。

1.文明冲突

塞缪尔·亨廷顿认为，在后冷战时代的世界上，由于资源压力和文化差异，很可能会（即使并非必然）出现“文明的冲突”。[⑤] 作为对新保守主义者的

---

① I. Kristol, *Neoconservatism: The Autobiography of an Idea*, 1999, p.293.

② D. Abraham, The Bush Regime from Elections to Detentions: A Moral Economy of Carl Schmitt and Human Rights, *University of Miami Law Review*, 2008, Vol.62.

③ A. Chehab, The Unitary Executive and the Jurisprudence of Carl Schmitt: Theoretical Implications for the "War on Terrorism", https://ssrn.com/abstract=1746966.，下载日期：2007年1月7日。

④ B. Laden: Goal Is to Bankrupt U.S., http://www.cnn.com/2004/WORLD/meast/11/01/binladen.tape/.，下载日期：2004年11月1日。

⑤ S. P. Huntington, The Clash of Civilizations?, *Foreign Affairs*, 1993, Vol.72.

回应,亨廷顿指出:“没有真正的敌人,就没有真正的朋友。”[①]亨廷顿提出的有关未来的冲突不仅很有可能发生,而且很有可能是基于种族性的观念,这正好与新保守主义者有关战争是人类生存所固有的看法及永久战争的实践完全吻合。此类宿命论的问题在于它否定了人类塑造社会和物质环境的意志的力量,并往往表现为一个自我实现的预言。如果认为战争是不可避免的,文明本质上是完全不同的并处于冲突之中,那么我们将毫不惊讶地发现:国家在刚经历过自我毁灭的战争后又会很快陷入战争的深渊。如果相信某件事是不可能的或是不可避免的,那么这件事就确实如此。

虽然特朗普总统错估了与普京合作的可能性,但他认为合作而不是冲突是可取的、更合适的和可能的:政治是可能性的艺术。然而,在马航 17 班机、克里米亚、顿涅茨克、卢甘斯克等事件之后,我清楚地看到,特朗普可能成为对普京有用的傻瓜。[②] 在某个时间点,特朗普会发现与俄罗斯的合作真的是不可能的,然后美国将很可能回到甚至是加强当前孤立俄罗斯和破坏普京政府的运动。

2.长期战争

新保守主义者的永久战争实践也通过有关美国不知何故就陷入“长期战争”的观点表达出来。在新保守主义者看来,战争不仅是不可避免的,而且也必然是长期性的,这正是输掉战争的秘密所在,因为冲突代价高昂,对抗激烈且不可预测。美国正陷入一场“长期战争”的看法是在对纽约和华盛顿发动恐怖袭击之后产生的,并且可见之于詹姆斯·博伊塞勒(James C. Boisselle)和莎伦·李瑞(Sharon L. Leary)等人的著作中。[③] 也即有人发现了为何美国陷入了一场与几个很容易被孤立的疯子的“长期战争”。然而,他们的推理缺乏想象力且过于简单化,因为他们没有提出一个解决长时间战乱的方案,也没有考虑战争的替代方案。把打击恐怖主义的斗争解释为战争是不恰当的,不可

---

① S. P. Huntington, *The Clash of Civilizations and the Remaking of World Order*, 1997, p.20.

② B. Griffiths, Albright: Trump Fits the Mold of Russia's “Useful Idiot”, Politico, http://www. politico. com/story/2016/10/trump-russia-useful-idiot-madeleine-albright-230238.,下载日期:2016 年 10 月 24 日。

③ C. Sharon, L. Leary, Sustaining the Long War, http://www.dtic.mil/cgi-bin/GetTRDoc? Location=U2&doc=GetTRDoc.pdf&AD=ADA469589.,下载日期:2007 年 3 月 26 日。

避免的长期战争的想法在战略上是盲目的，在战术上是不恰当的，这就是失败的原因所在。不过，永久战争确实可以通过权力的集中化和压制持不同政见者来实现社会控制；将永久战争用作分散民众注意力的治理工具的想法是托洛茨基派乔治·奥威尔（George Orwell）在他的《1984》一书中的国家权力观的核心所在。①

唐纳德·特朗普当选总统标志着新保守主义政策的终结。他已表示，他会从国家利益的现实主义棱镜来看待世界，这将会结束过去15年无休止的、昂贵的且本可避免的“十字军运动”。

3.关于战争

新保守主义者认为战争是不可避免的，并且必定是漫长的，并对此详加阐述。他们是不正确的，实际上战争是由犯最少错误者赢得的。像新保守主义者那样的无限制军事承诺的倡导者犯了下列全部错误：一是他们高估了军事力量实现政治变革的能力；二是他们低估了政治解决的可能性；三是他们低估了战争的代价；四是他们未能制定战争终结战略。②

错误地计算战争的代价和发动能力以及没有制定战争终结战略，只是他们所犯的部分错误，并且都是缺乏远见卓识的证据，而错误正是失败的前兆。

战争是代价极其高昂的、不可预测的且政治影响有限的工具。战争之所以如此，是因为人们会采取一切行动来赢得胜利，这反过来使得战争的进程不可预测。因此，战争是一场生死决斗。而且，战争的决斗性意味着交战的任何一方都不会妥协，因为沉没成本悖论（sunk costs fallacy）使得交战各方都陷入承诺升级的困境。③ 因此，虽然战争易于发动，但很难结束，由此使得战争的进程难以预测。战争不是政治借助其他手段实现的延续，它是政治的破产，因为政治的特点是不断妥协，而战争是一个领域，在那里任何妥协，无论多么微小，都是不可能的。由于战争是代价昂贵的、不可预测的以及难以结束的，战争艺术的最高境界是不战而屈人之兵，因为，这样就可以使敌人的士兵和补

---

① George Orwell，1984，1949.

② D. C. Gompert，H. Binnendijk，B. Lin，The Iraq War：Bush's Biggest Blunder，*News-Week*，http://www.newsweek.com/iraq-war-bushs-biggest-blunder-294411.，下载日期：2014年12月25日。

③ T. F. Kelly，K. L. Milkman，Escalation of Commitment，http://opim.wharton.upenn.edu/%7Ekmilkman/2011_10_23_escalation_FINAL.pdf.，下载日期：2011年10月23日。

给成为自己的。与之相反,坚决战斗到底必然会摧毁自己的资源和战利品。这也表明为何战争不是对政治的延续,而是政治失败的证据。因此,应尽可能地避免使用军事力量,但在使用时必须以具有决定意义的速度部署。这正是特朗普总统为美国未来的战争制定的方案。

(四)魏玛降临华盛顿(Weimer on Washington)

新保守主义者的政权更迭政策,无论是由民主党人(利比亚、叙利亚)还是由共和党人(伊拉克、阿富汗)推行,都只取得了惨淡的结果。然而,没有人从根本上质疑新保守主义者的前提假定或是解决方案,更不用说提出替代方案了。这就解释了当前美国外交政策为何会陷入某种瘫痪和无能。当代美国外交政策的无能可以大体概括为无目的的权力:也许是对美国国会僵局和政治魏玛化的反映。①

当前的美国政治,就像20世纪20年代至30年代魏玛时代的德国一样,政治僵局和瘫痪是其显著特征。派系性政治瘫痪可以从最近的预算缩减和联邦法官任命,特别是最高法院法官的提名和任命中看到。尽管美国政治存在着派系性的瘫痪,但仍有拯救的希望。与1933年的德国不同,21世纪的美国并不是一个破产和破碎的国家。2016年的美国更像是"纸牌屋",而不是"权力的游戏"。尽管如此,由于错误的外交政策理念,再加上国内政治瘫痪,美国的外交政策非常低效,却代价高昂。像特朗普这样的民粹主义者崛起,某种意义上就是对于不诚实且自私的精英得势和僵局性瘫痪的反映。然而不幸的是,大多数利己主义者都不是深邃的思想家。结果,尽管特朗普在一定程度上找到了问题的所在,但他的解决方案受到任期的限制只能起到部分作用,并且他有可能无法执行。

总的说来,新保守主义者严重地误解了战争和国家实力的性质和局限性。美国在21世纪前20年的外交政策失误,在很大程度上是由他们的错误思想所导致。只要认识到武力并非万能的,同时单边主义是无效的,就朝着正确方向迈出了一步——"不要做蠢事"。认识到国家之间的互动并非必然或从根本上是暴力的,战争就可能会受到制约,甚至完全得以避免,这是朝着正确的方向再迈出的一步。不过,美国最终必须制定抛弃新保守主义的外交政策。基于国际关系现实主义的一些假定,对美国外交政策采取转型做法将更为有效。

① The White House, What You Need to Know About the Sequester, http://www.whitehouse.gov/issues/sequester.,下载日期:2013年12月21日。

正如下文所述,这更接近于特朗普所阐述的外交政策观而不是他所拒绝的新保守主义者们的愚蠢行为。

四、新保守主义错误的现实主义替代方案

(一)国家权力

国家由一群大体志同道合的个人组成,他们从根本上讲是自私自利的,并且这些人为了追求他们所感知的自身利益而一致行动。人不是天使,也不是魔鬼。虽然我们是自私自利的,但确实有自由意志。亚里士多德在《政治学》一书中做了最好的阐述:人是最优秀的动物,而一旦脱离了法律和公正就会堕落成最恶劣的动物;而且,武装的不公正是更危险的。他在出生时就装备了智慧的武器和道德品质,但他可以用其来追求最坏的目的。因此,如果他没有美德,他就是最邪恶、最野蛮的动物,并且会充分利用贪婪和贪吃的本性。但是,正义在国家中体现为人与人之间的纽带,而管理司法,也即确定什么是正义的,是政治社会的秩序原则。[①]

亚里士多德承认,人类有能力做最坏的事,不过也想要做最好的事。我们向往良善,同时我们既有能力作恶,也有能力行善,此种理解构成了国际关系现实主义的基础。国际关系现实主义者认为,国家虽然是从物质现实中抽象出来的,却是此种现实的反映。国家和个人一样都是理性的,并尽其所能追求自身利益。尽管如此,由于人们是自私自利的,无论是作为个人还是结成国家,"强者可以做其想做的任何事,而弱者必须承受其不得不承受的一切"。国际法有其局限性,因而它并不完美,其部分原因是人类的不完美。现实世界就是如此。它可能不是我们所想要的世界,但我们必须从了解世界的本来面目开始,才能到达我们向往的世界。活生生的"生活现实"必须成为我们的出发点。假如我们要提出比新保守主义者的虚伪、不切实际和自我毁灭的政策更好的方案,世界就需要正确的观念。而不是像新保守主义者那样浪费了数万亿美元和几十万条生命,没有顾忌地追求机会主义的愤世嫉俗。

(二)国际关系现实主义

国家在形式上是个人的抽象集合体,由于专业化和通信的进步而产生的

---

① Aristotle, *Politics*, B. Jowett trans., Clarendon Press, 1885, c. 350 B.C.E.

生产协同作用，使得它比其组成部分的总和要更为强大。国际关系现实主义者认为，国家是理性的权力最大化者。[①] 此种描述并不是非常准确。一般说来，各国确实寻求其权力最大化。国家在追求权力的过程中通常会理性地行为。虽然也有例外，但国家和其民众大都尽力使他们自己的权力最大化，并为此通常会理性地行为。那些不寻求其权力最大化和（或）为此非理性地行为的国家通常被其他行为体边缘化，后者在追求权力方面更加始终如一，因此在进行国家权力模型分析时前者常常被忽略。

特朗普总统是一个外交政策现实主义者。国际关系现实主义的主要假定大体是正确的：国家通常是理性的行为体，并寻求其权力最大化。然而，现实主义的其他假定就不太准确了。古典现实主义的前述错误是如此重要和复杂，以至于需要对其详加分析，以理解为什么我们应该拒绝它以及在与其相反的立场上，我们可能想到什么更好的东西。

1.国际关系现实主义者倾向于借用威斯特伐利亚术语错误地理解国际体系

古典国际关系现实主义者认为国际体系是以国家为中心，并且排他地由国家构成的。此种简单化虽然对粗略的理论模型分析有用，但适用于当今世界显然是不准确的。国际体系不再只是以国家为中心。许多非国家行为体如今在世界舞台上也发挥着作用，国际组织、公司、非政府组织和恐怖主义集团都是国际舞台上的非国家行为体。尽管国家仍是首要的国际行为体，但在全球文化的背景下，国家如今是在一个由国际组织、跨国公司、非政府组织、民族解放运动和恐怖分子组成的复杂结构体系中展开互动。全球文化超越了国家，不仅体现在好莱坞和资本主义意识形态之中，而且也体现在宝莱坞（Bollywood）和普京的另类全球化运动（alter-mondialism）之中。古典现实主义者认为国际体系完全由国家构成，或是完全通过国家的棱镜来进行最佳的模型分析，这都是不准确的。前文简要描述的后威斯特伐利亚国际体系已经不再排他地由国家构成。[②]

2.古典国际关系现实主义者通常认为国家在本质上是相互孤立的，甚至

---

① B. Bordner, *Rethinking Neorealist Theory: Order Within Anarchy*, 1997, http://brucebordner.com/Neorealism.html.，下载日期1997年7月1日。

② E. Engle, *Ideas in Conflict: International Law and the Global War on Terror*, 2013.

是自给自足的,在展开互动时有点像台球或是原子,彼此相互反弹但永远独立

1648年威斯特伐利亚体系和工业革命诞生之际,各国在很大程度上是相互孤立的。然而在今天,各国不再是相互孤立的,也不再是自给自足的。至少从1990年(即使不是1945年)起,我们就生活在后威斯特伐利亚霸权性的全球化世界中。技术的巨大进步和新的治理理念创造了一个高度网络化的世界,即时全球通信和全球贸易的巨大增长导致了相互的依存,而贸易增长是运输技术进步的结果。在1648年,横跨大西洋旅行需花上几周甚至几个月,而今天只需要花几个小时。当今通信是即时的和近乎免费的。因此,与古典国际关系现实主义的假定相反,当今世界是高度网络化的。

尽管历史上国家是相互孤立的,因而必然是自给自足的,但这种描述现在已经不太准确了。今天,各国不仅联系紧密,而且相互依存,不再是自给自足的,而是通过贸易促进繁荣与和平。

3.古典国际关系现实主义者正确地将国家塑造为理性权力最大化的角色,却错误地将国家视为只在零和权力关系中展开互动

国家互动不再是排他性的甚至通常是零和或负和的。在后威斯特伐利亚世界上,正和经济互动比起军事互动要更为重要,因为经济相互依存带来的是繁荣与和平。在战后,世界贸易大大增加,由于喷气式飞机和计算机的出现,全球即时通信成为现实。一般说来,今天各国之间主要发生的是商业上的联系。国家之间的军事互动变得异常少见。当然,情形也并非总是如此。正和国际经济的兴起与古典国际关系现实主义的假定相悖,后者认为国家之间的互动通常是零和性的。①

古典国际关系现实主义设想,国家实际上只能以牺牲其他国家为代价来使它们自己的权力最大化。然而,在现实中当今国家间的互动绝大多数是正和性和经济性的,而不是零和性和军事性的(政治力量的对抗),更不用说负和性的(战争)。不仅如此,不断进步的技术提高了几乎所有国家,甚至那些相对实力"较弱"的国家的绝对能力。就国家的能力而言,由于技术进步和经济增长,所有国家的实力都有了绝对的增强。

在当代的后威斯特伐利亚世界上,我们大体上看到一种占主导地位的全

① L. Wildhaber, Sovereignty and International Law, in *The Structure and Process of International Law: Essays in Legal Philosophy Doctrine and Theory*, edited by R. St. J. Macdonald, et al.(ed.) 1986, pp.661-668.

球意识形态，此种意识形态认为商品、资本、思想甚至人的自由流动都是正常的。特朗普有时希望反对其中某些甚至全部的自由流动，但最终他也会被推动全球化向前发展的即时全球通信和快速廉价的全球旅行和贸易浪潮所淹没，因为这些都是不可忽视的技术事实。

全球自由主义意识形态绝不是威斯特伐利亚国家体系或国际关系现实主义的决定性特征。不过在今天，即便是俄罗斯等正在挑战美国全球霸权的国家，在很大程度上也是在自由主义的范围内实际践行着自由主义这一术语。独裁者不再敢使用法西斯主义的术语，它不足以进行有效的治理，特别是全球治理。即使是腐败的专制国家也不得不利用自由主义的观念和目标来维持国内合法性，并与富裕的强国进行谈判，而后者恰好都是自由民主国家。福山(Francis Fukuyama)在一定程度上正确地宣告了全球自由主义的胜利。① 但与此同时，福山错误地认为自由主义在意识形态上的胜利是历史的"终结"：冷战结束后，冲突仍将在世界上继续发生，特别是在中东。然而，暴力冲突如今是例外性的，而不是常态性的。福山认为历史已经终结，但他错了：历史既不会是可能结束的自由主义路线，也不会是古希腊的时间之轮，即无穷无尽却没有真正的进步。马克思主义者正确地指出，历史必然是一个长期进步的螺旋式上升的过程，不可避免地会遭遇暂时性的挫折——大体体现为"前进两步，后退一步"。因此，尽管历史没有结束也不可能真正地终结，但它已经发展到了一个新的阶段：战争已经成为国家间互动的例外，而不是常态。人们天生就有可能实施暴力行为解释了为什么历史决不会终结以及国家永远不会完全消亡的原因。不过，技术进步将继续增加财富，推进全球化，并使暴力日益成为历史，同时使国家权力在日常生活中越来越不重要，并逐渐被公民社会取代。然而，发生暴力的可能性将永远存在，为了遏制暴力极端分子，国家权力始终是必要的。自由至上主义者即使是出于善意，但在人性和国家权力终结的可能性方面也完全犯错了。

特朗普赢得选举也代表了美国对自由至上主义的抛弃，因为特朗普显然是一个国家主义者，他让国家在经济中发挥了关键性的作用。从根本上讲，人类为了生存就完全有可能实施暴力。然而，人们渴望过上美好生活，并且天生

① F. Fukuyama, The End of History?, *The National Interest*, https://ps321.community.uaf.edu/files/2012/10/Fukuyama-End-of-history-article.pdf.，下载日期：2012 年 11 月 23 日。

具有社会性,因为我们生来就倾向于团结在一起。恐惧和愿望的动态变化解释了国家权力的形成和演变:“国家的产生源自生命最起码的需要,并为了美好的生活而继续存在。”①

(三)理解美国实力的可能性与局限性

对于新现实主义理论来说最合乎逻辑的观点是将国家视为理性的行为体、首要行为体,但不再是国际体系中唯一的行为体。国家寻求权力的最大化,只是为了生存,但常常更多的是通过正和性的经济互动,而不是通过零和性的政治或负和性的军事互动来实现该目标。在此基础上也提出过保留新保守主义的观点,但它最终被证明是错误的,正如前文指出的自由主义反国家观点不具有现实可能性一样。

新现实主义理论在很大程度上是与特朗普总统的外交政策声明一致的。接下来,我将从美国外交政策面临的当代挑战出发,进一步阐述新现实主义理论。

1.普遍主义而不是单边主义

美国是一个全球性的霸权国家,其盟友遍布世界各地。特朗普在当选前和总统任期开始时曾质疑联盟和贸易网络,但他最终会被迫接受它们,因为它们非常有用。单边主义和干涉主义是非常愚蠢的想法,它在第二次海湾战争时就已经失败了。然而,这不应推动我们走向相反的一面,即犹豫不决。② 不幸的是,特朗普总统选择了单边主义,尽管他不是一个干涉主义者。即便如此,他的单边主义仍然是愚蠢的,因为它质疑了美国创建并通过其行使全球霸权的联盟和贸易网络,如北大西洋公约组织(NATO)、联合国、世界贸易组织和北美自由贸易协定(NAFTA)。特朗普是否会继续攻击美国全球治理的机构是一个有趣的问题,但如果他这样做的话,他肯定会失去外交政策精英的支持。

美国守信于它的盟友是其全球霸权的关键。西塞罗最早认识到了这一点:“我们的罗马共和国通过捍卫其盟友,从而拥有了全世界。”③美国的联盟

---

① Aristotle, *Politics*, B. Jowett trans., Clarendon Press, 1885, c. 350 B.C.E.

② J. Bosco, About Time the U.S. Made a Stand in South China Sea, Real Clear World, http://www.realclearworld.com/articles/2015/11/02/about_time_the_us_made_a_stand_in_south_china_sea_111537.html.,下载日期:2015年11月2日。

③ F. Barham, *The Political Works of Marcus Tullius Cicero: Comprising His Treatise on the Commonwealth; and His Treatise on the Laws*, 1841, Vol.1.

承诺是可信的这一事实解释了其拥有全球支配力量的原因。事实上,战争更有可能由有很多盟国且敌国很少的国家赢得,因为他们拥有数量上的优势,特别是在协作良好的情形下。此外,美国对盟国的承诺,加之对和平富足未来的真实视觉解释了美国为何会拥有全球霸权。美国致力于建立一个新的世界秩序,它建立在民主、自由和法治的基础上。这一新世界秩序取代了威权主义、君主制和独裁、限制和支配。在处处是专制、种族灭绝和奴役的世界里,这是当世仅存最好之希望。①

特朗普总统尚未谈到美国充当新世界秩序、新时代秩序领袖的想法。不过,他谈到了美国例外主义的观点。

2.美国例外主义

美国例外主义认为,作为一个世俗共和国,美国在其起源上是与众不同的,因为它主张在具有普遍适用性的法治下建立一种有限形式的民主政府。事实上,美国既有与众不同性,也有普通的一面。作为第一个信奉依法自治理念的世俗国家,美国具有与众不同的一面,而该理念无疑具有革命性。然而,它也和数以千万计的贫困难民一样普通,他们移民到美国,如今成为美国人口的核心。美国之所以与众不同,是因为响彻整个世界的是人民之声(vox populi mundi)。然而,美国也很普通,因为这些人真的"和其他人一样"。普通人干了非凡之事,这就解释了为什么美国是全球自由化进程中最先进的国家。美国是地球上最大的国家,也是整个地球的体现,甚至是地球的缩影,因为它是由来自全世界的移民组成的。② 这在一定程度上解释了美国的全球霸权,因为美国是全球的缩影,是全世界的难民中心,所以非公民很容易认同美国。美国也因其是地球上第一个联邦民主国家而显得与众不同。因此,美国是独一无二的,第一个现代联邦大众民主国家。

然而,美国也并非完全与众不同。美国"仅仅"是由志同道合的人民和国家推动的全球解放运动的先锋建立。美国的例外主义实际上更好地表达为普遍主义——"人人生而平等"。美国也并非异乎寻常,因为它是亚里士多德、洛克、《大宪章》和《英国权利法案》所阐明的古希腊和现代英国自由主义思想的

---

① A. Lincoln, *Annual Address to the U.S. Congress*, 1862.

② D. Lind, 37 Maps That Explain How American Is a Nation of Immigrants, http://www.vox.com/2015/1/12/7474897/immigration-america-maps.,下载日期:2017 年 2 月 7 日。

逻辑产物。自由世界现在有几十亿人,占到地球人口的大多数,在空间和数量上都比美国要大得多。虽然美国是第一个自由民主国家,但很快法国,紧接着美洲大陆上的每一个共和国都复制了"开国元勋"的基本思想。历史和技术进步都表明,基于法治的民主自治是最有效的治理体制。因此,具有讽刺意味的是,新保守主义者们所宣扬的目的论是正确的,他们所宣称的人民权力的目标导致政权的改变也是正确的。然而,新保守主义者在达到这些目的时所使用的手段却是不正确的,他们太强调为达目的不择手段,同时对于如此崇高的目标缺乏耐心。单边性的武装干涉和玩世不恭的欺骗不能成为全球解放运动的策略。而且,新保守主义者过分依赖纯粹的权力大棒,而没有借助胡萝卜式的劝说或外交手段。最后,新保守主义者秘而不宣的目标对他们的计划产生了有害的影响,这不仅给太多人包括许多美国人带来了致命的后果,也带来了一场经济灾难。①

3.全球解放的策略:如何解放奴隶和影响人民

正如在对于法治、民主自治和其他人权的捍卫中所体现的那样,美国通过自由谋求开明的自身利益的全球发展战略是很明确的。这一设想至少从1775年起就成功地指引美国,并将继续指引美国经历所有进步,抵御对其安全的侵犯。不过,通过繁荣和相互依存实现全球和平目标的适当策略——与在法律之下的平等公正携手的全球自由贸易和经济一体化,并不十分明确,而是取决于美国境外的因素。

在美国的第一个百年里,美国有必要听从乔治·华盛顿的建议,避免与外国纠缠。② 作为世界上当时唯一的世俗共和国,美国是君主政体世界中的"篡位者",它对世界上的每一个君主政体和神权政体都构成了潜在威胁。美国统治着各种各样的民族:宗教难民、原始资本家、非洲奴隶、原住民、有犯罪记录的殖民者、走私者以及逃税者。美国幅员辽阔,但远不是该地区唯一的立足点,人口稀少,很容易被内部派系之争和外国干预所撕裂,这是一种真实而可

① K. Amadeo, Cost of Iraq War: Timeline, Economic Impact, The Balance, https://www.thebalance.com/cost-of-iraq-war-timeline-economic-impact-3306301.,下载日期:2017年1月17日。

② D. L. Davis, What Hillary and Trump Should Learn from Ike and George Washington, *The National Interest*, http://nationalinterest.org/blog/the-skeptics/washington-eisenhower-2016-warrior-presidents-who-shunned-17359? page=2.,下载日期:2016年8月15日。

怕的威胁。事实上,美国历史上最大的威胁是内战。林肯总统通过谨慎的外交手段,阻止了法国和英国的军事干预。① 然而,由于技术的进步,海洋的天然保护带缩小了。随着美国人口的增长和陆地面积的扩大,再加之越来越多的国家成为民主国家,曾经作为明智政策的中立和不干涉主义不再是必要的,并且变得不现实且危险。美国的孤立主义进一步破坏了欧洲本来就不稳定的势力均衡,因为,在欧洲爆发全面战争的情况下,美国原则上仍然可以保持中立或干预,也可以支持或反对英国。第一次世界大战前美国的中立使得欧洲各大国无法计算欧洲全面战争的后果,其悲剧后果以两次世界大战的形式表现出来,这在一定程度上是由美国的中立引起的。② 在可怕的世界大战之后,新生的美国成长为一个全球性大国,其盟友遍及全世界,它在当时是一个超级大国,现在却是全球霸权国家。

五、结论

美国捍卫普世性的自由主义意识形态。美国也是一个全球性的"难民中心",一个多元文化的大熔炉,在此定居生活的人几乎来自整个地球。这是特朗普总统能够而且应该依托的美国力量的两大支柱。美国拥有普世性的意识形态和人口基础,因此它能够成功地鼓动世界各地威权主义和发展中国家中的自由主义分子,吸引盟友,并将腐败的贫穷威权政权转变为建立在法治基础上的新世界秩序的生产参与者。

美国的全球霸权不仅建立在军事实力,也建立在经济生产力的基础上。美国霸权在全世界也很有文化吸引力,这不仅仅源自好莱坞电影或其他方式的宣传。然而,要将全球支持转变为援助,并在法治下输出民主自治的理念,美国需要对世界有更加乐观和自律的愿景,而不是新保守主义者令人沮丧和完全不切实际的胡言乱语——此种胡言乱语至少在21世纪第一个十年里使

① M. Burlingame, Abraham Lincoln, http://millercenter.org/president/biography/lincoln-foreign-affairs,下载日期:2017年2月24日。

② From Neutrality to War: The United States and Europe, 1921-1941, National Endowment for the Humanities, https://edsitement.neh.gov/curriculum-unit/neutrality-war-united-states-and-europe-1921-1941.,下载日期:2018年6月5日。

美国外交实力遭到严重削弱。特朗普总统的经济国家主义能够而且应该拓宽其视野和抱负，以借助美国力量的支撑使美国再次成为无可争议的全球领袖。在学者看来，经济国家主义存在根本错误，是因为它建立在有缺陷的经济分析和虚假的经济假定基础上。①

此外，特朗普总统正确地认识到，要"让美国再次伟大"，就必须明智地选择自己的战争，即只打会获胜的战争。与寻求在不受任何法律约束的单边暴力基础上强加"新美国世纪"相反，我们必须呼吁各国在相互尊重、容忍和法治的基础上建立伙伴关系，使发展中国家摆脱无法无天的腐败、贫穷和自毁性的交战状态，步入发达国家行列，从而享受货物、人员、资本和思想自由流动带来的利益。由于心胸狭隘和恣意妄为，民粹主义者必须受到批评，并应鼓励他们改变其思想观念以接受自由国际主义，因为自由国际主义是在紧密联系和相互依存的世界中进行贸易最有效的基础。

（本文责任编辑：汪涵锐）

① T. J. Schoenbaum, D. C.K. Chow, The Perils of Economic Nationalism and a Proposed Pathway to Trade Harmony, *Stanford Law & Policy Review*, 2019, Vol.30.

国际法庭的司法三难困局*

[美]杰弗里·邓诺夫(Jeffrey L. Dunoff)
[美]马克·波拉克(Mark A. Pollack) 著**
孙鑫伟 吴金玲 编译 范冰仪 王彦志 校***

内容摘要:国际法庭存在"司法三难困局"。创设国际法庭的国家和为国际法庭工作的法官必须在司法独立——法官依据事实和法律裁判案件的自由、司法责任制——尤为突出的是在重新任命和改选法官的过程中对国际法庭审判权的结构性制衡,以及司法透明度——识别法官个人立场的机制(例如通过个人意见和异议意见)这三个核心价值之间做一系列相互关联的权衡取舍,即这三个价值中至多只有两个能够同时最大化。本文通过对主要国际法庭现任和前任法官的采访,揭示了司法三难困局的内在逻辑,并追溯了这种逻辑在国际法院、欧洲人权法院、欧洲联盟法院和世界贸易组织上诉机构的设计和运作中的不同呈现方式。司法三难困局并不试图规定一种"理想的"法院设计,而是提供一个框架以供国际行为体理解国际法庭面临的不可避免的权衡,从而确保在审慎且充分理解其意涵的基础上有所取舍。

关键词:国际法庭;司法三难;核心价值

---

* 本文编译自 J. L. Dunoff, M. A. Pollack, The Judicial Trilemma, *The American Journal of International Law*, 2017, Vol.111, No.2, pp.225-276.本文是原文的编译版本,并非全文译本,目的是为读者提供一个导读,需要阅读全文的读者请阅读原文。

** 杰弗里·邓诺夫是天普大学比斯利法学院的劳拉·H.卡内尔法学教授;马克·波拉克是天普大学政治学与法学教授兼让·莫内教授。

*** 孙鑫伟,吉林大学法学院国际法专业硕士生;吴金玲,吉林大学法学院国际法专业硕士生;范冰仪,吉林大学法学院国际法专业博士生;王彦志,吉林大学法学院教授。

目　录

一、引言

国际关系司法化是国际法治的重要表征之一。二战以后,国际关系司法化趋势逐渐增强,联合国国际法院、关税及贸易总协定专家组、欧共体法院、欧洲人权法院等就是重要实例。20 世纪 80 年代以来,国际关系司法化趋势继续加强,世界贸易组织(WTO)的专家组和上诉机构争端解决程序、国际刑事法院(International Criminal Court,简称“ICC”)等就是典型实例。国际关系司法化对于国际合作具有重要意义,但国际关系司法化并非一帆风顺。如今,国际关系各个领域面临着一系列重大变局,多边主义和国际法越来越受到挑战,国际关系司法化也遭遇了一系列阻碍。例如国际刑事法院遭受诸多批评,有些国家退出或声称将要退出国际刑事法院;再如美国不满世界贸易组织上诉机构对其作出的不利裁决,阻挠上诉机构成员候选人的任命和连任,致使上诉机构因人数不足而无法受理新的案件。对于国际关系司法化取得的成就及遭遇的挫折,可以运用实证法学方法解释和评价其现有规则和制度的优缺得失,分析有关行为体在国际争端解决程序中行为的合法性,进而从法律解释或者立法层面给出可能的解决方案。

其中,从国际法与政治学相结合的跨学科方法入手,探讨国际关系司法化的不同形态、多样性的制度设计、多元化的政策目标权衡,横向比较和揭示不同的国际司法机构的结构性制度特征及所欲实现的政策目标权衡的异同,纵向考察某些国际司法机构的结构性特征的困境与变迁,深入分析不同的国际司法机构的运作细节,进而从中揭示其表面制度结构的深层真相,则更有助于解释和评价国际司法机构的不同结构性特征之间的张力和困局,并为国际司法机构的制度设计者(成员国)和法官的行为和选择提供理论解释和对策选择。传统的国际司法政治学研究主要是运用政治学观察和解释国际司法机构的整体或者国际司法的某个维度,例如研究国际司法机构与成员国之间的关系(例如国际制度的理性设计研究、国际制度的委托代理研究等),运用政治学研究国际司法机构法官的选任、国际司法机构的独立性、国际司法机构的透明度,并且取得了一定的研究成果。

不过,国际司法机构的制度设计包含了不同维度,考量了不同的政策价值目标,仅仅对国际司法机构进行整体的笼统的政治学研究,或者仅仅对国际司法机构的某个维度进行政治学研究,都可能过于简单化,无法观察到国际司法机构制度设计和实践运作的复杂性和内在张力。对于不同的国际司法机构的政策目标、结构特征、制度选择和运作经验,杰弗里·邓诺夫(Jeffrey L. Dunoff)和马克·波拉克(Mark A. Pollack)运用国际法与政治学跨学科研究方法,提出了"司法三难困局"(judicial trilemma)的概念和分析框架。他们认为,不同的国际司法机构都是在三个重要的政策价值目标之间权衡和取舍,这三个政策目标分别是司法独立性、司法问责性和司法透明度;但是,任何国际司法机构都不可能同时实现司法独立性、司法问责性和司法透明度的最大化,只能同时实现其中两个目标的最大化,并在不同程度上牺牲另一个政策目标。如果同时实现司法独立性和司法问责性的最大化,就不能实现司法透明度的最大化;如果同时实现司法独立性和司法透明度的最大化,就不能实现司法问责性的最大化;如果同时实现司法透明度和司法问责性的最大化,就不能实现司法独立性的最大化。这就是国际司法的三难困局。这两位学者对司法三难困局的概念和分析框架给出了界定和理论阐述,并进而将其应用于对国际法院(International Court of Justice,简称"ICJ")、欧洲联盟法院(European Court of Iustice,简称"CJEU")、欧洲人权法院(European Court of Human Rights,简称"ECtHR")、WTO 上诉机构等几个典型的、影响大的国际司法机构的研究上,通过分析这几个国际司法机构的规则文本、操作实践和对有关法官的访谈,就司法三难困局展开了实证研究。

目前最能体现司法三难困局的事件当数 WTO 上诉机构因成员任命受阻

而陷入僵局。WTO上诉机构被誉为WTO皇冠上的明珠，为多边贸易的法治化、统一性、可预见性作出了重大贡献。但近几年上诉机构成员选任和连任却遭遇了前所未有的危机。2016年美国阻止来自韩国的上诉机构成员张胜和(Seung Wha Chang)连任是危机中最重要的事件。

戴着眼镜、温和斯文的张胜和看起来不像是能引发严重外交僵局的人。张先生曾任韩国地方法院法官和汉城国立大学法学教授，于2012年6月1日加入WTO上诉机构，他完全有资格就任这一职位：他在国际贸易领域著作等身，在哈佛大学、耶鲁大学和其他一流大学教授贸易法，并曾在WTO的多个知名专家组中任职。因此，当美国在2016年5月宣布将阻止张胜和连任上诉机构法官所必需的共识达成时，震惊了整个国际贸易界。这一令人震惊的决定，在张胜和4年任期结束前几周才揭晓，引发了激烈和广泛的批评，有人认为这对WTO的争端解决体制和全球贸易体制构成了根本性威胁。①

然而，基于这一事件的直接后果而引发的对上诉机构的关注忽视了一系列不仅在上诉机构，而且在所有国际法庭和裁判庭的设计和运行中均存在的一套固有的根本性权衡。根据对原始资料的研究，包括对四位国际法庭现任和前任法官及法院官员的采访，我们认为国际法庭正面临司法三难困局。具体来说，创设国际法院的国家和为国际法庭工作的法官必须权衡如下三个相互关联核心价值，并有所取舍：(1)司法独立，法官根据事实和法律决定争议的自由，而不受外部因素——例如大国偏好的影响；(2)司法责任制，尤其是通过重新任命程序对国际法庭个人司法权威的行使施加结构性制衡；(3)司法透明度，具体而言，就是据以识别法官司法立场的机制，主要是公布法官投票和个人意见。许多国际法官认为，最多可以将这些价值中的两个最大化，而不可能将所有三个都最大化。本文目标是明确揭示司法三难困局的逻辑，并追溯其在主要国际法庭的设计和运作中的不同表现形式。

司法三难困局在国家和法官之间的频繁互动中发挥作用：在起草法院规约时，国家是首要的和主要的推动者；此后，法官根据各国的设计作出有限制

---

① S. Donnan, US Accused of Undermining WTO, *Financial Times*, May 30, 2016; B. Baschuk, U.S. Rejects Reappointment of Korean to WTO Panel, *BNA International Law Trade Daily*, 2016; TWN Info Service on WTO and Trade Issues, US Body Blow to DSU, Creating Systemic Crisis, Third World Network, May 20, 2016, http://www.twn.my/title2/wto.info/2016/ti160514.htm., 2020.

但有策略的选择;国家进而回应司法行为,如通过重新任命程序等方式;法官再对国家行为作出回应。如此循环往复。这些反复选择的结果是,许多国际法庭能够且的确接近于三种理想设计中的一种。一些国际法庭以牺牲司法透明度为代价,以获得较高的司法独立性和司法责任制(法官任期短、可连任)。欧洲联盟法院的模式即是如此,欧洲联盟法院的判决总是"经由法院"(per curiam)(或"由法院")发布,不单独列明法官的个人意见。国际法庭表现出较高的司法独立性和司法透明度(公开投票和/或表明个人意见),但只司法责任制的水平较低(法官不可连任)。国际刑事法院和2010年改革以后的欧洲人权法院就采用了这种模式。国际法庭还可以将高水平的司法透明度(允许识别法官个人立场)与高水平的司法责任(允许重新任命或不重新任命)相结合,国际法院和国际海洋法法庭(International Tribunal for the Law of the Sea,简称"ITLOS")即采用这种模式,但司法三难困局的逻辑表明,这会带来损害司法独立性的巨大风险。①

通过司法三难困局的角度来审视张胜和连任的失败为相关争议提供了另一种概念框架。正如我们所知,WTO上诉机构是一个极其负责的审判机构,其成员任期四年,任期短,可连任。但是,在司法透明度方面,它处于不高不低的位置:上诉机构成员的投票不会公开,但是可以提交匿名异议。这为成员国提供了介入司法决策的渠道。成员国可以并已经开始利用这些渠道来约束那些反对他们的上诉机构成员。上诉机构的成员深谙其在这一体制下的脆弱性,早就形成了一套非正式协商一致的决策规则,在几乎所有案件中避免异议意见,并限制了个别法官意见的可识别性。但是,正如张胜和的连任僵局所揭示的那样,成员国可能会使用其他方式确定法官的立场,并惩罚持有异议的法官。简而言之,司法三难困局的框架有助于我们界定和鉴别上诉机构成员面对的制约因素及在司法独立性方面所承受的压力。

我们的分析借鉴了两种不同的文献,即国际制度的"理性设计"和国内、国际法庭的"司法政治"。理性设计框架已被有效地用于分析条约设计的诸多方

---

① 需明确的是,我们的主张并不意味着有可续任任期和频繁出现异议的法庭的独立性必然受到损害;我们的观点更倾向于,这种结构性因素的组合对司法独立构成了系统性威胁,而国际法官认识到了这一威胁,并已采取措施加以应对。我们下一步需要考虑的问题是这些措施是否足够有效。

面，包括法律义务的深度和精确度的变化，监督条款和争议解决机制。[①] 我们扩展了理性设计分析的逻辑，探索国家构建国际法院的选择。同时，我们也超越了理性设计，考察了建立国际法庭的国家与担任国际法庭的法官之间后续的策略性互动。为了理解这两类主体之间的关系，我们查阅了丰富的司法政治文献，这些文献试图衡量和解释法官在其政治语境下的行为，包括有关司法独立性和司法责任的基本问题。

我们的分析提供了一种可对国际法院设计和司法行为的重要方面，特别是在司法独立性、司法任命惯例和司法决策领域进行理论化的新方法。虽然以前的学者已经讨论了每一个特性[②]，但迄今为止，大多数研究都集中在孤立地处理这些单一要素上，无法解释这三个特征之间潜在的相互作用。因此，针对构成司法三难困局的相互作用与权衡的定性及分析，我们提供了比以前的学术研究更有力、理论基础更坚实，且有经验实证支持的司法行为概念化的方法。

最后，我们的分析主要是概念性和经验性的，侧重于国家选择和司法行为，但是我们的结论对国际法院的设计，特别是对法官的选择和保留具有重要的规范意义。传统上，该领域的分析着眼于如何最好地构建法官遴选程序，以

① 这一领域的重要著作有 B. Koremenos, *The Continent of International Law*, Cambridge University Press, 2016; B. Koremenos, C. Lipson, D. Snidal, The Rational Design of International Institutions, *International Organization*, 2001, Vol.55。这方面的重要学术成果还包括 A. T. Guzman, International Tribunals: A Rational Choice Analysis, *University of Pennsylvania Law Review*, 2008, Vol.157; K. Raustiala, Form and Substance in International Agreements, *The American Journal of International Law*, 2005, Vol.99; A. T. Guzman, The Design of International Agreements, *The European Journal of International Law*, 2005, Vol.16。

② 关于司法独立，参见 E. Voeten, International Judicial Independence, in *Interdisciplinary Perspectives on International Law and International Relations: The State of the Art*, edited by J. L. Dunoff, M. A. Pollack (eds.), Cambridge University Press, 2013, p.421。关于任命实践，参见 R. Mackenzie, K. Malleson, P. Martin, P. Sands, *Selecting International Judges: Principle, Process, and Politics*, Oxford University Press, 2010。关于透明度，参见 T. Neumann, B. Simma, Transparency in International Adjudication, in *Transparency in International Law*, edited by A. Bianchi, A. Peters (eds.), Cambridge University Press, 2014, p.436。

确保提出合格的候选人进行选举或任命。①相反地，我们建议应更多关注法官任期的长短和法官连任程序。如果像许多法官所相信的那样，高司法透明度（公开投票和异议）和高司法责任制（法官可连任）的组合会对司法独立构成威胁，我们认为国际法院的创建者，尤其那些实行公开投票和异议的国际法院应遵循欧洲人权法院和国际刑事法院的做法，拒绝采用可连任的任期，而采用更长的、不可连任的任期，以更好地保护司法独立。

本文的剩余内容分为四个部分。第一部分为随后的分析工作提供了理论框架。为此，本文简要回顾了相关文献，描述了与我们的分析最相关的国际法庭的三个特征，并阐明了司法三难困局背后的逻辑。第二部分回顾了不同的国际法庭是如何解决三难困局的，特别关注欧洲联盟法院。这些著名的法庭在不同的制度构造和法官行为中非常接近于解决三难困局相关权衡的三种理想模式。第三部分论述了在 WTO 上诉机构中发现的三难困局的复杂化表现。关于张胜和连任的争议被共同地且可以理解地看作是对 WTO 争端解决体制的威胁。我们对此观点表示认同，但同时可以利用司法三难困局将张胜和的情节置于更广阔的背景之下。这样做可以更好地理解上诉机构的设计者和成员的精确权衡，以及该体制对上诉机构成员的独立性构成的危险。

在第四部分，我们总结了我们的论点并提供了简短的规范分析，主张采用一种在政治上可行且规范上有吸引力的方式来解决（但不是逃避）司法三难困局。具体而言，我们详细分析了修改国际法庭重新任命程序的策略，旨在以可接受的成本——司法责任制促进司法独立。

二、引入司法三难困局

（一）国际法庭的概念化

近年来国际关系经历了深刻的司法化过程。仅在 2016 年一年中，国际法庭和仲裁庭就已作出了诸多重要判决和裁决：判处波斯尼亚塞族战时领导人

---

① R. Mackenzie, The Selection of International Judges, in *The Oxford Handbook of International Adjudication*, edited by C. P. R. Romano, K. J. Alter, Y. Shany (eds.), Oxford University Press, 2013, p.737.

拉多万·卡拉季奇(RadovanKaradžić)犯下种族灭绝罪[①];驳回菲利普·莫里斯(Philip Morris)请求认定乌拉圭为管理公共卫生而制定的烟草包装法违反双边投资条约的主张[②];驳回了马绍尔群岛关于印度、巴基斯坦和英国违反其就核裁军进行谈判的义务的主张[③];裁决中国侵犯了菲律宾在南海部分地区的专属经济区的权利[④]。正如这些案件所表明的那样,国际法院已经从解决偶发性低级争端的不活跃机构迅速发展成为能够对越来越多的在政治、外交、经济和安全方面极具重要性的案件作出裁决的引人注目的国际参与者。[⑤] 这种发展反过来吸引了各个学术领域的学者,他们渴望将国际法庭对国际政治的影响概念化。

在描述和分析司法困境时,我们主要借鉴了两种学派,即理性设计(rational design,RD)学派和司法政治学派,此两种学派并非显学,其思想也未被应用于对国际法院的研究。为了帮助读者理解以下分析,我们对这些思想流派进行了非常简短且必要的选择性介绍。

理性设计直接建立在国际关系领域的理性主义和制度主义著作的基础上,这些著作认为国际制度是国家对自身利益的理性追求所产生的结果。该领域的早期著作探讨了自利的国家合作的条件,并利用博弈论,将国际制度概念化为使国际合作更可行、更持久的安排。[⑥] 理性设计学派学者扩展了这一分析,将重点从确定可以进行合作的条件,转移到理解国际制度的设计。理性设计文献的主要分析方向,是结合国家寻求解决的基本合作问题来解释制度

① Prosecutor v. Karadžić, Case No.IT-95-5/18-T, Trial Judgment (Mar. 24, 2016).

② Philip Morris Brands Sàrl v. Oriental Republic of Uruguay, ICSID Case No.ARB/10/7, Award (July 8, 2016).

③ Obligations Concerning Negotiations Relating the Cessation of the Nuclear Arms Race and to Nuclear Disarmament (Marsh. Is. v. U.K.), Preliminary Objections (Oct. 5, 2016).

④ In the Matter of the South China Sea Arbitration (Phil. v. China), PCA Case No. 2013-19, Award (July 12, 2016).

⑤ K. J. Alter, *The New Terrain of International Law: Courts, Politics, Rights*, Princeton University Press, 2014, p.4; K. J. Alter, E. M. Hafner-Burton, L. R. Helfer, Theorizing the Judicialization of International Relations, *International Studies Quarterly*, 2019, Vol.63.

⑥ R. O. Keohane, *After Hegemony: Cooperation and Discord in the World Political Economy*, Princeton University Press, 1984.

设计的选择。

为此,早期的理性设计著作将制度设计的几个关键特征,例如成员资格规则、所涵盖问题的范围、控制机构的规则,与一个或多个经常性的合作问题,例如分配问题、执行问题和信息不对称问题,联系在一起。① 许多后续工作都集中在特定类型的条约条款上。因此,如理性设计学派学者证明、条约中保障条款、退出条款或保留条款等"灵活性条款"的存在,是因根据与该条约有关的世界未来的不确定性而异的,例如一个问题领域易于受到新技术发展或科学知识的重大影响的程度。②

理性设计学派学者在研究的条约条款时,将大量注意力集中在探讨解决争端条款的存在与否上。芭芭拉·科雷梅诺斯(Barbara Koremenos)在一系列开创性研究中表明,争议条款的存在会因问题领域的不同而系统地变化。具体而言,近 3/4 的人权条约、大约 1/2 的经济协议、1/3 的安全条约以及不到 1/4 的环境条约都包含争端条款。③ 科雷梅诺斯还声称,将争端条款包括在内是对潜在的执行、承诺和不确定性问题的系统性回应。④

理性设计学派学者很少将注意力转向国际法院的设计特征。即使有学者对其展开研究,也只是分析法院制度特征中的个别要素,且往往将之与其他特征孤立开来。因此,许多著作识别并描述了各国可能会用以影响司法行为的种种事前(ex ante)和事后(ex post)机制,例如从谨慎界定法院管辖权范围到

---

① B. Koremenos, C. Lipson, D. Snidal, The Rational Design of International Institutions, *International Organization*, 2001, Vol.55.

② L. R. Helfer, Flexibility in International Agreements, in *Interdisciplinary Perspectives on International Law and International Relations: The State of the Art*, edited by J. L. Dunoff, M. A. Pollack (eds.), Cambridge University Press, 2013, p.177.

③ B. Koremenos, *The Continent of International Law*, Cambridge University Press, 2016; B. Koremenos, T. Betz, The Design of Dispute Settlement Procedures in International Agreements, in *Interdisciplinary Perspectives on International Law and International Relations: The State of the Art*, edited by J. L. Dunoff, M. A. Pollack (eds.), Cambridge University Press, 2013, p.371; B. Koremenos, If Only Half of International Agreements Have Dispute Resolution Provisions, Which Half Needs Explaining?, *The Journal of Legal Studies*, 2007, Vol.36.

④ B. Koremenos, *The Continent of International Law*, Cambridge University Press, 2016, p.214.

威胁不遵守法院判决。[①] 尽管学者们已经研究了国际法院的个别特征,但很少专注于解释横跨各种法庭制度设计的普遍模式。

我们力求在现有的学术基础上加以扩展,尤其是强调国际法庭的特点并非孤立存在,而是相互联系的。有两点需要强调。第一,尽管理性设计方法通常试图解释单个设计特征存在与否,但我们认为不能孤立地理解设计特征,因为各个设计特征(例如可连任的任期,公开投票和异议)可以通过很重要甚至是无法预测的方式相互影响。我们感兴趣的是其间的相互影响,而不是孤立地选择任何单个设计特征。第二,有关关于落入分析范围内的行为体的身份,理性设计学派只专注于作为国际制度的理性设计者的国家。尽管我们试图从多个维度理解和再现他们的设计选择,但是理解设计的创立时刻仅能说明故事的一部分,因为国际法院的实际运作以及这些维度之间的相互作用在很大程度上取决于法官后续裁判案件、解释法律和发布判决的行为。关于如何概念化并理解国际司法行为的见解,我们不仅仅关注制度设计层面,而且从丰富的司法政治的跨学科著作中汲取了灵感。

司法政治学派的文献对法官及其所处的政治环境和参与者之间的关系进行了理论化和实证研究。[②]司法政治学派学者极大地简化了各种各样的工作,通常着重于解释可衡量的司法行为。他们在理论上将法官视作是使效用最大化的理性行为者,认为法官会在制度和宪法结构所施加的各种约束下尽可能地实现其目标。特别是对美国法院的研究,学界逐渐达成共识:法官是政策寻求者,并会根据其意识形态和政策偏好来解释法律。[③]但是,司法政治学派学者在以下问题上存在分歧:法官是否能够自由地遵循自己的真诚偏好,或者是否受到其他参与者,包括政府的政治(立法和行政)部门的约束。"态度主义"学派认为,终身任职的美国联邦法官可以根据其个人的意识形态或政策观点自由投票和裁判,法官的个人态度实际上是预测审判结果的最佳因素。相比

---

① L. R. Helfer, Why States Create International Tribunals: A Theory of Constrained Independence, in *International Conflict Resolution*, edited by S. Voigt, M. Albert, D. Schmidtchen (eds.), Mohr Siebeck, 2006, p.253.

② 相关介绍和概述可参见 L. Epstein, J. Knight, *The Choices Justices Make*, Congressional Quarterly, 1998; L. Epstein, W. M. Landes, R. A. Posner, *The Behavior of Federal Judges*, Harvard University Press, 2013.

③ J. A. Segal, H. J. Spaeth, *The Supreme Court and the Attitudinal Model Revisited*, Cambridge University Press, 2002.

之下，“权力分立”学派则认为，法官行为是策略性的，并在立法和行政部门施加的限制（至少在解释制定法方面，可以推翻不受欢迎的裁决）或更广泛的公众舆论（法院的合法性有赖于此）中追求政策目标。①

这场正在进行的辩论在很大程度上是关于司法机构是否独立于其他政府部门的争议。确实，司法政治学派学者已经对司法独立性问题进行了大量的理论和实证研究，广义地讲，司法独立性是指法官在免受外界主体的法外压力下作出判决的能力②，例如，他们从理论上阐明了政治行为体将实质独立性赋予法官的多种动机，包括防止多数派暴政，防止行政部门或立法部门滥用权力，或使立法协议持久和可信。③ 在一个或多个其他行为体有能力和动机破坏独立性的情况下，简单地宣布法官独立恐怕是不够的，因此，学者们已经识别了制度或宪法上的保护措施，例如不可连任的法官任期或固定薪资，这些制度将阻碍政治部门操纵法官的动机的形成，削弱政治部门破坏其独立性的能力。④ 司法政治学派学者达成的一个相对广泛的共识是，受益于这些保护措施和其他保护措施的美国最高法院大法官享有独立于行政和立法部门的实质独立性，但是在其他体系中，法官的独立性面临着很大的威胁，包括美国各州法院法官在内，他们中的许多人是按固定期限选举产生的，并且受制于定期连

① 有关这一争论的精彩评述可参见 P. T. Spiller, R. Gely, Strategic Judicial Decision-Making, in *The Oxford Handbook of Law and Politics*, edited by K. E. Whittington, R. D. Kelemen, G. A. Caldeira (eds.), Oxford University Press, 2008, p.34.

② 参见 G. Vanberg, Establishing and Maintaining Judicial Independence, in *The Oxford Handbook of Law and Politics*, edited by K. E. Whittington, R. D. Kelemen, G. A. Caldeira (eds.), Oxford University Press, 2008, p.99，以及本文第二部分的讨论。

③ 关于司法独立的有影响力的解释可参见 W. Landes, R. Posner, The Independent Judiciary in an Interest-Group Perspective, *The Journal of Law and Economics*, 1975, Vol.18; D. North, B. Weingast, Constitutions and Commitment: The Evolution of Institutions Governing Public Choice in Seventeenth Century England, *The Journal of Economic History*, 1989, Vol. 49; J. M. Ramseyer, The Puzzling (In) dependence of Courts: A Comparative Approach, *The Journal of Legal Studies*, 1994, Vol.23; J. Ferejohn, Independent Judges, Dependent Judiciary: Explaining Judicial Independence, *California Law Review*, 1999, Vol.72.

④ G. Vanberg, Establishing and Maintaining Judicial Independence, in *The Oxford Handbook of Law and Politics*, edited by K. E. Whittington, R. D. Kelemen, G. A. Caldeira (eds.), Oxford University Press, 2008, p.100.

任或留任选举，这可能会使他们因其个人意见而受到潜在的积极或消极制裁。① 司法政治学派的文献中，可连任的期限问题与另一个核心主题紧密相关，即司法责任制（无论是政府的政治部门还是其他利益相关方）通常被描述为与司法独立性存在紧张的关系（或实际上站在其对立面）。② 司法独立性和司法责任制这两个伴生主题，以及在它们之间的潜在权衡，是本文的核心论证问题，我们将在后文详细讨论。

司法政治学派起源于对美国法院研究，但最近扩展到涵盖发达民主国家中宪法法院的比较研究③，以及对国际法庭的研究。④ 例如，对国际法院进行司法政治学研究的学者研究了各种国际法庭的法官任命程序⑤、国际法官对

① 关于美国州法院法官的司法独立性和责任制可参见 P. H. Russell, Toward a General Theory of Judicial Independence, in *Judicial Independence in the Age of Democracy*, edited by P. H. Russell, D. M. O'Brien (eds.), University Press of Virginia, 2001, Vol.1; G. A. Tarr, *Without Fear or Favor: Judicial Independence and Judicial Accountability in the States*, Stanford University Press, 2012.

② 可参见 F. Cross, Judicial Independence, in *The Oxford Handbook of Law and Politics*, edited by K. E. Whittington, R. D. Kelemen, G. A. Caldeira (eds.), Oxford University Press, 2008, pp.557-566（"独立通常被认为是一种主要功能，责任制也是如此，但这两个词大致上是对立的。"）; G. Vanberg, Establishing and Maintaining Judicial Independence, in *The Oxford Handbook of Law and Politics*, edited by K. E. Whittington, R. D. Kelemen, G. A. Caldeira (eds.), Oxford University Press, 2008, p.101（"重要的是，增强司法独立性的努力可能与确保司法责任制的努力相冲突。特别是，独立性和责任制常常涉及机构设计的权衡。"）。

③ J. M. Ramseyer, The Puzzling (In)dependence of Courts: A Comparative Approach, *The Journal of Legal Studies*, 1994, Vol.23; R. D. Cooter, T. Ginsburg, Comparative Judicial Discretion: An Empirical Test of Economic Models, *International Review of Law and Economics*, 1996, Vol.16.

④ E. M. Hafner-Burton, D. Victor, Y. Lupu, Political Science Research on International Law: The State of the Field, *The American Journal of International Law*, Vol.106; E. Voeten, International Judicial Behavior, in *The Oxford Handbook of International Adjudication*, edited by C. P. R. Romano, K. J. Alter, Y. Shany (eds.), Oxford University Press, 2013, pp.550-567.

⑤ M. Elsig, M. A. Pollack, Agents, Trustees, and International Courts: The Politics of Judicial Appointment at the World Trade Organization, *European Journal of International Relations*, 2014, Vol.20.

先例的适用[①],以及欧洲联盟法院的独立性和责任制。[②]

就我们的目标而言,司法政治学派的文献具有双重价值,既可以将司法机构置于其政治环境中,又可以针对法官相对于政府政治部门的独立性和责任制进行认真的分析。然而,在很大程度上由于其起源于对美国联邦法院的研究,司法政治学派对其他几个重要问题的关注很少,包括有限和可连任的任期所产生的影响;公开投票和单独意见的重要性,或者我们称之为司法透明度——这在美国法院是普遍的,但在外国和国际法院中则是一个重要变量;对司法独立、司法责任和司法透明度之间复杂的相互作用的关注尤少。正如我们将看到的,正是这些相互作用引起了司法三难困局。

(二)与司法三难困局相关的法庭特征

国家可能力求嵌入任何国际法庭的三个特定价值与任何法院可能拥有的三个特定相关特征之间的相互作用将导致司法三难困局的产生。首先是司法独立。原则上,我们假设当国家建立国际法庭时,他们希望配备独立的法官来进行公正的第三方争端解决。[③] 之所以这样做,是因为各国认识到,在无政府的国际环境中缺乏集中的监督和执行机制,独立法院能提高各国对他国所做承诺的可信度。[④] 由于独立法院可以发现、辨别和曝光违法行为,往往会增加

---

① Y. Lupu, E. Voeten, Precedent in International Courts: A Network Analysis of Case Citations by the European Court of Human Rights, *British Journal of Political Science*, 2011, Vol.42.

② C. J. Carrubba, M. Gabel, C. Hankla, Judicial Behavior Under Political Constraints: Evidence from the European Court of Justice, *American Political Science Review*, 2008, Vol.102; A. S. Sweet, T. Brunell, The European Court of Justice, State Noncompliance, and the Politics of Override, *American Political Science Review*, 2012, Vol.106; O. Larsson, D. Naurin, Judicial Independence and Political Uncertainty: How the Risk of Override Affects the Court of Justice of the EU, *International Organization*, 2016, Vol.70.

③ 当然,司法独立性不是一个二元变量。相反,它沿着一种从完全独立的"受托人"到完全顺从其政治原则的"代理人"的进路。参见 K. J. Alter, Agents or Trustees: International Courts in their Political Context, *European Journal of International Relations*, 2008, Vol.14.

④ L. R. Helfer, Why States Create International Tribunals: A Theory of Constrained Independence, in *International Conflict Resolution*, edited by S. Voigt, M. Albert, D. Schmidtchen (eds.), Mohr Siebeck, 2006, p.253.

违法行为的成本,并提高国家遵守其义务的可能性。通过激励各方遵守义务,独立法院可以提升国际合作的价值。①

当然,国家重视司法独立显然并不是意指国际法官应该完全不受约束。例如,法官为党派利益或个人私益行事是不可接受的。因此,必须对行使包括司法权在内的权力进行严格的制衡。② 因此,被关注的第二个特征是司法责任制。在这种情况下,责任制意味着"一些行为者有权使其他行为者遵守一套标准,有权根据这些标准判断他们是否履行了职责,如果他们确定这些职责没有得到履行,则将施以制裁"③。

有的文献探讨了法院对创设和使用它们的国家负责的多种方式。法庭责任制可以有多种形式,包括"受财政部门的财务问责、为有效处理案件产生的对案件管理的责任制、针对程序的程序责任制和针对个案判决的'内容'责任制",并且可以运用多种机制来促进这些责任制之发展。④

相反,司法责任制只针对法官个人而非法院。因此,这是一个相对狭窄的研究领域,主要涉及法官任期和连任的可能性。我们出于某些原因突出司法上的连任程序。首先,与享受终身任命的美国联邦法官不同,几乎每个国际法院的法官都在有限的时间内任职,大多数人有可能在任期届满时续任。此外,大多数国际法院的法官在其任职期间不得被罢免,除非获得其同事法官的一致投票,并且只有当法官"无法满足要求的条件"(例如无法履行法官的职责)

① L. R. Helfer, Why States Create International Tribunals: A Theory of Constrained Independence, in *International Conflict Resolution*, edited by S. Voigt, M. Albert, D. Schmidtchen (eds.), Mohr Siebeck, 2006, p.253.

② 例如 P. Mahoney, The International Judiciary-Independence and Accountability, *The Law and Practice of International Courts and Tribunals*, 2008, Vol.7.

③ R. W. Grant, R. O. Keohane, Accountability and Abuses of Power in World Politics, *American Political Science Review*, 2005, Vol.99.

④ P. Mahoney, The International Judiciary-Independence and Accountability, *The Law and Practice of International Courts and Tribunals*, 2008, Vol.7.

时才能被罢免。因此,连任是成员国使个别法官对其行为负责的主要机制。① 其次,法官任命的规定,包括期限的长短和可连任性,在各法庭之间有很大不同。WTO上诉机构成员的任期为4年,可以连任一次。欧洲联盟法院法官的任期为6年,可以连任。国际法院和国际海洋法法庭的法官任期为9年,可以连任,而欧洲人权法院和国际刑事法院的法官任期也为9年,但不可以连任。

为了说明三难困局问题,我们着重于将法官任期是否可以连续作为司法责任制的标准和基本维度,②但是这种概念化并非意在暗示司法责任可以或应该被认为是二元变量。相反,不同法院机构设计特征的变化可以确定法官被问责的频率和对谁负责。通过示例,我们强调两个特征,分别是法官任期的长短以及连任和重任法官的规则。

首先,最明显的是,不同的任期长度会产生不同程度的司法责任。在允许连任的国际法院中,各国规定的法官任期也有很大不同。假设继续任职的意愿可能会影响司法行为,不同法官任期长短的制度差异会使司法行为产生不同的激励,相应地,对成员国担负的司法责任也会有所不同。

其次,法院特定的司法任命和连任规定确定了法官对谁负责。通常,任命国际法庭法官的过程分为两个阶段:首先由行为体(通常是单独的成员国)提名法官,然后再由更广泛的选民全体或选举代表团(通常是成员国的全体大会)作出最终选择。但是,在这一总体框架之内,不同国际法庭的规约有很大

---

① 在国内环境中,额外机制是可用的并经常得到运用。例如,在包含多级子系统的体系中,政府可以通过促进或阻止法官晋升到更高级别的法院来规范司法行为。参见J. M. Ramseyer, E. B. Rasmusen, *Measuring Judicial Independence: The Political Economy of Judging in Japan*, University of Chicago Press, 2003; D. Klerman, Nonpromotion and Judicial Independence, *California Law Review*, 1999, Vol.72. 由于上诉机制在国际法中很少见,因此该工具在国际上并不容易被稳定运用。同样,许多国内体系都利用司法委员会来管理法官的任命、晋升和纪律,但国际法院并未采用这种方法。参见N. Garoupa, T. Ginsburg, Guarding the Guardians: Judicial Councils and Judicial Independence, *The American Journal of Comparative Law*, 2009, Vol.57.

② 连任的可能是一种正式的问责机制,但我们承认,个别法官可能对成员国政府或其他类型的行为者负有非正式责任,例如,他们可能会按照其任期寻求任期届满后在政府、私营部门或学术界的职位。因此,不可延续的任期并不能使法官完全不受政府控制的职业诱因的影响,但确实可以消除法官在成员国政府的操纵下失去现有职位(通常是享有盛誉和薪酬丰厚)所面临的直接威胁。

不同，而这又决定了哪些主体有能力批准或否决对个别法官的重新任命。

例如，欧洲联盟法院的法官队伍由来自每个成员国的一名法官组成。潜在的欧洲联盟法院候选人必须获得其本国政府的支持才能被提名（或重新提名）。但是，一旦政府将某人列为候选人，则长期以来的惯例是其他国家默认这种选择。因此，被提名人（和潜在的被提名人）实际上仅对一个能够决定其被提名与否的国家负责。在这种情况下，我们可以说，法官对母国负有直接责任，但对其他国的责任却非常有限。

相比之下，在国际法院，只有一小部分国家能够提名其本国公民做候选法官，选举和改选过程情况不同。实际上，公民必须获得其本国政府的支持才能被提名或重新提名。[①] 通常，被提名的人数多于职位数，当选或再次当选的候选人，必须获得联合国大会和安理会的多数选票支持。因此，有志于连任的法官会考虑自己国家的偏好，但同时也会关注到联合国广大会员国的偏好。在这种情况下，我们可以说法官对法官的提名国负有直接责任，而对选民全体负有分散的、程度较低的责任。

在WTO中，上诉机构成员在提名阶段需要其本国的支持。但是，一旦获得提名，WTO的共识规则意味着任何一个WTO成员方都可以阻止法官的任命。法官连任遵循的过程大致相同，根据WTO协商一致规则，其他成员国有阻止其连任的能力。因此，在这种情况下，法官既对本国负有直接责任，对每个投票国也负有很大的责任。

因此，即使在高责任制法院的范畴内，不同的结构特征（包括任期长短和选举的投票规则）也可以相互作用，从而产生司法责任的连续。这种变化可以表示为表1。

---

① 国际法院提名不是直接来自政府，而是来自常设仲裁法院的国家团体。因此，从形式上来说，候选人不必由其本国提名。但实际上，缺乏母国政府积极支持的候选人几乎不可能在法院获得席位。R. Mackenzie, The Selection of International Judges, in *The Oxford Handbook of International Adjudication*, edited by C. P. R. Romano, K. J. Alter, Y. Shany (eds.), Oxford University Press, 2013, p.96.

表 1　各国际法庭司法责任制的不同

续任阶段	欧洲人权法院（2010 年后）	欧洲联盟法院	国际法院	世界贸易组织
再提名	无	高		
对母国的责任	不可连任的任期		高	高
再选	无	低	中等	高
对缔约各方的责任	不可连任的任期	各国几乎自动批准被提名法官	需联合国大会和安理会多数票同意	须协商一致

第三个重要特征是司法透明度。“透明”一词在国际法律话语中具有许多含义①，即使在国际裁判的情况下，透明度具有可以提交书面诉状主体明确、口头诉讼程序是否公开或者公众可以获取、法官审议程序的性质、用于公布法院判决的方式以及其他含义。在强调司法透明度时，我们将重点放在透明度更加有限和精确的方面，即能否确定某一法官在庭上就特定问题的立场或投票，这被称为司法可识别性。与可识别性相关的最明显、最常见的机制是法院判决的格式和内容，尤其是司法投票决议情况的公开报告以及法官独立同意或不同意见的陈述。

同样，国际法庭在这方面也表现出了巨大的差异。在一些法院，例如国际法院和国际海洋法法庭，判决书明确记录了每项判决执行条款中构成多数派和少数派的法官人数及姓名。此外，这两个法院的每项判决实际上都包含一个或多个单独的意见。在这些情况下，每个法官在一个案件中几乎每个重要问题上的立场都被公开了，司法可识别性极高。与之形成鲜明对比的是，在其他法院，如欧洲联盟法院，判决总是以法院的名义发布，没有任何迹象可以看出法官对任何争议的投票情况，也绝不发表法官的个人意见。在这些法院中，司法可识别性极低。还有其他法院处于不高不低的位置。例如，欧洲人权法院规则要求法官陈述“组成多数的法官人数”，但不指明法官的姓名，并且法院的规则均明确允许单独的同意或不同意见。在 WTO 的上诉机构中，可识别性较低，因为在上诉机构发布的报告中，只有不到 10％的裁决包含不同意见，

① T. Neumann, B. Simma, Transparency in International Adjudication, in *Transparency in International Law*, edited by A. Bianchi, A. Peters (eds.), Cambridge University Press, 2014, p.436.

并且在发表时都是匿名的。

实际上,司法透明度的两个方面(公开投票和发表独立意见的可能性)虽然在原则上是可分离的,但它们在我们研究的法院中趋于一致,因此高透明度的法院(例如国际法院)既公开投票情况也允许独立意见的公布可能性,而低透明度的法院在判决中既不公开法官投票,也不发表法官单独意见。我们在本文中主要关注单独意见的问题,这些意见揭示了法律推理过程以及不同意多数意见的法官的投票。

围绕着司法透明度对规范的意义,尤其是单独同意或反对意见的意义,存在广泛的争论。① 支持公开反对意见的主张认为,它们提高了法院推理的质量:推理有力的反对意见迫使多数意见与其进行最强有力的论争。② 此外,异议意见可以为诉讼方和其他法院提供实用的指导,识别在将来案件中潜在的论争范围。最后,异议意见可以影响法律的发展。当持异议意见中提出的论点有朝一日可能说服未来的多数并成为法律时,持久的异议意见将"唤起法律的沉思精神和远见卓识的智慧"。③

其他法官和学者提出了一些反对意见。首先,分裂的法庭可能会损害法庭的正当性,尤其是在法院成立时间不长、还没有形成自己的声望的阶段。"不统一消减了法庭权威所主要依赖的整体团结的影响力。"④此外,异议意见会在法官和律师之间造成混乱,因为分裂的意见可能使法律的确切状态模糊不清。异议意见也可能损害司法合议性,因为法官们并不喜欢自己的错误被以高度公开的方式指出来,而过度频繁的异议意见会助长法庭的分歧和对法庭的不安。

更重要的是,就当前的目标而言,司法可识别性也为理解推动司法三难困局的逻辑提供了一条路径。对于终身任职的法官而言,发表单独签署的、公开的以及可能不受欢迎的意见(无论是多数意见、赞同意见还是反对意见),都不

---

① 按照常用惯例,我们对独立意见、不同于多数意见的异议,以及同意结果但不同意其中法律论证的部分赞成意见均采取速记"异议"方法。参见 R. Mosk, T. Ginsburg, Dissenting Opinions in International Arbitration, *Mealey's International Arbitration Report*, 1999, Vol.15.

② W. J. Brennan, In Defense of Dissents, *Hasting Law Journal*, 1986, Vol.37.

③ C. E. Hughes, *The Supreme Court of the United States: Its Foundation, Methods, and Achievements: An Interpretation*, The Yale Law Journal Company Inc., 1928, p.58.

④ Learned Hand, The Bill of Rights 72 (1958).

太可能对司法独立构成任何重大威胁，因为法官不受政治部门或公民的奖惩。相反，单独签署的公开意见可能会严重威胁不享有终身任期的法官的连任前景。例如，美国的州法院提供了许多法官因发表不受欢迎的意见后并未重新当选的例子。①

许多司法系统一直在努力寻求适当的平衡，一方面是允许发表单独的、可能不受欢迎的意见，另一方面是法官任期和任命程序的性质和结构。例如，多年来，德国宪法法院的法官在法律上被禁止发表不同的意见。在1970年，德国立法机关进行了一项改革，允许法院发表同意和反对的意见，同时，"因担心对于连任的考虑可能影响法官的投票"②，政治部门改变了这些法官的任命程序，从任期短暂的可连任制变为新的不可连任的12年任期制。在国际法庭也可以看到同样的情况，在这些法院中，国家可以通过反对法官的连任来报复他们不喜欢的裁决，张法官的例子生动地说明了这一点。

(三)司法三难困局的逻辑

基于上述三个核心概念，加上对现任和前任国际法庭法官与法院官员的采访的归纳总结，我们可以对法官任命、司法独立和司法透明度之间的关系进行更一般性的理论化分析。我们假设就这三个特征而言，司法系统面临潜在的权衡，因此任何一个给定的法院可以最大化这三个特征中的两个，却无法将这三个特征都予以最大化。(见图1)

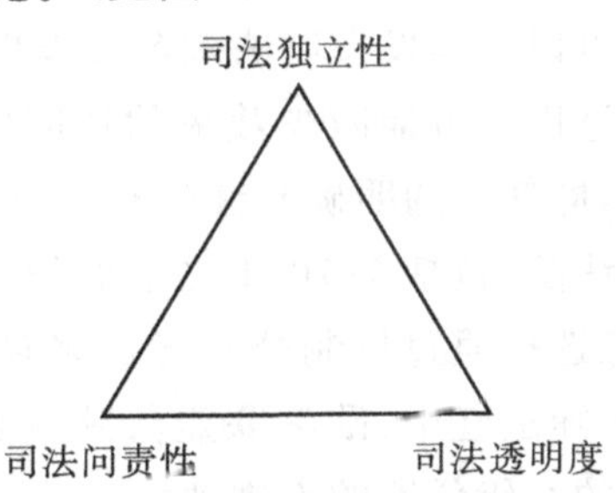

图1　司法三难困局："任选其二"

① 要对美国各州的司法选举引发的问题进行探索，可参见 G. A. Tarr, *Without Fear or Favor: Judicial Independence and Judicial Accountability in the States*, Stanford University Press, 2012.

② R. B. Ginsburg, Remarks on Writing Separately, *Washington Law Review*, 1990, Vol.65.

原则上,我们可以想象设计国际法院的各个国家可能想要创立一个具有高水准的司法责任、司法透明度、司法独立性的法院,但三难困局的逻辑表明,不可能同时最大化这三个价值。例如,试想各国设计一个通过法官在固定任期结束后接受成员国定期评估和再任命以实现高司法问责性,同时通过要求公布法官个人的投票并强制或允许公布个别反对或赞成意见以实现高司法透明度的法院。但通过最大化这两个特征,法官易受到成员国对其个人评估的影响,成员国可能会选择阻止对个别法官的连任以回应其不满意的裁决。简而言之,假设法官至少部分地受到希望留任的激励(我们将在下文讨论这个假设),那么最大化司法责任性和司法透明度的努力必然会给司法独立带来压力。如果这种逻辑是正确的,正如我们采访的许多法官所认为的那样,那么设计国际法庭的国家和在其中任职的法官可以选择最大化两个重要价值,而不得不对第三个重要价值作出一些牺牲。如果这里对各国及法官认为他们所处的策略环境的描述是正确的,那么大多数国际法庭(甚至是国内法院)都可接近于以下三种理想类型:

首先,如果各国最重视独立性和司法责任,可以规定法官任期有限且可连任(据此可以实现责任最大化),并可以通过最小化司法透明度和可识别性来保护这些法官的独立性。各国可以设计法院规约,强制或至少允许法官发布以法院名义所作出的裁决,而投票结果和法官个人意见均不能被识别。任期有限且可以续任的法官可以选择发布以法院名义作出的裁决以及压制任何个人表决结果和立场的信息以尽可能减少裁决的透明度,以便减少他们因其裁决不受欢迎而遭到报复,即使规约明确允许公开投票和/或单独发表意见。这是传统的欧洲大陆民法法院(包括 1970 年之前的德国宪法法院)设计者或者法官的选择,他们均有意选择通过压制公开异议来降低司法可识别性。正如我们将看到的那样,在国际法庭中,欧洲联盟法院就是这种理想类型的范例,为努力保护法官可续任的 6 年任期的审判独立性,欧洲联盟法院在 70 多年中一直压制法官的个人表决结果和意见,而以法院名义发布裁决。

其次,如果各国最重视独立性和透明度,可以强迫或允许法官公开投票并且发表个人的赞成或反对意见,以便法官能够被单独识别。重视独立司法机构的国家将被迫牺牲司法责任。原因很简单,能够被单独识别和可连任将激励法官发布符合负责提名和改选的国家利益的表决结果和裁判。在这种情况下,法官不可连任,应采取终身制或固定任期制。在国内法院中,法官享有终身任期的美国最高法院(除因某些违法行为被弹劾外不得被罢免)和 1970 年后的德国宪法法院(其法官任期12年且不可续任)均符合这一模式,这些法院的法官因其不可连任的任期而可以公开表决和异议意见而不担心遭到报复。在国际法庭中,无论是我们将在下文详细讨论的2010年之后的欧洲人权法院还是国际刑事法院都符合这种模式。这两个法院内的法官任期9年且不可续任,并经常发布附有一项或者多项赞成或反对意见的判决。

最后,为最大化司法责任和司法透明度价值,各国可以规定法官具有可续任的任期,其规约又要求公开表决或个别意见,或允许这种可能性。然而,最大化责任和透明度的选择可能要付出潜在的代价,这使法官因其可识别的个人投票和意见而易遭到成员国报复。在国内层面,美国各州法院近似于这种理想类型,这些法院的法官公开表决且撰写独立意见(因而高度透明),并且在面临行政、立法或选民的改选和连任之前,他们具有固定可续任的任期(因而高度问责)。尽管这种设计选择有其捍卫者,但批判者指出这种设计特征的结合对法官的独立性构成了威胁,使得法官因受到压力而作出被负责其连任的选民或推选团体所接受的司法判决。[①] 许多重要的国际法庭也接近于这种理想的类型,其法官被要求或被允许个别且公开投票和撰写判决意见,但受制于重新提名(通常由其母国政府负责)和重新选任(通常由成员国大会决定)。当然,我们并不是说这些法院的法官(例如国际法院和国际海洋法法庭的法官)是政治的仆从,而是这种最大化司法责任和司法透明度的法院制度的确创造了一个结构性语境,法官个体暴露在因作出不受欢迎的裁决而受到报复的风险中,一定程度上影响了司法独立。

以表格的形式可以看出,司法三难困局的逻辑展示了三种理想类型的法院,每种类型都实现了三个特征中的两个特征的较高价值,而以第三个特征的较低价值作为代价。(参见表2)

表2　司法三难困局:三种理想类型的法院示例

责任制	透明度	独立性	例子
高	低	高	欧洲联盟法院和其他经济一体化法院
低	高	高	欧洲人权法院(2010年后)、国际刑事法院
高	高	低	国际法院、国际海洋法法庭、前南斯拉夫国际刑事法庭、投资仲裁庭

① 关于批评者和辩护者的精彩讨论,参见G. A. Tarr, *Without Fear or Favor: Judicial Independence and Judicial Accountability in the States*, Stanford University Press, 2012.

如此处所述，司法三难困局是一种启发式的框架，它演示了创设国际法院的国家和国际法庭的法官为了履行各自法定范围内的职权的设计选择。我们将这种理论建立在前面阐述的逻辑论证和在国际法庭法官的证词和生活经验上，这些法官向我们吐露了日常司法实践中司法责任、司法透明度与司法独立三者之间的紧张关系。① 重要的是，不同于经济学理论中的三难困局②，我们的司法三难困局启发方法并不依赖对各国和法官偏好的高度限制性的假设。相反，我们认为三难困局的基本逻辑与关于各国和法官们动机的最低假设一致。

在法官方面，我们的分析并不依赖于有关法官是纯粹的政策寻求者还是波斯纳式职业野心家的狭义或有争议性的假设。③ 实际上，我们相信国际法

---

① 关于实证方法和来源的简要说明：在本研究中，正如对国际司法实践的更广泛研究一样，我们采用一种多元方法来识别和分析国际法院和法官经常被隐藏的实践。具体而言，我们主要借鉴以下初级法律材料，诸如国际条约、法院规约、法院规则、国际法院裁决和单独意见；次级渊源，例如起草历史、司法传记（似乎是法制史或法官传记）和回忆录，有关国际法院的新兴文献以及司法政治和比较法等领域的学术研究，法官在法官职位以外的演讲和著作，以及与国际法官、法院官员和每个法院的“实践共同体”成员的访谈。在分析每个国际法院的设计时，我们主要借鉴了正式的法律渊源，而对于法官的看法和做法，我们主要依赖国际法庭现任和前任法官的著作和访谈。特别地，我们在2012—2016年期间在4个国际法院对13名现任法官和6名前任法官以及法院官员进行了一系列关于“国际司法异议”的半结构化访谈，我们在欧洲联盟法院、欧洲人权法院、国际法院和WTO上诉机构中吸取了广泛多样的独立意见。每次采访都以一系列开放性的问题开始，这些问题涉及对所涉法院的异议（或无异议）的实践、成因和后果，旨在通过他们自己的话语探求法官对异议意见的理解，并辅之以一系列具体问题，以获取关于某一特定假设的相关信息。在采访的4个国际法院中，我们试图与法官和其他法院官员交谈，他们会反映出地域渊源、法律传统、职业背景以及任期长短所带来的广泛影响。但是，出于本文的目的，我们所关注的4个法院并不构成国际法庭的代表性样本，我们的受访者也不构成国际司法人员的代表性样本。有关我们研究方法的详细说明可参见 J. L. Dunoff, M. A. Pollack, *International Judicial Practices: A Manifesto*, pp.56-68（未出版手稿）.

② R. A. Mundell, Capital Mobility and Stabilization Policy Under Fixed and Flexible Exchange Rates, *Canadian Journal of Economics and Political Science*, 1963, Vol.29.

③ 参见 L. Epstein, W. M. Landes, R. A. Posner, *The Behavior of Federal Judges*, Harvard University Press, 2013（法官在追求政策目标方面具有高度策略性，并在其意见中会了解与预测其他机构行为者，包括立法机关、行政机关以及其他法官或法院的偏好）与 F. Schauer, Incentives, Reputation, and the Inglorious Determinants of Judicial Behavior, *University of Cincinnati Law Review*, 2000, Vol.68。

官有很多不同的动机，即便对于任何一个特定的法官而言，其偏好也可能在职业过程中或因对环境变化作出回应而改变。因此，我们在很大程度上对法官偏好秉持不可知的态度，我们的分析是基于最小限度的假设，即无论其内在动机（意识形态、寻求政策、名誉、薪酬等）如何，法官都认为其职位的持续性是达成上述许多目标的必要条件。因此，尽管每位法官的特定偏好有所不同，但我们与大多数司法政治学者意见一致，我们假设处于中位的法官至少在一定程度上可能受到在固定、可续任的任期结束后连任前景的影响。①

从法官转向各个国家，我们同样不对国家在这三种价值中的偏好和各国在设计法院或任命法官的过程中拥有完全信息做过多假定。实际上，根据政体类型和法律传统等因素，各国在司法独立、责任制和透明度之间可能会有不同的偏好。② 我们的观点仅仅是，国家需要在这三种价值中选择，并非国家在任何情境中总是作出一个单一的、可预测的选择。③

我们的分析并不假定或者要求这三个价值之间具有规范意义上的可通约性。也就是说，我们不想声称这三种价值对我们、对国家或者对法官同等重要。我们也不会声称司法责任、透明度和独立性是国际法庭可能体现的唯一价值。再强调一遍，我们的核心主张仅仅是这三种价值不可能同时最大化，它们在不稳定的紧张气氛中共存，且国家和法官必须在它们之中取舍。

---

① 很明显，在一个法官完全不重视连任所附加的任期的语境下，司法三难的逻辑将毫无作用。但是，根据国际法庭频繁续任的经验记录以及我们与现任和前任法官的交谈，现实情况并不如此。

② 例如，有人会假设自由主义国家可能将司法独立性作为任何法治体系的核心价值，而专制政权可能会更加强调“他们的”法官的司法可识别性和责任制。同样，与大陆法系国家相比，英美法系国家可能更强调司法透明度，因为后者具有法官发表各自的部分赞成和异议意见的国内传统。我们打算在对国际司法异议的持续研究中探索这些问题。

③ 也即，我们的理论确实简化了假设，将国家视为统一的理性行为者，它们设计国际法院，并根据一些国家利益的观念回应国际法官的行为。当然，国家内部的意见并不统一，任何支持或阻止任何一位法官连任的决定都可能反映出高度偶然的党派、官僚或个人考虑。然而，我们的分析从这种偶然的、非国家层面的因素中抽象出来（这些因素实际上可以解释个人的计划或任命选择），而倾向于寻求以国家为中心的传统观点，试图阐明国家行为的普适性模式。

三、国际法庭如何处理司法三难困局：三种理想型的回应

在研究了司法三难困局背后的逻辑，并指出其促使法院在法院的三种理想类型中选择其一之后，我们现在从理论转向经验实证。在本节中，我们将考察欧洲联盟法院、欧洲人权法院和国际法院三个重要的国际法庭的制度设计和司法实践。我们之所以选择这些法庭，部分原因是它们是最受关注和最具影响力的国际法庭，部分原因是它们展示了解决三难困局的三种不同的理想类型。简而言之，成员国和欧洲联盟法院法官的选择展示了以透明度为代价而最大化责任制和独立性的选择；欧洲人权法院的选择（尤其是自2010年以来）则将透明度和独立性置于责任制之上；国际法院的选择优先考虑责任制和透明度，而以可能牺牲独立性为代价。

（一）欧洲联盟法院

欧洲联盟法院（以前称为"欧洲法院"，即ECJ）是欧盟的司法机关，其主要任务是审查欧盟（European Union，EU）措施的合法性并确保欧盟法律的统一解释及适用。① 该法院由28名法官组成，每个欧盟成员国1名，辅以11名佐审官，他们在被分配到的案件中向法院提供公正而独立的"意见"。

该法院创建于20世纪50年代，初始的规约也在彼时起草，并成为1951年《巴黎条约》的一部分内容。该条约创建了欧洲煤钢共同体（European Coal and Steel Community，ECSC）及其第一个超国家的高级管理机构。创建者最初构想的法院的主要作用是行政性的，负责裁判高级管理机构的决定是否合法，而非解决国家间争端。因此，他们根据法国行政法院的模式设计了这第一版法院规约，而成员国的许多原初设计选择（大部分已延续到了今天规模更

① 欧洲联盟法院是欧盟的司法机构，由3个法院组成：欧洲法院、普通法院和公务员法庭。就本文研究目的而言，我们的关注点是欧洲法院。

大、更繁忙的法院之中)都带有法国民法模式的烙印。[①]

欧洲联盟法院具有巨大的影响力。许多学者详细描述了该法院在欧洲逐渐“转型”中的领导作用,其中包括法院发展起来的直接效力原则与最高效力原则。[②] 政治学者详细描述了法院裁决如何比成员国预想的更深远更快速地推动了欧洲政治和经济的一体化。[③] 学界已达成广泛共识:“法院的判例法已经塑造了……欧盟管理机构之间的权力平衡,国际、超国家和国家权力之间的‘宪法’界限,以及成千上万、大小不一的政策成果。相比之下,欧洲法院对法律和政治环境影响的重要性堪比世界上最强大的国家的最高法院或宪法法院。”[④]

欧洲联盟法院展示了对三难困局的三种理想型回应之一,即高水平的司法独立性和司法责任与低水平的司法透明度的结合。关于司法独立,《巴黎条约》的起草者以及基本上遵循了这些原始规定的后续法院规约的起草者,通过了一个强调并寻求对法官个人独立性以及集体独立性予以制度保护的文件。因此,今天的《欧洲联盟条约》第 19 条和《欧洲联盟运行条约》第 253 条规定,欧洲联盟法院法官“应从其独立性毋庸置疑的人士中选出”,并且该主旨在《欧盟法院规约》中得到了加强,其中规定,“法官在履行职责之前,必须在公开法庭上宣誓会公正且秉承良知地履职,并且禁止法官行使任何政治或行政职能或从事任何职业(理事会授予的特定豁免除外)”。法官们在其通过的《欧盟法院法官行为守则》中彰显了对司法独立的承诺,其中包括若干旨在保证独立性和公正性的义务,包括提交财务利益声明,以及对现任与前任法官可以参加的活动类型的限制。

---

① 相关详细说明参见 A. B. Smedt, La Cour de Justice dans les Négociations du Traité de Paris Instituant la CECA, *Journal of European Integration History*, 2008, Vol.14; A. B. Smedt, Negotiating the Foundations of European Law, 1950-1957: The Legal History of the Treaties of Paris and Rome, *Contemporary European History*, 2012, Vol.21.

② J. H.H. Weiler, The Transformation of Europe, *The Yale Law Journal*, 1991, Vol.100.

③ K. J. Alter, *Establishing the Supremacy of European Law*, Oxford University Press, 2001.

④ A. S. Sweet, The European Court of Justice and the Judicialization of EU Governance, *Living Reviews in European Governance*, 2010, Vol.5.

其他规定加强了对司法独立的承诺。例如,欧洲联盟法院法官在任职期间享有免于法律诉讼的豁免权,而在离任后,他们"以公职身份进行的行为,包括口头或书面言词,继续享有豁免权"。① 此外,法官在任职期间享有免于罢免的保护。"只有在法院法官和佐审官一致认为他不再满足任职的必要条件或不能履行其职务所需符合的义务时",才可以被免职。②

在司法责任方面,《欧盟法院规约》规定,法官任期相对较短,为期六年,可以连任。③ 每个政府都有事实上向法院任命一名本国法官的能力。尽管法官的任命在形式上需要所有政府的一致同意,但在传统上,本国候选人几乎不会受到其他国的再次审查。

《里斯本条约》通过引入所谓的第255条专家组程序在某种程度上修改了该制度。按照这一2010年开始的程序,由前国家最高法院和宪法法院法官以及前欧洲联盟法院法官组成的7人专家组对任命或连任的候选人进行面试,对候选人的适格性发表意见并说明理由。收到负面意见的候选人由其本国政府更换。④ 尽管专家组负责对流程进行"质量控制",但各国政府仍然保留提名和再次提名本国法官的能力,包括如果政府不同意该法官在特定案件中的裁决,则享有自由裁量权决定不再重新任命该法官。

正如三难困局所表明的,鉴于欧洲联盟法院是个高度独立且高度问责的

---

① Protocol No.3, On the Statute of the Court of Justice of the European Union, Art. 3, 2010 O.J. Eur. Union (C 83/210)(下文称为"第3号议定书")。

② Protocol No.3, On the Statute of the Court of Justice of the European Union, Art. 6, 2010 O.J. Eur. Union (C 83/210).

③ 为期6年的可续任任期,作为1951年第一届法院规约的一部分,是法国的一项提议,在巴黎谈判中受到过比利时代表团的反对。费尔南德·穆尔斯(Fernand Muûls)试图延长任期至9年,但未成功。穆尔斯引用历史学家安妮·博格·德·斯梅特(Anne Boerger-de Smedt)的话说:"法国人提出的提名程序将使法官受部长意志的支配,这似乎与独立原则不符……从法官不再是终身制而且任期的延长也由各国政府自行决定之后,这一问题变得更加令人担忧。"A. B. Smedt, La Cour de Justice dans les Négociations du Traité de Paris Instituant la CECA, *Journal of European Integration History*, 2008, Vol.14. 法国的立场得到认可,条约最终草案第32条中纳入了6年可延续任期的规定。这使欧洲法院的法官比国际法院或欧洲人权法院9年任期的法官更容易受到成员国压力的影响。

④ F. Dehousse, The Reform of The EU Courts (Ⅲ): Abandoning the Management Approach by Doubling the General Court (2016).

结构，该法院是一个“低透明度”的法院。《欧洲煤钢共同体法院规约》规定，法院判决“应包含参加审议的法官的姓名”。但是，与其他一些国际法院的规约不同，该法规没有规定判决应表明在特定问题上谁持多数意见。同样重要的是，1951 年《欧洲煤钢共同体法院规约》及所有后续规约根本没有提及法官可以发表单独的同意或反对意见的可能性。在某种程度上，这种疏忽可以归因于法院的起源，它是仿照法国行政法院设计的一种行政型法院：在 20 世纪 50 年代初，单独意见是普通法的传统，这与属于欧洲大陆法律体系的法国以及其他六个原始成员国的有所传统不同，因此，原始成员国没有在《欧洲煤钢共同体法院规约》中提及单独意见就不足为奇了。①

从成立之初到今天，欧洲联盟法院的所有判决都是以法院的名义作出的，没有任何一个判决包含单独的同意或反对意见。我们采访的欧洲联盟法院法官称，《欧洲煤钢共同体法院规约》排除了单独发表意见的可能，并援引了一条规定作为佐证，即“法院的审议意见将持续保密”②。这些法官辩称，发表单独意见必定或至少在某种程度上显示出法院审议的内容，特别是那些在特定问题上与法院多数意见相左的法官的身份和观点。③ 虽然这无疑是对《欧洲煤钢共同体法院规约》的合理解读，但通过相关用语很难必然得出这个结论。实

---

① 然而，值得注意的是，这一决定的作出并非草率，各方在谈判中也讨论了这个问题。根据起草《欧洲煤钢共同体法院规约》原始条文的法国谈判代表、前法国行政法院法官拉格朗日（Maurice Lagrange）的说法，荷兰代表团在谈判即将结束时提出了明确允许司法异议的可能性，但遭到拒绝。据拉格朗日说，法国人正是基于这一点提出了设立辅佐法官的新立场，辅佐法官以法国政务总署为模型，即负责对当事方的书面陈述进行初步审议并为法官的考量提出公开的、没有约束力的建议。该建议被接受，拉格朗日说，“是对禁止法官发表异议意见权利的一种补偿”。http://www.cvce.eu/content/publication/2001/11/12/f2f00c1c-2587-497f-ace0-6890bf0cb85f/publishable_ fr. pdf. A. B. Smedt，La Cour de Justice dans les Négociations du Traité de Paris Instituant la CECA，*Journal of European Integration History*，2008，Vol.14.

② Protocol No.3，On the Statute of the Court of Justice of the European Union，Art. 35，2010 O.J. Eur. Union (C 83/210).

③ J. Azizi，Unveiling the EU Courts' Internal Decision-Making Process：A Case for Dissenting Opinions?，*ERA Forum*，2011，Vol.12.

际上，其他国际法院的法规和规则也包含了类似的保密性的措辞①，但是这些法院的法官通常会发表单独的意见，但没有人认为这样做违反了审议意见的保密性要求。

我们对欧洲联盟法院法官的访谈实录以及大量学术著作②提供了实施此种做法的不同动机。具体来说，法官们承认三难困局的逻辑，并且鉴于他们重视司法独立性且任期相对较短，他们自己决定不发布单独的意见。的确，许多前任法官在著作中坦率地表明了这一点，这些论著探讨了任期较短、可连任、发布以法院名义作出的判决与司法独立性的脆弱性之间的相互影响。③ 例如阿齐兹(Azizi)法官认为，"法官可以连任这一事实将法官的独立性置于风险之中"，并且

> 从这个角度看，保持审议的保密性仅仅是保证司法独立的适当手段……公开法官的立场的可能性……会使他或她承受压力，从而为了与其成员国或成员国中盛行的公众意见保持一致而改变其态度。在这方面，相关的问题与其说是……法官是否足够强大，能够抵御可能导致他或她去迎合预期观点的潜在压力；相关的问题只是，至少不能排除这种迎合期望的外在表象或可能性所带来的污点。……因此，只要法官需要考虑将来的职业前景而又面临有限的任期，保持审议的保密性和排除异议意

---

① 例如《国际法院规约》第54条规定："法院的审议应秘密进行，并应保密。"欧洲人权法院的《法院规则》(于2014年7月1日生效)第22条规定："法院应私下进行审议。其审议应为并且应保持保密。"两个法院的法官都将这些规定解释为保密事项包含多数和少数意见法官的人数和身份以及单独的意见。

② 简而言之，可续任期对欧盟司法独立构成威胁，而压制异议则是维护独立的策略，参见J. H. H. Weiler, Epilogue: The Judicial Après Nice, in *The European Court of Justice*, edited by Gráinne de Búrca J. H. H. Weiler (eds.), Oxford University Press, 2002, pp.225-226; J.H.H. Weiler, Epilogue: Judging the Judges: Apology and Critique, in *Judging Europe's Judges: The Legitimacy of the Case Law of the European Court of Justice*, edited by M. Adams, H. Waele, J. M. G. Straetmans (eds.), Bloomsbury Publishing, 2013, p.252; V. Perju, Reason and Authority in the European Court of Justice, *Virginia Journal of International Law*, 2009, Vol.49.

③ G. F. Mancini, D. T. Keeling, Democracy and the European Court of Justice, *The Modern Law Review*, 1994, Vol.57.["法官……任期六年，可以连任(或者，当然，不予连任)……在少数国家，司法机构因此丧失了对其独立性的正式保证。"]

见的理由就会占上风。①

几乎全部我们采访的欧洲联盟法院的法官均表达了基本相似的看法。有的法官表明，如果允许发表异议意见，法官就会感受到压力，从而在对本国具有重要意义的案件中撰写独立意见，当他们在接近其任期结束时尤其如此。因此，避免这样的冲突就是上述法官们避免公开发表异议意见的主要的（尽管并非唯一的）理由。②

可连任的任期既是对司法独立的主要威胁，又是引入异议意见的主要障碍，这一观点也出现在许多关于法院的学术著作中。例如，约瑟夫·魏勒（Joseph Weiler）在2001年的著作中主张引入异议意见以改善法院简短且时长隐晦的法律推理③，但他指出，任何此类改革的"前提"都是消除可连任的任期制，他称法官的可连任制度是"对欧洲法律体系完整性的持续侮辱"④。十多年后，魏勒再次呼吁引入独立的赞同和异议意见，但再次得出结论，"只要法官可以连任，就不大可能发表异议意见"⑤。

因此，无论是欧洲联盟法院的最初设计中还是其法官的后续行为，都代表了对三难困局的一种回应，体现了一种高责任制、高独立性和低透明度相结合的做法。1951年最初的《欧洲煤钢共同体法院规约》（迄今基本没有改变）建立了一个法官对其本国成员国负有高度责任、渴望实现高度独立的法院，同时

---

① J. Azizi, Unveiling the EU Courts' Internal Decision-Making Process: A Case for Dissenting Opinions?, *ERA Forum*, 2011, Vol.12.

② 法官们还提到了其他考虑因素。例如，一些法官认为，一致的意见增强了法院的合法性和司法合议，这被理解为就支持一项决定的理由达成尽可能广泛共识的集体努力。

③ J. H. H. Weiler, Epilogue: The Judicial Après Nice, in *The European Court of Justice*, edited by G. Búrca, J.H.H. Weiler (eds.), Oxford University Press, 2002, p.225.

④ J. H. H. Weiler, Epilogue: The Judicial Après Nice, in *The European Court of Justice*, edited by G. Búrca, J.H.H. Weiler (eds.), Oxford University Press, 2002, pp. 225-226.（"作为改变欧洲法院判决方式的前提，下届政府间会议的成员国将最终消除对欧洲法律体系完整性的持续冒犯，即对现任法官任期的可续延性规定……成员国拒绝不可续任期的行为是不可接受的。一旦这个异常情况被矫正，公开异议和法官的单独意见便会成为可能。"）

⑤ J. H. H. Weiler, Epilogue: Judging the Judges: Apology and Critique, in *Judging Europe's Judges: The Legitimacy of the Case Law of the European Court of Justice*, edited by M. Adams, H. de Waele, J. M. G. Straetmans (eds.), Bloomsbury Publishing, 2013, p.252.

包含了低司法透明度的规定,因为它没有规定公开投票,也没有规定发表异议意见的可能性。而且,在随后的几十年中,法官们深刻意识到6年任期且可连任的制度的脆弱性,他们作出了深思熟虑的决定,奉行一种"低透明度"的策略,压抑一切司法表决记录和一切合议庭内部意见分歧的迹象,以法院的名义发布所有判决。于是,可以重新任命法官的国家丧失了根据法官立场来施以"报复"的能力,司法独立因此得以维持。这种方法可以用图2表示如下。

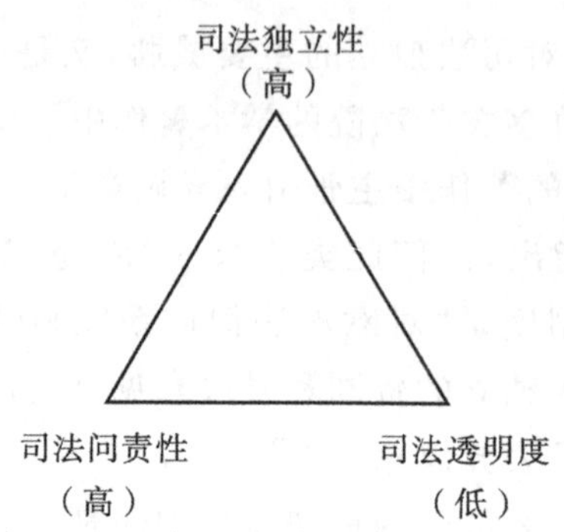

图2 欧洲联盟法院的司法三难困局

重要的是,法官和学者都主张改变法官的6年可连任制,支持将其改为9年或最好是12年这样的更长且不可连任的任期制,以减少法官对其母国的责任。[①] 例如,在向最终达成《阿姆斯特丹条约》的1996年政府间会议提交的一份报告中,法院表达了转向更长的、不可连任的法官任期制的意愿,并明确指出其理由是为了司法独立。[②] 欧洲议会、数个成员国政府和许多非国家行为体也提出了类似的建议[③],但是,成员国在这方面没有作出改变,这一改革的

---

① 与欧洲法院法官的访谈实录L2、L3和L5(笔者备份)。

② Report of the Court of Justice on Certain Aspects of the Application of the Treaty on European Union, European Court of Justice, 1995, pp.6-7.("法院不会……反对延长不可续法官任期的改革。这种改革将为其成员的独立性提供更坚实的基础,且将强化判例法的连续性。")

③ Task Force on the Intergovernmental Conference, No.1: Briefing on the European Court of Justice (Sixth Update: Mar. 3, 1997).(记录了欧洲议会、咨询工作组和几个成员国对不可续任期的支持。)

失败受到了魏勒的严厉批判。[①] 无论我们在规范意义上如何解释成员国拒绝转向不可连任的任期制，当这种改变的情况没有发生时，对异议意见在事实上的禁止代表了一种强有力的均衡，这种均衡得到了法官和学者的广泛支持。但是，正如我们将看到的，其他国际法院采用了不同的进路。

(二)欧洲人权法院

欧洲人权法院审理被指控违反《欧洲人权公约》(ECHR)的案件，根据该条约，欧洲理事会(现在)的47个成员国有义务在其管辖权范围内，维护个人的基本公民权利和政治权利。自从该法院于1959年开始运作以来，《欧洲人权公约》经历了多次修订，其监督和执行机制也经历了重要演变。我们接下来讨论这一演变过程中的一些关键时刻，并考察它们对三难困局的意义。

在1949年至1950年就原始公约展开的谈判中，欧洲理事会的初始成员间存在严重分歧，某些持"反对妥协"(maximalist)观点的成员国寻求建立一个具有强制管辖权和个人申诉权的强有力的人权法院，而其他各国完全反对建立任何法院。经过双方妥协，法院得以被创建，但强制性管辖权和个人诉诸法院的权利均成为任择性议定书的主题。此外，诉诸法院的权利则通过准司法性的欧洲人权委员会来解决，该委员会将审查案件，如果其成员认为案件有充分根据，则将代表个人将案件提交给法院。从20世纪50年代到20世纪70年代初，很少有政府接受欧洲人权法院的强制管辖权，大多数案件都是委员会自己处理的，人权法院实质上并未得到充分利用。

在接下来的十年中，行动的步伐加快了。到了20世纪70年代后期，法院在一些备受瞩目的案件中认定被告违反了《欧洲人权公约》。此外，随着越来越多的国家接受欧洲人权法院的强制管辖权，案件数量增加，双层流程负担过重，而且缓慢得令人无法接受。由此引发的重大争议导致大多数欧洲国家接受《欧洲人权公约》第11号议定书。该议定书取消了委员会，要求所有成员国接受欧洲人权法院的强制管辖权，授权个人直接向法院提起诉讼，并将欧洲人

---

① J. H. H. Weiler, Epilogue: Judging the Judges: Apology and Critique, in *Judging Europe's Judges: The Legitimacy of the Case Law of the European Court of Justice*, edited by M. Adams, H. Waele, J. M. G. Straetmans (eds.), Bloomsbury Publishing, 2013, pp.251-252.("法官连任的可能性……在任期结束时是持续不断的丑闻……这损害了法官独立的表象……多年来，人们一直争论，在某些情况下，不仅仅是独立性的外观受到了损害。")

权法院转变为一个全职机构。[①]

俄罗斯和一些中东欧国家在20世纪90年代批准了该公约,使得法院的影响范围远远超出了西欧。但是,成员国数量的增加和个人申诉权的确立共同导致案件大量积压。到2000年,人们普遍认为法院面临“重大危机”。结果,欧洲理事会部长委员会于2004年5月通过了《欧洲人权公约》第14号议定书[②],其目的是提高法院的效率,包括提高法院处理明显不可受理的申诉的能力。

在将近60年的时间里,欧洲人权法院受到了广泛的赞誉,并且频频被描述为“世界上最有效的国际人权法庭”[③]并被视作欧洲的准宪法法院。在此期间,法院对条约采取了扩张性(有人称为能动主义)的进路,逐渐扩大了《欧洲人权公约》基本人权清单中的核心权利的含义。[④]

就本文目的而言,欧洲人权法院展示了解决司法三难困境的第二种进路,它将高水平的司法独立性和司法透明度以及随时间变化的司法责任制相结合(见下文),但目前其司法问责程度远低于欧洲联盟法院的水平。让我们依次对其作出简要分析。

关于司法独立,《欧洲人权公约》没有明确提及司法独立,只是规定法官“应具有很高的道德素养,必须具备担任高级司法职务所必需的资格,或者必须是能力受到公认的法学专家”[⑤]。在1959年任职期间,法官们通过了自己的《欧洲煤钢共同体法院规则》,其中要求每位法官在履行职责之前发誓或庄

---

① ED Bates, *The Evolution of the European Convention on Human Rights: From Its Inception to the Creation of a Permanent Court of Human Rights*, Oxford University Press, 2011.

② 相关概述参见 L. Caflisch, The Reform of the European Court of Human Rights: Protocol No.14 and Beyond, *Human Rights Law Review*, 2006, Vol.6.

③ L. Helfer, Redesigning the European Court of Human Rights: Embeddedness as a Deep Structural Principle of the European Human Rights Regime, *European Journal of International Law*, 2008, Vol.19.

④ ED Bates, *The Evolution of the European Convention on Human Rights: From Its Inception to the Creation of a Permanent Court of Human Rights*, Oxford University Press, 2011.

⑤ Convention for the Protection of Human Rights and Fundamental Freedoms, Art. 21(1), Nov. 4, 1950, ETS No.5, 213 UNTS 221.下文简称“ECHR”。

严宣誓“以诚实、独立和公正的方式行使其法官职能”[①]，这项规定至今基本保持不变。后来的规则规定法官应以个人身份任职，不得“从事任何与其独立或公正不符的政治或行政活动或任何专业活动”。[②] 第 11 号议定书加强了对司法独立的保护，规定法官应以个人身份任职，且“不得从事与其独立性，公正性或专职职位不相干的活动”。[③]

很多其他的结构特征旨在支持司法独立。首先，欧洲人权法院法官在行使其公职时享有特权和豁免权。他们在任职期间发表的言论享有法律诉讼豁免，不受税收和移民限制。即使他们离职后，他们仍继续享有“其在履行职责时的口头或书面言辞以及所采取的一切行动”的豁免权。其次，他们享有免于免职的保护。《欧洲人权公约》规定，除非有 2/3 多数的其他法官确定该法官不再满足规定的条件，法官不得被免职。迄今为止，尚未有任何法官因该条款被免职。

实际上，从法院成立之初，司法独立便是毫无疑问的。早期一系列针对成员国的大胆裁决坚定地表明，法官愿意作出不利于成员国政府的裁决。到 20 世纪 70 年代，评论人士已宣称，法院业已建立了“品质和独立性的声誉”。[④]

欧洲人权法院还是一个高度透明的法院。最初的公约几乎没有明确规定裁判的形式。具体而言，该公约没有要求判决列出参与投票的法官或他们投票的方式。但是，《法院规约》明确仿照了国际法院的规约[⑤]，规定“如果一项

---

① Rules of Court of the European Court of Human Rights, Rule 3, at 4 (1959), http://www.echr.coe.int/Documents/Archives_1959_Rules_Court_BIL.pdf.

② Rules of the European Court of Human Rights, Rule 4, at 4 (1959).

③ Convention for the Protection of Human Rights and Fundamental Freedoms, Art. 21(3), ETS No.5, 213 UNTS 221(1950).

④ ED Bates, *The Evolution of the European Convention on Human Rights: From Its Inception to the Creation of a Permanent Court of Human Rights*, Oxford University Press, 2011, p.405.

⑤ 第一版《欧盟条约》是由欧洲行动组织的国际司法部门连同规约草案一并起草的，其中第 1 条明确指出其“建立在《国际法院规约》的基础之上”[完整版《欧洲人权公约》中“准备工作”的部分也复制了这一规定(欧洲委员会所编 1975 年版)]。这种对《国际法院规约》刻意的大幅度复制反过来也解释了规约对于司法责任制(不可延续的 9 年任期)和司法透明度(单独意见)的初始规定。

判决不能全部或部分代表法官的一致意见,则任何法官都有权发表单独的意见"①。

1959年通过的最初法院规则进一步提高了透明度,规定判决应包括组成合议庭的法官姓名和构成多数的法官人数以表明一项判决是否得到一致同意,尽管其中不包括持多数意见或少数意见的法官姓名。《欧洲煤钢共同体法院规则》还允许法官发表单独的同意或反对意见,或"直截了当的异议声明"。这一措辞在现行《欧洲法院规则》第74条中基本保持不变,该条款没有明确要求持少数意见的法官公开声明自己是持异议者(尽管一些现任法官正是以这种方式解释该规则的),但也没有阻止。

从最初时期开始,欧洲人权法院的判决通常就伴随着异议和赞同意见。1959年至2001年4月,法院作出了2000多项判决,其中602项即近1/3的判决,有一项或多项异议或赞同意见。② 有趣的是,这种模式在第11号议定书生效后并未发生显著改变。在1998年11月1日至2001年10月31日期间作出裁决的案件中,70%的案件是一致意见,30%的案件有独立的异议或赞同意见。③ 对现任法院法官的采访同样显示出对异议的高度宽容态度,许多法官向我们表明,他们会发表异议或赞成意见,只需遵守关于这些意见的长度和主旨的非正式规范,或者实质上,如果他们投票反对多数意见,他们感到有义务至少发表一个简短的单独意见来解释其原因。④

鉴于高度的司法独立性和高度的司法透明度,司法三难困局的逻辑将预示着司法责任制的降低。然而,1950年《欧洲人权公约》的谈判参与国设立了

① Convention for the Protection of Human Rights and Fundamental Freedoms, Art. 45, Nov. 4, 1950, ETS No.5, 213 UNTS 221.

② N.-L. Arold, *The Legal Culture of the European Court of Human Rights*, Oxford University Press, 2006, Vol.91.

③ 大审判庭裁决的异议率大大高于法院通常由7名法官组成的普通合议庭,这可能反映了以下事实:大审判庭只审理例外案件,往往涉及法律难题、重大政治问题或重要政策问题,且大审判由17名法官组成,这都使取得一致意见更加困难。

④ 与欧洲人权法院法官的访谈S1~S7(作者备份)。对早期法庭中异议的讨论可参见F. J. Bruinsma, The Room at the Top: Separate Opinions in the Grand Chambers of the ECHR (1998-2006), *Ancilla Iuris*, 2008, Vol.32; F. Rivière, *Les Opinions Séparées des Juges À La Cour Européenne des Droits de L'homme*, Bruylant Bruxelles, 2004; R. C. A. White, I. Boussiakou, Separate Opinions in the European Court of Human Rights, *Human Rights Law Review*, 2009, Vol.9.

一个高度责任制的法院。最初的公约规定欧洲人权法院法官任期 9 年，且可以连任。① 此外，在第 11 号议定书中，成员国决定加强法官的责任制，改为 6 年的可续任任期。② 各国在大力强化法院之时，它们在试图相应地加强司法问责制，然而这一改变在当时却因可能削弱法官相对于其本国的独立性而受到批评。③

因此，欧洲人权法院的早期经验似乎混淆了三难困局，正如成员国所选择的那样，法院享有高度的独立性、问责制和透明度。但这一系列特点是不可持续的。具体而言，20 世纪 90 年代末和 21 世纪初，观察人士开始担心，欧洲人权法院成员国正在利用重新任命权来报复令他们不满的本国法官。正如埃里克·沃坦(Erik Voeten)所报告的：

> 有一些法官没有获得续任的例子，这种结果与法官的判决有明显的联系。据一些观察者所言，保加利亚当局在迪米特里·戈切夫(Dimitar Gotchev)法官在卢卡诺夫(Loukanov)案投票后与他"算账"。摩尔多瓦法官都铎·潘特鲁(Tudor Pantiru)被新当选的共产党政府驱逐，该政府在潘特鲁未在比萨拉比亚大都会教会(Metropolitan Church of Bessarabia and Others)案中表达异议意见之后，发誓只向摩尔多瓦的外交使团"派遣真正的爱国者"。斯洛伐克法官维埃拉(Viera Stráznická)曾多次作出不利于本国的

---

① Convention for the Protection of Human Rights and Fundamental Freedoms, Art. 82, Art.40, Nov. 4, 1950, ETS No.5, 213 UNTS 221."法院法官应选举，任期 9 年，可以连任。"这一条款是一字不差地从《国际法院规约》中移植过来的，我们在"准备工作"中找不到关于这一条款的任何重要讨论。完整版《欧洲人权公约》"准备工作"部分，欧洲委员会编，1975 年版，第 305 页。

② Council of Europe, Protocol No.11 to the Convention for the Protection of Human Rights and Fundamental Freedoms, (restructuring the control machinery established thereby), Art. 23, Eur. Treaty Series 155 (1994), http://www.coe.int/en/web/conventions/full-list/-/conventions/rms/090000168007cda9.

③ R. Bernhardt, Reform of the Control Machinery Under the European Convention on Human Rights: Protocol No.11, *American Journal of International Law*, 1995, Vol. 89 "对于这类职位而言，6 年是很短的时间，因此规则应当允许至少一次的连任，但这再次取决于提交提名的政府，这些政府可能会受到不遂心意的司法判决或其他政治考虑的限制。"

投票，在2004年没有被选为连任候选人，她对此提出了申诉。①

面对各国政府因法官作出令其不悦的决定而对其施以惩罚的证据，法院的同盟者开始警觉起来，2001年，由欧洲理事会任命、负责研究法院工作和提出《欧洲人权公约》修正案的三人评审组提议，将法官的任期从可连任的6年改为不可连任的9年，并从保障法官独立性的角度明确地说明了修改的理由：

> 在它自己的判例法中，法院要求各国法院具有高标准的客观独立性和公正性，这些标准也适用于外观特征……评议组认为，应对《欧洲人权公约》进行修正，规定法院法官的任期为一个单一的固定任期，不得连任，任期不应少于九年，以确保法院内部的连续性，并进一步保证法院的独立性。②

这一提议随后得到了欧洲理事会议会大会的支持，议会大会主张法官任期9年，不得连任，以保障他们履职时不惧不偏③，这一提议最终得到《欧洲人权公约》成员国的一致赞同，在2004年这一改革的成果写入了第14号议定书。议定书规定了不可连任的9年任期以取代可连任的6年任期。这一变化——国际司法史上首次如此改革的明显原因是对司法独立的关切。④ 有些评论员以外交辞令式的语言指出，由可连任到不可连任的任期制改变是源于法院、议会大会和部长委员会对现行条款在一些情形下被滥用的关注，因为公认具备能力且满足条件的法官在任期届满时未被列入其本国提名的法官候选

---

① E. Voeten, The Impartiality of International Judges: Evidence from the European Court of Human Rights, *American Political Science Review*, 2008, Vol.102；法官戈切夫(Gotchev)被任命但没能够连任，由于其加入了1997年关于保加利亚在“Lukanov案”中的违反行为的一致决定；参见J. Blocker, Bulgaria: Court Rules Lukanov's Human Rights Were Violated, *Radio Free Europe*, March. 9, 1997, http://www.rferl.org/content/article/1083937.html. 第二年，他被保加利亚政府拒绝重新提名。

② Report of the Evaluation Group to the Committee of Ministers on the ECHR, para.89 (2001).

③ Recommendation 1649 (2004): Candidates for the European Court of Human Rights, EUR. PARL. DOC. (2204), paras.9, 13.

④ M. Eaton, J. Schokkenbroek, Reforming the Human Rights Protection System Established by the European Convention on Human Rights, *Human Rights Law Journal*, 2005, Vol.6.

人名单，而这显然是出于纯粹的政治原因。[①] 其他人更直截了当地指出，这一改变旨在“为法院的独立性提供更多保障”[②]，并且“加强法官的独立性和公正性，因为法官必须重新向政府提出候选资格申请并不合适且有失体面”[③]。

因此，第 14 号议定书生效后，欧洲人权法院代表了对于三难困局的第二种理想型的回应。20 世纪 50 年代的最初设计选择是将高度的责任制和司法透明度结合在一起，以致最终对第三个价值，即司法独立，产生了意想不到但不容小觑的威胁。法官、议员和大多数成员国政府顶住了这种压力。为此，各国同意将司法任期改为更长且不可连任的任期。这些变化对司法独立性的威胁没有完全消除，但已大大减轻[④]，从图 3 可看出，我们可以重新评价当前(2010 年后)欧洲人权法院对三难困局的回应。

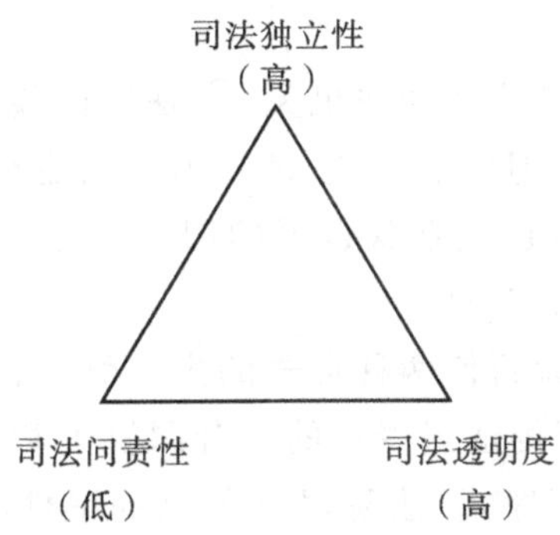

图 3　欧洲人权法院的司法三难困局

① M. Eaton, J. Schokkenbroek, Reforming the Human Rights Protection System Established by the European Convention on Human Rights, *Human Rights Law Journal*, 2005, Vol.6.

② J. Lathouwers, Protocol No.14: Object, Purpose and Preparatory Work, in *Protocol No.14 and the Reform of the European Court of Human Rights*, 9, edited by P. L. W. Vandenhole (eds.), 2005, p.9.下文简称“第 14 号议定书”。

③ N. V. Leuven, The Judges of the European Court and the Commissioner for Human Rights, in *Protocol No.14 and the Reform of the European Court of Human Rights*, 9, edited by P. L. W. Vandenhole (eds.), Intersentia, 2005, p.24.

④ 这项研究所采访的 7 名现任欧洲人权法院法官都表示，他们支持这一举措。然而，一些法官指出，这一转变并不能完全消除对法官的法外压力，其中许多法官相对年轻，在斯特拉斯堡任职后很可能在本国谋求司法、政府或学术方面的职位。对欧洲人权法院法官的访谈，2014 年 12 月，2016 年 7 月，斯特拉斯堡(作者笔记)。

对比欧洲联盟法院和欧洲人权法院的情况，这两个法院的成员国和法官都或多或少地明确承认了在司法三难困局中的艰难权衡，尽管两个法院以截然不同的方式回应了三难困局。卢森堡法院的法官具有短期的、可续任的任期，他们有意地（一如既往地）保持了法院的低透明度的，这就解释了保持审议过程的秘密性、禁止法院内部出现任何公开的异议或分歧迹象的原因是保护法官个人不因不受欢迎的裁决而受到报复。相比之下，在斯特拉斯堡，1998年之后大量未连任的情形迫使成员国和法官直面三难困局的本质并作出回应，前所未有地决定转向不可连任的司法任期制，实际上就是接受更少的司法责任以换取更高的司法透明度和独立性。我们接下来研究的法院代表了对三难困局的第三种回应。

（三）国际法院

国际法院是联合国的主要司法机关。① 法院的规约在很大程度上借鉴了《国际常设法院规约》（PCIJ）②。PCIJ 是与国际联盟相联系、第一个具有一般管辖权的常设国际法院，在成立联合国的旧金山会议上通过。该规约"构成《联合国宪章》的组成部分"。③

该规约授权国际法院行使两种形式的主要管辖权：审理各国提交给它的法律争端（诉讼案件），就经适当授权的联合国机关和专门机构提交的法律问题发表咨询意见（咨询程序）。法院对有争议的案件不行使强制管辖权。相反，法院只有在有关国家接受其管辖权的情况下，才有权受理争端。④ 法院在诉讼案件中的裁决具有终局性和约束力。《联合国宪章》规定，联合国成员"应遵守"国际法院"在其作为当事人的任何案件中"所作的裁决。⑤

法院由 15 名法官组成，通常由全体法官共同审理案件。然而，如果涉诉案件的当事国在法庭上没有本国国籍的法官，则可以选择一人在此情况下担任该案件的专案法官⑥，这意味着，在任何特定争端中，合议庭最多可由 17 名法官组成。在法院法官的组成上，同一国家不得有 1 名以上的该国国民，而且

① UN Charter, Art. 92.

② UN Charter, Art. 92.

③ UN Charter, Art. 92.

④ ICJ Statute, Art. 36.

⑤ UN Charter, Art. 94.

⑥ 参见《国际法院规约》第 31 条。由于大量文献涉及专案法官的独立性问题，我们不应对此继续深究，而是把注意力集中在法庭的其他法官身上。

"国际法院作为一个整体应代表……世界主要文明形式和主要法系……"①在实践中,这一原则导致了法院成员来自全球各主要区域。近年来,国际法院的法官包括3名来自非洲的法官、2名来自拉丁美洲和加勒比的法官、3名来自亚洲的法官、5名来自西欧和其他国家的法官,以及2名来自东欧的法官,相当于安理会成员资格的分配。此外,作为一项惯例,法院一向包括具有安理会常任理事国国籍的法官。②

国际法院是如何处理司法三难困局的?正如我们对两个欧洲法院的分析一样,我们将首先讨论法院设计者和法官试图使之最大化的特征,然后转向与三难困境相关的第三个因素。

与欧洲人权法院不同,国际法院始终是一个高度责任制的法院,这与欧洲联盟法院一样。法官的候选人不是由国家直接提名的,而是通过该国任命的常设仲裁院(The Permanent Court of Arbitration,简称"PCA")成员组成的团体提名。通过常设仲裁院而非直接由各国提名,旨增强提名法官程序的独立性和专业性,削减政治因素。然而,这一努力只取得了部分成功。正如一位前国际法院法官所说,"这一过程是高度政治化的。各国团体的提名并不起作用,团体提名本来是为了隔绝政府,但实际上是政府在提名。各国团体制度很大程度上是无效的"。③

候选人名单同时提交至联合国大会和安理会,候选人只有在这两个机构同时但分别的投票中获得绝对多数票,才能在法院中获得席位。④ 法官任期9年,并有资格获得连任。⑤

连任程序与任命程序类似,候选人必须得到本国的支持,然后由大会和安理会对候选人审议。现任法官连任的次数没有限制。因此,与其他国际法院

---

① 《国际法院规约》第9条。

② 这一不成文规则的唯一例外是1967—1985年期间没有中国法官。

③ R. Mackenzie, K. Malleson, P. Martin, P. Sands, *Selecting International Judges: Principle, Process, and Politics*, Oxford University Press, 2010, pp.85-86.

④ 《国际法院规约》第8条。双重选举程序体现了平等原则与不歧视原则之间的妥协以及确保法官代表来自大国的愿望。P. Georget, V. G, R. Zacklin, Article 4, in *The Statute of the International Court of Justice: Acommentary*, edited by A. Zimmermann, C. Tomuschat, K. Oellers-Frahm, C. J. Tams (eds.), 2nd ed., Oxford University Press, 2012, pp.234-265.

⑤ 《国际法院规约》第13条。

的法官一样,国际法院的法官事实上依赖其本国的重新提名。然而,与欧洲联盟法院法官(因为欧盟成员国通常会批准其他国家的司法提名)相比,他们的连任之路要艰难得多,但比 WTO 上诉机构成员的连任要容易得多(如下文所述,这些成员必须经协商一致通过)。

国际法院是一个高度透明的法院,尽管这一问题不时引起争议。《国际法院规约》规定,判决书"应附有参与裁决的法官姓名",这与《国际常设法院规约》中的语言相呼应。1926 年国际常设法院《法院规则》的修订详细阐述了这一用语,规定判决须明确占多数意见的法官人数(而非法官的姓名)。在 1926 年和 1936 年关于规则改革的辩论中,法官们曾考虑要求判决书中列出占多数意见法官的名字,但大多数法官都拒绝了提高透明度的呼吁。①

最初的《国际法院规则》遵循国际常设法院的规则。在实践中,没有规则要求披露每一位法官投票的情况,再加上有规则允许但不要求异议意见(下文讨论),这意味着在某些情况下无法确定特定法官的投票情况。② 然而,在 1978 年,法官们对《国际法院规则》进行了重大修改,规定判决不仅包含"参与审议的法官的姓名",也包括"构成多数的法官的人数和姓名"。③ 当然,这一规则意味着不占多数的法官的人数和姓名也得以公示。此外,在 1980 年,法院采用了依照判决正文逐段进行表决的方法,并列出对每一段投赞成票和反对票的法官的姓名,从而提高了透明度。

国际常设法院和国际法院就允许发表单独意见包括异议的可取性问题进行了长期争论。④ 这个问题在起草国际常设法院规约期间便一直备受争议。

---

① Elaboration of the Rules of Court of 11 March 1936, PCIJ, Series D, No.2, 3rd Add., pp.319-326.

② 例如,海事安全委员会的咨询意见以 9 票赞成、2 票反对获得通过,但持不同意见者中只有两人选择表明自己的身份。L. F. Damrosch, Article 56, in *The Statute of the International Court of Justice:Acommentary*, edited by A. Zimmermann, C. Tomuschat, K. Oellers-Frahm, C. J. Tams (eds.), 2nd ed., Oxford University Press, 2012, p.1378.

③ 《国际法院规则》第 95 条(1978 年),http://www.icj-cij.org/en/rules.

④ 以下各段大量引用了对这段历史的早期论述,尤其是 R. Anand, The Role of Individual and Dissenting Opinions in International Adjudication, *International and Comparative Law Quarterly*, 1965, Vol.14; E. Dumbauld, Dissenting Opinions in International Adjudication, *University of Pennsylvania Law Review*, 1942, Vol.90; G. Hernandez, *The International Court of Justice and the Judicial Function*, Oxford University Press, 2014, pp.109-110.

在一项折中建议中，一个法学家咨询委员会允许公布反对票，但不允许公布反对意见。此后，国际联盟理事会修改了《国际常设法院规约》草案，允许法官在法院判决中附加他们个人意见声明。在最后通过时，《国际常设法院规约》第57条规定，“如果判决不完全或部分代表法官的一致意见，持异议的法官有权提出单独的意见。”

法院的规则甚至更进一步授权法官在咨询程序中发表反对意见，尽管《国际常设法院规约》没有明文规定这一点。此外，虽然《国际常设法院规约》没有规定赞成意见，但这种做法于1923年作为司法惯例被引入。

1926年，在审议修改《国际常设法院规则》时，洛德(Loder)法官和魏斯(Weiss)法官提议取消允许在咨询程序中提出异议的规则，但该提议未被接受。① 安奇洛蒂(Anzilotti)法官、芬利(Finlay)法官和摩尔(Moore)法官所支持的提案则规定公布所有提出异议的法官的姓名以及他们提出过的异议意见。该提案部分针对的是一种已成惯例的司法实践，即“某些法官不公开提出异议，而是在法庭审议的记录中提出秘密的异议，而不将其附在判决或意见上”。虽然法院没有强制规定必须提及持不同意见的法官的姓名，法官们还是决定停止在法院记录上附加秘密异议的做法。②

1929年，又进行了另一项修订《国际常设法院规则》的工作，弗洛马若(Fromageot)法官提议取消在咨询管辖案件中的不同意见，这一提议引发了强烈反对。赫斯特(Hurst)法官回答说，该提案将“摧毁法院”；鲁特(Root)法官认为，“压制不同意见将……是灾难性的”；玻利蒂斯(Politis)法官指出，尽管他最初反对异议，但他后来意识到这些意见“对国际法大有裨益”。③ 弗洛马若法官随后提出了他的建议。这一问题后来在国际常设法院没有再被提出过。

在旧金山会议的准备阶段，一个非正式的联合委员会提议，“任何法官如果

---

① R. Anand, The Role of Individual and Dissenting Opinions in International Adjudication, *International and Comparative Law Quarterly*, 1965, Vol.14.

② R. Anand, The Role of Individual and Dissenting Opinions in International Adjudication, *International and Comparative Law Quarterly*, 1965, Vol.14.

③ R. Anand, The Role of Individual and Dissenting Opinions in International Adjudication, *International and Comparative Law Quarterly*, 1965, Vol.14 (quoting Minutes of the Committee, League of Nations Doc. No.C. 166.M.66.1929.V., p.50).

不同意多数人的意见,就必须说明其理由"①。然而该提议未获通过。《国际法院规约》与《国际常设法院规约》相呼应,规定法官可以,但不是必须在投票反对多数意见时公开其异议。法院的规则规定,"任何法官都可以……将他的个人意见附在判决之后,无论他是否反对多数投票,或者仅仅陈述他的不同意见"。

从一开始,国际常设法院和国际法院的法官就经常行使独立发表意见的权利,法院作出没有单独意见的判决的情况极为罕见。例如,在初期的243项裁决中(90项判决、25项咨询意见、128项命令),法院还公布了1017份个人意见,包括349份反对意见、406份独立意见和262份声明。② 这种频繁发布异议意见的做法仍在继续。例如,法院在最近的若干诉讼案件中作出的5个判决分别伴随着8个③、3个④、10个⑤、4个⑥和12个⑦独立意见。

高度责任制和高度透明对国际法院的司法独立性有何影响?《国际法院规约》规定:"法院应由独立的法官组成……他们具备各自国家任命最高司法职务所需的资格,或者是公认的国际法方面的法学专家。"值得注意的是,《国际法院规约》还规定"拥有当事国国籍的法官应保留其到庭审理案件的权利"。这一条款表明,法官以个人身份任职,并且对自己国家的法律立场投反对票的

---

① Report of the Informal Inter-Allied Committee on the Future of the PCIJ, Miscellaneous No.2 (1944), Cmd. 6531, para.82.

② R. Hoffman, T. Laubner, in *The Statute of the International Court of Justice: Acommentary*, edited by A. Zimmermann, C. Tomuschat, K. Oellers-Frahm, C. J. Tams (eds.), 2nd ed., Oxford University Press, 2012, p.1209.

③ Question of the Delimitation of the Continental Shelf Between Nicaragua and Colombia Beyond 200 Nautical Miles from the Nicaraguan Coast (Nicar. v. Colom.), Preliminary Objections (Int'l Ct. of Justice Mar. 17, 2016).

④ Alleged Violations of Sovereign Rights and Maritime Spaces in the Caribbean Sea (Nicar. v. Colum.), Preliminary Objections (Int'l Ct. of Justice Mar. 17, 2016).

⑤ Certain Activities Carried Out by Nicaragua in the Border Area (Costa Rica v. Nicar.), Judgment, 2015 ICJ REP. 665 (Dec. 16); Construction of a Road in Costa Rica Along the San Juan River (Nicar. v. Costa Rica), Judgment, 2015 ICJ REP. 665 (Dec. 16).

⑥ Obligation to Negotiate Access to the Pacific Ocean (Bol. v. Chile), Preliminary Objections, 2015 ICJ REP. 592 (Sept. 24).

⑦ Application of the Convention on the Prevention and Punishment of the Crime of Genocide (Croat. v. Serb.), Merits, 2015 ICJ REP. 3 (Feb. 3).

情况并不少见。[①]

这些规定通过若干旨在增进独立性的结构特征得到强化。例如,国际法院法官在执行法院公务时“享有外交特权和豁免”。[②] 一旦他们担任法官职务,即享有不被免职的权利。除非其他法官一致同意该法官不再符合规定的条件,否则不得被免职。[③] 事实上,法官被免职的情况从未发生过。

这些规定是否已足以保障司法独立?或者,高度责任制和高透明度的结合是否必然对司法独立构成结构性威胁?这些问题的答案一部分取决于司法动机。根据我们对国际法官的采访,至少在某些时候,有一些法官对履行其司法职责和尽其所能地裁决案件比对争取连任更感兴趣。此外,许多国际法官,特别是那些即将结束职业生涯或有其他职业选择的法官,他们可能更关心自己在同行和无形的国际法律人学院中的声誉,而非连任。正如阿尔瓦雷斯(Alvarez)指出的那样:“有大量证据表明,在国际法庭任职的人,包括法官,都认为自己是赫希·劳特派特(Hersch Lauterpacht)所描述的那种一心追求广义‘正义’的国际共同体的代理人。”[④]

然而,正如许多国际法庭的国际法官和学者所坚持的那样,几乎每一位国际法官都有动机,至少部分地希望保住自己的职位(在任期结束时得以连任),无论是将其作为目的本身还是作为实现其他目的的手段(例如使法律原则发生变化,或取得特权或权力,或仅仅是为了任职)。因此,即使要求连任只是第二或第三顺位的考虑因素,连任的需要也会造成压力。特别是在法官任期即

---

① The SS Wimbledon, 1923 PCIJ (ser. A) No.1, at 15, 34 (June 28) (dissenting opinion of Judge Anzilotti); Case Concerning Avena and Other Mexican Nationals (Mex. v. U.S.), 2004 ICJ REP. 12, 70 (Mar. 31) (Judge Burgenthal joins with majority). Other examples include Judge Basdevant in Minquiers and Ecrehos (Fr./U.K.), Judgment, 1953 ICJ REP. 47, 74 (Nov. 17); Judge McNair in Anglo-Iranian Oil Co. (U.K. v. Iran), Jurisdiction, 1952 ICJ REP. 93, 116 (July 22); and Judges McNair, Basdevant, and Hackworth in Monetary Gold Removed from Rome in 1943 (It. v. Fr., U.K. & U.S.), Preliminary Question, 1954 ICJ REP. 19, 34-35(June 15).

② 《国际法院规约》第 19 条。

③ 《国际法院规约》第 18 条。

④ J. E. Alvarez, What Are International Judges For? The Main Functions of International Adjudication, in *The Oxford Handbook of International Adjudication*, edited by C. P. R. Romano, K. J. Alter, Y. Shany (eds.), Oxford University Press, 2013, pp.5, 158,173.

将结束时，这可能威胁到司法独立。一位曾在国际法院出庭并担任专案法官的著名学者将对连任的批评总结如下：

> 法院的组成即使是部分地受制于每三年的安理会和联合国大会的政治控制（以及可能的谴责），也减少了法官特别是那些寻求连选连任的法官的独立程度；或者，至少有时可以被理解为产生了这一效果。①

成功的候选人（以及他们的提名国）通常会进行冗长的"竞选活动"，包括候选人对联合国代表团的访问和外交官的大量游说，这加剧了人们对选举过程施压于独立性的担忧。例如，为了获得在国际法院的一个职位，凯斯（Keith）法官的"竞选活动……持续了两年多，访问了 30 多个国家的首都并三次前往纽约……"②近年来，竞选活动愈发冗长和复杂的趋势越来越明显。麦肯齐（Mackenzie）和桑兹（Sands）注意到"涉及法官竞选连任的选举聚焦在法官决定的案件上"③，并委婉地指出"这种做法引起了很多人的关注"。④

法院内部人士在描述国际法院的改选制度可能产生的结构压力时就没那么谨慎小心了。法院的一位前院长抱怨道："三年一次的选举往往在最佳时期进行大量的交易，这种情形在日后将更加明显，从而导致人们更关注已经被和未来可能被选任的法官在法院遇到的某些微妙问题上如何投票，而不是他们是否能够在所有案件中始终作出客观有效的司法意见。"⑤杰拉尔德 · 菲茨莫里斯（Gerald Fitzmaurice）通过他在法院的两个任期观察到：

> 频繁的选举给法院及其法官带来了各种政治和心理压力，更糟糕的是，这可能导致法院的组成或者重组受制于此前的一个特定案件，即将提

---

① G. Abi-Saab, Ensuring the Best Bench: Ways of Selecting Judges, in *Increasing the Effectiveness of the International Court of Justice*, edited by C. Peck, R. S. Lee (eds.), Martinus Nijhoff, 1997, p.185.

② K. J. Keith, Challenges to the Independence of the International Judiciary: Reflections on the International Court of Justice, *Leiden Journal of International Law*, 2017, Vol.30.

③ R. Mackenzie, P. Sands, International Courts and Tribunals and the Independence of the International Judge, *Harvard International Law Journal*, 2003, Vol.44.

④ R. Mackenzie, P. Sands, International Courts and Tribunals and the Independence of the International Judge, *Harvard International Law Journal*, 2003, Vol.44.

⑤ T.O. Elias, ICJ: Present Trends and Future Prospects, in *New Horizons in International Law*, edited by T.O. Elias (ed.), Brill Nijhoff, 1979, Vol.71, pp.78-79.

交给它的一个特定案件或者某个有待裁判的诉讼阶段。这些远远不只是理论上的或假设的可能性。多年来,它们造成了人们的不安,这种不安是时间和亲身经历能够证实的。①

通过了解这些以及其他来自杰出法官和法院内部人士的评论,可以证实司法三困局的基本逻辑。② 当然,认识到在国际法院任职者从亲身经历中深切地感受到三难困局,并不意味着国际法院的法官必然会为了取悦那些操控他们重新提名和连任的人,改变他们的选票甚或隐藏他们的意见。描述这些压力也并非质疑法官正直的品格,他们中的许多人在职业生涯中已经证明,他们准备牺牲个人利益和职业前景推升法治的价值。相反,指出和承认三难困局表明,法院的特殊结构特征要求致力于司法独立的法官需要抵御一些压力,而非连任制的法院法官并不面临这些压力。正如我们下面将要分析的那样,这一结果可以通过改变法官运作环境中的其他结构特征避免。

因此,国际法院以比较模糊的方式为我们提供了应对三难困局的第三种进路。与欧洲联盟法院和欧洲人权法院不同,国际法院是一个高度责任制、高度透明的法院。一些观察者认为,正如三难困局所显示的那样,这种结构特征

---

① G. Abi-Saab, Ensuring the Best Bench: Ways of Selecting Judges, in *Increasing the Effectiveness of the International Court of Justice*, edited by C. Peck, R. S. Lee (eds.), Martinus Nijhoff, 1997, p.179, quoting Sir Gerald Fitzmaurice, The Future of Public International Law and of the International Legal System in the Circumstances of Today, in LIVRE DU CENTENAIRE 288-89 (1973). Fitzmaurice 审理 South West African 案,South West Africa Cases (Eth. v. S. Afr., Liber. v. S. Afr.), Judgment, 1966 ICJ REP. 6 (July 18). 在这一极具争议的行动中,珀西·斯彭德(Percy Spender)作为主席投下了打破平局的一票。这一决定引发了巨大的政治反弹,珀西拒绝连任,代替他的是澳大利亚提名的肯尼斯·贝利(Kenneth Bailey)——一位曾参与起草《联合国宪章》的出色的法学教授和外交官。尽管如此,珀西的行为引起的强烈反响,导致各国抗议贝利的候选资格。E. Mcwhinney, *Judge Manfred Lachs and Judicial Law-Making*, Brill Nijhoff, 1995."对斯彭德的愤怒……足以击败贝利。"

② S. M. Schwebel, Remarks on the International Court of Justice, *Proceedings of the ASIL Annual Meeting*, 2008, Vol.102(法官的任期导致了法官的独立性,如果任期较长且不可延续,独立性将有得到提升的趋势).T. Meron, Judicial Independence and Impartiality in International Criminal Tribunals, *American Journal of International Law*, 2005, Vol.99."人们常常担心,国际法庭上的法官如果对政府提名或连任的前景感到担忧,可能会在对案件作出裁决时避免与强大的联合国成员国,特别是他自己的国家产生敌对……不可续任的长任期同是保护独立最好的选择……"

的结合导致法院司法独立性低，如图 4 所示。

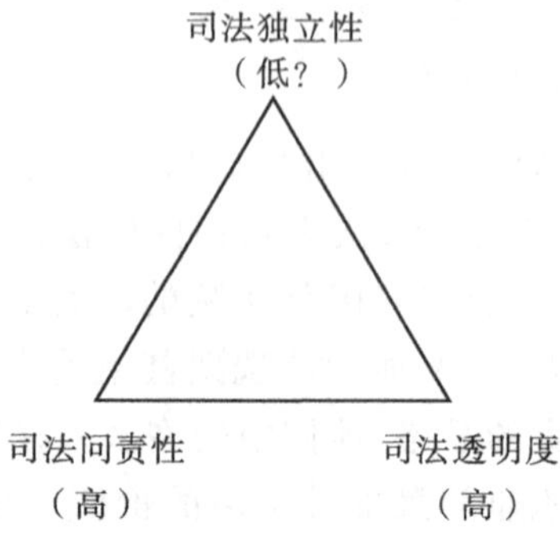

图 4　国际法院的司法三难困局

我们要强调的是，关于国际法院司法独立程度的说法引起了很大争议①，许多德高望重的观察员认为国际法院的司法独立程度很高。但是，无论人们最终对国际法院法官的独立性作出何种判断，毫无疑问的是，他们发觉自身所处的结构性环境对司法独立性施加了压力，而这种压力是欧洲联盟法院和欧洲人权法院的法官没有经历过的。

四、比其他法院的情况更艰难？——WTO 的司法三难困局

WTO 争端解决机制以 WTO《关于争端解决的规则和程序的谅解协议》(Understanding on Rules and Procedures Governing the Settlement of Disputes，简称“DSU”)中规定的规则和程序为基础，由 WTO 所有成员代表组成的争端解决机构(Dispute Settlement Body，DSB)管理。② WTO 成员方之间

① R. Mackenzie，P. Sands，International Courts and Tribunals and the Independence of the International Judge，*Harvard International Law Journal*，2003，Vol.44；E. Benvenisti，G. Downs，Prospects for the Increased Independence of International Tribunals，*German Law Journal*，2011，Vol.12；E. A. Posner，M. F.P. Figueiredo，Is the International Court of Justice Biased?，*The Journal of Legal Studies*，2005，Vol.34.

② Understanding on Rules and Procedures Governing the Settlement of Disputes，Apr. 15，1994，1869 UNTS 401，33 ILM 1226 (1994).下文简称“DSU”。

因涉嫌违反 WTO 义务而引起的争端，首先由专门为特定争端挑选的非争端当事国的 3 名成员组成专家组负责。专家组具有强制管辖权，并发布载有事实和法律结论的报告。争议双方可就专家组处理的法律问题和法律解释向 WTO 上诉机构提出上诉，该机构由 7 名成员组成，其中 3 名法官被随机抽选组成“分庭”审理某一特定争端。专家组和上诉机构的结论和建议经 DSB 自动通过后生效，除非 WTO 成员一致表决不予通过，这就是所谓的“反向协商一致”程序。[①] 在认定存在违反义务的情况下，违反方负有修改其法律，以符合 WTO 的规定。在非违反义务之诉的案件中，DSB 可授权胜诉方对违约方采取经济上的反措施。

WTO 争端解决机制一直非常繁忙。截至 2015 年 12 月 31 日，向 WTO 争端解决机制提交的案件超过 500 件，通过专家组报告 214 份[②]，平均每年受理约 25 起争端和通过约十份专家组报告。1995—2015 年期间，共有 144 份专家组报告被提起上诉，占总数的 67%。[③] 截至 2015 年年底，上诉机构共发布了 138 份报告。[④] 相比之下，关税及贸易总协定(GATT)在近 50 年中，平均每年只处理 2 起多争端。[⑤] 裁判活动的大量增加可归因于贸易规则范围的不断扩大，成员国数量显著增加(GATT 成立时有 23 个成员，现在有 164 个 WTO 成员)，以及该制度的司法化程度大大提高，进而减轻了争端方之间权力不对称的影响。

---

① Understanding on Rules and Procedures Governing the Settlement of Disputes, Art.16(4), Apr. 15, 1994, 1869 UNTS 401, 33 ILM 1226 (1994).

② 数据来自 WTO, Annual Report 2016, https://www.wto.org/english/res_e/booksp_e/anrep_e/anrep16_e.pdf; WTO, Appellate Body Annual Report for 2015, WT/AB/26 (June 3, 2016). 解决争端的过程涉及一个强制性的协商程序，大约一半的问题在这个阶段即得到解决。W. J. Davey, The WTO and Rules-Based Dispute Settlement: Historical Evolution, Operational Success, and Future Challenges, *Journal of International Economic Law*, 2014, Vol.17.

③ Appellate Body Annual Report for 2015, WT/AB/26 (June 3, 2016), at Ann.7.

④ Appellate Body Annual Report for 2015, WT/AB/26 (June 3, 2016), at Ann.15.

⑤ C. Vangrasstek, *The History and Future of the World Trade Organization*, Cambridge University Press, 2013, p.229.

WTO的争端解决制度在大多数情况下一直是非常成功的。[①] 该制度的广泛使用同所审议争端的可观数量一样令人印象深刻。截至2015年11月,约2/3的WTO成员以争端方或第三方的身份参与了争端解决程序,其中包括许多发展中国家。此外,专家组和上诉机构经常处理涉及重大经济利益和巨大政治敏锐性的问题。在大多数情况下,他们的裁决得到了广泛的接受和遵守。约90%提交裁决的争端通过取消与WTO不一致的措施得以解决。[②] 正如一位著名评论家概括道:"无论WTO争端解决机制存在什么瑕疵,但它依然为国际法律人羡慕。国际法律人经常面对的是效率低下、遵守裁决阻力较大的法律制度,例如国际劳工组织、联合国人权机构以及其他像世界法院或特设战争罪法庭等。"[③]

在"外交和政治分歧巨大,绝望和不满观念盛行"的WTO语境下,WTO争端解决的成功特别令人瞩目。[④]

然而,正如张法官事件所表明的那样,并非所有来自日内瓦的有关争端解决的信息都是积极的。司法三难困局有助于我们理解其中的原因。因此,我们在本节的其余部分将分析DSU和上诉机构如何处理司法独立、司法责任和司法透明度之间复杂的、相互依存的关系。正如我们将看到的那样,上诉机构的规则和做法非常独特,与其他主要国际法庭的设置颇为不同,有时甚至截然不同。

---

① V. Hughes, Working in WTO Dispute Settlement: Pride Without Prejudice, in *A History of Law and Lawyers in the GATT/WTO*, edited by G. Marceau (ed.), Cambridge University Press, 2015, p.400; W. J. Davey, The WTO and Rules-Based Dispute Settlement: Historical Evolution, Operational Success, and Future Challenges, *Journal of International Economic Law*, 2014, Vol.17.

② G. Sacerdoti, The WTO Dispute Settlement System: Consolidating Success and Confronting New Challenges, in *Assessing the World Trade Organization: Fit for Purpose?*, edited by M. Elsig, B. Hoekman, J. Pauwelyn (eds.), Cambridge University Press, 2017, p.147.

③ J. Alvarez, How Not to Link: Institutional Conundrums of an Expanded Trade Regime, *Widener Law Symposium Journal*, 2001, Vol.7.

④ R. Howse, The World Trade Organization 20 Years On: Global Governance by Judiciary, *European Journal of International Law*, 2016, Vol.27.

例如，在司法独立方面，DSU 没有明确规定上诉机构成员应是独立的[①]；相反，该协议规定，上诉机构应由在法律、国际贸易和 WTO 协议的主要内容方面具有公认权威的人士组成。[②] DSU 还规定上诉机构成员“应与任何政府无关”，他们“不得参与任何可能造成直接或间接利益冲突的争端审议”。[③] 1995 年 DSB 关于设立上诉机构的决定中明确提到了独立性，其中规定上诉机构成员“不应……与可能损害他们独立裁判的政府存在任何的依附关系”[④]。

值得注意的是，DSU 并没有包含其他国际法庭规约中常见的旨在加强司法独立性的若干结构性条款。例如，DSU 对上诉机构成员可能被免职的情况保持沉默。相反，设立其他国际法庭的规约一般规定，只有在其他法官一致投票同意后才能予以免职。[⑤]

此外，与在国际法院、欧洲人权法院和欧洲联盟法院任职的同行不同，上诉机构成员的薪金没有达到旨在促进独立的水平。相反，DSU 规定支付“上诉机构成员的费用，包括差旅费和生活津贴……”[⑥]这项规定无疑反映了 WTO 最初预计上诉案件数量较少，上诉机构成员只是兼职。事实上，上诉机构成员的工作量大得惊人，而且要求很高。不过，上诉机构成员不是领取薪酬，而是签订一项合同，约定每月领取聘用费、差旅费，并按履行上诉机构成员的职责而工作的天数计算每日津贴的总额。[⑦]

最后，就独立性而言，值得注意的是，至少在措辞上，DSU 将上诉机构中

---

① DSU 涉及上诉机构成员和专家组成员；由于我们主要对上诉机构成员感兴趣，因此我们将侧重于有关上诉机构的规定。

② Understanding on Rules and Procedures Governing the Settlement of Disputes, Art.17(3), Apr. 15, 1994, 1869 UNTS 401, 33 ILM 1226 (1994).

③ Understanding on Rules and Procedures Governing the Settlement of Disputes, Art.17(3), Apr. 15, 1994, 1869 UNTS 401, 33 ILM 1226 (1994).

④ Dispute Settlement Body, Establishment of the Appellate Body, Decision Adopted on 10 Feb., 1995, WT/DSB/1, para.7.

⑤ DSU 没有规定上诉机构成员享有特权和豁免权，但 WTO 与瑞士联邦之间的《总部协定》规定，上诉机构成员享有根据国际法给予外交人员的同样特权和豁免权。

⑥ Understanding on Rules and Procedures Governing the Settlement of Disputes, Art.17(8), Apr. 15, 1994, 1869 UNTS 401, 33 ILM 1226 (1994).

⑦ 2001 年 4 月关于上诉机构成员根据全职工作领取薪金和养恤金的提案未被 WTO 成员接受。

的个人称为“成员”而非“法官”；上诉机构被称为“机构”而非“法院”；上诉机构作出的是“建议”而非“裁决”；上诉机构发布的是“报告”而非“判决”，作为争端解决机构集体行动的WTO成员有权接受或拒绝通过报告。

此外，上诉机构成员起草的规则强烈而明确地强调司法独立。上诉机构与WTO总干事和DSB主席协商而制定的上诉审查工作程序规定，上诉机构成员“不得接受任何与其职责不符的工作或从事与其职责不符的职业活动”，同时不得接受或寻求任何来源的指示。① 上诉机构自身通过的行为规则规定，成员应“独立和公正”，在所有情况下均要“披露”任何“可能影响或引起对其独立性或公正性的正当怀疑的任何信息”。

尽管文本规定和结构要素可能显示WTO对司法独立的承诺低于其他法庭，但大多数评价认为，争端解决体制高度独立于争端方和成员方。② 观察人士指出，利用WTO立法机制来推翻上诉机构的裁决不具有现实可行性，这就扩大了司法裁量的空间，提高了上诉机构的独立性。③ 此外，强制管辖体制加上退出WTO的高昂成本，使得不满的一方很难威胁要“退出”争端解决程序。④ 由于这些原因，就有关独立性的争议而言，问题不在于上诉机构是否缺乏独立性，而是它是否过分独立于WTO成员方。⑤

上诉机构是一个高度责任制的机构。上诉机构成员任期4年，符合资格

---

① Working Procedures for Appellate Review, WT/AB/WP/6 (Aug. 16, 2010), at 3.

② R. Howse, The World Trade Organization 20 Years On: Global Governance by Judiciary, *European Journal of International Law*, 2016, Vol.27; J. Maton, C. Maton, Independence Under Fire: Extra-Legal Pressures and Coalition Building in WTO Dispute Settlement, *Journal of International Economic Law*, 2007, Vol.10.

③ R. Howse, The World Trade Organization 20 Years On: Global Governance by Judiciary, *European Journal of International Law*, 2016, Vol.27；关于立法性的推翻之威胁是否以及如何影响国际法官的讨论，可参见O. Larsson, D. Naurin, Judicial Independence and Political Uncertainty: How the Risk of Override Affects the Court of Justice of the EU, *International Organization*, 2016, Vol.70.

④ Y. Shany, *Assessing the Effectiveness of International Courts*, Oxford University Press, 2014, p.203.

⑤ 例如，S. Charnovitz, Judicial Independence in the World Trade Organization, in *International Organizations and International Dispute Settlement: Trends and Prospects*, edited by L. B. Chazournes, C. R, R. Mackenzie (eds.), Ardsley NY, 2002, pp.219-226.

的可连任一次。因此，上诉机构成员的任期大大短于其他法庭的法官任期（欧洲联盟法院为 6 年，欧洲人权法院、国际法院、国际海洋法法庭和国际刑事法院均为 9 年）。此外，它们面临的提名和选举制度高度强化了对提名国和全体成员的责任制。首先，有任职前景的上诉机构成员必须得到其本国的支持，该国将他们的提名提交审议。然后，有候选人要经过严格的审查程序。例如，他们将与由 WTO 总干事和最重要的 WTO 理事会的主席组成的 6 人评选委员会进行长达几小时的面试。① 此时，候选人在众多问题中“将被问及他们对 WTO 法律的了解，他们对有争议的法律问题的立场，以及他们处理贸易诉讼的方式等”。② 候选人还要拜访各国代表团和驻日内瓦的 WTO 大使就贸易法和贸易政策进行实质性讨论，有时甚至需要到重要成员国的首都（首府）面谈。③ 考虑到 WTO 的协商一致规则，在所有面试结束后，评选委员会要举行多次“私下的，与 WTO 成员方开诚布公的会议”④，以衡量对各位候选人的支持程度。选举委员会将推举那些可能获得 WTO 成员方一致认可的候选人。

WTO 的协商一致决策程序使任何 WTO 成员方均可否决任何一位候选人的当选或连任。各国并非不愿行使这一权力。因此，有时无法就候选人个人或候选人名单达成共识。在这种情况下，评选委员会将不提出任何人选，而是提议进行新的评选程序。⑤ 学术研究表明，随着时间的推移，对候选人的审查程度，以及与之相关的提名和选举过程的政治化大幅增加。⑥

在进行第二个 4 年任期的连任时，程序大致相同：现任上诉机构成员必须

---

① 除总干事外，选举委员会还包括总理事会、货物贸易理事会、服务贸易理事会、与贸易有关的知识产权理事会和争端解决机构的主席。

② US, Indian Nominees Appointed to Appellate Body, 15 *Bridges*, No.23.

③ S. Chasombat, A Reflection on the Selection of the Appellate Body Membership, Permanent Mission of Thailand to the WTO (Mar. 3, 2014), http://www.thaiwto.com/article%201.html. 泰国常驻 WTO 代表团大使 Chasombat 继续说道：“理论上，候选人将根据自己的实力竞争……然而，认为其中没有利益相关者进行‘游说’则是一种天真的想法。在这样的竞争中，如果没有政府通过某种形式的帮助，任何候选人都无法取得成功。”

④ US, Indian Nominees Appointed to Appellate Body, 15 *Bridges*, 2011, No.23.

⑤ D. Pruzin, WTO Selection Panel to Recommence Search for Appellate Body Judge Following Deadlock, *BNA International Trade Daily*, Jan. 22, 2014.

⑥ M. Elsig, M. A. Pollack, Agents, Trustees, and International Courts: The Politics of Judicial Appointment at the World Trade Organization, *European Journal of International Relations*, 2014, Vol.20.

首先由其成员方重新提名(该国可能会拒绝这样做),而任何获得重新提名的个人必须得到 WTO 成员方的一致同意(授予每个 WTO 成员方对连任的实质否决权)。

随着时间推移,上诉机构的许多成员谋求连任①,而且除了下文讨论的几个明显的例外情况,上诉机构的成员实际是自动连任的。然而,明显的自动性不应使我们忽视这样一个结构性事实:上诉机构的第一届成员必须受制于连任程序,该连任程序使得他们在仅仅 4 年后就要对其原籍国进而随后对整个 WTO 成员方的协商一致表决问责。

DSU 和工作程序在司法透明度或可识别性方面不同于其他国际法庭的规定,例如其有关规定使得 WTO 争端解决的透明度普遍低于大多数其他国际法庭。在第一阶段的专家组程序中,DSU 规定:"专家组讨论应当是保密的。"②专家组经常制定工作程序,进一步规定专家组应"举行非公开会议",并且"专家组的审议意见和向其提交的文件应保密"。③ DSU 同样规定,上诉程序"应是保密的"。④

值得注意的是,DSU 有一种在其他任何国际法庭中都找不到的对独立意见的处理方式。它明确授权在专家组或上诉机构的报告中使用单独意见。然而,它试图掩盖独立意见作者的身份,规定个人在专家组或上诉机构的报告中发表的意见"应是匿名的"。⑤ 据我们所知,没有任何其他设立国际法院的文

---

① 但并非所有。例如,上诉机构最初的 7 名成员中有 2 名成员,即 El-Naggar 和 Matsushita,由于个人原因并未寻求连任。

② Understanding on Rules and Procedures Governing the Settlement of Disputes, Art.14(1), Apr. 15, 1994, 1869 UNTS 401, 33 ILM 1226 (1994).

③ WTO Panel Report, European Communities —Selected Customs Matters, WT/DS315 (June 16, 2006), ann. E, para.23 (reproducing Panel's Working Procedures).行为准则指出:"每个有关人员在任何时刻都应遵循争端解决审议和程序的保密性,当事方所提出的任何信息也应当保密。"Rules of Conduct for the Understanding on Rules and Procedures Governing the Settlement of Disputes, Art. Ⅶ(1), WT-DSB/RC/1 (Dec. 11, 1996).

④ Understanding on Rules and Procedures Governing the Settlement of Disputes, Art.17(10), Apr. 15, 1994, 1869 UNTS 401, 33 ILM 1226 (1994). 上诉机构的庭审已向公众开放。

⑤ Understanding on Rules and Procedures Governing the Settlement of Disputes, Art.14(3) (panel reports), Art. 17(11) (AB reports), Apr. 15, 1994, 1869 UNTS 401, 33 ILM 1226 (1994).

件对单独意见规定匿名要求。

虽然DSU使用的语言既不鼓励也不反对使用单独意见,但上诉机构最初的成员起草的工作程序明显不够中立。具体而言,上诉审查工作程序规定“上诉机构及其各部门应尽一切努力以协商一致方式作出决定”。然而,如果不能达成一致意见,则应以多数票决定所涉事项。① 通过指示上诉机构各部分“尽一切努力”达成共识,措辞中透出了强烈的避免发布单独意见的倾向。

在实践中,使用单独意见的情况极为少见。在WTO争端解决的前18年里,只有不到8%的专家组报告和不到5%的上诉机构报告载有异议或单独意见。相比之下,在关税及贸易总协定时代,大约有2%的专家组报告载有异议或单独意见。因此,尽管异议远远不是常态,而且与国际法院、国际海洋法法庭或欧洲人权法院等法庭相比,提出异议的频率要低得多,但与关税及贸易总协定时代相比,出现异议的比例要高得多。

乍看起来,异议率之低令人费解。DSU没有任何规定排除或阻止异议意见。专家组和上诉机构被要求解释一系列极其复杂和相互关联的法律文本,这些文本常常是文义含糊的,有时是故意含糊不清的。此外,在20多年的时间里,专家组专家和上诉机构成员已经裁决了大量的争端,这些争端提出了数千个有争议的问题,其中许多都涉及富有争议的贸易法和贸易政策问题,特别是在该体制的最初几年,实际上几乎每一次争端都包含了第一次被人们注意到的问题。鉴于这些现实,为什么几乎所有的专家组和上诉机构都能就几乎所有争端中的几乎所有问题的解决达成一致意见?②

几名前上诉成员讨论了促使“上诉机构形成这一共识模式”的动机。③ 许多人强调,作出“口径一致”的决定是出于建立确立新体制的合法性和可信度的愿望。例如,前上诉机构主席加内桑(A.V.Ganesan)曾指出,上诉机构的早期成员定期讨论不同意见的可能性。他写道,成员们都有“一种共同的感觉,那就是至少在上诉机制更为牢固地确立之前,表达……反对或赞同的意见可

① Working Procedures for Appellate Review, Art. 3(2), WT/AB/WP/6 (Aug. 16, 2010).

② L. Henkin, *How Nations Behave*, 2nd ed., Columbia University Press, 1979, p. 47.“几乎所有国家在几乎所有情况下遵守几乎所有的国际法原则并承担几乎所有义务。”

③ J. Lacarte, WTO Appellate Body Roundtable, *Proceeding of the Annual Meeting (American Society of International Law)*, 2005, Vol.9.

能会降低上诉审查程序的可信度和可靠性”①。

从这个角度来看，第一批上诉机构成员敏锐地意识到，他们彼时“参与了新体制的创设”②，彼此承诺不行使DSU赋予他们的发表单独、匿名意见的权利。尽管条约文本明确授权表达异议，他们彼此之间达成了一项合意，即“不发表任何单独的意见”，而是在上诉机构的报告中用一个声音说话，以此确立新体制的可靠性和合法性。③

三难困局提出了上诉机构最初的成员决定放弃异议的另一个原因：由于任命和连任制度的高度责任制，高司法透明度可能会威胁到司法独立。在法庭之外的著作中，前上诉机构成员明确表示他们认识到了这一威胁。正如上诉机构前主席埃勒曼(Ehlermann)所写：

> 从一开始，7个上诉机构成员中的每一个人都决心为建立一个新的机构作出贡献。我们每个人都想为它的力量和权威助力。我们当然知道，我们必须从零开始建立上诉机构的声誉、可接受性和最终的合法性。我们深信，机构最终的合法性只能来自我们既作为个人同时又作为群体的行为，来自我们工作的质量……获得可信度、可接受性和合法性的决心加上对独立性的首要关注，解释了上诉机构对待协商一致意见的态度，而反对进行投票和发表个人意见，无论它们是反对意见还是赞同意见。④

确定无疑的是，匿名异议的要求可以被理解为意图在与司法三难困局的紧张关系下保护司法独立。但上诉机构最初的成员认识到这种匿名很难维持。上诉机构第一任主席回顾说：

> 上诉机构的所有成员或多或少地都习惯于单独意见的概念，并且本

---

① A.V. Ganesan, The Appellate Body in Its Formative Years: A Personal Perspective, in *A History of Law and Lawyers in the GATT/WTO*, edited by G. Marceau (ed.), Cambridge University Press, 2015, pp.517,531.

② James Bacchus, Table Talk: Around the Table of the Appellate Body of the World Trade Organization, *Vanderbilt Journal of Transnational Law*, 2002, Vol.35.

③ A. Alvarez-Jimenez, The WTO Appellate Body's Decision-Making Process: A Perfect Model for International Adjudication?, *Journal of International Economic Law*, 2009, Vol.12.

④ C.-D. Ehlermann, Reflections on the Appellate Body of the WTO, *Proceeding of the Annual Meeting (American Society of International Law)*, 2003, Vol.97.

来可能表达这些意见。然而,尽管这些意见是匿名的,可以想象,如果它们变得频繁,可能最终为找到表达这些意见的成员提供线索。如果发生这种情况,各成员方政府就可能开始努力识别这些成员,并得出任何他们想要的结论。基于这些原因,从一开始,我就强烈地预感到,我们应该不惜一切代价避免少数意见。[①]

简言之,至少对一些上诉机构成员而言,只发表观点一致的报告在很大程度上是为了确保司法独立。

传统观点认为,这一策略是有效的,上诉机构是一个高度独立、高度责任制、低透明度的法院,如图 5 所示。

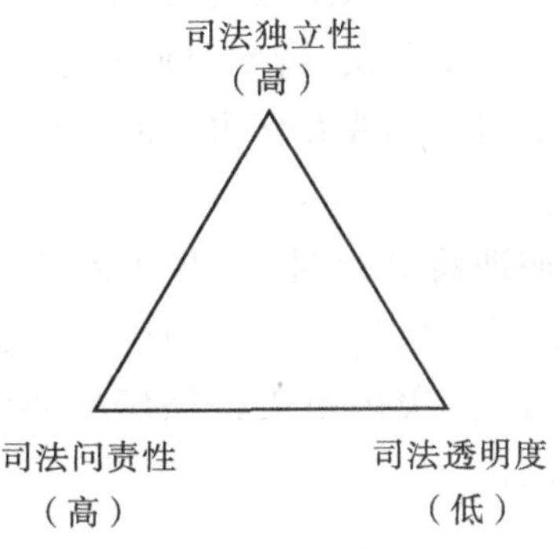

图 5　WTO 的司法三难困局

然而,经过更仔细的分析,上诉机构呈现出一种更加复杂、令人困惑的图景。事实上,司法透明度并不像上述分析的那样,也不像各国最初设想的那样,或者上诉机构第一批成员所期望的那样,呈现低水平的状态。具体地说,一个相对较小的法庭——例如 3 人合议庭审理一项争端时,各国可能认为它们能够辨别法官对某一特定问题的立场,特别是存在不同意见的情况下。更具体地说,如果某一报告中有不同意见,成员方可以很容易地推测其作者的身份。同样重要的是,如果报告中没有异议,那么成员方就可以合理地得出结论:3 位成员全体支持这一决定。无论哪种方式,司法透明度或可识别性的实际水平都高于最初的预期。高度责任的任命制与高透明度制度的结合,可能

① J. Lacarte-Muro, Launching the Appellate Body, in *A History of Law and Lawyers in the GATT/WTO*, edited by G. Marceau (ed.), Cambridge University Press, 2015, pp.476,478.

对上诉机构的司法独立性造成压力,甚至可能比他们在国际法院的同事所承受的压力更大。

三个例子说明了这一点。2003年,上诉机构的一名初始成员詹姆斯·巴克斯(James Bacchus,来自美国)的第二个任期即将届满。按理来说,替换者将是美国公民。在美国提名了两名可继任者中,哥伦比亚大学教授梅丽特·杰诺(Merit Janow)获得了批准。在杰诺的第一个任期内,她任职于上诉机构的一个法庭,这个法庭认定美国对棉农的补贴政策与WTO不一致。[①] 关于该争端的报告包括一项罕见的单独意见,认为某些出口补贴方案并不违反WTO的补贴规则,这偏离了多数人的观点。[②] 单独意见是匿名的,但业内人士公开猜测,杰诺就是其作者。[③] 也许更重要的是,杰诺所在的分庭受理了一项对美国在实践中采取的广受争议,特别是政治争议的"归零"做法提出挑战的争端。上诉机构支持了这项挑战并作出了对美国不利的裁决。[④] 关于该争端的报告是一致通过的。

在杰诺的第一个任期即将结束时,DSB主席宣布她将不打算寻求连任。WTO官方"没有给出杰诺拒绝谋求被广泛认为是自动连任的WTO最高司法机构的理由"[⑤]有报道指出,美国不支持杰诺的连任提名,因为她在涉及美国的争端中拒绝提出异议:

> 从采访中获得的一些证据表明,美国贸易代表(USTR)对一些案件表示关注,在这些案件中,包括杰诺在内的三人亲历了上诉机构作出不利于美国裁决的程序。在报告中,她没有行使发表单独意见(通常是不同意见)的选择。最重要的是,她参与了上诉机构的一项建议,该建议推翻了认定美国反倾销方法(所谓的归零方法)不违规的专家组意见。前美国贸

---

① Appellate Body Report, United States—Subsidies on Upland Cotton, WT/DS267/AB/R (Mar. 3, 2005).

② Appellate Body Report, United States—Subsidies on Upland Cotton, WT/DS267/AB/R (Mar. 3, 2005), para.631-641.

③ D. Pruzin, G. Yerkey, WTO Appellate Body Upholds Ruling Against U.S. Subsidy Programs for Cotton, *BNA International Trade Daily*, Mar. 4, 2005.

④ Appellate Body Report, United States—Laws, Regulations and Methodology for Calculating Dumping Margins ("Zeroing"), WT/DS294/AB/R (Apr. 18, 2006).

⑤ D. Pruzin, M. Janow, Sole U.S. Member of WTO Appellate Body to Step Down, *BNA International Trade Daily*, May 23, 2007.

易代表更概括地说道："我们不喜欢上诉机构的美国成员为了显示自己的独立性而作出不利于美国的裁决。"①

随着杰诺的席位即将空出，美国再次提出了两个以供选择的人选，WTO成员方最终选择了美国贸易代表办公室前官员詹妮弗·希尔曼(Jennifer Hillman)。作为上诉机构成员，希尔曼参与了一项诉讼，该诉讼涉及对美国归零做法的挑战。在这次争端中，在上诉机构认为美国的做法不可接受之后，欧共体随后质疑美国是否遵守了上诉机构的报告。② 上诉机构在这一遵守程序中的报告包含了一份冗长的独立意见，其中相当详细地描述了有关美国归零操作的行政程序，并试图限制上诉机构在这一问题上的裁决范围③，这种做法因背离了以前上诉机构的裁判实践而引发争议。④ 虽然单独意见是匿名的，但许多观察员都一致认为"推定希尔曼是这份意见的起草者似乎是合理的"。⑤

在希尔曼的第一个任期即将结束时，她表示有兴趣谋求连任。然而据报道，美国政府不支持其争取连任，因此她撤回了自己的提名。⑥ 尽管美国从未公开说明不支持希尔曼争取连任的理由，不过，"据观察人士所称，美国贸易代

---

① M. Elsig, M. A. Pollack, Agents, Trustees, and International Courts: The Politics of Judicial Appointment at the World Trade Organization, *European Journal of International Relations*, 2014, Vol.20.

② United States—Laws, Regulations and Methodology for Calculating Dumping Margins ("Zeroing"), Recourse to Article 21.5 of the DSU by the European Communities, WT/DS294/AB/RW (May 14, 2009).

③ United States—Laws, Regulations and Methodology for Calculating Dumping Margins ("Zeroing"), Recourse to Article 21.5 of the DSU by the European Communities, WT/DS294/AB/RW (May 14, 2009), para.259-270.

④ J. Flett, Collective Intelligence and the Possibility of Dissent: Anonymous Individual Opinions in WTO Jurisprudence, *Journal of International Economic Law*, 2010, Vol.13.

⑤ M. Elsig, M. A. Pollack, Agents, Trustees, and International Courts: The Politics of Judicial Appointment at the World Trade Organization, *European Journal of International Relations*, 2014, Vol.20.

⑥ USTR Blocks Hillman's Bid for Second WTO Appellate Body Term, *Inside US Trade*, Apr. 29, 2011.

表认为希尔曼在贸易救济案件中发表反对意见时不够积极”①。

这些例子表明,在上诉机构报告中保持独立意见的保密性存在困难;或者说,至少有些国家认为它们能够查明单独意见的作者,并愿意根据这些意见采取行动。此外,他们还表明,即使是提出异议的可能性也可被理解为揭示了法官对其所面对的诉讼问题的立场。基于条约赋予的异议权利,上诉机构成员没有异议可被解释为同意上诉机构报告的结果和理由。此外,这些例子表明,提名国或至少作为重新提名国的美国愿意对他们认为在WTO争端中不充分支持其利益的上诉机构成员实施报复。

从司法独立的角度来看,张胜和的连任失败更令人不安。在第一个任期快结束时,张胜和表示有兴趣谋求连任。此后,DSB主席主持了一次由各成员方向张法官提问的会议,约有26个代表团出席了会议。第二天,美国驻WTO大使向WTO总干事和争端解决机构主席表示,美国不支持张的连任。在2016年5月23日的DSB会议上,美国为自己的立场进行了辩护,称张的“表现不符合WTO成员方赋予上诉机构的职能……”②美国提到了张最近参加撰写的四份报告,并强调了其所认为的上诉机构采取的不当行动,其中包括:(1)在一份报告中用2/3的篇幅来分析那些对结果来说并非必要的问题,因为主要问题的解决使其余的问题变得毫无意义;(2)处理了不属于上诉范围的问题;(3)根据双方均未提出的论辩来裁决争端;(4)裁决了成员方国内法之下某一问题的合法性。③ 由于连任需要WTO所有成员方的协商一致,美国的反对对张胜和的连任是致命的。

贸易界的反应迅速而严厉。韩国声称,美国的行动意味着,“如果上诉机构成员作出的决定不符合美国的观点,他们将不会得到连任”。④ 巴西、中国、

① For Appellate Body Candidates, USTR Prioritized Willingness to Dissent, *Inside US Trade*, Sep. 9, 2011.

② Statement by the United States at the Meeting of the WTO Dispute Settlement Body, May 23, 2016, https://geneva.usmission.gov/wp-content/uploads/2016/05/Item7.May23.DSB_.pdf.

③ Statement by the United States at the Meeting of the WTO Dispute Settlement Body, May 23, 2016, https://geneva.usmission.gov/wp-content/uploads/2016/05/Item7.May23.DSB_.pdf.

④ B. Baschuk, U.S. Blocks Korean Judge from WTO Appellate Body, *BNA International Trade Daily*, May 24, 2016.

埃及、欧盟、洪都拉斯、印度、印度尼西亚、冰岛、阿曼、墨西哥、瑞士、泰国和越南同样对表达了美国的行为可能会削弱人们对这个体制的信心的担忧。[①] 欧盟认为美国的立场是"对当前和未来上诉机构成员的独立性和公正性的严重威胁"。[②] 埃及、尼日利亚、巴拉圭、俄罗斯、泰国同样强调了对上诉机构的独立性和公正性的潜在负面影响。[③] 除美国代表外,没有任何代表团的代表发言支持美国的立场。

此外,前所未有地,所有在世的前上诉机构成员共同签署了一封批评美国立场的文件。他们表示,连任的决定"绝不能以可能使 WTO 争端解决政治化和危及上诉机构每个成员的公正独立性的方式作出"。他们警告道:

> 现在,如果上诉机构的一名成员就某一特定法律问题或某一特定争端的结果加入了其他成员的协商一致,这一事实第一次成为该成员作出连任决定的一个因素,那么过去一代人在建立 WTO 争端解决体制的信誉方面所取得的所有成就都可能受到损害。无论有什么考虑,都决不能为任何政治干预打开口子,在 WTO 基于规则的裁决体制中必须保持公正的法律裁判。
>
> 上诉机构成员无可置疑的公正性和独立性是 WTO 争端解决体制取得成功的关键,而这又是整个 WTO 取得成功的关键。破坏上诉机构的公正独立性不仅会影响到上诉机构的完整性,也将使整个 WTO 贸易体制的未来面临风险。[④]

尽管如此,美国并未撤回反对意见,而张胜和作为上诉机构成员的任期于 2016 年 5 月 31 日届满。

这一事件的另一个方面同样值得一提。在美国宣布对张胜和连任的反对

---

① WTO Members Debate Appointment/Reappointment of Appellate Body Members, *World Trade Organization News*, May 23, 2016, https://www.wto.org/english/news_e/news16_e/dsb_23may16_e.htm.

② S. Donnan, US Accused of Undermining WTO, *Financial Times*, May 30, 2016.

③ WTO Members Debate Appointment/Reappointment of Appellate Body Members, World Trade Organization News, May 23, 2016, https://www.wto.org/english/news_e/news16_e/dsb_23may16_e.htm.

④ Letter to Xavier Carim, Chair of the Dispute Settlement Body (May 31, 2016), http://worldtradelaw.typepad.com/files/abletter.pdf.

之后，其他现任上诉机构成员，包括一些将来可能寻求连任的成员，致函DSB主席，“任何案件都不是一个上诉机构成员作出决定的结果，也不应将解释或结果归因于一个单一的成员”①。作为回应，美国声称“从一个成员……在口头听证会上提出的问题不难确定，该成员与上诉机构报告中所表达的与这些问题相关的观点相联系”②。

美国的反馈为司法可识别性的概念引入了一个全新的、意想不到的因素。通常，国家和其他利益相关方主要（如果不是排他地）通过公开的投票和书面意见来确定法官在法律问题上的立场。根据这一传统办法，发表一致意见的策略无法为各国推断法官对某一特定问题的立场提供任何依据，或可用作限制司法可识别性的一种手段。然而，通过口头程序中提出的问题，美国极大地扩大了用来辨别法官在某一特定问题上立场的司法行为的范围。

美国对司法可识别性的鉴定方法提出了许多有趣的和有难度的问题，其中大多数超出了本文的范围。例如，在口头辩论中提出的问题是否为判断法官在法律问题上的立场提供了可靠的证据基础，这个问题在WTO甚至比在其他地方更为复杂，因为在WTO，口头辩论通常是非公开的。③ 就我们的目的而言，更相关的问题是，美国的立场对司法三难困局和司法行为有何影响。一个直接的影响是，如果其他国家效仿美国的做法，从口头听证的问题中引导和推断司法立场，所有国际法院的司法透明度都将提高。如果一个法院并非高透明度的法院，三难困局的逻辑表明，增加透明度可能会对司法独立或司法责任制造成负面压力。此外，从口头听证中的问题推断司法立场可能会使得国际法官在口头诉讼期间可能倾向于改变司法质询模式。具体地说，法官可能不太愿意在口头程序中提出问题，因为他们担心一旦有一天决定寻求连任，这些问题会对他们不利。

我们从这一事件中得出三个重要教训，其中两个是关于WTO的，另一个是关于一般意义上的国际法庭的。首先，人们通常认为这一事件表明WTO的连任程序威胁到上诉机构成员的独立性。但是，认为司法独立和司法责任

① Letter to Xavier Carim, Chair of the Dispute Settlement Body (May 18, 2016).

② Statement by the United States at the Meeting of the WTO Dispute Settlement Body, May 23, 2016, https://geneva.usmission.gov/wp-content/uploads/2016/05/Item7.May23.DSB_.pdf.

③ 一名上诉机构的前成员告诉我们，上诉机构成员在庭审之前准备问题，然后将问题分发给合议庭的不同成员，这表明并不总是能够从口头审理所提的问题看出法官的立场。

必然被锁定在一种此消彼长的关系中的说法是不全面的和有误导性的。事实上，这两个特征并不一定是对立的，高水平的司法独立性和高水平的司法责任完全可能共存，正如欧洲联盟法院所充分证明的那样。三难困局告诉我们，张的事件涉及法庭的三个特征即独立性、责任性和透明度的相互作用，而不是其中两个的相互作用，因此指出了解决这一事件所强调的问题的替代方法。具体来说，可以通过改变连任制度或设计制度特征来限制或消除司法可识别性，从而保持和增强上诉机构的独立性。通常的分析忽略了潜在的，动态的第三个因素，因此不仅会误判其成因，也限制了提出解决措施的可能。

其次，尽管 WTO 争端解决机制取得了巨大的成功，并经常成为国际司法在促进国际合作方面发挥积极作用的“典范”，但三难困局表明，WTO 体制面临着独有的压力，其体制可能比国际社会通常认为的要脆弱得多。[①] 特别是上诉机构成员的任期明显短于其他法院的成员。此外，由于他们只有在协商一致的情况下才能被任命或连任，他们面临的选举制度远不如其他国际法庭宽容。事实上，鉴于他们必须得到每一个 WTO 成员方的支持，上诉机构成员也许是所有国际法官中责任最大的。同时，他们所处的体制比最初预期和普遍理解的更加透明。DSU 关于个人意见匿名的指示可能是为了加强司法独立。然而，少数人组成的法庭和消息灵通的贸易圈子相互结合致使匿名机制基本不可能发挥作用，还会催生出一种本质上具有高度司法可识别性的体制。鉴于这一结构结合了极高的司法责任制和比公认的更高的司法透明度，与传统观念相反，三难困局表明，上诉机构的司法独立性是脆弱的且有风险的。

最后，从对 WTO 争端解决的未来影响的角度来解释张的连任失败是顺理成章的。然而，我们再次认为通常的分析思路过于狭隘。张胜和的连任失败必定对 WTO 有影响，但更大的意义在于，它揭示了所有国际法庭共有的制度动态。在每一个国际法庭中，国家和法官都要面对一系列艰难的权衡。各国可能认为，司法独立、司法责任制和司法透明度都是国际法庭应有的可取的特点。然而，司法三难困局表明，不可能同时实现上述所有价值的最大化。理解三难困局的逻辑有助于确保这些不可避免的权衡是审慎且明智地作出的。

---

① 结论类似却迥然不同的分析可参见 G. Shaffer, M. Elsig, S. Puig, The Extensive (But Fragile) Authority of the WTO Appellate Body, *Law and Contemporary Problems*, 2016, Vol.79.

五、结论

在《两种自由》一书中，以赛亚·伯林(Isaiah Berlin)提出了一个著名的问题：人类存在的诸多基本价值，例如自由和平等，是否相互兼容？一方面，伯林注意到一种长期且普遍的观念，即"人们所信仰的所有积极的价值观必须相互兼容，甚至可能相互包含"。伯林将这种观点称为"真正价值的完全和谐"。然而，另一方面，伯林认为，很明显，"不是所有美好的事物都是可以兼容的，更不用说是人类的所有理想"。例如，一个人不能同时将自由和平等最大化，因为个人的自由必须包括建立不平等的自由，而实现平等必然意味着对个人自由的一些限制。伯林从这个例子中归纳出：

> 我们在日常经验中所遇到的世界是这样的：我们同样面临着在终极目标和同样绝对的要求之间的选择，其中一些目标的实现必然需要其他目标的牺牲…… 如果像我相信的那样，人的目标是多种多样的，而且并不是所有的目标在原则上都是相互兼容的，那么冲突和悲剧的可能性就永远不可能从人类生活中完全消除，无论是个人的生活还是社会的生活。在绝对诉求之间进行抉择的必要性是人类境况中一个不可避免的特点。①

我们接受了伯林的基本观点，即并非所有可取的价值都能够同时最大化，在积极的价值观中作出选择是人类不可回避的特点。更具体地说，我们认为无论是在原则上还是在实践中，均不可能同时将司法责任、司法透明和司法独立这三种基本价值最大化。在经验层面，我们已经证明，国际法庭的国家设计者和在各自的规约范围内执行任务的法官都面临这一基本的三难困局，并在这三种价值之间作出了截然不同的取舍。

当然，我们并不声称成员国在制定各种法庭的规约时，或法官在制定法庭规则或作出个案判决时，有意识地诉诸我们所说的司法三难困局。在某些情况下，成员国在设计法院时没有对司法责任制、透明度和独立性之间不可避免

---

① I. Berlin, Two Concepts of Liberty, reprinted in *Four Essays on Liberty*, Oxford University Press, 1969, pp.167-168.

的权衡作出太多明确的考虑，而是依赖现行国内或国际法院的既有模式。[①]然而不论意图如何，各国在这些基本时刻所做的基本选择体现出了在这三种价值观之间的不同权衡，而就法官自身角色而言，一般都以非常清楚和自觉的策略予以回应，这些策略的主要目的是在各自规约的约束下将自己的独立性最大化。此外，在至少一种情形下，欧洲人权法院的法官和成员国均作出了改变原有权衡的明确而自觉的选择，首先是在第 11 号议定书中通过将可连任的任期从 9 年缩短到 6 年，以巩固司法责任制。然后，当这对司法独立构成了不可接受的风险时，第 14 号议定书赋予法官不可续任的 9 年任期来降低司法责任，以增加法官的独立性。司法三难困局属于我们自己，我们也努力使其基本逻辑明朗化；潜在的权衡已经被广泛理解，并被各国法官所践行，他们日益认识到需要在相互竞争和内在不相容的价值中作出选择。

三难困局的结构或逻辑中并未表明哪些价值应当最大化。要作出取舍就必须超越三难困局本身。我们认为，在任何时候都适用于所有法院的单一的、普遍有效的、用来解决三难困境的"最佳"方法并不存在。作为一个现实问题，特定国际法庭和法律制度独特的社会政治特征将决定哪些具体的设计选择在规范上有吸引力且在政治有可行性。同时，作为规范性问题，我们并不认为不同国际法庭采用的对三难困局的每一种理想型的回应都同样令人满意。

与几乎所有我们采访过的现任和前任国际法官以及研究过这一问题的学者一样，我们首先认为，司法独立对任何运转良好的司法体系是至关重要的。[②] 这至少是有两个不同但又紧密相关的原因。首先，许多人认为独立本

---

① 例如，参考欧洲人权法院的设计者将《国际法院规约》作为模板以及欧洲法院的设计者将法国最高行政法院作为模板的做法。

② 关于司法独立的大量文献的样本可参见 A. Cox，The Independence of the Judiciary：History and Purposes，*University of Dayton Law Review*，1996，Vol. 21；R. Epstein，The Independence of Judges：The Uses and Limitations of Public Choice Theory，*Brigham Young University Law Review*，1990，Vol.1990；I. Kaufman，The Essence of Judicial Independence，*Columbia Law Review*，1980，Vol.80；W. Landes，R. Posner，The Independent Judiciary in an Interest-Group Perspective，*The Journal of Law and Economics*，1975，Vol.18.

身是有价值的,司法独立有一个内在的或规范的维度。① 从这个角度来看,司法独立保证了"法官可以成为自主的道德行动者。他们在履行公共职责时可以不受腐败或意识形态的影响"②。

与此同时,司法独立可被视为实现其他规范性理想目标的重要手段。学者们还指出司法独立促进的几种不同的价值。③ 就我们的目的而言,有两个极其重要的价值。第一个,也是最普遍的,就是法治本身。正如约翰·费内中(Ferejohn)所言,"司法高度独立似乎是维持法治的必要条件——确保每个人都遵守同样公开传达的一般法律规则"④。司法独立有助于确保强大的行为者不能以其他行为者不可为的方式操纵法律程序进而使之对自己有利,从而有助于在不同的法律行为者之间保持程序和实体上的公正。司法独立同样是对牺牲基本法律保护和价值以换取当前政治激情的一种制衡。

司法独立可以推进的第二个价值在国际领域具有特别重要的意义。在一个高度相互依存的世界中,各国面临着无数需要作出多边反应的问题。然而,在一个相对无政府的国际环境中,各国所面对的法律体系缺乏在运作良好的国内法律体系中通常具有的强制执行机制。因此,各国很难相互作出"可信的

---

① 有利于促进非结果主义司法的司法独立的概述可参见 R. A. Macdonald, H. Kong, Judicial Independence as a Constitutional Virtue, in the *Oxford Handbook of Comparative Constitutional Law*, edited by M. Rosenfeld, A. Sajó (eds.), Oxford University Press, 2012, p.831.

② J. Ferejohn, Independent Judges, Dependent Judiciary: Explaining Judicial Independence, *California Law Review*, 1999, Vol.72, p.353.

③ F. B. Cross, Thoughts on Goldilocks and Judicial Independence, *Ohio State Law Journal*, 2003, Vol.64. 也可参见 S. B. Burbank, What Do We Mean by "Judicial Independence"?, *Ohio State Law Journal*, 2003, Vol.64.("司法独立是达到目的的一种手段,或者更可能的是,达到不止一个目的");P. H. Russell, Toward a General Theory of Judicial Independence, in *Judicial Independence in the Age of Democracy*, edited by P. H. Russell, D. M. O'Brien (eds.), University Press of Virginia, 2001, Vol.1, pp.1,3.司法独立本质上并不可取,只能以它"被认为服务于某种重要目标,有助于某种可取的事态"的理由来确定。

④ J. Ferejohn, Independent Judges, Dependent Judiciary: Explaining Judicial Independence, *California Law Review*, 1999, Vol.72. 另见 S. B. Burbank, The Architecture of Judicial Independence, *Southern California Law Review*, 1999, Vol.72.司法独立与法治交织在一起; D. Law, Judicial Independence, *International Encyclopedia of Political Science*, 2011, Vol.5.独立对"根据法律公正和不偏不倚地裁决争端的最终目标"至关重要。

承诺”，可能会因此放弃相互有利的交易。通过提高法院准确识别和标注违反承诺行为的概率，独立的国际法庭可以帮助各国解决这些信任问题。[①] 这些司法判决反过来又造成并提高了违约的物质成本和声誉成本。提高违约成本会鼓励未来的履约行为，这会提高国际协议对所有参与方的价值。

因此，我们认为，无论是为了实现司法独立价值本身，还是作为提升国际法治、实质公平和互利的国际合作前景的必要条件，司法独立都是基础性价值。然而，概述支持司法独立的理由并不是主张在三难困局中采取一种特定的办法，因为它留下了一个开放的问题，即把对司法独立的承诺与最大限度地提高司法责任制或司法透明度的努力结合起来，从中选取更有效的做法。

司法透明度——主要指公开表决和发表单独意见的可能性，是存在争议的。但我们相信，司法透明度，特别是单独的赞成和反对意见可产生重大的系统效益。许多国内和国际法官都强调，不同的意见有助于打磨和提炼多数意见，从而以优质的推理作出判决。[②] 相应地，单独意见也有助于诉讼当事人和其他人理解法院判决的范围和限度，并找出可供选择的论点。最后，即使比较少见，异议也可以实质性地影响法律的未来发展。在许多法律体系中，随着时间的推移，先前的异议重塑了法律，有些甚至被未来法院的多数意见所接受。

我们承认，人们担心不同意见可能会损害法庭的权威和合法性，特别是在一个法庭还没有机会积累起声誉的早期阶段。[③] 然而，在大多数情况下，这种担忧被夸大了。法院通过产出优质推理的意见来赢得尊重和权威，我们相信，如果法官不必担心不受欢迎的裁决会遭到报复，那么，异议将有助于提高意见撰写过程的完整性和质量，从而很大程度上有助于推理过程。

对提高司法透明度的兴趣是否大于我们对第三个价值即司法责任制的兴趣？我们接受这样一个前提，即任何公权力的行使都应附带责任。尽管如此，我们认为，在三个相关的价值中，以赋予法官可连任的任期制为形式的司法责任制不需要也不应该被最大化。人们不必像约瑟夫·魏勒那样把简短的、可连任的司法任期描述为对法治的“持续侮辱”，也可以得出结论认为，这种连任

---

① L. R. Helfer, A.-M. Slaughter, Why States Create International Tribunals: A Response to Professors Posner and Yoo, *California Law Review*, 2005, Vol.93.

② W. J. Brennan, In Defense of Dissents, *Hasting Law Journal*, 1986, Vol.37; R. B. Ginsburg, Remarks on Writing Separately, *Washington Law Review*, 1990, Vol.65.

③ 邓诺夫和波拉克在 *International Judicial Dissent: Causes and Consequences*（未出版的手稿）中详细分析了关于异议是否对司法合法性构成威胁的长期争论。

制创造了一种环境，在这种环境中，法官事实上或被认为可能易受法外压力的侵害。① 此外，我们认为，不可连任的任期制虽然必然导致较低程度的责任制，但这是可以容忍的，而且不太可能导致法官完全不受约束行事。第一，各国仍然可以仔细筛选司法候选人。经验表明，国家很可能会挑选那些老于世故、了解行使司法权力的时权力制约的重要性的人。第二，即使假设某一法官以不可接受的方式行事，也有其他补救机制。例如，如果一名法官违反了基本的道德规则或不能履行职责，几乎所有国际法庭都规定可被其他法官免职。第三，也是最重要的一点，除了可连任制之外，各国还有许多其他机制来促进整个法院的问责制，而不必强求个别法官对其司法投票和意见负责。其中一些是事前机制，例如对法庭的管辖权作出保留，并颁布规则管理进入法庭的机会和程序；其他则是事后机制，例如重新谈判实体规则或管辖权规则，调整法院规则，削减预算，推迟判决的执行，或者创建同现有法庭竞争的法庭。② 总体而言，这些机制为国家和其他行为者促进国际法庭的责任制提供了充足的手段，这些做法并不会使法官个人因其投票和意见受到法律以外的压力。

基于这些原因，我们赞同欧洲人权法院和国际刑事法院所采取的做法。该方法将公开异议的高透明度、有保障的法官高度独立性以及与不可连任相关的可接受的司法责任的减少结合。欧洲人权法院和国际刑事法院的情况表明，成员国和法官都能够从过去的经验中吸取教训，作出不同的选择。对于前者，成员国明确选择放弃可连任的任期制以促进司法独立，对于后者，成员国从南斯拉夫和卢旺达法庭中吸取了任期 4 年可连任任期制的教训。

我们认识到，在规范上倾向于高度独立、高透明度法院的立场是基于有争议的规范性前提，而这个前提并不是三难困局所固有的。因此，读者可以接受三难困局的基本逻辑，同时拒绝我们的规范性偏好。事实上，虽然我们已经概述了我们的规范性立场，但本文的中心论点不是规范性的，而是结构性的。对于那些设计或服务于国际法院的人来说，司法三难困局并不确定“理想化”的

---

① J. H. H. Weiler, Epilogue: Judging the Judges: Apology and Critique, in *Judging Europe's Judges: The Legitimacy of the Case Law of the European Court of Justice*, edited by M. Adams, H. Waele, J. Meeusen, G. Straetmans (eds.), Bloomsbury Publishing, 2013, p.225.

② L. R. Helfer, Why States Create International Tribunals: A Theory of Constrained Independence, in *International Conflict Resolution*, edited by S. Voigt, M. Albert, D. Schmidtchen (eds.), Mohr Siebeck, 2006, p.253.

法院设计。它也没有提供一种虚假的希望，即所有的价值可以同时最大化。相反，司法三难困局告诉我们，选择是必要的，而且确实是不可避免的。理解三难困局的逻辑有助于确保这些不可避免的权衡是经过深思熟虑的，并对其影响有更丰富的理解。

我们希望对三难困局的分析对那些研究法院的人来说有一个额外的优点。尽管本文援引的实证案例来源于 4 个国际法庭，但三难困局的性质并不表示这种不可避免的权衡仅限于国际法庭。实际上，关于美国联邦法院和州法院、德国宪法法院和其他宪法法院的大量文献都尝试性地表明，本文所述的三难困局既适用于国内法庭，也适用于国际法庭，也许还适用于所有形式的三方争端解决。①

因此，虽然我们在本文中的主要目标是丰富我们对国际法院的理解，但一个重要的次要目标是推动重新定向这一领域的学术研究。具体地说，我们赞同一些学者的观点，他们认为，在很多方面，国际和国内法官实质上面临着类似的问题，学者们应该寻求发展既适用于国内法院又适用于国际法院的一般理论。② 我们希望，本文所强调的对三难困局超出本文所研究的法院范畴的一般性概括能够有助于打破国际和国内法院研究学者之间的壁垒，有助于促进这些分支领域之间进行有意义的理论交叉研究，从而有助于产出关于法院和司法政治的更丰富、更融贯的研究成果。

通过上述理论阐述和经验实证，可以看出，杰弗里·邓诺夫和马克·波拉克的司法三难困局概念为我们观察和分析国际司法机构的目标选择、制度设计和运作动态提供了很好的分析框架，我们可以据此来评估各种国际司法机构的文本规则和实践运作，也可以据此为有关国际司法机构的改革提供制度设计指引。近年来，传统的投资者与国家间仲裁体制在取得重大成功的同时，也越来越受到质疑和挑战。对此，可以从司法三难困局的视角来给出解释和分析。例如，传统的投资者与国家间争端(investor-state dispute，简称 ISD)仲裁体制在司法三难困局分析框架下可以归入哪种理想类型？在本文中，杰弗里·邓诺夫和马克·波拉克将其归入高司法问责性、高司法透明度和低司法

① 为探讨三难困局的逻辑是否适用于其他争议解决制度，包括国际仲裁，可参见 J. L. Dunoff, M. A. Pollack, *The Arbitrator's Trilemma*(未出版的手稿)。

② J. K. Staton, W. H. Moore, Judicial Power in Domestic and International Politics, *International Organization*, 2011, Vol.65, pp.553,557.

独立性的类型。然而,将传统的ISD仲裁体制归入高司法问责性、高司法透明度和低司法独立性的类型是否准确?根据杰弗里·邓诺夫和马克·波拉克对司法独立性、司法问责性和司法透明度的概念界定,传统的ISD仲裁体制归入高司法独立性、高司法透明度和低司法问责性的类型是否更加准确?进而,简单地将传统的ISD仲裁体制与诸如国际法院、欧洲联盟法院、欧洲人权法院、WTO上诉机构等都放在同样的国际司法机构范畴是否合适?传统的ISD仲裁体制是不是更具独特性?其仲裁员的选任与具有固定任期的常设司法机构的法官选任是否具有重大差别?而且,在仲裁员选任方面,不仅国家有仲裁员选任权,私人投资者和国际投资争端解决中心(International Center for Settlement of Investment Disputes,ICSID)等国际机构都享有一定的仲裁员选任权,这与国际法院、欧洲联盟法院、欧洲人权法院、WTO上诉机构等更加具有司法特征的国际裁判机构有重大差别,这些机构的法官选任和任期主要由成员国规定。近年来,欧盟率先提出并在双边、区域和多边层面推动设立常设国际投资法院和常设国际投资上诉裁判庭,以取代传统的投资者与国家间仲裁体制,在司法三难困局的分析框架下,这种新的制度选择与传统的投资者与国家间仲裁制度选择存在哪些结构性特征上的区别?其在实现司法独立性、司法问责性和司法透明度这三个重要政策价值目标的权衡方面会有什么样的效果?司法三难困局的概念和分析框架未必完全适用于传统的投资者与国家间仲裁体制,但对传统的投资者与国家间仲裁体制的观察和分析必然具有重要的启发。就此而言,投资者与国家间仲裁是一个值得深入研究的政治学主题。

在本文中,杰弗里·邓诺夫和马克·波拉克两位学者不仅运用了国际法与国际关系跨学科研究成果,更运用了国内司法政治学的研究成果。进而,在本文的结论部分,这两位学者明确指出,司法三难困局不仅仅适用于国际司法机构的政治学研究,也适用于国内司法政治学的研究。可以说,司法三难困局的概念既受益于国内司法政治学研究,又可能反过来丰富和深化国内司法政治学研究。国际法和国内法虽然是两个不同的体系,二者存在重要的差别,但是,作为调整人类行为和人类合作的制度安排,二者也具有重要的共性,这为打通国内司法政治学研究与国际司法政治学研究乃至打通国内法研究与国际法研究提供了可能。诚如这两位学者所言,司法三难困局可能有助于为司法政治学的研究提供一个更一般性的、更融贯性的概念和分析框架。

(本文责任编辑:黄真真、王百济)

附　录

《国际关系与国际法学刊》稿约

《国际关系与国际法学刊》(以下简称"《学刊》")是全国性的国际关系与国际法专业优秀学术著述的汇辑。《学刊》由厦门大学法学院国际关系与国际法跨学科研究中心创办,旨在瞄准国际关系学与国际法学的学科前沿,积极开展国内外同行学术交流,荟萃国内外跨学科研究的优秀成果,推动国内外国际关系与国际法跨学科研究的进步。从2011年起,《学刊》每年出版一卷。为此,特向全国同行征稿,并立稿约如下:

一、《学刊》为开放性的国际关系与国际法学术园地,主要栏目包括:(1)国际关系与国际法基本理论;(2)国际关系与国际法专题研究;(3)国际组织与国际组织法专题研究;(4)优秀博士、硕士学位论文选登;(5)国内最新研究成果的介绍或转载;(6)国外最新研究成果选译;(7)最新学术动态等。欢迎海内外学者、专家投稿。

二、来稿不限字数,唯希望论文能在2万字以上,尤其欢迎10万字以内的长篇大论。

三、来稿的形式参见后附《〈国际关系与国际法学刊〉书写技术规范(暂行)》。

四、来稿务请写明作者姓名、性别、通信地址、现工作单位、联系电话、邮箱地址、学衔、业务职称等。《学刊》编辑部在收到来稿后一个月内将作出初步处理。届时作者如未收到用稿通知,可另行处理稿件。来稿一律不退,请作者自留底稿。

五、《学刊》编辑部保留对来稿进行技术性加工处理的权利,但文责悉由作者自负。来稿一经决定采用,作者不得将同一稿件另发表于他处。《学刊》对所刊发文章依法享有版权。

六、凡向《学刊》编辑部投稿,即视为接受本稿约,投稿时请通过电子邮件投稿,联系人:刘志云。

E-mail:liuzy420@xmu.edu.cn

liuzy420@163.com

七、本刊已许可《中国学术期刊(光盘版)》电子杂志社在中国知网及其系列数据库产品中以数字化方式复制、汇编、发行、信息网络传播本刊全文。该社著作权使用费与本刊稿酬一次性给付。作者向本刊提交文章发表的行为视为同意我刊上述声明。

《国际关系与国际法学刊》编辑部

《国际关系与国际法学刊》书写技术规范(暂行)

为了统一《国际关系与国际法学刊》来稿格式,特制定本规范。

一、书写格式

1.来稿由题目、作者姓名、内容摘要、目录、正文、作者单位与学衔及英文题目、英文姓名、英文内容摘要构成(按顺序)。

2.来稿正文各层次标示顺序按一、(一)、1、(1)、①、A、a 等编排。

二、注释

1.注释采用页下计码制,每页重新计码。注释码置于标点符号之后。

2.引用中文著作、辞书、汇编等的注释格式为:

(1)刘志云:《当代国际法的发展:一种从国际关系理论视角的分析》,法律出版社 2010 年版,第 1～2 页。

(2)王彩波主编:《西方政治思想史——从柏拉图到约翰·密尔》,中国社会科学出版社 2004 年版,第 211、215、219 页。(注意:非连续页码的注释法)

(3)姚梅镇:《国际投资法》(高等学校文科教材),武汉大学出版社 1989 年修订版,第×页。(不是初版的著作应注明"修订版"或"第 2 版"等)

(4)中国对外贸易经济合作部编:《国际投资条约汇编》,警官教育出版社 1998 年版,第 8 页。

(5)前后连续引用或非连续引用同一本著作者,请列出所引用著作的详细要目。

3.引用中文译著的注释格式为:

(1)[美]詹姆斯·多尔蒂、小罗伯特·普法尔茨格拉夫:《争论中的国际关系理论》(第5版),阎学通、陈寒溪等译,世界知识出版社2003年版,第×页。

(2)联合国跨国公司与投资公司:《1995年世界投资报告》,储祥银等译,对外经济贸易大学出版社1996年版,第×页。

4.引用中文论文的注释格式为:

(1)陈安:《中国涉外仲裁监督机制评析》,载《中国社会科学》1995年第4期,第×页。

(2)白桂梅:《自决与分离》,载《中国国际法年刊》1996年卷,法律出版社1997年版,第51页。

(3)徐崇利:《美国不方便法院原则的建立与发展》,载董立坤主编:《国际法走向现代化》,上海社会科学院出版社1990年版,第×页。

(4)前后连续引用或非连续引用同一篇文章者,请列出所引用文献的详细要目。

5.引用中译论文的注释格式为:

[日]樱井雅夫:《欧美关于"国际经济法"概念的学说》,蔡美珍译,载《外国法学译丛》1987年第3期。

6.引用外文著作等注释格式为:

(1)I. Seidl-Hohenveldern, *International Economic Law*, 2nd ed., Martinus Nijhoff, 1992, p.125.(注意:书名为斜体)

(2)Chia-Jui Cheng (ed.),*Clive M. Schmittoff's Select Essays on International Trade Law*, Kluwer, 1998, pp.138-190.(注意:编著应以"(ed.)"标出;外文注释的页码范围号为"-")

(3)前后连续引用或非连续引用同一本著作者,请列出所引用著作的详细要目。

7.引用外文论文的注释格式为:

(1)M. Paiy, Investment Incentives and the Multilateral Agreement on Investment,*Journal of World Trade*, Vol.32, 1998, pp.291-298.(注意:报刊名为斜体)

(2)D. F. Cavers, A Critique of Choice-of-Law Problem, in *Conflict of Laws*, edited by R. Fentiman (ed.), New York University Press, 1996, p.69.(注意:载于论文集中的论文应标明"(ed.)")

(3)同页前后连续引用或不同页或同页非连续引用同一篇文章者,请列出所引用论文的详细要目。

8.引用网上资料的注释格式为:

(1) P. Ford, A Pact to Guide Global Investing Promised Jobs-But at What Cost, http://www.csmonitor.Com/durable/1998/02/25/intl.6.htm.,下载日期:1998年2月26日。

(2)于永达:《国内外反补贴问题分析》,http://www.cacs.gov.cn/text.asp? texttype=1&id=1611&power,下载日期:2002年7月10日。

9.引用报纸的注释格式为:

(1)赵琳:《练好本领　保家卫国》,载《厦门日报》1999年7月29日第2版。

(2)《韩国遭强台风袭击》(新华社汉城7月28日电),载《厦门日报》1999年7月29日第8版。

10.引用法条的注释格式为:

《中华人民共和国民法通则》第12条第1款。(条文用阿拉伯数字表示)

三、简称

如名称过长,可在括号内注明"(以下简称"×××")"。

四、数字

1.年、月、日、分数、百分数、比例、带计量单位的数字、年龄、年度、注码、图号、参考书目的版次、卷次、页码等,均用阿拉伯数字。万以下表示数量的数字,直接用阿拉伯数字写出,如8650等;大的数字以万或亿为单位,如2万、10亿等。

2.年份要用全称,不要省略。

3.年代起讫、年度起讫均用"—"表示,如1937—1945年、1980—1981财政年度。

《国际关系与国际法学刊》编辑部编订